2021

Shanghai Finance Yearbook

上海金融年鉴

上海金融年鉴编辑部 编

上海辞书出版社

图书在版编目(CIP)数据

上海金融年鉴. 2021 / 上海金融年鉴编辑部编. —上海：上海辞书出版社，2023
ISBN 978-7-5326-6007-0

Ⅰ. ①上… Ⅱ. ①上… Ⅲ. ①地方金融事业-上海-2021—年鉴 Ⅳ. ①F832.751-54

中国版本图书馆 CIP 数据核字(2022)第 223824 号

SHANGHAI JINRONG NIANJIAN 2021

上海金融年鉴 2021

上海金融年鉴编辑部 编

责任编辑 杨丽萍
助理编辑 王伊艺
装帧设计 明 婕
责任印制 王亭亭

出版发行 上海世纪出版集团
上海辞书出版社(www.cishu.com.cn)
地 址 上海市闵行区号景路 159 弄 B 座(邮编 201101)
印 刷 苏州市越洋印刷有限公司
开 本 889 毫米×1194 毫米 1/16
印 张 27.5
字 数 950 000
版 次 2023 年 2 月第 1 版 2023 年 2 月第 1 次印刷
书 号 ISBN 978-7-5326-6007-0/F·299
定 价 308.00 元

2020 年 9 月 11 日，中国人民银行副行长刘国强在上海就“人民币跨境使用”相关问题进行专题调研

中国人民银行上海总部 2020 年工作会议

2020 年下半年中国人民银行上海总部工作会议

2020 年上海货币信贷工作会议

上海金融年鉴编辑委员会

金融机构组稿及编写人员

（按姓氏笔画排序）

王　珂	王　适	王　甜	王　敏	王　焱	王好为	毛阿敏	田　芳
付　迟	付雅琳	冯　鹭	邢佳仪	朱　江	朱　洁	朱　珠	朱　意
朱文欣	朱丽娜	朱春艳	刘　丹	刘　然	孙　佶	孙文璨	孙鹏云
严瑾瑜	苏心蓓	李　易	李　菁	李　颖	李煜婕	李龑玢	杨　艺
杨弋菁	杨丽玲	杨柳笛	杨胜利	吴　韵	吴小艳	吴文龙	吴亚楠
邱　博	何毛毛	沈　琦	沈文倩	迟海燕	张　英	张　诚	张　倩
张　悦	张　婷	张　蕾	张　璐	张克菲	张高峰	张燕萍	陆怡明
陆轶青	陈　晨	陈佳佳	陈金子	陈神龙	陈隆波	陈斯亮	陈锴锟
范思爽	范旖文	林　文	林　峥	林嘉琦	周　川	周　航	周昱萌
周蓉华	孟泽龙	赵凡蘅	胡玲云	俞　晓	俞晓路	洪　彬	骆　影
夏　卉	夏兵玉	顾成杰	顾夏申	徐　毓	徐　磊	徐杰妮	徐佳珮
徐轶群	徐盈盈	殷　红	郭雨阳	谈天笑	黄　诚	黄　琦	黄醉清
曹　敏	崔亚欣	葛丽媛	童屹立	谢　放	谢国晨	简　婵	颜芸茜
潘闻文	薛　静	戴　维					

编辑说明

一、作为大型金融资料性文献书刊，本卷年鉴为《上海金融年鉴》总第二十一卷，全方位记录2020年上海金融工作的基本情况和重要信息，具有很高的资料价值，供金融界和广大读者参考使用。

二、本卷年鉴秉承《上海金融年鉴》一贯的方针，内容涵盖银行业、证券业、保险业和其他金融机构一年来的主要业绩，力求真实齐备。

三、本卷年鉴共分十篇，第一篇综合、第二篇银行、第三篇证券、第四篇保险、第五篇市场、第六篇统计、第七篇法规、第八篇文化、第九篇人物、第十篇机构名录。另加附录，内容为2020年上海金融大事记。

四、本卷年鉴“统计篇”中，有些项目口径经过调整，如与上年年鉴资料不一致，请以本卷为准。

五、本卷年鉴“人物篇”中，先进劳模和金融机构负责人均以各部门或单位所提供的资料为限，新闻人物由媒体评选产生。

六、本卷年鉴稿件由本编辑部予以整理与编辑，以期全书在风格上有所统一。

七、为方便读者查阅检索，在卷末设置主题索引和表格索引。

八、书稿在编辑过程中，得到了中国银行保险监督管理委员会上海监管局、中国证券监督管理委员会上海监管局、上海市地方金融监督管理局、《上海保险年鉴》编辑部以及各中外金融单位的大力支持，并由上海辞书出版社负责出版工作，在此一并致谢。

《上海金融年鉴》编辑部

2022年10月

目　录

第三篇 证 券

第四篇 保 险

第五篇 市 场

第六篇 统 计

第十篇　机构名录

附　录

索　引

第一篇　综　　合

一、上海市金融管理机构

中国人民银行上海总部

2020年，中国人民银行上海总部坚持以习近平新时代中国特色社会主义思想为指导，增强"四个意识"，坚定"四个自信"，做到"两个维护"，坚决贯彻习近平总书记和党中央关于统筹推进疫情防控和经济社会发展工作的决策部署，推动金融支持疫情防控阻击战、保市场主体、金融改革开放等各项工作取得扎实成效，"落实30条意见""上海出台稳企业保就业18项新举措"等多项重点工作被央视新闻联播、学习强国等报道转载，社会效应良好。

【迅速行动，金融支持疫情防控和"六稳""六保"取得扎实成效】

一是全力支持抗疫保供。3 000亿元疫情防控专项再贷款突出"又快又准"，督促金融机构对重点名单内企业"应贷尽贷、应贷快贷"。及时开通支付清算、国库资金拨付、现金供应、征信报告查询、防疫物资进口用汇、重点企业债券发行等金融服务"绿色通道"，做好金融服务和应急保障。

二是推动建立市领导牵头的金融支持稳企业保就业协调机制。出台金融支持稳企业保就业的18条具体举措，形成"上海特色"的金融及配套政策工具箱。举办"温暖浦江"系列大型政银企对接会。全力发挥5 000亿元复工复产专项再贷款，1万亿元普惠性再贷款、再贴现，两项直达实体经济的货币政策工具等结构性政策工具精准滴灌作用，上海小微企业融资"量增、面扩、价降"，成效显著。指导地方法人金融机构完成存量浮动利率企业贷款转换，有效降低融资成本。有效发挥债券、应收账款、票据等融资支持作用，落地全国首批供应链票据、标准化票据等票据创新业务，拓宽中小微企业融资渠道。

【精准施策，金融改革开放蹄疾步稳】

2月14日，中国人民银行等五部门发布了加快推进上海国际金融中心建设和金融支持长三角一体化发展的30条意见。上海总部和市金融工作局牵头建立推进工作机制，推动"30条意见"落实落细落地，充分发挥上海作为全国金融改革开放前沿阵地的作用。

一是坚定推动临港新片区金融先行先试。推出优质企业跨境人民币结算便利化、境内贸易融资资产跨境转让两项试点，并推广到全市产业链、供应链和外贸企业。推出取消外商直接投资人民币资本金专用账户、自贸区高新技术企业外债便利化额度、新片区企业一次性外债登记、融资租赁母子公司共享外债额度、本外币合一跨境资金池等试点。

二是推动上海国际金融中心基本建成。坚定推进金融改革开放创新，助力上海在全球金融中心排名首次位居前三。外资持续加速进入中国债券市场，12月末，共有905家境外机构主体进入银行间债券市场，持债量3.3万亿元。推出国内首批挂钩贷款市场报价利率（LPR）的利率期权产品、国际铜期货等。支持友邦人寿、贝莱德基金等新一轮金融业扩大开放项目率先落地上海。金融法治环境明显优化，推动境外机构自主选择签署NAFMII或ISDA衍生品主协议取得突破，与市高院合作探索与金融开放相适应的金融司法诉讼机制。启动金融科技创新监管试点。

三是创新金融支持长三角一体化高质量发展。普惠性再贷款、再贴现政策支持长三角异地企业取得突破性进展。支持长三角生态绿色一体化发展示范区建设，联合发布《关于深化落实金融支持政策推进先行先试的若干举措》《示范区银行业金融机构同城化建设指引》等。加大"科创板""创新创业债"等对长三角科创企业的支持力度。初步完成四地人民银行长三角绿色金融信息管理系统建设和互联互通。长三角地区法人银行跨行账户信息验证服务正式落地。数字政务、医疗健康等领域移动支付服务互联互通稳步推进。成立长三角征信机构联盟，推进信用信息互联互通。

【统筹协调，金融监管和风险防控不断强化】

一是依托金融委办公室地方协调机制形成工作合力。牵头成立金融委办公室地方协调机制（上海市），建立健全基本运行规则，及时传达国务院金融委及其办公室工作部署。将金融支持疫情防控和经济社会发展作为当前首要重点工作，出台《关于全面做好企业复工复产和稳外贸稳外资稳投资金融服务的若干意见》。将加强金融风险防范作为长期性和根本性工作，构建上海市重大金融风险排查常态化机制，形成跨部门金融监管和风险防控合力。

二是加强日常风险监测和处置。强化风险监测预警，扎实开展日常监测、央行评级等工作。深入开展存款保险制度宣传。配合地方做好 P2P 网贷等金融风险处置工作。持续监测防控 ICO 和虚拟货币交易等互联网金融领域风险。开展电信网络诈骗和跨境赌博专项整治。维护外汇市场平稳有序，清理整治非法炒汇平台，联合公安部门侦破地下钱庄案件。开展金控公司申设辅导。扎实做好反洗钱分类评级和调查协查。

【金融为民，金融服务管理继续优化】

一是跨境金融服务更加便利。推动贸易外汇收支便利化试点 2.0 版，将服务贸易纳入试点范围。支持银行实施“白名单制”，对货物贸易小规模企业实行便利化。资本项目收入支付便利化推广至全市。助推总部经济发展，跨国公司跨境资金池业务大幅增长。支持合格境内有限合伙人（QDLP）试点扩容新政落地。推动上线跨境人民币贸易融资资产转让服务平台（一期）。推动自由贸易账户体系首次接入保险公司，实现银、证、保全覆盖。大宗商品人民币结算取得突破，推动中国宝武与全球三大铁矿石供应商均实现人民币结算。

二是金融服务管理水平持续提升。扎实做好金融服务第三届进博会各项工作。推出日韩短期入境游客境内移动支付便利化试点。推进支付领域非现场监管系统建设，上线运行上海市银行账户服务信息系统（二期）。做好市国库系统个税汇算清缴退税业务办理。顺利完成二代征信系统上线切换。加强农村信用体系建设，开展农户电子信用档案建设试点和“信用村”建设。

三是不断加强金融消费者权益保护。12363“暖心热线”运转高效。推动上海九部门联合出台《关于进一步加强金融广告监管工作的意见》，规范金融营销宣传行为。做好金融消费权益保护监督检查和机构评估。科学规划金融宣教，重点做好金融知识集中性普及活动和金融教育阵地化建设试点。扎实做好普惠金融统计研究各项工作，首次公开发布长三角普惠金融指标分析报告。

（中国人民银行上海总部）

中国银行保险监督管理委员会上海监管局

2020 年，面对严峻复杂形势，尤其是新冠肺炎疫情的严重冲击，上海银保监局在中国银保监会党委的坚强领导下，以习近平新时代中国特色社会主义思想为指导，全面贯彻党的“十九大”和十九届二中、三中、四中、五中全会精神，不断增强“四个意识”，坚定“四个自信”，做到“两个维护”，坚持防风险、抗疫情、强服务、促改革，扎实推进年度重点工作，取得显著成效。

【决胜金融风险防范化解攻坚战】

一是多措防范化解信用风险。指导推进债委会工作，探索完善联合授信机制。按季监测不良资产处置情况，督促机构加大不良资产处置力度。二是坚决遏制房地产泡沫化。健全房地产风险监测分析框架，完善全口径房地产融资监测机制。加强房地产信托业务监管，有效防止房地产贷款乱象回潮。三是前瞻化解交叉金融业务风险。强化辖内机构主体责任，完善交叉金融业务风险监测机制，实现对单体机构交叉金融业务精准监测和预警。四是巩固金融市场乱象整治成果。多领域推进现场检查和风险整治，持续发挥行政处罚震慑效应。稳妥推进高风险机构风险处置。稳妥有序推进异地非持牌机构整改。五是深化网贷风险专项整治工作成效。会同上海市地方金融监管局积极履行“双牵头”职责，推进辖内网贷风险专项清理整治工作。全辖成功实现“三降”、头部机构转型和在营机构出清。

【抗击疫情支持复工复产出实招】

一是积极推动落实中小微企业贷款临时性延期还本付息政策。通过展期、续贷等方式，对受疫情影响、暂时遇到困难的中小微企业（含小微企业主、个体工商户等）贷款给予临时性延期还本付息安排。二是建立信贷“绿色”通道，全力支持企业抗击疫情。截至 2020 年末，在沪金融机构累计投放疫情防控贷款（含信用卡中心）4 527.02 亿元，累计支持企业户数 2.91 万户，其中支持小微企业户数 7 710 户。三是减费让利践行社会责任。截至 2020 年末，辖内 52 家中资银行合计减费让利 339.47 亿元，其中，利率下行让利 251.02 亿元。四是跟踪掌握辖内经济社会活动受影响情况，有效督导落实相关政策。辖内 37 家财险公司对 4 043.93 万件保单产品责任进行扩展，对 2 086 家受疫情影响的企业类客户实行赔付。56 家寿险机构销售含新冠肺炎责任的保险产品 1 024 个、保单 304.78 万件、赔付 300 人次。

【支持国家重大战略落地见成效】

一是支持战略新兴产业发展，助力打造“上海制造”新高地。截至 2020 年末，上海主要中资银行战略新兴产业贷款余额 2 856.9 亿元，比年初增长 38.69%，其中重点支持了集成电路、新能源汽车、高端生物医药和人工智能等产业领域。二是服务“一带一路”倡议，支持上海发挥桥头堡作用。上海银行业保险业加快金融市场与“一带一路”相关国家（地区）的双向开放和互联互通，以自由贸易账户体系为基础的跨境金融服务制度初现成效。截至 2020 年末，辖内共有 49 家银行业金融机构在分账核算单元内开展业务，资产总额较年初增长 16.37%，自由贸易账户（FT）较年初增加 190 户。

【普惠金融量增面扩价低质优】

不断探索“大都市型普惠金融的上海模式”，全面完成“百行进万企”融资对接，建立完善大数据普惠金融应用、银税互动等五大平台，强化金融科技运用，发展数字普惠，加大“三农”信贷支持力度，营造了良好的普惠金融发展环境。截至 2020 年末，全辖普惠型小微企业贷款 5 254.36 亿元，较年初增长 1 686.24 亿元，增幅为 47.26%；贷款户数 376 201 户，较年初增长 15.38 万户，增幅为 69.19%；全辖普惠型贷款平均利率为 5.17%，较年初下降 1.46 个百分点；普惠型贷款不良率为 0.73%。上海银行业普惠型小微贷款总体呈现量增面扩、价低质优的特点。

【深化推进高水平改革开放】

一是推动自贸区新片区建设和长三角一体化发展。联合制定“30 条意见”实施细则、长三角一体化发展示范区深化落实金融支持政策推进先行先试的若干举措，进一步完善自贸试验区银行业务创新监管互动机制，鼓励机构参照国际通行规则开展业务创新个案试点。二是助力上海科创中心建设。截至 2020 年末，辖内科技型企业贷款存量户数、贷款余额分别同比增长 27.28%、21.66%。三是支持上海国际金融中心建设。截至 2020 年末，在沪外资法人银行已达 21 家（含 3 家会管机构），占全国外资法人银行总数的一半以上，在沪外国及港澳台银行分行 51 家。

专题一：2020 年金融管理、防范化解金融风险以及金融改革开放等方面的做法和成效

2020 年，上海银保监局认真贯彻落实党中央、国务院各项决策部署和中国银保监会党委的相关工作要求，保持战略定力，增强忧患意识，坚持防范金融风险为第一要务，统筹疫情防控和监管工作。经过三年的攻坚战，上海银行业保险业的面貌呈现出积极的变化，金融乱象治理取得阶段性成果，服务实体经济效能进一步提升，金融改革开放迈出坚定步伐。

一是着力落实疫情防控工作部署，全力支持复工复产。第一，制定金融支持复工复产具体举措。以落实“六稳”“六保”要求为总目标，及时出台上海银行保险机构支持疫情防控服务企业发展的“金融 18 条”，建立多层次金融纾困机制，深化“百行进万企”融资对接，提供“金融活水”护航实体经济。督促辖内机构合理安排营业网点及营业时间，做好针对性的业务持续运营计划和应急保障。第二，深入调研丰富监管工具。首创“支持企业发展保障民生服务”“365 万户银行对公企业账户数据”两项月度监测体系，第一时间跟踪掌握辖内经济社会活动受影响情况，有效督导落实相关政策。第三，创新保险产品服务。在沪保险机构建立理赔绿色通道，取消纸质版理赔申请材料，提供 7×24 小时线上理赔服务和寿险 APP、微信理赔等线上申请渠道，并向社会个人客户广泛赠送新冠肺炎健康险产品。

二是着力深化整治工作成效，决胜金融风险防范化解攻坚战。第一，多措防范化解信用风险。指导推进债委会工作，探索完善联合授信机制，按季监测不良资产处置情况，督促机构加大不良资产处置力度，超额完成全年处置目标，资产质量持续优化。截至 2020 年末，上海银行业不良贷款率 0.79%。第二，坚决遏制房地产泡沫化。建立健全房地产风险监测分析框架，完善全口径房地产融资监测机制，加强房地产信托业务监管，有效防止房地产贷款乱象回潮。第三，前瞻化解交叉金融业务等风险。强化辖内机构主体责任，完善交叉金融业务风险监测机制，实现对单体机构交叉金融业务精准监测和预警，资金“脱实向虚”势头得到有效遏制。第四，巩固金融市场乱象整治成果。多领域推进现场检查和风险整治，持续发挥行政处罚震慑效应，截至2020年末，共下发银行业处罚决定33例，下发保险业处罚决定69例，罚没金额合计7 492万元。重点风险明显收敛，金融业态有效净化。第五，深化网贷风险专项整治工作成效。会同上海市地方金融监管局积极履行“双牵头”职责，推进辖内网贷风险专项清理整治工作。全辖成功实现在营网贷机构出清，未兑付余额及出借人数均较年初下降60%以上。

三是着力提升金融服务经济社会发展效能，深入推进高水平改革开放。第一，支持重大战略和重点工程建设。截至2020年末，辖内医药制造业、电气机械和器材制造业、汽车制造业等先进制造业贷款余额同比分别增长12.25%、17.94%和18.29%。辖内保险公司累计为163个重点创新项目提供风险保障，工程质量潜在缺陷保险业务累计承保742个项目，为7 845万平方米住宅提供风险保障。第二，深化大都市型普惠金融。推广大数据普惠金融平台应用，提升小微金融服务质效。开展清理银行乱收费、降低企业负担专项行动，严格规范行业协会收费。第三，推动金融业扩大对外开放。积极落实对外开放新政，推动在上海率先落地一批有影响力的标志性项目。首家外资控股理财公司汇华理财、首家外资独资人身保险公司友邦人寿、中东地区规模最大的外资银行阿联酋阿布扎比第一银行先后获批开业，巩固和提升了上海国际金融中心的地位。

专题二：2020年金融支持实体经济的做法和经验

2020年，上海银行业保险业为受疫情影响较大行业及有发展前景但暂时受困的企业，采取单列信贷计划，适当下调贷款利率、减免手续费、完善续贷政策安排、扩展保险赔付责任范围等措施，为实体企业减负抗疫，保障企业复工复产，完善受疫情影响的社会民生领域金融服务，进一步提升疫情防控和支持企业恢复生产金融服务工作的质效。

一是积极推动落实中小微企业贷款临时性延期还本付息政策。上海银保监局指导在沪中资银行业金融机构积极贯彻落实银保监会与人民银行等五部委联合出台的对中小微企业贷款实施临时性延期还本付息政策，通过展期、续贷等方式，对受疫情影响、暂时遇到困难的中小微企业（含小微企业主、个体工商户等）贷款给予临时性延期还本付息安排，相关工作已取得积极进展。截至2020年末，在沪中资银行业金融机构累计为3.41万户上海地区中小微型企业（含小微企业主和个体工商户）实施临时性延期偿还贷款本金，共计6.59万笔；为1.98万户实施临时性延期支付贷款利息；为7 593户企业客户、125.29万个人客户修复信用金额。

二是建立信贷“绿色”通道，全力支持企业抗击疫情。为应对疫情防控，支持实体经济，在沪金融机构持续加大信贷投放力度，建立信贷“绿色”通道，全力支持企业抗击疫情。截至2020年末，已累计投放疫情防控贷款（含信用卡中心）4 527.02亿元，其中对小微企业累计投放疫情防控贷款金额350.33亿元；累计支持企业户数2.91万户，其中支持小微企业户数7 710户；累计主动增加企业授信额度7 929.46亿元；累计发行金融债券、特定用途债券金额323.3亿元。

三是提升减费让利幅度，为复工复产企业个人减轻资金成本负担。疫情发生以来，在沪金融机构持续提升减费让利幅度，减轻企业和个人的资金成本负担。截至2020年末，在沪金融机构已累计投放疫情防控贷款的综合资金成本为4.11%（利率区间在2%～7%之间）；对受疫情影响严重的企业减免本金及利息金额1.41亿元，涉及企业户数2 216户；对受疫情影响严重的个人延迟还款670.46亿元，减免17.58亿元；涉及人数560.94万人。

四是创新保险产品供给，为企业复工复产提供风险保障。截至2020年末，辖内37家财险公司对4 043.93万件保单产品责任进行扩展，对2 086家受疫情影响的企业类客户实行赔付。56家寿险机构销售含新冠肺炎责任的保险产品1 024个、保单304.78万件、赔付300人次。

专题三：2020 年金融重要事件简介

2020 年 1 月 13 日，上海银保监局印发《上海市医保专属商业健康保险业务管理办法》（沪银保监通〔2020〕3 号），进一步推进上海市医保专属商业健康保险业务的健康发展，规范保险公司经营行为，推动保险业更好地服务于医保专属商业健康保险业务。同时鼓励更多保险公司参与，丰富产品体系，更好满足参保职工的多层次保险保障需求。

2020 年 2 月 10 日，上海银保监局印发《关于进一步做好疫情防控支持企业发展保障民生服务的通知》（沪银保监通〔2020〕10 号），出台 18 条意见，指导在沪银行保险机构对受疫情影响较大的行业企业，采取单列信贷计划、适当下调贷款利率、减免手续费、完善续贷政策安排和创新保险产品供给等措施，为实体企业减负抗"疫"，支持企业复工复产。

2020 年 4 月 3 日，上海银保监局印发《上海自贸试验区（含新片区）保险分支机构设立、迁址、撤销备案管理办法》（沪银保监通〔2020〕16 号），在上海自贸试验区（含新片区）对保险支公司及以下分支机构的设立、迁址、撤销管理由审批改为备案，推进中国（上海）自由贸易试验区（含新片区）保险领域深化简政放权、放管结合、优化服务改革。

2020 年 8 月 1 日，根据《中国银保监会关于印发财产保险公司、再保险公司监管主体职责改革方案的通知》（银保监发〔2020〕38 号）要求，上海银保监局研究制定辖内 13 家法人财险机构属地监管职责有关工作方案，梳理监管规章制度，完善市场准入监管有关要求，搭建非现场监管框架。

2020 年 9 月 10 日，上海银保监局印发《关于推动上海银行业和保险业差异化转型高质量发展的实施意见》（沪银保监通〔2020〕33 号），要求辖内银行保险机构提高政治站位，坚守服务实体经济的初心使命，找准自身发展定位，聚焦金融服务重点领域，以改进经营机制、增强差异化转型为内生动力，在积极应对风险挑战中实现高质量发展目标。

2020 年 9 月 19 日，车险综合改革正式实施，上海银保监局指导辖内财险公司积极落实车险综合改革政策，持续加强数据监测，密切监测市场动态，认真做好风险研判，确保上海车险市场整体运行平稳有序，推动辖内车险综合改革平稳落地。

2020 年 9 月 25 日，上海银保监局召开清廉金融文化建设"六个一"活动推进会，发布上海银行业保险业清廉金融文化建设理念，组织银行保险机构代表签订从业人员廉洁自律公约，并宣布启动中资银行机构"阳光信贷、廉洁金融"活动。

2020 年 11 月 12 日，中国银保监会召开第 263 场银行业保险业例行新闻发布会，主题为"银行业保险业支持国家重大区域发展战略"。上海银保监局参加发布会，重点介绍上海银行业保险业支持长三角一体化发展等相关内容。

2020 年 12 月 10 日，上海银保监局指导上海银行同业公会召开"百行进万企"总结表彰会。"百行进万企"活动自 2019 年 12 月开展以来，上海地区共有 83 家银行参与融资对接工作。截至 2020 年末，上海辖内 3 000 多个银行网点的 1.5 万余名从业人员主动对接 64.23 万户小微企业。

2020 年 12 月 25 日，上海银保监局组织召开学习研讨会，重点围绕学习贯彻党的十九届五中全会精神和中央经济工作会议精神，结合当前经济金融及监管工作形势，以开创全局高质量党建和高水平监管新局面为主题，就如何做好 2021 年各项工作展开交流讨论。

（上海银保监局）

中国证券监督管理委员会上海监管局

2020 年，上海证监局以习近平新时代中国特色社会主义思想为指导，深入学习贯彻党的"十九大"和十九届二中、三中、四中、五中全会精神，不断增强"四个意识"，坚定"四个自信"，做到"两个维护"，坚决贯彻党中央国务院和会党委各项决策部署，围绕做好"六稳"工作、落实"六保"任务，系统推进金融供给侧结构性改革和全面深化资本市场改革各项举措在上海落地实施，积极服务上海国际金融中心及"三项新的重大任务"建设取得新的进展。

【积极参与上海"三项新的重大任务"建设】

一是助推科创板建设与注册制改革。深化"浦江之光"行动，引导符合科创属性指标要求的科技企业申报科创板。24 家企业在科创板首发上市募资 945

亿元，占上海IPO募资总额的79%，累计有37家公司登陆科创板，居全国第二，募资总额1 100亿元、总市值945亿元，均居全国首位，集成电路、医药生物两个重点行业融资占比达79%。中芯国际、沪硅产业、君实生物等一批代表性科创企业登陆科创板，对上海战略新兴产业发展起到了良好的示范效应。

二是推动上海国际金融中心建设和自贸试验区建设联动发展。积极参与上海浦东高水平改革开放政策研究，主动开展国际金融中心法律制度供给保障比较、打造更高开放度证券期货国际金融平台等课题调研，为上海国际金融中心建设建言献策。联合人行上海总部等共同发布推进上海自贸区临港新片区金融开放与创新发展的50条措施，推动“金融三十条”加快落地。指导上海上市公司协会在临港新片区召开提高上市公司质量座谈会，引导上市公司积极参与新片区投资建设。指导编写首部基金行业外商投资指南并对外发布，优化上海证券基金行业营商环境。

三是积极参与长三角区域一体化建设。会同示范区执委会等多部门联合印发《长三角生态绿色一体化发展示范区关于深化落实金融支持长三角一体化发展推进先行先试的若干举措》。倡议并牵头建立长三角证券监管服务协作联席会议机制，对上海部分市场主体服务长三角一体化发展开展调研座谈，听取诉求建议，进一步强化监管协同。汇添富长三角一体化ETF基金、海富通中证长三角领先ETF基金运作平稳，成为市场各方投资长三角的重要载体。

【促进资本市场发挥枢纽作用，提升服务实体经济质效】

一是落实金融支持稳保任务。积极参与上海市金融支持稳企业保就业工作协调机制、金融委办公室地方协调机制，参与制定出台《关于进一步做好金融支持稳企业保就业工作的指导意见》《关于做好企业复工复产和稳外贸稳外资稳投资金融服务的若干意见》等援企稳岗政策。鼓励推动符合条件的实体企业通过各自行业主管部门积极申请列入重点企业库名单，推进上海证券经营机构主动对接有融资需求的外贸、交运、文娱等重点行业，助力重点中小微企业渡过难关，稳住经济基本盘，104家次外贸、交运、文娱等重点行业企业实现直接融资1 586亿元，支持8家证券公司以自有资金出资设立210.67亿元的纾困母基金，实际发生对外投资82.9亿元，占比39%。

二是加大直接融资支持。上海企业资本市场直接融资合计6 124亿元，同比增长85%。其中，IPO募资1 197亿元，约占全国1/4，同比增速高达475%；股权再融资509亿元，同比增长179%；公司债券募资4 418亿元，同比增长66%。54家次新三板挂牌企业融资22亿元。上股交挂牌企业实现股权融资14亿元。发挥资本市场并购重组主渠道作用，帮助企业盘活存量、优化结构，拓展外延式发展空间。13家次上市公司完成重大资产重组，涉及金额870亿元。

三是不断提升金融服务能级。倡导证券基金期货经营机构2020年累计投入扶贫资金1.4亿元，开展“保险＋期货”159单，为三农企业及农业合作社赔付金额0.53亿元，助力乡村振兴，全力打好精准脱贫攻坚战。推动上市公司持续完善环境信息披露，112家上市公司披露了年度社会责任报告，宝钢股份参与上海市碳排放交易试点。证券公司承销绿色债券54只、296.1亿元，基金公司发行绿色公募债券基金和绿色金融类资产支持证券产品，投向绿色金融债和可再生能源等领域，服务绿色发展，坚决打赢污染防治攻坚战。

【落实“零容忍”要求严厉打击违法违规行为】

一是对违法违规行为保持高压态势。落实国务院、金融委部署要求，传导监管问责导向信号，优化案件结构，集中优势资源查办公司机构类重点案件。落实“总对总”机制要求，开展行政执法全链条监察监督问题整改，梳理稽查执法全流程，逐项排查风险点，针对性提出解决举措，办案质效有效提升，总体查实率达84%，较上年提升19个百分点。办结行政处罚案件15件，对33名责任人员作出处罚决定，罚没款总额1 164.46万元。强化执行力度，推动张某内幕交易案行政处罚执行落地，全额收缴罚没款1.03亿元，创派出机构执行到位金额之最。向公安移交涉嫌犯罪案件6件。

二是集中查办各类大案要案。上海证监局移送的中毅达案系上海首例提起公诉并判刑的违规披露重要信息罪案件。上海普天案系上海首例获宣判的央企上市公司违规披露重要信息罪案件。樊某内幕交易“金力泰”案系全国首例对涉证券领域犯罪的从业人员适用“从业禁止”的案件。史某指使上市公司违法信息披露案是按照“精准监管，科学问责”原则，全国首例探索区分责任主体差异化处理的案件。全面查处易见股份内幕交易窝案，该案涉及13名当事人，涉及多种复杂的内幕信息传递路径、违法动机与违法行为。史某指使上市公司违法信息披露案与易见股份内幕交易窝案均入选2020年证监稽查20大典型违法案例。

三是加大非法证券期货活动打击力度。保持严打非法证券期货活动的高压态势，通过完善优化打非线索核查工作指引，标准化地规范了打非线索的核查流程，切实保障了打非线索的办理质量和效率；坚持发挥科技赋能的关键作用，组织力量自建“智慧打非”信息系统，实现了打非数据集成、大数据分析和可视化展示等功能；紧密配合地方职能部门开展联合执法，按照上海市金融稳定协调联席会议机制，积极联系支持市区两级打非成员单位，对非法证券期货活动打出“组合拳”；健全完善与司法机关的行刑衔接机制，积极推动司法机关加大对非法证券期货活动的刑事打击力度，持续深化同上海市各级司法机关的日常交流，不断提高性质认定、资质查询等司法协助事项的办理效率。

四是加强典型法治案例宣传与警示教育。在官网宣传、媒体报道的基础上，创新法治宣传形式，利用新闻发布会、电视媒体、金融论坛等平台形式，以案说法提升宣传效果。召开监管执法案件发布会，通报涵盖内幕交易、上市公司违规披露、证券公司内控混乱、证券投资咨询机构违规承诺投资收益等4类典型违法违规案例，明确守法合规的底线要求；与市检察院联合召开打击上市公司信息披露违法犯罪新闻发布会，发布6件典型案件，实现法律效果与社会效果的有机统一。办理的“艾某等13人涉嫌内幕交易案”入选央视财经频道2020年股市大案追踪系列报道，调查组接受央视专题采访，取得了良好宣传效果。在首届上海金融论坛发布《上海证券期货行政违法案件情况通报》，有效传递执法理念。上海证监局办理的“廖某强操纵证券市场案”入选最高检、证监会联合发布的证券违法犯罪典型案例。

【强化投资者宣传教育，保护中小投资者合法权益】

一是持续优化上海资本市场法治环境。组织召开学习贯彻落实新的《中华人民共和国证券法》培训交流会，向上海各类市场主体下发关于深入学习贯彻新的《中华人民共和国证券法》的通知，凝聚各方守法合规、诚实守信的有效共识。在局外网开设“普法专栏”，联合系统单位举办“3·15细说新的《中华人民共和国证券法》”等投教活动，超过10万人次观看，指导行业协会组织开展新的《中华人民共和国证券法》知识竞赛，2万余名从业人员参与。利用云直播、云课程等新媒体手段，开展“三板新风，携手向前”“走近科创，你我同行”等专题投教活动，上线首日浏览量即突破10万人次。开展上市公司投保宣传百日行动，进行投资者保护专项现场检查。联合通信管理局、公安机关，通过发布防非公益短信、播放防非标语及动漫视频等形式加强防非宣传。制作辖区投保工作宣传片，发布投教基地大百科宣传手册。推动投资者教育纳入国民教育体系，联合行业协会、高校启动教材读本编写工作。

二是不断优化资本市场诚信环境与投资者保护生态。加强诚信建设，“上海证监局为科创板注册制营造诚信市场氛围”案例首次入选“上海年度十大政府优秀信用案例”，“上海证监局贯彻落实新的《中华人民共和国证券法》，全面发挥证券市场诚信档案制度作用”案例被评为2020年度上海市“创新社会治理深化平安建设”优秀案例。牵头发起成立上海投保联盟，联盟成员包括会系统在沪单位、上海市政府部门、新闻媒体、高等院校、投教基地等31家单位。坚持法治思维推进诉访分离，来信来访数量、群访批次分别同比下降31%、77%，获评“2018—2019年度上海市信访系统文明信访室”荣誉称号。

专题一：2020年防范资本市场领域重点风险情况

2020年，上海证监局按照党中央对风险防控工作的决策部署，进一步强化风险意识，持续健全风险防控体系，不断提升风险监测和应对能力建设，切实做好重点领域风险防控，牢牢守住不发生系统性风险的底线。

一、持续健全风险防控体系

切实贯彻党中央、证监会党委相关部署，站在打好攻坚战的战略高度，加强组织领导，认真部署落实风险防控工作。制定年度风险防控工作方案及分级防控总表，突出疫情扰动与边际变化，全面排摸风险点。加强风险等级分类管理、动态调整，将“上市公司财务造假等恶性违法违规”“新产品新业务风险”等两个新增风险纳入监测防控。完善重大风险应急预案，按照风险事件的严重性、重要性程度，优化领导决策方式。积极参与金融委办公室地方协调机制、上海市防范化解重大风险以及金融安全等工作协调机制，及时互通关键风险信息，强化风险联防联控联处。

二、有序推进重点领域风险化解

有效控制股票质押风险。“一司一策”推动高比例质押公司风险压降，截至年末，上海辖区第一大股东质押比例80%以上的公司共15家，占辖区上市公司的4.4%，较年初下降32%。证券公司股票质押业务规模持续压降为1 495亿元，较年初下降21%。资管产品对接的股票质押规模1 206亿元，较年初下降25%。严控债券违约风险。“一户一档”做好个案风险应对防范，妥善化解“16文化01”“18云克01”等债券回售兑付风险，推进个案风险处置。加强债券自营持仓和交易、债券承销及包销等风险防控，督促公司加强内部管控，制定完善风险预案。针对永煤集团、华晨集团信用债违约事件，重点防控辖区机构涉结构化发债产品风险，未发生风险外溢。

逐步出清私募基金领域风险。充分调动监管资源，增设综合业务监管处，专门负责辖区私募基金监管。定期更新风险台账和重点机构名单，集中对56家高风险私募机构进行专项核查，推动上海市政府召开私募基金风险排查处置专题会议，联合浦东新区政府开展私募机构检查353家次。与公安机关探索建立高风险私募机构多层次处置机制，加强对私募线索核查，协同出清风险。全年共向公安机关移送、通报12家私募机构涉嫌违法犯罪的线索，推动公安机关直接对辖区20家私募机构（含已注销机构）涉嫌违法犯罪情况立案侦查。配合公安司法机关推进阜兴系、成安系私募机构刑事起诉，协同妥善化解私募领域维稳风险。

三、协调各方稳妥处置重大风险个案

顺利完成华信证券风险处置。指导和监督行政清理组、托管组稳步开展风险处置工作。协助受让方开展受让资产、承接业务和客户、安置员工、新设验收等工作。行政清理期间，公司客户稳定，未发生大规模销户、群体上访事件；公司高管、员工情绪稳定，积极配合行政清理工作；经纪业务稳定运行，资管产品涉险风险全部化解，其他存量业务稳妥处理；舆情以正面引导为主。在各方通力协作下，行政清理工作按期结束。

明天系公司风险处置平稳有序开展。加强与人行上海总部、上海市金融局及相关证监局的协同，对国盛期货实行接管，组建行政接管组，指导托管组开展工作。协调推动股东增资，缓解净资本不足压力。报告期内国盛期货经营正常，人员基本稳定，各项业务均正常开展，未出现重大负面舆情及相关信访投诉。国盛证券、新时代证券等明天系旗下金融机构在沪营业网点以及ST游久的各项业务均正常开展。

稳步推进涉系私募基金重大风险个案处置。推动地方政府参与排查，跨处室抽调骨干力量，“一家一策”对重点集团涉及的管理人及产品风险进行排摸。督促相关机构及时整改落实，压降风险规模。妥善处理信访接待，最大限度做好投资者的安抚劝诫和就地吸附工作。

专题二：2020年上海资本市场支持实体经济情况

2020年，上海资本市场继续发挥多层次资本市场功能，多渠道满足不同企业融资需求，持续推动企业优化结构、转型升级，服务地方实体经济发展和国家重大战略，不断提升金融服务能级，取得较好成效。

全年共有39家企业实现A股首发上市，其中上交所主板上市11家，科创板上市24家，深交所创业板上市4家。首发募集资金共计1 197亿元，同比增长475%，位居全国各省市第一，创10年来新高。共有21家（次）上市公司实施了股权再融资，募集资金共计509亿元，同比增长179%，占到全国9 476亿元的5%。其中，非公开发行募集资金437亿元，并购重组募集配套资金70亿元，配股募集资金2亿元。共有13家（次）上市公司实施了并购重组，涉及交易金额共计870亿元，同比增长75%，占到全国1.66万亿元的5%。其中，发行股份购买资产8家（次），涉及交易金额740亿元；现金收购、资产出售等方式7家（次），涉及交易金额130亿元。

一、服务上海科创中心建设

做好监管服务工作，营造良好市场环境。完善持续监管，对科创公司实行年报研析全覆盖，与上交所探索形成科创板线索互通、问题协商、现场检查等工作机制；充分借鉴科创板监管经验，重点围绕新旧规则衔接、存量与增量之间的关系处理，做好创业板监管。联合市司法局和市律协召开科创板法律业务执业情况通报座谈会，督促律所发挥好“看门人”作用。与市知识产权局开展联合调研，共同助力提升科创板企业知识产权服务保障水平。

积极推进科创板建设与创业板改革，凸显市场包容性。2020年，上海24家企业科创板首发上市募资945亿元。截至2020年末，上海有科创板上市公司37家，数量列全国第二，募资总额和总市值列全国首位。企业利用多样化的上市道路，取得多项“首单”。中芯国际为科创板首家回归A股的境外已上市红筹企业，优刻得为首家同股不同权的上市企业，沪硅产业是首家带期权的上市企业，均发挥较好的示范作用。上海科创板公司2020年研发投入占营业收入的比重为17%，远高于上海上市公司2.5%的平均水平，有力推动了科技创新产业的发展。如，中芯国际完成先进制程1.5万片FinFET安装产能目标；君实生物自主研发的特瑞普利单抗为中国首个成功上市的国产PD-1产品。上海科创板公司2020年度营业收入、净利润同比分别增长23%和58%，表现出科技创新企业的巨大潜能和活力。

坚守科创定位，加强优质企业资源培育挖掘。深化上海“浦江之光”行动，协同上海市、区相关部门开展调研，支持符合条件的企业通过科创板、创业板上市实现更好发展。完成51家科创板企业、24家创业板企业的辅导验收，还有72家辅导备案企业拟申报科创板，67家拟申报创业板。上海股权托管交易中心（简称“上股交”）设立科创板后备展示专板，提供对接多层次资本市场的综合金融服务。引导券商积极挖掘储备优质上市资源，累计保荐科创板企业40家，券商另投子公司跟投科创板企业股权金额24.31亿元。

二、积极推动提高上海上市公司质量

推动政策落地，发挥合力促提升。推动上海市政府制定发布《关于推动上海上市公司质量的若干措施》，提出17条落实举措；采取“一司一策”，实行局领导分片包干，扎实推动落实。召开专题会议研究落实《国务院关于进一步提高上市公司质量的意见》，制定上海证监局贯彻落实工作方案，明确信息披露与公司治理“双轮驱动”，妥善处理好增量与存量的关系。加强政策宣传，组织辖区上市公司及董监高开展学习，协同主流媒体开展全方位宣传。与上海市金融局、沪深交易所建立联席工作机制，与市国资委、国有资本运营平台建立了季度例会及专题研讨机制，共同推进国有上市公司质量提升。

优化辅导备案，提高辅导监管效能。全年共完成81家企业辅导验收工作。修订辅导监管工作制度，完善注册制下辅导验收工作的差异化安排。利用线上平台接收辅导备案和验收材料，疫情期间采取非现场审阅等方式辅导验收公司12家。做好中芯国际等红筹回归公司的服务保障，按规定完成验收程序后1个工作日内即向保荐机构出具相关函件。

推动提升公司规范化水平。持续加强对“关键少数”的监管，对控股股东、实际控制人、上市公司董监高等采取行政监管措施19家次，保持对信息披露违规、大股东资金占用、董监高违规减持的高压态势。强化退市监管，持续关注年报被出具无法表示意见、被立案调查、“一元股”等退市风险公司，维护上市公司资产安全与中小股东权益，压实公司主体责任，及时与地方政府会商互通，稳妥推动化解ST毅达退市风险。

专题三：2020年上海资本市场支持疫情防控情况

2020年新冠肺炎疫情暴发后，上海上市公司、证券基金期货经营机构积极响应，主动对接受疫情影响严重地区行业，充分发挥金融助企纾困功能，努力打好疫情防控阻击战。

及时优化监管安排。在疫情防控中充分发挥党委集中领导、统一指挥的政治优势和组织优势，全面排摸市场主体困难及与疫情相关的风险，及时向证监会和上海市政府反映，主动协调解决实际问题，推动辖区机构、上市公司于2月末、3月末率先实现全面复工复产。落实证监会对信息披露延期、股票质押及融资融券业务展期、风控指标监管要求调整等特殊政策安排，做好资本市场支持防控疫情有关政策及落实情况的宣传。及时调整拟上市企业辅导备案方式，第一时间向企业明确可以通过快递、电子邮件等形式报送辅导备案材料；收到企业验收申请后，及时审核书面材料，通过电话、邮件沟通问询，有序开展验收工作，在疫情防控特殊时期，有效保障了企业申报进度。启动证券期货基金经营机构风险压力测试，建立疫情风险跟踪分析机制，保证市场常态化运行。

鼓励上市公司主动投身抗击新冠疫情。上海上市公司坚决贯彻落实党中央、国务院关于疫情防控工作的各项决策部署，积极履行社会责任，为打赢疫情防控阻击战贡献力量。2020 年，上海上市公司参与抗疫的共计 107 家，累计捐款捐物超 5.6 亿元。宝钢股份、光大证券等企业通过“绿色通道”发行了 60 亿元疫情防控公司债。

引导机构发挥金融专业优势支持抗疫。上海证券公司优化工作流程，为注册在湖北等疫情严重地区的相关企业以及抗击疫情相关企业发行公司债券、资产支持证券用于防疫流动资金需求、建设定点隔离医院、采购医疗设备物资等提供高质量承销保荐服务，并在风险可控的前提下，在融资成本、风险缓释等方面对积极参与抗疫的民营企业给予支持。17 家券商主承销疫情防控专项债 538 亿元，8 家证券基金经营机构发行疫情防控专项资产支持证券 80 亿元。上海期货公司为湖北等重点疫区的企业在开立期货账户、申请套保头寸等方面开通绿色通道，充分发挥衍生品风险管理特点，帮助产业链上下游受到疫情影响的企业制定符合自身需求的套保方案，对冲价格波动风险，推出“口罩期权”等行业创新案例。

广泛汇聚行业力量参与群防群治。指导上海上市公司协会、证券同业公会、基金同业公会、期货同业公会等向行业机构、上市公司发出倡议，号召市场各方积极履行社会责任，通过向疫区捐款捐物等多种方式支持疫情防控工作，凝聚起资本市场众志成城、共克时艰的强大正能量。支持上海市基金同业公会与上海市医药卫生发展基金会合作成立“致敬白衣天使专项基金”，累计捐赠款项 4 700 余万元。

（上海证监局）

国家外汇管理局上海市分局

2020 年，国家外汇管理局上海市分局在总行、总局以及总部党委的正确领导下，努力克服疫情不利影响，便利化、防风险两手抓，服务实体经济、防控金融风险、深化金融改革，不断推动上海外汇管理改革创新，有力保障了上海国际金融中心收支汇兑运行顺畅。

【支持涉外企业复工复产，持续做好“六稳”“六保”工作】

一是第一时间制定《疫情防控期资本项目业务便民指南》，发布《关于支持疫情防控及企业复工复产相关经常项目业务便利化政策的操作指引》，鼓励银行优惠服务疫情防控用汇需求。二是按照总局发布的有关疫情防控外汇政策精神，指导上海市各家银行机构特事特办。三是精准对接企业需求，帮助企业用足用好政策尽快复工复产。持续推进跨境金融区块链服务平台试点。四是多方面开展银企调研，务实做好“稳外贸”“稳外资”工作。就辖内银行开展外汇管理便利化政策的落实情况持续做好督导工作，要求银行贯彻总局“四个不得”，切实服务实体经济发展。

【大力推进贸易投资自由化便利化，切实服务实体经济发展】

一是发布《国家外汇管理局上海市分局关于开展贸易外汇收支便利化试点的通知》，进一步扩大参与贸易外汇收支便利化试点的银行和企业范围。二是支持银行“白名单制”，切实服务民营、小微企业发展，激发市场主体活力。三是印发《国家外汇管理局上海市分局关于在全辖开展资本项目外汇收入支付便利化试点的通知》，将便利化政策推广至上海市全辖。四是积极推出高新技术企业外债便利化额度试点、一次性外债登记试点以及融资租赁类公司共享外债额度试点等三项改革措施。五是稳步推进本外币一体化资金池业务。开创性解决红筹企业科创板上市涉汇问题。稳步推动 QDLP、QFLP 试点常态化，满足境内主体证券投资和配置全球资产的需求。

【建立健全全口径全过程数据监测机制，提升外汇形势分析研判能力】

一是充分利用“数据核查”模块，及时督促银行修改错误或疑问数据，提升申报数据核查效率。做好406家机构的直接申报工作。二是保质保量完成贸易信贷数据采集工作，2020年上海贸易信贷月度统计调查样本企业共计1 025家次，数量居全国第一。三是保持形势监测分析的敏感度，结合复工复产、贸易摩擦和收支实际持续监测分析我国外汇市场变化，研究对上海跨境资金流动的深远影响。四是加强数据解读共享，积极主动引导市场主体形成合理预期。定期与占全市收支总量前80%的银行进行座谈，按照总局统一口径精准传导外汇政策。五是按月及时完成《上海涉外收支统计月报》的编辑印刷工作，联合上海银行自律组织改版《上海外汇管理》杂志，2020年共出版4期，刊发41篇有参阅价值的政策新闻稿件。六是与同业公会联合举办"加快上海国际金融中心建设"系列培训，总计14期，各外汇指定银行成员现场参与讲座914人次，在线观看8 577人次。

【持续加强监管能力建设，有效防范化解跨境资金流动风险】

一是有效整合分局非现场核查资源，加大对个人分拆、境外发债、内保外贷等重点领域的监测力度，不断开辟新案源。二是加强金融机构监管，守住不发生系统性风险底线。有序推进金融机构总分行一体化检查，对2019年检查发现的银行违规外汇行为进行处罚。三是加大对支付机构和外汇批发业务监管力度。积极开展总局统一部署的外汇批发业务专项检查。四是继续严查地下钱庄案和跨境赌博活动。不断加强汇警协作，配合上海经侦成功破获"122"机制启动以来上海经侦部门主战的首起跨境赌博案件。五是继续对网络炒汇平台开展高压打击态势。根据总局清理整治网络炒汇工作部署，继续开展网络炒汇平台清理整治工作，截至年底已累计清理整治非法网络炒汇平台145家。

（国家外汇管理局上海市分局）

上海市地方金融监督管理局

2020年，面对突如其来的疫情和复杂的国内外形势，上海金融业积极贯彻落实党中央、国务院和市委、市政府有关疫情防控工作的部署精神，坚决落实各项疫情防控措施，以"金融30条"为重要抓手，全力以赴落实"三大任务"，支持实体经济稳增长，加强地方金融监管，优化金融发展环境，扎实推进上海国际金融中心建设各项工作。

金融业在支持上海经济稳增长方面发挥了积极作用。2020年，上海实现金融业增加值7 166.26亿元，同比增长8.4%，占全市生产总值的18.5%，拉动全市经济增长1.5个百分点，占全国金融业增加值的8.5%。上海金融市场直接融资额17.6万亿元，同比增长39.2%；上海金融市场成交总额2 274.83万亿元，同比增长17.6%。

（一）全力确保"三大任务"落地落实

临港新片区方面，《全面推进中国（上海）自由贸易试验区临港新片区金融开放与创新发展的若干措施》印发。实施更加便利的跨境资金管理制度，推动新片区优质企业跨境人民币结算便利化并推广到全市，惠及全市约5 000家企业。跨境人民币贸易融资转让服务平台上线。科创板方面，科创板注册制改革进一步深化，"浦江之光"行动不断落实。截至12月31日，科创板已上市215家企业，其中上海37家，排名全国第二，累计募资总额和总市值均位列全国第一。一批集成电路、生物医药、人工智能等关键领域企业上市。长三角一体化方面，《关于在长三角生态绿色一体化发展示范区深化落实金融支持政策推进先行先试的若干举措》印发，长三角地方金融监管局局长圆桌会议召开。累计设立31个长三角地区资本市场服务基地。应收账款票据化、"贴现通""票付通"等逐步推广，服务长三角地区2 400余家企业。金融支持长三角G60科创走廊先进制造业高质量发展综合服务方案发布，"G60科创贷"等产品推出。

（二）全力确保国际金融中心建设战略目标如期完成

认真落实习近平总书记在浦东开发开放30周年庆祝大会上的重要讲话精神。经国务院同意，人民银行等五部门联合发布《关于进一步加快推进上海国际金融中心建设和金融支持长三角一体化发展的意见》（"金融30条"）。上海国际金融中心建设"十四五"规划编制和"后2020"国际金融中心建设谋划不断推进。金融业对外开放取得新进展，上海外资金融机构设立的"首家""首批"示范效应明显。金融科技加快发展，《加快推进上海金融科技中心建设实施方案》印发。数字人民币应用试点在沪开展。金融科技应用试点和金融科技创新监管试点有序推进。交银金科、汇丰金科等金融科技公司在沪设立，长宁区与人民银行数字货币研究所共同组建金融科技公司。金融市场建设深入推进，LPR利率期权、低硫燃料油期货、国际铜期货等重要金融产品推出。首单科创板存托凭证（CDR）上市交易。中国太保、长江电力、国投电力三家公司通过“沪伦通”机制发行全球存托凭证（GDR）。上海清算所和欧清银行合作面向境外发行“玉兰债”。上海黄金交易所和中国银行联合推出“沪澳黄金之路”项目。《关于推动提高上海上市公司质量的若干措施》印发，为推动提高我市上市公司质量提供了坚实的制度保障。

（三）全力确保金融服务经济高质量发展

金融支持疫情防控和“六稳”“六保”，形成“沪28条”中金融支持政策，发布“上海金融业支持中小微企业复工复产9方面26条举措”，印发《关于进一步做好金融支持稳企业保就业工作的指导意见》。金融机构加大信贷投放、产融对接进一步加强。大数据普惠金融应用不断深化，向18家在沪银行开放我市8个部门的近400项公共数据，推动银行通过金融科技赋能提高信贷服务效率。“信保＋担保＋银行”融资服务方案推出，已被写入国家稳外贸相关指导意见中加以全国推广。金融支持科创中心建设力度不断加大，张江指数发布。科创金融创新持续推进，探索多种形式的投贷联动融资服务创新。推进长三角科创金融改革试验区申报。金融支持产业发展和社会民生，供应链金融不断发展。支持智慧城市建设，推进文化金融、养老金融，做好三农金融服务。保险保障作用有效发挥，在沪保险机构加大保险产品和服务创新。

（四）全力优化金融发展环境

国务院金融委办公室地方协调机制（上海市）建立。金融法治环境不断优化，信用环境建设持续推进。地方金融监管制度不断完善，《上海市地方金融监督管理条例》于7月实施，《上海市商业保理公司监督管理暂行办法》印发。审慎有效开展地方金融监管，依法化解金融风险矛盾，率先实现全国重点区域在营网贷平台全部退出，稳妥处置重点风险个案。营商环境持续优化，不断深化“放管服”改革，全面实施优化营商环境行动方案。国际金融人才高地建设取得积极进展，坚持金融人才的培养、引进和集聚，人才发展环境不断优化。“第十二届陆家嘴论坛”成功举办，上海国际金融中心的国际影响力进一步提升。

（上海市地方金融监督管理局）

二、上海市金融报告

2020 年上海市金融运行报告

2020 年，面对新冠肺炎疫情的严峻考验和复杂多变的国内外环境，上海坚持疫情防控和经济发展两手抓，金融系统全力落实金融支持稳企业、保就业各项工作任务，为实体经济克服疫情影响提供了有力支持。年初以来，上海经济运行稳步复苏向好，逐季回升，新发展动能持续增强，经济运行中的积极因素持续增多。2020 年，全市实现地区生产总值 3.87 万亿元，同比增长 1.7%，增速比一季度、上半年和前三季度分别提高 8.4 个、4.3 个和 2.0 个百分点；与全国增速差距收窄至 0.6 个百分点。

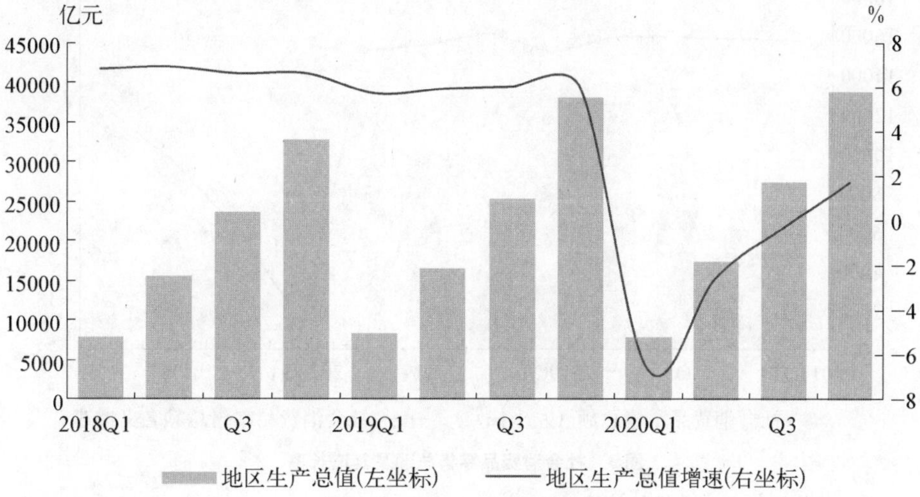

图 1 地区生产总值及其增长率

数据来源：上海市统计局

一、上海经济运行情况

（一）投资消费持续回升，外资外贸好于预期

固定资产投资实现两位数增长。2020 年，全社会固定资产投资总额同比增长 10.3%，是 2008 年以来首次达到年度两位数增长。其中，制造业围绕高端芯片、新能源汽车等重点领域加大投资力度，制造业投资增长 20.6%，连续 12 个季度两位数增长，占固定资产投资的比重提高至 15%；房地产开发投资增长 11%，城市基础设施投资下降 3.6%。市场主体数量稳中有升。截至 12 月末，上海各类市场主体共计 292.9 万家，同比增加 22.5 万家，其中，正常经营家数为 218.4 万家，同比增加 29.5 万家。

消费品市场逐步回暖。2020 年，社会消费品零售总额同比增长 0.5%，前三季度为下降 4.6%。

在经济复苏和消费刺激政策的支撑下，消费品市场逐步摆脱疫情影响，其中 11 月社会消费品零售总额增长 17.1%，增速创“十三五”时期以来新高。从结构看，生活必需品消费稳步恢复，改善性消费品实现较快增长。其中，批发零售业零售额由前三季度同比下降 2.5%转为增长 2.6%，饮料类、金银珠宝类和化妆品类零售额分别增长 35.6%、24%和 21.9%。

外贸进出口保持增长。2020 年，上海实现进出口 5 031.9 亿美元，同比增长 1.9%。在进博会带动下，进口增速高于出口。全市进口增长 3.4%，出口下降 0.4%。从企业性质看，民营企业进出口逆势增长 10.9%，外商投资企业进出口增长 2.6%，而国

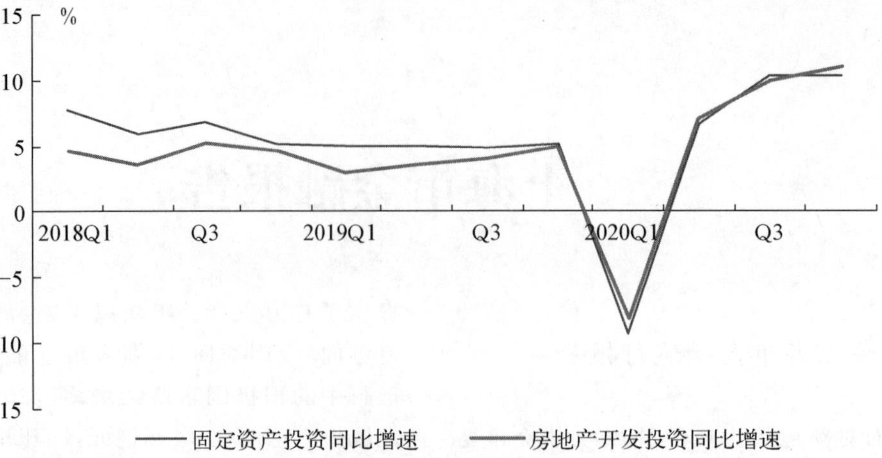

图 2　固定资产投资及其增长率

数据来源：上海市统计局

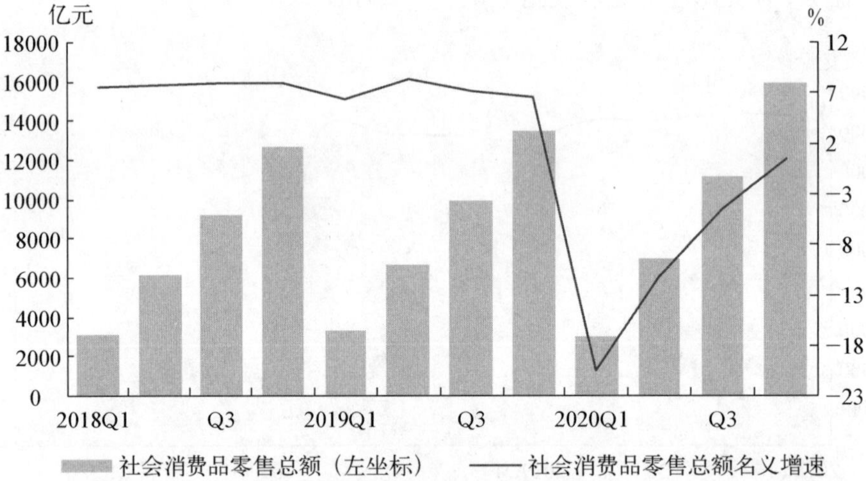

图 3　社会消费品零售总额及其增长率

数据来源：上海市统计局

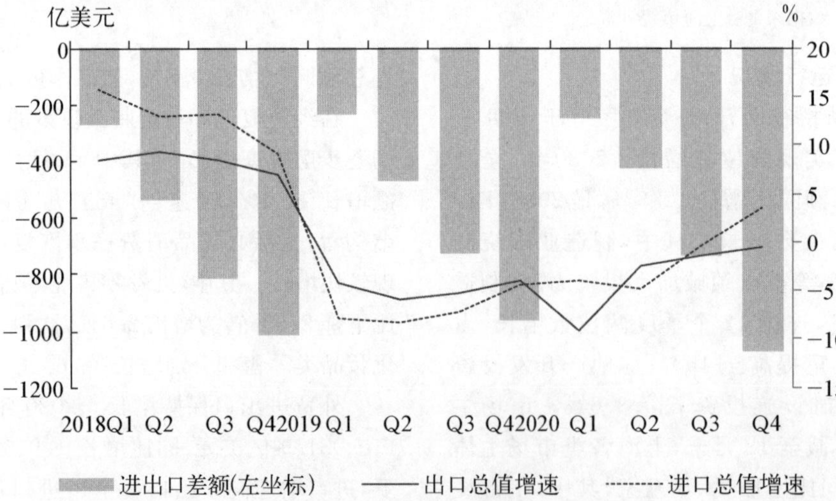

图 4　货物进出口增长率

数据来源：上海海关

有企业进出口下降13.3%。从出口市场看，对美出口增长6.0%，对欧盟出口增长1.9%，对东盟出口下降6.8%，对日本出口下降8.1%。从贸易方式看，一般贸易进出口增长4.1%，加工贸易进出口下降0.4%。从商品类别看，高新技术产品进出口增长6.3%，机电产品进出口增长3.9%。

利用外资逆势增长。2020年，上海实到外资202.3亿美元，同比增长6.2%。其中，第三产业实到外资金额增长10.6%，占全市比重为94.5%。总部经济能级持续提升。截至2020年末，上海累计设立跨国公司地区总部767家、外资研发中心479家，继续保持全国领先。

（二）市场主体稳中有升，工业生产由降转增，服务业稳步回升

市场主体数量稳中有升。截至12月末，上海各类市场主体共计292.9万家，比上年末增加22.5万家，其中，正常经营的为218.4万家，较上年末增加29.5万家。

工业生产由降转增。2020年，上海规上工业增加值增速由降转增，由前三季度同比下降1.9%转为增长1.7%。工业复苏行业占比持续提升，全市35个工业行业中实现正增长的覆盖面从3月份的17.1%大幅提升至12月的74.3%。六个重点行业中，汽车制造业、电子信息产品制造业、生物医药制造业分别增长9.3%、5.3%和2.9%。工业战略性新兴产业领先发展，总产值同比增长8.9%，增速高出规模以上工业总产值7个百分点；占规模以上工业比重为40%，比上年提高7.6个百分点。其中，新能源汽车和新材料产值分别增长1.7倍和10.8%。

服务业稳步回升，在线经济和金融业较快发展。2020年，全市第三产业增加值增长1.8%，比前三季度提高1.1个百分点。受疫情影响，线下服务逐步向线上转移，远程办公、网络零售、智能配送等新经济、新业态呈现爆发式增长，信息传输、软件和信息技术服务业展现强劲发展活力，增加值同比增长15.2%，拉动全市经济增速1.1个百分点。金融业保持较快增长，增加值同比增长8.4%，拉动全市经济增速1.5个百分点。金融市场较为活跃，金融中心国际化水平稳步提升，在全球金融中心指数排名中首次跻身全球第三。全年，上海证券交易所、中国金融期货交易所、上海期货交易所成交额分别增长29.4%、65.8%和35.8%。流通领域持续恢复。批发零售业、交运仓储邮政业增加值分别下降3.3%和8.4%，降幅比前三季度收窄3.6个和2.7个百分点。

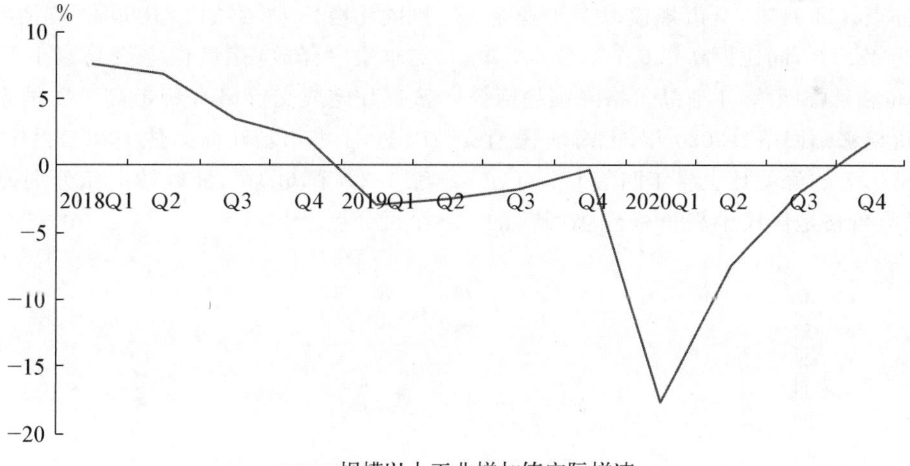

图5 规模以上工业增加值实际增长率

数据来源：上海市统计局

（三）财政收入降幅收窄，居民收入增速回升，企业效益有所下滑

财政收入降幅收窄。2020年，上海完成一般公共预算收入7 046.3亿元，同比下降1.7%，降幅比前三季度收窄4.2个百分点。分税种看，增值税和企业所得税分别下降17.4%和4%，个人所得税和契税分别增长11%和20.6%。从支出看，全市一般公共预算支出8 102.1亿元，同比下降0.9%，降幅比前三季度收窄6.6个百分点。

就业保持稳定，居民收入增速回升。四季度，上

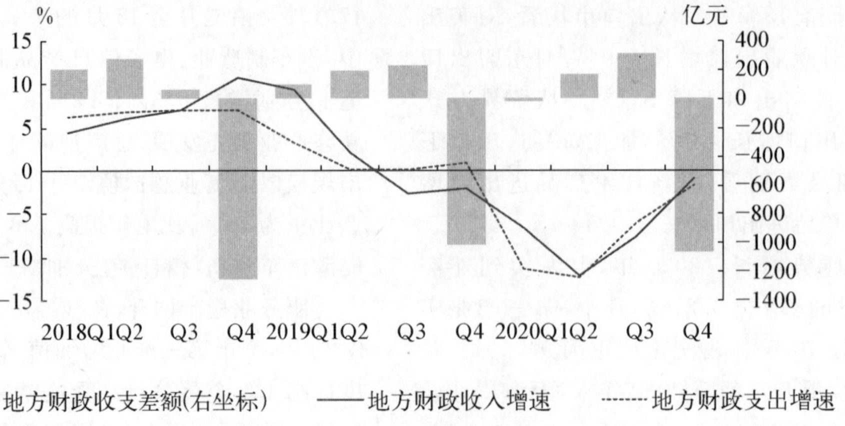

图 6 地方财政收支状况

数据来源：上海市统计局

海城镇调查失业率为 4.1%，比三季度下降 0.3 个百分点。全年，全市新增就业岗位 57.04 万个；12 月末，城镇登记失业人数 13.54 万人，比上年末减少 5.8 万人。居民收入增速回升。2020 年，全市居民人均可支配收入增长 4.0%，比前三季度提高 0.5 个百分点。其中，城镇常住居民和农村常住居民人均可支配收入分别增长 3.8%和 5.2%。

工业企业效益降幅收窄。2020 年前 11 个月，上海规模以上工业企业实现营业收入和利润同比分别下降 2.4%和 2.7%，降幅比前三季度分别收窄 2 个和 1.9 个百分点。11 月末，全市规模以上工业企业资产负债率为 48.5%，同比提高 0.6 个百分点。

（四）消费价格涨幅回落，工业品价格降幅趋稳

居民消费价格涨幅回落。2020 年，上海居民消费价格同比上涨 1.7%，涨幅比上半年回落 1 个百分点。其中，食品类价格是居民消费价格涨幅回落的主要因素，全年累计上涨 6.3%，涨幅比上半年回落 3 个百分点。

工业品价格降幅趋稳。2020 年，上海工业生产品出厂价格同比下降 1.7%，降幅比上半年扩大 0.1 个百分点；购进价格同比下降 3.1%，降幅比上半年扩大 0.2 个百分点。

（五）房地产市场成交恢复，住宅建设迅速回升

房地产市场成交恢复。二季度以来，随着需求持续释放，上海房地产市场活跃度提高，成交回暖。2020 年，全市新建商品住房和二手住房成交面积分别同比增长 14.3%和 24.5%。疫情后，积压的购房需求集中释放，存量住宅交易量上升，为近四年最高。住宅成交价格有所走高。据国家统计局数据，12 月，上海市新建商品住宅和二手住宅价格同比上涨 4.2%和 6.3%，涨幅较上年分别提高 1.9 个和 5 个百分点。

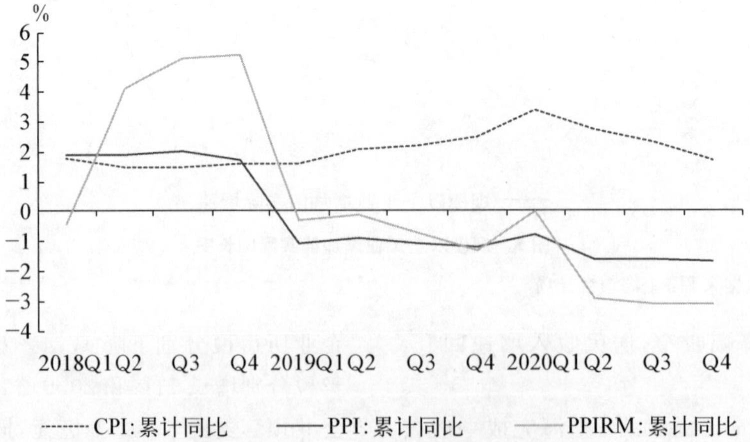

图 7 CPI 和 PPI 变动趋势

数据来源：上海市统计局

住宅建设迅速回升。二季度以来，房地产开发投资增速回升，新开工、施工和竣工面积规模扩大，房地产市场供给改善。2020 年，上海住宅新开工面积同比增长 11.7%，同比提高 4.9 个百分点；住宅施工面积同比增长 3.6%，同比提高 4.6 个百分点；住宅竣工面积同比增长 12%，同比大幅提高 28 个百分点。

（六）落实长三角一体化发展国家战略进展情况

充分发挥长三角合作机制协同联动作用，增强内外部合力，推动金融支持一体化工作向纵深发展。一是根据“30 条意见”等相关工作部署，新增 16 项专题工作，包括长三角支付结算互联互通、双创债发行、绿色金融合作、外汇管理合作、金融科技交流等。目前 16 项专题工作已全部正式启动，且多项工作取得重要突破。二是发布《长三角生态绿色一体化发展示范区关于深化落实金融支持长三角一体化发展推进先行先试的若干举措》《长三角生态绿色一体化发展示范区银行业金融机构同城化建设指引》，推动示范区金融机构同城化制度创新。三是上海市、江苏省、浙江省、安徽省人民银行省会中支和地方金融监管部门起草完成《长三角区域（上海、南京、杭州、合肥、嘉兴）建设科创金融改革试验区方案》，目前该方案已上报国务院签批。

二、上海金融运行情况

2020 年，中国人民银行上海总部按照总行部署，坚持金融服务实体经济的根本要求，继续实施稳健的货币政策，加强宏观审慎管理，适时适度逆周期调节；深化 LPR 改革，着力解决融资难、融资贵问题，保持流动性合理充裕；牵头出台上海金融支持稳企业、保就业 18 条新举措，全力保障优惠贷款资金快速精准直达实体经济；为保市场主体稳就业营造了适宜的货币金融环境，有力支持了上海经济稳步恢复。具体看，全市各项存款增速加快，非金融部门普通存款明显多增；贷款增速有所回升，贷款投向不断优化；利率水平继续下降，企业融资贵问题显著缓解；社会融资规模同比多增，股票融资明显多增；流动性状况较为平稳，信贷资产质量基本稳定；金融机构业务经营总体稳健，利润增速降幅收窄。

（一）各项存款增速加快，非金融部门普通存款明显多增

12 月末，全市金融机构本外币各项存款余额为 155 865.1 亿元，同比增长 17.4%，增速较上年末提高 7.7 个百分点，较同期全国存款增速高 7.2 个百分点。其中，中外资金融机构人民币和外币存款余额分别为 145 327.7 亿元和 1 615.0 亿美元，同比分别增长 17.8% 和 18.7%，增速分别较上年末提高 8.3 个和 8.8 个百分点。

2020 年，全市本外币各项存款累计新增 23 018.8 亿元，同比多增 11 338.8 亿元。分币种看，人民币各项存款增加 21 978.6 亿元，同比多增 11 291.0 亿元；外币各项存款增加 253.6 亿美元，同比多增 131.4 亿美元。分主体看，境内存款累计增加 21 804.3 亿元，同比多增 10 785.0 亿元；境外存款累计增加 1 214.4 亿元，同比多增 553.9 亿元。

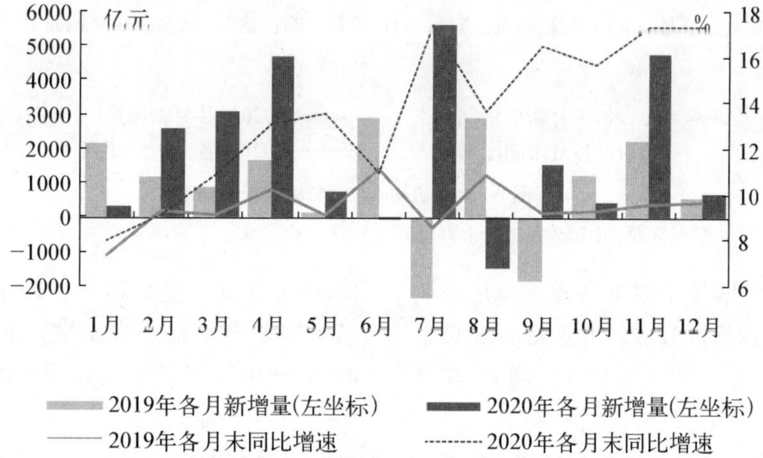

图 8 金融机构本外币存款增长

数据来源：中国人民银行上海总部

2020年全市存款增长呈以下特点：一是非金融部门普通存款明显多增，结构性存款和大额存单增速回落。非金融部门存款全年新增1.52万亿元，同比多增5 710.3亿元，其中活期存款、定期存款、通知存款和协定存款分别增加5 814.6亿元、3 397.4亿元、3 271.5亿元和2 904.4亿元，四类普通存款同比多增1.07万亿元，且普通存款增长节奏先抑后扬，下半年增量占比达七成；而大额存单和结构性存款分别增加1 353.3亿元和减少2 005.1亿元，同比分别少增2 504.2亿元和多减2 508.3亿元。银行负债来源结构变化一方面与市场利率平稳导致各类长期存款利率差异缩小，以及企业和个人改善资金流动性、扩大投资消费有关；另一方面也反映出LPR利率改革后银行通过以贷定存的定价机制缓解利差收窄和利润下滑的动力较强。二是外币存款增速创新高。外币存款年末增速达18.7%，创近三年新高；全年新增外币存款253.6亿美元，同比多增131.4亿美元，其中境外企业的外币存款增量占比近八成。三是同业存款大幅增长。非银行业金融机构存款年末增长37.3%，增速同比上升25.7个百分点。全年新增非银行业金融机构存款7 829.1亿元，同比多增5 628.5亿元；其中受各行理财子公司理财产品资金归集和股市成交放量等因素影响，特定目的载体公司、交易结算类金融机构和证券公司存款分别增加2 614亿元、2 212.4亿元和1 824.9亿元，同比分别多增2 823.8亿元、1 466.8亿元和457.3亿元。

（二）贷款增速有所回升，贷款投向不断优化

12月末，全市本外币各项贷款余额为84 643.0亿元，同比增长6.0%，较年初上升1.1个百分点，较同期全国贷款增速低6.5个百分点①。其中，中外资金融机构人民币和外币贷款余额分别为75 312.9亿元和950.9亿美元，同比分别增长4.8%和11.0%，增速分别较上年末下降4.5个和上升7.2个百分点。

2020年，全市本外币贷款累计增加6 741.6亿元，同比多增1 131.7亿元。分币种看，人民币各项贷款增加6 108.6亿元，同比多增810.7亿元；外币各项贷款增加156.7亿美元，同比多增125.4亿美元。分主体看，境内贷款累计增加6 506.7亿元，同比多增1 003.9亿元；境外贷款累计增加234.9亿元，同比多增127.9亿元。

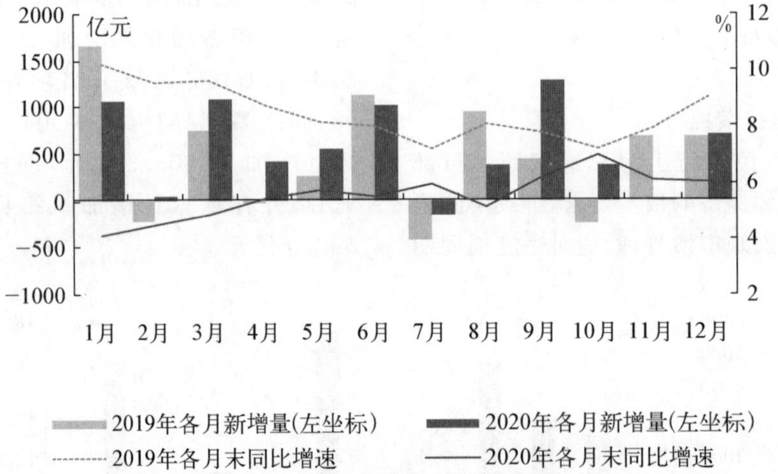

图9　金融机构本外币贷款增长

数据来源：中国人民银行上海总部

2020年，全市贷款增长呈以下特点：一是企业中长期贷款和信用贷款投放较多。非金融企业贷款（可比口径）全年新增5 257.8亿元，同比多增2 013.6亿元。受延迟还贷政策消化部分短期融资需求和下半年企业复工复产扩大投资等因素的影响，企业中长期贷款投放明显加速。年末企业中长

① 2020年初，平安银行和南京银行、天津银行分别将汽车消费金融中心业务和“借呗花呗”联合贷款业务从上海分行划转至其异地总行；2020年11月农发行将上海地区票据融资数据上调总行，导致上海贷款余额同比增速较去年同期明显下降。若还原上述调整因素，2020年12月末上海本外币各项贷款增速约为9.6%，较同期全国贷款增速低2.9个百分点。

期贷款增长13.6%，增速同比提高3.9个百分点；全年中长期企业贷款增加3 815亿元，同比多增1 334.4亿元。从贷款方式看，年末境内企业信用贷款增速达23.4%，全年新增信用贷款3 309.3亿元，同比多增3 005.2亿元；12月末境内企业贷款中的信用贷款余额和年累计增量占比分别为35.1%和67.3%，同比分别上升3.6个和55.8个百分点。二是贷款投向结构优化，房地产开发贷款同比少增。全年新增境内非金融企业贷款（不含票据融资）中投向工业、交通运输仓储和邮政业、租赁商务服务业和信息传输、软件信息技术服务业的贷款分别增加907亿元、740亿元、408亿元和248亿元，同比分别多增382亿元、754亿元、少增380亿元和多增182亿元；房地产开发贷款增加416亿元，同比少增133亿元，其中住房和商业用房开发贷款分别增加157亿元和317亿元，同比分别少增114亿元和110亿元。三是民营企业贷款[①]保持平稳增长态势。全年民营企业贷款增加3 120.2亿元，同比多增1 376.7亿元；年末民营企业贷款同比增长10.8%，增速同比提高4.5个百分点。分结构看，全年除国有企业以外的境内企业贷款增加2 224.9亿元，个人经营性贷款增加895.3亿元，同比分别多增1 054.2亿元和322.5亿元。四是普惠小微贷款[②]同比多增。年末普惠小微贷款余额为5 206.3亿元，可比增速为41.5%，远高于同期各项贷款增速。全年普惠小微贷款增加1 526亿元，同比多增447.7亿元；其中个体工商户及小微企业主的经营性贷款和单户授信1 000万元以下小微企业贷款分别增加917.4亿元和608.6亿元，同比分别多增248.1亿元和199.6亿元。

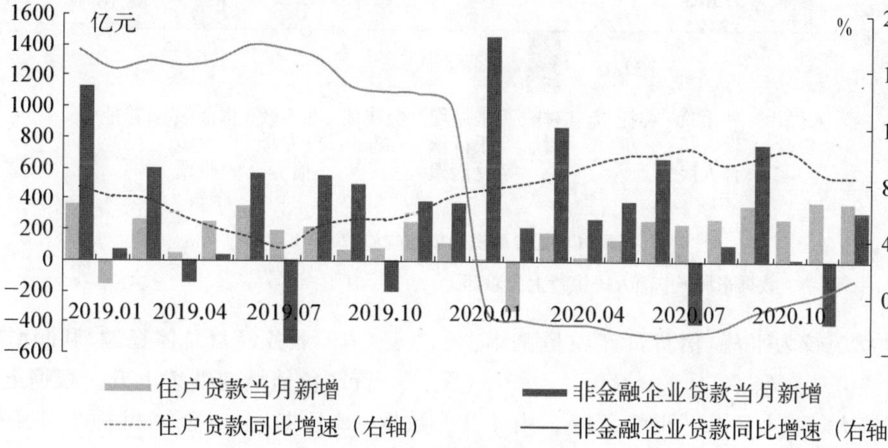

图10 金融机构本外币贷款增长

数据来源：中国人民银行上海总部

五是后疫情期的消费回暖推动个人消费贷款加速增长。全年个人消费贷款增加1 291.2亿元，同比少增164.2亿元；其中，个人住房贷款和汽车消费贷款分别增加974.6亿元和307.4亿元，同比分别少增34.4亿元和多增206.2亿元。随着下半年以来住房和汽车消费刚性需求的加速释放，第四季度个人住房贷款、汽车贷款和其他消费贷款分别增加270.6亿元、358.1亿元和101.2亿元，同比分别多增65.4亿元、176.3亿元和146.7亿元。

（三）融资成本继续下行，融资贵问题明显缓解

市场资金面总体宽松，银行间融资成本下降。12月份，银行间市场同业拆借及质押式债券回购月加权平均利率为1.302 7%和1.357 8%，分别较去年12月下降78.8个和73.9个基点。

不同品种贷款利率同步下行。12月份，上海人民币贷款加权平均利率为4.74%，较上年12月下降29个基点。其中，一般贷款平均利率为5.03%，较

① 2020年起，上海民营企业贷款口径与总行公布口径保持一致，包括本外币的除国有企业之外所有境内企业贷款及个人经营性贷款。

② 包括人民币单户授信1 000万元以下小微企业贷款及个体工商户和小微企业主经营性贷款。2019年1月，普惠小微企业贷款口径由单户授信500万元以下调整为授信1 000万元以下，因此同比增速数据从2020年1月开始。

上年12月下降34个基点；票据融资平均利率为3.02%，较上年12月下降15个基点。

（四）社会融资规模同比多增，本外币贷款增长较好，股票融资明显多增

2020年，上海社会融资规模为10 915.5亿元，同比多增2 273.5亿元。

其中，人民币与外汇贷款合计增加7 268.8亿元，同比多增1 895.6亿元，合计占比66.6%，较上年同期上升4.4个百分点。委托贷款减少272.1亿元，同比少减385.8亿元。信托贷款减少1 746.1亿元，同比多减861.0亿元。未贴现的银行承兑汇票增加678.6亿元，同比多增115.1亿元。

在直接融资方面，股票融资明显多增。2020年，上海非金融企业境内股票融资1 507.7亿元，同比多增1 104.5亿元；占社融规模的13.8%，同比大幅提高9.1个百分点。此外，全年政府债券融资1 179.6亿元，同比多增417.0亿元；企业债券融资1 603.3亿元，同比少增1 142.5亿元。

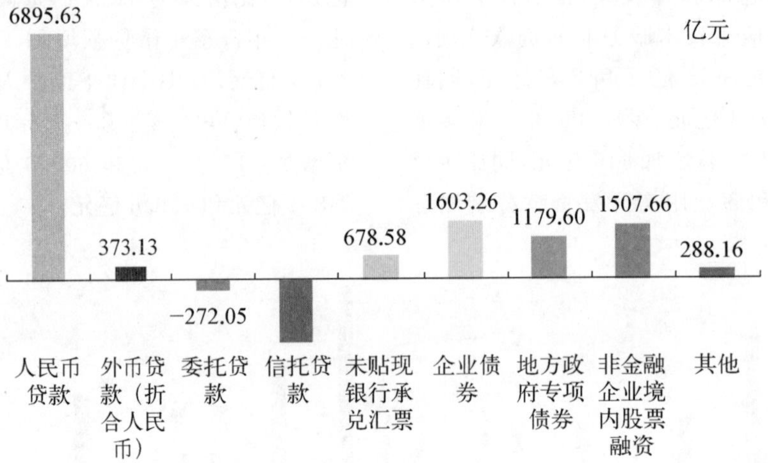

图11 社会融资规模结构(2020年)

数据来源：中国人民银行上海总部

（五）流动性状况较为平稳，信贷资产质量基本稳定

贷存比降幅较大，备付率水平小幅下降。由于年初以来存款增长情况好于贷款，加之贷款统计口径有所调整，全年贷存比降幅较大。12月末，全市中资商业银行人民币贷存比为50.8%，比上年同期下降5.5个百分点；外资金融机构人民币贷存比为58.9%，比上年同期下降7.7个百分点。12月末，全市中资商业银行人民币备付率为2.15%，比上年同期小幅上升0.04个百分点。

2020年，上海金融机构对不良贷款的核销力度进一步加大，全市不良贷款率和不良贷款额较上年末均出现下降。12月末，上海金融机构不良贷款余额662.2亿元，比上年末减少69.5亿元；不良贷款率为0.79%，比上年末下降0.14个百分点，同时也继续明显低于全国1.92%的水平。12月末，在沪法人银行拨备覆盖率为365.7%，较上年同期提高91.0个百分点。综合来看，目前上海商业银行的资产质量基本稳定。

（六）业务经营总体稳健，利润增速降幅收窄

资产负债增速继续上升。根据上海市银保监局数据，12月末，全市金融机构本外币资产和负债同比分别增长16.4%和16.9%，增速较上年末分别提高9.3个和9.8个百分点。其中，中资银行资产总额为16.8万亿元，同比增长17.2%；外资银行资产总额为1.64万亿元，同比增长13.1%。

同业资产止跌回升。12月末，全市金融机构人民币存放同业、拆放同业和买入返售三项资产余额分别为4 008.5亿元、3 737.5亿元和932.6亿元，较年初分别增加384.1亿元、529.6亿元和235.1亿元。12月末，上述三项同业资产余额合计8 678.6亿元，较年初增加1 148.8亿元，同比多增2 723.5亿元。

股权及其他投资继续减少，债券投资继续增加。2020年，全市金融机构股权及其他投资下降187.8亿元，同比少减622.2亿元。银行为满足流动性覆盖率考核要求，对高等级标准化债券资产配置规模继续增加。2020年，金融机构债券投资累计增加

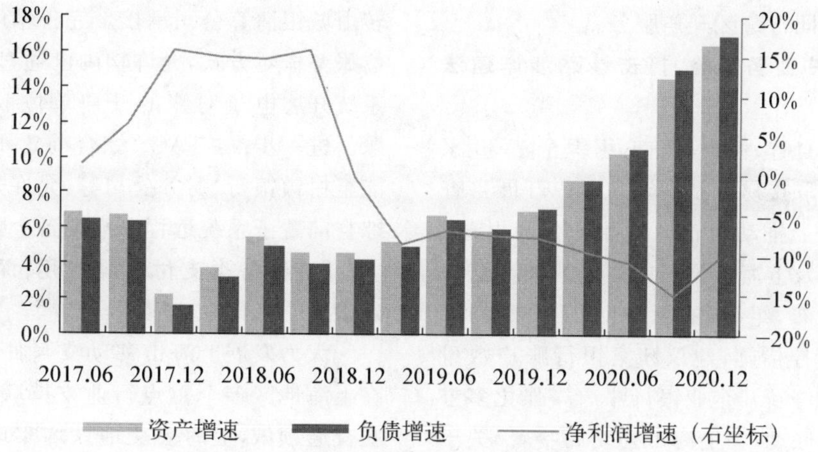

图 12　金融机构资产负债及净利润增速

数据来源：中国人民银行上海总部

1 962.9 亿元，同比多增 531.7 亿元。

同业负债同比多增。12 月末，上海银行业人民币同业负债余额 37 820.4 亿元，比年初增加 8 842.0 亿元，同比多增 6 659.1 亿元。分项看，同业存放和同业拆借分别较年初增加 7 964.0 亿元和 923.1 亿元，卖出回购较年初减少 45.0 亿元。同业存放增加得益于股票市场与债券市场好转，境内证券公司、交易及结算类机构存款分别较年初增加 514.8 亿元和 2 188.1 亿元。12 月末，全市银行业同业负债在全部负债中占 20.6%，占比较上年同期上升 1.1 个百分点。

受两项直达实体经济货币政策工具逐步实施等因素影响，2020 年，全市企业中长期贷款增速加快、占比提高，金融机构的利润增速降幅收窄。2018 年 12 月份以来，金融机构净利润持续负增长。2020 年，全市金融机构实现净利润 1 433.0 亿元，同比下滑 10.3%，增速虽仍较上年末多降 2.4 个百分点，但降幅已比 2020 年三季度收窄 4.8 个百分点。

（中国人民银行上海总部）

2020 年上海市支付体系建设报告

2020 年，人民银行上海总部贯彻落实党的“十九大”和十九届二中、三中、四中、五中全会精神，切实履行支付结算属地监管职责，持续提升金融服务和管理水平，推动上海市支付体系建设。

【推动支付结算精准发力，支持疫情防控复工复产】

新冠肺炎疫情发生以来，人民银行上海总部及时启动对辖内金融机构的疫情防控工作，下发部署性文件，对疫情期间辖内支付结算工作进行统一安排。创新推出同城票据交换代理模式，有效匹配疫情期间银行网点轮流营业情景。推动商业银行建立快速响应机制，启用节假日对公开户应急权限，建立账户服务绿色通道，通过绿色通道开立银行账户累计超千户。指导商业银行调整小额支付系统净借记限额，满足疫情期间防疫资金汇划需要。支持银行和支付机构采用远程视频等方式拓展医疗、慈善等防疫相关特约商户超 8 500 户。支持银联上海分公司打造“重振引擎”助商惠民计划，依托云闪付 APP 和银联营销平台，整合商户资源，拉动消费 4 000 万元，面向上海市民发放惠民消费券近 1 000 万张，累计金额 1.3 亿元。推动第三方支付机构对超过 800 万笔的收单交易实行零手续费等措施。

【统筹支付结算区域协同，助推长三角一体化发展】

根据四部委关于金融支持长三角高质量一体化发展的统筹安排，深入贯彻落实“30 条意见”，切实发挥上海总部在金融支持长三角一体化发展中的牵头抓总作用，稳步推进各项实施细则落地，实现三省交通违法记录通过云闪付 APP 在沪缴纳、三省一市税款缴纳应用在云闪付 APP 上线以及医保电子凭证云闪付展码服务。会同长三角生态绿色一体化发展示范区执行委员会等 12 个地方相关单位研究制定《关于长三角生态绿色一体化发展示范区深化落实金融支持政策推进先行先试的若干举措》，对一体化示范区内同行开户异地见证等支付结算同城化试点提出指导意见，推动商业银行在一体化示范区内提供智能终端实施同行跨区开户服务。

【严防账户商户业务风险，打击涉赌涉诈违法活动】

开展账户商户自查、核查、拓查，组织全辖33家银行对涉案账户采取交易控制措施并逐户开展自查和增强型尽职调查。推动全辖风险账户信息共享，将人民银行下发以及上海市公安局移送的涉案账户信息向全辖银行发布，组织各银行对核实可疑的银行账户依规采取管控措施，建议涉案银行账户数量较多的银行网点暂停新开企业银行账户。强化多方合作形成监管高效联动，与上海市公安局签署《关于加强警银协作维护上海支付服务市场稳定合作备忘录》，与上海市公安局联合组织辖内银行建立企业银行账户黑、灰、白名单和交易对手黑、白名单两套企业银行账户分类管理制度，由银行视不同名单类型采取交易控制措施。建成运行上海市银行账户服务信息系统（二期）项目，实现与上海市市场监督管理局的全量企业基础信息、股东信息、变更信息、异常经营信息、违法失信信息共享，为银行有效实施企业银行账户全生命周期管理提供支持。

【强化银行账户服务能力，提升服务小微企业水平】

按照《国务院办公厅关于进一步优化营商环境更好服务市场主体的实施意见》（以下简称"实施意见"）精神，会同上海市市场监督管理局、经济和信息化委员会、公安局等市政府委办局迅速推动企业电子营业执照与电子印章在银行账户服务领域的应用试点工作。8月18日启动首批试点，实现企业电子营业执照与电子印章在企业银行账户开立、变更、撤销业务中的同步应用，进一步提升了企业客户便利度与安全性，上海市也成为"实施意见"下发以来，全国首个在企业银行账户服务领域实现企业电子营业执照和电子印章同步应用的省市。

【加强支付系统业务管理，夯实支付基础设施建设】

稳步推进上海支付结算综合业务系统业务迁移工作，做好对上海同城清算系统各参与者、城银清算公司、系统运营机构的业务指导，完成迁移方案与应急预案制定、系统改造、联调测试、数据迁移、协议换签等工作，协调开发综合服务平台上海区域适配器，建立重点企业白名单。8月15日起，上海同城清算系统资金类业务全量迁移至支付系统，信息类业务转由城银清算公司承接。完善辖内中央银行开户单位账务核对方式，允许辖内已通过ACS综合前置子系统开展电子对账的开户单位取消每月末纸质对账。进一步推广ACS综合前置子系统自助转账功能至村镇银行、财务公司等，允许开户单位通过ACS综合前置子系统远程办理准备金账户资金划拨。

【完善各类支付工具应用，深入推动支付环境建设】

大力发展上海市移动支付便民工程建设，实现在上海地区多个重点行业支持联网通用移动支付。在交通领域，上海公交地铁均实现受理银联移动支付产品。在医疗健康领域，实现银行业统一移动支付APP上线电子健康卡、医保电子凭证，并积极助力上海市年度民生工程医疗付费"一件事"，使上海成为全国首个打通医保和自费付款的"信用就医无感支付"试点城市。在政务民生领域，新增交通违法在线处理，在全国率先实现银行业统一移动支付APP交通罚款全场景全流程覆盖。组织中国银联、建设银行上海市分行、上海浦东发展银行上海分行和上海银行于11月5日正式发布"银联旅行通卡"（E Money卡），实现日韩短期入境游客境内移动支付便利化试点项目在上海的正式落地，让中国移动支付的便利性惠及更多境外个人。

【强化支付机构监督管理，做好支付机构风险防控】

结合对支付机构的日常监管、执法检查、行政处罚等情况，对辖内46家支付机构风险情况进行摸排，按照风险状况划分为高、中、低风险等级。在风险摸排的基础上，按照"精准施策、分类指导"的原则，积极防范化解支付机构风险，促进支付机构健康可持续发展。特别是对于长期亏损、规模较小、未找到合适业务模式的支付机构及高风险机构，在人民银行总行的指导和支持下，积极推进支付服务市场供给侧改革，鼓励其运用市场化手段，采用合并重组、引入投资者等方式壮大企业规模，优化支付服务市场结构。

（中国人民银行上海总部）

2020年上海市征信体系建设报告

一、征信系统建设情况

为更好地满足金融机构和社会各界的征信需

求，适应金融科技发展趋势，根据中国人民银行征信中心统一部署，2020 年 1 月 17 日，上海地区顺利完成二代征信系统切换上线工作。与一代征信系统相比，二代征信系统在信息采集、产品加工、技术架构和安全防护方面均进行了优化改进。二代征信系统提供的信用报告主要是丰富了基本信息和信贷信息内容，改进了信息展示形式，提升了信息更新效率。二代征信系统上线以来，应用系统总体运行良好。目前，上海地区正在有序开展二代数据采集切换工作。

二、应收账款融资服务平台建设情况

应收账款融资服务平台（以下简称“平台”）在为中小微企业提供高效、便捷的线上融资，助力强化中小微企业金融服务水平发挥了重要作用。2020 年，系统对接机构增长快速，覆盖面持续扩大。截至 2020 年底，累计有 146 家核心企业、30 个省/市财政部门、61 家资金提供方与平台实现系统对接。上海地区积极发挥平台线上服务优势，有效引导核心企业和商业银行开展线上融资业务，充分利用平台为中小微企业提供融资，积极推动核心企业与平台开展系统对接，在助力小微企业突破首贷难，帮助中小微企业提高融资效率、降低融资成本方面起到了积极作用。

三、征信市场情况

截至 2020 年末，上海辖内共有 23 家备案企业征信机构，均完成了信息系统安全等保测评。备案企业征信机构为金融、类金融机构提供征信产品和服务，包括企业征信报告、企业信用分产品、反欺诈产品及信息服务等。同时，备案企业征信机构为商业银行中小微企业贷款提供增信服务，助力中小微企业融资。2020 年，长三角三省一市人民银行分支机构探索利用区块链推进长三角地区信用信息互联互通，上海辖内 1 家备案征信机构参与征信链试运行，已累计上链 120 余万份企业信用报告。

四、评级市场情况

2020 年，在上海完成备案的法人评级机构共有 4 家，主要从事债券评级业务及信贷评级业务。新冠肺炎疫情发生后，辖内信用评级机构通过支持银行间抗疫专项债券的发行等方式，发挥信用评级机构在疫情防控中的作用。截至 2020 年 12 月，经上海市信用评级机构评级的发债企业 700 多家，其中开通评级绿色通道的企业 30 多家，评级机构积极研究发布疫情影响相关分析报告 80 余篇。

五、农村信用体系建设情况

为进一步发挥信用信息服务农村经济主体融资功能，减少农户与金融机构间的信息不对称，促进农村地区信息、信用、信贷联动，总部通过推进农户电子信用档案建设，组织开展“信用户”“信用村”评定，创新农村普惠金融产品，加大涉农信贷投放力度，提高信用贷款比重等方式，降低农户融资成本，支持有信用、有市场的农户特别是尚未获得信贷支持的农户融资，改善农村融资环境，优化农村金融生态环境，推动农村普惠金融。2020 年已完成崇明区港沿镇园艺村、金山区亭林镇油车村、金山区朱泾镇待泾村 3 个“信用村”评定和挂牌工作。

六、征信宣传情况

中国人民银行上海总部继续在全市范围内组织开展征信专题宣传活动，牵头上海农商银行举办第十三次信用记录关爱日和“征信支持中小微企业融资”专场宣传活动，宣传征信体系支持中小微企业融资、征信支持疫情防控和“稳企业保就业”的主要经验与成效，力争营造“用征信、助融资、促发展”的良好信用环境。开展“征信为民”专项宣传活动，宣传个人和企业信用报告查询渠道。联合建行上海市分行开展“征信知识进校园”活动，赴上海工程技术大学开展征信知识宣传。联合上海总部团委等部门，开展“金融进社区”宣传活动。

（中国人民银行上海总部）

第二篇　银　　　行

一、中资银行

（一）中资法人银行

交通银行

【概况】

2020年，面对新冠肺炎疫情的严重冲击和复杂严峻的经营环境，交通银行坚持以习近平新时代中国特色社会主义思想为指导，积极落实金融工作“三项任务”，做好“六保”“六稳”工作，统筹推进疫情常态化防控和经营发展，整体经营保持“稳中有进、稳中提质”的良好态势。

——聚焦价值创造，经营业绩保持稳健。实现归属母公司净利润782.63亿元，同比增长1.27%。实现营业收入2 462.00亿元，同比增长5.91%；利息净收入1 533.36亿元，同比增长6.42%；手续费及佣金净收入450.86亿元，同比增长3.35%；息差保持基本稳定，集团净利息收益率1.57%；在加大科技投入情况下，集团成本收入比28.29%，同比下降1.82个百分点。

——资产平稳增长，业务结构趋于优化。2020年末，集团资产总额10.70万亿元，较上年末增长8.00%。客户贷款余额5.85万亿元，较上年末增加5 441.49亿元，增幅10.26%，同比多增941.02亿元；客户存款余额6.61万亿元，较上年末增加5 341.84亿元，增幅8.90%，同比多增2 536.03亿元。

——守牢风险底线，资产质量平稳可控。集团不良贷款率1.67%，较上年末上升0.20个百分点。全年计提贷款减值损失562.69亿元，同比增加71.88亿元，增幅14.65%。拨备覆盖率143.87%，符合监管要求。主要做了以下几个方面工作：

【全力抗击新冠肺炎疫情，助企纾困取得积极成效】

毫不放松抓好疫情常态化防控，守牢不发生聚集性疫情底线，确保员工生命安全和金融服务不断档。开通授信审批绿色通道，对中小微企业贷款实施阶段性延期还本付息政策，快速上线普惠线上服务通道，确保各类助企纾困措施直接惠及市场主体。截至2020年末，累计投放疫情相关贷款近4 000亿元，实行延期还本贷款本金743亿元、延期付息对应贷款本金1 447亿元。严格执行监管规定，规范经营收费行为，切实减费让利，2020年，湖北地区普惠型小微企业综合融资成本比上年平均水平降低1个百分点以上。累计捐款捐物共6 655.30万元，通过海外机构采买近800万元防疫用品支援湖北，得到了中央赴湖北等疫情严重地区指导组的充分肯定。

【聚焦国家重大战略、重点领域和金融服务薄弱环节，持续提升服务实体经济效能】

一是将信贷资源向制造业、普惠小微、民营等领域倾斜。截至2020年末，人民币一般贷款时点余额净增5 749亿元，增幅12.33%，其中对公实质性贷款同比多增1 312亿元；制造业贷款、制造业中长期贷款余额分别较年初增长18.92%、51.74%。普惠型小微企业贷款较年初增加968.02亿元，增幅59.04%；贷款累放平均利率较上年下降50个基点，小微客户贷款综合融资成本下降96个BP。全年为实体经济减费让利约187亿元。二是积极对接长三角一体发展国家战略。立足“上海主场”，发挥“业务全牌照”和“布局国际化”双重优势，形成服务国家重大战略与自身高质量发展的共生共荣模式。长三角区域利润总额379.36亿元，对集团利润贡献占比43.89%，同比提升4.93个百分点。三是把脱贫攻坚作为履行政治责任和社会责任的“一号工程”。聚焦“两不愁、三保障”重点难点，实施以金融扶贫、医疗扶贫、教育扶贫、消费扶贫、产业扶贫等为核心的精准扶贫路径。截至2020年6月末，全行提前超额完成中央单位定点扶贫责任书六大指标，向三个定点扶贫县投入帮扶资金2 488万元。截至2020年末，金融精准扶贫贷款余额 334.89 亿元，较上年末净增 78.42 亿元，增幅 30.58%。四是积极支持有助于实现碳达峰、碳中和目标的绿色产业发展。强化对绿色产业、绿色项目的信贷支持。2020 年末，绿色贷款余额 3 629.09 亿元，较上年末增长 20.59%，绿色金融债余额 200 亿元。参与并牵头推进国家绿色发展基金设立相关工作。获评“2019 年度绿色银行总体评价先进单位”。

【打好防范化解风险攻坚战，守牢不发生系统性风险底线】

一是加强疫情下资产质量管理。推进纾困政策合规运用，加强临期管理、准确实施贷款分类。建立按月动态排查机制，提前掌握受疫情影响的潜在风险客户和实质性风险客户，提前采取处置化解措施。综合运用总量管控、名单制、限额领额等手段，加强对信用卡、产能过剩、房地产、跨境业务、政府隐性债务等重点领域和敏感行业的管控力度，强化区域风险管控。全年逾期贷款、高风险贷款的余额和占比较年初均实现“双降”，未发生系统性、群发性风险。二是加大清收保全力度。积极应对疫情冲击和市场波动，全年处置不良贷款 829.11 亿元，同比增加 196.21 亿元，其中核销 538.28 亿元。积极运用不良资产证券化拓宽处置渠道，全年共发行三单证券，处置不良贷款 141.44 亿元，发行规模居市场第三。三是提升风险管理智慧化水平。引进各类风险信息数据，探索运用大数据、人工智能和知识图谱等先进技术构建模型，完善覆盖全集团的统一风险监测体系。推进风险计量体系建设，实现风险计量全集团统一管理。建立风险收益指标的计算体系和运用机制，强化风险收益平衡。四是加强内控案防管理。深化内控体系改革，推广上线“智慧案防”系统，及时准确发现员工违规操作行为、异常交易行为、不良行为记录等，化解案件风险隐患。扎实推进重大案件调查处置和全行警示教育，深入开展 2020 年“五大领域”专项治理，问题整改完成率 88.39%。

【持续推进深化改革重点工作，激活高质量发展新动能】

一是抢抓国家长三角区域一体化发展战略机遇，实施长三角区域一体化管理架构与职能优化改革，成立长三角区域一体化战略领导小组和长三角一体化管理总部，发挥集团全球布局、综合化经营以及在长三角地区的主场优势，更好服务国家区域发展战略。二是以打造金融科技核心竞争力为目标，促进科技与业务深度融合，实施金融科技体制机制优化改革，完善集团金融科技总体架构。设立金融科技委员会，提高金融科技统筹规划、顶层设计和一体化管理水平。完善部门设置与职责，整合软件开发力量，推动技术与业务融合。实施金融科技万人计划、FinTech 管培生、存量人才赋能转型三大工程。三是实施风险授信与反洗钱改革，明确风险管理部牵头全面风险管理职能。分设信贷管理和授信审批职能，整合贷(投)后管理职能，实行信用风险由授信管理部统一扎口管理。推进资产保全独立化运作、专业化管理，提升风险处置质效。设立副部门级反洗钱中心，强化全行反洗钱和制裁合规的牵头管理职责，推动反洗钱业务操作集中管理。四是聚焦价值创造、传导正向激励，优化省直分行分类管理，构建科学合理的考核分配秩序。按照“规范清晰、正向激励、公开透明”的原则，优化全行职位体系。

【加速推进数字化转型，精准服务客户和市场需求】

一是加大科技创新力度。持续优化手机银行产品功能和用户体验，手机银行、买单吧两大 APP 在 2020 年新浪测评中双双跻身第一梯队。推进分布式技术架构转型，保障极端情况下的业务连续性。统一图引擎平台应用在 32 个业务场景，获上海金融创新一等奖。与复旦大学、中国移动共同成立金融科技联合实验室，服务上海国际金融中心建设。二是场景建设赋能业务拓展。对接上海“两张网”，推出“便民利民惠民”品牌“交银 e 办事”，信用就医服务覆盖上海 400 余家公立医疗机构，上海地区签约客户市场占比约 85%。其中，惠民就医产品实现同类产品从无到有的突破，60 秒完成全线上申请流程。围绕园区、物业、停车、抵押、党费等细分领域强化场景金融应用，推出普惠 e 贷、e 证行、e 抵押、绿能 e 充等线上服务，全方位升级各行业综合化金融解决方案。三是提升数据治理能力。建立健全数据治理制度体系，启动企业级数据中台建设，搭建全行统一的大数据底座，构建客户标签、经营指标、智能知识图谱等数据产品，加大外部数据源的整合对接，不断增强经营决策和金融服务的精准性和有效性。四是强化网络安全建设。持续推进应用系统开发运维全生命周期安全管理，建设一体化安全监控平台。

【经营指标】

单位：亿元

指标 \ 年份	2016	2017	2018	2019	2020
本外币资产总额	84 031.66	90 382.54	95 311.71	99 056.00	106 976.16
本外币各项存款余额（不含同业存款）	52 840.59	55 453.66	57 933.24	60 729.08	66 073.30
本外币各项贷款余额	42 206.35	45 792.56	48 542.28	53 042.75	58 484.24
净利润	672.10	702.23	736.30	772.81	782.74
不良贷款率（%）	1.50	1.50	1.49	1.47	1.67

注：本外币各项存款余额包含应付利息，净利润为归属于母公司股东净利润。

（交通银行）

上海浦东发展银行

【概况】

2020年以来，面对新冠疫情的冲击，浦发银行积极贯彻落实国家战略部署与监管要求，全面服务好“六稳”“六保”工作，把握“双循环”发展格局的新变化、新趋势，围绕公司三年行动计划目标，以高质量发展为主线，以服务为根本，以市场为导向，实施客户体验和数字科技双轮驱动，在持续增强核心竞争力、行业引领力、全球影响力的基础上，坚定信心、攻坚克难，积极服务实体经济，夯实稳健发展的基础，经营工作取得较好进展：

资产负债均衡发展。截至2020年末，本集团资产总额为79 502.18亿元，比上年末增加9 442.89亿元，增长13.48%；其中，本外币贷款总额为45 339.73亿元，比上年末增加5 080.72亿元，增长12.62%。本集团负债总额73 044.01亿元，增长13.34%；其中，本外币存款总额为40 764.84亿元，比上年末增加4 486.31亿元，增长12.37%。

营业收入稳步增长。2020年，本集团保持营业收入稳步增长，集团口径实现营业收入1 963.84亿元，比上年增加56.96亿元，同比增长2.99%；实现利润总额666.82亿元；税后归属于母公司股东的净利润583.25亿元。2020年，平均总资产收益率（ROA）为0.79%；加权平均净资产收益率（ROE）为10.81%。成本收入比率为23.78%，比上年上升1.20个百分点。

业务结构持续优化。2020年，本集团多措并举，调结构、稳增长成效显著；三大业务板块营收占比持续优化，零售业务贡献继续保持领先；集团实现利息净收入1 385.81亿元；非利息净收入578.03亿元，同比增长25.21%。

资产质量持续向好。2020年，本集团信贷业务运行平稳，新发生不良贷款趋缓，风险处置有序，年末不良贷款率较年初下降，资产质量趋势向好，截至2020年末，按五级分类口径统计，本集团后三类不良贷款余额为784.61亿元，比上年末减少34.20亿元，不良贷款率1.73%，较上年末下降0.30个百分点；不良贷款的准备金覆盖率达152.77%，比上年末上升17.83个百分点。

集团化、国际化经营稳步推进。2020年，本集团主要投资企业合计实现营收117.64亿元，净利润34.73亿元，覆盖信托、金融租赁、基金、村镇银行、科技银行、境外投资银行、货币经纪等。境外分行资产规模突破2 000亿元，其中香港分行市场影响力进一步提升，新加坡分行持续打造大宗商品服务特色，伦敦分行有效助力全行跨欧亚、跨时区经营。

市场影响力持续扩大。继续保持公司良好声誉，三大国际评级机构的评级均维持在投资级以上一级。《银行家》杂志全球银行1 000强排名提升至第20位，全球银行品牌500强提升至第15位；排名《福布斯》杂志“全球企业2 000强”榜单第65位，《财富》杂志“财富世界500强”榜单第220位。

【数字赋能，持续提升零售银行业务服务能力】

零售银行业务坚持以客户为中心，以全景银行为指引，强化数字化经营，提高客户体验；深挖市场潜力，持续深化客户服务、产品创新、风控体系、管理机制、渠道体系的数字化水平，数字赋能成效显著，营业净收入提升至733亿元，继续保持第一收入贡献。2020年，零售存款突破9 000亿元大关，零售贷款1.78万亿元，个人金融资产余额(含市值)达到3.13万亿元，在推动业务增长的同时，夯实零售客户分层经营基础，不断提升零售银行业务服务能力。

全面完成零售数字化2.0体系建设，不断提升经营管理的专业能力，夯实零售发展的根基。一是产品管理数字化。建立和优化财富类产品管理系统，实现数字化全生命周期管理。二是客户旅程数字化。试点推出虚拟营业厅、智慧营销助手，通过多场景互动，丰富客户触达手段，优化客户服务体验。三是智慧营销数字化。建立零售客户标签，构建360度全景客户画像，通过对海量数据的梳理、分析、学习、建模、挖掘，紧贴客户需求，实现自动跟踪，主动营销。四是渠道运营数字化。提升APP使用体验，提升网点智能化服务水平，打造“厅堂智慧大脑”；对长尾优质客户，推出远程专属经营团队，拓宽服务客群覆盖面。五是风险管控数字化。建设零售信贷大数据中台，形成“数据源接入＋零贷数据集市＋模型服务＋数据应用＋产品支撑”完整体系。六是决策支持数字化。建立总分行穿透管理体系，推动多维度管理数据的透明化、准实时化，用多重实时报表揭示每日业务动向，保障经营决策。

运用数字化手段提升客户经营能力，优化客户服务，提升客户满意度和获得感。聚焦全景银行探索客户经营模式，布局发展“浦惠到家”平台，注册用户数达到1 100万户；深耕出行、生活、居住、教育、文旅等领域，加大金融服务向客户场景的延伸，提供特色化优质金融服务；加强消保和个人客户信息保护工作，不断健全消保工作制度体系，构建客户体验监测平台，优化服务质量监测体系。零售客户数(含借记卡和信用卡客户)突破1.18亿户。

围绕专业财富管理服务，加大产品创设力度和销售模式创新。顶住理财净值转型和结构性存款双重压降压力，及时调整产品策略，推动基金、保险、信托等代销业务销售不断上台阶，个人理财产品余额9 928.06亿元，新净值型理财产品余额在个人理财中的占比提升30个百分点，基金保有规模同比增幅220%，市场影响力不断提升，财富管理收入达到70.7亿元。私人银行秉承“传承的不只是财富”的品牌使命，整合集团优势，创建融资一体化、境内外一体化、公私一体化联动服务模式，打造“管家式”私人银行服务体系，助力私人银行客户资产配置不断优化。私人银行客户规模近2.4万户，管理私人银行客户金融资产近4 700亿元。

个人存款余额达到9 390亿元，零售存款余额和增量均位列股份制同业第二名，进一步巩固同业竞争优势。完成结构性存款规模压降目标、代发金额稳步抬升，带动负债结构持续向好，付息成本持续下降。一是面对疫情不利影响，浦发银行助力复工复产、推动消费振兴，代发业务实现较快增长，代发金额同比增幅27%，保持较好增长水平。二是组建并落实铁三角推进模式，打造市场经理队伍，代发企业开拓量好于往年。三是代发客户经营能力持续提升。针对代发企业，优化代发流程，实现线上签约、线上发卡、线上发薪的一条龙服务，最快10秒签约代发、1分钟银行卡激活、2分钟批量开卡；针对代发个人客户，推出集负债、理财、个贷、信用卡、支付结算优惠为一体的代发礼包。

持续丰富零售信贷产品体系，加强数字化风控能力建设，优化业务经营体制机制。一是创新推出全数据驱动、全流程在线的普惠贷款“浦慧税贷”，小额全线上消费贷款“浦发发呗”，场景生活化APP“甜橘APP”。另有，“浦惠助业贷”“宅抵速贷”、房抵快贷、公积金点贷征信版、在线供应链项目等产品推陈出新。二是全面提升自主风控能力，推动模型迭代优化，运用多方安全计算技术，保护好客户金融信息隐私。

信用卡中心大力推进开放生态建设，通过API、小程序等方式促进生态场景服务能力与合作伙伴场景服务能力双向融合，初步构建了开放合作、场景驱动、协同联动的多元场景金融生态。一是在深化数据赋能方面，充分利用大数据、云计算、人工智能等金融科技，持续升级风控体系与客户经营体系，打造了业务、数据、技术深度融合的智能决策中枢系统，自主研发的智能催收机器人获上海市“金融创新成果提名奖”。二是绘制客户体验旅程的全景视图，创建客户体验监测体系形成常态化体验闭环监测，获中国银联2020年跨行服务座谈会“客户服务突出贡献奖”。

2020年，面对新冠肺炎突发疫情，零售业务及时为广大个人客户提供便捷金融服务。一是推出“安心宅家、便捷理财”系列服务。针对网点开工不足的情况，在合规的前提下，全力扩充线上理财产品供应，拓展线上销售模式；推出赠送保险期限为90天的守护保防疫保险，做好产品的提醒和咨询服务，为定期存款到期的客户稳步做好自动延期服务，依托数字化为客户提供实时便捷的财富管理服务。二是积极支持小微企业主和个体工商户。针对全国受影响的小微企业主和个体工商户以及疫情防控一线提供优惠利率，建立审批绿色通道，高效完成审批流程，保证实现快速放款；与国内两大税控机服务商敏捷联动，拓展"诺诺银税贷"和"浦望贷"两款纯线上产品，对小微企业精准触达，在风险可控情况下适度降低准入门槛，帮助小微客户渡过难关。三是为个人客户提供便捷信贷服务。开辟调整还款计划绿色通道，给予客户还款宽限期，合理调整征信逾期报送，为客户提供暖心服务。同时，在合规的前提下，疫情期间创新推出甜橘APP，为客户提供在线找房、VR看房、按揭贷款在线预申请、按揭贷款办理进度查询、配套生活权益等功能，为客户提供看房—买房—居住生活的闭环全线上化服务。四是为涉疫客户开辟信用卡绿色通道和多项优惠活动。针对受疫情影响的客群制定灵活的信贷政策、开辟快速化审批通道、暂缓还款服务等。五是推动疫情期间多项非金融服务，与10余家企业开展合作，提供多项安心宅家服务。与微医集团(微医互联网总医院)对接推出线上问诊服务等。同时，满足了特殊时期全国各地口罩预约、防疫物资发放、体温登记、用餐送菜预约等民生需求，上海市相关领导在调研中对此给予了积极的肯定。

【大力支持国家战略、践行社会责任】

积极投身疫情防控和复工复产。金融支持实体经济"稳企业、保就业"，制定并下发《关于疫情防控特殊背景下十个相关行业客群现阶段营销策略》。加大对重点地区、重点行业、重点客户的支持，开辟绿色通道，切实提高支持疫情防控工作的金融力度，为受疫情影响的企业批复授信近3 000亿元。支持国家疫情防控，落地疫情防控债券45支、总规模349亿元，上海浦发银行份额206.95亿元，创造9项首单疫情防控债，其中20华发(疫情防控债)SCP003为全国首单疫情防控债。针对受疫情影响较大的教育、商超、物流、餐饮等行业不断贷、抽贷或压贷，按照"应延尽延"的要求，根据企业延期还本付息申请，结合其受疫影响情况和经营状况，通过展期、续贷、期限调整等方式给予企业一定期限的延期还本付息安排。同时主动让利，推出定价补贴、专项贷款等各类政策举措，全年累计让利超260亿元。

不断提升服务国家战略和实体经济质效。全力支持长三角一体化、京津冀协同、粤港澳大湾区、国际金融中心与自贸区建设等国家重大战略，服务北京大兴机场、京滨城际铁路、特斯拉超级工厂等一系列重大项目。全力服务实体经济转型升级，制造业、绿色金融、科创金融、跨境金融、普惠金融贷款等保持快速增长；全力服务上海"三大任务"，率先成立长三角一体化示范区管理总部，持续保持在区域发展中的"领头雁"作用，与近80%的科创板上市企业建立了深度合作关系，为超过4 000家企业提供本外币一体化自贸金融服务。截至2020年末，在长三角区域服务企业客户36.4万户，较2019年增长4.4万户；服务个人客户2 825.5万户，较2019年增长151.2万户。区域内人民币贷款余额1.38万亿元，存款余额1.74万亿元，在区域存、贷款余额均列股份制银行第一。

浦发银行公司业务坚持以客户为中心，持续深化客户分层分类经营，不断夯实客户基础。总行级战略客户经营成效显著，成为全行发展的重要引擎，人民币对公存款余额7 001亿元，人民币对公贷款余额4 974亿元；分行级战略客户经营初现成效，助力客户结构调整，人民币对公存款日均3 128亿元，人民币对公贷款余额2 970亿元；基础客户拓展持续发力，逐步形成坚实客户底座，对公客户数168万户，较上年末增加13万户，增幅8.4%，有价值客户数49.2万户，较上年末增加7.3万户，增幅17.3%。

浦发银行不断提升金融服务实体经济能力，提升服务质效，在抗击新冠肺炎疫情的大背景下，助力稳增长、促发展。围绕国家宏观政策导向制定信贷投向政策，突出"客户为中心，坚持稳字当头"的经营主旨，实现优质、高效、有支撑力的资产投放。明确支持先进制造业等新兴领域、传统行业转型升级，提升制造业中长期融资支持，稳妥退出"僵尸企业"。进一步夯实金融对制造业企业，尤其是中小制造业企业高质量发展的服务质效。2020年，民营企业、制造业贷款分别增加5.7万亿元、2.2万亿元。

投资银行业务坚持以提升客户体验为原则，发挥商业银行"股债贷撮一体化"业务优势，不断提升以融资为基础的综合金融服务水平；提高政治站位，增加高质量资产投放，推动中长期贷款向实体经济投放力度，聚焦重点区域服务国家战略和上海重大任务，推进客户综合化经营，持续打造银团、绿色金融、并购等投行业务竞争优势，提升债券承销总行端经营指导，撮贷联动满足客户多元化融资需求。截至2020年底，人民币对公中长期贷款余额10 544亿元，首次超万亿，同比增幅18.76%；其中，全行制造业中长期贷款余额1 012亿元，首次突破千亿大关，同比增幅55.45%。2020年末，绿色金融业务余额突破5 000亿元，其中人行口径绿色信贷余额2 628亿元，位列股份制银行第二位。共主承销债务融资工具5 445亿元，同比增长36.9%，列全市场第四名，上升3位；股份制排名第三，与上年持平。助力国家重大战略，落地全国首单国企混改专项中票（20久事MTN001）、全国首单长三角科创企业集合短融（20长三角科创集合CP001）。

交易银行业务做大交易量，做活客户、服务公司全量客户，推动全行公司数字化经营转型。搭“双循环”快车，国际国内贸易融资逆势增长；探索新业态新模式，推动数字化服务升级；服务实体经济，普惠金融、科技金融行业领先；精耕细作，丰富交易银行服务品牌。2020年全年，电子渠道交易量58万亿元，同比增长13%；国内贸易融资业务量13 557亿元，同比增长7.4%；在岸国际结算量2 204亿美元，同比增长25%；公司支付结算活跃客户数突破12万户，同比净增2万户。

普惠金融方面，围绕数字化转型场景，坚持批量化获客、标准化经营、数字化支撑、智能化风控，依托创新大数据风控体系、加大新技术应用持续优化作业流程，为小微企业持续打造满足各类融资场景需求的数字普惠生态圈。同时，不断创新扩展服务渠道及获客渠道，不断完善小企业在线平台功能，实现线上创新全品种覆盖、全线上业务流程无断点，全面提升普惠金融线上服务能力。截至2020年末，全行普惠两增口径贷款余额2 709.58亿元，较年初净增668.69亿元，完成了全年新增计划（214.29亿元）的312%；全行供应链核心客户达628户，比年初增长233户；上下游供应链客户数达12 344户，增长3 544户。

科技金融方面，为符合国家战略、创新能力突出、具有发展潜力的科技型企业着力打造全周期、全流程、跨市场、智能化的金融服务，以“股、债、贷”一体化的科技金融生态圈服务模式，护航“硬科技”企业一路成长。在融资产品方面，浦发银行紧扣“硬科技”企业“想上市、要上市”的融资需求，不断创新产品服务，助力科创企业快速成长，打通科创企业登陆科创板前的最后一公里。截至2020年末，浦发银行服务科技型企业客户超过4万户，科技型企业贷款余额超2 400亿元，科创板上市企业中超过70%为浦发银行服务的客户。

2020年，国际业务平台（含离岸、自贸区和海外分行）紧抓市场机遇，聚焦核心客户经营，推动各项业务取得较好发展。截至2020年末，国际业务平台资产合计3 497亿元人民币，同比增长10.12%，当年累计实现营业收入38.48亿元人民币。

具体业务创新和推进方面：

第一，紧密围绕国家对外开放战略，充分发挥国际业务平台专业服务能力，积极为国内企业“走出去”提供并购贷款、银团贷款等海外延伸融资服务。同时，借助外汇宏观审慎管理政策，通过跨境直贷等融资模式，积极引入境外资金，支持境内实体经济企业经营发展。

第二，发挥海外金融市场布局和国际业务平台投商行联动服务和优势，继续在海外债券承销、资产管理等领域保持良好发展势头，立足海外资本市场高效满足客户直接融资和资产配置需求。同时，进一步提升海外分行创新能级，香港分行持续扩大在当地债券市场、银团市场影响力，新加坡分行全年债券通业务交易量1 547亿人民币，成为债券通海外最活跃的参与者之一。

第三，积极对接国家自贸区建设重大战略。上海地区先后落地区内多项首批及首单创新业务，凭借多项创新入选第十次上海自贸区金融创新案例。同时，充分发挥国际平台专业优势，服务区域内重大项目、重点企业的融资，为临港集团等上海新片区建设主体提供资金支持累计逾47亿元，累计办理自贸区跨境双向人民币资金池逾260个，位居全行业首位。

深圳地区作为首家试点行率先通过人民银行FT账户验收上线，发布《前海蛇口自贸片区自由贸易账户综合金融服务方案》，落地粤港澳大湾区首单FTN海外银团贷款、全功能版跨境双向人民币资金池等区内首批业务，以多元化的自贸FT服务积极支持粤港澳大湾区和深圳先进示范区建设。

海南地区升级推出《海南自由贸易港金融服务方案2.0》，依托自贸平台、离岸平台以及境内外分行的高效联动，满足企业在海南自贸港内投资及经营发展的全维度金融服务需求。

在全国其他地区制定下发第五批和第六批新设自贸区专属金融服务方案，积极对接新设自贸区金融服务需求。

第四，积极响应人民币国际化要求，深入参与央行跨境人民币清算体系建设，通过服务提升、流程创新、系统优化以及持续的渠道拓展等提升跨境人民币清算服务能力。2020 年，跨境人民币同业代理清算金额超 8 300 亿元，清算笔数 11.2 万笔，CIPS 外资和境外间参客户已接入 115 家。

【全面提升客户服务能力　稳固金融市场业务领先优势】

2020 年，浦发银行以高质量发展为主线，强化客户经营，加大产品和业务创新力度，扩大规模、优化结构、紧抓市场机遇不断增强金融市场业务运作水平和投资交易能力，提升经营效益，强化风险管控。截至 2020 年末，主动运作资金类资产 2.12 万亿，金融市场业务营业净收入同比增长 27.0%，积极服务全行公司、零售、同业客户，为全行发展贡献力量。

第一，聚合服务创造价值，服务国家重大战略。一是深耕要素市场服务。持续树立“股份制第一，全行业前三”的经营目标，挖掘要素市场客户财务、平台和牌照价值。截至 2020 年末，全行共获得金融要素市场相关业务资格 67 项，并与网联清算、中国银联、上海票据交易所、中国外汇交易中心首次达成战略合作。同时，在全行建设一流数字生态银行战略布局下，提出与金融要素市场客户“双向赋能、共建生态”，结合业务场景在大数据、区块链、云计算以及信息共享等领域广泛寻求合作。二是整合集团产品提升客户综合服务能力。集团协同累计服务全行基础客户 104 万户，同比增长 15%。境内 37 家分行与子公司合作覆盖 50 余个细分产品，行均合作产品数 32 个。三是聚焦重点客户营销活动。2020 年组织开展各类客户营销活动 1 025 场，“外滩 12 号”同业交流平台体系不断完善，创设线上直播活动模式，全年开展活动近 50 场，品牌影响力不断扩大。此外，联动京、浙、沪、皖等 9 家金融机构，共同发起成立开放金融联盟，涵盖银、证、保多种金融业态，旨在通过成员间业务共享、科技赋能、生态共建等领域深度合作，实现金融机构间优势互补、合作共赢。

第二，回归本源，强化策略输出。金融市场业务坚持“自营投资交易＋浦银避险代客”双轮驱动，一方面，加强市场判断和策略应对，提升交易能力，通过债券投资、票据融资、理财投资等方式，积极支持国家重大建设项目、区域经济和实体企业发展。另一方面，强化“浦银避险”品牌建设，发布 2020 年“浦银避险”市场展望蓝皮书，向市场传递专业判断和策略建议，升级代客代理业务服务，同时积极发挥专业能力和市场领先优势，围绕客户需求，有效把握利率、汇率、贵金属及大宗商品市场机遇，为全行客户提供有效避险服务。

第三，保持优势业务地位，助力资管中心建设。一是资管业务方面，2020 年，上海浦发银行专项理财产品余额 1.25 万亿元，完全符合资管新规理财产品规模占比 53%。形成现金管理类、债券投资类、债项混合类、含权混合类、项目投资类、结构化挂钩类等立体化产品体系，产品货架不断丰富，确保产品供给。此外，存量整改工作按序时进度完成阶段性目标，理财子公司获得银保监会批准筹建批复，并加速推进各项筹备工作。二是托管业务方面，2020 年末，资产托管规模 13.8 万亿，保持全市场第四，行业地位稳固。重点业务领域实现跨越式发展，公募基金托管规模突破万亿，首发规模排名上升至行业第二；保险资金和养老金托管规模同比增长均超过 50%。资管和托管业务齐头并进，助力上海资管中心建设。

第四，数字赋能智慧运营，持续提升客户体验。一是搭建数字化客户管理与营销平台。加速推进 FCRM 系统建设，持续优化全行金融机构客户经营数字化管理水平。持续提升 e 同行平台线上营销支撑能力，利率债线上投标模式、LPR 利率互换线上流程业内领先，截至 2020 年末，平台累计注册客户数 2 104 户。二是强化业务系统建设，持续建设浦银避险 E 联盟数字化拓客平台，推进量化交易、智能投研体系建设，推动交易管理自动化、交易策略程序化、投资研究智能化，通过科技融合提升核心交易能力。上线“智慧票据”项目，利用大数据分析深挖潜在客户。三是智能资管强化支撑，加强流动性预测管理系统、债券信评管理系统、股权直投管理系统、证券投资管理系统等智能资管项目群的建设，稳步搭建子公司投研平台、风控平台、管理、监管报送等系统，为后续理财子公司开业及发展夯实基础。四是积极开展托管系统数字化、去手工化、RPA 技术应用等方面建设，大幅提升智慧运营水平；通过电子直连、网上托管服务平台等系统建设,快速提高客户服务互联网数字化触达能力,同时实现绩效风控服务的互联网线上输出,进一步丰富托管增值服务能力。

【加速建设金融科技,构建赋能第二增长曲线】

2020年,浦发银行持续加强数字化服务升级,利用优质场景构建生态圈,通过新技术重塑金融服务,科技赋能构建第二增长曲线。

在构建生态平台业务新模式方面,继开放银行之后,浦发银行发布开放银行2.0——《开放金融之全景银行系列蓝皮书》。全景银行以"面向全用户、贯穿全时域、提供全服务、实现全智联"为目标,从客户体验、赋能增信、价值共创等维度,重新定义开放银行。通过银行业向第三方机构开放金融服务接口和数据,或将第三方场景服务引入银行业务,把支付、信贷等金融服务从网购、线下部分场景进一步拓展到用户衣食住行用游购等生活场景。"千家万户"链接工程成效初显,全年新增API组件566个,触达客户1.4万户。积极探索产业数字金融,构建"产业集群+数字科技+金融服务"一体化发展模式,覆盖家电制造、健康医疗、文旅服务、通信传输、汽车制造等行业。建设"浦惠到家"APP平台,全方位服务C端客户的同时,为B端用户提供支付结算等金融服务,以及会员体系构建、导流、基于数据的营销支持等非金融服务。在抗击新冠疫情过程中,"浦惠到家"提供口罩预约、复工复产支持等服务,帮助中小企业、社区服务和个人客户解难题,惠及全国150多个城市、4 800余家复工企业。此外,针对G端用户,积极对接政府大数据部门。通过渠道交互、数据引入、数据产品联合开发、系统对接等方式,延伸政务服务渠道,提高市民和企业的办事效率,以科技力量赋能数字经济,助力智慧城市建设。

在拓展数字化创新生态方面,通过内外部创新交流,连接数字生态,带动行业发展。创新实验室自2018年2月正式挂牌成立,联创生态已初步构建完成,已与华为、百度、科大讯飞、中移动、IBM等成立了12家产业联合实验室,以及分别与清华大学、浙江大学创设高校联合研究(创新)中心,与哈工大创设金融网络空间安全联合研究中心,形成联合科研创新生态。

组织面向公司、高校的金融科技创新大赛,围绕用户场景发掘创新方案,促进行业科技创新。

在推动业务数字化转型升级方面,引入创新技术拓展业务服务,优化客户体验,助力高效经营管理。推出数字人服务屏"小浦问问",助力网点服务+营销的数字化、智能化升级。在手机银行APP上线数字人对话式导购服务,较传统静态页面产品推荐转化率提升一倍以上。推出H5版数字人身份认证服务,助力互联网获客新客核身。通过AMA智能营销平台对多家分行代发客户开展营销。手机银行端使用预渲染、OCR、RPA等多种技术与手段,极大提升了用户体验及视觉效果。应用区块链技术,完成供应链金融生产上线。

在内部提质增效方面,为进一步提升市场响应速度,不断深化先进管理方法的落地。浦发银行持续加强科技与业务部门融合程度,根据各项业务的特点建立高效敏捷的融合机制和流程,推进敏捷转型,大大提升端到端的交付能力。提升自主掌控支撑力度,推动开发资源优先投入战略业务、重点领域和关键平台上。同时,大力实施人才引领发展战略,全面建设高质量专业化人才队伍尤其是数字化创新型人才队伍,为实现新的战略目标和服务新发展格局提供坚实的人才资源保障和智力支撑。

【经营指标】

单位:百万元

指标 \ 年份	2016	2017	2018	2019	2020
本外币资产总额	5 857 263	6 137 240	6 289 606	7 005 929	7 950 218
本外币贷款余额	2 762 806	3 194 600	3 549 205	3 972 086	4 533 973
本外币存款余额	3 002 015	3 037 936	3 227 018	3 627 853	4 076 484
归属于母公司股东的净利润	53 099	54 258	55 914	58 911	58 325
不良贷款率(%)	1.89	2.14	1.92	2.05	1.73

(上海浦东发展银行)

上海银行

【概况】

2020年，上海银行坚持“精品银行”战略引领，积极应对新冠肺炎疫情后经济金融形势变化，主动响应国家宏观政策导向，积极减费让利，加大对实体经济服务力度，持续推动业务转型和结构调整，提升专业化经营能力，强化风险管控和不良化解，全面推进三年发展规划收官，经营业绩稳健增长。

【各项业务稳步增长，资产质量保持良好】

2020年，上海银行聚焦主责主业，积极支持服务实体经济，加大普惠金融、供应链金融、科创金融、民生金融等领域信贷投放，优化信贷结构。2020年实现营业收入507.46亿元，同比增长1.90%；实现归属于母公司股东的净利润208.85亿元，同比增长2.89%。

2020年末，上海银行资产总额24 621.44亿元，较上年末增长10.06%；客户贷款和垫款总额10 981.24亿元，较上年末增长12.92%，占资产总额比重44.60%，较上年末提高1.13个百分点。客户贷款和垫款总额占资产总额比重已连续多年持续提升。

2020年上海银行积极应对复杂多变的外部形势，有效应对疫情冲击带来的不良暴露压力，资产质量总体保持稳定运行。2020年末，上海银行不良贷款率1.22%；拨备覆盖率321.38%，继续保持行业较高水平。

【升级“六大金融”，增强服务实体质效】

上海银行实施前瞻性布局，充分利用区位优势，持续深耕以上海为主的长三角一体化和粤港澳大湾区、京津冀等重点区域，升级普惠金融、供应链金融、科创金融、民生金融、绿色金融、跨境金融“六大金融”服务体系，建设商投行联动特色，构建一体化经营体系，深化客户经营，优化业务结构，聚焦数字化转型，创新线上化产品，市场竞争力持续增强。

公司客户基础不断夯实。2020年末，公司客户24.10万户，较上年末增加15 826户，增幅7.03%。普惠型小微企业贷款客户61 124户；供应链金融累计服务企业5 009户，较上年末增长256.01%。公司存款余额9 727.15亿元，增幅8.77%，人民币公司存款余额在上海地区中资商业银行中排名保持在前三位。公司活期存款余额4 417.30亿元，占比超过45%。公司贷款和垫款余额6 646.50亿元，较上年末增长13.85%。2020年内实现中间业务收入38.90亿元，同比增长6.23%。

普惠金融全力推进数字化转型，与政府、担保机构、园区等第三方合作机构对接，构建“上海银行＋”合作生态体系，为更多小微企业提供全方位金融服务。供应链金融深耕实体经济产业链场景，推出“上行e链”“上行资产池”等拳头产品，构建打造产业链“端到端”金融服务生态。科创金融积极贯彻国家创新驱动战略，主动融入上海建设具有全球影响力的科创中心重大战略，加快培育科创金融特色。民生金融全力参与区域经济发展建设，聚焦医疗、教育等民生领域改革发展重点，致力于打造有温度的“民生金融”服务体系。绿色金融在促进经济社会与资源环境协调发展中实现自身可持续发展。跨境金融立足产品创新，发挥内外部资源禀赋，在服务实体便利化、联动业务一体化等方面不断开拓，全方位支持客户发展跨境业务。

上海银行加快商行和投行联动，丰富承销业务产品线，2020年，投行业务规模为2 407.53亿元，同比增长39.21%，实现快速增长。2020年，上海银行投行业务规模为2 407.53亿元，同比增长39.21%；债务融资工具承销规模1 791.09亿元，同比增长52.95%；债权融资计划市场份额排名第七位；理财直融工具市场份额排名第三位。

【金融科技赋能零售金融，特色业务优势持续显现】

2020年，上海银行围绕零售“重中之重”战略定位，积极服务国家战略和区域经济，把握居民对美好生活向往的新趋势和新需求，业务发展不断提速。2020年末，上海银行管理零售客户综合资产(AUM)7 491.17亿元，较上年末增长17.80%；个人存款3 244.60亿元，增幅11.19%。

养老金融领域继续加强优势地位。2020年末，上海银行养老金客户159.45万户，保持上海地区养老金存量客户第一；养老金新获客数同比增长12.32%，新获取客户数创近六年新高。财富管理紧抓市场机遇，持续提升“上银财富”品牌价值，年内实现财富管理中收11.52亿元，同比增长21.48%。信用卡业务结构优化与经营升级，累计发卡量达到1 090.23万张，较上年末增长21.47%，在城商行中率先实现发卡突破千万张。

资产管理业务顺应市场与监管环境变化，实现理财业务稳健发展。2020 年末，上海银行理财产品存续规模 3 822.20 亿元，较上年末增长 773.95 亿元，增幅 25.39%，产品规模位列城商行第一；净值型产品规模占理财产品比例 74.79%，较上年末提高 12.22 个百分点。2020 年，上海银行为客户实现收益 116.38 亿元；实现理财中间业务收入 16.09 亿元，同比增长 22.54%。

【金融科技创新引领，线上个人客户继续保持同业领先】

上海银行把握数字化技术发展趋势，不断加大金融科技投入，提升创新引领力度，赋能金融主业高质量发展。2020 年末，上海银行金融科技人员数较上年末增长 19.26%；2020 年金融科技投入同比增长 8.09%。

互联网金融线上获客和业务规模持续快速增长。2020 年末，上海银行线上个人客户 3 885.83 万户，较上年末增长 884.90 万户，增幅 29.49%，保持同业领先；年度活跃客户 990.04 万户，较上年末增长 171.07 万户，增幅 20.89%。

【履行社会责任，积极支持防疫抗疫和复工复产】

上海银行积极履行国有金融企业社会责任，将做好疫情防控、复工复产和落实“六稳”“六保”任务作为工作主线之一。新冠肺炎疫情发生后，上海银行迅速响应，第一时间携子公司向抗疫一线捐款 2 100 万元。与此同时，充分发挥金融机构优势，设立专项信贷额度和应急物资生产企业资金专项额度，开通绿色通道，提供高效金融服务，支持防疫物资紧急生产和进口。顺应社会需求加大贷款投放力度。2020 年，上海银行累计投放防疫相关贷款 28.08 亿，累计投放支小再贷款、普惠信用贷款和阶段性延期还本政策支持工具项下贷款 125.36 亿元，普惠型小微企业贷款平均投放利率较上年降低 70 个基点。

【经营指标】

单位：亿元

指标＼年份	2016	2017	2018	2019	2020
本外币资产总额	17 553.71	18 077.67	20 277.72	22 370.82	24 621.44
本外币各项存款余额（不含同业存款）	8 490.73	9 235.85	10 424.90	11 860.71	12 971.76
本外币各项贷款余额	5 540.00	6 640.21	8 506.96	9 725.05	10 981.24
净利润	143.25	153.37	180.68	203.33	209.15
不良贷款率（%）	1.17	1.15	1.14	1.16	1.22

（上海银行）

上海农商银行

【概况】

2020 年，面对国内外复杂经济形势和新冠肺炎疫情带来的严峻挑战，上海农商银行坚持战略引领，围绕建设服务型银行战略愿景，狠抓客户发展，助力复工复产，严守风险底线，业务经营保持了平稳良好的发展势头，资产质量保持优秀，实现了三年发展战略的良好开局。

【经营情况】 2020 年，推行减费让利，支持实体经济，盈利水平保持平稳，规模实力快速增长，资产质量基本稳定。全年实现归母净利润 81.61 亿元，营业收入 220.40 亿元，加权平均净资产收益率 11.02%。截至 2020 年底，资产规模 10 569.77 亿元，不良贷款余额 52.45 亿元，不良贷款率 0.99%。资本充足率为 14.40%，贷款拨备覆盖率 419.17%，贷款拨备率 4.14%，上海地区人民币存款和贷款占有率分别为 7.31%、7.08%，均位列第六。

【深化改革】 确定使命、愿景、核心价值观，科学编制上海农商银行“十四五”规划和新三年发展战略规划，提出坚持客户中心、坚守普惠金融、坚定数字转型三大核心战略。落实长三角一体化战略，成功投资入股海门农商银行支持科创企业发展。积极服务第三届中国国际进口博览会，服务实体经济和民生。深化改革创新，推进集团整体上市，上海农商银行IPO首发申请于2020年11月26日顺利通过中国证券监督管理委员会发审会审核，成为2020年内首家A股IPO发行成功过会的农商行；完成对长江联合金融租赁有限公司的绝对控股，股权比例由40%上升至51%；加快推进理财子公司牌照申请和筹建；加强村镇银行控股管理，制定村镇银行差异化发展战略。加强全面预算管理体系，统一全行基础数据标准；加强并表风险管理，推进数字化审计。截至2020年底，综合改革三年行动任务清单完成率达96.6%。

【落实国家战略】 出台《上海农商银行支持长三角区域一体化发展三年行动计划(2020—2022)》，投资入股江苏海门农商银行，成立长三角金融总部，发布《上海农商银行支持长三角区域一体化发展综合金融服务方案》，与上海市青浦区、江苏省苏州市吴江区、浙江省嘉兴市嘉善县政府签订《四方综合金融服务方案》，推进以客户、产品、组织、保障为核心的四大体系建设，支持长三角区域一体化发展，计划为长三角地区客户(不含上海)提供授信额度不少于1 200亿元，提升对区域内实体经济，特别是县域、农村地区的金融服务水平。

【服务经济实体】 小微金融方面，持续加大小微信贷投放力度，助力企业抗疫保供、复工复产，全力为中小微企业经营纾困，建立金融服务绿色通道，惠及小微企业户数位居上海市前列。新增普惠小微企业首贷户超过1 000户。积极探索普惠金融赋能社会治理，助力百姓美好生活，全力服务老旧小区加装电梯、上海市流动早餐车等民生工程。创新推出银税快贷、商e贷等多款普惠在线融资产品，打造无接触式服务体验。“两增两控”口径普惠小微企业贷款余额408.53亿元，较上年末增加126.96亿元，增长45.09%。“三农”金融方面，完成全市首笔开心农场“点状供地”项目1.8亿元授信，创新开展生猪活体抵押贷款试点，解决涉农经营主体缺乏传统抵押物的难题，全年发放政策性农业担保贷款358笔、合计6亿元，在全市农担保统计口径下业务占比60.24%。科技金融方面，创新、优化科技型企业专项融资产品，成为全市首批“高企贷”服务方案产品化银行，与上海市就业促进中心合作发放全市首笔双创企业“创翼贷”；实施“鑫动能”战略新兴客户培育计划，聚焦高成长性科技企业，配备专属全生命周期服务方案，全年入库重点培育上海科创类企业124户，助力7家科创企业登陆资本市场。

【零售转型】 全力推进零售业务转型发展。完善客户分层分类经营，深化机构场景合作，夯实零售基础客群；提升专业理财服务能力，完善产品体系和产品研发设计，丰富代销业务范围，做大管理客户资产规模；把握消费和支付领域市场机遇，提升消费金融、信用卡盈利贡献，实现零售营收、存贷款规模稳步增长。零售金融业务营业收入(含理财)64.91亿元，较上年增长4.06亿元，同比增长6.68%。个人存款(含个人保本理财)余额为3 456.33亿元，较上年末增加321.54亿元，较上年末增长10.26%。零售贷款规模达1 494.91亿元，较上年末增加277.54亿元，增长22.80%。

【优化客户管理】 探索获客场景，个人客户规模增长加速。工会卡发卡总量518.98万张，新增45万张；信用卡发卡总量168万张，新增39万张。扩大信托资管产品供给，新增AUM100万元以上客户14 317户。开展在线直播，场均吸引100万人次观看。以管理转型、业务创新为抓手，与6家委办局建立联络机制，完善公司拓客体系。建立总分支联动机制，实现总行级战略客户全覆盖管理。股债募集户实现突破。聚焦交易中心与代客中心，疏通行业间双向合作通道，与财务公司、基金公司建立合作关系，拓宽优质低成本负债来源。创新代客产品研发，以本币对客利率互换、鑫悦结构性存款、柜台债等代客产品为驱动力，扩大金融市场业务服务半径。聚焦客户问题解决，多维度提升客户体验。投产乐龄版手机银行，提升老年客群使用电子渠道的体验；信用卡业务基本实现全网申覆盖，提升客户业务办理体验。

【数字化转型】 健全数据治理架构体系，制定“四级”数据治理制度，启动FOCUS中台、新一代CMIS和人力资源管理等重大系统建设。上线数据管控平台及管理会计系统，构建基本覆盖全业务领域的基础数据标准体系，明确数据资产信息项的权责，实现对数据的流程化、线上化、自动化管控，为管理决策、绩效考核、资源配置等提供数据支撑。

【风险管理】 秉持“提升风险经营能力，风险管理创造价值”的理念，坚持稳健的风险偏好，以推进风险管理的全面性、前瞻性、独立性、专业性和跨前性为导向，以风险调整后的资本收益(RAROC)最优化为目标，坚守不发生系统性风险的底线，持续推进全面风险管理体系的建设。推进合规风险并表管理，构建长江金租公司及控股村行风控体系，推进反洗钱智能化，提升反洗钱工作效率及成效，加强内部监督和从严问责，完善员工行为管理机制。

【经营指标】

单位：亿元

年份 指标	2016	2017	2018	2019	2020
本外币资产总额	6 840	7 763	8 182	9 299	10 569
本外币各项存款余额(不含同业存款)	5 234	5 813	6 210	6 923	7 636
本外币各项贷款余额	3 233	3 620	3 996	4 667	5 307
净利润	58.41	65.69	74.8	89.38	84.19
不良贷款率(%)	1.13	1.08	0.97	0.9	0.99

(上海农商银行)

上海华瑞银行

【概况】

2020年，上海华瑞银行聚焦“坚持普惠金融的发展方向，建设具有鲜明特色的数字化智慧银行”的战略目标，坚持对公和零售、线上和线下双轮驱动，做强“智慧供应链和航旅金融”特色，通过加快普惠化和数字化，切实提升普惠小微金融服务质量和覆盖面。2020年初，突如其来的新冠疫情严重冲击全球经济，下行压力持续加大，央行的一系列逆周期货币政策持续发力，监管陆续出台一系列政策引导银行加强对实体经济的有效支持。面对复杂变化的外部环境，在各级政府和监管部门的指导下，在全体股东、董事会的关心支持下，上海华瑞银行主动适应经营环境的变化和波动，攻坚克难，进一步聚焦“普惠金融”，进一步推进数字化转型，取得了一定的成效。2020年末，上海华瑞银行总资产规模为433.9亿元，同比增长9.52%，其中，一般存款余额274.4亿元，同比增长12.93%，日均同比增长17.86%；贷款余额249.49亿元，同比增长26.88%，日均同比增长16.60%。各项资产负债业务实现稳步增长。同时，经营效益得到提高。本行加快数字化转型，采取有效措施，增收节支，扩大营收规模。2020年，实现营业收入11.58亿元，同比增长16.59%；实现拨备前利润6.03亿元，同比增长30.61%。通过积极的成本管控手段进一步压降各项费用，成本收入比同比下降6.68个百分点。为有效应对疫情因素带来的风险因素，本行加大拨备计提和不良核销，同时助力企业纾困，开展减费让利，实现税后净利润2.03亿元，较去年同期下降24.21%。

【风险管理】

(一) 持续提升信用风险管理能力

2020年，上海华瑞银行坚持稳健的风险偏好，以优化调整资产结构、确保资产稳健运行为重点，以坚持“回归本源”“主动合规”为基调，扎实推进信用风险管理。一是强调统一授信管理，坚持“风险穿透管理”“信用风险扎口管理”。二是科学设定分类分级分层的风险授权管理体系，对不同业务板块执行统一的信用风险管控标准，并覆盖至表内外所有涉及信用风险的业务领域。三是在全面展开风险监测和防控的基础上，着重加强重点领域风险管控，积极推进不良资产处置。四是坚持风险政策导航，及时发布风险偏好、风险限额、授信政策等组合管理措施，强化落实新普惠战略，对重点风险领域计提特种拨备，着力提升信用风险识别及缓释能力。2020年末，上海华瑞银行不良贷款率为1.44%。

(二) 多措并举防范流动性风险

上海华瑞银行高度重视流动性风险管理。一是例行的董事会、监事会议题中专门设立流动性风险管理专题报告，报告内容包括主要举措、存在的问题和不足以及下阶段改善措施等。二是定期召开资产负债管理委员会风险与内控管理委员会、计划财务部和风险管理部按期向高级管理层汇报流动性监管监测和内部指标执行情况、压力测试情况以及其他流动性相关情况。三是流动性风险管理监督职责分明、报告路径明确，并对流动性风险建立适当的考核和问责机制。四是采取稳健的流动性风险管理策略，积极通过大力拓展多元化负债渠道、加强资产负债组合管理、内部资金转移定价、流动性储备管理、流动性应急预案、压力测试、日常头寸管理和流动性制度建设等综合手段，持续增强本行流动性管控能力，提高流动性管理成效。

(三) 提升自主数字风控能力

上海华瑞银行为了更好地服务普惠，适当提高风险容忍度，整体质量可控，流动性风险、市场风险方面各大主要风险指标均符合要求。同时，坚定以数字化业务为聚焦点，以风险管理智慧化为指引，在风险识别能力、风险计量体系、风险监测体系、数字风控组织模式上做了大幅度提升。另外，通过大力度的研发投入，基本打牢了数据生态、风险模型与信息系统"三大支柱"。风控大脑建设粗具雏形，特征工场、知识图谱等新系统紧贴风控目标，大数据风控"知识图谱"项目获得2020第二届金融科技大会"最佳金融科技大数据应用"奖。

【服务实体经济】

（一）智慧供应链深耕产业

智慧供应链业务加强金融科技在产品创新中的应用，应用场景持续丰富。积极探索OCR、区块链等技术在供应链业务领域的有效运用，"基于人工智能的智慧供应链融资服务"成功入选人民银行上海分行金融科技创新"监管沙盒"项目。同时，开发了瑞e仓、瑞e险和个人经营贷等智慧供应链新产品。同时针对原有产品，积极拓展了龙元建设、汇付天下、平安付等业务新场景。通过系统的持续建设，支持智慧供应链产品向下游供应商下溯，开拓新领域，结合OCR、区块链、大数据风控等技术，实现供应链金融服务产品化，通过技术手段赋能小微客户。2020年末，智慧供应链贷款余额45.62亿元。

（二）数字化方式服务普惠小微

上海华瑞银行持续加快数字化转型，利用数字化手段，服务于小微企业。持续融资中台系统群建设，沉淀强化中台能力。积极推进融资中台、渠道中台和支付中台的线上整合，助力融资业务通过开放银行与普惠合作平台对接并快速上线。融资中台通过合理划分平台业务领域，集中通用公共服务组件化等方式，提升功能模块复用程度、增强产品迭代的效能，更好地服务于普惠金融和再贷款相关业务。2020年末，全行普惠小微贷款余额31.73亿元，较年初增速76.08%，比同期各项贷款增速高出49.20个百分点；户数34 799户，较年初增加33 940户，全行普惠金融占企业贷款和个人经营性贷款比例20.84%，户数占比99.09%。2020年，在普惠小微企业经营风险加大的情况下，通过金融科技的应用，根据不同类型的客户进行精准定价。

（三）主动减费让利，助力企业纾困

2020年，上海华瑞银行积极落实减费让利政策，出台多项面向疫区企业、防疫企业的收费减免政策，对疫区企业和防疫抗疫企业在疫情期间的汇款、信用证以及银行票据等10类手续费予以减免；同时，向单户授信1 000万元以下的小微企业放款时，给予优惠利率政策；此外，对受疫情影响企业的还本付息给予"应延尽延"支持，采取延缓还款还息和免罚息等纾困措施，帮助企业渡过难关。

【产品和服务创新】

（一）智慧供应链：服务于上下游普惠型客群

上海华瑞银行的智慧供应链金融业务紧抓产业互联网的发展契机，以"金融科技＋产业互联网＋供应链金融"为抓手，紧密围绕产业场景，从产业需求角度出发，设计并升级完善"瑞e系列"供应链金融产品，完成涵盖应收、存货、预付和信用等各类业务场景的标准化智慧供应链产品体系建设，提供"智慧、快捷、灵活"的智慧供应链金融方案以解决客户行业痛点，满足核心客户以及小微客户差异化的金融需求。华瑞银行将供应链工具与基础银行产品及金融科技相结合，采取线上与线下相结合的方式，打造了风险可控、融资灵活、操作便捷、资产安全的智慧供应链金融产品，大大降低了金融服务的门槛，提高了金融服务的可获得性。2020年，"基于人工智能的智慧供应链融资服务"成功入选人民银行上海总部金融科技创新"监管沙盒"项目，在智慧供应链金融领域形成专业口碑和一定的品牌影响力。

（二）航旅生态金融：穿针走线构建生态"项链"服务于消费升级

上海华瑞银行把握"双循环"发展新格局以及鼓励内需发展的契机，针对消费升级的大趋势，找准航旅出行旺盛需求的差异化"切入点"，探索专业化的服务。首先，以股东航旅场景为基础，通过打造开放平台，链接相关出行及服务平台，形成航旅服务生态，服务于具有金融需求、同时具有成长性的人群，提高消费者金融服务能力。并利用大数据分析等手段，提高客户画像能力、千人千面识别能力，以此为基础，对客户进行分层经营，针对性地开发不同的金融产品，满足不同层次客户的需求；其次，通过打造钱包功能，提高底层账户服务能力，提高客户黏性。2020年，"航旅贷"项目获2020年度场景金融创新优秀案例奖。

【经营指标】

单位：亿元

年份 指标	2016	2017	2018	2019	2020
本外币资产总额	309.4	391.4	362.6	396.3	433.94
本外币各项存款余额	182.4	251.5	218.4	242.9	274.35
本外币各项贷款余额	104.7	184.0	180.2	202.0	249.49
净利润	1.42	2.53	3.27	2.68	2.03
不良贷款率(%)	0	0.05	0.69	1.03	1.44

（上海华瑞银行）

（二）中资银行分行

国家开发银行上海市分行

2020年，国家开发银行上海市分行（以下简称“上海分行”）本外币资产总额2 645亿元，本外币各项存款余额369亿元，本外币各项贷款余额2 257亿元，贷款发放859亿元，实现净利润12.73亿元，当年本息回收率99.98%，不良贷款率0.01%。

【坚定政治信念，保障疫情防控】

上海分行深入学习领会习近平总书记关于新冠肺炎疫情防控工作的系列重要指示批示精神，把思想和行动迅速统一到总书记和党中央决策部署上来，切实增强“四个意识”，坚定“四个自信”，做到“两个维护”，坚定不移地把总行党委要求落到实处，坚决做好“六稳”“六保”工作，分行领导干部在抗击疫情关键时期率先垂范，各党支部积极发挥战斗堡垒作用，党员干部主动担当作为，第一时间响应号召，提前结束假期返回工作岗位，起到先锋模范带头作用，在满足总行和地方疫情防控要求的前提下，到岗人员加班加点，全力以赴投身于疫情防控阻击战，确保金融服务疫情防控工作有力、有序、有效开展。

【落实国家战略，打造产业新高地】

上海分行紧密围绕国家战略，助力上海制造业高质量发展，打造国家战略科技力量。2020年全年发放制造业贷款273亿元。一是支持“中国芯”研发，服务华虹集团、中芯国际等重大项目建设。二是助力国产大飞机“蓝天梦”，与中国商飞签订新一轮战略合作协议，明确“十四五”发展重点领域合作任务。三是支持“创新药”成果转化，与张江创新药、临港生命蓝湾等医药产业园签署合作备忘录。四是强化“智能造”能力，支持企业提升“卡脖子”领域核心竞争力。

【服务民生重点，践行人民金融表率】

扎实贯彻落实习近平总书记关于“人民城市人民建，人民城市为人民”的重要理念，坚持以人民为中心的发展思想，助力解决“老小旧远”问题。2020年6月，在上海市加快旧区改造工作动员大会上，分行作为唯一受邀金融机构参会做代表发言，牵头全市6个城市更新项目1 158亿元银团融资，当年实现贷款发放220亿元。

【扛起政治责任，打赢三大攻坚战】

在东西部扶贫协作方面，上海分行作为上海市合作交流办唯一受邀金融机构，参与全市消费扶贫工作平台搭建，与上海蔬菜集团签订战略合作协议，全力支持消费扶贫。在龚正市长和贵州省主要领导见证下，上海分行与正安吉他产业园签署四方合作协议，发放贷款4.5亿元。在污染防治方面，上海分行召开“全力打赢服务长江经济带发展攻坚战”大会，深入推进长江经济带建设和长江大保护，服务长三角一体化重点项目。在统筹发展与安全方面，助力打赢风险攻坚战，强化全面风险合规文化建设，做好风险防控管理各项工作。

【服务扩大开放，助力“双循环”建设】

发挥开发性金融国际合作优势，助力国内国际双循环体系建设。一是服务共建“一带一路”，实现两个“一带一路”高峰论坛银团项目发放。二是发挥上海自贸区创新政策优势，完成韩国产业银行境外人民币贷款授信及发放35亿元，通过央行人民币跨境支付系统（CIPS）完成首笔30亿元东航专项应急贷款支付。三是重点支持中远海运、中船重工、东航集团等龙头企业，外汇贷款余额居上海银行同业首位。

【深化综合金融，提升市场价值】

上海分行加强与金融同业深度合作，与上海银行、上海农商行签订第二期“产业绿贷专项合作协议”，全年实现转贷款余额新增57亿元，电票转贴现交易量31亿元，有力支持中小企业发展，服务实体经济。参与主承销东航集团超短融20亿元，积极开拓同业业务和子公司协同，在债融、ABS、资管、IPO、租赁等方面均有项目落地。

【经营指标】

单位：亿元

年份 指标	2016	2017	2018	2019	2020
本外币资产总额	2 879.76	2 491.04	2 426.52	2 434.61	2 645.36
本外币各项存款余额(不含同业存款)	310.53	375.63	301.41	292.67	369.05
本外币各项贷款余额	2 211.67	2 084.13	2 087.18	2 094.52	2 257.31
净利润	35.24	24.59	22.46	18.16	12.73
不良贷款率(%)	0.95	0.78	0	0	0.01

注：净利润为拨备前利润。

（国家开发银行上海市分行）

中国进出口银行上海分行

2020年，在上海市委、市政府及相关职能部门的关心、指导和帮助下，在总行党委的坚强领导下，中国进出口银行上海分行深刻领会总书记“政策性就是政治性”的重要论断，提升政治站位，以党建为统领，全力以赴抓好疫情防控和“六稳”“六保”工作，信贷投放实现稳健增长，经营效益稳步提升，资产质量保持优良，信贷结构持续优化，圆满完成了全年各项目标任务。

【总体经营情况】

（一）规模方面

信贷投放实现稳健增长。截至12月末，分行表内业务本外币贷款余额1 659.43亿元，较年初增长189.35亿元。其中，人民币贷款新增266.16亿元，外币贷款余额54.35亿美元。分行的信贷投放，主要集中在外贸产业、制造业和中小企业领域。

外贸产业贷款累计发放1 341.61亿元，贷款余额1 416.55亿元，实现新增302.25亿元，其中对外贸易贷款新增209.09亿元。外贸产业贷款发放对上海市的外贸贡献度达25%。

制造业贷款累计发放774.68亿元，贷款余额732.23亿元，实现新增138.77亿元，贷款余额占比41.71%。据人行上海总部发布的数据，2020年分行制造业中长期贷款新增217.6亿元，占上海市新增金额的35.3%，不仅为企业降低了融资成本，而且还解决了短贷长用问题，发挥了政策性金融的引领作用。

中小微贷款累计发放212.37亿元。

（二）质量方面

资产质量保持优良，实现“双降”目标。至12月底，分行不良贷款余额为6.61亿元，较年初下降0.14亿元；不良贷款率为0.40%，较年初下降0.03个百分点，实现“双下降”目标。

（三）效益方面

经营效益稳步提升。至12月底，正常经营账面盈利6.71亿元，账面盈利10.35亿元，同比增加11.37亿元。

（四）结构方面

信贷结构持续优化。至12月底，按业务结构划分，对外贸易贷款余额占比47.90%，跨境投资贷款余额占比10.46%，对外合作贷款余额占比2.06%，境内对外开放支持贷款余额占比39.58%。

【主要工作举措】

（一）立足政策性职能，全力扩大外贸信贷投放

一是全力推动总行和上海市政府签署的《抗疫情、保企业、稳外贸联合工作方案》落地，加强与重点企业对接，已落实了与中芯国际、上汽集团、光明集团等一批重点企业和重点项目合作，帮助企业自主创新、扩大出口、强链固链。加大对宝钢股份、益海嘉里等重点优质客户的服务力度，全力支持企业扩大进出口，助力企业转型升级发展。对接市发展改革委，协力推进宝武集团马钢项目和梅钢项目，加快“长三角一体化”成果落地；推动上港集团新片区集疏运中心项目，借力“新基建”打通“双循环”。联合市经济信息化委，持续对接新企业、大项目，不断推进三大领域“上海方案”信贷专项，先后推动中芯国际SN1项目、受理上汽集团人工智能驾驶系统项

目、上海医药国家肿瘤生物疗法产业创新中心项目。

二是深度参与外贸出口基地和重点产业基地建设，逐一走访营销，主动对接 8 大外贸产业基地、26 个特色产业园区名单，支持相关产业聚集区高质量发展。同时，与长兴岛开发办、崇明区政府签订合作协议，对海洋科研基地、船舶、电信云计算、北斗导航等 20 余个项目予以支持。与杨浦区政府、浦东新区金融局、上海化工区管委会等部门签署金融支持合作协议，给予专项信贷支持。

三是依托产品优势，帮助企业开拓“一带一路”海外市场，多维度参与国际合作与竞争。截至 12 月末，分行支持“一带一路”项目共计 105 个，信贷余额 521.41 亿元人民币，对“一带一路”建设项目的融资额在全市金融机构中名列前茅。

四是全力做好进博会金融服务。分行抓住总行推出“进博融 2020”专项金融服务方案和 3 500 亿元支持进口专项额度的契机，梳理往届进博会参展商名单，提前为企业制定了融资方案，通过放宽评级准入、建立快速审批通道等方式优化服务。此外，与市经济信息化委、商务委、合作交流办以及临港新片区管委会、虹桥商务区管委会、闵行区政府、青浦区政府、嘉定区政府等加强合作，加大对重点企业进口业务的支持力度，努力放大进博溢出效应。

（二）坚持金融输血实体经济政策导向，切实支持制造业与战略性新兴产业发展

一是聚焦“卡脖子”领域，提前介入三个国家级“上海方案”，形成政银支持合力，抢占先发优势。成为集成电路“上海方案”主力融资行之一，全程参与方案的政策研究论证、首批项目审定和配套政策制定等工作。生物医药“上海方案”推进取得实质性进展。积极推进人工智能“上海方案”相关项目落地，针对企业轻资产特点提出总计约 20 亿元信贷融资方案。二是加大对首制船、高端船、海工项目的支持，助推船企转型升级和“走出去”。截至 12 月末，分行航运类贷款余额约 160 亿元。特别是面对航运业持续低迷，成功支持了一大批高附加值、高科技船型和海工装备的研发、制造和出口，填补了多项国内空白，打响“中国船舶”“上海船舶”品牌。如支持沪东船厂建造被誉为“皇冠上的明珠”的大型 LNG 船；支持江南造船建造国内最大的 23 000 标准箱大型集装箱船；支持振华重工研发高端港口装备，自动化码头项目已在洋山港和粤港澳大湾区投入运营。三是列出专项额度全面支持临港新片区建设。与临港新片区管委会达成共识，列出专项额度，全力支持集成电路、人工智能、生物医药、航天航空、新能源和智能联网汽车、高端装备制造、绿色再制造等重点产业发展。为确保上述措施的尽快落地见效，分行已成立上海分行临港新片区工作推进领导小组，并抽调多名业务骨干向临港新片区派出专项工作组。

（三）积极做好疫情应对工作，细化落实支持抗疫措施

一方面，全力推动新冠肺炎疫情防控专项再贷款落地。另一方面，通过转贷款方式加大对小微企业支持力度，截至 12 月末，贷款余额为 31 亿元，帮助 2 000 多户小微企业解决复工复产资金需求。此外，分行积极对接制造业企业贷款延期还本付息的需求，对受疫情影响较大的制造业企业免收贷款利息逾 109 万元，切实帮助企业度过困难时期、恢复稳定发展。

【经营指标】

单位：亿元

指标＼年份	2016	2017	2018	2019	2020
本外币资产总额	951.50	1 201.26	1 400.92	1 552.84	1 746.08
本外币各项存款余额（不含同业存款）	103.97	91.17	110.60	114.66	74.65
本外币各项贷款余额	948.59	1 151.74	1 379.30	1 508.07	1 659.43
净利润	6.43	7.76	7.24	−1.02	10.35
不良贷款率（%）	0.76	0.70	0.34	0.45	0.40

（中国进出口银行上海分行）

中国农业发展银行上海市分行

2020年，农发行上海市分行认真贯彻落实总行和市委、市政府各项工作部署，统筹做好新冠肺炎疫情防控和金融服务工作，积极应对政策环境调整变化，推动高质量发展，党的建设明显加强，履职能力不断提高，各项工作扎实有效。年末，分行各项贷款余额359.37亿元；各项存款余额50.84亿元，存款日均余额68.27亿元；实现FTP利润4.53亿元，信贷资产质量保持良好。

【业务发展】

积极支持疫情防控和复工复产，持续推进"四大工程"，聚焦重点领域落实政治任务，全力服务"六稳""六保"。一是全力支持疫情防控。主动对接防疫重点企业，急审速批高效办贷，支持防疫物资和生活保障物资生产供应，共支持防疫重点企业8户，审批贷款5.55亿元，投放4.39亿元。二是服务粮食安全和重要农产品保供。适应重要农产品及战略物资收储政策变化，落实重要农产品保障战略，及时足额供应政策性收储资金，积极支持粮食购销贸易企业、农业产业化龙头企业开展市场化收购，充分发挥了主办行、主渠道作用。三是积极支持乡村产业发展。围绕都市现代绿色农业发展，支持农村流通体系建设、优势农产品加工、现代农业园区建设和一二三产融合，加大生猪全产业链信贷支持力度。开展"百行进万企"融资对接活动，推广银行承兑汇票贴现业务，落实中小微企业贷款延期还本付息政策，提升服务小微企业质效。累放贷款13.41亿元，余额18.19亿元，比年初增长88.59%。四是支持农业农村基础设施建设。聚焦乡村振兴、长江大保护、长三角一体化国家战略，积极推进农民相对集中居住模式；推进特色小镇建设新模式，服务产业园区转型升级，实现落地投放；拓展特许经营权等自营业务模式，支持水利、环保等项目，嘉定区垃圾资源化处理项目获评上海金融创新成果奖提名奖。全年累放贷款84.72亿元，余额230.18亿元。五是支持打赢脱贫攻坚战。探索支持东西部扶贫协作模式的有效路径，推进"万企帮万村"精准扶贫行动，累放扶贫贷款11.66亿元，余额12.54亿。多形式开展对口帮扶、消费扶贫，向定点扶贫县投入帮扶资金23.5万元，引进帮扶资金23万元，购买贫困地区农产品40.75万元，帮助销售246.96万元。六是加强支农资金筹措管理。坚持筹资、贷款一体化营销，运用综合收益定价、信贷计划调控等手段，加强监测分析和跟踪督导，筹资工作取得实效。稳健开展同业、票据业务，加强同业客户营销，有效落实资产负债和流动性调控策略。办理同业存出3 724亿元，余额1 150亿元；办理票据转贴现1 257亿元，余额498亿元。

【基础管理】

坚持合规为先，风控为要，夯实基础管理，深化"八项改革"，经营管理水平有效提升。一是强化内控合规管理。加强制度建设，深化内控合规体制改革，推进内控合规垂直管理，配齐配强风险合规专员，健全联合监督组织体系和运行机制，明确监督信息标准，细化职责，完善流程。二是夯实信贷基础管理。有序完成存量贷款利率基准转换工作。做好评级授信和审查审议审批工作，落实集团客户管理要求，强化整体风险审查。完善信贷政策制度，规范办贷管贷机制。加强放款监督，对合同签署、贷前条件落实、资金支付严格把关。积极推进地方政府隐性债务贷款清理化解。加强贷后监控和督导检查，推进贷后检查尽职管理系统试点，确保贷后管理落实到位。加强统计管理，开展数据专项治理，提升数据质量。三是压实风险防控措施。强化信用风险防控，做好流动性风险管理，完善制度办法，全面风险管理理念不断深化。加强风险分类监测预判和动态调整，落实资产风险分类管理，真实反映信贷资产质量；对存量关注类贷款实施名单制管理。加强中介评估机构、融资性担保机构管理和押品管理，做实风险补偿措施。四是规范财会管理。推进财务管理体制改革，实施全口径FTP利润预算，引导资产负债合理配置；优化财务资源配置，细化保障性财务资源定额核定标准，提高激励性财务资源挂钩力度；优化财务集中核算流程，推进财务经费开支集约化、规范化、精细化。健全财会制度，加强大额费用及重大财务事项审批管理、集中采购管理，规范基建管理，做好税务管理，确保依法合规。五是做好运营管理。深化运营集约化改革，规范集中授权、后督以及财务集中核算流程、内容、系统，有效防范操作风险。加强运营基础管理，开展账户专项整治，规范账户管理，建立白、黑、灰名单分类管理机制，严防账户风险，确保安全运营。

【党的建设】

压紧压实全面从严治党主体责任，持续深化"四责协同”，推动从严管党治行向纵深发展。一是着力加强党的政治建设。坚持党对金融工作的集中统一领导，严明政治纪律和政治规矩，坚持把学习和遵守党章党规党纪作为基础性、经常性工作来抓，严肃党内政治生活，坚持民主集中制原则，落实“三重一大”集体决策制度，健全重大事项请示报告制度。二是持续加强思想建设。巩固深化主题教育成果，把不忘初心、牢记使命作为加强党的建设的永恒课题和全体党员干部的终身课题常抓不懈，认真落实党委会首议题学习制度，发挥好示范引领作用。加强思想政治教育和意识形态工作，开展“四史”“四爱”学习教育，抓好员工思想分析，做好正面引导，深化思想认同。三是筑牢党支部战斗堡垒。组织开展“夯实基础年”活动，进一步提高基层党建工作标准化、规范化水平。抓好《支部工作条例》《党员教育管理工作条例》等党内法规执行。落实“三会一课”等基本制度，严肃开展组织生活，严把党员发展入口关，加强党员活动阵地建设。坚持把握政策、严格程序，有序推进基层行党支部换届选举工作。四是坚持不懈正风肃纪。强化监督执纪问责，严肃查处违纪违法案件并全行通报；开展员工异常行为排查，及时纠正苗头性、倾向性问题。加强纪律规矩教育，夯实遵规守纪思想基础。完善巡察工作制度，实现巡察资源、信息、监督成果共享，发挥巡察监督作用。深化为基层减负工作，实施报表减负工程。完善以职代会为基本形式的民主管理制度，保障职工民主权利；组织开展劳动竞赛、评先评优以及消费扶贫系列活动、各类文化体育活动，激发干事、创业热情。

【经营指标】

单位：亿元

指标＼年份	2016	2017	2018	2019	2020
本外币资产总额	425.41	1 589.34	2 759.30	899.71	350.29
本外币各项存款余额（不含同业存款）	66	79.34	63.54	60.47	50.84
本外币各项贷款余额	384.95	512.36	882.57	896.70	359.37
净利润	4.55	1.05	2.22	2.34	4.53
不良贷款率（%）	0	0	0	0	0

（中国农业发展银行上海市分行）

中国工商银行上海市分行

2020 年，中国工商银行上海市分行坚持经营节奏不放缓、工作力度不松劲，做好疫情防控，并取得良好业绩。至年底，净利润、营业收入均实现同比正增长。

【存贷规模提升】 年末本外币全部存款余额近 2 万亿元，增量首次突破 2 400 亿元，人民币全部存款日均增量突破 2 000 亿元。本外币全部存款、人民币全部存款、人民币对公存款、人民币同业存款时点、日均余额、增量均实现同业“双第一”。公司存款时点余额和增量“双第一”。本外币各项贷款余额破 8 000 亿元，居同业首位。人民币各项贷款增量保持市场领先，其中制造业增量占比 77.5%。公司贷款 5 457 亿元，比上年增长 337 亿元；个人贷款 2 865 亿元，比上年增长 315 亿元。

【提高市场竞争力】 个人金融银行业务巩固优势、弥补短板。个人金融资产增量超过 1 000 亿元，余额超过 1 万亿元，个人手机银行客户规模、活跃客户、交易规模保持同业第一，企业网银客户规模同业第一。跨境业务中心累计为“走出去”企业的境外关联公司发放融资 13.5 亿美元，国际银团参与数提升到 12 个；金融市场交易中心承接总行金融市场业务异地备份职能，创新开办外汇交易中心即期外汇买卖交易及外币拆借交易、外币债券银行账户投资等业务；金融创新中心全年累计向集成电路、生物医药、人工智能、数据中心四大行业发放贷款 67 亿元。

【降本增效成果显现】 推动实施支行内设机构改革，增强前台资源配置，前台科室占比提升至 52%。整合撤并现金营运中心（南区），全面深化集中反洗钱中心。全年新设郊区空白区域网点 15 家。

推动个人电子证照、政采贷、线上供应链融资项目等金融科技场景落地，科技与业务的融合凸显成效。

【加强风控管理】 坚持合规优先，违规责任认定问责机制落地，搭建新的履责控险体系；构建完善"横向到边、纵向到底"的内控管理机制，开展内控合规履职评价。

【经营指标】

单位：亿元

指标 \ 年份	2016	2017	2018	2019	2020
本外币资产总额	15 799.17	15 593.54	16 129.81	17 678.11	20 325.33
本外币各项存款余额（不含同业存款）	14 737.29	14 308.07	14 901.05	16 333.55	18 585.29
本外币各项贷款余额	6 089.23	6 568.88	7 022.94	7 845.20	8 595.09
净利润	180	220	225	212	194
不良贷款率（%）	0.79	0.46	0.40	0.65	0.62

（中国工商银行上海市分行）

中国农业银行上海市分行

2020年，中国农业银行上海市分行深入贯彻落实党中央各项决策部署，认真落实总行各项工作要求，坚持新冠肺炎疫情防控和业务经营"两手抓、双胜利"，加强党建引领，真抓实干，克难奋进，全力办好分行"六件大事"，守住了安全稳定底线，稳住了业务经营大盘，党建及业务经营工作取得积极成效。

【党的建设不断加强】 一是深入学习宣传贯彻习近平新时代中国特色社会主义思想。通过集中宣讲、专题辅导、多渠道宣传，实现党的十九届四中全会精神处级干部培训全覆盖，推动全员学习贯彻习近平新时代中国特色社会主义思想往深里走、往实里走、往心里走。二是"两个全面从严"持续深化。制定全面从严治党主体责任清单，进一步压实管党治党主体责任。推动巡视发现问题全面整改，细化制定整改措施112项，完成全部整改目标，切实做好了巡视"后半篇文章"。开展形式主义、官僚主义突出问题专项整治，精文减会、检查统筹成果进一步巩固。三是基层党建工作质量和水平持续提升。扎实开展"基层党建质量提升年"活动，抓实基层党建清单式管理、党员积分制管理"两项管理"，落实分行《基层党委党建工作手册》《基层党支部工作手册》"两本手册"，推动分行基层党组织全面进步、全面过硬。创新开展党员突击队"克难攻坚"行动，围绕网点资产业务下沉目标，发挥党员带头作用，有效推动党建与业务经营深度融合、互相促进。

【服务实体经济坚实有力】 一是精准助力"六稳""六保"。聚焦实体经济重点领域、薄弱环节，持续加大贷款投放力度，抓好减费让利等助企纾困政策落实。全年分行人民币法人实体贷款净增516亿元，同比多增386亿元，市场份额提升0.84个百分点；新发放实体贷款利率3.90%，较上年下降53个BP。普惠、制造业、民营企业等重点领域贷款分别净增72.24亿元、90.79亿元和267.76亿元，增速分别达到91.7%、30.8%和44.3%，全面达成监管要求。二是金融扶贫成效显著。通过全行动员直接购买、加强扶贫商城共建、创新开展直播带货等多种方式，全面达成消费扶贫各项任务，其中直接购买金额突破2 000万元，系统内排名第一。加大东西部协作扶贫力度，扎实推进"一进一出一保障"扶贫协作方案，为三区三州地区引进产业项目3个，精准扶贫贷款净增4.5亿元。三是主动服务国家战略。以示范区、自贸临港新片区和虹桥商务区为发力点，统筹推进金融服务长三角区域一体化发展工作，成功与虹桥商务区管委会、长三角投资（上海）有限公司签订战略合作协议，翻牌设立上海长三角一体化示范区支行，落地了一次性外债登记业务等多项含金量较高的创新业务，大力支持积塔半导体、新昇半导体、中芯国际等一批前沿产业重点客户，抢占了市场先机。积极参与上海国际金融中心建设，不断提升跨境金融服务能力，跨境人民币业务量创历史新高且系统内贡献度提升，创新投放系统内首笔FT跨境银团美元贷款，境外投资者金融市场综合服务方案获上海金融创新奖三等奖。

【业务经营稳中有进】　一是负债规模稳定增长，收付息率同业可比。全年人民币核心存款日均增量1 037亿元，同比多增278亿元。至年末，人民币大口径存款付息率1.68%，人民币贷款收息率4.10%，人民币大口径存贷利差2.42%。二是财务效益全面向好。实现拨备前利润182.91亿元、拨备后利润180.79亿元、净利润135.01亿元，同比增幅分别达到5.48%、16.89%和14.02%。成本收入比为24.09%，同比下降1.19个百分点，开支效率同业可比，且在系统内保持领先水平。实现中间业务收入45.56亿元，同比增收3.33亿元，增幅7.88%，市场份额提升0.84个百分点，创近年新高。

【转型发展稳步深入】　一是网点转型初见成效。以强化网点功能建设为核心，增配网点对公客户经理158人，推进网点资产业务下沉。至年末，290家核心和骨干网点四类对公低风险资产业务破零率均超过90%，四项业务破零网点264个，占比91.03%；资产业务余额达到3 000万元以上的网点183个，占比63.10%。持续推进扩户提质、"千人万户百亿"工作，全年对公折效客户净增11 353户，增幅16%，代发工资金额1 301亿元，增幅17.52%；个人有效客户、贵宾客户、私行客户分别增长101.33万户、9.53万户和1 352户，均超额完成总行计划。二是数字化转型不断提速。智慧政务建设取得新突破，研发上线"申e贷""企户通""云国库""医保信用付"等"慧政务·惠民生"系列产品，均取得良好的应用效果和社会反响，"云国库"服务模式获得总行科技成果一等奖。持续推进智慧校园、智慧党建、扶贫商城等重点场景建设，加强头部电商合作，全年互联网场景使用客户规模达231.3万户，增幅109.5%。分行掌银月活客户净增58.8万户（总行口径），市场份额提升1.6个百分点。

【守牢案防风控底线】　坚持"信贷质量立行"理念，夯实信贷管理基础，至年末，不良贷款余额17.06亿元，不良率0.29%，较年初分别增加4.13亿元和0.05个百分点，不良水平在同业及系统内仍保持领先。持续加大不良资产处置力度，不良贷款处置额6.7亿元，计划完成率136.6%，审计差异贷款处置超额完成总行计划。坚持高层引领、全员参与、教育为先，持续营造良好的合规文化氛围。发挥科技案防作用，上线非现场监测模型，结合市场乱象整治、案件风险排查等工作，主动揭示并有效排除了一批案件苗头和风险隐患，全年无重大案件和风险事件发生。

【经营指标】

单位：亿元

指标 \ 年份	2016	2017	2018	2019	2020
本外币资产总额	9 978.31	10 368.50	9 975.13	11 162.60	12 554.64
本外币各项存款余额（不含同业存款）	7 463.65	7 851.77	8 211.55	8 685.52	9 763.00
本外币各项贷款余额	4 314.51	4 801.09	5 016.11	5 366.90	5 903.80
净利润	112.65	120.10	132.49	117.61	113.9
不良贷款率(%)	0.61	0.47	0.28	0.24	0.29

（中国农业银行上海市分行）

中国银行上海市分行

2020年，中国银行上海市分行坚持以习近平新时代中国特色社会主义思想为指导，坚决贯彻落实党中央决策部署，积极应对新冠肺炎疫情、外部形势变化带来的严峻考验，坚定服务国家战略，支持实体经济发展，着力防范化解风险，整体经营保持了稳中有进的良好发展态势。

【经营管理概况】　2020年，全行本外币资产总额10 150亿元。实现营业收入、拨备前利润、税后净利润223亿元、163亿元、81.75亿元。本外币存款时点余额7 342亿元，全量客户金融资产突破1.1万亿元。人民币贷款余额5 897亿元，比上年新增396亿元。资产质量优于地区同业平均水平，不良贷款率0.61%。

【做好疫情防控】　上海市分行坚持生命至上，

始终把客户和员工生命安全和身体健康放在第一位，扎实有效防控疫情，全行无员工确诊感染、疑似感染、留院观察情况，无员工家属确诊和疑似感染情况。积极践行大行担当，出台《支持企业复工复产复市的十八条措施》，与市商务委、经信委、工商联、民政局等单位联合发布多个金融服务方案，创新"中银普惠e站通"模式，推出"防疫助力贷""复工贷"等多项专属产品。为53家全国及地方性疫情防控重点企业发放贷款9.92亿元，全国名单企业信贷投放居国有银行第一。为上海援鄂医疗队及全市近万名医护人员，提供总保额约90亿元的保险保障。为上海各级医院、财政、部队、海关等50余家单位提供防疫物资及设备捐助。

【服务宏观大局】　上海市分行主动融入区域发展，与上海市政府签署新一轮《战略合作备忘录》。大力支持长三角一体化发展，首批成立长三角一体化示范区支行，为70个长三角一体化项目提供授信，授信金额超过750亿元。加快新片区金融创新，发布新片区优质企业跨境人民币便利化服务方案、金融支持洋山特殊综合保税区服务方案，以及境内贸易融资资产跨境转让操作指引，率先落地多笔首单业务，为新片区重点项目投放贷款超过260亿元。完善科创板综合服务，设立科创金融专业服务团队，累计为上海地区56家科创板受理或注册企业提供综合金融服务。作为第三届进博会唯一战略合作伙伴，创新开展了3场境外"云招商"和23站境内路演，招募2 789家采购商参会，首次在进博会开展线上现场直播，圆满完成各项重大会议和活动保障工作。牵头上海最大的"毛地出让"旧改项目，独家支持上港集团以色列海法新港项目，牵头银团项目数上海市场第一；全年投放民营企业贷款572亿元，增幅达12%；新增"两增两控"普惠金融贷款76亿元，增幅达52%，连续第三年以第一名成绩获得上海科技金融卓越奖。

【加快金融创新】　上海市分行充分发挥集团全球化、综合化经营优势，持续加大金融创新力度，助力中银资本长三角(上海)投资基金、首个中外合资理财公司汇华理财的设立。全面融入上海国际金融中心建设，与上海黄金交易所推出"沪澳黄金之路"，叙做市场首单国债质押自贸区外币非银融资业务，配合中国太保、长江电力完成GDR发行上市，落地自贸新片区首单科创领域产业基金"临港先进产业基金"托管业务、中日双优FOF集合资管计划托管业务、集团内首单WOFE托管+外包业务。成功叙做首单票交所自营转贴现业务、首笔郑商所棉花标准仓单质押融资业务，成为上海市跨境电商零售税款总担保保函唯一试点银行，国际收支业务和跨境人民币结算量保持同业领先。成功落地市场首单上市公司疫情防控ABN、市场首批暨上海地区首单资产支持商业票据，累计承销境内外债券150支，承销规模2 571亿元，继续领跑上海市场。加快数字化转型，上线铁路E卡通，积极参与数字人民币试点。

【践行社会责任】　上海市分行积极履行企业社会责任，加快推进绿色金融发展，大力支持国家绿色发展基金；深入全市10余个辖区，组织开展500余场绿色账户社区推广活动，当年发行绿色账户借记卡13万张。不断提升服务特殊人群的水平，与上海民政局共同发布"金九条"，成功上线"时间银行"和手机银行银发专区，推出"普惠养老贷""医养结合贷"养老产业特色服务方案，挂牌6家养老金融特色网点。全力保护客户财产安全，年内共堵截风险案件39起，堵截金额超1 000万元，配合国家公安机关、检察院、法院等机关查询、冻结、扣划涉案账户共8 597笔，连续11年获"上海市治安防范先进集体"称号。深入开展扶贫工作，连续4年开展"爱心中行"项目，持续四年开展"爱心中行"保险扶贫项目，累计采购意外险产品730万元，覆盖咸阳"北四县"全部建档立卡贫困人口。通过"公益中行"等渠道采购"北四县"产品超770万元。积极参与上海城乡帮扶工作，与金山待泾村、奉贤金王村等深化交流合作，支持上海美丽乡村建设。

【重大活动】

(一) 支持"一带一路"建设

2020年7月，上海市分行为上港集团以色列海法新港建设项目提供3.4亿美元独家贷款，同时为企业提供了对外投资登记及结算、跨境融资等综合金融服务。海法湾是以色列第一大港，也是"一带一路"沿线重要节点港口。海法新港项目建设及运营是一项重大跨境投资，也是中行支持"一带一路"沿线国家建设、助力中资企业"走出去"的创新尝试和重要实践。

(二) 服务长三角一体化

2020年9月，中国银行股份有限公司上海长三角一体化示范区支行获上海银保监局正式批复，中国银行成为首批获准设立长三角一体化示范区分支机构的商业银行。中行相继在上海发布银行业首个长三角一体化综合金融服务方案，在自贸区新片区设立长三角中银资本股权投资基金，落地示范区一站式对公开户、服务价格同城化、交通支付一体化等创新业务。累计争揽长三角一体化授信项目 167 个，授信金额超过 1 500 亿元。

（三）进博会服务保障工作

中国银行作为中国国际进口博览会唯一“战略合作伙伴”，连续三年深度参与进博会筹备工作，动员全球 62 个国家和地区的机构网络，为 80 多个国家和地区的 1 万多家企业提供招商招展、政策咨询、融资结算、业务撮合等服务。作为进博会“参展商联盟秘书处”、上海交易团“金融合作伙伴”，发挥集团全球化、综合化优势，为全球客商提供涵盖展前、展中、展后三阶段的综合金融服务方案，升级打造“信、融、云、易”等为主题的专属服务方案。协助中国国际进口博览局在境内各地举办路演推介活动，独家承办各类展商、客商供需对接会。依托固定网点、临时网点、各咨询点、各类智能机具及数十名现场服务专员，构建遍布全馆的进博会立体式金融服务矩阵。中国银行以匠心服务践行国家战略，连续三届圆满完成进博会各项服务保障工作，得到国家部委、上海市委市政府、总行党委、社会各界的充分肯定，以百年中行金字招牌服务进博会“越办越好”。

【经营指标】

单位：亿元

指标＼年份	2016	2017	2018	2019	2020
本外币资产总额	6 891.99	7 203.14	7 587.12	7 964.21	10 150.47
本外币各项存款余额（不含同业存款）	5 311.82	5 552.27	5 942.33	6 253.73	7 342.07
本外币各项贷款余额	4 421.55	4 826.72	5 158.26	5 417.85	5 896.74
净利润	103.31	112.43	130.05	118.56	81.75
不良贷款率（%）	0.74	0.57	0.41	0.49	0.61

（中国银行上海市分行）

中国建设银行上海市分行

2020 年，中国建设银行上海市分行增强服务国家建设、防控金融风险、参与国际竞争“三个能力”建设，纵深推进住房租赁、普惠金融、金融科技“三大战略”，落实国家战略部署，聚焦社会难点痛点，防控新冠肺炎疫情，助企纾困，推动新金融实践取得实效。

【支持企业抗击疫情】 主动对接 169 家防疫相关企业，投放贷款 107 亿元，为 23 家“入舱”区属国资提供 31 亿元信贷支持。办理小微企业延期还本付息和无还本续贷金额 33 亿元。创新外贸复市贷，为 335 家外贸企业提供 3.5 亿元资金。推广企业线上经营工具箱、智慧社区管理平台等非接触服务，搭建 1.97 万个平台，服务 4.16 万家企业。通过“全球撮合家”平台举办“云洽谈”，吸引近 1 700 家企业发布超 1 100 项需求。

【服务实体经济和区域经济发展】 本外币各项贷款新增 740 亿元，比上年增长 11%，其中基础设施、制造业、绿色贷款增幅分别为 13.8%、11.3% 和 33.5%，民营企业贷款增幅 29.4%。普惠贷款新增 196 亿元，增速 63%，余额突破 500 亿元。分行获上海市银行同业公会“普惠金融服务突出贡献奖”“科技金融服务奖”“银团贷款最佳机构”等 16 个奖项；获评《零售银行》杂志颁发的上海地区“最佳零售银行”“最佳数字银行”奖；获上海清算所“优秀结算会员”等 6 个奖项。

【新金融实践实现多点突破】 普惠金融生态不断丰富。主动对接 9.25 万户小微企业，为 3 739 户提供首次贷款，信用贷款占普惠贷款 47%。设立 9 家创业者港湾，为 155 家入湾企业提供创业创新服务。与市区镇村农口条线开展合作，创新裕农生态园直播带货模式，销售额超百万元。建信住房累计签约存房业务 4.4 万间。对公住房租赁贷款签约 243 亿元，贷款余额 64.7 亿元。建融家园平台在线交易 26.7 万笔，金额 7 亿元。金融科技助力数字城市建设。系统首创多端适配政务服务模式，STM 政务服务功能增至 653 项，服务 13 万人次。落地电子亮证应用，上线手机银行电子社保卡功能，首批试点医保电子凭证。全面升级 5G+智能银行服务进博会，为市住建委搭建民工工资监管系统，为市金融局搭建上海市类金融监管平台。围绕重点场景加快推进数字人民币，数字货币对公钱包数、交易笔数、交易金额、落地场景数等市场占比过半。建行大学和劳动者港湾影响力不断扩大。开展“金智惠民”培训428期,惠及10.8万人次。与复旦大学共建复旦—建行人工智能与大数据联合实验室,成立11家裕农学堂。劳动者港湾APP新注册4.21万户,服务户外劳动者28.16万人。

【风险防控扎实有力】 抓好反洗钱、征信、客户信息安全、消费者权益保护等工作。打造严格的合规文化,建立完善联防联控机制,推进网格化管理,全面加强员工行为管控,防范化解风险隐患。

【经营指标】

单位:亿元

年份 指标	2015	2016	2017	2018	2019	2020
本外币资产总额	12 285.79	12 560.48	11 831.38	11 722.39	12 588.87	14 733.95
本外币各项存款余额(不含同业存款)	11 049.24	11 751.11	11 385.7	11 224.49	11 933.02	13 910.88
本外币各项贷款余额	5 413.975	6 070.31	6 663.26	6 377.59	6 752.24	7 492.51
净利润	151.84	192.57	161.29	123.75	126.45	137.91
不良贷款率(%)	0.55	0.48	0.44	0.71	0.76	0.54

(中国建设银行上海市分行)

交通银行上海市分行

2020年,交通银行上海市分行深入贯彻落实国家重大方针政策,围绕总行“建设具有财富管理特色和全球竞争力的世界一流银行”战略要求,坚持疫情防控和经营发展两手抓、两手硬,积极服务上海“五四三二一”战略、长三角一体化发展等机遇,有效助力上海经济社会和民生发展。

【精准支持防疫抗疫和复工复产】 为航空企业新增低利率应急授信40亿元,为上海市教委定制助力民办学校教育行业融资服务方案,成功发行全国首单航运企业超短融疫情防控债,推出复工复产复市专项金融服务方案,累计向83家新冠肺炎疫情防控企业发放贷款20.68亿元,全年共减费让利16.52亿元,分行获人民银行“上海金融保市场主体先进集体”称号,辖属徐汇支行获“上海市抗击新冠肺炎疫情先进集体”称号。

【积极服务实体经济发展】 授信支持张江科学之门、临港冰雪世界等上海市重大建设项目30项,投放金额225亿元,支持城市更新项目10个,成为市发改委“新基建”项目融资主要合作银行,对接“新基建”项目181个。与市区两级政府合作落地“长宁园区贷”“普会贷3.0·信易贷”等园区贷项目,“两增”口径贷款余额增幅超100%。2020年末分行各项存款、贷款分别达5 390.58亿元和3 352亿元,市场份额较年初分别提升0.11个和0.17个百分点。

【有效助力上海重大战略】 在新片区分行挂牌“交通银行离岸金融业务中心”,参与制定“新片区金融开放50条”等多项区域政策,成功办理自贸区首笔商业银行飞机项目融资业务,完成优质企业便利化跨境人民币汇出款等多项市场首单业务。在长三角示范区内设立专营机构朱家角支行,并升格为示范区分行,“长三角一体化金融服务模式创新方案”获上海市政府金融创新成果二等奖。为进博客商提供网点专属服务,保障第三届进博会金融服务,推动交行成为世界技能大赛国家战略赞助商和国家绿色发展基金董事,作为首席战略合作伙伴支持世界一级方程式电竞中国冠军赛,对接浦东开发开放30周年系列活动,助力上海改革开放再出发。举办“3·15”教育宣传周等活动,在中银协文明规范服务百佳、千佳、星级示范网点评选中,获评数量蝉联上海地区第一。

【迅速推进数字化转型】 对接上海“一网通办”建设,成立“大数据应用办公室”,落地“交银e办事”创新项目,成为全国电子营业执照及电子印章首家合作银行和上海市新能源汽车充电补贴发放唯一指定银行,持续推进便捷就医、电子亮证、电子印章、“数据e贷2.0”、不动产不见面抵押登记等项目的研发和落地,信用就医签约客户数占全市总数80%以上。开展数字人民币试点工作,完善受理环境的建设及特色场景的应用。

【全面提升风险管理成效】 加强对受新冠疫情影响行业的风险监测，最大限度降低疫情对资产质量的冲击，2020年末，分行不良贷款余额26.98亿元，不良率0.8%，逾期贷款余额21.69亿元，逾期率0.65%，资产质量保持稳定。持续落实安全保卫、反洗钱、印章管控、信息安全管理等基础工作，有效保障全行平安运营。

【深入推进党的建设】 加强政治建设和思想建设，创设"交赢·领航"基层党建与经营管理论坛。选树先进典型，设置100名党员示范岗，成立81支党员抗疫先锋队。引进社会力量为四川省理塘县捐赠教育资金50万元，帮助甘肃省天祝县销售扶贫农产品100余万元，以党建促脱贫攻坚。浦东分行获第六届"全国文明单位"称号，文明单位创建达历史最高水平。

【经营指标】

单位：亿元

指标 \ 年份	2016	2017	2018	2019	2020
本外币资产总额	6 309.03	6 611.57	5 944.92	6 208.96	8 461.82
本外币各项存款余额（不含同业存款）	4 045.80	4 226.10	4 233.55	4 589.75	5 390.58
本外币各项贷款余额	2 700.72	2 688.46	2 734.42	2 911.96	3 352.09
净利润	75.10	90.17	102.80	90.16	99.78
不良贷款率(%)	0.75	0.63	0.94	0.69	0.8

（交通银行上海市分行）

中国邮政储蓄银行上海分行

2020年，中国邮政储蓄银行上海分行坚持服务"三农"、城乡居民和中小企业，服务实体经济，以客户为中心；坚持普惠金融、绿色金融，支持精准扶贫，践行社会责任。截至年末，分行内设9个一级委员会、1个二级委员会、24个一级部门、8个二级部门、1个直属单位；下辖2个二级分行、1个分行直属营业部及15个一级支行，拥有486个营业网点，其中自营网点104个。年末在册员工2 979人，其中本科及以上学历员工2 331人，占总人数的78.25%。

【经营发展】 2020年末，分行总资产3 232亿元，增长17.5%。各项存款余额2 275亿元，增长15.08%，新增存款310亿元；各项贷款余额1 088亿元，增长11.11%；存贷比47.82%。实现营业收入32.14亿元，增长20.19%。经济增加值1.31亿元，经济资本回报率11.64%，成本收入比49.16%。

【风险管理】 完善风险管理体系。建立"三个三"全面风险管控机制，完善风险与内控委员会工作机制，全力打好"防范化解重大风险攻坚战三年规划"收官战。组建风险经理、营业主管、合规检查"三支队伍"，推动风险管理职责下沉。提升信用风险管控能力。坚持授信客户分层施策，加强资产质量监测及前瞻预判。聚焦产品创新、贷前调查、作业监督等环节，加强制度建设，厘清职责边界。加强法律合规管理。开展"合规四讲"等系列合规文化建设，推进民法典学习宣传，加强案件警示教育。保持案防高压态势，加大违规问责力度。建立"三制一覆盖"排查联动工作机制。维护消费者合法权益，投诉办结率100%。提升内部审计工作。坚持问题导向、风险导向、效能导向的审计理念，落实监管指定内审项目，狠抓审计问题整改。落实安全生产工作。加大安全检查力度，开展安全生产月、消防安全月等专项活动，启动安全生产专项整治三年行动，压实安全生产主体责任。

【服务实体经济】 加强对实体经济重点领域的信贷支持。成立涉农贷款专项审批团队，发放涉农贷款2 198万元。贯彻新发展理念，坚持绿色发展，推进绿色银行建设，为符合条件的绿色企业提供差异化信贷政策支持，绿色贷款余额28亿元，净增8亿元，同比增长40%。缓解小微企业融资难题，发放普惠性小微企业贷款23.6亿元，同比增长33%；小企业有贷户净增533户。

【产品和服务创新】 创新三农金融服务，申报"新农快贷"及"支农惠农"等政府购买服务项目。上线旺旺、光明、立邦、东方希望、佳格等5家"邮商贷"

合作平台，小额贷款净增 18.5 亿元，同比增长 60%。发挥第三方渠道赋能作用，线上小微易贷净增 5.8 亿元。打造以弱担保和信用贷组成的科技金融产品体系，为科技型企业提供授信 15.2 亿元，增长超 50%。

【重大活动】

（一）成立支援邮政志愿服务突击队

2 月 21 日，上海分行成立支援邮政志愿服务突击队，众志成城，携手抗疫。受新冠肺炎疫情影响，全市中小学校采取“停课不停学”的网络教学方式，开学前海量的教材投递分发成为邮政和学校面对的难题。为此，上海分行向全行党员发起号召，各分支机构纷纷践行社会公益，组建志愿者队伍，奔赴邮政速递物流转运中心、各邮政区分公司、中小学，对教材进行消毒、分类、装袋、打包、贴单、搬运。在短短 6 天时间里，分行共计 308 人次报名参加，打包 3 万余套教材，服务总时长 430 小时，公益行动受到各邮政区分公司、学校的一致好评。

（二）加入“大数据普惠金融担保合作方案”合作银行

3 月 13 日，上海分行参加上海市大数据中心与上海市中小微企业政策性融资担保基金管理中心联合召开的大数据普惠金融担保合作方案发布会，加入“大数据普惠金融担保合作方案”合作银行。在“大数据普惠担保合作方案”中，银行在企业授权后，通过上海市大数据中心的普惠金融应用获取公共数据，运用金融科技手段综合评价后形成拟授信客户名单，再由上海市中小微企业政策性融资担保基金管理中心对名单中的客户予以担保，支持银行加大信贷投放，特别是重点支持前期经营正常而受疫情影响遇到暂时困难的中小微企业。

（三）参加清廉金融文化建设“六个一”活动

9 月 25 日，上海分行参加上海市银行同业公会、上海市保险同业公会组织召开的上海银行业保险业清廉金融文化建设“六个一”活动推进会，共同推动上海银行业清廉金融文化建设。会议发布上海银行业保险业清廉金融文化建设理念，介绍上海清廉金融文化建设“六个一”活动进展，“六个一”分别是“一个理念”“一个公约”“一个行动”“一本文集”“一个考试”和“一堂廉课”。

【经营指标】

单位：亿元

指标 \ 年份	2016	2017	2018	2019	2020
本外币资产总额	2 309.11	2 334.96	2 529.94	2 747.13	3 231.78
本外币各项存款余额	1 688.20	1 721.17	1 774.69	1 964.63	2 275.11
本外币各项贷款余额	679.49	781.40	879.10	979.00	1 087.79
净利润	6.57	7.74	−5.23	8.61	10.48
不良贷款率(%)	0.61	0.39	1.82	1.53	1.38

（中国邮政储蓄银行上海分行）

上海浦东发展银行上海分行

【概况】

2020 年，浦发银行上海分行以总行三年行动计划为指引，有守有为、争先进位圆满完成全年各项任务目标。浦发银行上海分行党委再度获“上海国资委系统红旗党组织”称号；先后获“上海市银行业机构综合评价”和“信贷政策导向效果评估”的 A 类评级、人行首批挂牌的“金融法治运行监测点”两项 A 类优秀评价；交易银行部获“上海市模范集体”称号；第一营业部获第 6 届全国文明单位，13 家机构获上海市第 20 届文明单位。

2020 年末，浦发银行上海分行一般存款余额 8 784 亿元，比年初增长 1 569 亿元，增幅 21.7%。继续保持浦发银行系统内第一，在全市 16 家主要商业银行中，该行存款增量排名第二。年末各项贷款余额 3 969.5 亿元，较年初增长 1 011 亿元，增幅 34.2%。社融总量显著增长，经营效益持续提升，资产质量保持稳定，客户基础不断巩固，基础管理不断夯实。

【三大亮点有力支持上海重大任务】

（一）自贸业务着力围绕新片区进行探索创新

2020 年，浦发银行上海分行全年合计完成 22

项自贸领域创新，重点推出 FT 账户跨境 API 项目、新片区本外币一体化全功能型跨境双向人民币资金池等首发重量级创新业务。2020 年底，该行 FT 日均存款 468.9 亿元，FT 贷款 381 亿元，资金池总数达到 263 个，保持市场领先。

（二）科技金融持续加强产品创新

2020 年，浦发银行上海分行先后推出小巨人信用贷 3.0、知识产权质押贷款、"上市贷"等一系列拳头产品，有效破解科创小微企业融资难题。该行科技贷款规模和授信客户连续两年增幅超过 30%；全年获取 7 家科创板上市企业募集资金 50 亿元。

（三）长三角一体化作为推动全行发展的战略支点

浦发银行上海分行着力开展产品创新，先后推出了"长三贷""长三债""长三链"等一系列特色产品，其中长三角一体化示范区内贷款投放超过 30 亿元。6 月，浦发银行首单长三角一体化专项授权授信业务落地，实现了长三角区域授信业务的"同城化"，支持了企业在长三角区域的跨省市经营发展和投融资行为。10 月完成了全国首单"长三角科创企业集合票据"，打破了区域界限，以债券市场为纽带，创新直接融资工具实现跨区域协同。

【服务大局，助力抗疫普惠民生】

（一）信贷资源持续输血实体经济

2020 年，面对突如其来的新冠肺炎疫情，浦发银行在坚守风险底线基础上、积极通过灵活多样、主动让利的信贷策略，加大贷款投放力度，贷款规模快速上量。一是主动让利企业，降低企业融资成本，疫情以来平均投放利率 3.78%，最低利率仅为 3.05%。二是先后与市委网信办、市商委、经信委联合发文，提供总共 600 亿元的专项信贷资金，主动为 1 039 户重点名单内及受疫情影响较大行业内的企业，投放贷款 569 亿元。三是认真贯彻延期还本付息政策，为 324 户中小微企业落实延期还本 53.05 亿元，其中累计完成无还本续贷 124 户、5.38 亿元。四是信贷支持民生工程。深度服务本市 13 个旧改项目、41 个旧改地块重大旧改项目，城市更新贷款签约 562 亿元，贷款余额 236.78 亿元，动拆迁款代发户近 12 000 户。还先后服务多个"城中村"改造项目，为市民安居贡献了浦发力量。

（二）坚定服务普惠民生事业

2020 年末，浦发银行上海分行普惠口径小微贷款余额 290.51 亿元，较年初增量 65.08 亿元，完成全年普惠监管目标 217%。牵头落实全年"百行进万企"工作，获得"百行进万企"融资对接工作优秀组织奖。促进国家生活物资生产，"好养快贷"项目上线以来累计投放贷款 1.52 亿元。推动金融知识普及教育宣传，借助"浦发—乐龄金融安全课堂"品牌，开展宣传活动 201 次，发放宣传资料 37 万余份，有效拓宽受众面和影响度。

【强化担当，积极服务上海重大项目】

浦发银行上海分行大力支持上海区域经济发展，积极服务上海市重大项目建设，全年参与新虹桥国际医学中心等重要工程项目。强化国资国企、行业龙头合作，灵活运用国内证商票保贴、e 存管等工具，降低核心企业带息负债，解决供应商融资难题。加大新片区支持力度，自新片区挂牌以来，区内贷款新增投放 101 亿元。不断提升进博会金融服务能力，落地首笔股份制会员银行跨境人民币贸易融资资产转让业务，创新推出首张面向境外人士的预付费卡。2020 年末，浦发银行上海分行"四大品牌"相关行业贷款余额 1 364 亿元，在对公贷款中占比 46%。

【经营指标】

单位：亿元

指标＼年份	2016	2017	2018	2019	2020
本外币资产总额	8 302.56	7 812.46	8 069.22	8 989.45	11 039.19
本外币各项存款余额（不含同业存款）	4 832.68	5 230.18	6 057.96	7 215.53	8 784.18
本外币各项贷款余额（不含同业贷款）	2 624.00	2 897.60	3 038.37	3 156.74	3 969.50
净利润（账面利润）	64.88	91.34	92.60	93.13	78.63
不良贷款率（%）	0.38	0.33	0.46	0.60	0.52

（上海浦东发展银行上海分行）

中信银行上海分行

【经营情况】

2020年，中信银行上海分行面对严峻复杂的内外部形势，坚决贯彻落实党中央、国务院、监管机构部署与要求，沉着应对风险挑战，主动服务打赢新冠肺炎疫情防控阻击战，积极助力“六稳”“六保”工作，各项业务取得长足发展。

主动作为，全力支持疫情防控，落实“三个到位”。2020年，中信银行上海分行坚决贯彻落实党中央、国务院及监管机构要求，主动作为，以高度的政治自觉把疫情防控各项要求落实落细，把金融服务各项政策落地见效。一是资金支持到位。2020年全年，分行全力支持疫情相关贷款投放，并落地上交所首单租赁公司疫情防控债。二是政策保障到位。有序执行无还本续贷、延期还本付息政策，对部分客户采取变更还款计划、展期、借新还旧等措施，支持企业渡过难关。三是减费让利到位。2020年疫情期间，中信银行出台了系列支持政策，确保各项业务稳定开展，开通了跨境汇款手续费绿色减免通道，加大各类手续费减免力度。

践行国家战略，支持上海战略新兴产业、先进制造业和科创中心发展。一是提高政治站位，将制造业贷款纳入全行发展战略及考核指标。一方面，对于新上报的制造型企业，通过多部门协作共同为客户设计授信方案，为制造型企业提供更加优质的综合金融服务；另一方面，对于存量批复的制造型企业，挖掘客户中长期投产需求，并通过分行补贴政策帮助经营机构克服投放制造业收益低等难题，真正做到扶持制造业实体经济领域，2020年末，分行制造业贷款较年初增长43.8%，贷款比重上升。二是加大科创企业布局，聚焦重点行业，关注集成电路、人工智能、生物医药等三大先导产业，电子信息、汽车、高端装备、先进材料、生命健康、时尚消费六大新支柱产业。三是打造多元产品，创设和发行股份制银行首单科创基金，股权直投两家科创企业，企业均已实现科创板上市。该项目获“2020年度上海银行业年度最佳投资银行业务案例”奖项，进一步树立了银行服务实体经济、支持新经济企业的市场形象。

服务实体，加大民营企业、小微企业金融支持力度。一是加大对普惠、涉农、金融精准扶贫、制造业和民营企业贷款指标的考核力度。二是给予专项优惠政策，单列普惠型小微企业贷款信贷计划，放款环节严格审核，确保抵押、评估、公证等环节产生的费用由银行支付。三是面对新冠疫情对小微企业的重大影响，积极落实监管及总行关于小微企业延期还本付息的工作要求，对符合条件的企业给予金融支持。四是积极助力上海都市型现代化农业发展，制定了符合上海区域特色的营销策略，给予了涉农贷款优先审批、贷款补贴、额度保障等一系列政策。

【经营指标】

单位：亿元

指标 \ 年份	2016	2017	2018	2019	2020
本外币资产总额	3 058.10	3 077.66	2 672.87	2 982.69	4 064.45
本外币各项存款余额（不含同业存款）	2 413.86	2 647.81	2 498.54	2 793.43	3 867.99
本外币各项贷款余额	1 009.05	1 187.95	1 282.72	1 519.15	1 731.11
净利润	17.75	20.09	23.66	16.41	9.51
不良贷款率（%）	1.05	0.78	0.93	0.69	0.66

（中信银行上海分行）

中国光大银行上海分行

【经营情况】

光大银行上海分行成立于1994年7月，从国际饭店的一间客房起步，历经天津路2号、中山东一路29号，到世纪大道1 118号光大银行大厦，从无到有，从弱到强，逐步在上海站稳脚跟、实现发展。建行27年来，分行在中国光大集团和中国光大银行总行的坚强领导下积极进取、开拓创新，先后经历了成功置换外滩29号大楼、成功接收原中国投资银行在上海的债权债务和同城网点两次重要发展历程，并以2004年发行中国第一只外币理财产品、第一只人民币理财产品为代表，创下了系统内外多个第一，成为在沪及周边长三角区域具有一定影响力的股份制商业银行分支机构。截至2020年底，上海分行拥有1家二级分行（上海自贸试验区分行）、53家同城支行（覆盖上海各行政区，其中中心城区40家、郊区13家）、25家社区支行、9个公司业务经营部门、25个管理部门，拥有员工1 800余名。

进入2020年以来，面对突如其来的新冠肺炎疫情，上海分行高度重视，周密部署，按照党中央、国务院要求，落实集团和总行工作部署，一手抓疫情防控，一手抓业务发展，两手抓，抓落实，统筹推进疫情防控和产融服务工作，分行实现零疑似、零确诊。全年坚决贯彻落实党中央、国务院、集团和总行的各项工作部署，着重把贯彻两会精神、落实"六稳""六保"、服务实体经济作为重中之重，努力在提升金融服务支持中推动分行全面发展，展现国有金融企业应有担当。

在服务实体经济上，光大银行上海分行始终践行金融服务实体，深入落实中央关于服务民营经济的决策部署，支持服务民营经济，大力发展普惠金融。特别是在新冠疫情期间，分行积极落实"六稳""六保"工作要求，大力支持企业发展，帮助疫情企业渡过难关。一是突出及时性。加大金融抗疫支持力度，为进口企业启动进口防疫物资汇款绿色通道；落地首单资本金项下委托贷款，支持抗疫医疗物资运输；通过FT账户给予上海港城开发集团1亿元人民币流贷，支持自贸临港新片区建设。抢抓疫情防控期间企业新金融服务需求，为国药控股、大唐融资租赁、永业等企业成功发行债券。适应金融需求变化，为企业提供线上化结算便利，设立审批绿色通道，累计向9家重点防疫企业发放贷款10.89亿元；关注授信企业困难，累计对54家企业、合计119笔业务，给予延期还本的帮扶措施，金额合计20.39亿元；给予4家企业延期付息的帮扶，合计延期利息704万元。二是突出有效性。坚持把信贷投向政策同国家战略产业发展紧密结合，重点支持战略新兴产业、先进制造业、两新一重、人工智能、集成电路、大数据、中医药等行业。截至2020年末，分行制造业贷款余额40.4亿元，增幅36%，中长期制造业贷款23.7亿元，较年初增长91%。加大对民营企业金融支持力度，截至2020年末，分行民营企业贷款余额388亿元，较年初增长66.2亿元，增幅20.6%，高于全行贷款平均增速9.68个百分点。大力发展普惠金融，丰富客户融资选择，提供较传统业务更多选择、更高效率、更灵活组合的，实质风险可控且符合政策导向的产品和服务，截至2020年末，分行普惠贷款余额145亿元，较年初增加50.3亿元，增速为53%，高于全行各项贷款增速，普惠新投放贷款加权平均利率5.13%，较去年下降72个BP，普惠金融不良贷款余额3 639万元，不良率0.25%，全面完成了"两增两控"目标。2020年是扶贫攻坚的决胜年，分行通过信贷支持、扶贫采购，爱心捐赠等多种方式，打出"产业扶贫＋金融扶贫＋民生扶贫＋党建扶贫"组合拳，号召全行员工在齐心协力战疫情的同时，以更大决心、更强力度推进脱贫攻坚工作。三是突出便利性。主要是针对疫情带来的金融需求变化，大力提升线上金融服务替代率，加强运维保障，强化线上金融服务7×24小时在线响应，引导客户通过手机银行、网上银行等各种电子渠道办理业务，满足"无接触式"服务需求。

在提升客户服务上，阳光服务是光大客户服务的品牌。分行秉承"中国光大，让生活更美好"的理念，坚持以客户为中心，从提供更好金融产品和服务的角度出发，不断提升客户体验度和满意度。一是以创新提升服务品质。分行充分依托上海金融中心的优势，把握上海扩大开放带来的机遇，在风险可控的前提下，结合客户需求和市场特点，稳步推进金融服务和产品创新，包括推出阳光ETC卡、阿拉环保卡、出国金融服务等在沪上有品牌效应的产品和服务，有效满足客户需求。其中，阿拉环保卡项目于2012年推出，并在2014年被上海市商务委纳入"双卡工程"在全市使用，实现了社会效益和商业效应双提升。此外，加强科技赋能金融，通过"场景＋金融""线上＋线下"等方式，搭建云租房、云物业平台，上线Apple Pay虚拟公交卡项目，全面提升云缴费行业应用，让市民群众生活更加便捷。二是以贴心改进网点服务。分行在按照监管部门要求和总行服务规范，建设运营好网点的基础上，注重因地制宜，尤其是针对上海老龄人口占比较高特点，把敬老服务理念植入银行"阳光服务"中，把网点建设成为服务市民群众的一扇窗口。包括，在分行各网点大堂内设"敬老服务专窗""敬老爱心专座"，在服务台和填单台配备了老花镜，为老年客户准备应急医药用品，为行动不便的老年人准备了轮椅。除了常规的迎、询、引、协、办、送等环节外，优先安排高龄老人办理业务；对于听力有障碍、行动不便的老人，安排由专人陪同全程办理业务，等等。目前，分行已有14家支行获上海市银行业“敬老服务示范网点”称号、9位一线服务人员获上海银行业“敬老服务示范标兵”称号。三是以安心维护消费者权益。分行持续把提升服务品质、保护消费者合法权益作为重要任务，做好全流程服务优化，加强首访首诉处理，对投诉发现的问题及时整改问责，并举一反三融入服务流程和产品设计中。特别是近年来把防范电信诈骗、保护人民群众财产安全作为重点，各基层网点人员下硬功夫，练就防范电信诈骗的“火眼金睛”，在柜台一线窗口筑起围堵电信诈骗的坚实防线，2021年奉贤支行、普陀支行成功协助警方堵截电信诈骗，得到了公安部门的表扬和媒体的广泛报道。与此同时，注重弘扬和传承工匠精神，向社会传播正能量，为商飞工匠等杰出建设者制定专属金融方案，努力提供卓越金融服务。

在防范金融风险上，分行坚持党建引领，坚持从严治党、从严治行，聚焦“监督、执纪、问责”，把从严治党贯穿到从严治行中，靠前监督，抓早抓小，防微杜渐。认真贯彻落实中央关于“三大攻坚战”的战略部署，认真抓好市场乱象排查整治工作，坚持全面风险管理理念，严格控制前中后三道防线，持续加强资产质量管控，牢牢守住资产质量底线。2020年，分行资产质量稳步提升，资产质量指标实现六降一升（不良额、不良率、关注额、关注率、逾期欠息额、逾期率下降，拨备率上升）。从严管理党员领导干部，着力完善组织架构设置、健全绩效考核制度，把干部考核与干部能上能下、奖励惩处相结合，弘扬严谨细致的工作作风，倡导形成想干事、能干事、干成事的良好氛围。

【经营指标】

单位：亿元

指标＼年份	2016	2017	2018	2019	2020
本外币资产总额	2 184.54	2 240.47	2 291.23	2 626.84	3 248.46
本外币各项存款余额（不含同业存款）	1 496.98	1 572.44	1 569.51	1 978.17	2 566.85
本外币各项贷款余额	682.11	745.83	846.57	906.42	920.46
净利润	15.24	16.24	12.59	13.43	12.95
不良贷款率（%）	0.40	0.41	1.25	1.29	0.68

（中国光大银行上海分行）

华夏银行上海分行

【经营情况】

2020年，华夏银行上海分行按照“改革创新、加快发展”的工作主旋律，坚决贯彻落实年度工作部署，疫情防控和业务发展两手抓，扎实有序推进各项工作，经营成效符合预期，资产质量保持稳定，内部管理务实精细。截至2020年末，分行资产总额873.49亿元，一般性存款余额714.52亿元，较年初增长19.43亿元；贷款余额489.12亿元，较年初增加47.85亿元；实现拨备前利润16.81亿元、净利润13.22亿元。中间业务净收入占比12.07%；资产质量显著提升，不良贷款率0.28%，年末贷款分类偏离度100%。

【风险管理】

分行紧抓资产质量这一核心，切实加强信贷基础管理和内控风险防范，在信贷资产规模大幅增加的同时，确保质量仍能得到持续的优化，确保全行稳健合规经营。

（一）强化风险管控，夯实资产质量

发挥信贷和投融资业务应急响应处置机制作用，加强重点客户的风险监测评估，及时对各类信贷和投融资风险予以干预和处置，进一步提升前瞻性风险防控能力和问题整改质量，2020年累计召开16次应急响应处置会议，完成49期监测报告。分行还克服疫情影响，率先采用异地委托实地见证和视频见证方式开展合同见证工作，异地委托见证38笔，涉及业务金额37.82亿元；视频见证7次，涉及业务金额17.21

亿元，既管控住了核心风险，又使业务稳步发展。

（二）加强合规建设，筑牢经营基石

2020年全年，分行对全辖营业网点进行了两轮全覆盖的现场检查，对各业务条线档案管理也开展了专项检查，还细化制度要求，出台了《华夏银行上海分行督查整改工作实施细则》《内外部检查问题整改核查工作标准》等制度。分行还定期开展员工异常行为排查，通过日常观察、问卷定期排查、员工谈话、专业检查等有效方式，掌握员工行为动态，及时发现和化解员工异常行为风险隐患。2020年，还以"知规范、强执行、守底线"员工行为管理提升为主题，开展了"一次工作生态圈调研""一系列警示教育""一次集中排查""一次合规测试""一次演讲比赛""五个一"系列活动，潜移默化地让员工将依法合规经营的意识内化于心。

【服务实体经济特别是科创产业、产品和服务创新及重大活动】

（一）注氧输血，金融纾困，疫情防控彰显担当

分行迅速出台管控措施，成立"工作专班"，坚持"特事特办""急事急办"，提出小微企业一般授信业务2个工作日完成审查审批、特别授信业务当天完成审查审批的服务承诺，并建立针对医药、医疗器械、医疗机构、公共卫生基础设施建设、科研攻关等防控疫情相关行业企业开通授信业务的"绿色通道"，专人开展贷前调查，切实提高业务办理效率，尽快满足企业融资需求。对部分进出口防疫物资企业的结售汇及资金收付业务，将审核责任前置到客户准入及展业环节，取消业务办理中的逐笔审核，简化跨境业务处理流程、提高结售汇及跨境结算业务处理效率。推出"华夏爱贷"专属个贷服务参加疫情防控的医护人员、部队官兵、政府工作人员，以及隔离的病人及家属、受疫情影响暂时失去收入来源的人员，延后其还款期限，逾期款项不催收、不罚息。分行还通过对接上海市发改委、市科委、市担保基金等单位，以平台搭建和产品创新畅通贷款投放，以精准服务更多中小微企业。截至年末，"两增"贷款业务余额23.51亿元，较年初增加7.66亿元，新发放人民币纯贷款加权平均利率比上年降低70个BP，并为共计17户涉及贷款余额29.1亿元的信贷客户提供了主动延期、调整结息频率、还款方式等风险缓释措施。

（二）聚焦重大战略，服务实体经济

一是支持产业转型，2020年，分行为金光纸业并购提供银团贷款5亿元，支持造纸行业产能升级。二是支持基础设施建设，该行承销中建八局融资券发行10亿元；还首批与上海市医疗保障局开展电子凭证业务合作。三是支持自贸区建设，与该行系统内南京、杭州、广州、深圳、苏州、宁波等分行开展自贸业务联动，2020年分别与深圳分行联动落地6 300万美元"内存FTN贷＋外汇买卖"业务。四是支持创新创业企业发展，2020年为浦东科创集团提供支持，帮助其发行双创债和公司债。

【经营指标】

单位：亿元

指标＼年份	2016	2017	2018	2019	2020
本外币资产总额	784.42	686.12	815.13	917.11	873.49
本外币各项存款余额（不含同业存款）	676.87	577.82	601.88	695.09	714.52
本外币各项贷款余额	196.92	275.28	332.98	441.27	489.12
净利润	3.31	5.83	2.87	9.92	13.22
不良贷款率（%）	1.06	0.78	1.06	0.28	0.28

（华夏银行上海分行）

中国民生银行上海分行

2020年，中国民生银行上海分行在总行党委和董事会的正确领导下，在各级政府、监管机构的大力支持下，坚持以习近平新时代中国特色社会主义思想为指导，贯彻落实党和国家金融工作方针政策，全力支持地方经济社会建设，为广大客户提供优质金融服务，在有力抗击新冠肺炎疫情的同时实现了良好的发展，业务规模稳健增长，业务结构持续优化，经济指标快速增加，风险得到有效控制，员工素质明显提高，稳健可持续发展能力进一步增强。

【党建引领】

以习近平新时代中国特色社会主义思想为指导，认真贯彻党的"十九大"和十九届二中、三中、四中、五中全会精神，增强"四个意识"，坚定"四个自信"，做到"两个维护"，推进党的建设高质量发展。旗帜鲜明讲政治，把"两个维护"作为最高政治原则，始终在思想上、政治上、行动上同以习近平同志为核心的党中央保持高度一致，提高政治判断力、政治领悟力和政治执行力，从政治高度谋划、部署并推动各项工作。组织13次党委中心组学习，开展基层党务

工作者党建工作培训班，深入学习贯彻习近平新时代中国特色社会主义思想、中央经济工作会议精神等，切实强化理论武装，着力把学习成果转化为推动工作的思路举措、过硬本领和强大动力。

【经营情况】

认真学习总行党委和董事会战略部署，在近几年全面实施五大战略工程，并在经营理念、作业模式、核心能力、创新发展、企业文化等方面取得一定成绩的基础上，将未来银行业发展的要求、支持国民经济建设与服务广大客户的要求、总行转型发展的要求以及分行可持续发展的要求有机结合，提出了“强化党建引领，持续转型发展，全面提质提速，培养增长动能，坚持合规经营”的全年总体思路，并坚持问题导向，聚焦薄弱环节，开展了贯穿全年的对公、零售四项专题活动（对公客群提升、国际业务、结现业务和科创业务；代发业务、消贷业务、小微综合开发、社区支行提升）。2020 年末，分行各项存款余额 3 610 亿元、贷款余额 2 071 亿元，同比增长明显。

【风险管理】

一是树立“不合规不可为”的理念，让合规经营覆盖业务的每一个环节，覆盖员工的每一个行为，在分行全方位营造不敢违、不能违、不想违的良好合规生态。二是建立健全风险合规管理体系，构建了分行风险管理委员会、分行风险管理部门、支行分管风险行长、支行风险管理部四个层级的组织架构，组建了由 16 位合规专员和 86 位兼职合规经理组成的专业团队，对经营机构实行业务发展与风险管理“双千分”考核。三是提升风险合规管理能力，分行风险管理委员会牵头，全面做好信用、操作、流动性、声誉等风险管理。四是厘清并压实三道防线的责任，强化业务部门第一道防线的作用，筛选符合政策导向的优质客户，把好准入关。

【服务实体经济】

把支持实体经济作为银行的首要价值，积极履行社会责任，为地方经济社会建设提供优质的金融服务，提升分行的价值，打造分行的品牌，争做主流银行。一是加强与政府的对接，了解政府产业政策、产业规划、经济布局以及工作要求，为地方经济社会发展提供有力的金融支持。二是深入学习党中央、国务院关于长三角一体化的政策精神，落实总行党委、董事会长三角一体化相关部署，从“新基建”、大零售、跨境金融、政府平台、资本市场等方面做好长三角一体化金融服务工作。三是实行客户分层管理、分类经营，对于对公的战略客户、“三个一百”（白名单、上市公司、交易银行价值客户）、“新三个一百”（上海地区民企、国企、科创优质头部企业）重点客户、中小客户、小微客户、科创客户以及零售的私银、贵宾、有效等不同层级的客户，分别采取不同的服务模式，提供个性化服务，做到精准服务与营销。四是推动出资参与国家中小企业发展基金、“一园一策”服务上海特色产业园区、积极认购浦东科创知识产权资产支持证券，更好地服务广大科创企业，支持上海科创中心建设。五是坚决贯彻稳企业、保就业政策精神，全力落实支持企业复工、复产相关要求。全年累计向 3 703 户防疫重点企业、受疫情影响的小微企业和个体工商户投放贷款 141.77 亿元。

【重大活动】

8 月 18 日上午，上海自贸试验区临港新片区支行开业，新片区管委会专职副主任武伟，分行行长欧阳勇和副行长林晓军、林敏与相关部室负责人及临港新片区支行行长等参加开业仪式。作为分行转型发展的试验田，新片区支行将按照“新区域、新理念、新模式、新局面”的工作要求，建立以客户为中心的、适应现代金融要求的全新经营理念和服务模式，聚焦新片区产业发展金融需求，为新片区企业和居民提供特色化、差异化、多元化、便捷化的金融服务，并为分行转型发展提供经验和借鉴。

【经营指标】

单位：亿元

指标 \ 年份	2016	2017	2018	2019	2020
本外币资产总额	5 124.84	3 890.58	3 767.67	4 280.01	4 687.78
本外币各项存款余额（不含同业存款）	3 281.88	3 060.13	2 948.83	3 335.65	3 610.46

（续表）

年份 指标	2016	2017	2018	2019	2020
本外币各项贷款余额	1 800.62	1 899.88	1 986.69	2 010.69	2 070.58
净利润	8.82	55.11	72.29	54.16	41.23
不良贷款率(%)	0.14	0.35	0.12	0.15	1.34

（中国民生银行上海分行）

招商银行上海分行

2020年，招商银行上海分行在抗击新冠肺炎疫情、落实稳企业保就业、履行社会责任方面取得良好业绩。截至2020年底，招商银行上海分行员工总数已达5 400人，网点98个，总资产近8 600亿元，存款6 700亿元，贷款近3 500亿元，管理个人客户总资产近万亿，为940万个人客户和24万企业客户提供了数十年如一日的优质服务。

【全力抗击疫情，助力在沪企业复工复产】 2020年初，新冠疫情突袭，经济遭受重创，企业复工复产面临诸多困难。招行上海分行积极贯彻落实市委、市政府要求，全力做好企业纾困工作。分行组织专门力量，对在疫情中受到巨大影响的11个行业进行"地毯式"全覆盖调研，第一时间为受影响企业提供帮助。对受疫情影响，流动性遇到暂时困难的授信客户进行全面摸排，主动采取了征信保护、展期、减免罚复息、评级不下调、变更扣款日、变更还款方式等措施，帮助企业渡过难关。分行还先后与市科委、经信委、商务委以及虹桥商务区管委会、浙江商会等机构达成意向合作，承诺提供数百亿元专项额度，支持企业复工复产，并为多家核心企业上下游产业链上的1 500多家小微企业提供了低成本融资。

【响应国家政策，推进长三角一体化建设】 招行上海分行不断强化对长三角生态绿色一体化发展示范区、上海自贸试验区临港新片区、虹桥商务区等三个推进长三角一体化重点区域的经营力度，力求形成辐射效应。临港新片区总体方案发布后，分行第一时间成立专业团队、搭建"银企政"合作平台、发布综合金融服务方案，第一批与新片区管委会签订战略合作协议。2020年，分行与虹桥管委会签署战略合作协议，联合挂牌"上海虹桥商务区金融服务创新实验室"，进一步深化与虹桥商务区的合作。此外，分行围绕各类长三角跨区经营企业，与长三角其他城市分行密切合作，为跨区经营客户提供信贷支持。2020年携手长三角8家分行共同与长三角资本市场服务基地签署全面战略合作协议，支持长三角优质科创企业登陆科创板。

【不忘初心，为实体经济注入金融活水】 履行社会责任、弘扬商业伦理是时代赋予中国企业的光荣使命。自成立以来，招行上海分行始终坚持服务实体经济宗旨，每年为实体经济提供大量资金，以实际行动体现招行的责任和担当。2020年，招行上海分行通过表内、表外渠道，为实体经济提供和组织资金达4 000亿元以上。FPA企业全口径融资月均余额突破5 000亿元，较上年增长35%，自营贷款余额当年增长近500亿元，增速远远高于上海市场平均水平。创新推出的"招园贷"通过线上预授信额度测算系统，让企业足不出户就能获得授信，目前已在百余个园区、市工商联网站上线。目前，分行已为4.7万家小微企业提供普惠贷款，2020年授信总额1 000万元以下小微企业贷款增长35%，明显快于一般贷款增速。

【提供优质服务，为市民美好生活增添色彩】 为了适应移动互联时代客户行为的变化，招行上海分行一方面积极开展网点转型，全面梳理优化网点服务流程，进一步严格服务标准，努力将网点打造成聚焦客户体验、传递温情服务的重要阵地，让客户每一次线下体验都能做到难忘。另一方面持续优化线上服务手段，强化场景外拓，不断丰富招商银行APP城市专区内容，为近千万上海民众提供一站式金融、生活平台，使上海市民足不出户就能享受优质的银行服务和生活缴费、餐饮、出行、观影等便民惠民服务。通过两方面努力，分行逐步形成了"网点＋招行APP＋场景"的线上线下融合服务模式，让客户在与招行的每一个接触点都能享受到高品质的服务。相较温馨的服务态度，专业化的服务能力更加能够得到客户的认可。招行上海分行通过优秀的零售资产配置能力，帮助市民进行财富管理，获得不菲的投资收益。2020年，分行仅代销的公募、私募基金业务就为零售客户带来300多亿元的投资收益，远远超过市场平均收益水平。

（招商银行上海分行）

兴业银行上海分行

2020年，兴业银行上海分行面对新冠肺炎疫情冲击等复杂局面，始终以习近平新时代中国特色社会主义思想为指导，扎实落实"六稳""六保"工作，全面开展疫情防控工作，加大力度支持实体经济，持续做好金融风险防控，各项管理工作有序开展，各项业务持续稳健发展。

【经营情况】

截至2020年末，该行总资产余额4 809.21亿元，增幅9.92%。本外币各项存款余额2 841.65亿元，增幅9.55%；本外币各项贷款余额（含贴现）1 699.93亿元，增幅19.68%。年末，该行不良余额、不良率实现"双降"。

（一）企金业务

信贷业务方面，分行以党的大政方针为指引，以支持实体经济为己任，全年制造业投放增长11.8%，新老基建投放增长10.6%，城市更新投放量为上年10倍，普惠金融投放增长184%。积极响应国家金融让利的政策导向，陆续出台大力度的贷款价格补贴政策，共有144.7亿元贷款规模享受补贴。投行业务方面，分行非金融企业债务融资工具承销规模增长45.83%，牵头发行全国首单城市更新债券，落地全国首单绿色ABCP，落地该行首笔熊猫债、双创债、疫情防控债。该行承做的晶科能源分拆上市融资项目获评上海市银行业同业公会"最佳投资银行业务案例"；该行落地的金光纸业并购博汇纸业项目获评添富资本"2020年度十大最具影响力并购交易"。机构业务方面，专项债券财顾业务从"零突破"实现"全覆盖"，与12个区政府签署财顾协议或实现财顾服务，市场占有率第一。绿色金融业务方面，绿色金融融资余额年增量近百亿，协助总行落地首单ESG理财产品，该产品获评上海银行同业公会"上海银行业年度创新奖"。

（二）零售业务

财富业务方面，该行紧跟产品发售步伐，不断迭代营销模式，持续加强与优秀管理人合作，提高专业水平。该行全年非货基金销量、保险销量持续增长，财富业务销量、中收均为全行第一。私行业务方面，坚持以客户创造价值为核心理念，打造"精品私行"，私行客户规模及净增数、客户综合金融资产余额及净增数均为全行第一，私行客户流失率同比下降0.14个百分点。个贷业务方面，根据市场变化和监管政策要求，分行加大了对普惠金融信贷投放的支持力度，全年个贷累计投放量增长52.42%，超额完成普惠金融目标任务。

（三）同业业务

同业负债方面，受市场原因迭加新冠肺炎疫情因素影响，呈现量增价减特征，分行压成本、保份额、抓机遇，同业负债平均付息成本压降29个BP，要素备付金日均规模、券商客保资金负债日均规模持续增长。债券投资方面，该行以波段交易应对市场波动，直投交易板块利润业绩优异，投资回报率远超市场业绩基准。同业投资方面，配合总行投资摊余成本法基金落地成效明显，直接带动托管业务、债券代投标、代发工资等业务发展，并进一步加深了与属地公募基金、券商资管、保险资管等客户及其母公司的合作关系。托管业务方面，成为系统内首家规模突破2万亿元的分行，稳居上海地区第一梯队，年内联动获得中金普洛斯市场首单公募REITs的托管、监管业务，完成市场首单个人保险资管产品的代销与托管，获得市场首单G60科创ETF指数基金托管，落地行内首单RQDII、公募QDII托管业务。

【风险管理】

（一）加强存续期管理，做实风控全流程

一是加强大客户集中度风险管理，制定跨条线存续期管理方案，实现信息共享和快速决策。二是推动整改进程，根据总行制定的退出减持观察名单督导落实。三是针对前期外部监管机构检查发现的问题进行合规整改，三套利项目全部整改完成。

（二）着力完善基层案防管理机制

一是开展内控案防体系评估，审视和归纳现有管理体系薄弱环节，在部门层面，理清主体责任与工作内容；在支行层面，推行标准化的案防工具的应用。全年未发生重大案件。二是持续推进兴航程

"制度与治理年"活动，传导监管精神、案防形势、合规要求，组织"一把手讲合规"活动 46 场，1 500 余人次参与；举办"合规兴博士"案防知识竞赛活动，共 4 246 人次参与，多管齐下提升全行案防风险意识。

【经营指标】

单位：亿元

指标＼年份	2016	2017	2018	2019	2020
本外币资产总额	4 054.50	4 022.20	3 927.05	4 375.26	4 809.21
本外币各项存款余额（不含同业存款）	1 629.98	1 963.37	2 227.18	2 826.60	2 841.65
本外币各项贷款余额	1 152.99	1 199.20	1 095.67	1 420.35	1 699.93
净利润	80.26	87.88	77.84	68.42	63.77
不良贷款率（%）	0.51	0.60	2.38	2.39	0.57

（兴业银行上海分行）

广发银行上海分行

2020 年，面对新冠肺炎疫情的严重冲击，广发银行上海分行迎难而上，负重前行，统筹疫情防控和经营发展，实现"三大工作亮点"，落实"十项工作举措"，收获了一份分量很重、来之不易的成绩单。实现"三大亮点"，即经营业绩更加有为、党的建设更加深入、服务大局更加有力。落实"十项工作举措"，包括共创发展愿景、夯实过程管理、夯实客群建设、夯实风险内控、优化组织架构、优化考核方案、优化资源配置、提升服务水平、提升科技赋能、提升团队建设。

【服务实体经济】

新冠肺炎疫情期间，成功发行全行首单"疫情防控债"，发挥保银协同优势，落地广发首单银行投资保险资产支持计划业务。托管业务在兼顾同业及企业托管业务发展，探索出"三协同，一联盟"自拓发展路径，拓宽与券商托管业务模式，拓宽与外部保险机构业务模式，拓宽企业资金业务场景，先后落地华鑫证券资产管理计划、企业可转债募集资金监管、保险资金另类投资托管、IPO 募集资金监管等创新型业务场景。

自贸区贷款规模争先进位，规模超百亿元，本外币均较年初有较大增幅，增幅 122%。票证业务营收规模实现同比双增长，票据较同期增幅 19%，福费廷较同期增幅 100%。通过商票保贴及 E 秒票押产品优势，落地首笔小微企业商业承兑汇票 E 秒票押贷款业务，实现践行"六稳""六保"的初心。

对公"六稳""六保"优秀案例被人行择优推选至新华社官方平台专题报道，"百行进万企"活动获银保监会颁发的"优秀组织奖"，积极参加上海金融服务实体经济洽谈会、文旅专场对接会等活动，对外展示广发风采。

【风险管理】

2020 年，广发银行分行突出风险控制精细化、风险监测智能化，以银监一个联合行动方案为引领，分行聚焦房地产、融资租赁及跨境融资三个重点领域，建立"1＋3＋3"风险排查机制，主动践行"科技赋能"管理新模式，积极推进"信贷流程优化"线上化改造，实现出账、贷后、系统及征信等 14 项内部管理流程线上化应用，不断做实资产质量分类，新发生问题贷款、新增逾期欠息贷款、剪刀差等指标达到近年来最高水平，对公资产质量企稳回升态势基本确立。

一是大中型问题贷款新增及存量户数达近三年最低水平。2020 年全年新增大中型问题贷款 2 户，年末剩余问题贷款 1 户，较 2019 年末减少 12 户。

二是逾期欠息非不良贷款五年来首次归零。全年新发生逾期欠息客户 2 户，截至 2020 年 11 月末，逾期欠息非不良贷款为零。

三是不良贷款偏离度即"剪刀差"达到近五年最高水平。2020 年，分行 60 天剪刀差、90 天剪刀差均持续控制在 100%以内。

【重大活动】

（一）"上海分行核心企业精神"公布

2020 年，为进一步凝心聚力、助推分行"三新愿景”实现，上海分行首次确立“专业、担当、创新、融合”核心精神，并在全行宣传践行，分行面貌为之一新、业务发展屡创佳绩。

（二）坚决阻击新冠疫情，齐心协力展现担当作为

自2019年末新冠肺炎疫情意外来袭，上海分行一直认真贯彻落实集团和总行决策部署，既做好疫情防控，又做好金融服务，坚决打赢疫情防控阻击战。每一位分行人团结一致、众志成城，不畏疫情、恪守岗位，攻坚克难、共克时艰。

（三）举办2020年井冈山红色教育干部培训

为加强习近平总书记关于“四史教育”“井冈山精神”的学习要求，贯彻落实好总分行“12333”“1234”工作要求，突出党建引领，同时也为解决总行巡视发现分行中层干部“一把手”中非党员占比较高问题，分行党委于8月7—10日和8月14—17日组织相关人员分两期举办井冈山红色教育干部培训。

【经营指标】

单位：亿元

年份 指标	2016	2017	2018	2019	2020
本外币资产总额	1 014.72	664.5	746.2	877.3	1 390.2
本外币各项存款余额（不含同业存款）	461.0	461.5	564.5	630.2	923.8
本外币各项贷款余额	328.4	319.8	396.2	506.3	606.0
净利润	13.63	14.66	14.33	12.39	11.84
不良贷款率（%）	0.61	0.45	0.66	1.48	1.96

（广发银行上海分行）

平安银行上海分行

2020年，平安银行上海分行围绕支持上海国际金融中心建设的战略任务，落实国家战略部署，持续深化“科技引领、零售突破、对公做精”十二字策略方针，始终坚持以领先科技作为发展引擎，坚定不移地推进零售转型，持续加大对民营企业、小微企业的支持力度，持续增强金融扶贫的广度深度，持续提升金融服务实体经济、服务人民群众的能力和水平。

【经营情况】

2020年，上海分行在新领导班子的带领下，凝心聚力，奋发有为，年末各项存款余额2 906.59亿元，较年初增加397.68亿元，增幅15.85%，各项贷款余额1 242.83亿元，较年初增加143.57亿元，增幅13.06%，KPI得分系统内位居前列。

（一）服务实体经济

2020年，平安银行上海分行坚持以服务实体经济的根本宗旨，立足自身经营特点与客户服务需求，紧跟国家产业结构升级的步伐，努力实现由传统银行向研究型银行、科技型银行、综合金融方案服务上的转型，着力为新兴高科技产业和先进制造业企业提供战略支持。2020年加大在新兴产业的各类投放，对集成电路、生物医药等战略新兴产业和先进制造业给予国际业务信贷支持，除解决企业自身生产经营需要，还较好带动上游的设计、材料、设备公司、下游及相关产品销售，形成了一系列的产业集群。特别在国家急需发展的半导体领域，累计投融资规模超过40亿元，半导体行业AUM规模新增超过700亿元。

在践行普惠金融方面，平安银行上海分行围绕“增量、扩面、提质、降本”，全方位满足中小微企业需求，秉承“金融＋科技”理念，运用人工智能、生物识别、大数据、区块链、云计算等前沿科技，打造平安好链、小企业数字金融等精品业务，借力科技创新、产品创新和渠道创新，持续提升中小企业金融服务能力。

（二）支持复工复产金融服务

新冠疫情发生后，平安银行上海分行加强对疫情防控企业授信支持。为疫情防控企业累计发放

救济授信 38.5 亿元，涉及客户 336 户。积极帮助中小微企业抗疫渡难。此外，平安银行在新冠肺炎疫情期间迅速推出“小企业数字金融复工贷产品包”，同时加快远程面签推广，借助强大的大数据征信能力和风控模型，7×24 小时全线上化办理中小企业融资服务。

【经营指标】

单位：亿元

指标＼年份	2016	2017	2018	2019	2020
本外币资产总额	3 202.28	2 469.48	2 756.62	3 128.50	3 604.10
本外币各项存款余额（不含同业存款）	1 974.40	1 848.32	1 903.71	2 509.69	2 906.59
本外币各项贷款余额	1 796.52	2 300.87	2 732.88	2 896.44	1 242.83
净利润	38.29	62.56	120.70	82.10	38.16
不良贷款率（%）	0.86	0.78	0.71	1.01	1.19

注：自 2020 年起，总行汽融金融事业部独立持牌迁出上海，不再反映在上海分行的报表中，导致分行各项贷款和净利润较上年下降。

（平安银行上海分行）

浙商银行上海分行

2020 年，浙商银行上海分行克服巨大的内外部压力，坚决贯彻落实平台化服务战略，加快转型发展，打造差异化、特色化竞争力，高质量发展初现成效。

【抗击疫情，金融支持显担当】

面对新冠肺炎疫情，分行提高站位，充分运用优势的平台化服务手段，为生产防疫物资企业送上“足不出户、线上放款”的信贷“及时雨”，相继为润达医疗、百金化工等疫情防控一线企业提供流动性支持，全年累计投放疫情防控相关贷款超过 100 亿元。

与此同时，分行积极响应总行和监管机构支持企业复工复产、稳企业保就业等号召，当年累计发放无还本续贷业务 2 903 笔，合计 68.20 亿元，占国标贷款当年累放比重 39.43%，惠及 2 077 位小微客户，践行了社会责任。

【转型发展，平台化服务在路上】

（一）多措并举，服务实体经济能力提升

分行成立平台化服务战略推动工作领导小组，创新推出金融服务方案设计小组机制，营销切入不同的细分行业，丰富了客群基础，增强了平台化服务能力，且服务实体经济能力明显提升。

（二）凝心聚力，小企业业务再出发

2020 年，浙商银行上海分行坚持集约经营、强化过程管控，转变营销方式、推进线上模式，提升专业化、协同化、数据化水平，进一步增强普惠金融可持续发展能力。截至 2020 年末，分行单户授信总额 1 000 万元及以下普惠小微企业贷款余额达 178.65 亿元，较年初新增 13.48 亿元，增幅 8.16%。连续第四年获得上海市年度小型微型企业信贷最高标准专项奖励 1 000 万元，获 2020 年上海银行业“百行进万企”融资对接工作优秀组织奖。嘉定支行姚智良获“上海银行业服务小微企业最佳客户经理奖”。

（三）加快转型，零售业务结构优化

持续推进“客户专业化经营、资产综合化配置、展业平台化转型”三项重点任务。年末资管、净值型理财、基金余额分别达到 44.78、66.64、4.87 亿元，业务结构有效优化。

（四）因地制宜，国际业务做强特色

充分发挥区域资源禀赋，打造浙商银行上海分行涌金电商易跨境支付、资本项下跨境金融服务品牌。成功办理系统内首笔境外银团贷款及转让、首笔金融机构资本项下外汇资金交易业务、首笔敞口项下境外中期流贷业务。全年国际结算量首超 150 亿美元，达到 181 亿美元，较上年增长 59.30%，连续第二年获评银行外汇业务合规与审慎经营 A 类评级。正式获得自贸区分账核算单元业务开办资格，有望成为发展“新引擎”。

（五）加大处置，提高资产质量

扎实做好“清收化解不良资产”“提升全面风险

管理能力"两项核心任务,为分行业务发展保驾护航。年末不良贷款余额较年初下降1.24亿元,不良贷款率0.3%,较年初下降0.28个百分点,实现"双降"。大力推进绿色融资业务,挖掘存量,引导增量。年末,绿色融资业务余额55.69亿元,较年初增加22.70亿元,完成情况排名全行前列。

(六)服务支撑,筑牢运营基础

做好"双服务"。以服务时限承诺、首问负责制、调研走访、服务满意度等为抓手,扎实开展"双服务"工作。在总行内网"双服务"栏目发布专稿11篇,位居系统内前列,营造服务氛围。

疫情防控、业务发展两手抓、两手硬。妥善安排疫情期间对外营业、上班安排、后勤保障等,做好疫情常态化阶段的日常工作,为业务发展营造了安全的发展环境。分行获"'存款保险宣传月'活动表现突出银行",获2020年国家网络安全宣传周"观安杯"管理运维赛银行分行组三等奖。徐汇支行获评"上海银行业敬老服务网点",闸北支行首获上海市2020年度"治安防范先进集体"(省级)称号。

【经营指标】

单位:亿元

指标 \ 年份	2016	2017	2018	2019	2020
本外币资产总额	855.5	700.88	722.07	763.9	819.78
本外币各项存款余额(不含同业存款)	475.5	568.81	627.13	701	771.29
本外币各项贷款余额	234.97	336.84	444.88	472.78	503.66
净利润	7.16	9.67	5.48	10.58	−5.28
不良贷款率(%)	0.42	0.21	0.24	0.58	0.30

(浙商银行上海分行)

北京银行上海分行

2020年,全球深受新冠肺炎疫情影响,经济金融形势发生复杂深刻变化,北京银行上海分行紧跟国家政策导向,围绕监管要求和总行工作部署"指挥棒",一手抓内控管理,一手抓业务发展,从重点领域和关键环节发力,各项工作实现平稳进展。

【从严治党不断深入】

2020年,北京银行上海分行以习近平新时代中国特色社会主义思想为指引,加强党的全面领导,紧抓政治、思想、组织、纪律和廉政建设,将做实基层党建引领作为做好各项工作的前提,发挥党委核心作用,以党建统一思想认识、以党建凝聚团队信念、以党建带动日常工作,让基层党组织真正成为凝聚党员群众的"主心骨"。

基层党组织建设进一步健全完善,各项工作规范化程度得到提升。年内开展支部设置调整和选举工作,不断提升基层党支部的战斗堡垒作用。各支部开展党的基础知识培训,鼓励青年员工提交入党申请。

深刻汲取反面典型教训,政治思想建设常态化长效化。持续开展"以案为鉴、以案促改"警示教育活动,对照问题进行自查、讨论、整改、总结,把分行全面从严治党推向深入。

聚焦纪委监督执纪问责职责,行风行纪清廉氛围得到加强。进行分行纪检机构改革,落实纪委监督责任,建立了监督执纪协调联动工作机制。严格落实"接诉即办"工作监督要求,办理处置各类信访、线索,开展正风肃纪谈话。结合上海银行业保险业清廉金融文化工作要求,推动分行清廉金融文化"六个一"工作有序开展、取得成效。

【特色优势明显提升】

普惠金融方面,一是贯彻政策指引,专注小微服务。全力贯彻落实"六稳""六保"和普惠金融相关政策要求。截至12月末,共为小微企业办理延期还本3.07亿,落地"京诚贷"7 300万、"惠转贷"16亿,服务小微企业及个体工商户超过500户,获上海银行业"百行进万企"融资对接工作优秀组织奖。"小巨人创客中心"自年初成立以来定期举办主题活动,成为"银政会企"渠道对接和资源共享的重要平台,并获"2020年度上海银行业年度创新奖"。二是立足上海区位,深耕平台渠道。持续加强与上海市担保基金合作的广度和深度,余额近5亿元,当年发放额位于异地城商行首位,户数累计106户,较年初新增49户,获得上海市财政存款6亿元,正在冲刺A类合作银行;积极推进普惠渠道建设,已建立A级渠道和B级渠道若干个。

公司业务方面,一是统筹核心客户,扩大优质客群。分支联动大力加强了央企、国企、大型优质民企、政府机构等重点客户拜访营销,带动存款规模性增长。二是先发优势凸显,银联代付增量。银联代付业务有力推动了低成本存款的沉淀,截至12月末，公司存款时点529亿元，日均523亿元。

零售业务方面，一是零售规模较快增长。2020年是分行成立以来储蓄业务增长最快的一年，零售资金量余额达到288.75亿，零售客户户均资金量余额9.1万元，VIP客户户均资金量108万元，整体零售客户户均资金量余额高于总行平均水平。二是零售品牌逐渐擦亮。打造“智慧金融”“惠民金融”“财富金融”优势，截至12月末，储蓄日均79亿元，个人普惠余额30.02亿元，个贷余额319.91亿元。

国际业务方面，一是业务和盈利结构不断优化。境外机构存款、衍生存款规模占比提升，高成本存款压降。境外美元债券投资规模达1.58亿美元，较上年有较大增幅；联动自贸中心落地全行首笔二级市场美元债，成功举办2020年度中资美元债论坛。二是轻资本业务转型稳步推进。大力发展跨境信用证、国内信用证、福费廷等低资本耗用业务，促进经营的可持续健康发展。全年累计开立跨境信用证114.98亿元，开立国内信用证7.84亿元，办理福费廷业务3.5亿元，国内证非息收入557万元，均比上一年有较大增长。

金融市场方面，一是规模收益同步提升。同业资产规模524亿元，负债421亿元，资产托管规模508亿元，规模提升为实现利润打下了良好基础。二是同业资产结构优化。发展轻资本标准化资产业务，风险资产资本占用率大幅降低，降低了对单一企业信用类业务的依赖。

【内控建设与风险管理稳步向好】

2020年，根据“应收尽收，应核尽核，应处尽处”的方针，分行积极做好不良资产的核销处置，使得资产质量有了明显好转。

牢固树立风险管理理念。传达“合规创造价值”的经营发展理念，组织警示教育与再教育，通过班子会、月度例会、操作风险会、各类培训、风险条线工作会、信审专题会等树立“重实质、轻形式、敢担当”的风险管理理念。

倡导风险条线向前半步走。2020年以来分行逐步对风险条线进行了人员调配，加强了风险管理团队的人员配备，倡导风险条线向前半步走，在尽调前期给经营单位从授信政策和风控审批角度提供专业建议，提高专业能力的同时，提高服务意识。

【经营指标】

单位：亿元

指标＼年份	2016	2017	2018	2019	2020
本外币资产总额	1 101.61	1 139.81	1 030.73	1 054.72	1 173.41
本外币各项存款余额（不含同业存款）	651.72	690.17	636.72	639.5	791.14
本外币各项贷款余额	630.12	800.96	979.92	986.43	908.88
净利润	4.61	7.5	0.66	0.57	−18.38
不良贷款率(%)	1.75	0.16	0.47	1.56	1.81

（北京银行上海分行）

江苏银行上海分行

2020年，江苏银行上海分行深入贯彻监管部门要求，按照总行“五观”“四对照”部署，紧紧围绕“走稳、提质、调优、赋能”工作主线，努力推动分行高质量发展，整体经营质态持续向好。

【深耕区域经营，聚焦服务实体经济】

紧盯东西两翼，紧跟区域重点。东翼落实总行《江苏银行金融服务长三角一体化发展服务方案》，持续深入与G60联席办合作，成功承办召开江苏银行“G60科创贷”发布会，创新推出G60科创贷产品，支持科创企业发展，人行上海总部、上海市金融管理局、江苏银行总行、松江区镇两级主要领导出席发布会，会上与10家高新技术企业签订银企合作协议，同时宣布未来三年江苏银行拟提供长三角G60科创走廊区域科创企业提供总额500亿元融资额度，支持创新驱动国家战略。包括央视网等120余家媒体报道，极大提升了市场影响力和品牌形象。西翼以临港支行开业为契机，持续加强与临港管委会对接，实现临港控股债券承销等业务落地，加大参与新片区建设力度。

助力“六稳”“六保”，服务实体小微。在强化新冠肺炎疫情防控措施、构筑疫情防控网点安全防线的同时，疫情期间主动对接客户金融需求，了解企业生产经营情况，及时开辟金融服务绿色通道，迅捷反应疫情防控物资重点生产企业的融资需要，制定专项服务方案，全力支持企业的复工复产工作，充分发挥金融服务保障作用。制定《关于进一步加强小微企业授信尽职免责工作的通知》，解放思想，激发动力。普惠口径小微贷款“扩面上量”，贷款余额较年初新增 63%，贷款户数完成 224%，取得近年最好成绩。积极响应国家减费让利要求，落实延期还本付息和支持信用贷款相关政策，人民银行通报中普惠小微贷款延期率和信用贷款发放高于上海地区平均水平。获上海市“百行进万企”融资对接工作优秀组织奖，成功获评新闻晨报主办的“金融支持‘六稳’‘六保’——上海银行业 10 家优秀典型”，也是唯一获评的异地城商行。

加强服务实体，促进经营提升。加大 E 周存等新产品运用，增加外汇存款近 7 亿美元。强化托管、投行等业务存款带动，结算类存款较年初增加 59%。支持实体经济加大对公实贷，余额较年初增幅 18%。客群基础持续扩大。分行对公有效户较上年新增 153 户，对公新增授信客户 92 户，国际业务新增有效户 67 户。普惠口径新增 293 户，高新技术企业新增授信 56 户。

锚定转型发展，不断创新突破。社区经营稳步发展，储蓄存款余额 167 亿元，50%网点新增超 2 亿元，理财客户新增 5 402 户，财富类客户新增 364 户；私人银行中心开业挂牌。

【做强特色业务，持续提升价值贡献】

投行业务创新不断。落地全国首单租赁公司并表型 ABN 产品。金融市场迎难而上。三管业务规模 2 628 亿元，较年初新增 828 亿元；债务融资工具承销量快速增长。票据规模突破 200 亿元。国际业务亮点展现。在国际业务方面，通过与亿通国际合作打造的江苏银行特色产品“跨境秒汇通”，在第三届进博会开幕首日成功推出，为客户提供了更加便利的跨境结算工具。国际结算量首次突破 200 亿美元。网金条线全面提升。网金日均存款较年初新增 17.54 亿元。e 融支付全年交易量较 2019 年增长近 12 倍。直销银行新增有效户完成率排名全行前列。信用卡中心量质并重。全年信用卡新增 1.5 万户，信用卡激活率 74.68%。获上海银联颁发的“2020 年度上海地区银联业务合作奖”。

【提升资产质量，恪守合规经营底线】

提升资产质量。重视源头把控，加强现场核查，把控实质性风险。进一步强化大数据信息运用，全年成功规避多起风险授信。完善风险监测，强化贷后检查质效，丰富化解手段。落实内控案防。持续巩固创建合规经营示范行、巩固治乱象成果，做深做细双基管理、全员家访、合规教育、征信管理、反洗钱、强制休假等各项工作。开展独立审计，推进内审成果转化。做好服务提升。加强金融消费者权益保护工作，优化服务环境。获上海银保监局 3·15 教育宣传周“优秀组织单位”。被人民银行评为“存款保险宣传月”表现突出银行。分行南汇支行获“江苏省工人先锋号”称号。

【强化队伍建设，始终坚持党建引领】

强化队伍建设。通过公开竞聘，推进年轻干部选拔任用，加强对“小专家”培养，完善后备干部人才库。坚持“人尽其才，有为有位”用人导向，强化干部“能上能下”力度，加大员工多岗位多层级多领域的培养历练，强化分支行间交流。坚持党建引领。推进制度建设，制定《全面从严治党主体责任清单》《上海分行党支部考核细则》。扩建党建活动室，为党建活动提供硬件支持。加强党委对防疫抗疫工作领导，加强金融支持实体经济力度，制定下发通知，让党旗在防控疫情斗争第一线高高飘扬。强化纪检保障。突出“严管厚爱”理念，持续推进清廉文化建设，开展“知敬畏、存戒惧、守底线”教育整顿。

【经营指标】

单位：亿元

指标 \ 年份	2016	2017	2018	2019	2020
本外币资产总额	737.39	605.56	542.72	653.89	849.59
本外币各项存款余额（不含同业存款）	381.06	454.00	452.99	623.20	714.97
本外币各项贷款余额	302.49	350.35	380.23	366.56	436.93
净利润	3.66	2.59	4.87	3.84	13.92
不良贷款率(%)	1.3	1.46	0.51	0.86	1.29

（江苏银行上海分行）

杭州银行上海分行

【概况】 2020年,杭州银行上海分行全体干部员工在习近平新时代中国特色社会主义思想的指引下,坚定地按照行党委、董事会确定的目标、方向和要求,坚持"两手硬、两战赢",在新冠疫情暴发期间,克服困难、众志成城、守望相助,确保了分行疫情期间的稳定运营;在恢复正常生产后,积极贯彻落实"六稳""六保"工作要求,聚焦小微民营、实体民生,用实际行动践行金融稳企业保就业责任,较好地完成年度主要经营目标。截至2020年12月末,从管理口径看,分行存款日均余额356.12亿元,较年初增加62.22亿元,增幅为21.17%;时点余额373.63亿元,较年初增加54.91亿元,增幅为17.23%。统计报表口径下,分行资产总额为544.46亿元,较年初增加93.53亿元,增幅20.74%。贷款余额301.33亿元,较年初增加52.72亿元,增幅21.20%。全年实现资本成本调整后营业净收入6.56亿元,风险和资本调整后营业净收入5.60亿元,考核利润1.37亿元。

【内控合规和风险管理】 上海分行认真贯彻落实中央八项规定精神,探索丰富清廉金融文化,营造风清气正、崇廉尚洁的氛围,倡导勤俭风尚,一体推进"不敢腐、不能腐、不想腐",积极打造"清廉杭银";紧紧围绕监管整治市场乱象工作部署,以年度"双基"方案为基础,不断提升分行的管理精细化水平,全年风险结构逐步优化,合规质效不断增强。持续深化合规管理示范行创建,通过专刊简报、合规大讲堂、多媒体宣传网页等,加大宣传力度,培育合规氛围,提升合规队伍专业能力。严肃追责问责,将"治乱象"等专项检查与行内日常"八项禁令"飞行检查相结合,实行"一把手负责制",层层压实责任,强化合规红线。不断强化员工行为管理,及时发现苗头性问题,案防管理联动形成合力。健全反洗钱内控体系,积极配合各类外部反洗钱协查,做深做细反洗钱排查,定期开展反洗钱检查,开展常态化反洗钱宣传及培训,严控洗钱风险。进一步加强消费者权益保护。通过引入高质量的外部培训,提升投诉处理技巧及处理质量,实现投诉总量下降10%的目标,全年无二次投诉和有责投诉。组织16家营业网点开展户外宣教,以"3·15消费者权益保护周""普及金融知识、守住'钱袋子'"等老百姓喜闻乐见的金融知识为主题开展宣传活动,建立健全公众金融素质教育服务工作长效机制。一丝不苟做好全行安全保卫工作,全力确保疫情防控、进博会等特殊时期运行平稳。全年分行做到安全保卫零事故。持续做好存量客户结构调整,全年结构调整完成数2.22亿元,完成率163.71%。加大贷后预警和非现场监测分析,定期开展逾期数据分析,增加外部预警信息的批量筛查辅助功能,试点在大零售信贷业务中建立分行信用风险预警模型,加强风险预判,开展专项排查。通过排查,就分行的信用风险现状进行分析识别,对部分大额授信客户受到环境影响和自身经营问题存在风险隐患的,做好充分的风险管理预案。根据分行自身管理要求和总行"排雷计划"的频度要求,定期检视、调整管理层级,做好前瞻风险管理。

【服务实体经济】 加强普惠金融投放支持。截至2020年末,上海分行普惠小微贷款余额39.73亿元,较年初增长11.79亿元,普惠小微贷款户数2 040户,较年初增长601户。保持重点行业授信支持稳定增长。截至年末,有贷款余额的制造业、批发和零售业等重点行业客户合计105户,贷款余额达51.04亿元。制造业贷款完成全年新增4亿目标。有效落实延期还本付息政策,全年分行合计为38户小微企业主合计74笔贷款进行无还本续贷,涉及贷款本金9 329.63万元。扎实推进科创金融特色业务发展,全年实现科技文创金融BC类信贷客户数新增42户,科技文创渠道拓展成效显著,全年新增担保渠道3个,创投渠道4户,与市科委等多家部委机构全面展开合作。

【经营指标】

单位:亿元

指标＼年份	2016	2017	2018	2019	2020
本外币资产总额	307.89	448.89	415.63	460.93	544.46
本外币各项存款余额(不含同业存款)	256.90	390.94	377.77	423.44	493.18
本外币各项贷款	204.92	214.62	235.68	239.55	294.53
净利润	0.76	−1.37	0.01	1.59	2.83
不良贷款率(%)	1.09	2.80	1.60	6.78	2.02

(杭州银行上海分行)

温州银行上海分行

【经营情况】

2020年，温州银行上海分行贯彻总行新发展理念，坚定发展信心，坚持改革转型，坚持回归本源，突出“两严两深”工作主题主线，以“高效率、高质量”为基本要求和发展目标，聚焦聚力打好“三大攻坚战”，着力推进业务转型、降低成本提升效益、化解风险等重大工作，较好地完成全年各项工作。

截至2020年末，分行存款时点为295.82亿元，较考核基数增长141.88亿元。总存款日均达217.66亿元，较去年增长77.28亿元。单户授信总额1 000万(含)以内的小微贷款余额为75.20亿元，较年初增加35.32亿元，不良现金清收累计2.44亿元，核销转让34.42亿元，实现营业增加值2.21亿元。

【发挥党委核心引领作用，打赢疫情防控阻击战】

2020年是全行“党建能力提升年”，上海分行党委及时认真总结近几年的党建工作得失，牢固树立“党建强，发展强；发展强，党建强”的管理理念，进一步规范和完善分行党委领导决策机制和支部建设工作，全面落实从严治党和从严治行，坚持“一岗双责”，以党建工作统领全行经营管理工作，以党风廉政建设促进队伍建设，凝心聚力。一是巩固转化“不忘初心、牢记使命”主题教育成果，进一步提升全行党员特别是分行班子的政治能力；二是从组织上、制度上健全分行党风廉政建设体系；三是强化落实“一切工作到支部”，进一步提升基层组织能力；四是以新冠肺炎疫情防控阻击战等重大突发事件为政治考验，进一步检验和锻炼分行党员干部队伍的战斗力；五是认真贯彻“两严”主线，进一步提升防腐拒变能力。

受疫情影响，2020年分行各项工作遇到前所未有的挑战，上海分行干部员工在总、分行党委坚强领导下，坚持“两手都要抓、两手都要硬”，一方面认真做好疫情防控，一方面积极开展业务拓展活动，对公对私联动，线上线下并举，努力克服不能正常营业带来的种种不利因素，一季度顺利实现年初既定的“奋战100天，突破200亿”开门红目标。

新冠肺炎疫情发生后，分行党委多次召开专题会议，及时传达总行及监管部门关于疫情防控工作的指示及要求。一是提高政治站位，研究部署加强疫情防控。践行防控要求，落实防控责任，以科学的态度认识疫情、重视疫情、应对疫情，全行干部员工切实增强安全意识，全力防范疫情，确保分行安全稳定。二是明确职责分工，实现平稳过渡。分行成立新型冠状病毒感染的肺炎防控应急工作领导小组，全面领导分行疫情防控及当前阶段业务开展。具体包括分行办公室落实分行办公场所消毒、防控物资准备、员工后勤保障，各业务条线牵头各项业务有序开展等。各部室、支行层层负责，确保所在部门人员安全稳定，确保分行平安渡过疫情，确保金融秩序不受影响，确保客户服务周到有序，不发生客户投诉等负面事件。三是组织开展了五轮疫情防控督查，对全行防控物资储备情况、营业网点疫情防控措施落实情况、人员健康档案建立及报送情况等内容开展督查工作。四是指导全行营销人员通过线上方式积极营销客户服务，主动践行金融行业的社会责任。在疫情防控工作中，分行干部、党员和入党积极分子、团员青年冲在第一线，干在实处，走在前列，充分发挥了先锋模范作用。分行同时积极宣传报道疫情防控和安全复工、扶持小微企业的好人好事，凝聚起干事创业的正能量，其中《“组合拳”战疫！温州银行上海分行为小微企业纾急解困》《同舟共济，共抗疫情——温州银行上海分行向党建共建社区捐赠应急物资》等被新华网报道转载，引起较好的社会反响，多篇素材被总行对外宣传采用，进一步提升了温州银行的良好社会形象。

【积极履行社会责任，支持实体经济复工复产】

在非常时期，分行全力支持疫情防控。积极贯彻总行及监管部门各项政策和工作部署，成立分行稳企业保就业工作专班，落实加强金融服务做好疫情防控工作各项要求。主动了解、满足防疫相关企业需求，建立快速响应机制，开通绿色审批通道，对于受疫情影响、暂时遇到困难的中小微企业和个体工商户，明确不抽贷、不断贷、不压贷，同时通过调整还款计划、延长贷款期限、给予中长期授信产品等方式，缓解企业流动性困难。对因假期延长导致还款资金划付困难的借款企业，可延期还款，不作为逾期贷款处理，不视作违约，不收取逾期利息和罚息，不纳入逾期征信记录；对抗击疫情和受疫情影响较大的行业企业以及中小微企业实施优惠利率。

积极组织开展“小企业客户利率优惠专项活动”，落地央行再贷款的政策，以不高于 LPR＋50BP 的优惠利率支持小微企业复工复产。据统计，从 2020 年 3—5 月开展小企业专项利率优惠活动，给予优惠利率的小微客户户数 12 户，贷款金额 4 210 万元。2020 年 6—9 月再次开展小企业专项利率优惠活动，给予优惠利率的小微客户户数 56 户，涉及贷款金额 22 470 万元。优惠利率活动共给予优惠的企业户数 68 户，金额 26 680 万元。

根据人民银行《关于进一步对中小微企业贷款实施阶段性延期还本付息的通知》(银发〔2020〕122 号)和总行《关于进一步对贷款实施阶段性延期还本付息的通知》，按照“应延尽延”要求，分行开展小微业务阶段性延期还本付息工作。通过本金和利息延期、罚复息减免等手段，减轻疫情期间小微企业的融资成本。在上海市银行同业公会年度评比中，温州银行上海分行获 2020 年度上海银行业普惠金融服务突出贡献奖，是 6 家获奖银行中唯一一家城商行。

【滚动式开展各类营销活动，积极参与“六稳”“六保”金融服务】

一是组织开展了“开门红”和“红五月”综合劳动竞赛、下半年资产业务投放等活动，大力推动活动开展有效促进了分行存款持续稳定增长。

二是高度重视疫情期间受影响的实体客户金融服务，按照市委、市政府“六稳”“六保”要求，定期对接受疫情影响的客户，实地了解个性化支付结算、流动性融资需求，在业务政策的支持下，加大给予企业结算手续费优惠，定制各类存款理财收益，提升客户融资便捷度，简化疫情期间业务办理各项手续，切实服务经济实体。

三是牵头跟进分行重点项目，积极拓宽业务合作渠道，网络金融服务方面，为控制监管账户资金安全，分行结合业务风险及日常客户使用感受等问题向总行提出功能优化需求，协助总行推进系统更新上线与金鹿定付通制度正式上线。

四是通过深入的市场调研和同业信息收集，分行向总行申请了两款储蓄产品，其中月月福产品自 5 月发售以来，提升了分行新储蓄产品销量和中长期储蓄的沉淀量，为争取市场份额提供极大的助力。2020 年分行月日均储蓄 20 万(含)以上客户数(优质客户数)网均增量排名总行第一。

【加快资产业务投放，加大对实体经济支持力度】

一是梳理整合总行信贷政策导向，结合上海区域经济特征，将重点行业领域确定为抵押业务客户群体和本地国企类客户群体。

二是根据上海分行重点信贷业务方向，持续开展资产业务投放劳动竞赛活动，全年滚动开展上海本地房产抵押、本地国企和本地政府企业的劳动竞赛专项活动。加强总行公司银行部推出的各项现金管理、资产业务、融资工具等产品培训，加强专业培训和业务指导。

三是结合分行与在沪浙商业务接洽和推进机会，通过温州商会获批商会会员单位企业，主动联系，上门拜访，建立重点扶持措施，宣传支持温商机制。

截至 12 月 31 日，上海分行对公表内信贷投放(含银票)全年累计新发生 14.51 亿元，客户数 20 户，其中新增、续增 10.81 亿，客户数 17 户。积极推进金鹿 e 企贷、金鹿贴现宝、金鹿超短贷、金鹿资产池资产业务产品落地，全年累计发生四大产品业务金额 7.38 亿元，客户数 31 户。

四是按照监管要求，以深入开展“百行进万企”活动为契机，加强银企沟通。一方面通过走访小微企业，加强与小微企业沟通联系，了解企业需求，为企业制定针对性产品，做好小微企业服务工作；另一方面，通过大力推广营销，宣传优势产品和优惠政策，让小微企业了解优势产品及优惠政策，与部分在沪地区商会等签署战略合作协议，累计签约授信金额达 270 亿。同时加强小企业客户经理队伍机制建设，严格考核，加大激励，努力提升产能。

截至 12 月 31 日，上海分行报表口径小微贷款余额 74.28 亿元，小微业务放款 54.71 亿元，小微余额增量 34.56 亿元，小微户数新增 1 482 户。行内考核口径小微余额 75.20 亿元(其中资产证券化 0.92 亿元)，小微余额增量 35.32 万元，指标完成率 176%，已超额完成总行下达的全年指标，小微户数新增 1 520 户。

【国际业务取得突破】

截至 12 月 31 日，国际结算量完成 4.1 亿美元；共发生结售汇 575 笔，金额 1.12 亿美元；累计开证 6 笔，金额 93.43 万美元；进口代收 32 笔，金额 21.66 万美元；出口议付 20 笔，金额 72.93 万美元；进口押汇2笔，金额34.35万美元；进口代付1笔，金额12.91万美元；外币流动资金贷款7笔，金额177.96万美元。

（温州银行上海分行）

厦门国际银行上海分行

【经营情况】

2020年正值厦门国际银行总行成立三十五周年、分行成立十五周年，也是全行“四五”规划收官、“五五”规划开局之年。这一年，厦门国际银行上海分行坚定贯彻“一核四化五新”年度工作方针，开辟具有分行特色的发展之道，探索着当下与未来、诠释着使命与担当。截至2020年末，上海分行已开设同城支行19家，员工总数676人，总资产规模1 543亿元，各项存款规模（不含同业存款）645亿，各项贷款规模757亿。上海分行四五规划期间年度复合增速分别为7.46%、0.55%和17.69%，在上海异地城商行中总资产、各项存款（不含同业存款）以及各项贷款规模排名（至2020年12月）分别为第四、五、二位。

【风险管理情况总结】

受新冠肺炎疫情影响，2020年市场环境复杂，信用风险压力倍增，上海分行积极打造质量品牌和核心竞争力，深化全面风险排查长效机制，强化分支机构资产质量管理主体责任，探索建立更科学的考核指标体系，逐步促进分行业务与风险管理平衡发展，提高风险抵御风险的能力，通过强化质量前瞻管控的理念，持续加强催收力度，提升风险化解速度和精度。厦门国际银行上海分行2020年末关注贷款率3.13%，不良贷款率1.29%，贷款逾期率3.20%。

【服务实体经济特别是科创产业以及产品和服务创新情况】

2020年，在新冠疫情暴发后，厦门国际银行上海分行积极践行社会责任服务，助力实体经济发展，积极推进二十五条金融服务助力措施，不定期对本行客户发送健康提示和慰问短信，创造性推出《疫情期间双异地单位客户开户操作规范》，支持注册地和经营地均在异地客户远程视频开户确认，保障双异地客户的正常开户需求。2020年全年，上海分行累计投放战疫金融贷款5笔、4.38亿，共对67户中小微客户进行了临时性延期还本付息操作，做到应延尽延，涉及本息金额共计26.46亿元。同时，分行全年再贷款共投放16.96亿，再贴现落地5.15亿。

在产品创新方面，上海分行大力推进交易银行各类新产品推广和落地，为中小企业、创新企业等客户提供结算、资金监管等行业金融解决方案，相继推动供应链应收账款质押、链e融、信e融等交易银行重点产品的推广落地；稳步推进普惠金融科技建设，基于互联网、大数据、人工智能等技术，以税务数据作为强风控数据源评估小微企业经营情况，构建“税务数据+”的强风控体系，推出税享贷产品，实现个人经营性信用贷款产品线上化、智能化；完成“跑街+跑数”相结合的小微E贷产品研发，实现系统自动化线上审批与放款、线下市场人员标准化跟进尽调以及智能贷后管理；构建抵押类产品自动化风控体系，完成抵押类产品线上化、智能化重造，推出个人线上房产抵押经营贷产品，通过金融科技助力提升小微金融服务差异化、智能化水平。截至2020年末，上海分行普惠型小微企业贷款余额合计81.55亿元，较年初增长26.89亿元，增速达49.20%，高于全行贷款增速。

此外，上海分行紧抓国家重点战略规划带来的区域发展机遇，聚焦本地贸易型企业大力推进贸易项下国际结算业务，积极拓展同业代开渠道，累计落地国际进口信用证代开业务3.46亿。此外，还充分加强跨境债券市场的分析和拓展，通过融资性担保，解决企业境外没有评级的问题，降低发债成本，缩短发债流程，全年开具融资性保函2 949万美元。

【重大活动】

2020年，上海分行党委积极融入属地区域化党建氛围，6月24日与北外滩街道党工委签订共建协议，6月29日正式成为虹口区区域化党建工作联席会议的成员单位，12月3日与虹口区委组织部签署了虹口区区域化党建服务双向认领协议，党建“朋友圈”持续拓宽，党建“引领力”持续强化。在总行党委的号召下，分行党委以“党建引领、全员教育”为导向，深入开展了“不忘初心，从严治行”主题教育，切实将意识形态教育融入了分行政治生活和经营管理当中，进一步增强了分行员工合规经营管理意识，进一步激发了组织的战斗力。

此外，2020年正值上海分行成立十五周年、总行成立三十五周年，上海分行以“十五芳华，申情相伴”为主题，开展一系列多样化、参与度强、活泼热闹，积极向上的内部文化活动。同时，上海分行积极利用分行15周年契机在对外宣传工作上实现了多项突破，年初成功举办“汇爱育人与‘厦’同行”教育扶贫公益项目启动仪式，与闽都基金会联合向上海市慈善基金会虹口分会捐赠30万元，成立“彩虹厦的童年”公益基金，四季度成功举办虹口区新时代文明实践中心战略协议签订仪式，无偿为实践中心提供近500平方米场地。

【经营指标】

单位：亿元

指标＼年份	2016	2017	2018	2019	2020
本外币资产总额	1 076.62	859.01	1 066.91	1 299.58	1 543.05
本外部各项存款余额(不含同业存款)	627.35	488.07	531.26	638.47	644.70
本外币各项贷款余额	335.00	437.59	621.75	737.46	756.52
净利润	4.32	3.41	0.03	3.24	3.35
不良贷款率(%)	0.34	0.66	1.31	1.12	1.29

(厦门国际银行上海分行)

渤海银行上海分行

2020年，在渤海银行总行党委的大力支持下，渤海银行上海分行党委围绕转型创新发展，带领分行全体员工共同努力，党建工作基础进一步扎实，经营业绩保持稳定。总体上，在总行“三五”规划的指引下，上海分行朝着年初既定的计划目标，不断推进业务转型发展，创新业务取得了突破，经营业绩保持稳定，风险控制能力不断提升，资产质量保持稳定。

【经营情况】

截至2020年12月末，上海分行表内外主要资产规模合计408.93亿元；本外币各项存款(不含同业，下同)余额291.40亿元；日均余额282.92亿元，较上年增加57.29亿元，增幅25.39%。本外币各项贷款余额229.03亿元，较上年末减少6.47亿元，增幅−2.75%；日均余额215.85亿元，较上年减少21.90亿元，增幅−9.21%；不良率1.63%。

【批发业务结构逐渐优化】

今年以来，上海分行进一步深入推动客户和业务机构调整，进一步开拓上海本地市场资源和业务。批发业务以调整客户结构、服务实体经济为核心，稳步推进资产和负债业务。压降房地产项目的规模，逐步引入优质的科技、医疗、教育、制造业等优质客户资源，逐步调整原先以房地产客户相对独大的局面。

【零售业务积极发展生态金融、普惠金融业务】

上海分行积极响应国家号召，大力发展生态金融、普惠金融业务。积极围绕营销活动、消费信贷、财富管理、生态渠道、科技平台等方面多元化开展业务。2020年全年个贷投放业务累计完成1 414笔，金额87 696万元，贷款余额66.06亿元。储蓄存款新增18.2亿；金融生态零售获客新增55 626户，实现大幅增长。

【风险管理坚守底线】

上海分行切实秉承“降风险，促发展”的工作理念，加强风险导向功能，践行敏捷银行理念。不断加强对监管政策和总行授信政策的研究解读和落地实施，在政策导向上，根据上海分行业务现状、区域特点和总行授信偏好，制定了《上海分行授信业务指导意见(试行)》，从行业、区域、客户、产品等多维度为业务营销工作提供有效的指向和引导。全面关注新冠肺炎疫情背景下授信业务的“危”与“机”，积极支持疫情防控企业，关注并研究当前的发展机遇，引导客户部门在继续打造上海分行医疗行业金融服务特色品牌的同时，提前布局发展新方向，积极介入具有较大发展空间的新业务领域。面对外部经济下行的严峻局势，风险条线持续严把客户准入关，严格审查标准，积极优化授信结构，灵活化解存量风险授信，持续保持较高资产质量，保证上海分行授信业务健康稳定发展。

【经营指标】

单位：亿元

指标＼年份	2016	2017	2018	2019	2020
本外币资产总额	346.89	385.68	380.43	304.32	324.84
本外币各项存款余额（不含同业存款）	290.47	371.66	358.13	315.12	312.49
本外币各项贷款余额	161.68	247.23	264.31	235.50	233.50
净利润	3.10	4.46	7.10	5.76	2.99
不良贷款率(%)	0.55	0.28	1.12	1.21	1.63

（渤海银行上海分行）

富邦华一银行(台资)

作为大陆第一家也是目前唯一一家全牌照运营的台资银行，富邦华一银行坚持立足"服务台商、服务实体经济"两个本源，扎实做好金融服务。目前，已在12个城市开设了26家营业网点，是大陆网点数量最多的台资银行。

富邦华一银行积极完善公司治理，导入富邦金控和台北富邦银行先进的管理技术，提升信息科技、人力管理能力，加强内部控制管理力度，完善风险管理体系，扩大经营规模；并审慎积极地进行机构筹建，为业务的发展奠定基础，已获得标准普尔长期信用评级BBB+，穆迪长期信用评级Baa1，中诚信评级为AAA。

【经营情况】

截至2020年底，资产总额增幅23%，达人民币1 165.77亿元，贷款总额增幅16%至468.27亿元，存款总额增幅31%至928.70亿元，净利润创历史新高，同比增长32%至4.36亿元，资本充足率13.96%，不良贷款率降至0.55%，资产质量显著提升，各项业务均位居台资银行前列。

【服务实体经济】

富邦华一银行全力服务实体经济，努力发挥金融支持作用，重点加强京津冀区域、粤港澳大湾区、长三角地区以及中西部区域等重点区域信贷投放，同时根据区域经济特色匹配不同的信贷和金融产品。如结合东部沿海地区经济及金融业发展领先、优质制造企业及物流业发达的特点，制定相关授信办法，大力支持推展供应链融资项目。

针对重点产业领域的相关企业，富邦华一银行主动提供相关配套金融产品，如供应链金融平台，围绕核心企业产业链延伸提供金融服务，结合区块链、大数据技术，开发全流程、高效率的线上应收账款融资系统，为制造业核心企业及其上下游中小微企业等提供金融服务。

富邦华一银行充分发挥优势，积极承做跨境银团交易，牵头One Pilot银团项目，助力建设武汉及长三角一带仓储物流基础建设项目；精准创新服务"三农"，富邦华一银行作为共同牵头行完成的正大畜牧银团，为境内银团市场相关细分领域首单；为深耕台商、服务台商，富邦华一银行与战略合作行积极合作，成功落地台资企业银团贷款。

为支持区域、地方经济建设发展，富邦华一银行在承销地方政府债券方面不断加大力度。截至2020年末，富邦华一银行成功加入重庆市、宁波市、江苏省、安徽省、宁夏回族自治区政府债券承销团，还加入了2020年国家开发银行跨市场发行人民币金融债券承销团，成为首家参团且唯一在团的台资银行。

2020年受全球新冠肺炎疫情影响，对外贸易形势严峻，稳外贸工作意义重大。富邦华一银行成立"稳外贸"敏捷小组，积极发挥全球同业网络渠道和外汇专业优势，助力企业乘风破浪逆势前行。

【产品和服务创新】

富邦华一银行推出线上营业厅，采用可视化互动、OCR、人脸识别等技术，将柜面服务线上化，提供"非接触式"远程金融服务，解决台籍客户临柜难痛点，为外资银行首创；升级手机银行3.0，采取全新系统架构和用户大数据体系，创新融合两岸文化、生活、金融，提供特色化和差异化服务，获中国金融认证中心颁发的"2020年最佳手机银行创新奖"。完成支付业务整体规划，启动社区、教育等行业支付+金融一站式解决方案；深化与重点渠道的战略合作，推出"邦帮两地通"，搭建衣、食、住、行、学场景生态圈等。

富邦华一银行推出一系列外汇收支便利化措施，包括为企业实施优化贸易外汇收支单证审核、在线办理货物贸易项下外汇汇款业务，以及推出企业网银新上线购付汇 3.0 功能，实现跨境汇款业务全流程线上化，推出“无保直贷”等特色跨境融资产品，拓宽企业融资渠道、降低企业融资成本等。

【风险管理】

富邦华一银行已建立较为完善的全面风险管理体系，包括但不限于信用风险、市场风险、流动性风险、操作风险、国别风险、银行账户利率风险、声誉风险、战略风险和信息科技风险等，并且通过采取定性和定量相结合的方法，识别、计量、评估、监测、报告、控制或缓释前述各类风险。全面风险管理框架明确了董事会、高级管理层、业务部门、风险管理部门和内审部门在风险管理中的职责分工。

【社会公益】

2020 年新冠肺炎疫情发生以来，富邦华一银行积极组织向重点疫区献爱心，通过上海富邦华一公益基金会向武汉市慈善总会捐赠资金 50 万元，向湖北等地不定向和定向捐赠近百万物资；响应中国银行业协会号召，助力内蒙古察右后旗脱贫攻坚，动员工会集中采购优质农副产品，并组织“爱在农情米意时”富右公益市集，帮助销售农副产品 26.14 万元；连续七年赞助北京大学国家发展研究院富邦助学金项目，为经济困难的学生提供学费补助和生活补贴；连续四年与昆山杜克大学合作设立奖学金，资助杰出学生修习环境政策项目，投入永续环境研究发展；为台湾青年赴大陆求学、就业搭建实习、招聘平台，提供了解大陆银行业的渠道和机会，增进两岸青年交流。

【经营指标】

单位：亿元

指标＼年份	2016	2017	2018	2019	2020
本外币资产总额	681.54	717.23	707.93	947.66	1 165.77
本外币各项存款余额（不含同业存款）	402.10	445.29	461.98	710.82	928.70
本外币各项贷款余额	278.14	292.06	306.49	404.47	468.27
净利润	4.12	2.20	1.80	3.31	4.36
不良贷款率(%)	1.60	1.44	1.38	1.09	0.55

（富邦华一银行）

台湾中小企业银行上海分行（台资）

【经营情况】

台湾中小企业银行上海分行是一家以支持民营企业及扶持中小微企业为目标的银行，上海分行成立于 2013 年 8 月，分行从成立初至今，一直朝着目标前进，把实际从事运营的民营企业、中小微企业及服务实体经济作为我分行全力支持的对象。上海分行持续深耕民营企业、中小微企业服务实体经济核心业务，并聚焦各项具发展利基之核心商品；之后，也将一如既往地继续加大对民营、中小微企业及服务实体经济的支持力度。

2020 年，上海分行基于经营风险管理考量进行贷放行业结构调整，2020 年底放款余额约人民币 752 879 千元，较 2019 年底放款余额人民币 799 889 千元减少 47 010 千元，降幅 5.88%。其中金融同业 2020 年底贷款余额较 2019 年底减少 94 391 千元，授信余额占比由 2019 年 43.17% 降至 2020 年 30.13%；服务实体经济方面，2020 年底制造业较 2019 年底贷放增加人民币 22 539 千元，授信余额占比由 2019 年 33.59% 提升至 2020 年 36.19%。

上海分行 2020 年底中小微企业贷款余额约人民币 600 300 千元，占放款余额的 79.73%，较 2019 年底约人民币 537 477 千元，占放款余额的 67.19%，2020 年增加约人民币 62 823 千元，显示上海分行积极拓展民营、中小微企业及服务实体经济的贷款放款业务。

上海分行营运规模虽然较小，但在配合政府政策，推动民营及小微企业贷款方面，仍积极进行推进，对配合政策且具发展潜力之民营企业及小微企业给予全力支持，聚焦第一还款来源，稳步提升民营、小微企业信用贷款及服务实体经济发放比例，提高金融机构金融服务能力。

【风险管理】

2020年上海分行持续以往做法，注重对客户贷前、贷中、贷后的风险控管，在贷前由主管会同信贷人员共同拜访，借由实地访查了解客户的营业状况、生产情形、主要负责人对企业的经营理念及未来愿景，并了解客户的需求；贷中审核时，对企业提出的需求加以分析，借由财务报表从营收、应收款项、存货、现金流量等，判断客户的需求及银行能承做额度，并和企业沟通承做条件，贷后则借由财务报表及实地访查，查看企业营业状况是否与计划相符，如果差异过大，了解客户无法达成的原因，及未来改善计划，如判断企业营况、财务不如预期或存在欺骗的可能，则提出预警及因应作法给银行管理人员，充分做好风险控管。

【经营指标】

单位：亿元

指标＼年份	2016	2017	2018	2019	2020
本外币资产总额	30.10	29.21	27.32	22.88	15.36
本外币各项存款余额(不含同业存款)	0.84	1.14	0.96	1.19	1.12
本外币各项贷款余额	10.56	12.47	9.01	8.00	7.53
净利润	−0.59	0.46	0.09	0.14	0.42
不良贷款率(%)	0	0	0	0	0

（台湾中小企业银行上海分行）

（三）营运中心

中国工商银行票据营业部

【经营情况】 2020年，中国工商银行票据营业部积极应对新冠肺炎疫情造成的影响，灵活施策，沉着应变，扎实推动各项工作措施有效落地，取得了良好的经营成效与工作进展。全年办理贴现业务量14 749亿元，同比增加1 093亿元，增幅8%，持续保持国内“贴现第一大行”的领先地位。

【经营变革】 2020年，中国工商银行票据营业部通过组织营销竞赛，开展主题季活动，主动调节经营节奏，统筹运作有限的票据规模资源，主动加快票据周转交易，保证了贴现业务量稳步增长。全行贴现业务量比2021年提前实现万亿元的突破，创下历史最快纪录。全年贴现量14 749亿元，市场占比提升至11%，在稳定保持全市场占比第一的同时，领先优势进一步扩大。

【服务实体经济】 2020年，中国工商银行票据营业部积极应对新冠疫情对实体经济造成的影响，推动全行票据条线从业务审批、快速响应、线上服务、资源保障等方面，重点发挥票据业务优势作用，配合落实全行“春润行动”，提升票据服务效率和融资便利，加大了贴现业务支持企业复工复产的力度。全行累计为医药、医疗器械、医疗机构、公共卫生基础设施建设等支持疫情防控重点行业办理票据贴现328亿元。制造业贴现量6 716亿元，同比增长4%，在贴现总量中占比达46%。同时，发挥票据业务对小微企业发展的扶持作用，降低融资成本，推动票据精准扶贫，全力支持小微企业复工复产与纾困发展。全行小微贴现量4 434亿元，在贴现总量中占比30%。累计办理再贴现业务522亿元，均在五大行中排名第一。

【市场拓展】 2020年，中国工商银行票据营业部从业务基础抓起，紧盯客户源头，做好全面拓展、分类维护与深度发掘的三篇文章，强化了客户营销拓展工作。建立了分层营销管理机制，与分行、基层行协同推进客户营销工作，累计走访重点企业客户511户，重点贴现企业客户集团口径达到1 134户。用好“鹰眼票据”“智能营销”“对公客户票据业务提质挖潜”系统工具，助推分行对接潜在网银客户和有贷户客户准入拓户，全行贴现准入客户数37 869户，同比增加3 461户，增幅10%。同时，加强对同业客户的营销走访，扎实推进“总对总”营销工作，积极拓展转贴现业务合作客户，全行转贴现客户数1 043户，同比增加243户，增幅31%。

【服务创新】 2020年，中国工商银行票据营业部持续做好“工银e贴”、付款票据通、普惠专享贴等已有产品的优化升级，加强与分行联动，在政策传导、客户选择、营销推动等方面有针对性地加大推广力度。全行累计办理“工银e贴”2 675亿元，同比增长120%；34家一级（直属）分行开办了付款票据通业务，累计业务量77亿元，同比增加44亿元，增幅133%，覆盖了71家供应链核心企业和273户上下游企业；累计办理普惠专享贴业务 15.73 万笔，金额 1 507 亿元。同时，作为全行票据融资业务牵头部门，积极配合总行参与供应链票据业务试点。统筹推动 ECOS 票据业务架构改造落地，有序推进内部管理系统优化项目，投产应用“网银端票据管理增值服务项目”，协同工银 e 企付实现与票付通的一期对接，全面优化客户服务体验，为基层一线解负赋能。成功落地“企票通”平台商票出票功能，支持相关分行与境外机构合作实现票据业务新突破。

【风险管理】 2020 年，中国工商银行票据营业部密切关注票据市场风险动向，加强重要风险点的监测，投产了转贴现业务监督系统，对系统外转贴现和回购业务实行 T+1 全量监督，并持续优化票据业务风险管控系统功能，组织分行贴现业务合同发票监督试运行，开展票据融资业务专项检查、市场乱象整治“回头看”和“制度治理年”主题活动，落实审计发现问题的整改问责，有效防范化解潜在风险。积极推动票据业务纳入全行统一风险管理体系，从客户准入、尽职调查、背景审查、限额管理、系统刚控、监督监测等方面强化风险防控，重点强化对中小银行、财务公司承兑票据的风险管控，加强了对票据业务全流程监测，确保了业务条线稳健运行。

【党建引领】 2020 年，中国工商银行票据营业部深入学习贯彻习近平新时代中国特色社会主义思想和党的十九届四中、五中全会精神，开展“四史”学习教育，举办了党支部书记集中轮训、干部读书班、网络知识竞赛，组织支部开展“党课开讲啦”活动，并结合纪念建党 99 周年、建国 71 周年等主题活动，引导党员、干部坚定理想信念，持续巩固深化“不忘初心、牢记使命”主题教育成果。积极构建巡视巡察上下联动格局，建立“大监督”体系，健全党纪审理机制，切实将“两个维护”落实到强化监督、精准执纪、严肃问责等各项工作之中。实施全行票据融资业务人才双向交流培养项目，制定新员工“职业护航”培养方案，首次实施全职业周期线上培训提升项目，不断深化队伍建设。围绕品牌、发展、文化等三个维度，以《不曾停步》专题片、票据市场高峰论坛、营销明星案例手册、《票·赢》特刊和企业文化故事集等独特方式开展了建部 20 周年系列活动，展示了票营文化，营造了良好氛围。

（中国工商银行票据营业部）

中国农业银行票据营业部

2020 年，中国农业银行票据营业部积极落实国家政策，强化党建引领作用，坚持稳中求进工作总基调，贯彻高质量发展新理念，立足服务实体经济本源，助力“六稳”“六保”工作，加大业务拓展力度，加强全面风险管理，推进票据交易业务高质量发展。

【服务实体经济】 坚定服务实体经济和国家重大战略的业务发展方向，优化直转贴业务联动机制，通过转贴现业务支持分行贴现业务开展，对符合国家政策导向的小微、科创、节能环保、防疫重点支持行业企业的票据实施绿色通道、价格倾斜等措施，促进票据融资业务量增价降，提升服务实体经济的质效。推动全行再贴现业务发展，强化业务宣讲与辅导，通过总分联动和分行自主开展的方式积极开展再贴现，加强对国民经济重点领域和薄弱环节的金融支持。强化系统内转贴现做市，优化业务和系统操作流程，组织分行开展代理营销，动态发布业务准入和转贴现价格，定期发送市场月度动态，强化风险提示、合规传导和策略共享，引导分行稳健开展票据业务。

【交易再创新高】 积极研判经济金融环境和政策形势，制定并灵活调整经营策略，准确把握业务节奏，完善业务定价机制，持续优化业务品种结构和期限结构，全年完成交易量 20 577 亿元，同比增长 33%，创历史新高。积极营销拓展新客户，挖掘客户潜在需求，实施精细化营销管理，同时优化客户集中度和结构，新增同业机构客户 33 家。持续推动流量经营，增强转贴现双向交易能力。主动联系并重点满足疫情重点地区同业机构的票据融资需求，交易量同比接近翻番，支持实体企业复工复产和票据融资。

【强化全面风险管理】 坚持合规为先、风险为本、稳健发展的经营理念，制定年度风险策略，有针对性地开展全面风险管理，持续做好三大风险的监测预警，尝试运用大数据分析，适时开展压力测试，实现无不良、无损失、无案件的安全营运。积极落实各项监管要求，持续加强合规文化建设和清廉金融文化建设，合理统筹系列风险排查、专项治理和案件防控工作。根据业务发展梳理风控重点，强化规章制度及执行力建设，加强业务连续性管理，开展应急演练，提升应对突发事件的能力。

【推进数字化转型】 紧跟上海票据交易所步伐，持续优化全行票据交易系统，组织开展年度优化项目的需求编写、系统开发、投产上线和业务验证等工作，进一步提升系统的完备性与自动化水平，提高业务办理效率和风险防控能力。开展票据交易业务同业机构画像数据分析项目，助力票据交易业务精准营销和精细化风控。积极研究标准化票据、供应链票据等创新产品，做好创新储备。

【积极参与市场建设】 获得上海票据交易所“优秀会员单位”“优秀银行类交易商”等称号。参加中国票据研究中心征文活动并获一等奖，参与撰写上海票据交易所年度报告、中国银行业协会票据市场发展报告的部分章节，在专业期刊上发表多篇文章。主动参与市场建设交流，积极参加配合监管部门调研、同业交流、全国商业银行票据联席会议、上海票据交易所高峰论坛等活动，为票据市场稳健发展建言献策。

【加强党建和队伍建设】 坚持以党建工作为统领，坚持用习近平新时代中国特色社会主义思想武装头脑，党员干部进一步坚定理想信念，践行初心使命。强化全面从严治党主体责任，深入开展纪律和廉政教育、警示教育，持续提升党组织标准化、规范化水平。抓实抓细新冠肺炎疫情防控，切实做好宣传动员、防控物资储备、组织捐款、关爱员工、表彰典型等工作。组织读书会、青年突击队、趣味运动会等活动，增强员工的责任感和战斗力。

【经营指标】

单位：亿元

项 目 名 称	数 值
票据交易量	20 577
票据资产余额	1 783
业务收入	33.52
拨备后利润	3.46
不良资产率(%)	0

（中国农业银行票据营业部）

兴业银行信用卡中心

【经营情况】

截至 2020 年 12 月末，兴业银行本年新增信用卡发卡量 469.5 万张；实现信用卡交易量 23 106.7 亿元，同比提升 17.2%；透支余额 4 098.3 亿元。

【风险管理】

2020 年，兴业银行信用卡中心严守资产安全底线，风险防控能力快速提升。

（一）强化贷前审查，严控增量风险

一是密切关注外部环境变化，结合新冠肺炎疫情对不同客群和不同渠道风险影响的差异，及时采取风险预警、渠道清退、提高政策准入门槛等措施，严控新增客户风险。二是加大人工干预和电话核实覆盖范围，积极引入行内信息及第三方数据源，丰富授信判断维度，提升风险识别能力。

（二）夯实贷中管理，化解潜在风险

聚焦存量客户风险，全面加强贷中风险防控体系建设，依托大数据和决策引擎升级，搭建风险与收益相结合的存量客群分层、监控、预警和套现监测体系，实现对客户生命周期潜在风险变化的实时监控、判断和处置。

（三）狠抓贷后清收，压降不良资产

一是加快自催团队建设，提升自催业务量占比；二是充分赋权激发分行主观能动性，打造总分联动、优势互补的属地清收新模式，新发生不良清收效能明显提升；三是丰富不良资产处置手段，开展不良资产证券化项目，大力化解不良资产。

【产品和服务创新】

兴业银行信用卡中心推出美国运通®耀红卡。美国运通通过其在华合资清算机构成为国内首家获得银行卡清算业务许可证的外卡组织。2020 年 8 月，兴业银行与其强强联手发行兴业银行美国运通®耀红卡，该卡是美国运通品牌的人民币结账信用卡，采用一芯双应用技术，持卡人可以在全球受理美国运通卡的商户使用，除了支持传统的刷、插、挥卡线下支付外，还能在支付宝、云闪付绑卡支付，让用户获享全球支付无忧的优质体验。

【重大活动】

（一）全面升级“6 积分”活动

2020 年，兴业银行信用卡中心针对“宅经济”和客户行为线上化趋势，推动“6 积分”活动兑换方式和礼品种类不断优化。在兑换方式上，推动“去实体卡”升级，取消原来必须持卡至线下门店兑换的模式，将兑换场景完全转移至官方 APP“好兴动”，升级后权益兑换量环比提升高达 223.5%。在礼品种类上，进一步拓宽可兑权益的品类及品牌，全面覆盖吃、行、购、娱场景，活动参与人数快速增长。

（二）持续开展“积分大富豪”活动

2020 年 4—12 月，兴业银行信用卡中心开展“积分大富豪”活动，客户投入 1 000 积分即可参与抽奖，单期投入 1 万积分可获得额外抽奖机会，活动门槛低，奖品丰富，奖品覆盖手机、平板、耳机、破壁机、游戏机等多个品类，全年参与客户数达 69 万人。

（三）打造精品线上场景营销活动

2020 年，兴业银行信用卡中心根据后疫情时代客户消费支付习惯变化，在不同时间节点推出与之适配的场景营销活动。在疫情隔离期推出盒马鲜生、苏宁小店等生鲜采购场景消费立减；在消费复苏期主推饿了么、口碑等线下餐饮场景补贴；在年底网付高峰期开展“京东百万福利券”等活动。

【经营指标】

单位：亿元

年份 指标	2016	2017	2018	2019	2020
本外币资产总额	1 101.95	1 855.66	2 750.02	3 455.95	4 045.29
本外币各项存款余额（不含同业存款）	/	/	/	/	/
本外币各项贷款余额	1 103.34	1 862.60	2 719.64	3 493.15	4 098.28
净利润	36.97	51.99	76.72	54.47	57.71
不良贷款率（%）	1.44	1.29	1.06	1.47	2.16

（兴业银行信用卡中心）

（四）村 镇 银 行

上海崇明沪农商村镇银行

2020 年，上海崇明沪农商村镇银行上下统一思想，凝聚共识，紧紧围绕“回归本源、做小做散”的市场定位，加快小微业务发展，全面支持复工复产，严防死守风险底线，切实提高经营能力，实现了业务经营总体稳健、资产质量保持稳定、转型发展有序推进、盈利水平符合预期。

【经营情况】

（一）存款业务态势良好

截至 2020 年末，各项存款余额 31.30 亿元，较年初减少 4.52 亿元。其中，对公存款余额 25.50 亿元，较年初减少 6.20 亿元，占各项存款的 81.46%；储蓄存款余额 5.80 亿元，较年初增长 1.69 亿元，占各项存款的 18.54%。日均存款余额 30.48 亿元，日均存款较年初减少 5.54 亿元。尽管对公存款较年初有所减少，但通过开展社区宣传活动，对私存款稳步上涨，存款结构正在逐渐改善优化。

（二）信贷结构逐步优化

截至 2020 年末，各项贷款余额 18.49 亿元，较年初增加 0.48 亿元。其中，对公类贷款余额 11.27 亿元，较年初减少 1.03 亿元，占各项贷款余额的 60.92%。个人类贷款余额 7.23 亿元，较年初增加 1.51 亿元，占各项贷款余额的 39.08%。信贷结构紧紧围绕“回归本源、做小做散”的市场定位优化，微小贷款占比逐步上涨。

（三）盈利水平符合预期

全年实现拨备前利润 5 805.12 万元，净利润 4 118.70 万元，完成全年计划 4 050 万元的 101.70%。

（四）资产质量保持稳定

截至 2020 年末，四级分类不良余额 1 294.95 万元，四级分类不良率 0.70%，分别较年初减少 682.90 万元和下降 0.35 个百分点；五级分类不良贷款余额 2 660.80 万元，五级分类不良率 1.44%，分别较年初增加 616.27 万元和上升 0.3 个百分点。

【风险管理】

（一）坚持严管与厚爱，提升队伍战斗力

一是加强业务培训。为促进业务发展、规范业务操作，不断强化前、中、后台风险识别和防范能力，同时充分调动信贷条线人员自主学习能力和培训参与度，由市场部、风管部及合规部联合组织开展了信贷条线业务培训工作，由信贷条线员工轮流作为内训师，每两周开展一次内部培训，围绕信贷条线相关业务知识，通过主题演讲、案例分析、制度讲解、辩论比赛等形式进行，每季度开展内训师评比，并纳入当季度绩效考核，提高员工业务技能水平；同时，选派业务骨干员工赴湖南参加管理部微小业务专项培训等，不断提升一线员工业务实操能力。

二是加强对干部员工工作、生活的关心和关爱，通过召开职工大会、定期走访员工家庭，听取干部员工和家属的心声，及时落实员工诉求，增强队伍凝聚力；同时，提高对员工业务知识和技能学习的要求，年内对未达到岗位证书要求的2名员工予以退回见习期处理，提高员工对专业学习的重视程度。

（二）多措并举，提升内控管理水平

一是全面落实岗位轮换机制。为强化内控管理，提高工作效率，根据《关键岗位人员定期轮岗管理办法》，做好关键岗位轮岗工作，全年轮岗工作涉及5个岗位，共9人次。为规避风险，重点关注轮岗交接环节，避免产生工作遗漏，同时加强业务培训，提高员工综合业务素质，为适应新岗位奠定基础。

二是提高安全保卫水平。年初通过层层签订安全保卫目标责任书、安全生产目标责任书，将安保责任逐级分解，具体落实到岗到人，确保责任压实；同时，开展消防演练、网点安全防卫演练，通过现场模拟、启动应急预案等方式，强化员工应急处置和应变能力。

三是加强反洗钱管理。实行专人负责反洗钱监测工作，截至12月末累计向人行反洗钱中心报送大额交易11 177笔，无相关差错；分析排除可疑交易1 142份。随着核心系统的不断完善更新，客户基本信息要素随之增加，考虑到大部分存量客户职业、证件到期日等要素缺失，组织全体柜面人员加班加点，翻阅历年传票与档案，历时近2个月，完成了2 555户个人客户、368户单位客户的基本信息补录与完善工作。

四是加强信息安全管理。为保证业务连续性、生产系统的安全稳定、提高科技人员及时准确判断与处理突发事件的水平，在管理部的组织领导下实施了机房供电系统及生产网络切换的应急演练，验证了应急预案的有效性和可操作性，提高了机房供电系统应急处置能力，同时也锻炼了员工的应急处置能力。同时，顺利完成桌管系统上线工作。完成了对行内全部办公网设备的桌控及数据防泄漏安装，确保办公网络安全可控。

【服务实体经济】

2020年，响应国家支持复工复产的号召，通过人员、资源和策略调整，抗疫、营销两手抓。紧守“回归本源，做小做散”的市场定位，在保持规模稳定的同时，不断优化业务结构，切实服务实体经济。

一是加大疫情期间小微企业支持力度。2020年初，突如其来的新冠肺炎疫情对大部分小微企业造成了沉重的打击。为帮助受本次疫情影响较大的小微企业渡过难关，第一时间组织复工复产，走访了一批重点客户，掌握第一手资料，并营销了一批新客户；同时，对存量小微企业客户开展调研摸排，对于符合要求的小微客户，在疫情期间流程从简、资料从简、淡化增信措施，积极推进“无还本续贷”。自疫情发生至12月末，小微企业续贷金额8.62亿元，续贷户数155户；小微企业主加个体工商户个人续贷金额1.58亿元，续贷户数98户。其中采取“无还本续贷”方式续贷的户数共计44户，金额共计2.91亿元。无还本续贷总额较2019年全年增加2.12亿元。

二是持续关注小微企业复工复产情况，对小微企业提出延期还本付息申请的，根据商业原则保持有效担保安排或提供替代安排，且承诺保持就业岗位基本稳定的，做到“应延尽延”。自2020年6月1日至12月31日，共有43户小微企业及小微企业主向我行申请延期还本付息，最长延期至2021年12月，均获得审批通过。涉及延期还本1.65亿元，贷款户数43户，共58笔；延期付息39.08万元，贷款户数3户，共5笔。

【经营指标】

单位：亿元

指标＼年份	2016	2017	2018	2019	2020
本外币资产总额	30.59	34.70	36.27	40.42	37.24
本外币各项存款余额（不含同业存款）	27.33	31.12	31.86	35.82	31.30
本外币各项贷款余额	18.42	17.16	16.63	18.01	18.49
净利润	0.38	0.60	0.68	0.49	0.41
不良贷款率(%)	1.40	1.59	1.49	1.14	1.44

（上海崇明沪农商村镇银行）

上海奉贤浦发村镇银行

2020年，上海奉贤浦发村镇银行严格落实监管机构各项政策管理要求，围绕主发起行村管中心工作部署，按照新三年行动计划目标，坚持“支农支小”市场定位和“小额分散”经营原则，不断加大对新农村建设的支持力度，资产质量持续改善，内部管理规范有序，党建及企业文化建设不断深化。各项经营管理工作稳健推进，业务发展总体符合预期。

【经营情况】

（一）业务规模指标

1. 总资产：公司2020年末总资产368 317.95万元，比去年减少17 577.35万元，完成董事会下达计划的95.67%。

2. 日均存款：公司2020年日均存款329 011.02万元，比去年增加11 830.37万元，增幅3.73%，完成董事会下达计划的95.32%。

3. 贷款余额：公司2020年末贷款余额133 001.47万元，比去年增加17 057.98万元，增幅14.71%，完成董事会年末贷款余额计划的85.84%。

（二）经济效益指标

1. 净利润：公司报告期经审计后实现税后净利润83.20万元，比去年减少1 350.79万元，主要是富余资金存放同业利率下降、存款平均利率较高和发放贷款利率下降所致。

2. 营业收入：公司报告期实现营业收入2 264.00万元，比去年减少2 698.26万元，减幅54.38%。

3. 资产利润率：公司报告期资产利润率0.02%。

4. 资本利润率：公司报告期净资产收益率0.26%。

5. 利息收入占比：公司报告期贷款利息收入占利息收入的比重为49.55%，金融机构往来利息收入和可供出售金融资产利息收入占利息收入的50.45%。

6. 成本收入比：公司报告期内不断控制各项费用支出，营业费用为2 242.51万元，比2019年减少382.57万元，减幅14.57%；成本收入比99.05%，费用支出低于董事会下达计划的2 900万元。

（三）风险控制指标

1. 不良资产：公司2020年末不良贷款余额为883.03万元，大幅低于董事会下达的2 600万元的控制指标。

2. 不良率：公司2020年末不良率按五级分类口径，公司不良贷款率为0.66%，拨贷比为3.86%，拨备覆盖率为581.94%，资本充足率为17.21%。

（四）战略指标

1. 加大了支农支小力度，年末户均贷款146.48万元，低于监管要求的150万元。

2. 年末涉农和小微贷款占比为75.23%，略低于董事会本年度下达的不低于80%的控制指标。

【经营管理工作】

（一）信贷业务渠道拓宽，合意资产投放加大

自去年疫情暴发以来，积极响应人行关于疫情期间再贷款的要求，有效降低涉农、小微企业的融资成本。截至2020年年末，共计发放了126笔、11 212.49万元的涉农和普惠小微再贷款，平均利率仅为4.606%，低于同期同类的贷款利率水平，客观上影响了贷款利息收入。同时，随着央行对国有大行和股份制银行小微贷款增速和占比考核提高，区域内各家银行均加快聚焦普惠领域市场，尤其对小微客户争夺日趋激烈，村镇银行客户、利润空间受到进一步挤压。

（二）负债业务成本降低，结构更趋优化

“优化存款结构，吸收低成本存款”是存款业务发展确定的长期目标。“降成本”方面：2020年已下调2年期、3年存款利率，成本支出逐步下降，存款利率风险得到缓解，有利于可持续良性发展。“调结构”方面：在保持整体存款规模稳定的同时，紧抓国企相对低的对公结算性低成本存款营销，重点是相关股东单位、国资国企相对稳定的存款、代发客户和结算客户的存款，多渠道开展持续营销工作。

（三）不良资产处置富有成效，资产质量不断改善

不良资产的处置工作越到最后越是“难啃的骨头”。2020年，不良资产处置实行行长负责制，按时间进度落实化解工作；每月召开清收推进会，每季度召开法院联席会议，做到“月月有进展，季季有下降”。2020年合计压降不良贷款1 786.5万元，不良贷款率由年初2.3%下降到0.66%，基本摆脱了长期困扰村行发展的历史包袱，提升了资产质量。

【风险合规管理工作】

2020年度，村行上下齐心、共同努力、攻坚克

难，比较圆满地完成了村管中心下达的主要风险管理指标任务。风险合规条线以“促投放、保质量、稳基础、零案件”风险合规管理文化为导向，妥善应对疫情影响，风险压降扎实推进，不良贷款实现“双降”，完成“零案件”目标。

（一）前中台融合促投放

为进一步促进合意资产的投放，风险条线加强与前台的融合，做到跨前一步但不越位。

风险管理部启动风险前置机制，即职责前移。对于新增贷款，风险管理部提前介入、提示风险，配合前台部门形成授信方案。同时风险管理部在年初对岗位重新进行梳理，进一步明确审查时间及业务进度，继续实施“村镇银行授信业务进展情况汇总表”，加强审查审批全流程管理，有效提升审查审批效率。

（二）坚持风险压降工作

在机制建设上，定期召开风险例会，对重点压降客户责任到人，每周汇报进展情况，形成有效的压降措施，有序推进不良压降任务。

在风险监测上，细化贷后管理要求，通过风险小贴士等形式，进一步完善贷后管理工作。同时要求对法人客户抵押物由法律合规部进行全覆盖的现场检查，有效规避抵押物风险，2021年，计划抵押物检查做到辖内业务全覆盖。

（三）夯实风险管理基础

根据实际情况及结合审计要求，风险管理部及时对相关制度进行了修订或新增，包括修订了11项信贷业务管理办法、信贷审查会管理办法、抵押品管理办法，新增了无本续贷管理办法。一系列制度的完善，进一步规范了信贷业务操作，避免了信贷风险。后续将进一步对资产分类、贷后管理、信贷档案等制度进行修订，并向村管中心上报信贷管理系统中对客户评级、集团授信、风险限额等需求，逐步符合浦发集团化要求。

（上海奉贤浦发村镇银行）

上海松江民生村镇银行

【经营情况】

（一）存款业务经营情况

截至2020年末，各项存款日均38.44亿元，完成年度计划的96%，较上年增加0.20亿元，其中公司存款日均26.47亿元，较上年减少2.21亿元；储蓄存款日均11.96亿元，较上年增加2.41亿元。各项存款余额42.12亿元，较年初减少8.71亿元。

（二）贷款业务经营情况

截至2020年末，各项贷款日均29.61亿元，完成年度计划的99%，较上年增加3.14亿元，其中公司贷款日均11.83亿元，较上年减少0.02亿元，小微贷款日均17.78亿元，较上年增加3.16亿元。各项贷款余额31.51亿元，较年初增加2.37亿元。

（三）资产质量情况

截至2020年末，不良贷款余额1 092万元，较上年末减少345万元；不良贷款率为0.35%，较上年末下降0.14个百分点；逾期贷款1 431万元，较上年末减少6万元。各项贷款减值准备余额8 575万元，拨备覆盖率785%，平均拨贷比2.72%，满足监管要求。

（四）经营收入支出情况

截至2020年末，共计实现营业净收入14 488万元，完成年度计划的96%，较上年同期增加4万元；各项营业支出7 757万元，完成计划进度的96%，较上年同期增加1 299万元，其中本年计提减值准备501万元。截至2020年末，存款付息率1.91%，贷款收益率6.26%，存贷款平均利差为435BP，较上年下降24BP；成本收入比49.19%，较上年上升1.42个百分点；2020年，累计实现税后净利润5 323万元，达成年度计划的101%，年化净资产收益率9.67%。

【风险管理情况】

2020年末，各项贷款余额合计为31.51亿元（同比增加2.36亿元），其中不良贷款余额1 092万元（同比减少345.24万元）。在全面提速的同时，风险条线狠抓风控，使得总体资产质量也得到了进一步提升。主要经验如下：

（一）坚持“做小、做微”不动摇

坚守村镇银行发展定位，聚焦三农和普惠金融，努力降低贷款户均额，分散风险。

（二）持续健全全面风险管理体系

村行以落实全面风险管理建设为切入点，不断健全信贷管理制度。本行每年对行内信贷制度进行全方位梳理和排查，每年年初根据总行及属地分行相关信贷政策，结合区域特征，制定全行风险管理政策，指导全行信贷业务健康发展。

村行的风险管理政策由风险管理指导意见及资产业务指引组成，前者从全面风险管理角度确定了本年度风险管理的主要工作框架，后者为从信贷业务角度确定了本年度信贷业务的风险管理策略。

（三）实施风险准入，把控风险源头

村行风险条线年初即发布资产业务指引，引导业务条线资产业务发展方向，对行业和产品等分类准入管理，努力从源头上管控风险。对大额贷款以及授信行业均实施限额管理，确保不出大额授信风险和系统性风险。

（四）落实"强抵押、强担保"

"强抵押、强担保"是资产质量稳步提升的核心关键。村行近年来根据市场需求对抵押和担保类产品不断进行优化组合，从而扩大信贷投放覆盖面，更好地培育和发展小微客户。

（五）建立贷后分层预警机制

通过制定差异化的贷后检查方案，落实分层预警机制，对重点户进行持续跟踪，根据预警信号及时采取相应防控措施积极应对。

（六）加快不良贷款清收处置

对清收不良贷款施行"一户一策"，通过提前制定催收计划，确定清收方案，取得了较满意的结果。2020 年，现金清收回款总计 4 107.39 万元，其中表内清收 3 387.39 万元，表外清收 720 万元；实现不良贷款和不良贷款率的双降。

（七）重视合规风险管理

及时传达最新的政策文件，通过以会代训的方式，对合规、案防、反洗钱、消保、扫黑除恶专项斗争等工作开展全方位学习、讨论、分析和工作部署，将合规工作由点到面渗透到每位员工。

同时，每期的合规简报以图文并茂的形式，通过监管动态、案情通报、监管要求、合规工作、风险提示、监管处罚等板块，简明扼要地传递监管最新要求，强调合规是基石，塑造合规文化，进一步吸引员工学习合规知识，起到警钟长鸣的效果。

2020 年，村行各项经营管理活动坚持依法经营，合规操作。全年未发现重大风险隐患及内部控制缺陷。

【服务实体情况】

作为一家服务松江地区经济的村镇银行，2020 年继续秉承"做小、做实、做本源"的经营理念，重点支持和服务松江地区的小微企业和实体经济。

截至四季度末，小微企业贷款余额 27.33 亿元，占各项贷款余额的 86.73%，较年初减少 2.4 个百分点，小微企业户数 633 户，较年初增加 69 户，户数较年初有所增加。户均贷款余额 206 万元，较年初下降 168.64 万元。

（一）信贷服务实体经济情况

在行业分布中，松江地区的制造业占比较大，制造业是实体经济的命脉。在实际业务发展中，村行积极为制造业企业提供更加优惠的信贷政策，例如加大制造业中长期信贷资金支持，提供无本续贷转期贷款服务等。四季度末，村行制造业中长期比例为 25.64%，较年初增长 9.35 个百分点，反映出村行贷款投向为实体经济领域，特别加大对制造业的中长期信贷资金支持；在支持制造业企业的同时，也关注行业集中度的控制，避免投放行业过度集中，四季度末制造业集中度为 19.94%。

（二）信贷政策执行情况

1. 侧重扶持小微企业、"双创"企业

2020 年，村行继续加大对经营范围内优质小微企业、"双创"企业以及三农企业的支持力度。村行通过与市、区两级国有担保公司合作，为轻资产的科技型小微企业提供便利的融资服务，解决了轻资产科创企业的融资难问题，截至四季度末，国有担保公司担保贷款余额 13 758.31 万元，新增投放 2 490 万元，四季度新增投放科技企业贷款包括上海福岛新材料科技有限公司等。

2. 继续实行差异化信贷政策

村行根据年初资产业务指引，在信贷业务开展方面继续实行差异化的信贷政策，分别在授信行业、授信客户、授信品种、大额授信上实行限额管理。

（1）在授信行业管理上，村行授信政策明确规定了本年度压降类、限制类、支持类行业，并在日常信贷台账中监测各行业的集中度情况，随时予以控制和调整；公司授信业务以及零售授信业务中除普惠口径小微企业外，继续执行对敏感行业的风险管控，监管认定的普惠金融口径下小微企业贷款适当放宽敏感行业管控。

（2）在授信产品管理上，村行对于个人住宅按揭、法人按揭等品种均设置了年度增量限额，原则上不得续作项目融资和委托贷款业务，严格限制商用房按揭业务。

（3）在大额授信上，村行对于大额授信政策调整实施动态控制，1 000 万元以上授信余额占比不超过 30%，截至四季度末，1 000 万元以上大额授信业务余额占比 26%。

截至四季度末，从大额贷款集中度来看，单一集团客户授信集中度为 12%，较年初减少 1.46 个百分点，符合一个关联法人或其他组织所在集团客户的授信余额总数占商业银行资本净额 15%的监管要求。单一贷款集中度为 8.22%，较年初降低 0.26 个百分点，符合单一客户授信余额占商业银行资本净额 10%的监管要求。后续村行将持续做好大额贷款监测工作，确保集团和客户集中度符合监管要求。

3. 落实新冠肺炎疫情期间延期还本付息政策

根据监管部门通知，村行对于普惠型小微企业实行“应延尽延”的政策，原则上只要企业提出延期还本付息申请，根据商业原则保持有效担保安排或提供替代安排，且承诺保持就业岗位基本稳定，村行就通过无还本续贷、调整还款方式、展期方式予以办理。

截至 2020 年 12 月末，村行累计向 232 户小微企业提供积极对抗新冠肺炎疫情的延期付息金融救济服务，涉及贷款金额 55 471.81 万元，其中 25 户采取调整还款计划方案，涉及贷款金额 9 678.03 万元；150 户采取无本续贷金融救济方案，涉及贷款金额 36 552.48 万元；6 户采取展期方案，涉及贷款金额 1 583 万元；51 户采取 3 个工作日内还旧借新，涉及贷款金额 10 658.30 万元。

4. 用好再贷款政策

根据中国人民银行各项政策文件要求，村行积极使用人民银行各项再贷款政策工具，积极加大普惠小微贷款投放力度，大力支持小微企业和民营企业复工复产，坚决通过政策红利进一步降低小微企业的融资成本。

村行今年运用人民银行再贷款资金发放的贷款主要投向企业为有合理的流动资金需求的小微企业，主要支持领域为批发零售业、居民服务业、制造业和住宿餐饮业等。

截至 2020 年 12 月末，共发放符合人行政策要求的支小再贷款 87 笔，金额合计 16 114.5 万元，运用再贷款资金发放的贷款平均年利率为 4.96%，低于本行普惠小微贷款平均利率，共有 65 户小微企业享受到人行再贷款政策红利。

【经营指标】

单位：亿元

指标＼年份	2016	2017	2018	2019	2020
本外币资产总额	58.72	57.31	55.44	57.58	50.44
本外币各项存款余额（不含同业存款）	54.53	51.73	48.26	50.83	42.12
本外币各项贷款余额	17.11	21.86	26.12	29.15	31.51
净利润	0.51	0.67	0.72	0.64	0.53
不良贷款率(%)	2.01	0.86	0.16	0.53	0.35

（上海松江民生村镇银行）

上海宝山富民村镇银行

2020 年末，实现营业收入 1 279.62 万元，营业支出共计 728.71 万元，利润总额 550.90 万元，全年实现净利润 158.16 万元。核心资本充足率 103.45%，资本充足率 104.52%。2020 年末已计提损失准备金 1 200 万元，拨贷比 8.98%。

【存款方面】

截至 2020 年 12 月 31 日，上海宝山富民村镇银行各项存款时点余额为 19 481.32 万元，其中储蓄存款占比达到了 27%，同比增长了 12 个百分点。上海宝山富民村镇银行自 2020 年开始大力开展普惠宣传进社区活动，向 3 千米内的社区进行循环宣传，社区员工通过讲解反电信诈骗和非法集资、反假币、反洗钱等金融知识服务，提升居民防范金融意识，同时增强了村镇银行的品牌价值，2020 年，上海宝山富民村镇银行已走访了 17 个社区、6 个商圈、4 个菜市场、15 家小微企业，进行了 280 场外拓宣传活动，开展社区联谊活动 12 场，在行内举办活动沙龙 9 场，做到了以社区为服务核心、以居民为服务对象的宗旨。

【贷款方面】

到 2020 年末各项贷款 13 349 万元，其中不良贷款余额为 437 万元，较 2019 年下降了 363 万元，不良贷款率为 3.27%，不良贷款率已压降至监管指标内。

上海宝山富民村镇银行始终坚持以宝山区域内中小客户群为定位，以“立足宝山，服务三农，支持中小”为经营方向，2020 年，本行贯彻执行“两增两控”

的监管要求，将小微企业贷款占比进一步提升至97.96%。

【风险管理】

上海宝山富民村镇银行秉承发起行内控制度严格的优良传统，虽然受村镇银行各项客观条件限制，业务量较小。但其坚持严格贯彻落实人行上海分行、上海银监局、发起行的各项业务管理制度，2020年对现行制度进行了梳理，共新增及修订了各类制度共计40项。内容涵盖了公司治理、人力资源、财务结算、反洗钱、风险合规、案件防控、声誉风险、消费者权益保护以及信息科技。主管领导严格履行各项日常检查制度并留有检查记录，检查过程坚持"更细、更全面、更深入"的原则，发现问题及时整改，不断完善公司各项业务制度的内控措施，及时堵塞业务内控漏洞，加强员工内控意识和安全防范意识的教育。保证各项业务安全稳健的开展。

【合规建设】

上海宝山富民村镇银行据监管部门下发的各类文件，定期开展案防防控宣传及排查、消费者权益宣传及排查、普法活动宣传及排查、安全保卫宣传及排查、信息科技演练、流动性应急演练等多项内容，保证行内软硬件运行稳定。同时根据监管的要求开展了"监管局指定项目专项审计"等多项自查内容，在自查中不断完善和补足各类问题，并对所发现的问题进行整改和问责，完善合规建设保障了银行稳定经营，促进了员工遵规守纪。同时在2020年度，还设立了内审专岗，内审专岗直接向董事会汇报，以确保合规工作的有效进行。

【经营指标】

单位：亿元

年份 指标	2016	2017	2018	2019	2020
本外币资产总额	3.44	3.93	3.85	3.99	4.21
本外币各项存款余额（不含同业存款）	1.50	1.91	1.78	1.90	1.95
本外币各项贷款余额	2.21	1.76	2.02	1.36	1.33
净利润	0.07	0.08	0.05	−0.003	0.02
不良贷款率(%)	0	0	16.41	5.89	3.27

（上海宝山富民村镇银行）

二、外资银行

(一)外资法人银行

三菱东京日联银行(中国)有限公司

【经营情况】

三菱日联银行(中国)有限公司[以下简称"三菱日联(中国)"]是由日本三菱日联银行股份有限公司全资设立的外商独资法人银行,于2007年7月2日正式开业,注册资本为100亿元人民币。截至2020年末在中国境内共设置14家分行、4家支行,拥有员工2 300余名。

三菱日联(中国)长期秉持稳健的经营方针,致力于夯实客户基础,充实业务品种,拓展服务内容,提高服务质量。2020年度面对突如其来的新冠肺炎疫情,三菱日联(中国)落实了多项应急措施确保特殊时期各项业务的顺利开展,同时作为一家植根于中国的日资法人银行,做到"急企业所急,想企业所想",在全行上下一心的努力下,总体保持稳健经营,全年实现营业收入30.34亿元,年末总资产超过1 500亿元,位居在华外资银行前列。

2020年10月三菱日联(中国)上海所在机构(包括总行、上海分行、上海自贸试验区支行)从浦东新区陆家嘴搬迁至前滩地区,以期更好地发展银行业务和建设上海国际金融中心。

【风险管理】

三菱日联(中国)全面把握、监控银行业务中产生的各种风险,通过对所有重大风险进行统一的全面风险管理,维护银行的稳健运行和持续发展。三菱日联(中国)在董事会和高级管理层的领导下,实行"攻守平衡"、可持续发展的风险管理模式。设置负责风险管理的首席风险控制官和风险管理·监控管理部门,对各类风险进行定性、定量的管理。设置风险管理委员会,监控各类风险状况,以及审议风险管理相关的重要事项,对风险进行全面的管理。该行全年各类风险水平平稳可控,各项风险指标表现良好。

【服务实体经济特别是科创产业】

2020年初面对突发的新冠肺炎疫情,三菱日联(中国)在既有的小微企业优待政策上,主动减费让利、适当放宽贷款条件,为企业开辟防疫期间金融支持服务绿色通道、提供金融服务便利,坚持金融回归本源,从各个方面支持小微企业和普惠金融发展,帮助企业复工复产。2020年2月成立了100亿元的专项信贷额度,确保为疫情重点地区、小微企业,以及疫情防控重点保障企业的资金需求提供充足的资金保障,对于疫情防控重点保障企业施行贷款利率下降的支持措施,最大程度地减轻企业融资成本压力。

在助力中资企业"走出去"方面,该行积极参与企业海外投资项目的探讨,为企业融资需求提供支持。同时,依托所在金融集团在全球的网点布局,以及对各国家及地区市场环境、产业政策、税法、金融政策、劳务关系等相关法律法规的熟知,为企业在海外发展提供全方位的咨询及顾问服务。

在积极支持科创产业方面,该行于2020年9月分别与北大、清华下属科技园等签订战略合作协议,为日资企业与北大、清华下属初创企业进行技术交流、业务对接、资本合作创造了广阔的合作平台,有望进一步促进中日之间经贸合作。该模式系日资大型商业银行首次与国内知名院校战略合作的重要尝试,受到包括日本国内知名跨国企业以及主流媒体在内的广泛关注,希望可以为进一步引导日资企业扩大对华投资,同时推动日资企业在华事业的产业结构调整和技术升级。

【产品和服务创新】

近年来三菱日联(中国)在发展传统业务的同时,努力在债券业务、人民币跨境业务等领域开展业务创新,在中国金融改革的时代背景下,作为外资金融机构的行业先锋,为中国资本市场的进一步发展作出了贡献。

2020年6月，三菱日联（中国）获得了债券结算代理人资格。在信用债承销方面，全年主承销了多笔汽车金融公司发起的车贷类资产支持证券。参团承销了近30笔同类资产支持证券、金融债、熊猫债和非金融企业债务融资工具。据万得（Wind）的信息统计，在全年汽车贷款资产支持证券的承销商排行榜上位列全市场机构第七位、外资银行第二位。在资产证券化业务财务顾问排行榜位列全市场机构第六位、外资银行第一位。

2020年7月，三菱日联（中国）设立了总额为50亿元的绿色信贷专项额度，为符合相关条件的企业提供充分的资金保障，同时为该专项额度内的贷款提供优惠利率。以期引导激励节能环保企业等更多社会资本投入绿色产业中，实现绿色环保与经济发展两不误。

2020年8月，三菱日联（中国）成为全国性市场利率定价自律机制基础成员，取得大额存单的发行资格，并在12月初成功向人民银行备案了2021年度大额存单的计划发行额度。

2020年9月，三菱日联（中国）将大数据与新兴科技应用到支付场景中，通过与中国（上海）国际贸易单一窗口建立连接，利用海关大数据实现货物贸易跨境付汇全程无纸化和审单智能化，为企业提供货物贸易付汇的数字化解决方案，提高企业开展跨境贸易效率。

【社会责任】

2020年，三菱日联（中国）秉承三菱日联金融集团（MUFG）将“应对全球环境问题”“培养肩负社会责任的下一代”作为集团开展CSR活动的重点领域的方针，将社会责任活动与银行战略目标相结合，积极开展帮困扶贫、捐资助学、环境保护等公益慈善活动。

三菱日联（中国）遵循MUFG集团方针，以环境保护及关爱下一代为主题，积极开展社会贡献活动。各地分行也开展了形式多样的公益活动。例如，植树、清扫等环境保护活动，到敬老院开展爱心慰问、为福利机构捐赠善款和书籍、修葺儿童之家等爱心公益活动。

【获奖情况】

三菱日联（中国）2020年8月获万得（Wind）“2019年度最佳信用类债券承销商暨卓越外资行奖”。

2020年12月获上海银行同业年度机构贡献奖。该行连续多年获得此奖项。

【经营指标】

单位：亿元

年份 指标	2016	2017	2018	2019	2020
本外币资产总额	1 647.36	1 847.35	1 566.52	1 637.01	1 576.44
本外币各项存款余额（不含同业存款）	1 175.27	1 406.98	1 085.77	1 250.81	1 129.20
本外币各项贷款余额	602.78	634.20	545.11	488.85	447.29
净利润	5.93	−0.57	13.71	12.94	9.22
不良贷款率（%）	0.33	0	0	0	0

注：以上数字源自经外部注册会计师事务所审计的年度财报。

［三菱日联（中国）有限公司］

三井住友银行（中国）有限公司

【概况】

三井住友银行（中国）有限公司［以下简称“三井住友（中国）”］是一家由日本三井住友银行股份有限公司（以下简称“三井住友银行”）全资设立的外资法人银行，注册资本达人民币100亿元，总行设于上海，自2009年4月27日正式开业以来，始终致力于为客户提供高品质的金融服务，为上海乃至中国经济的进一步发展贡献力量。截至2020年底，已有天津、广州、苏州、杭州、北京、沈阳、深圳、重庆、大连9家分行，以及苏州工业园区、常熟、上海浦西、昆山、上海自贸试验区5家支行。2020年度，在严峻的业务环境下，三井住友（中国）不断完善公司治理，注重合规经营，加强风险管理，推进人才培养，稳健拓展在华业务，资产质量良好。

【金融服务】

银团贷款方面，三井住友（中国）拥有一支专业化的团队，能够提供覆盖银团筹组、分销、执行以及代理行在内的业务，是为数不多能在中国境内提供一站式专业服务的外资银行。三井住友（中国）扎根于中国市场，积极开展银团贷款业务，为促进上海在银团市场及金融业中的领头地位作出积极贡献。根据汤森路透 Loan Connector 统计公布的 2020 年度中国境内市场委任牵头安排行（MLA）牵头金额排名，三井住友（中国）以约 5.09 亿美元的业绩，在外资银行中位列第四名。

债券业务方面，三井住友（中国）大力拓展绿色金融相关业务，投资了多笔绿色信贷资产支持证券。与此同时积极利用三井住友金融集团的全球网络，拓展境外投资人，通过“债券通”等渠道，向境外分销中国境内债券。

【业务合作】

基于在首届中日第三方市场合作论坛期间签署的合作协议，三井住友（中国）持续积极寻求在第三国市场与中资金融机构合作，通过充分、有效地利用项目融资等母行具有独特优势的业务领域，提供具有竞争力的金融产品，并借助集团的全球化布局等竞争优势，携手集团海外网点，持续助力中资企业“走出去”以及“一带一路”向纵深推进。

2020 年度，三井住友银行与作为合作协议对象的中资金融机构在第三国市场及中国国内市场相关业务方面取得一系列成果。其中，与中国进出口银行合作的针对中国国内企业从第三国进口医疗器械及生产设备相关的进口买方信贷转贷业务，在 2020 年末创造了 7 700 万美元项目融资额的成绩。

【技术应用】

三井住友（中国）不断扩大系统在各业务场景的应用，通过进一步升级、更新并开发各项系统，持续加强系统建设。当局报告方面，通过不断完善数据标准，进一步提高了金融基础数据统计、EAST 等当局报表的报送工作；业务推进方面，完成了人民币跨境支付系统的导入，为客户提供安全、高效、便捷和低成本的资金清算结算服务，此外，完成了债券交易相关系统的开发，进一步扩大了债券业务的发展。为了更好地推行银行整体的数字化转型，于 2020 年 7 月在总行 IT 计划部内成立了数字化推进处，专门研究金融技术并考察分析在行内可以应用的业务场景，并负责实际落地工作。目前已经实现了 RPA 的技术应用，使业务的准确性与效率得以有效提升。其他如 AI、NLP 等新技术也正在积极落地中。

【社会交流】

2020 年度，受新冠疫情影响，在历年定期召开的重要线下交流会议中，很多会议转变为线上会议或线上线下相结合的形式，三井住友（中国）在此期间于线上线下参加了如下论坛交流活动：

1. 清华五道口全球金融论坛（线上）；

2. 2020 年中国国际服务贸易交易会（线上参展、线下参会）；

3. 中国国际金融年度论坛（线上）；

4. 中国金融学会绿色金融专业委员会年会（线上）；

5. 中国人民对外友好协会与日本商会会员企业座谈会（线下）；

6. 北京金融街论坛（线下）；

7. 北京市地方金融监管局和中国银行业协会共同主办的“新开放 · 新北京——外资银行北京行”（线下）；

8. 中国高层发展论坛（线上）；

9. 第 16 届北京东京论坛（线上＋线下）；

10. 亚金协 2020 年度高峰论坛（线上）。

三井住友（中国）通过这种线上、线下相结合的参与方式加深了社会交流，在后疫情时代与相关机构企业等保持了良好沟通。

【绿色金融】

三井住友（中国）作为中国金融学会绿色金融专业委员会（简称“绿金委”）成员单位，积极参加该委员会主办/协办的年会、研讨会以及国际论坛等一系列活动，2020 年受疫情防控等方面的原因，线上参加了绿金委年会以及绿色金融领域的讲座，并将相关内容在行内进行分享，及时学习中国绿色金融的最前沿信息政策，力求为中国绿色金融的进一步发展贡献力量。

【人才培养】

三井住友（中国）十分注重人才培养，自 2014 年 9 月设立“中国研修中心”以来，已经构建了面向各层级员工、涵盖各项业务领域的全面培训体系，员工的知识技能持续得以提升。2020 年共计实施培训 357 场，包括在线培训在内的总参训次数达 53 920

人次，总培训时数达 33 688 小时。

【社会责任】

三井住友(中国)于 2008 年开始设立高校奖学金项目，13 年来共有来自日语、金融、人文科学、新闻等专业的 749 名优秀学生获奖。三井住友(中国)通过不断深化与全国知名高校的奖学金合作，体现并实践在华的企业社会责任与价值。

[三井住友银行(中国)有限公司]

华侨永亨银行(中国)有限公司

【经营情况】

截至 2020 年末，华侨永亨银行(中国)有限公司[以下简称“华侨永亨(中国)”]资产总额为人民币 604.48 亿元，较去年增加了 10.78%，主要来自债券投资和同业业务的增加。发放贷款和垫款为人民币 247.16 亿元，较上年末相比略有下降；吸收存款为人民币 289.72 亿元，较上年末增加 10.31%，存款结构持续改善。华侨永亨(中国)流动性良好。流动性比例为 66.50%，优质流动性资产充足率为 130.01%，均高于监管要求；用于计算优质流动性资产充足率的优质流动性资产为人民币 129.47 亿元，未来 30 天现金净流出量为人民币 99.59 亿元。华侨永亨(中国)资本充裕。资本充足率为 19.61%，一级资本充足率与核心一级资本充足率均为 18.60%，杠杆率为 12.01%，均高于监管要求；用于计算杠杆率的一级资本净额为人民币 80.36 亿元，调整后的表内外资产余额为人民币 669.05 亿元。华侨永亨(中国)不良贷款率为 0.52%(2019 年末：0.78%)。华侨永亨(中国)贷款预期信用减值准备充足，贷款拨备率和拨备覆盖率分别为 2.63%和 502.14%，均高于监管要求。

2020 年受新冠肺炎疫情影响，国内外经济形势更加严峻复杂，不确定性增大。华侨永亨(中国)在 2020 年迎难而上，实现了业绩的逆势上扬，全年实现营业收入人民币 12.53 亿元，净利润人民币 3.21 亿元，同比分别增长 2.48%和 49.13%。根据监管报表口径，2020 年资产利润率为 0.55%(2019 年：0.37%)，资本利润率为 3.94%(2019 年：2.78%)。

回顾 2020 年，面对新冠肺炎疫情带来的巨大挑战，华侨永亨(中国)始终砥砺前行，秉持着“深知你心，更合你意”的品牌理念，在不平凡的 2020 年里携手员工、客户、社群在齐心抗疫、业务创新、企业社会责任等方面持续投入，其卓越表现更获得各界肯定。

【捐赠 100 万人民币助力中国民众抗击新冠肺炎疫情】

2020 年 2 月，新加坡华侨银行积极响应新加坡政府通过新加坡外交部发出的呼吁，捐赠人民币 100 万元用于向受到新冠肺炎疫情影响的中国民众提供支持和援助，所有款项经由新加坡红十字会，用以提供药物、医疗用品，以及供实验室使用的新型冠状病毒检测试剂盒。截至 2020 年 5 月，华侨永亨(中国)及其员工捐款总计已超过 220 万新币(折合人民币约 1 080 万)，以帮助新加坡、马来西亚、印度尼西亚和中国四大核心市场的个人、家庭和社区抗击疫情。

【全力对抗疫情，推出面向所有客户的针对性支持举措】

面对疫情挑战，华侨永亨(中国)优先保障与疫情防控相关企业的资金需求，对受疫情影响较大的批发零售、住宿餐饮、物流运输、文化旅游、教育、中小企制造业等行业以及有发展前景但暂时受困的企业，提供相应的延期还款或调整还款计划等方案。自 2 月 3 日起，华侨永亨(中国)总行及各地主要分支网点及时恢复基本运营，并通过网上银行服务、微信银行服务以及全国服务热线等多重渠道，保障基本金融服务和关键基础设施的稳定运行，一如既往地为客户提供专业、安全、通畅的金融服务。

【合规部和广州分行分别开展与“新冠肺炎疫情”相关的企业社会责任活动】

2020 年 2 月，当得知医用防护服在生产时出现了人力紧缺的消息时，合规部的员工志愿者第一时间响应浦东新区团委的号召，开展了协助医用防护服生产制作的企业社会责任活动。14 位员工志愿者分两组，在两天内累计工作了近 24 小时，完成了 55 箱共 3 200 余件防护服的后期制作和装箱，这些防护服已全部运往“抗疫一线”。3 月，广州分行组织员工举办了一场爱心义卖活动，为甘肃省贫困农村山区的寨河中学的 105 名学生募集资金，用以购买网课流量卡，支持他们“停课不停学”。整个义卖共有 70 多位同事参与，共筹得善款人民币 3 700 元。

【上线“单一窗口”跨境购付款业务】

2020 年 4 月，华侨永亨(中国)与深圳“单一窗口”平台携手，并在联易融数字科技集团有限公司强有力的技术支持下，成功推出“单一窗口”跨境购付款业务。该新业务为企业提供了从深圳“单一窗口”平台提交跨境本外币付款指令的无纸化“一站式”解决方案，提升了业务处理与流转的效率。在新冠肺炎疫情这一特殊时期，客户足不出户就能办理所有相关业务，从而也减少了出门所带来的风险。

【再度援助内蒙古察右后旗贲红学校】

继2019年华侨永亨（中国）为内蒙古察右后旗贲红学校附属幼儿园捐赠设立了“华侨永亨银行（中国）小小图书室”后，2020年5月，华侨永亨（中国）再度援助该校，为学校在新冠肺炎疫情后的复学给予支持和帮助。在得知该校紧缺防疫物资后，华侨永亨（中国）立即为该校师生采购了5 000枚口罩、额温枪和清洁用品等物品。同时，行内员工开展了“爱心捐赠”活动，为孩子们的复学准备了全新的文具以及给孩子们画画用的彩色铅笔和绘图本等。志愿者们花费了数小时的时间，整理和打包了满满15箱的捐赠物资，已经全部寄往贲红学校。10月，这项名为“情暖童心，书送未来”的企业社会责任扶贫项目，入选“全国银行业助力脱贫攻坚典型案例”之优秀组织典型案例，华侨永亨（中国）是唯一一家荣获该荣誉的新加坡银行。

【蝉联“人力资源管理杰出奖”】

2020年5月，华侨永亨（中国）获中国领先人力资源服务机构前程无忧授予的“2020人力资源管理杰出奖”，这是银行连续第二年荣膺该奖项。“2020人力资源管理杰出奖”评选以“驭变求新，智胜未来”为主题，根据人力资源管理对企业战略调整实施的支持，结合企业在人才吸引、人才发展、人才激励、人才保留等方面对企业商业目标达成的贡献，遴选出代表中国人力资源行业的最佳实践。

【携手中企云链推出线上供应链融资服务】

2020年6月，华侨永亨（中国）推出基于中企云链服务平台的全新线上供应链融资服务，成为首家携手中企云链推出线上供应链融资服务的外资银行。该服务将“传统银行融资产品”与“第三方金融信息服务平台”巧妙结合，为企业客户提供了一个在线向银行提交应收账款确权信息、融资指令等交易要素的全新一站式解决方案，能有效提升供应链融资中各环节的处理效率，并充分利用核心买方企业的优质信用，更高效地解决其上游中小供应商企业融资难和供应链失衡的问题，促进供应链生态系统的健康发展。

【健步挑战赛圆满举办】

2020年6月，华侨永亨（中国）结合健康运动与绿色环保的概念，在全行推出主题为“健步活力，灌溉新绿”的健步走挑战赛活动。通过健步走任务和健康打卡活动，鼓励员工利用碎片化的时间，在塑造与享受健康低碳生活的同时，也通过“云植树”的方式积极支持社区的环保绿化。21天后，共有47支队伍达到每天每位成员行走6 000步的目标。同时，参与员工的步数已转化成“绿色能量”（30棵杉树苗），扩建了“华侨永亨银行（中国）的小树林”。

【获标准普尔A+/A－1评级，长期评级展望为稳定】

2020年8月，标准普尔将华侨永亨（中国）长期信用评级定为A+，短期信用评级为A－1，长期评级展望为稳定。该评级在国内的外资金融机构中处于领先地位，与中国主权信用评级持平，彰显出市场对华侨永亨（中国）战略定位、资产质量、发展前景等方面的充分认可。

【亮相中新金融科技应用博览会】

2020年9月，华侨永亨（中国）亮相“第三届中国金融科技产业峰会暨第二届中新（苏州）金融科技应用博览会”。在博览会期间，华侨永亨（中国）展出了包括线上供应链融资服务方案等多项金融科技产品和成果，吸引了不少政府领导、金融同业、境内客户以及应用科技服务商的驻足观看。

【获“最佳交易银行外资银行奖”】

2020年10月，华侨永亨（中国）在由士研咨询主办的“未来交易银行峰会2020”的银行类奖项评选中被授予“最佳交易银行外资银行奖”。该奖项旨在表彰华侨永亨（中国）环球交易银行部近年来在业务方面所作出的努力和成绩，特别是今年在金融科技方面的积极创新。环球交易银行部不断推出利用大数据、区块链等新技术作为依托的数字化项目及解决方案。

【青岛分行参与济南（新加坡）投资促进中心项目战略合作】

2020年11月，新加坡—山东经济贸易理事会第二十二次会议成功举行。华侨永亨（中国）青岛分行在会议上参与签订《投资促进合作平台战略合作框架协议》，将与其他战略合作伙伴一起，共同参与完成济南（新加坡）投资促进中心设立的项目。

【参与签署“天津生态城国际商业联盟谅解备

忘录”】

2020年12月，华侨永亨(中国)在“新加坡—天津经济贸易理事会”第九次会议上参与签署了“天津生态城国际商业联盟谅解备忘录”。天津生态城国际商业联盟的战略合作旨在促进中新两国之间的贸易和投资往来，帮助企业携手合作，共聚资源，共享商机，尤其是在绿色和智慧城市领域，为新加坡和驻新加坡企业提供一个具有吸引力且经济高效的平台环境，助力企业进入天津和华北市场，通过生态城促进贸易发展以及外国直接投资进入中国。

【荣膺“2020大中华区人力资源管理卓越大奖”】

在中国领先的人力资源媒体HRoot举办的“2020大中华区人力资源管理卓越大奖”评选中，华侨永亨(中国)荣膺“2020大中华区最佳人力资源团队”奖项，成为2020年获得此项殊荣的唯一一家外资银行。这一奖项旨在表彰在企业中通过创新人力资源管理方法和技术提升管理效能，增强人力资源部门在企业管理战略中的地位，并通过有效沟通打造卓越雇主品牌的人力资源团队。

【经营指标】

单位：亿元

年份 指标	2016	2017	2018	2019	2020
本外币资产总额	530.18	777.23	607.61	545.65	604.48
本外币各项存款余额(不含同业存款)	315.74	297.23	267.58	262.64	289.72
本外币各项贷款余额	280.69	258.97	245.14	250.81	247.16
净利润	1.13	1.10	2.60	2.15	3.21
不良贷款率(%)	1.93	1.11	2.40	0.78	0.52

[华侨永亨银行(中国)有限公司]

花旗银行(中国)有限公司

【经营情况】

2020年，中国克服了新冠肺炎疫情冲击和复杂的国内外环境等诸多挑战，率先成为全球唯一实现经济正增长的主要经济体。面对突发的危机，花旗银行(中国)有限公司[以下简称“花旗(中国)”]全员上下一心，积极行动，发挥金融对保障企业正常运营和抗击疫情的支持作用，我们始终保持与监管和客户的密切沟通，采取多项灵活措施为客户在特殊时期的金融需求提供应急支持。在常态化的后疫情时代，花旗积极布局响应中国经济双循环的发展新格局，全体员工将继续全力以赴，协同应对，以优质高效的服务全面保障和满足客户的金融需求。

在中国资本市场不断开放的大趋势下，跨国公司也不断加大其在华的投资、融资活动；海外机构投资者也纷纷来华布局。花旗全球的客户关系、强大的网络和领先齐全的产品使得我们在促进国际资本流入方面具有得天独厚的优势。2020年9月，花旗(中国)获批本地基金托管人资格，成为首家获此执照的美国银行，随后成功助力全球投资者客户先后完成了中国QFII新规首个交易日的转融通证券出借交易和新规下中国A股市场的首批融资融券交易。我们将继续扩充本地业务能力，结合花旗的全球资源、最佳实践和风控框架，为全球投资者参与中国市场的发展持续贡献力量；与此同时，花旗(中国)持续投资于数字化能力的提升，并与国内关键数字化生态系统合作，配合客户不断变化的多元需求。

【风险管理】

花旗(中国)具备缜密完善的风险管理框架，将风险偏好、政策制度、组织体系和风险文化等要素有机结合，及时识别、计量、监测、报告、控制业务经营中的各类风险，利于持续监察风险环境，综合评估各类风险及其相互影响关系。花旗(中国)每年对风险偏好进行评估。此外，全行风险管理人才的培养以及培训也是风险管理不可或缺的组成部分。

通过不断优化风险管理组织架构，花旗(中国)在2020年努力寻求并达到以下目标：将风险敞口控制在董事会审核的风险容忍度范围内；建立广泛全面的风险管理文化；不断提高风险管理流程及资源利用情况，将效力及效率最大化；提供平衡且具有前瞻性的风险评估，积极地管理信贷资产组合的集中度，优化风险缓解措施及资本利用情况。

【服务实体经济】

中国向来是花旗全球的重点市场，花旗也一直是中国金融改革的积极参与者。花旗的优势在于我们的全球性网络、成熟先进的产品平台、优秀的员工队伍和他们对中国市场深入的了解，以及一大批优质的客户。一路走来，花旗(中国)经历了业务的快速搭建到各项业务不断深化的转变，在经营规模、经营业绩、客户结构和服务能力等各方面均取得了长足进步，并积极服务于实体经济，支持中国企业和跨国企业的全球化发展，帮助中小企业成长，参与中国资本市场的发展。花旗(中国)的核心价值主张是成为具有全球思维与金融需求的机构、企业与个人的首选银行。

花旗商业银行部继续加大对民营企业的扶持力度，主要涉及传统制造、化工、电子产品、生物医药、电子商务、在线旅游等多个行业，同时积极调整行业结构，拓展业务范围，根据国家对新兴行业的相关政策，加大对5G、新消费、人工智能等行业的金融支持。

【产品和服务创新】

(一) 对公业务方面

花旗不断寻求科技金融手段为全球的跨国公司、金融机构和公共部门提供高效、安全的综合现金管理和贸易融资产品与服务。2020年，花旗(中国)加快采用数字化渠道和功能平台，推出多项数字化服务以满足对公客户的应急业务需求，显著提升应用便利性和客户体验，支持客户更高效、更从容应对潜在突发情况。花旗(中国)持续拓展数字化创新，在保证现有数字化平台持续迭代的同时，不断推出顺应需求变化的数字化举措，以满足潜在危急情况下客户在线/远程办公和运营的需求。

疫情期间，花旗(中国)全员上下一心，积极行动，发挥金融对保障企业正常运营和抗击疫情的支持作用，采取多项灵活措施为客户在特殊时期的金融需求提供应急支持保障。我们在危机中保持与监管和客户的密切沟通，调整了一系列内部流程，并针对特殊需求实行特殊操作为客户提供应急支持。伴随各行各业逐步恢复工作，花旗继续全力以赴服务客户，协同应对情况变化，以优质高效的金融服务全面助力疫情防控工作。

在推动人民币国际化方面，花旗(中国)积极配合金融改革，充分发挥自身优势，促进与国际金融市场的接轨，为全球客户提供完整的中国市场接入方案，并帮助客户更好地管理和应对不断变化的市场及风险。

2020年9月，花旗(中国)获得中国证券监督管理委员会的基金托管业务资格核准，成为首家获此执照的美国银行，也是全球前五大托管人中的第一家。在经过监管机构的现场检查后，花旗将为中国境内的公募基金和私募基金提供基金托管服务。花旗(中国)很荣幸能够帮助全球客户进入正经历新一轮全面改革的中国资本市场，中国为全球参与者提供了巨大的机会，而花旗独特的业务优势能够支持他们充分把握这些机会。

2020年12月，花旗(中国)成功协助全球投资者完成了在QFII新规下中国A股市场的首批融资融券交易，这标志着花旗(中国)成为首批支持融资融券交易的QFII托管行。今天是QFII发展史上的一个里程碑，是继QFII新规11月1日生效以来全球投资者可以正式开展沪深市场融资融券业务的首个交易日。这进一步证明了花旗(中国)结合本地专才和新产品服务全球投资者的强大能力，也展示了花旗致力于与客户共同成长，助力客户更广泛地接触中国市场新产品的决心。

同年12月，花旗(中国)携手中国银联，基于银联支付标记化技术为企业客户推出人民币电子商务卡，连同花旗既有的万事达电子商务卡，能为客户提供覆盖主要交易货币的创新全球电子支付解决方案，显著提升电子商务企业进行在线交易的效率和安全性。花旗是首家与中国银联推出此类方案的银行。新冠疫情增加了客户对于在线支付解决方案的强烈需要，人民币电子商务卡的推出更进一步完善了花旗为中国客户提供的产品类型，能为电子商务企业提供实时、电子化的银行卡功能，帮助客户有效掌控交易，充分利用流动资金，以无缝且一致的电子支付方案在境内开展业务，更好地管理运营乃至开发自身的电子商务产品。

尽管市场剧烈波动，2020年，中资发行人在国际资本市场依然表现抢眼。花旗(中国)全年助力近70家中国发行主体承销了总值达609亿美元的债券，体现了中资发行人强劲的外部融资能力，也显示出国际资本市场对中国经济长期向好的信心。花旗借助丰富的经验和全球网络优势在市场震荡中精准捕捉发行窗口，在企业面对经济逆风之际，及时有效地帮助中资发行人降低融资成本，成为中国发行人在国际资本市场的最佳搭档。

(二) 个人业务方面

花旗(中国)致力于成为中国杰出的外资财富管理咨询银行，面对持续增长的国际化财富咨询服务需求，花旗大力投资发展数字化业务以配合中国客户不断变化的多元需求，通过深化与数字生态等相关领域的领军企业合作，拓展业务规模化机遇，全面提升业务能力和客户体验。

10月，花旗(中国)作为代销机构与中信证券股份有限公司首次携手，推出了面向外资银行高净值客人的资产管理计划，这是一款面向合格投资者的中高端理财产品。此次合作开启了国际银行与国内券商携手共进的新篇章，又一次见证了中国资本市场的对外开放。花旗(中国)与中信证券的合作意义重大，优化了双方的优势，将更好地服务于国内日趋壮大的高净值客户群体。

作为首家采用全数字化方式获客的外资银行，花旗(中国)信用卡业务的数字化水平，已经超过了花旗全球其他任何一个市场。花旗客户可以足不出户地完成在线申请、激活、使用等完整流程，享受更为便捷、高效安全的用卡体验，畅享国际化、个性化的金融服务。

【经营指标】

单位：亿元

指标 \ 年份	2015	2016	2017	2018	2019	2020
本外币资产总额	1 634.982	1 732.288	1 595.714	1 742.030	1 778.526	1 968.537
本外币各项存款余额(不含同业存款)	1 170.354	1 356.667	1 186.387	1 345.952	1 394.987	1 490.428
本外币各项贷款余额	652.092 7	583.545 3	698.474 6	615.692 5	650.602 7	618.027
净利润	10.629 29	10.724 61	15.637 81	25.517 76	20.719 24	17.281 97
不良贷款率(%)	0.74	0.81	0.64	0.46	0.47	0.63

[花旗银行(中国)有限公司]

瑞穗银行(中国)有限公司

【经营情况】

2020 年作为银行收益重要支柱的人民币存贷款经营业务方面，作为贷款基准利率的 LPR 自 2019 年逐渐走低，至 2020 年 4 月以后一直持平。人民币市场利率受到新冠肺炎疫情影响，自 2020 年 2 月大幅下降之后，6 月反弹上升至去年同期水平，直至年末才略有下跌，当年变动幅度较大。

在前述环境下，瑞穗银行(中国)有限公司[以下简称“瑞穗(中国)”]继续去年方针，努力提高存贷款业务量，使瑞穗(中国)12 月底含财务公司的贷款余额、月均余额比去年均有所增加，但由于 LPR 利率下降及期中市场利率下跌导致贷款收益率减少，最终造成利息收入大幅减少。在存款业务方面，瑞穗(中国)以增强流动性存款为前提，努力抑制高成本存款，即便存款余额、月均余额略有增长但由于存款利率下降致利息支出对比去年有所减少，但是，仍未能抵消利息收入减少造成的损失，最终瑞穗(中国)存贷收益大幅下降。对顾客外汇收益方面也因为公司个别情况、人民币跨境支付业务增加、新冠疫情影响等因素低迷，业务毛利相比去年大幅减少。

另外，通过适当减免社保费用的缴纳及合理的经费控制，经费实绩相比去年得到更有效的控制，去年由于准备金率下降带来大额的坏账准备金回冲(今年也有准备金率下降带来的准备金回冲)、人民币升值致外币资本金汇兑评价收益减少等因素，最终瑞穗(中国)净利润相比去年(历史最高位)大幅减少。

与年初计划相比：

1. 资产规模方面，与当初以加强对顾客流动性存款为中心稳步扩大资产规模计划相比超额完成计划。

2. 业务毛利未达成计划，虽然利息收益方面存贷余额基本达到当初计划，存款利率也控制在计划内，但是外汇交易业务及手续费业务收益未达成计划。

3. 经费在计划内获得有效控制。

4. 虽然人民币升值致外币资本金汇兑评价收益减少，今年不良贷款的情况使准备金率下降带来的坏账准备金回冲，最终瑞穗(中国)净利润达成计划值。

【风险管理】

瑞穗(中国)建立了完善的风险管理体制，董事会承担监控各类风险有效性的最终责任，行长统筹负责瑞穗(中国)风险管理工作，高级管理层负责执行董事会批准的各类风险管理总体政策。

信用风险方面，瑞穗(中国)在授信业务中遵循公共性、安全性、收益性和成长性的基本原则，通过对各项交易的贷前调查、贷时审核及贷后检查等各道工作程序的授信管理，有效贯彻和落实授信业务的全流程管理。2020 年，瑞穗(中国)总体授信资产质量良好。年末五级分类为正常类的贷款占比为 98.11%；关注类贷款占比为 1.84%，同比下降 1.73%；不良贷款率同比持平，维持在 0.04%的低位，处于良好水平。

2020 年，瑞穗(中国)采取了一系列管理措施进一步加强了信用风险的管控。包括：(1) 加强授信政策管理，对多个授信制度进行了全面梳理，如《授信工作三查管理办法》《授信客户现场检查管理办法》等，同时着手修订金融资产风险分类制度，力求不断完善行内制度体系建设，确保授信业务健康有序发展。(2) 健全信用风险管理体系，持续做好大额风险暴露风险管理，持续强化特定行业监测管理，针对融资租赁行业，根据《中国银保监会关于印发融资租赁公司监督管理暂行办法的通知》，制定了融资租赁公司的授信方针，明确租赁公司业务具体的准入标准、应对方针，有效防范行业风险。(3) 定期开展信贷资产组合风险监测，同时鉴于复杂多变的金融形势以及新冠肺炎疫情的暴发和蔓延，提高了信用风险压力测试频度，新增了新冠疫情的压力情景测试，对低评级“一户一策”实施贷后监控，加强了授信预警管理。(4) 强化担保管理，进一步提高信用风险管控能力。从制度层面进一步细化了各类押品的管理职责、调查与评估、返还与处置等内容。(5) 通过对分行部分授信客户的作业流程及分行的信用管理状况进行的抽样检查，加深了解了分行风险管理状况，加强了分行风险管理意识。

市场风险方面，瑞穗(中国)建立了完善的体制和制度，通过对各类风险指标的管理及市场状况的动态把握，达到了良好的管理效果。瑞穗(中国)的市场风险主要分为利率风险和汇率风险，主要通过利率敏感度指标、外汇头寸限额指标等监控利率风险、外汇风险。2020 年，瑞穗(中国)经营的业务品种以外汇即期买卖、远期买卖、利率互换等相对简单的产品为主，整体市场风险在可控范围之内。

流动性风险方面，瑞穗(中国)建立了统一把握和管理行内流动性风险的制度和框架，流动性管理实行全行集中管理制度。2020 年，瑞穗(中国)整体优质流动性资产充足率符合监管要求，但产生了一定波动，主要原因有：(1) 1 月末由于新冠疫情关系休假日延长，造成隔夜拆出资金滞留在美元清算账户，指标一时性下降；(2) 为了应对新冠疫情，确保手头充沛的流动性，保守起见向母行拆借了较多的资金，之后随着国内疫情的缓解逐渐将多余资金归还给母行。总体而言流动性维持在较稳定的水平，流动性管理指标均在合理范围内，实现了风险可控的目标。

操作风险方面，瑞穗(中国)建立了适当的、与业务复杂程度相适应的操作风险管理架构，并根据需要采取适当的控制和缓释措施。2020 年，瑞穗(中国)业务量同比增长 2.5%，年内共发现 114 件操作风险事件，同比增加 25 件，其中来源于为执行、交割和流程管理事件(业务操作风险)，占比 90%，主要涉及汇款/托收、融资保证、存款等业务。通过推进业务集约化、完善操作规程、开展培训、加强日常监控、分行业务指导等多项举措并行，积极防范业务操作风险。信息科技风险、法律风险、人员风险、有形资产风险、规定制度变更风险和声誉风险都基本稳定于低水平。

总体而言，瑞穗(中国)的操作风险管理体制运作情况良好，得以更有效地利用操作风险管理工具，从事前、事后全方位地对操作风险进行识别、评估和监测，并视需要采取切实有效的措施，从而较好地发挥操作风险管理效果。

【服务实体经济特别是科创产业】

瑞穗(中国)一如既往地遵循国家产业政策的指导方向，本着金融服务实体经济发展的大方针，在稳定提供资金支持的大前提下，顺应市场原则配置信贷资源，在风险可控的前提条件下，加强信贷政策与产业政策的协调配合，紧密围绕“中国制造 2025”、新一代信息技术、智能机器人、新能源汽车、绿色制造等重点领域，加强融资业务支持力度，积极推动企业的转型升级和科技创新。

随着近年中国金融科技“全球化”发展进程，大数据、云计算等新兴金融科技的发展正在迅速地改变着全球金融生态格局，以人工智能、新材料、新能源、生物医药为中心的高科技种子企业也如雨后春笋般地出现，市场认可度高的科创企业发展不断壮大。瑞穗(中国)积极响应国家政策号召，2019 年正式在上海总行成立的创新企业支援室利用瑞穗(中国)全球化营销的网络优势，努力围绕科创企业、新型初创企业，积极提供包括 VC 跨境匹配与基金投资咨询、事业战略咨询在内的一站式、多元化金融服务，跨北京、上海、深圳三地覆盖整个中国，全面开展对中国科创企业的扶持工作。在新冠疫情防控的严峻的大环境中，从多个维度积极扶持科创企业的持续性发展，首先，瑞穗(中国)尝试并成功地举办了以“智能制造”和“汽车领域创新”为主题的两届线上跨境产业路演及对接会。会议邀请中国有技术前瞻性的优质科创企业，围绕自身的技术特长以及今后的事业发展规划进行说明，吸引了中国境内外众多知名企业在会后进行双方技术交流以及探讨合作的可能性，深受双方的好评。然后，发挥银行自身优势，联合母行的其他境外网点机构为科创企业提供境外政策信息、境外金融服务，构架跨境资金管理平台等全方位多维度的金融服务。

【产品和服务创新、重大活动等】

(一) 支持提升上海城市能级和核心竞争力的创新

支持中国进口博览会。瑞穗银行母行极力克服新冠肺炎疫情的影响，作为参展商参与了第三届中国进口博览会，这也是瑞穗(中国)连续三年支持进博会的举措。其间，瑞穗(中国)派3名专员，为来自全球的客户进行宣传和业务讲解，主要介绍内容为瑞穗金融集团对创新企业的支援服务、跨国贸易中的商流及其融资方案，以及外企对华投资和中企“走出去”的相关咨询服务等。经统计，瑞穗(中国)在现场派发说明资料250余套，与180多家企业开展了交流。同时，瑞穗(中国)行长及经营管理高层领导20多位分别参观并参与13个场次的专题会议，与来自全国各地的政府部门及企业开展了有效沟通。

其间，国务院商务部外资司司长宗长青莅临瑞穗(中国)展位巡视交流，并对瑞穗在华发展情况，以及在支援中日双向投资工作中的表现给予了高度肯定。

在2021年这个新的国家五年计划的崭新开端之年，瑞穗(中国)作为“上海国际金融中心专家咨询委员会”(SIFAC)的一员，在瑞穗金融集团董事长佐藤康博的带领下，再接再厉挑战金融创新，为支持国家和上海的“十四五”规划和2035年远景目标，支持提升上海城市能级和核心竞争力的创新而不断努力进取、共赢发展。

(二) 支持国家重大战略和重点领域实体经济的创新

1. 支持“一带一路”倡议实施

随着“一带一路”倡议的实施，中国企业与“一带一路”沿线国家企业的合作不断增加，瑞穗(中国)客户开始出现以俄罗斯卢布为首的一系列货币的结算、兑换和套保需求。

为更好地服务于这些企业，瑞穗(中国)通过共用母行清算账户的方式，以较低的成本和较快的速度，于2020年完成新增6个可交易货币SEK、CHF、DKK、NOK、RUB、NZD。2021年1月正式启用后，截至2月末，实际发生了SEK和CHF的兑换及付汇交易9笔。

2. 支持长三角一体化发展

2018年11月5日，习近平总书记在首届中国国际进口博览会上宣布，支持长江三角洲区域一体化发展并上升为国家战略。为了向长三角区域的客户提供更优质的服务，瑞穗(中国)于2019年3月在虹桥商务区设立了虹桥支行。

瑞穗(中国)继2019年围绕长三角一体化话题，专门制作日文版介绍资料，多次为日资企业及时了解长三角一体化国家战略举办说明会。如，2020年10月22日与松江人民政府共同举办的“投资松江共创未来——松江区投资促进推介会”上，为来自160多家企业的250位以及从日本线上参加的723位企业家，用日语介绍《长三角一体化中外资企业的发展可能性》，得到客户一致好评。另外，于2020年11月30日，在“2020年昆山·中日产业投资说明会”上(参加人数达300多位)做嘉宾演讲，介绍了长三角一体化中的外资企业的商机，得到江苏省昆山市领导和客户的高度赞赏。在新的一年里，我们将继续深度关注最新政策动向，一如既往地着眼于如何协助外资加速融入长三角一体化中，为全力支持长三角一体化发展做出绵薄之力。

3. 支持普惠金融服务小微企业

针对中小微企业，瑞穗(中国)积极支持“双创”活动，尤其针对科技类初创企业，主动帮助初创企业夯实发展基础，鼓励中小微企业勇于创造，激发社会活力，释放巨大创造力。2020年，瑞穗(中国)举办针对科技初创企业的线上线下商务对接会，利用行内客户资源，为初创企业搭建了宣传平台，同时为投资人提供了投资机会，从资金、业务和战略层面全方位帮助初创企业长成参天大树，助力后疫情时期持续保持经济活力。

4. 支持金融业对外开放

为抗击疫情带来的影响，响应国家“内外双循环”大战略，2020年，瑞穗(中国)在制定新经营目标时充分综合考虑以上因素，提出创建“商务对接”平台的新目标任务，并迅速在瑞穗(中国)全网点及母行相关部门内铺开。商务对接平台针对集团客户需求，每季度发布客户需求信息，2020年已发布信息超过600条，需求涵盖采购、代工、海外投资、资本合作等多种业务合作模式。针对上述合作信息，瑞穗(中国)充分利用集团客户资源，协助客户之间资源的匹配，并积极促成客户谈判和业务签订，在困难时期为客户解决燃眉之急，体现瑞穗银行贡献社会、服务客户的经营理念。

此外，瑞穗(中国)于2018年7月取得债券通报价机构资质后，为拓展境外客户资源，与瑞穗母行集团公司瑞穗证券及其海外子公司合作，利用瑞穗证券遍布全球的销售网络及境内做市交易能力，开展面向境外投资者的人民币债券交易服务，初步构建了“全球营销＋国内做市”的商业模型。2020年，与瑞穗母行集团公司瑞穗证券及其海外子公司进一步合作，于2020年4月和10月分别与瑞穗证券(日本)和瑞穗国际签署了债券销售服务协议。截至2020年末，瑞穗证券亚洲向瑞穗银行介绍境外客户57家，共达成180笔现券交易，合计人民币122.36亿元。截至2020年末，瑞穗国际介绍境外客户4家，共达成2笔现券交易，合计人民币125万元。

(三) 服务民生的创新

支持新冠肺炎疫情防控及提升客户服务体验。2020年初新冠病毒性肺炎暴发后，瑞穗(中国)作为外资金融机构迅速发挥自身优势积极参与疫情的抗击工作，努力尝试服务民生的创新。此外，疫情发生初期瑞穗(中国)即向武汉市红十字会捐款50万元人民币，并动员全体行员踊跃捐款，全国16个网点的行员纷纷慷慨解囊，合计捐款225 589元。

1. 金融服务不间断

作为疫情发生后最早复工并全方位开展金融服务的金融机构之一，为尽最大限度防止疫情扩散，并确保向社会提供最基本的金融服务保障，瑞穗(中国)制定业务连续性方案，建立相关出勤机制，在保障行员安全防护的前提下，确保疫情期间交易系统平稳运行、各网点业务运营正常。

考虑到武汉地区疫情严重，由上海总行代行武汉分行办理相关业务，全力保障业务应急处理。并启用自贸区办公室备份方案，配备最低限度的办公设备，防止疫情扩散后可能造成常用办公场所无法使用的情况。

此外，瑞穗(中国)加强外来临时人员的安全管理，确保疫情期间各网点相关业务以及重要设施正常运营。

2. 支持企业复工复产

首先，在新冠疫情发生后，瑞穗(中国)在第一时间为受灾严重的湖北地区企业制定专项贷款计划，降低企业融资成本，缓解资金压力。同时，瑞穗(中国)还主动联系客户，了解客户面临的经营问题与资金需求，提前做好资金续贷安排。对受疫情影响的企业客户，及时通过变更还款安排、延长还款期限，以及无还本续贷等方式予以企业资金层面的支持，精准施策做到应续尽续，缓解企业资金压力。

为助力上海市受疫情影响较大行业企业的发展，瑞穗(中国)积极配合市政府工作要求，结合瑞穗(中国)客户实际业务情况，甄选相关对象企业客户作为今后疫情支持重点联系和开展服务跟进的对象，第一时间主动联系客户，了解复工情况及公司运营状况，为企业及时地提供资金援助，降低疫情对企业经营的影响。截至2020年3月末，瑞穗(中国)对上述特定对象客户提供的贷款授信总额约合人民币18亿元，实际贷款余额约合人民币1.5亿元，较1月末增加8 500万元。3月初开始全面下调了50个基点的贷款成本利率。

此外，在2月3日至4月30日期间，瑞穗(中国)主动为上海地区41家企业合计增加授信额度43.7亿元，以实际行动积极支持企业的复工复产。

其次，瑞穗(中国)客户多为外资、跨国集团企业，特别是日资企业居多。瑞穗(中国)认为及时并准确的信息传递非常重要，疫情以来坚持为企业提供全方位的信息服务：定期发行“新型冠状病毒肺炎疫情相关最新信息”中日文速报，及时向客户传达政策及行业动向等信息，并将日本集团公司旗下智库的研究成果与客户分享，助力企业做出正确的经营判断，获得了一致好评。此外，还通过母行同步向海外传递疫情信息，并与母行及海外网点积极协作，发挥集团国内外优势为企业提供多层次全方位的金融服务。

此外，本着金融服务实体经济、特殊时期特事特办的原则，开展各项金融服务的绿色通道。比如，利用视频远程办理账户类业务，通过网银及手机等电子线上渠道，先操作后补单，提高单证传递时效、减少客户临柜频率等。

（四）金融科技的创新

2020年，在金融科技创新方面，瑞穗中国加大了在技术端的投入，以期进一步拓展瑞穗银行金融服务，推动普惠金融业务开展。

1. 大数据分析与云计算领域

瑞穗（中国）引入了Oracle公司的产品ExaCC（Exadata＋Cloud＋At Customer），ExaCC是Oracle公司的数据云服务产品。该产品将设备安装在客户自有的数据中心，但是在使用方式上按照云服务的模式。这样既可以保证瑞穗（中国）数据的安全和自主控制，又可以享受到云服务的按需购买资源和弹性付费的好处。另外，设备的维护保修也是由Oracle公司负责。目前我们第一阶段先在灾备环境中使用该产品，之后计划逐步推广到生产环境。

2. 人工智能的研究与应用

瑞穗（中国）已经开始使用了含有人工智能技术的OCR营业执照识别系统，目前正在开发基于人工智能的企业财务报表识别系统。

3. 拓展业务应用渠道

瑞穗（中国）正在开发微信银行系统，在企业微信公众号的基础上，面向客户提供账务查询服务、待办事项通知服务。该系统计划在2021年内完成开发。

4. 提升银行内部管理能力

瑞穗（中国）通过引入IT服务管理软件（ServiceNow），实现了统一管理系统故障和事件，规范化行内故障相应机制。另外还启用了该软件的“系统变更管理模块”和“系统问题管理模块”，提高了IT系统运维管理水平和效率。

【经营指标】

单位：亿元

指标＼年份	2016	2017	2018	2019	2020
本外币资产总额	1 084.97	1 162.75	1 205.90	1 278.18	1 464.52
本外币各项存款余额（不含同业存款）	701.08	752.41	834.42	911.97	993.86
本外币各项贷款余额	416.07	474.84	516.42	503.64	512.63
净利润	8.37	5.49	14.08	14.53	8.36
不良贷款率（%）	0.61	0.04	0.04	0.04	0.04

［瑞穗银行（中国）有限公司］

东亚银行（中国）有限公司

东亚银行（中国）有限公司［以下简称“东亚（中国）”］是东亚银行有限公司（“东亚银行”）的全资子公司，致力于在中国内地为客户提供个人、企业及其他银行服务。

【风险管理】 东亚（中国）经董事会审批已实施全面风险管理机制，建立了完善的风险管理系统，强化了由业务经营部门、风险管理部门以及内审部门构成的三道防线，在全面风险管理框架下建立专项风险管理政策及风险控制机制，以识别、衡量、监察和控制东亚（中国）所承受的各类风险，并于适当的情况下调配资本以抵御该等风险。东亚（中国）建立了完整的风险管理制度，就信贷风险、市场风险、利率风险、流动性风险、战略风险、合规风险、操作风险、法律风险、声誉风险、业务连续性风险、信息科技风险，以及新产品及业务风险制定了管理政策，并在风险管理委员会下成立了消费者权益保护工作组、员工行为管理工作组以及数据治理工作组，各风险管理政策、员工行为管理制度、数据治理管理制度等，均由相关专项风险管理委员会或工作组定期审阅，由风险管理委员会审议后，提交风险委员会审阅并通过，最终推荐至董事会审批。在设计各项风险管理政策时，力求实施审慎的管理和程序，确保对各类风险的充分独立监督和控制。内审人员亦会对业务部门定期进行内部审计，检查该等政策及程序的遵从性。内部审计采用风险导向方式，至少每年一次评估各审计单元及分支机构的相关风险(包括信用风险、市场风险、银行账户利率风险、流动性风险、战略风险、合规风险、操作风险、法律风险、声誉风险、业务连续性风险、新产品及业务风险以及信息科技风险),依据风险评估结果制定年度审计计划与具体审计范围。2020年,内审处在各总分行业务审计项目中检查评价了针对相关风险的内控措施的有效性,并特别针对操作风险管理、市场风险管理、业务连续性管理开展了专项审计,检查评估有关风险管理体系的运作有效性。东亚(中国)将持续加强风险文化建设,强化宣传及培训,优化员工绩效考核机制,落实执行问责制度。

【服务实体经济】 2020年,东亚(中国)将小微企业金融服务作为支持实体经济的重要领域,通过供应链融资等多种金融产品支持小微企业,实现业务平稳发展。东亚(中国)共开设有30家分行及49个支行网点(上海张江支行为小微企业专营支行),覆盖全国22个省市自治区。截至2020年末,东亚(中国)小微企业贷款余额为93亿元人民币,客户数409户,贷款平均利率水平为4.97%。

【经营指标】

单位:亿元

指标 \ 年份	2016	2017	2018	2019	2020
本外币资产总额	2 130.48	2 174.62	2 165.33	1 956.14	1 832.93
本外币各项存款余额(不含同业存款)	1 590.63	1 504.29	1 380.85	1 201.19	1 100.25
本外币各项贷款余额	1 181.22	1 179.84	1 241.31	1 081.30	926.93
净利润	1.37	5.72	4.71	−17.58	−8.24
不良贷款率(%)	0.91	1.30	1.85	1.75	1.88

[东亚银行(中国)有限公司]

盘谷银行(中国)有限公司

【经营情况】

截至2020年12月31日,盘谷银行(中国)有限公司[以下简称"盘谷(中国)"]贷款余额总计为人民币66.39亿元,存款余额总计约为人民币91.26亿元。2020年累计实现净利息收入人民币2.15亿元,营业支出为人民币2.01亿元,全年净利润人民币0.06亿元。

盘谷(中国)在发展普惠金融工作上主要以为小微企业提供金融服务为主,小微企业作为重要客户,在整体业务中占比较高。截至2020年12月31日,小微企业客户数量占比48%,贷款余额人民币19.15亿元,贷款占比29%。

2020年,盘谷(中国)积极推进"一带一路",为中资企业"走出去"提供完善便利的金融服务,主要依托泰国母行的经营实力和丰富经验,充分利用其在东南亚及东盟区域中的关系网络,从而为客户构建投资渠道,确保给予投资者完善便利的金融服务。此外,盘谷(中国)积极响应金融支持长三角一体化发展的国家战略,为长三角地区的企业提供金融支持。

【风险管理】

目前盘谷(中国)业务较为传统,未涉及风险较高的资管、理财、卡类业务等重点领域。2020年,各项风险均维持在较低和可控的水平上,与2019年相比持平。

信用风险方面,截至2020年12月31日,盘谷(中国)仅有一家次级类不良贷款客户,不良贷款率为0.17%,不良贷款余额合计人民币0.12亿元。盘谷(中国)的各项贷款损失准备金(包括一般准备金和专项准备金)为人民币5.27亿,贷款拨备率为7.94%,拨备覆盖率为4 543.00%。贷款分类符合相关规定,拨备充足。

对于不良贷款,盘谷(中国)积极采取各项措施对该贷款进行处置,完成了对该客户的债务重组,截至目前,客户按照重组协议每期正常还款;此外,为了切实帮助客户逐步改善经营,盘谷(中国)也与客户就原有流动资金贷款合同签订了补充融资协议,对于提款额度使用进行了约定，客户必须满足约定方可在约定额度内进行提款。

市场风险方面，资金头寸由总行进行统一管理，市场风险管理工作集中在总行层面。盘谷（中国）设定了利率缺口限额、净利息收入影响限额、所有者权益影响限额、外汇头寸限额及止损限额以监控银行账簿利率风险及汇率风险，设立了外汇头寸限额、外汇缺口限额和基点价值限额来监控交易账下的利率和汇率风险。此外，还会对利率风险及汇率风险进行压力测试以衡量利率、汇率变动对盈利性的影响。2020年，盘谷（中国）市场风险处于可控水平。

流动性风险方面的风险管理工作也集中在盘谷（中国）总行有关部门。2020年，盘谷（中国）流动性比率均值高于监管要求；流动性匹配率和优质流动性资产充足率也均高于100%的监管要求，此外，盘谷（中国）还进行流动性压力测试以考虑可能的流动性危机。2020年，盘谷（中国）未发生流动性风险指标超出限额的情况，也没有启动流动性应急计划。

操作风险方面，盘谷（中国）各工作岗位间分工明确、权责分离，各部门均制订了合理有效的工作制度及流程，并根据业务需求及监管要求及时修订。盘谷（中国）通过操作风险损失和接近错失数据及关键风险指标监控数据报告对重大操作风险损失事件进行监测。根据2020年的操作风险损失和接近错失数据及关键风险指标监控数据报告，盘谷（中国）未发生重大操作风险损失事件，关键风险指标处于可控水平。

声誉风险方面，盘谷（中国）通过监控互联网新闻和公共信箱电邮进行舆情监控，并积极参与社会公益宣传活动以树立良好企业形象。2020年未发生客户投诉及相关诉讼案件，未发现异常或负面新闻事件。2020年，声誉风险水平与2019年相比持平，处于较低水平。

【服务实体经济特别是科创产业、产品和服务创新】

盘谷（中国）整体业务范围覆盖长三角、珠三角和西南经济中心等核心经济地区。总行以“一带一路”建设、京津冀协同发展、长江经济带建设这“三大战略”为引领，要求各分行在自身辐射区域积极寻求合作机遇，对于提振实体经济类企业着重做好金融服务、提供全面金融支持；同时主动拓展关于“一带一路”的项目，积极和相关中资企业接洽沟通，努力做好项目储备工作，为以后可能出现的业务机会做好准备。在服务科创企业方面，盘谷（中国）主要客户分布在制造业和能源行业，具备制造业和能源行业金融服务的丰富经验，未来将根据客户实际需求，探索适合中国国情和银行实际情况相结合的金融服务新模式。

【经营指标】

单位：亿元

指标 \ 年份	2016	2017	2018	2019	2020
本外币资产总额	156.08	140.79	148.81	131.93	142.70
本外币各项存款余额（不含同业存款）	81.15	69.27	80.43	70.88	91.26
本外币各项贷款余额	49.59	49.36	64.68	69.24	66.39
净利润	0.85	0.16	1.32	1.38	0.06
不良贷款率（%）	0.73	1.74	0.23	0	0.17

［盘谷银行（中国）有限公司］

渣打银行（中国）有限公司

【经营情况】

2020年是中国历史上极不平凡的一年。面对严峻复杂的国际形势、艰巨繁重的国内改革发展稳定任务，特别是新冠肺炎疫情的严重冲击，中国在统筹疫情防控和推动经济社会发展等方面取得了举世瞩目的成果。2020年同样也是渣打银行（中国）有限公司［以下简称“渣打（中国）”］历史上值得铭记的一年，全体员工众志成城，同心协力，立足既定战略，以客户为中心，成功地实现了持续稳健发展的既定目标。

2020年，渣打（中国）实现持续增长。年末总资产达到2 936亿元，同比增长25%。由于受年初新冠疫情影响，全年营业收入同比略有下降，但得益于对客户的精准服务、审慎的风险管理和日常运营的严格管理，渣打中国的营业支出同比下降8%，全年净利润增长7%。

【对公业务】 渣打（中国）继续巩固了多个领域的领先地位。渣打（中国）成功获批上海期货交易所会员资格；成功通过中国外汇交易中心外汇交易系统达成首笔挂钩美元担保隔夜融资利率和人民币存款类金融机构7天债券回购利率的交叉货币互换交易；积极参与中国资产证券化市场的发展，承销规模排名居外资行第一；协助中国财政部门分别发行60亿美元主权债券和40亿欧元主权债券，持续9年为中国财政部的离岸债券发行提供支持；持续领跑熊猫债券和特别国债承销业务，同时参与了市场上仅有的多边开发机构发行的疫情防控债券；渣打(中国)完成了上期所黄金及白银期货第一笔业务，再次体现了在大宗商品结构化融资领域的行业领先地位。渣打(中国)也一如既往地坚持致力于成为联结中国资本市场与境外投资人的桥梁，持续助力中国银行间债券市场的发展。2020年全年，渣打(中国)在"债券通"渠道下交易排名(以交易量计算)在外资机构中排名第一，债券市场排名第八位。

渣打(中国)继续在"一带一路"及绿色金融、人民币国际化和支持粤港澳大湾区互联互通建设方面保持领先优势。2020年9月，渣打(中国)凭借在推进"一带一路"绿色投资原则("GIP")发展方面的重要参与和贡献，被GIP指导委员会授予"最佳实践奖"。在2020年度《财资》(The Asset) Triple A评选中，渣打(中国)荣获"2020年最佳人民币银行"殊荣，连续3年获得该行业大奖，并同时在9个国际市场获得了"最佳人民币银行"殊荣。2020年6月，渣打(中国)与香港贸发局共同推出"渣打大湾区营商景气指数"。该指数是市场上首个针对粤港澳大湾区营商景气的前瞻性季度调查。2020年7月，渣打集团宣布在广州设立"渣打银行大湾区中心"，总投资为4 000万美元，支持大湾区内个人及企业银行业务营运，推动创新金融技术开发及应用，以及加强渣打(中国)在大湾区内的跨境银行业务。

【个人金融业务】 渣打(中国)积极响应政府多渠道增加居民财产性收入的号召，为个人客户提供从存、贷款到汇兑、财富管理等全方位产品和服务，满足个人与家庭客户国际性的银行服务需求。渣打(中国)不断提升数字化服务能力，持续迭代"渣打财富管理APP"，并获得《上海证券报》年度财富管理品牌卓越奖；渣打(中国)通过视频银行等多种"非接触式"的服务渠道为客户办理相关业务，并荣膺2020年度《亚洲银行家》"中国最佳数字化品牌项目"。渣打(中国)持续开展品牌推广和建设，获得《第一财经》最佳品牌营销外资银行的荣誉。

渣打(中国)继续强化银行科技能力，持续探索数字化赋能。渣打(中国)尝试与多个平台合作，如与上海寻汇加速落地"汇 e 达"平台解决方案，专注于为跨境贸易企业提供更便捷、更低成本的付汇方案，以促进跨境贸易便利化，助力国际国内双循环。同时，渣打(中国)通过康拓(Contour)平台开出了全球首张以离岸人民币计价结算的跨国区块链信用证，这也是铁矿石业内首笔全程无纸化的人民币交易。

【经营指标】

单位：亿元

指标＼年份	2016	2017	2018	2019	2020
本外币资产总额	1 961	2 250	2 152	2 349	2 936
本外币各项存款余额(不含同业存款)*	1 260	1 231	1 216	1 401	1 485
本外币各项贷款余额*	659	794	786	937	1 002
净利润	6	14	20	14	15
不良贷款率(%)	1.40	0.79	0.98	1.17	0.79

*各项存款及各项贷款余额以年报披露之发放贷款和垫款及吸收存款口径填制。

[渣打银行(中国)有限公司]

正信银行有限公司

【经营情况】

2020年，正信银行紧紧围绕"稳中求进、严控风险、优化结构、深化改革"总体发展思路，面对突如其来的新冠肺炎疫情，迅速行动，全面部署，积极践行使命担当；始终坚持合规治行，强化全面风险管控；多措并举惠民助企，全面助力复工复产；坚持服务实体经济，推进"一带一路"建设；聚焦同业合力发展，加强交流互惠共赢；坚持科技引领发展，打造智慧金融体系；积极推进人才战略，凝心聚力夯实基础。全行上下克服复杂艰难的经营形势，"防疫""经营"齐抓共管，不仅取得了可喜的经营业绩，展现了较强的韧劲和持续向好的发展趋势，同时各项业务取得长足进展，在"上海市金融机构消费者权益保护评估"中获得A级机构称号，在"上海外资银行金融机构统计工作考核"中获得二等奖，受到了中国人民银行上海分行的通报表彰；在上海市外汇自律机制的展业监测评估中被评为优等。

（一）始终坚持合规治行，持续加强内部监管

2020年，正信银行继续细化、完善公司治理内容，搭建科学合理的组织架构。根据监管要求，首次对公司治理情况的合规性和有效性开展自评估；完成了银行股权托管登记相关工作；深入开展市场乱象整治"回头看"工作和股权与关联交易专项整治"回头看"工作，有效防范各类违法违规风险隐患；根据监管政策变化及银行业务流程调整，及时新增、修订内部制度，确保制度的合规性及流程的规范性；进一步加强案防管理，有效组织案件风险排查工作，及时发现和化解案件风险，持续保持案件发生率为零的纪录。

2020年，正信银行内部审计工作在董事会的领导下，紧紧围绕银行发展战略，根据监管要求和监管重点，组织开展了专项审计和离任离岗审计；同时修订、补充了内部审计工作相关规章制度，进一步完善了内部审计工作制度体系；在加强审计的深度及广度、揭示审计发现的问题、监督整改落实、促进银行健康发展等方面作出了较为显著的成效。

（二）坚持服务实体经济，推进"一带一路"建设

正信银行以服务实体经济为导向，信贷投向持续聚焦国家产业政策引导的重点行业和领域。2020年，正信银行立足于全面外汇业务的实际情况，强化外汇优势，积极服务"一带一路"建设，重点支持中国现代农业企业"走出去"投资活动中的融资需求，并逐步总结出了对现代农业中特定行业金融扶持上的相关措施和经验：一是坚定支持具备核心科技民营企业依法合规地"走出去"；二是支持企业抢占行业技术制高点，取得行业优势；三是合理评估企业核心价值，创新风险评估视角与方法；四是精准信贷，推动企业产业链一体化协调发展。

（三）多措并举惠民助企，全面助力复工复产

新冠肺炎疫情发生后，正信银行第一时间推出了一系列惠民助企金融服务举措。对于存款客户以及涉及医疗、科研机构、疫情防控相关企业，正信银行实施多项费用优惠减免政策及国际结算绿色通道，鼓励和支持有关企业加快进口防疫药品和物资，更好援助国内一线防疫抗疫；排摸所有信贷企业受疫情影响情况，在加强风险管理的同时，有针对性地制订金融服务和纾困方案，积极帮助企业克服暂时困难，尽快恢复良性发展。

同时，正信银行积极贯彻国家产业政策导向和金融监管指引，进一步加大对"三农"领域、民生领域和小微企业的金融服务力度，增强金融支持的精准化和个性化。疫情期间，为涉及保障民生需要的连锁超市发放专项支持贷款、为纳入上海市政府疫情期间重点维保企业下属的进口林木产品企业提供续贷、向有出口订单的外向型制造企业提供专项出口信贷支持、为进口防疫抗疫产品的企业提供进口融资并提供绿色服务通道等，有效缓解企业因疫情影响造成的资金压力，助力企业战胜困难奋力前行。在加强防疫抗疫金融服务和信贷支持中，正信银行始终自觉践行绿色信贷和普惠金融国家战略要求，切实在信贷业务发展中坚持绿色信贷、普惠金融、支持企业、服务社会、防范风险的有机结合，充分体现社会责任和担当。

（四）聚焦同业合力发展，加强交流互惠共赢

2020年，正信银行持续加深同业往来与合作，在深化交流与业务合作方面均取得了可喜的进展。迄今，已获得了中国领先的股份制银行、城商行等银行的同业授信，奠定了良好的信用基础。同时正信银行为多家同业机构（包括中外资银行、券商）新增同业授信，开启了与券商合作的新模式。

2020年，正信银行获批加入中国银行业协会外资银行专委会；经上海市银行同业公会差额选举，正信银行再次当选为外资银行专委会委员行。通过以上各项举措，进一步加强了正信银行与同业的学习交流与合作，扩大了对外影响力，使正信银行更为深入地参与中国经济金融的改革发展。

（五）坚持科技引领发展，打造智慧金融体系

2020年，正信银行坚持"接受变革、不断创新"的创新理念，遵循"建设数字化、信息化银行"的战略规划，持续探索"银行＋互联网"模式，以客户为中心，以数据为驱动，进一步布局网络金融生态圈，基本建成了网上银行、手机银行和实体网点智能客服相辅相成、多位一体的智慧服务体系。

2020年，正信银行在营业网点部署了智能机器人等智能自助设备，借助语音、人脸识别以及人工智能等技术为客户提供个性化金融服务。新冠疫情期间，银行积极引导客户通过线上渠道办理业务，展现了数字化系统远程服务在引流获客、扩大金融规模方面的强大优势。

【经营指标】

单位：亿元

指标＼年份	2016	2017	2018	2019	2020
本外币资产总额	19.13	19.62	23.93	26.75	26.77
本外币各项存款余额（不含同业存款）	3.91	4.04	6.14	9.91	7.81
本外币各项贷款余额	2.83	5.28	7.59	9.79	7.19
净利润	0.04	0.04	0.04	0.05	0.11
不良贷款率(%)	0	0	0	0	0

（正信银行有限公司）

大华银行(中国)有限公司

2020年新型冠状病毒肺炎的疫情席卷全球，地缘政治局势持续影响着亚洲。伴随着全球经济状况的两极分化加剧，中国与东盟之间的贸易往来也逆势增长。东盟成为中国第一大贸易合作伙伴，双方进出口额同比增长7%。面对前所未见的挑战和变局，大华银行（中国）有限公司[以下简称“大华（中国）”]坚持以客户为中心的发展战略。大华（中国）有计划地聚焦在三大战略领域内投入，以实现业务可持续增长，包括：提升跨境业务和互联互通，助推中国与东南亚的经贸往来；依托中国金融开放的契机，推出创新跨境解决方案；坚持以客户为中心，推进业务转型。

【提升跨境业务和互联互通，助推中国与东南亚的经贸往来】

相较众多同业而言，大华银行在东盟拥有最广泛的网络分布。大华银行在东盟各国间以及与中国的业务联动，可以帮助客户抓住更多的区域发展机遇。大华（中国）不断加大自身能力的投入，例如大华（中国）的外国直接投资咨询业务，进而为客户提供其所需的本地的市场见解和网络资源。同时，大华（中国）在整个区域内强化了对公业务策略和行业专长，并着眼于7个具有经济前景的行业以及具有责任心且有可持续增长潜力的企业客户。

例如，大华（中国）在2020年深化了与三一集团以及一大型电力工程企业的银企合作关系，支持他们在中国和东盟市场的发展需求。大华（中国）还与长三角一家领先的高科技企业和一家国内知名矿产龙头企业分别签署了合作备忘录，为他们提供定制化的金融解决方案，助其把握市场机遇。

自《粤港澳大湾区发展规划纲要》发布后，大湾区企业跨境交易和融资日益增长。得益于大华（中国）在大湾区的战略布局以及东盟的一体化网络，大华中国能够助力大湾区之内以及大湾区与东南亚之间不断活跃的商贸活动。2020年，大华（中国）特别针对大湾区商业银行部客户推出“跨境快速支付”活动以满足大湾区日益增长的资金跨境流动的便利化需求。

【推出创新跨境解决方案】

伴随金融开放脚步加快和“一带一路”倡议的深入展开，市场也涌现了越来越多元化、多层次的跨境金融需求。大华（中国）也积极联动集团区域网络、深化本地业务，为企业提供更高效的创新跨境金融解决方案。

例如，2020年借助上海临港新片区的金融开放与创新发展政策，大华（中国）与客户共同探索，顺利落地新片区内本外币一体化跨境资金池结构。大华（中国）还成为跨境人民币贸易融资转让服务平台首批外资银行会员，并在平台上线当天完成首批交易。同时，大华（中国）进一步完善和丰富“东南亚货币一站式”服务，帮助企业优化了汇兑效率，增强了国际议价能力，收获企业和业界好评，并荣膺上海市政府授予的上海金融创新成果奖三等奖。

【坚持以客户为中心推进业务转型】

大华银行在深耕中国市场的37年间，服务团队始终以客户需求为导向，为客户提供互联互通的金融服务。这是大华银行进入中国的初衷，也是未来在华长期发展的基石。

秉承这一信念，大华（中国）继续推动业务转型，其中包括继续聚焦七大产业，并对13家分行进行了精准化定位，以更好地为本地和区域内的企业客户提供更具行业针对性和远见的业务咨询、产品和服务。同时大华（中国）继续推动零售业务转型，通过专注核心市场，以数字化赋能，打造诚挚信赖的财富管理服务。

银行和企业建立了合作伙伴关系，拓宽服务渠道，共谋发展。2020年，基于大华银行与战略合作伙伴恒丰银行不断深入的合作关系，共同推出大华—恒丰“国际贸易直通车”，助力企业开展跨境业务，促进中国与东盟地区之间的国际贸易结算。

【积极应对新冠肺炎疫情】

2020年身处"常态化"的疫情中,大华(中国)依然坚持我们对客户的承诺,帮助企业客户顺利开展业务,满足个人客户的财务目标和生活方式需求。

疫情暴发后,大华(中国)积极响应国家支持企业抗疫、保障实体经济发展的政策号召,基于自身财务实力,有序采取了一系列纾困措施,以帮助企业应对疫情所带来的前所未有的挑战。例如,大华(中国)积极与客户沟通资金使用需求事宜,对有流动性困难的企业予以贷款展期,并协助企业规划资金。这些措施持续数月,直至相关企业顺利复工复产,实现稳定运营。

为客户提供更好支持的基础是确保员工的健康安全。疫情暴发初期,配合国家政策要求,在不影响服务质量和安全风险管理的前提下,启动了居家办公的安排,并逐步实施灵活错峰办公和分批办公,以保障员工安全。复工后,结合抗击疫情的部署要求推出一系列防疫措施,如每日健康打卡、居家办公、发放防疫用品、提供上门核酸检测服务、定期推送健康贴士等。此外,推出了全新的员工关爱计划 Care U,为员工及家属提供全天候的心理咨询服务,关爱他们在特殊时期的身心健康。

大华(中国)也积极行动,助力有需求的社区人群共同抗击新冠疫情,包括在疫情初期防护资源紧张之时,向湖北省在内的六省市的一线工作者以及有需求的单位和社区,捐赠10万只一次性医用外科口罩,以及资助湖北荆州小学实验幼儿园31台等离子体空气消毒机。

特殊时刻,更需要精神上的正能量来点亮心灵,照亮彼此。因此,大华(中国)于2020年继续推出"大华银行艺术季",开展一系列线上线下项目,让艺术的力量和温暖走入千家万户。

【财务业绩】

2020年,大华(中国)营业收入同比增长了5.4%至人民币14.3亿元,主要得益于净利息收入的双位数增长。受益于存款结构调整带来的净息差上升,大华(中国)净利息收入同比增长18.9%,至人民币9.9亿元。

营业支出同比下降了2.8%至人民币10.5亿元,主要由于员工成本以及业务相关费用的下降。资产减值损失上升至2.7亿元以积极应对市场环境的不确定性。2020年,税后净利润为人民币1.1亿元,较2019年同比下降12.6%。

2020年贷款规模上升3.0%至人民币362亿元,年末存款规模为人民币368亿元。大华(中国)的资产质量保持稳定,不良贷款率从上年末的0.6%下降至2020年末的0.4%。大华(中国)密切监控资产组合,并对资产质量和拨备充足性有着充分的信心。

截至2020年12月31日,大华(中国)的核心一级资本充足率和总资本充足率分别为13.4%和16.4%,远高于最低监管要求。大华(中国)的综合财务实力获惠誉A+及展望稳定评级,以及中诚信AAA及展望稳定的评级。

【经营指标】

单位:亿元

指标 \ 年份	2016	2017	2018	2019	2020
本外币资产总额	523.9	635.0	742.1	718.6	804.9
本外币各项存款余额(不含同业存款)	251.9	302.7	370.2	392.6	362.6
本外币各项贷款余额	244.0	276.8	334.8	357.5	368.8
净利润	0.4	1.4	1.5	1.2	1.1
不良贷款率(%)	1.3	0.8	0.7	0.6	0.4

[大华银行(中国)有限公司]

华美银行(中国)有限公司

华美银行(中国)有限公司[以下简称"华美(中国)"]是美国华美银行股份有限公司之全资控股子公司。华美(中国)总部位于上海,目前在汕头及深圳设有分行。美国华美银行股份有限公司是华美银行集团(纳斯达克股票代码EWBC)的全资控股子公司,为美国前25大上市商业银行之一,也是全美以华裔为主要市场规模最大的商业银行。该行总部设在美国加利福尼亚州大洛杉矶地区。

华美(中国)作为连贯中美两地之金融桥梁,凭借对于中美文化和市场的了解,协助两地客户达成"走出去"的战略目标。在集团前瞻性策略的带领下,华美(中国)稳健经营,致力实现搭建东西方卓越金融桥梁的愿景。

【经营情况】

华美(中国)在2020年奋力开拓,在外部经营环境较为不利的局面下依然稳步扩大了资产规模。年末，资产总额达到106.89亿元，同比增长1.40%；存款余额为83.16亿元，同比增长18.88%；贷款余额为32.75亿元，同比下降23.08%；全年实现营业收入13 754.06万元，净利润980.29万元，同比减少74.03%。

2020年，华美（中国）继续发扬银行的经营特色，探索差异化、特色化经营，大力开拓中美之间桥梁的银行业务，发展母行具有独特优势的行业领域，在影视娱乐产业及高科技金融等方面得到了长足的发展和进步。华美（中国）对高科技金融业务的持续投入不仅有力地支持了高科技企业的发展，也给银行带来了丰厚的回报。

【风险管理】

华美（中国）风险管理部履行风险管理职能，制定相关风险限额及识别、计量、监测和管理风险的制度、程序和方法，对信用风险、流动性风险、市场风险、操作风险、声誉风险等主要风险进行识别和管理，建立了相应的程序和模型予以识别和计量，并及时向高级管理层及风险管理委员会报告银行的风险状况。

【服务创新】

华美（中国）大力支持国内高科技创新企业发展，努力成为科技金融企业在高速成长中的合作伙伴，客户遍布互联网产业、生物医药产业、物流业、电商产业、TMT行业、人工智能、物联网、环保、大健康等领域。在过去几年里帮助科技金融企业完成融资贷款等业务，其中多家企业最终在国内外成功上市。

2021年，华美（中国）仍将延续母行中美桥梁银行的整体策略，利用母行在美国的网络优势和客户基础，借助中美企业之间贸易和投资活动的日益增强，全力支持中资企业“走出去”战略，同时也协助美国的客户进入中国市场。将来，华美（中国）会进一步深化对传统行业的业务拓展，优化调整客户群和产品配置，并运用母行在美国的资源网络和业务优势，继续在国内拓展母行熟悉和擅长的业务领域，包括高科技行业、影视娱乐行业、新能源、生物医药以及农业等国家政策扶植的行业。另外，华美（中国）也将依托日益活跃的中美贸易和投资活动，开发本地上下游目标客户，提供全方位的跨境贸易结算、供应链融资等金融服务。华美（中国）本着“以人为本”和“追求卓越”的服务宗旨，继续为新老客户提供优质的服务。

【经营指标】

单位：亿元

年份 指标	2016	2017	2018	2019	2020
本外币资产总额	68.16	83.88	116.36	105.41	106.89
本外币各项存款余额（不含同业存款）	43.54	63.38	82.29	69.95	83.16
本外币各项贷款余额	21.40	21.53	38.63	42.57	32.75
净利润	0.34	0.48	0.43	0.38	0.10
不良贷款率(%)	1.35	0	0	0	0

［华美银行（中国）有限公司］

（二）外资银行分行

日本三井住友信托银行股份有限公司上海分行

【概况】

日本三井住友信托银行股份有限公司上海分行（以下简称“三井住友信托银行股份有限公司上海分行”），前身为日本住友信托银行股份有限公司上海分行。2012年4月1日，其总部日本住友信托银行与中央三井信托银行、中央三井资产信托银行合并，银行名称变更为日本三井住友信托银行，为目前日本国内最大的信托银行。

【业务发展】

三井住友信托银行股份有限公司上海分行作为外国银行分行，自2005年成立以来主要向在华的日资企业（其母公司大多与其日本总行有业务关系）提供包括贷款、存款及结算等金融业务。自2009年末，三井住友信托银行股份有限公司上海分行开始开展人民币业务以来，业务规模平稳增长，并在2013年8月加入了CNAPS。2014年下半年，三井住友信托银行股份有限公司上海分行开始开展非日系企业的信贷业务，客户群主要为金融租赁公司、汽车租赁公司等非银行金融机构或大型国有企业下属的子公司。同时，为了确保人民币业务持续、稳定的发展，更好地遵守审慎经营和人民币信贷规模控制等监管要求，三井住友信托银行股份有限公司上海分行于2014年完成了增资20亿元人民币营运资金的相关手续。2015 年 9 月经总行批准并根据《商业银行保理业务暂行管理办法》规定，向相关当局提交保理业务报备，正式开展国内银行保理业务。2016 年 9 月经总行批准并完成信托受益权相关当局备案工作，正式开展信托受益权买入业务。

2017 年 3 月，三井住友信托银行股份有限公司上海分行通过自由贸易试验区分账核算单元系统接入验收，正式开展自由贸易试验区分账核算单元业务。

截至 2020 年底，三井住友信托银行股份有限公司上海分行资本充足率为 39.7%，广义信贷余额 79.39 亿元人民币，资产状况良好。

【经营指标】

单位：亿元

指标＼年份	2016	2017	2018	2019	2020
本外币资产总额	342.82	297.30	323.09	331.09	310.68
本外币各项存款余额（不含同业存款）	49.96	29.31	35.96	35.82	38.02
本外币各项贷款余额	151.65	138.80	143.48	134.29	124.11
净利润	−0.61	0.26	1.95	1.05	0.58
不良贷款率(%)	0	0	0	0.41	0

（日本三井住友信托银行股份有限公司上海分行）

日本横滨银行股份有限公司上海分行

【经营情况】

日本横滨银行股份有限公司上海分行是日本总行株式会社横滨银行开立在中国地区的单一分行，自 2009 年 11 月 4 日开业以来，一直秉承“审慎稳健”的经营策略，以发展传统的金融服务和产品为主，向企业客户提供本外币存款、贷款、汇款、外汇买卖和结售汇等业务。目前未开展个人业务、衍生产品、贸易融资、债券买卖和理财产品等金融服务。

上海分行的目标客户群体主要是总行以及其他日本国内地方性银行客户在华设立的子公司和关联企业，以制造业和批发零售业的中小型外商投资企业以及向其设备投资间接支援的租赁企业为主，不涉及高耗能、高污染企业。其中制造业企业主要为向日本大型企业提供各类主要零配件的供应商，在一定程度上涉及发达的工业生产。向该类企业客户提供资金支持是目前开展的主要业务内容。

自 2014 年 4 月 30 日正式开展对客人民币业务后，上海分行一直致力于发展人民币贷款业务，并以发展中小型外商企业客户为主要目标。

上海分行以“在了解客户，了解客户业务的基础上，满足客户真实的融资需求”为原则，积极向客户提供信贷资金，满足其生产经营的需求，包括原材料和生产设备的采购，固定资产构建和技术改造等中长期投资，用于提高生产效率，扩大生产规模，提升产品质量。目前未涉及房地产行业和政府融资平台的贷款。

在总行以及日本国内分行的支持下，上海分行掌握在华企业客户在日总公司的最新经营情况和信用状况等信息，并对该类客户的真实需求有深入了解。综上所述，上海分行既能满足企业的真实融资需求，也能做好信用风险防控，开业至今，未发生过不良贷款。

截至 2020 年 12 月末，分行境内本外币各项贷款余额为等值 103 787.91 万元人民币，币种比例分别为人民币贷款余额 71.26%、外币贷款余额 28.74%；其中制造业、零售批发业及金融业分别占比 59.22%、19.98% 和 15.07%；另外，上海分行中小微型企业的授信集中度在人民币业务开展以来一直维持在较高的比例，2020 年 12 月末的中小微型企业贷款占境内所有贷款的 94.48%。

关于信用风险管理方面，根据总行的企业集团授信管理政策，分行信贷业务的风险评价和额度审批均由总行相关部门进行。对于提交信贷业务申请的企业，分行营业部对其提供的财务数据进行分析，在掌握该企业的实际情况后并对其进行独立的信用评级。但由于上海分行企业客户的运作主要遵循其日本总公司制定的经营战略，且部分企业的规模较小、财务能力较弱，因此基于母公司、子公司信用风险一体化管理以及审慎原则，除部分现金流状况良好的企业外，上海分行都要求其母公司或关联企业提供担保。

关于其他风险管理，与信用风险管理相同，随着遵守中国风险管理相关法律法规导入日本总行的风险管理方法进行风险分析、监测后，向总行定期、不定期上报的同时，按需要跟总行商讨确保分行风险管理水平。

总行在制定上海分行的在华发展战略时，充分意识到实体经济是金融发展的基础和前提，但同时，由于上海分行是在华单一分行，目前经营规模仍然较小，在客户群体和业务类型的发展方面均存在一定局限性。在企业客户性质方面，主要为外商投资企业，暂时无法参与到国家重大领域、重大工程等大型项目建设；对新兴行业、节能环保和科技创新行业的支持度亦存在不足；在盈利模式方面，由于上海分行主要依赖于传统的利差收入，在业务品种单一的现状下，暂时无法向企业提供多样化的金融服务。

随着业务的发展，上海分行将进一步拓宽服务渠道，为中小微企业客户提供更多样化的优质服务，继续提升服务实体经济的能力。

【经营指标】

单位：亿元

指标 \ 年份	2016	2017	2018	2019	2020
本外币资产总额	17.04	19.13	23.36	25.63	24.41
本外币各项存款余额（不含同业存款）	2.14	2.61	3.22	4.73	5.94
本外币各项贷款余额	9.22	9.72	13.89	13.58	10.38
净利润	−0.14	0.25	−0.17	0.05	0.35
不良贷款率(%)	0	0	0	0	0

（日本横滨银行股份有限公司上海分行）

韩国产业银行上海分行

【概况】

韩国产业银行成立于1954年，是韩国唯一一家由韩国政府全额投资的政策性金融机构，其目的是恢复战后被严重破坏的国家经济，为经济发展提供长期资金。1996年，韩国产业银行上海分行成立，是韩国产业银行在中国设立的第一家分行。依托韩国产业银行总行的企业金融优势和客户的信任，上海分行积极与中国企业及中国的韩国企业谋求共同成长，致力于为中国经济发展提供更为优质的金融服务。

韩国产业银行上海分行经营期限为30年，在下列范围内经营对各类客户的外汇业务以及对除中国境内公民以外客户的人民币业务：吸收公众存款，发放短期、中期和长期贷款，办理票据承兑与贴现；买卖政府债券、金融债券，买卖股票以外的其他外币有价证券；提供信用证服务及担保；办理国内外结算；买卖、代理买卖外汇；从事同业拆借；提供资信调查和咨询服务；经中国银行业监督管理委员会批准的其他业务。

2000年2月25日，经中国人民银行批准经营人民币业务。2015年8月21日获得上海银监局关于开办普通类衍生产品交易业务的批复，并于2016年1月首次开展衍生产品交易业务。2016年6月21日，经中国人民银行货币政策司批准，获得银行间外汇市场人民币对韩元直接交易做市商资格。

【经营管理】 截至2020年末，韩国产业银行先后在中国境内的上海、广州、北京、沈阳和青岛分别设立了5家分行。为发挥中国区分行的协同效应，韩国产业银行将上海分行指定为管理行，由上海分行履行管理行职能。管理行业务主要包括建立中国区分行经营战略及营业政策、统一中国区分行内控制度、资产负债结构合并管理以及韩国总行海外事业室指定的其他业务等。

韩国产业银行上海分行一直秉持稳健发展的经营理念。截至2020年底，韩国产业银行上海分行本外币资产总规模达人民币103.26亿元，同比增长13.54%；本外币各项贷款余额为人民币62.10亿元，同比增加7.49%；本外币各项存款余额（不含同业存款）为人民币6.36亿元，同比增加56.09%。2020年共实现净利润人民币0.41亿元，其中主要收入来源于各项贷款利息收入，占收入总额的76.24%。在资产规模不断扩大的同时，上海分行严格实施风险管控，不良贷款率一直保持在同业较低水平且逐年下降，2020年全年没有新增不良贷款，截至年底无不良贷款。

【风险管理】 韩国产业银行上海分行一直以来高度重视风险管理工作，切实贯彻各项政策与法规，不断加强内控制度的建设和完善。行内设立了风险管理部、合规部、内审三道防线的工作机制，以确保内控管理的独立性和专业性，建立全面的风险防控体系。

韩国产业银行上海分行执行总行制定的风险管理政策及程序来识别、计量和监控风险，同时遵循中国银行业监督管理委员会对风险管理的要求，依据总行的风险管理制度、《中华人民共和国外资银行管理条例》及实施细则以及其他相关法规，制订并实施了《风险管理规定》。该规定主要内容包括：总则、风险管理组织体系、信用风险管理、市场风险管理、利率·流动性风险管理、操作风险管理、危机情况分析、其他(包括分行日常风险管理、事前协议、数据管理)等。

随着中国区分行行业集中度问题凸显，上海分行作为管理行加强了对中国区分行行业风险敞口的监测和管理，使中国区分行各行业风险敞口均维持在合理范围之内，进一步优化了信贷资产结构。

韩国产业银行上海分行紧跟国际国内金融市场形势和监管当局的监管重点，高度重视对流动性风险、信用风险、利率风险、市场风险和操作风险的全面管控，为保障各项业务健康发展起到了至关重要的作用。

【经营指标】

单位：亿元

年份 指标	2016	2017	2018	2019	2020
本外币资产总额	76.06	88.43	95.67	90.94	103.26
本外币各项存款余额(不含同业存款)	3.82	3.73	3.45	4.08	6.36
本外币各项贷款余额	50.18	49.44	47.77	57.78	62.10
净利润	−1.14	1.26	0.42	0.66	0.41
不良贷款率(%)	1.02	0.53	0.44	0	0

(韩国产业银行上海分行)

比利时联合银行股份有限公司上海分行

【经营情况】

比利时联合银行股份有限公司上海分行成立于1997年，是比利时联合银行股份有限公司(KBC Bank N. V.)目前在中国的唯一分行。主要产品有：本外币的短期和中长期贷款；贸易融资——进出口信用证结算、人民币票据贴现、保函；资金交易——即期、远期外汇交易、结售汇；银行账户服务——本地货币收付；国内外收付款；银团贷款。

比利时联合银行股份有限公司上海分行目前具有全面外汇业务资格和除中国境内居民外的人民币业务资格，并可以办理中国境内居民每笔不少于100万元人民币的定期存款资格。比利时联合银行股份有限公司上海分行的服务对象以制造型中小企业为主，分行主要依托母行在欧洲的网络优势，致力于为集团网络客户在中国的分支机构提供良好的金融服务，并帮助其在中国市场的发展。此外，分行也重视对中国市场的开拓，通过提供个性化的优质服务，分行已经与许多本土企业发展了长期稳定的合作关系。截至2020年12月末，比利时联合银行股份有限公司上海分行共有员工42人，资产规模37亿元，各项贷款余额25.61亿元，各项存款余额3.38亿元。

比利时联合银行上海分行利用集团在比利时及中东欧的网络优势，支持中资企业“走出去”，分行通过内保外贷等形式，服务多家中资企业，帮助其在当地的子公司获得比联集团子公司的融资服务，为双方业务发展起到桥梁作用。

比利时联合银行股份有限公司始终认真贯彻最新巴塞尔协议的各项内容，并按照其相关要求，制定一系列的风险控制标准，以此有效规避各类风险。上海分行更是秉承合规经营的理念，特别重视风险管理方面的工作，始终根据监管当局的要求，认真贯彻落实各项政策、法规，努力加强内控制度建设，同时强化分行员工的合规意识，将合规经营的理念渗透给每一名员工，形成了自下而上主动合规的企业文化。

【经营指标】

单位：万元

年份 指标	2016	2017	2018	2019	2020
本外币资产总额	512 637.15	582 660.60	625 157.79	489 950.51	369 206.65
本外币各项存款余额(不含同业存款)	43 741.02	61 880.82	62 706.04	45 664.97	33 842.36
本外币各项贷款余额	316 988.21	361 467.82	385 560.21	313 722.49	256 066.31
净利润	3 950.61	−101.04	1 878.07	4 398.59	2 007.12
不良贷款率(%)	5.88	2.34	0	0	0

(比利时联合银行股份有限公司上海分行)

瑞典北欧斯安银行有限公司上海分行

【概况】

Skandinaviska Enskilda Banken（简称 SEB）是一家久负盛名的北欧金融集团，中文名称为瑞典北欧斯安银行。瑞典北欧斯安银行于 1856 年由 Andre Oscar Wallenberg 成立，是瑞典首都斯德哥尔摩的第一家私人银行。在 160 余年的发展进程中，瑞典北欧斯安银行经历了 120 多次不同的并购活动，在斯德哥尔摩北欧证券交易所上市。

目前瑞典北欧斯安银行为约 2 000 家大型企业、1 100 家金融机构、40 万家中小型企业以及 400 万个人用户提供全方位的金融服务。核心业务为商业银行业务，同时经营证券投资、资产管理以及保险业务。SEB 的主要市场包括瑞典、丹麦、挪威、芬兰、德国、瑞士、奥地利、荷兰、波罗的海诸国等，在全球拥有大约 15 000 名员工。此外 SEB 在全球 20 个国家开展业务，并且在伦敦、纽约、新加坡以及中国上海、香港等重要金融中心建立起国际化的银行业务网络。

SEB 于 1983 年在北京设立了代表处。此后，瑞典北欧斯安银行有限公司持续不断地帮助北欧公司在处理中国业务过程中提供各项金融服务。为了满足国内客户日益增长的需求以及在瑞典北欧斯安银行聚焦中国市场的战略目标的指引下，SEB 于 2005 年在上海设立了分行，目前是国内最大的北欧地区银行，上海分行的营运资金已达到 18 亿元人民币。

瑞典北欧斯安银行有限公司上海分行是 SEB 集团在中国各项银行业务服务中心，为北欧国家、德语区国家和英国等国的外资企业在中国拓展业务过程中提供一流的银行服务，上海分行的业务范围包括本外币账户开立和支付、国际以及国内汇款结算、企业贷款、保函开立、贸易融资、委托贷款、现金池，汇票贴现、电子银行、存款等。上海分行外汇交易室还为客户提供即期货币兑换，以及外汇敞口的远期套期保值。

【经营情况】

自成立之初至今，已获得了全部外汇业务及人民币业务的经营资格，主要包括即期结售汇业务资格、衍生产品交易业务资格、对客户远期结售汇业务资格以及对客户人民币与外币掉期业务资格、人民币现金管理以及贷款业务。至此，经营范围扩展至对各类客户的全面外汇业务以及对除中国境内公民以外客户的人民币业务。

上海分行在 2020 年继续加强对实体经济发展的支持，由于 2020 年初新冠肺炎疫情暴发并在全球扩散，上海分行客户的日常经营和金融需求大多受到了不同程度的影响。复工复产以来，上海分行相关业务人员持续联络客户、排摸客户受疫情影响的情况，并调研其业务需求。上海分行充分贯彻党中央“六稳”“六保”的政策部署，主动持续和各主要借款人联系协商，对于希望续贷的客户充分运用了无本续贷做到应续尽续，没有发生任何一起盲目抽贷、断贷、压贷。分行各业务部门克服疫情的威胁，在确保疫情防控的前提下，分散但主动前去处理多笔新的贷款发放，为企业提供了有力的金融支持。考虑到部分企业在特殊时期可能出现延迟复工、远程办公或资金紧张等原因，发生延迟支付利息等情况，上海分行根据实际情况给予免除罚息且不纳入征信记录的措施。

制造业企业占上海分行对公信贷客户的绝大多数，主要为北欧国家以及德语国家的制造业企业的子公司或与国内企业合作建立的合资公司。其中许多举世闻名的制造业企业随着改革开放的东风进入中国、进入上海，并已深耕多年，在中国制造的发展历程中发挥了重要的作用。依托总行与相关企业的紧密合作关系，上海分行也全力支持相关制造业企业的发展，加强对制造业企业的融资支持力度，并推动上海新兴产业发展和传统产业升级改造。由于受到新冠肺炎疫情的冲击，企业客户的信贷需求有所下降，但上海分行仍持续贯彻对实体经济的支持。2020 年末，上海分行对制造业企业的信贷余额约占全部对公信贷余额的 57%。通过立足于金融服务制造业、服务实体经济，践行党中央、国务院关于金融支持实体经济发展和制造强国建设的决策部署。

除对制造业企业的支持外，上海分行也持续加强对小微企业的信贷支持。2020 年末，上海分行对小微企业的信贷余额占全部对公信贷余额的 38%。此外，在风险可控的前提下，上海分行也向不少小微企业提供了可以随借随还的透支信贷额度，让企业提高资金的配置效率，同时也为企业降低了相应的成本。

另外，上海分行在新冠疫情影响下依然保持良好的风险管理情况，连续多年无不良资产或坏账。

【经营指标】

单位：亿元

指标 \ 年份	2016	2017	2018	2019	2020
本外币资产总额	114.75	127.71	137.44	137.15	103.60
本外币各项存款余额（不含同业存款）	48.19	36.68	55.45	63.01	26.28
本外币各项贷款余额	69.34	67.34	65.29	58.06	40.88
净利润	0.33	1.16	0.69	0.79	1.34
不良贷款率(%)	0	0	0	0	0

（瑞典北欧斯安银行有限公司上海分行）

瑞典银行有限公司上海分行

【经营情况】

瑞典银行[Swedbank AB (publ)]成立于1820年，是北欧及波罗的海地区历史最悠久，规模最大的银行，总部位于瑞典首都斯德哥尔摩。瑞典银行集团在哥本哈根、赫尔辛基、卢森堡、纽约、奥斯陆、上海、约翰内斯堡设有分支机构。

2001年1月，瑞典银行上海代表处成立，这是北欧地区在上海设立的第一家银行代表处。2007年4月，瑞典银行邮箱公司上海分行成立并于2010年8月开展人民币业务。主要为瑞典银行的在华企业提供存款、贷款、账户及汇款、贸易融资和资金交易。目前分行共有员工19人。分行运营资金为5亿元人民币，包括等值2亿元人民币的美元运营资金，和3亿元人民币运营资金。

瑞典银行有限公司上海分行的战略目标是通过支持瑞典银行集团的客户和中国的企业，提供优质完善的金融服务，使瑞典银行有限公司上海分行成为联系、促进中国和北欧之间经济文化交流的桥梁。一直秉承"以客户为中心"的经营理念，成为客户眼中称职的、有创新精神的商业伙伴和一家高效的营销机构。同时，通过积极有效的市场营销和严格的内控制度，达到安全性、流动性、稳定性的要求指标的管理经营模式。

瑞典银行有限公司上海分行为中国以及北欧、波罗的海国家的在华公司客户提供全面外汇及人民币服务，包括且不限于存贷款服务、支付服务、贸易融资服务、外汇交易产品和与银行业务相关的咨询服务。

瑞典银行有限公司上海分行在上海现成立已超过10年，经营情况令人满意。各项核心业务仍然在稳定增长中。双边贷款和贸易融资是上海分行的主要业务之一。贸易融资包括提供信用证、备用信用证、托收、保函、贸易融资、打包贷款等各种各样的贸易融资服务来支持客户在国际和国内的业务运作。

【经营指标】

单位：亿元

指标 \ 年份	2016	2017	2018	2019	2020
本外币资产总额	32.59	32.12	30.00	24.34	38.65
本外币各项存款余额（不含同业）	0.54	4.23	2.23	4.04	14.61
本外币各项贷款余额	8.81	7.74	8.64	9.29	14.37
净利润	0.00	0.29	0.45	0.19	−0.12
不良贷款率(%)	0	0	0	0	0

（瑞典银行有限公司上海分行）

英国巴克莱银行有限公司上海分行

【概况】

巴克莱银行是一家英国的全能银行，亦是英国规模最大的银行和金融服务机构之一，致力于为全球从事不同行业或置身不同国家和地区的客户，提供各项银行及金融服务。巴克莱银行业务广泛，服务包括：个人银行、环球支付平台、顶尖全方位环球企业和投资银行等。

巴克莱银行秉承"创造机遇、力争上游"的发展目标，在过去的325年，一直投放资源在各种推动跃进的项目。时至今天，巴克莱银行一如既往地为世界能变得更可持续、更包容以及更紧密相连而出一份力。

巴克莱银行扎根亚太区超过50年，主要为亚洲地区的企业和金融机构提供其跨境企业及投资银行服务，并为亚洲地区之客户接通欧洲、北美洲及拉丁美洲之资本市场。巴克莱银行在亚太区的业务涵盖中国香港和内地以及日本、新加坡、印度、澳大利亚等国。

英国巴克莱银行有限公司上海分行为巴克莱银行在中华人民共和国上海市注册成立的分行，2005年12月获得由中华人民共和国上海市工商行政管理局颁发的营业执照正式成立，注册地址及营业地址为中国(上海)自由贸易试验区陆家嘴环路1233号汇亚大厦31楼3101、3102B室。

【业务特色】

上海分行在2006—2012年间分别获得衍生品交易业务资格、远期结售汇业务和人民币与外币掉期业务资格,经营对除中国境内公民以外客户的人民币业务资格和人民币对外汇期权业务资格。此外,经中国人民银行批准,分行自2011年开始提供跨境贸易人民币结算代理服务。

英国巴克莱银行有限公司上海分行主要致力于为机构客户提供避险目的的远期、掉期、期权等衍生产品交易以及即期结售汇等外汇买卖金融服务。上海分行提供的现有产品是巴克莱银行在全球的优势产品,如固定收益和外汇产品的销售和交易,包括利率风险和外汇风险管理。分行同时将借助巴克莱银行在英国和美国强大的国际网络,在可能的情况下为跨境银行业务及资金流提供便利。

【风险管理】

英国巴克莱银行上海分行自建立之初,就极为重视银行内控制度的建设。上海分行以巴克莱集团制度为基础,结合中国银行业法律法规,制定并切实履行与分行业务紧密联系的各项内控制度。上海分行希望通过有效可行的内控制度最大可能的控制并减小银行的内部风险,为客户提供优质可靠的金融服务。

(英国巴克莱银行有限公司上海分行)

加拿大丰业银行有限公司上海分行

【概况】

加拿大丰业银行于1832年在加拿大哈利法克斯市成立,是加拿大最国际化的银行和北美最大的金融机构之一。丰业银行在中国的历史源于1982年在北京开设首家代表处。目前,在中国境内设有上海、广州2家分行和北京代表处,并对西安银行参股投资及与北京银行合作成立了中加基金管理有限公司以开拓理财业务。丰业银行于2004年11月在上海成立上海代表处,2006年9月升格为上海分行。上海分行在2007—2014年间分别获得结售汇业务经营许可、中国外汇交易中心会员资格、全国银行间同业拆借中心会员资格、衍生产品经营许可、银行间远期外汇市场会员资格、银行间掉期外汇市场会员资格、人民币业务经营资格和中国银行间市场交易商协会会员资格。2014年连通人民币跨境收付信息管理系统,可为企业客户提供跨境人民币结算服务。

秉承总行经营理念,上海分行主要为欧美和亚洲的大型跨国公司及银行现有集团客户在华业务发展需求提供金融服务,除利用总行全球客户关系和资源与其他分支机构紧密合作从亚太和北美现有客户中拓展发掘在华投资信贷业务外,还积极为中资企业走出去提供当地银行业务方面的咨询和协助。根据政策的引导进行进一步调整和优化,重点支持国家政策所支持的行业领域来推动业务的增长。除了传统贷款业务之外,上海分行亦积极拓展其他多种业务类型,如贸易融资、供应链融资、外汇交易、存款类业务和其他中间业务等,以便更全面服务于客户,也同时提高客户的利润贡献率,进而提高分行的资本收益率。

凭借在企业客户金融服务方面拥有的丰富经验和先进理念,上海分行贷款覆盖的行业涉及汽车产业链、大宗产品贸易、食品加工业、快速消费品业、工业品制造业等。除此以外,上海分行还向集团海外机构及贸易融资客户,尤其是与中国贸易往来频繁的国家和地区,推荐人民币、外汇结算等服务。

【经营指标】

单位:亿元

指标 \ 年份	2016	2017	2018	2019	2020
本外币资产总额	51.88	56.87	58.09	51.38	47.98
本外币各项存款余额(不含同业存款)	6.64	6.73	5.68	4.74	5.40
本外币各项贷款余额	6.69	4.71	5.57	9.48	6.68
净利润	0.35	0.05	0.33	0.21	−0.08
不良贷款率(%)	0	0	0	0	0

(加拿大丰业银行有限公司上海分行)

美国银行有限公司上海分行

【概况】

美国银行有限公司在中国大陆地区共设有上海、北京和广州三家分行。成立于1991年的上海分行为美国银行中国区分行的主报告行及管理行。美国银行有限公司上海分行下设企业银行部、环球交易服务部、环球金融市场部、业务管理部、资金部、风险管理部、企业信贷管理部、营运部、人力资源部、财务部、法律部、技术部、合规及操作风险部、审计部等主要部门。截至2020年12月31日，上海分行共有正式员工282人。美国银行有限公司上海分行业务经营范围为《中华人民共和国外资银行管理条例》第三十一条规定业务范围内的全部外汇业务以及除中国境内居民以外的人民币业务。

【经营情况】

美国银行有限公司上海分行一贯秉承以客户为中心的服务方针，在中国银保监会批准的业务范围内，利用美国银行全球产品和网络优势，加强同中资金融机构进行合作，为银行的全球跨国公司客户以及优秀的中资企业提供优质的产品和服务。目前分行在中国主要服务于欧美和亚洲的大型跨国公司，为其子公司在中国的发展提供金融服务。此外，银行也继续积极开展与各个行业优质的中资企业的业务与合作，特别是为有计划向海外拓展、进行国际化经营的优秀中资企业提供更为专业和便利的服务。分行的贷款客户群相对集中在制造业，大多数跨国公司的贷款由其母公司提供信用支持，上海分行根据其财务状况进行贷款审批评级和后续的风险管理，对极少数跨国公司客户的信用贷款亦是建立在严格筛选、严格审查和有相应的财务制约的基础上。对本地企业贷款，上海分行客户多为国资委下属的龙头企业或超大型本地企业，上海分行会对借款人的行业前景、商业模式、运营情况及财务状况等进行详细的尽职调查，并对授信客户的信用状况进行持续的追踪及审查，每笔贷款必须经过银行内部严格审批并要求通过所有政府部门的合法审批手续。总体而言，上海分行的信贷资产质量较好且风险较小。

【经营指标】

单位：亿元

指标＼年份	2016	2017	2018	2019	2020
本外币资产总额	397.99	530.21	477.30	453.56	539.66
本外币各项存款余额（不含同业存款）	260.36	291.28	283.42	285.83	316.10
本外币各项贷款余额	161.67	266.77	270.69	244.45	162.38
净利润	2.88	2.71	6.58	6.26	2.98
不良贷款率(%)	0	0	0	0	0

（美国银行有限公司上海分行）

德意志银行(中国)有限公司上海分行

【经营情况】

德意志银行(中国)有限公司上海分行(以下简称“上海分行”)2020年总收入为等值人民币10.91亿元(1.36亿欧元)，对照最终预算(1.97亿欧元)完成比例为69%。其中环球市场部营业收入为等值人民币3.53亿元(0.44亿欧元)，对照最终预算(0.63亿欧元)完成比例为71%。环球金融交易业务部营业收入为等值人民币7.22亿元(0.90亿欧元)，对照最终预算(1.05亿欧元)完成比例为85%。财富管理部的营业收入为等值人民币224.7万元(28万欧元)，对照最终预算(56万欧元)完成比例约为50%。未归属到业务部门的收入(主要为银行资本金)为等值人民币0.24亿元(0.03亿欧元)，对照最终预算(0.29亿欧元)完成比例为10%。

2020年上海分行无新增重大不良贷款客户。本年度信贷业务资产质量较高，相应地计提较低的贷款损失准备金。

银行在持续实施审慎严格的成本控制，有效地管理成本，2020年实际营业支出为等值人民币7.46亿元(0.93亿欧元)，对照最终预算(1.04亿欧元)低于预算11%。

【风险管理】

在风险管理方面，上海分行的信贷风险、市场风险、操作风险等由风险管理部门进行全国集中统一管理，自2018年起配备了首席风险控制官，体现了上海分行对于本土化、相关人员编制配备和管控权限等方面的有力支撑。

信用风险方面，上海分行响应国家的产业政策方针，控制对两高一剩、房地产、政府融资平台等国家限制型行业客户的信贷投放，切实地助力实体经济发展；做好内保外贷的尽职调查工作，并根据相关要求对内保外贷履约情况进行定期评估；对民营企业实行具体案例具体分析，不搞一刀切，无不合理的抽贷、断贷行为。

流动性风险方面，上海分行流动性风险管理框架和措施较上年保持一致。2020年，面对新冠肺炎疫情全球大流行、国际政经格局深刻变化，中国疫情防控取得重大战略成果，中国经济在全球率先实现恢复性增长。全年货币政策保持流动性合理充裕。

央行合理把握中期借贷便利、公开市场操作等货币政策工具的力度和节奏，保持短、中、长期流动性供给和需求均衡，有效稳定市场预期，引导市场利率围绕政策利率平稳运行。上海分行的流动性管理始终坚持秉承审慎的管理理念，2020 年上海分行企业存款上半年保持稳定，二季度曾因资产增长疲弱而主动降低负债规模，使之与资产相匹配。下半年资产复苏显著，存款同时稳步增长，尤其四季度存款增长迅猛。整体而言，2020 年上海分行流动性状况较好，并满足各项监管指标要求。

市场风险方面，上海分行市场风险管理有完善的框架和政策支持，董事会承担对市场风险管理实施监控的最终责任；高级管理层通过定期市场风险报告和管理层会议，确保风险可控。

市场风险管理部以独立中立的方式管理上海分行内部的市场风险，向高级管理层提供独立全面的市场风险见解。市场风险管理部的主要目标在于确保上海分行业务部门优化风险回报关系，避免发生过额的损失。这一目标贯穿市场风险管理部开展的所有活动，反映在上海分行市场风险管理的相关政策中。

市场风险管理部的活动并非单纯以“风险”为中心，而是涉及风险回报和资本。因此，市场风险管理部集中关注的不是简单地限制业务部门承担风险，而是鼓励在给定的回报和资本水平前提下以最优的方式承担风险。上海分行以结合风险敏感性分析、风险值和压力测试的方法开展市场风险管理，并设定使用限额。

操作风险方面，德意志银行操作风险管理体系是德意志银行内部一项独立的风险管理职能，负责界定操作风险管理框架及相关政策。该框架和日常操作风险管理的具体执行工作则由上海分行各业务部门以及控制与支持部门负责。内审部则通过各内部审计项目发现内控问题行使第三道防线职能。这也就是上海分行的操作风险管理三道防线管理模式。在此三道防线管理模式下，上海分行确保对操作风险实行严密监控和保持高度关注。德意志银行（中国）有限公司安排一名中国区操作风险官，在亚太区非财务风险管理的操作风险管理团队的指导下监督银行操作风险管理的总体框架，中国区操作风险官报告给德银（中国）首席风险控制官。各部门的操作风险协调人须支持操作风险官进行日常操作风险的管理。主要职能包括：向管理层和区域操作风险管理团队报告中国区操作风险的相关问题，负责与监管部门沟通汇报银行操作风险相关事宜，理解学习相关的法律和监管要求并确保银行的操作风险管理合法合规，负责协调跨部门的日常操作风险管理的执行。

在信息科技风险方面，德银的信息科技风险管理主要通过三道防线的模式来实现。第一道防线负责管理日常的运营风险；第二道防线负责监督风险管理，提供独立质询并设计整体风险管理架构；第三道防线从整体流程的有效性上确保风险管理的独立性。

信息科技风险管理职责在第一道防线上分为信息科技风险和信息安全并分别由环球技术部、法规及风险管理部以及首席信息安全办公室负责。以上部门处于科技数据与创新部（TDI — Technology, Data & Innovation）职能下并具体负责风险识别和管理、风险监控及风险报告。

第二道防线的监督由通过风险部门下独立的信息科技风险管理部（ITR）以及信息安全风险管理部（ISR）负责。以上部门制定信息科技风险政策、最低控制标准以及风险类型。

【产品和服务创新】

2020 年 6 月，上海分行携手中国（上海）国际贸易单一窗口，成功上线了德银（中国）“单一窗口”数字化跨境付款业务。

随着业务规模增长及对跨境支付效率要求的不断提高，跨国公司和国内大中企业对于数字化、无纸化支付结算的需求日益增长。很多企业已经逐步建立并完善了内部电子文档管理体系。然而在实际操作中，付汇银行基于风控考虑，通常在跨境付款业务中仍然要求企业客户逐笔提供相应的纸质单据（或电子单证）。

对于付汇企业来说，纸质单证在打印、保存、传递等方面效率低、成本高；而对于付汇银行，操作人员需要将大量通过线下方式提交的单证，与企业通过电子银行等线上渠道提交的付汇指令进行匹配及核验，因此跨境付款在处理时间上通常几倍于境内付款。

针对企业客户在跨境付汇方面的痛点，顺应银行业务流程数字化、无纸化的趋势，上海分行利用领先 API 技术建立与中国（上海）国际贸易单一窗口的点对点直连。此业务立足于更为有效的风险管理和更为可靠的国际贸易信息认证渠道，以“单一窗口”交互企业报关数据为国际贸易跨境付汇的真实性审核依据，为上海分行企业客户提供更加高效和便捷的跨境支付结算手段。

申请上海分行数字化跨境付款业务的企业客户可免于提交纸质单证，仅需通过德意志银行电子银行一次性提交付汇指令和申报信息。整个付款流程实现完全无纸化操作，从而大大缩短业务处理时间，降低企业支付成本。

【经营指标】

单位：亿元

指标＼年份	2016	2017	2018	2019	2020
本外币资产总额	503.20	455.45	435.46	543.31	670.37
本外币各项存款余额（不含同业存款）	267.36	275.49	212.39	281.89	408.40
本外币各项贷款余额	76.99	101.81	94.44	95.48	107.37
净利润	6.59	4.29	4.54	4.80	0.55
不良贷款率(%)	1.02	0.04	0.01	0.26	0.16

［德意志银行(中国)有限公司上海分行］

科威特国民银行股份有限公司上海分行

【经营情况】

科威特国民银行股份有限公司上海分行（以下简称“上海分行”）2017 年成立，2019 年起扭亏为盈，至 2020 年底累计盈利 119.18 万元。

上海分行 2020 年营业收入总额为 2 597.48 万元，其中金融机构往来净利息收入为 1 353.15 万元，占总收入的 52.09%。由于 2020 年上海分行逐渐增加贷款规模，故同业往来业务净利润所占比重有所下降。

上海分行 2020 年底的支出为 1 854.39 万元，其中以工资薪金支出为主，全年为 1 123.75 万元，占 60.60%。

【风险管理】

上海分行严格执行三道防线机制。作为第一道防线的各业务部门根据内控制度操作本部门业务，确保所有业务在执行过程作均由经办人和复核人双重控制，各部门对业务质量负责。月度自查比例为 50%覆盖。在第二道防线，操作风险管理人员通过风险控制自我评估、关键风险指标及风险事件上报等管理工具与方式，协助各部门识别风险控制的薄弱环节。对于在风险管理过程中发现的问题，及时上报管理层并进行业务流程整改，在必要时对员工再次进行培训。同时，通过每季度对各部门业务进行抽查，抽查比例为 25%，及时发现潜在风险，监督各部门业务质量。合规部门按合规计划对于业务进行季度和月度的合规性抽查。第三道防线的内审也由集团内审人员对于各条线业务分别进行审计。

【服务实体经济】

上海分行以中国大型工程承包企业为其主要目标客户，以支持中国大型工程承包企业到中东北非地区承揽当地大型项目为主要业务。在政府一带一路的政策引导下，中国企业在中东北非地区承包业务不论在体量上和资质上都不断提升：从以往从事分包，到近两年越来越多对大型项目的总包；从专注于土建和劳务输出，到建电厂、炼油厂、钻井等技术要求复杂高端的项目。这有效地转移了国内的剩余产能，带动了国内钢铁、建筑材料、工程机械、电信设备等行业的出口。同时，因中东北非地区历来对大型项目有着较高的质量标准和规范要求，也促进了中国企业提升自己在设计、建造和监理等各方面的能力和管理水平。

上海分行支持中国大型工程承包企业到中东北非地区承揽当地大型项目，对中国实体经济转型升级提供了支持。该分行在跨境担保、内保外贷、境内流动资金贷款、外汇业务等方面给中国企业以支持和服务，增强中国企业在中东北非地区承揽项目的便利和竞争力。

【经营指标】

单位：亿元

指标＼年份	2016	2017	2018	2019	2020
本外币资产总额	0	7.3	13.65	18.39	12.55
本外币各项存款余额（不含同业存款）	0	0.98	3.13	2.65	1.79
本外币各项贷款余额	0	0	0	0.21	0.41
净利润	0	−0.12	−0.02	0.09	0.06
不良贷款率(%)	0	0	0	0	0

注：该分行于 2017 年 3 月正式开业。

（科威特国民银行股份有限公司上海分行）

中信银行国际(中国)有限公司上海分行

【概况】

中信银行国际(中国)上海分行主要经营对各类

客户的外汇业务以及人民币业务；经批准的经营范围包括吸收公众存款；发放短期、中期和长期贷款；办理票据承兑与贴现；买卖政府债券、金融债券，买卖股票以外的其他外币有价证券；提供信用证服务及担保；办理国内外结算；买卖、代理买卖外汇；代理保险；从事同业拆借；从事银行卡业务；提供保管箱服务；提供资信调查和咨询服务；经国务院银行业监督管理机构批准的其他业务。

中信银行国际（中国）上海分行建立策略性定位及商业模式，为长江经济带区域进行跨境业务及贸易流动的客户，提供有效的双向管道及增值方案。该行独特的竞争优势包括：以香港母公司与中信集团为强大后盾，在中国及香港的法规及监管架构下营运；充分发挥中信的品牌效益，为活跃于中外双边业务和国际贸易的客户提供全面的一站式跨境财务方案。重点为内地企业及个人走出内地市场和外资企业及海外人士进入内地市场的跨境业务提供融资及整体财务解决方案，其中企业银行客户主要定位于为母行的集团客户在中国的分支机构提供优质的金融产品及延伸服务，以及与中信集团、中信银行的协同联动。同时，也积极开发国内客户资源，支持国有、民营企业、中小企业及创新型产业的业务发展。

【经营指标】

单位：亿元

指标＼年份	2017	2018	2019	2020
本外币资产总额	42.11	24.31	29.69	40
本外币各项存款余额（不含同业存款）	12.71	4.44	6.07	12.39
本外币各项贷款余额	22.58	15.67	18.73	19.01
净利润	0.52	－0.06	0.27	0.14
不良贷款率(%)	0.30	0.06	1.01	0

［中信银行国际（中国）有限公司上海分行］

法国外贸银行股份有限公司上海分行

【经营情况】

法国外贸银行股份有限公司成立于1947年，是法国BPCE集团旗下从事公司、投资和融资等金融服务的子公司。BPCE集团是法国第二大银行集团，由法国大众银行集团（BP）和储蓄银行集团（CE）在2009年合并而成。法国外贸银行总部设在巴黎。

法国外贸银行在华分行有2家，即上海分行和北京分行。上海分行成立于1998年9月10日，是法国外贸银行在中国大陆地区的管理行。目前分行可以在下列范围内经营对各类客户的外汇业务及对除中国境内公民以外客户的人民币业务：吸收公共存款；发放短期、中期和长期贷款；办理票据承兑和贴现；买卖政府债券、金融债券，买卖股票以外的其他外币有价证券；提供信用证服务及担保；办理国内外结算；买卖、代理买卖外汇；代理保险；从事同业拆借；提供保险箱服务；提供资信调查和咨询服务；经中国银行业监督管理委员会批准的其他业务。分行的组织结构按业务范围及操作需要而设立，具体包括资金部、环球金融市场交易部、环球金融市场业务部、人力资源部、财务部、银行营运部、信息技术部、合规部、企业客户部、市场风险部、信贷风险管理部、行政部、法务部和金融机构客户部、环球贸易部、信贷资产管理部及客户管理部等。风险管理方面，根据稳健经营的原则，上海分行对各项风险，包括信用风险、市场风险、流动性风险、业务操作风险、法律风险在进行综合评价的基础上，达到风险和收益相统一、相平衡的经营理念。上海分行的客户群体、业务投向兼顾集团政策、本地市场的实际情况和监管导向，通过为满足企业的需求并推动实体经济的发展。上海分行大力支持国家重大发展战略和本市重点项目、支持绿色经济、提供长期稳定的可持续金融服务等。截至2020年12月31日，分行共有42位员工在册。

（法国外贸银行股份有限公司上海分行）

澳洲联邦银行公众股份有限公司上海分行

【经营情况】

澳洲联邦银行上海分行主要专注于中国—澳大利亚、中国—新西兰双边贸易及投融资活动，积极寻求业务合作，协同悉尼总行提供跨地域联动的金融服务。对于中资企业，以支持“走出去”为导向，帮助企业提供澳新市场当地信息，协助企业项目尽调，并提供相应的融资及银行服务；跨国企业，以“引进来”为导向，配合悉尼总行业务团队，向总行客户在中国国内业务提供融资及银行服务支持。

【风险管理】

澳洲联邦银行上海分行设有风险管理委员会，

每月召开会议，该会议主要关注分行主要风险领域，由各风险管理部门主管列席汇报工作，及时就分行在风险管理方面面临的问题进行沟通和解决。

（一）操作风险管理

在管理体系方面，上海分行遵循集团的操作风险管理框架以识别、评估、管理和报告操作风险事件；在人员及组织架构方面，澳洲联邦银行上海分行配备了专职的一线内控管理岗位与二线操作风险管理人员，并与各职能条线的专职风险管理人员积极配合，共同完善分行的风险管理工作；在管理工具方面，建立了包括风险和控制自我评估、关键风险指标、控制活动测试、问题和事件管理等具体管理措施。

（二）信贷风险管理

澳洲联邦银行上海分行信用风险管理部门独立地进行尽职调查、信用风险分析，并提出独立的信贷建议。随着2020年新冠肺炎疫情对全球经济的影响及宏观经济环境变化，上海分行在信用风险管理方面，继续严格执行总行的各项要求，根据国家宏观政策及市场环境变化，动态调整业务发展策略，维持谨慎的风险偏好和信用风险敞口管理，确保疫情当下的金融资产安全。同时积极响应国家政策，为受影响企业继续提供支持。

在绿色信贷方面，根据总行“环境、社会与治理”政策框架的要求，将环境和社会风险分类及风险审查意见作为内部信用风险管理流程的重要参考。在授信过程中，有专门的ESG（环境、社会和治理）风险评估及审批环节，对客户在环境和社会风险方面的表现进行详细的考查，对潜在风险和缓释因素进行分析判断，给予相应的评级并实行动态管理。

（三）流动性风险管理

澳洲联邦银行上海分行资金部秉持审慎原则，根据本地的流动性监管要求结合总行的流动性管理制度，制定上海分行的资金部操作细则、流动性风险管理制度以及资金应急计划等，规范日常交易行为，并做到每年更新，及时将监管要求反应在相应的操作手册中。此外，定期召开资产负债管理委员会会议，由资金部负责向委员会会员报告市场流动性状况、分行的资产负债以及资金缺口等情况，同时协调各部门需求，有效管理流动性风险。上海分行每季末开展压力测试，根据压力测试结果判断是否启动资金应急计划并相应调整资金应急计划。

（四）合规风险管理

澳洲联邦银行上海分行合规部负责开展本地的合规风险管理工作，通过识别监管要求、建立合规制度和流程、评估和管理违规事件、监测监管要求的执行情况以及报告管理层合规风险状况等手段，在分行建立主动合规的文化。此外，上海分行合规部承担了案防风险管理牵头部门的职责，建立案防制度，开展案防培训，确保分行合规地开展各项业务。

【服务实体经济特别是科创产业、产品和服务创新、重大活动等】

根据集团全球战略规划，澳洲联邦银行上海分行业务发展主要侧重于：一方面在境内提供相关金融服务，满足客户融资需求；另一方面发挥总行本土的领先优势，为中资企业“走出去”提供更完善、更全面的金融服务。在绿色金融及可持续发展融资方面，与中资企业积极合作，协助其更好了解澳新贸易和投资环境，助力实体经济可持续发展。

【经营指标】

单位：亿元

指标 \ 年份	2016	2017	2018	2019	2020
本外币资产总额	11.71	9.34	11.52	13.59	5.05
本外币各项存款余额（不含同业存款）	0	0.22	0.22	0.01	0.00
本外币各项贷款余额	0.42	0.31	2.44	3.42	0.86
净利润	−0.14	−0.10	−0.03	−0.15	−0.17
不良贷款率（%）	0	0	0	0	0

（澳洲联邦银行公众股份有限公司上海分行）

三、其他金融机构

中 国 银 联

2020年，面对严峻复杂的内外部形势、艰巨繁重的发展任务特别是新冠肺炎疫情的严重冲击，中国银联紧紧围绕核心任务，主动担当作为，做到了疫情防控与业务发展“两不误”。全年整体业务稳健运行，以云闪付APP为核心的移动支付产品体系建设推广取得积极成效，银行卡业务转型取得突破，移动支付便民工程扎实推进，多措并举巩固国际业务，科技、数据与风控能力持续提升，同时出台多项助力防疫抗疫、复工复产及稳增长的措施。

【整体业务稳中有进】 2020年，银联网络交易实现笔数、金额分别为1 665.3亿笔、205.6万亿元，同比分别增长12.7%、8.8%。实现国际业务交易金额1.38万亿元。

【云闪付产品体系建设与推广取得积极成效】 一是用户规模快速增长。截至2020年底，移动支付总用户数突破4.56亿，其中云闪付APP连续三年新增用户超过1亿，总用户数3.79亿。云闪付APP月均活跃用户超6 100万。二是产品功能持续迭代升级。发布云闪付APP8.0版本，上线消费券、卡权益、境外服务、小程序等六大功能，以及一键绑卡、个人信用报告查询等特色功能。三是云闪付APP与大型银行APP“互联互通”、与中小银行标识“合二为一”取得积极进展，实现75家银行入驻“云闪付分行”。四是云闪付开放平台能力不断提升，实现103个重要接口开放，上线零售、餐饮、政务、医疗等小程序510余项，累计接入停车、缴费等应用1 067个。五是卡码合一产品建设稳步推进。截至2020年底，卡码合一产品累计绑卡7 693万张，国产安卓手机全部支持银联消费码和行业码。六是银联移动支付产品已在境外87个国家和地区、超过700万家商户实现受理应用。

【银联卡业务转型迈出新步伐】 一是2020年银联信用卡新增发卡占比为87.2%，再创新高。二是联合商业银行推出银联无界数字银行卡，银行卡不再依赖实体介质，实现全流程线上申卡、快速领卡、数字化用卡。截至2020年底，已联合11家银行推出16款产品。三是卡产品特色更加突出。紧跟政策导向与市场热点，推出了长三角主题卡、医护主题卡等60余款银联品牌信用卡新产品。小微企业卡、乡村振兴主题卡功能不断丰富，发卡量分别超过1 200万张、2 000万张。四是围绕零售、出行、健康以及金融服务等，完善卡权益平台及输出模式，逐步建立年轻化、多元化、数字化的权益体系。

【移动支付便民工程持续推进】 一是场景拓展广度和深度进一步提升。生活消费领域新增9.3万家零售商户、4.2万家餐饮门店、611座校园、1 040个4A及5A景区受理银联产品。民生保障领域新增725项公缴内容，上线医保电子凭证，覆盖全国38个城市地铁、1 750个市县公交。金融领域分期付款业务规模快速扩大，交易同比增长89%。政务领域接入20个省市“一网通办”平台。线上接入京东、美团等901个APP。建设90个移动支付引领县。二是场景经营能力不断增强。打造数字校园、数字社区、数字景区、数字政务等9个场景解决方案，着力构建“支付+”场景经营生态。三是跨场景联动取得阶段性成效。通过优计划礼券、小程序、票券等方式，积极推进跨场景交叉引流，提升受理场景活跃度，增强用户黏性。

【多措并举发展国际业务】 截至2020年底，银联受理网络已延伸至全球179个国家和地区，境外受理商户、ATM终端分别达3 271万户、172万台。一是着力推动境外本地化业务发展，在境外62个国家和地区累计发行1.48亿张银联卡，欧洲、北美、亚太地区受理覆盖率分别达70%、67%、96%。二是加强境外重点市场常驻客群营销，加大跨境返现卡推广力度，累计发卡量超1 700万张。三是大力拓展互联网业务，境外线上服务生态持续完善。实现境外 200 多个国家和地区、超过 2 000 万家网上商户受理银联产品，2020 年银联国际网上业务交易金额占比提升至 21%。四是建成移动支付服务平台等近 20 个技术服务平台，优化跨境在线支付服务功能。五是扎实做好银联移动支付产品境外推广。在 12 个国家和地区新增 52 万个二维码受理点，在港澳、东南亚等市场落地 17 个手机闪付项目和 28 个钱包项目。

【科技、数据能力稳步增强】 一是获得工信部云服务牌照，正式发布"银联云"服务平台，面向产业各方提供金融级云平台服务与产品，已有近 70 家内外部机构使用银联云服务。二是全面提升大数据平台基础能力，形成了涵盖 3 000 多亿笔清算数据、1 700 多万商户的银联数据库。三是完成技术开放平台建设，向产业各方输出银联综合服务能力，累计上架开放内容 341 个，服务 B 端用户 5.4 万。四是深入推进 Token2.0 数字支付体系建设，"拉卡"功能已正式向机构和商户提供服务。五是加强金融科技创新，推进区块链、物联网、生物特征识别等新技术研究应用。参加人民银行金融科技创新应用试点，入选北京、上海金融科技创新监管试点。

【风险防控能力不断提升】 一是不断加大防控治理跨境赌博、电信网络诈骗以及反洗钱工作力度。严格抓实抓好重要时间节点安全生产，始终确保银联网络安全稳定运行。二是扎实推进一体化智能风控体系建设，升级完善风险防控服务与产品，切实提升对内对外风险防控赋能。三是深化产业联防联控，配合公安机关查处案件 1.3 万起、涉案金额 1 474 亿元。四是制订银联金融消费者权益保护工作方案，扎实做好金融消费者权益保护工作。五是 2020 年银联网络欺诈率控制在 0.75BP，持续处于全球低位水平。

【出台多项助力防疫抗疫、复工复产及稳增长的措施】 一是第一时间在云闪付 APP 开通全国首个大型金融 APP 线上捐款通道以及"党费通"捐款通道，累计募捐金额超过 550 万元。二是向中华慈善总会捐款 1 500 万元，设立"抗击新冠肺炎专项救助资金"。三是携手商业银行、收单机构等面向疫情重点地区和重点主体，累计减免优惠各类费用超过 3.5 亿元。在上海地区，为各类市场主体减免优惠费用近 1 300 万元。四是聚焦疫情期间公众生活消费需求难点痛点，升级优化云闪付 APP 数字政府、数字社区、数字校园、数字医院等频道内容。五是开发上线云闪付 APP"健康码"功能，覆盖 2 300 余个市县。六是在全国范围内启动"重振引擎"助商惠民计划，携手各地政府、商业银行等共同投入资源，联合参与各方在 232 个城市通过云闪付 APP 发放消费券超过 7 700 万张，直接拉动消费超过 70 亿元，有力促进各地消费回补和潜力释放。

（中国银联）

城银清算服务有限责任公司

【疫情防控工作】

城银清算服务有限责任公司认真贯彻落实党中央和中国人民银行党委决策部署，高度重视、迅速响应，将新冠肺炎疫情防控作为政治任务和首要任务来抓，有效支持和保障了中小银行共抗疫情。一是从多方面着手，确保支付清算渠道畅通无阻、7×24 小时运行平稳。二是履行社会责任，免收支付清算业务手续费，以实际举措支持中小银行抗击疫情。三是发出"战疫"倡议书，携手城商行和民营银行等共同为疫情防控阻击战提供金融支持，得到广泛认可与积极响应。四是策划"战疫"专题，通过官网、微信公众号等渠道，积极做好中小银行的抗疫宣传。

【市场拓展情况】

克服新冠疫情带来的不利影响，公司通过创新线上推广方式、加大实地走访频度、拓展其他合作渠道等举措，积极做好市场拓展工作。

认真落实中国人民银行总行领导"城商行均要接入城银清算支付清算系统"的重要指示，加快支付清算系统推广工作。2020 年末，公司支付清算系统接入机构 229 家，其中城商行 94 家、民营银行 8 家、村镇银行 127 家。全年新增接入机构 54 家，其中城商行 19 家、民营银行 2 家、村镇银行 33 家；全年清算业务笔数 755.13 万笔、金额 10 905.51 亿元，同比分别增长 58.95%和 52.29%。

2020 年，公司设立全资子公司杭州城银科技服务有限责任公司，顺利承接杭州金融清算中心业务及人员，并做好商户协议换签和服务维护、日常业务运营和技术支持工作。先后完成南京、上海、杭州、宁波、苏州和常州六地同城清算系统业务承接工作，业务平稳有序迁移至全国综合业务平台处理。

2020年末，公司托管及创新类业务服务中小金融机构共计126家，其中城商行35家、村镇银行87家、民营银行1家、外资银行1家、财务公司2家。从业务分类看，一点接入CIPS系统10家，一点接入票交系统(CPES)84家，一点接入电子商业汇票系统87家，一点接入网联系统15家，一点接入电子信用证系统2家。网银、移动银行和微信银行托管系统接入机构分别为70家、61家和7家。

【产品创新情况】

紧跟政策导向、把握市场机遇、围绕银行需求，公司不断优化提升现有系统和业务功能，持续开发新产品和服务，有效支持市场拓展。

优化支付清算系统功能。上线新版实时贷记业务，撮合互联网贷款场景清算业务，形成清算业务量新增长点。

加大代收付业务支撑能力。长三角共享前置顺利投产，建立标准接入渠道。开发上海小额集代系统，推出简化版商户接口标准，降低商户接入的开发成本。提升集中代收付业务处理性能，助推保险行业接入使用。整合小额集代和综合平台接口，便利后续市场快速拓展。

持续发展一点接入模块。完善推广CIPS一点接入和代理清算服务。新增ACS综合前置子系统代理接入服务，建成电票代理清算模块和电证系统直连接口，上线投产网联条码互联互通项目。

上线数据服务板块。对接公安、运营商数据源，通过试点获取运营经验；快速接入清算总中心联网核查系统，推动城商行通过该公司接入清算总中心数据网络。

启动数字人民币业务。与数字货币研究所签署战略合作协议，快速推动一点接入数字人民币系统的建设。

(城银清算服务有限责任公司)

锦江国际集团财务有限责任公司

【概况】 2020年，锦江国际(集团)有限公司集团(以下简称“集团”)资产规模为人民币1 030亿元，净资产规模为人民币309亿元，营业总收入实现人民币218亿元。截至2020年末，“锦江酒店”已开业酒店总数近10 000家，客房100万间，分布于全球120个国家或地区，会员超过1.5亿，全球酒店集团300强排名第2位。

【经营情况】 2020年，锦江国际集团财务有限责任公司(以下简称“公司”)实现营业收入21 638万元，净利润827.7万元。公司向集团成员单位发放贷款规模约60亿元，吸收集团成员存款约86.9亿元。公司全年后三类资产迁徙率为0，不良资产率继续保持为0。

【抗疫工作】 2020年防控新冠肺炎疫情以及复工复产系列工作中，公司按照集团部署，承担了酒店加盟商流动性支持贷款等专项措施的执行落实任务。公司无偿输出专业人才队伍和开发专用信息科技系统并供集团内相关单位使用。全程负责协调制定工作流程、与集团酒店品牌管理公司和外部合作银行对接，全年共助力促成发放流动性支持贷款143笔，金额人民币4 772万元。

【法人治理结构】 11月，公司职工董事毛怡刚任职资格获上海银保监局批复核准，正式到任履行职责。至此，公司董事会和高管层相关制度安排构成全部到位。

12月18日，经上海银保监局批复核准，公司注册资本由人民币5亿元增加至10亿元，新增股东单位锦江国际(集团)有限公司。完成上述变更后，公司资本实力进一步增强。

【内控体系】 2020年，公司开展内控制度换版工作，按规划分阶段审议现行内控制度，并新增和修订草案33个，覆盖了公司治理、合规、风险、业务等多个领域。

【信息化建设】 2020年，公司着力新建财务公司数据仓库，实现对公司内重要的应用系统数据统一采集，建立各种主题的数据集市，并按需求通过前端展示为商业智能图形界面，主要模块包括财报集市、风控指标集市、产业链集市、监管集市、利率定价等功能，2020年内已完成财报集市和监管集市的开发工作，为提升数据治理工作能力和监管数据质量工作水平提供了有力保障。

为提升集团酒店品牌整合和提升，加强集团资金监管，公司于2020年内完成了网银及银企直连系统提升，升级现有多家银行的银企直连模块，为实现集团中国区酒店品牌的集中收付包括支付、查询和上收下拨、电子回单的集中管理创造了技术条件，同时为实现财务公司资金监测功能打下了基础。

【经营指标】

单位：万元

年份 指标	2016	2017	2018	2019	2020
本外币资产总额	362 518.40	907 145.50	905 607.76	930 722.31	1 028 398.54
本外币各项存款余额	288 266.91	833 409.45	830 827.51	851 832.72	869 122.14
本外币各项贷款余额	197 160.59	267 344.00	316 169.50	354 340.5	600 307.5
净利润	3 508.38	4 261.27	5 604.83	5 119.86	827.71
不良贷款率(%)	—	—	—	0	0

（锦江国际集团财务有限责任公司）

上海国际信托有限公司

【经营情况】 2020年以来，上海国际信托有限公司(以下简称“公司”)认真贯彻落实监管部门和总行要求，主动担当、自我加压，不断探索和挖掘新的发展动能。在通道、融资类信托和房地产信托规模“三个持续压降”的前提下，在未新增监管处罚、无新增主动管理类风险项目的基础上，主要营收指标均高质量完成董事会预算目标：公司及三家子公司合并管理资产规模8 697亿元，合并营业收入52.54亿元，合并净利润16.20亿元；其中母公司实现营收31.17亿元，同比增长16.7%，完成年度预算120.3%；实现利润总额20.31亿元，同比增长5.4%，完成预算118.1%；净利润15.66亿元，同比增长4.0%，执行预算116.0%，营收和净利润行业排名均位列第十一位，分别较去年提升五位和二位。公司顺利打赢“十三五”规划收官战：“十三五”期间，公司在保持业内最优资产质量的同时，资产规模、净资产、注册资本和高净值客户数均实现翻番，主营业务收入占比达70%，融资类、投资类和服务信托类业务三足鼎立，基金化产品、国际业务、资产证券化、投研平台领先市场，初步建成了现代化资产和财富管理机构，打造出国资国企改革的成功样本。

【业务拓展】 公司坚定践行新发展理念，前瞻推动战略转轨。一是深度服务实体经济渡过难关。在新冠肺炎疫情最严峻的时期，通过科技金融及资产证券化工具为几十万小微企业主提供低成本资金支持，主动落实延期还本付息政策，发行“疫情防控债”类资产支持票据共计6.5亿元。二是深度对接长三角一体化发展。利用信托贷款、受托服务、债券承销和证券投资工具，全力降低长三角企业融资成本，首次设立并运营了长三角主题证券投资类产品。三是深度支持上海科创中心建设。持续运营四大科创基金，投资规模近40亿元。与浦发银行合作设立“浦信金融科技基金”，上信资产及浦耀信晔成功打造2.0版股权投资平台。四是深度助力上海国际资管中心建设。不断丰富包含一级市场股权投资和二级市场标准化投资的境内外固收、权益、FOF/MOM的全图谱产品线；资产证券化业务在银行间市场发行单数及规模分列全市场第一和第五；年内成立股票多头柏基基金项目、公募高收益债券富达基金和首单境外要约并购QDII业务，国际业务类型大幅拓展。五是深度谋划未来高质量发展战略。紧贴党的十九届五中全会精神，紧贴总行三年行动计划及党代会精神，紧贴信托公司改革发展大势，研究制定新三年行动计划，将实施路径详细规划为九大重点任务和五大改革举措，以高质量规划引领公司高质量发展。

【创新转型】 公司坚定打造创新型企业，多点推动业务转型。一是投行业务获得新提升。在房地产行业调控升级、信托融资规模压降、优质资产稀缺、融资成本下降的不利展业情况下，公司深度开展客户经营，将传统信托融资业务改造成信保合作、房地产股权等创新业务，进一步巩固了投行业务“稳规模、保收入”的托底效应。二是资本市场业务取得新突破。积极拓展“固收+”、打新基金、中资美元债、可交债、绝对收益专户等新型产品线，多元化信托资管业务格局初步形成：大力发展委托投资业务，基金化产品净值配置类产品的标准化程度、资产配置和投资管理能力持续提升，成立首单区域主题债券基金；FOF/TOF产品优选头部管理人、打通多元代销渠道、引入机构资金直投、坚持大类资产配置投资理念,完成四大梯度产品线布局,管理规模短期内增至40亿元;年内推出首单个人投资者境内指数投资策略产品,跨境精选股票基金位列全球同类基金之冠,红宝石H8001绝对收益率大幅领先竞品,鑫月丰利迅速扩大规模并达到预期业绩基准。三是资产证券化业务取得新成效。加快资产证券化业务"受托管理—投行承销—投资配置"业务布局,与市场主体共同创建"证券化联盟",债券承销分销业务规模增长3倍,并首次实现外部机构分销。创设全国首单单层CMBN交易模式,开创公司首单交易所市场ABS项目先河。成立公司首个ABS主题投资基金"添越"基金。四是财富管理迈上新台阶。直销个人客户资产规模突破400亿元,开放式权益类产品销量同比增长近10倍,实现权益产品专户定制模式落地;代销端强化渠道整合、推进产品加载,开拓太保、国君等渠道;家族信托业务取得历史性突破,全年新增超过300单,存续规模超100亿元;全年新设慈善信托8单,首创家族信托对接慈善信托的新模式;财富数字化经营持续深化,实现全产品全线上化交易,完成客户会员和积分体系建设,推进APP智能化升级和网点数字化改造。五是普惠金融形成新进展。通过首单业务落地,充分验证组织架构、人员配置和业务流程,积累了实战经验。

【风险管理】 公司坚定顺应强监管导向,全面推动内控转变。一是持续压降融资信托规模。公司主动管理融资业务、房地产业务、金融同业通道业务分别较年初下降13.56%、0.28%、24.54%,均已完成监管下达的全年压降任务。二是精准构筑风险防范体系。在准入环节精确评估交易对手抗风险能力及外部融资可持续性,严控集中度;完善风险监控和预警机制,动态监控100余个主动管理项目,组织开展3场风险专项自查,强化存续期风险监控;修订公司全面风险管理办法,推动全面风险管理职责落实落细。三是全力配合创新业务落地。前瞻性介入业务策略研究、风控要点把关、应对机制设计及尽调路演,主动输出创新业务风险控制模型、预研投资策略,组织可行性报告要点培训和项目案例经验分享,帮助业务部门控制项目投资风险、强化投资决策和投后管理。

【数字化转型】 公司坚定加快数字化进程,大力推动科技转化。一是加大系统研发密度。在信睿资产管理平台、普惠金融风控系统、代销系统、CRM系统、风险管理系统上多点发力,有效保障疫情期间业务平稳开展。其中信睿家族信托标准化合同模板、现金丰利二次分配、恒生TA系统他益分配等功能均为业内首创。二是加大系统规划力度。启动公司下一代核心业务系统设计架构前瞻性规划,重构痛点业务流程,快速支持创新业务。三是加大技术探索深度。加强对新兴技术跟踪学习,为自主研发注入新的技术活力,丰富数智化应用场景;聚焦智能运营,研究RPA智能运维机器人技术,探索实现受托报告批量挂网。

经过全体干部员工的共同努力,2020年,公司连续第五年获得中国信托业协会A级评级,首次获第六届全国文明单位,继续获评人行上海分行信贷政策导向效果评估、征信合规与信息安全考核评级A级,在2019年利率监测报备结果考核中成为唯一获评利率监测报备工作优秀机构的信托公司,获2019年上海市平安示范单位、上海市国资系统党支部建设示范点、上海市国资系统青年文明号称号,以及第十一届中华慈善奖上海市提名奖及第十三届诚信托卓越公司奖等近20项媒体大奖,并连续第五届获得上海市文明单位称号,首次获黄浦区区长质量奖。

(上海国际信托有限公司)

华澳国际信托有限公司

【经营情况】

华澳国际信托有限公司(以下简称"公司")在切实提升合规和风控能力水平基础上,坚持行业深化转型和可持续健康发展。公司定位打造"小而美、精而专"的信托公司,聚焦"融资向投资转型、非标向标品转型、事务管理向服务信托转型"。坚持"稳发展、控风险、强基础、促转型、增效益"的经营策略,夯实根基、促进转型、狠抓落实推进信托业务持续健康的发展。

截至2020年末,公司信托资产管理规模842.28亿元。其中,存续主动管理资产规模为244亿元,主动管理信托资产占比由年初的20.29%上升至28.97%。2020年实现营业收入10.37亿元,同比增加0.43亿元,增幅4.35%;拨备前净利润5.80亿元,较2019年末增加0.16亿元,增幅2.84%;计提资产减值准备2.05亿元,拨备后净利润4.24亿元;拨备后净资产收益率为9.78%。

公司深耕客户基础，稳固代销募集渠道，提高直销募集能力。一是坚持渠道优先战略，全年上架代销产品 14 款，募集资金规模 95 亿元。二是坚持直销长期战略。千万级客户存续人数达到 182 人，较年初 93 人增长近 100%，客户风险识别和承受能力有较大提升。三是加快财富业务转型。成立家族办公室，开创"臻至"系列标准化家族信托业务，落地家族信托业务 2 单。

【风险管理】

2020 年，公司健全全面风险管理体系框架，严防信用风险和合规风险，补齐审批制度和流程短板，推动"融资向投资、非标向标品、事务管理向服务信托转型"。一是加强三道防线能力建设，强化前台业务风险防范首要责任，压实风险合规、运营等中台部门的管理责任。集中精力优化业务审批、放款、存续管理等流程。做好对重点项目的支持，推动业务发展。二是及时做好与监管的沟通与汇报，配合监管做好年度现场检查、全面风险排查等工作，合规展业，控制房地产信托规模，确保各项监管指标符合监管要求。三是改进业务评审质效，提高风险合规投票占比，完善风险管理相关制度及审查标准，加快补齐标品信托相关审批制度。

【服务实体经济特别是科创产业、产品和服务创新、重大活动等】

服务实体经济方面：华澳信托积极响应国家号召，结合公司自身情况，积极发挥金融功能，以服务实体经济为宗旨，回归信托本源促转型。华澳信托投向工商企业和基础产业领域的信托资金占比不断提升，表明公司持续推进结构优化和业务创新。公司将继续落实宏观政策要求，支持科创产业、战略新兴产业、小微企业等领域发展，持续加强对实体经济的支持力度。

截至 2020 年末，公司信托存续实收规模 842.28 亿元，存续信托项目 188 个，其中 80 个为主动管理型信托项目，实收规模合计 244 亿元，占比存续实收规模 28.97%。从存续信托项目的行业集中度来看，主要投向基础产业和工商企业等实体经济领域。其中，投向基础产业类的项目规模 304.4 亿元，占公司存续业务分布首位，占总规模的 36.14%；工商企业类项目规模 251.48 亿元，占比 29.86%。2020 年全年，公司共通过 74 个信托项目对实体经济提供了 319.57 亿元的资金支持。

2020 年，公司积极贯彻国家宏观调控政策，发挥金融杠杆作用，充分发挥信托制度优势，创新业务模式，将金融资本引入实体经济，促进民生改善，助力经济发展。在开展业务的过程中，向国家政策支持的绿色产业、生态农业、中小企业等领域靠拢，以实际行动支持社会可持续发展。并落实监管要求，按照反洗钱风险防控、预警和处理程序，健全反洗钱工作体系，有效履行反洗钱企业义务和社会责任，为维护金融稳定贡献力量。

在当前经济新常态下，面对国际国内纷繁复杂的形势，金融服务实体经济显得越来越重要。服务和支持实体经济发展，从宏观意义来说，是信托公司金融本质的根本任务；从微观意义来说，是信托公司谋求转型发展的动力来源。下阶段，华澳信托将围绕以下方面不断践行信托文化，提升服务实体经济质量：

一是顺应市场导向，提高资产管理专业化能力，推动主业转型、增量、扩面、提质。"非标转标"将依托公司在长期非标业务中累积的展业能力、对客户的了解和对风险的管控。在明确导向基础上，通过考核管理办法的调整和优化，引导团队主动做"微"创新，扩大投资类、标品类业务规模和占比。同时，统筹规模与效益，聚焦家族信托和资产证券化业务，积极开拓服务信托市场。

二是健全合规、风控、内控治理各项机制。以监管指导为指南，着力提升依法合规经营水平；加强内部合规的全流程管理、全业务覆盖，完善公司合规管理机制，确保各项业务依法合规；以全面提升"大风控"体系效能为目标，进一步加强全面风险管理框架体系建设。公司加大对相关基建项目的拓展及支持力度，助力经济结构调整。

产品创新方面：公司共发展出臻鑫、臻诚、臻智、臻益、臻爱、臻志、臻至等十余个系列的产品，通过各类产品的差异化设计，满足不同客户差异化的资产偏好。

流程优化、数据治理方面：公司数据治理和流程优化取得阶段性成果。以流程优化工作为抓手，厘清部门职责边界，明确岗位职责，提高组织运转效率。全年共审批完成 13 个业务流程优化、5 个非业务流程优化方案。主动对接业务需求、信托登记、账户管理、信息披露、面前核保、凭证管理、业务档案、企业征信等操作流程质量和效率明显提高，监管数据报送质量优于行业平均水平。

【经营指标】

单位：亿元

指标＼年份	2016	2017	2018	2019	2020
本外币资产总额	20.54	48.38	57.08	54.10	53.09
本外币各项存款余额（不含同业存款）	3.72	4.02	0.73	0.51	0.97
本外币各项贷款余额	0.59	4.41	0.50	0.00	0.00
净利润	0.69	3.02	4.10	3.06	4.24
不良贷款率（%）	0	0	0	0	0

（华澳国际信托有限公司）

华宝信托有限责任公司

华宝信托有限责任公司（以下简称“华宝信托”或“公司”）成立于1998年，是中国宝武钢铁集团有限公司（以下简称“中国宝武”）旗下的产业金融业板块成员公司，中国宝武钢铁集团有限公司持股98%，舟山市国有资产投资经营有限公司持股2%，公司注册资本金47.44亿元。

秉承中国宝武一贯的严谨稳健、诚信规范作风，华宝信托始终以“受益人利益最大化”为经营理念，以专业化和差异化发展为基本战略，以资产管理与信托服务为两大主业，立足资本市场，不断强化能力建设、渠道建设和品牌建设。

【经营情况】

2020年，信托行业进入了新一轮转型发展期，华宝信托围绕“全面对标找差，争创行业一流”目标，把握高质量发展主线，将良好信托文化贯穿于信托业务各个环节，回归信托业务本源，专业化聚焦发展，全面完成各项经营目标任务。

华宝信托资本充足，整体资产质量较好。按照合并报表口径，截至2020年末，报告期内公司实现收入合计28.65亿元，利润总额16.00亿元，净利润11.91亿元，主营业务收益率41.57%。截至2020年末，华宝信托管理的信托资产规模达4 307亿元。

华宝信托为投资者创造了良好收益，1998—2020年累计为客户实现收益2 288亿元。华宝信托也为股东创造了良好收益，自1998年成立以来，公司连续23年实现盈利。

展望未来，华宝信托将继续立足钢铁生态圈专业化信托服务，为上下游机构和高端客户提供差异化财富管理和综合金融解决方案。公司将进一步丰富产品线及提升信托服务能力，为客户打造更好产品，提供更好服务，让更多的市场主体参与信托，享受信托制度的优势。

【风险管理】

华宝信托高度重视风险管控工作，经过多年的探索和实践，目前已建立较为成熟的多层次风险管理体系，确立了“风控合规创造价值”的风险文化。2020年以来，公司制定“一手抓转型发展、一手抓风险防范与化解”的经营方针，扎实推进全面风险管理体系建设，提升和完善三道防线的防御能力，完成严控新增风险、化解存量风险、提升风险管理体系能力三项风险年度工作目标，实现受益人合法利益最大化。

华宝信托风险管理遵循全面性原则、独立性原则、有效性原则和及时性原则，通过制定和不断完善内部规章制度，建立职责分工合理的组织架构，设置专业的风险管理部门，将现代风险管理技术与传统风险管理方法相结合，对可能产生的风险及时采取措施，全面防范。对实际发生的风险积极处理，全力化解，有效进行事前、事中、事后的控制与管理，并根据实际需要随时对风险管理体系进行调整。

【业务创新】

2020年，华宝信托全力打造“专业化聚焦发展，一体化综合管理，区域化业务拓展”的经营管控体系，在进一步加大风险控制力度的基础上，继续推动特色业务发展。

作为中国宝武的产业金融业板块成员单位，华宝信托围绕钢铁生态圈上下游企业的产业发展诉求，深耕钢铁生态圈金融服务业务领域，服务实体经济发展。公司运用市场化的金融工具有效整合社会资本力量，为钢铁生态圈上下游企业提供供应链金融、市场化债转股、企业财务结构优化改善、产业基金等综合金融服务。同时，公司深入开展中国宝武“钢铁荣耀 铸梦百年”宣传教育系列活动，推出“荣耀130”系列信托产品，为钢铁生态圈供应链上的中小微企业提供金融服务，降低中小微企业融资成本，2020年累计发行42期，产品规模超9.15亿元。

华宝信托发挥信托制度优势，回归信托本源，深耕服务信托。公司继续深耕家族信托业务，依托信托法律关系及公司家族信托管理系统，为客户搭建家族财富顶层架构，构建综合性财富管理平台，以满足客户包括但不限于财产保护、财富传承、资产配置、经营管理、税务筹划等在内的多维度需求。2020年,公司落地"家庭委托人"等创新模式,并与多家机构达成战略合作关系。在资产证券化领域,公司不断探索实践,积极创新业务模式,为客户提供多样化金融服务。

在资本市场领域,华宝信托积极响应国家号召,培育自身主动管理能力,构建全面、综合的资管产品线,服务于客户的财富管理需求。公司还充分利用自身在证券领域内的资源及专业积累,培养出一支能力出众的投资团队,大力发展TOF投资业务,在投资中贯彻大类资产配置理念,通过宏观研究确定重点投资方向,精选市场优秀基金产品,加速提升公司主动管理能力。

在国际信托业务领域,华宝信托作为行业内较早开展QDII业务的信托公司之一,在2020年获批新增QDII额度1亿美元。目前公司QDII总额度达到20亿美元,并不断推出创新产品,探索更多跨境投资新模式,为客户提供多元化海外资产配置选择。

在拓展业务的同时,华宝信托持续致力于风险控制及中后台运营能力提升,一方面强化风控体系建设,持续提升公司风险管控能力和水平;另一方面通过各类系统优化,持续改善财务及运营效率。

2021年是中国共产党成立100周年,是实施"十四五"规划开局之年。华宝信托将继续坚持回归信托本源、聚焦转型发展的道路,为实体经济发展提供更高质量、更高效率的金融服务。

【社会责任】

在推动特色业务发展的同时,华宝信托通过多种手段积极履行企业社会责任,提升品牌影响力,弘扬信托文化。

公司积极响应国家产业扶贫战略,创新扶贫模式,在云南省普洱市江城县设立产业扶贫基金,募集资金500万元,以股权投资形式增强当地"造血"功能。

新冠肺炎疫情期间,公司发起成立"华宝善行"抗疫专项慈善信托,募集资金272.8万元,用于上海赴鄂抗击疫情医院的物资采购和一线医护人员关爱项目,发挥信托制度优势,彰显企业担当。

【公司荣誉】

近年来,华宝信托在各类行业评选中多次获重要奖项认可。2020年,公司获"浦东新区经济特别贡献奖"、《上海证券报》第十三届"诚信托"创新领先奖及最佳证券投资信托产品奖、《证券时报》第十三届中国优秀信托公司评选"2020年度优秀创新信托计划""2020年度优秀证券投资信托计划"奖、《21世纪经济报道》第十三届"金贝奖"2020优秀信托公司奖等重要奖项。

【经营指标】

单位:亿元

年份 指标	2016	2017	2018	2019	2020
本外币资产总额	96.19	127.85	125.79	131.69	130.22
本外币各项存款余额(不含同业存款)	—	—	—	—	—
本外币各项贷款余额	—	—	—	—	—
净利润	11.94	13.04	12.78	11.30	11.91
不良贷款率(%)	—	—	—	—	—

注:数据口径为合并口径。

(华宝信托有限责任公司)

中泰信托有限责任公司

【经营情况】

截至2020年末,中泰信托有限责任公司(以下简称"公司")资产总计49.44亿元,同比增长1.83亿元,增幅3.84%;公司负债总计2.13亿元,同比增加0.27亿元,增幅14.24%;资产负债率为4.31%,处于较低水平;所有者权益总计47.31亿元,同比增长1.56亿元,增幅3.42%,公司整体资产实力进一步增强。

截至2020年末,公司受托管理信托项目105个,其中,单一信托71个,集合信托20个,财产权信托14个;受托管理的信托规模总计259.76亿元,其中:集合信托规模64.51亿元,单一信托规模165.94亿元,财产权信托规模29.31亿元。从管理责任看,事务管理类信托规模191.44亿元,主动管理类信托规模68.32亿元。

(一)信托业务

2020年度,受到宏观经济、资产管理市场竞争激烈以及公司集合业务受限的影响,全年公司实际提取信托报酬7 650.76万元,比上年同期6 434.60万元增加18.9%,其中单一信托提取5 481.18万元,占比71.64%;集合信托提取1 567.02万元,占比

20.48%；财产权信托提取 602.56 万元，占比 7.88%。

（二）固有业务

2020 年度，公司固有业务除长期金融股权投资外，主要运用活期存款、固定收益类产品投资、国债回购等，2020 年实现投资收益 21 712.60 万元、利息净收入 419.94 万元、其他业务收入 2 891.00 万元。

【风险管理】

公司严格执行银保监会关于信托公司风险监管的指导意见，坚持防范化解风险和推动转型发展并重的原则，切实加强潜在风险防控，加强尽职管理，加强风险评估，优化业务管理，严防道德风险和案件风险，建立风险防控长效机制。

公司经营活动面临的主要风险包括信用风险、市场风险、操作风险和其他风险。公司风险管理坚持全面性、独立性、连续性、审慎性、有效性等基本原则，以风险最小化、风险成本最低化为目标，坚持以风险管理为核心开展经营活动，平衡业务发展与风险管理之间的关系，建立并逐步完善了基于制度规范和流程控制的风险管理制度体系。基本形成了前、中、后台相分离、信托资金运作与自有资金运作相分离的风险管理框架，力求将风险管理制度与措施贯穿到公司各项业务、各个部门、各个岗位，实现风险管理覆盖公司运营的全过程。同时，通过建立有效的风险管理组织体系，保障风险管理制度的有效适用，并根据国家政策、法律及公司经营发展战略的变化，定期对公司相关风险管理制度进行修订和补充。

【服务创新】

2020 年，公司致力于提升主动管理能力，开展服务信托，不断提升客户服务体验。在宏观经济下行、抗击新冠疫情的大背景下，积极回归信托本源业务，服务实体经济。对内，优化内部机制和流程，加强专业团队建设；对外，积极拓展外部合作渠道。在客户开拓能力、资产配置能力、综合服务能力及事务管理能力日趋成熟的前提下，公司首单供应链金融业务报备通过并成立，公司具体服务内容主要包括但不限于对信托财产的运用涉及的法律文件面签核保；开立保管账户、监管账户；对借款人的征信、诉讼信息进行季度查询，出具季度管理报告向委托人披露；帮助委托人进行账户管理，闲置资金提供现金管理，完成信托存续期间资金的收付、分配和清算工作。在此单业务的存续期间，公司提升了主动管理能力，服务实体经济，并为后续业务创新打下了坚实的基础。

【重大活动】

2020 年 1 月，新冠病毒疫情暴发，公司关注疫情信息，迅速启动应急防范，成立疫情防控工作领导小组和工作执行小组，落实工作责任。报告期内，公司及时准备防疫物资，落实上海市各项防疫工作部署，确保员工有效防护。同时，公司通过弹性办公、远程办公等手段，确保人员到位、信息畅通，各项报表、报告准确及时，各项业务管理工作持续有效。公司还响应信托业协会关于设立“中国信托业抗击新型肺炎慈善信托”的倡议，认缴 50 万元慈善信托资金，支持社会公益，履行社会责任。

报告期内，社会公益方面，中泰信托员工第六年参与纯山教育基金会的“鞋盒礼物”公益项目，为乡村儿童准备新年礼物。

报告期内，公司消费者权益保护工作委员会和消费者权益保护小组积极工作，公司组织包括“3·15”消费者权益保护日、反洗钱宣传教育活动，2020 年“金融知识普及月，金融知识进万家，争做理性投资者，争做金融好网民”活动、防范非法集资宣传教育等，并在日常工作中审慎、妥善履行企业的社会责任、及时处理投资者的咨询、投诉和建议意见。2020 年是信托文化建设年，公司在报告期内完成了各内外部利益相关者的宣传引导工作，针对投资者，公司在 9 月“投资者教育月”，设置了专门的信托文化专题内容宣传。

【经营指标】

单位：亿元

指标＼年份	2016	2017	2018	2019	2020
本外币资产总额	47.30	44.11	45.59	47.47	49.4
本外币各项存款余额（不含同业存款）	0	0	0	0	0
本外币各项贷款余额	3.07	3.07	3.07	3.07	3.07
净利润	2.89	2.40	1.44	1.29	2.16
不良贷款率(%)	0	0	0	0	0

（中泰信托有限责任公司）

上海爱建信托有限责任公司

【经营情况】

2020 年，上海爱建信托有限责任公司（以下简称“公司”）在认真研判公司现状及市场环境基础上，根据国家和集团发展各项战略部署，深入践行金言方法论，紧紧围绕“托爱未来 信建百年”转型发展之要求，制订爱建信托2020—2022年业务发展纲要。计划再用三年时间，努力开启顺应时代发展、引领同业发展方向的公司经营新局面。

转型发展规划以“四二四”为重点，即经营管理四个再造、业务转型第二曲线、经营生态四个专项。四个再造包括组织架构再造、生产系统再造、风控体系再造和精兵队伍再造。经营生态包括品牌建设、共生经济和数字信托等。

2020年，爱建信托实现营业总收入23.82亿元，实现净利润12.11亿元。

（一）公司经营业务的主要内容

上海爱建信托有限责任公司自营资产运用与分布表

资产运用	金额(万元)	占比(%)	资产分布	金额(万元)	占比(%)
货币资产	141 288.53	13.24	基础产业	159 010.60	14.90
金融投资	447 751.97	41.95	房地产业	209 335.55	19.61
贷款	435 301.18	40.79	证券市场	95 918.35	8.99
应收款项类投资	0.00	0.00	实业	195 562.54	18.32
长期股权投资	3 968.54	0.37	金融机构	185 690.95	17.40
其他	38 975.58	3.65	其他	221 767.81	20.78
资产总计	1 067 285.80	100.00	资产总计	1 067 285.80	100.00

注：该表与资产负债表资产总额的差额(8 888.14万元)系计提的资产减值准备。

上海爱建信托有限责任公司信托资产运用与分布表

资产运用	金额(万元)	占比(%)	资产分布	金额(万元)	占比(%)
货币资产	225 896.67	1.75	基础产业	2 200 024.24	17.02
贷款	5 308 184.70	41.07	房地产	5 626 335.02	43.53
交易性金融资产	817 231.51	6.32	证券市场	676 205.59	5.23
可供出售金融资产	0.00	0.00	工商企业	2 325 339.33	17.99
持有至到期投资	317 278.69	2.45	金融机构	589 217.65	4.56
买入返售	800.00	0.01	其他	1 506 951.57	11.67
长期股权投资	2 217 369.75	17.16			
长期应收款	3 840 015.11	29.71			
投资性房地产	30 000.00	0.23			
应收账款	167 296.97	1.30			
信托资产总计	12 924 073.40	100.00	信托资产总计	12 924 073.40	100.00

（二）公司风险管理概况

公司的业务风险管理架构由公司董事会、监事会、管理层、业务评审委员会、前中后台风险管理相关部门组成，各层级协同管理公司风险。公司董事会或者管理层根据董事会授权负责公司所有投资项目及重大事项的决策，从公司整体层面考虑是否符合公司利益；业务评审委员会负责信托和自营项目的风险和可行性进行评估，并作出决议；前台业务部门根据风险政策开展业务，对各类业务进行尽调和可行性分析；中台风险管理部门负责根据管理层授权制定各类业务的风险政策，对项目风险进行评估，识别、量化、监控公司整体及各产品的风险指标，形成风险缓释建议，向业务评审委员会和公司决策层汇报；内审部门负责对公司内部控制，特定事项进行审计监督。

公司已建立风险管理基本制度框架及覆盖业务

主要流程的管理文件。2020 年，公司进一步完善各项风险管理制度和风控流程，更新了信息化系统，并强化了执行力和项目期间管理，从业务全流程的尽职调查、项目实施、事中管理等各个环节着手，稳步提高公司风险管理水平。

公司通过适时调整发展规划和经营策略，拓宽业务类型，进一步推动业务、合规、风险、运营专业化管理，稳步推进实施全面风险管理。

截至 2020 年底，公司净资本 62.95 亿元，各项风险资本之和 29.00 亿元，净资本/各项业务风险资本之和为 217.10%，净资本/净资产 75.77%。

（三）服务实体经济特别是科创产业概况

在服务实体经济方面，公司围绕供给侧结构性改革、“三去一降一补”支持实体经济发展等政策要求，积极调整公司业务结构，主动为实业、中小企业提供相关产品和服务。经统计，2020 年 1—12 月，公司共发行了 34 个信托项目用于向小微型企业提供融资，实际募资规模约 127 亿元，其中事务管理类信托规模约 26 亿、主动管理类信托规模约 101 亿。公司将供应链金融作为服务产业链上中小企业的突破口，通过与供应链金融服务平台开展合作，实现对供应链上的物流和资金流的监控，从而降低中小企业的信用风险，进而降低资金的出借成本。例如，“爱建长盈卓越—理业臻选 2 号集合资金信托计划”，募集总规模预计 13 亿元。2020 年 4 季度发行了第二十八至三十五期，当季落地规模 2.547 亿。该项目通过流动资金贷款发放的形式，用于上海理业金服供应链股份有限公司支付上游采购价款，还款来源于理业金服下游贸易回款。

此外，公司按照战略转型发展的要求，加快培育权益类业务，增加权益性资产配置，重点寻找一批符合国家战略发展导向、具有技术领先优势的优质企业股权进行长期投资。公司于前期发起的股权投资类 FOF 母基金，投资方向为智能和先进制造业企业，TMT 和互联网＋等拥有高新技术壁垒的战略新兴行业；以及一些具备原始创新，拥有核心技术，且处于初创期的基因行业相关的企业，直投项目为一家以智能吊挂设备为核心的高新技术企业。

（四）产品和服务创新概况

2020 年，公司于 4 月份启动第二曲线业务转型，并在公司层面成立领导小组和推进协调办公室，以加快推进相关工作。第二曲线转型业务明确了四大类、14 个重点研究业务方向。目前已评审通过三个批次共 15 个项目，包括城市更新、养老信托、权益投资、资产证券化、普惠金融和家族信托等。从项目方案通过后的落地情况来看，标品业务项目落地情况良好，包括可转债、FOF、TOF 等不同策略的产品均上架发行，并取得了良好的业绩表现，投研能力提升显著，为全面推进标品业务的开展和标准化净值化转型奠定了良好的基础；养老信托、普惠金融、非标转标 ABS 等也已有落地或正在落地过程中的项目，对公司业务转型起到积极作用。

（五）履行社会责任概况

2020 年，公司坚定战略，以“守正创新、合规经营、提质增效、转型发展”为经营指导思想，努力提升经营管理水平，将社会责任理念融入发展战略、经营管理与日常工作中，在支持实体经济、改善民生、客户服务等领域积极践行信托行业的社会责任。一年来，爱建信托不断推出预期收益率较高、风控措施到位的集合信托产品，受到市场欢迎，使新老客户获取较好的理财收益，持续提升客户满意度。2020 年，爱建信托蝉联“上海市级文明单位”称号，并连续获评《证券时报》《上海证券报》《21 世纪经济报道》《金融时报》等多家权威机构颁发的“年度突破成长信托公司”“管理团队奖”“年度优秀信托公司”“年度最佳财富管理信托公司”等资管界荣誉。爱建信托在做好防控疫情、保障金融服务的同时，通过多方渠道联系筹集医疗物资，采购 10 万套防护服紧急驰援武汉，缓解一线医疗物资急需的压力。爱建信托还积极响应中国信托业协会倡议，捐资 50 万元加入“中国信托业抗击新型肺炎慈善信托”，信托资金已第一时间投入对湖北防疫新型肺炎的帮扶救助工作。

【经营指标】

单位：亿元

指标 \ 年份	2016	2017	2018	2019	2020
本外币资产总额	54.69	70.67	99.02	101.24	105.84
本外币各项存款余额（不含同业存款）	0	0	0	0	0
本外币各项贷款余额	8.57	7.03	7.80	14.60	42.59
净利润	6.00	8.66	11.15	12.38	12.11
不良贷款率(%)	0	0	0	0	0

（上海爱建信托有限责任公司）

上海汽车集团财务有限责任公司

【经营情况】

上海汽车集团财务有限责任公司(以下简称"公司")成立于1994年5月,是受中国银行保险监督管理委员会监管的非银行金融机构。2020年末,公司注册资本金为人民币153.80亿元(含1 000万美元),公司股东上海汽车集团股份有限公司和上海汽车工业销售有限公司分别持股98.999%及1.001%。

2020年,在突发新冠肺炎疫情和汽车产业大幅波动的不利情况下,公司通过创新变革,巩固产融结合优势,依然取得了优异的经营业绩。全年实现合并归母净利润51.38亿元,同比继续实现4.6%的正增长;全年合并营业收入193.01亿元;年末合并资产总额3 504.47亿元。

公司现任董事长王晓秋、总经理沈根伟。公司实行董事会领导下的总经理负责制,设1个党群部门和22个行政部门。

【变革创新】

公司以重塑绩效体系为抓手,持续推动建立多层次创新管理体系,提升企业发展动能,为公司可持续发展注入活力,全年提出的创新项目数量为往年数倍。年内通过不断的技术积累,在互联网支付服务上再获得突破,助力整车厂真正实现整车全线上销售。

公司设计打造了集整车线上销售、支付、贷款管理全功能的一体化平台,可覆盖线上线下全支付场景,深度嵌入全线上汽车消费贷款模式,目前已在荣威R品牌和上汽大众ID4线上直销中进行了应用,后续将为荣威/MG品牌、智己汽车和上汽奥迪线上直销提供服务,公司也成为财务公司和汽车金融行业第一家也是唯一一家真正实现"整车+金融"线上直销模式突破落地的金融企业。

【汽车金融】

(一) 发展成就

2020年,公司对外扶助经销商减负、支持整车厂布局,坚持以融促产;对内不断创新产品和服务、金融科技赋能线上业务,提升整体竞争力,最大程度稳定了汽车金融业务的基本盘。全年发放整车零售贷款近80万单;年末,汽车金融融资余额(含管理资产)1 228亿元;业务已覆盖全国309个地级市3 179家经销商。

2020年末,公司一站式互联网金融服务平台"好车e贷"累计注册用户已超500万;年内平台在行业内首家推出了线上全流程金融贷款服务,实现申请贷款、合同签署、直通放款的全线上操作。以此为基础,平台逐步建立了线上撮合、线上交易、线下交付的自主引流直销模式。"好车e贷"平台商户端年内上线"经销商二网商户端APP3.0",超过8 100家二网客户可以更便捷享受厂家金融支持。

(二) 产融协作

在年初突发新冠疫情时,公司及时出台一系列减负特殊政策,帮助经销商复工复产;在进入常态化防控阶段后,对疫情反复地区继续给予定向支持,持续降低经销商资金压力,支持实体经济恢复。在业务层面,持续整车厂网络布局;零售业务"新减税贷"、加装贷、新能源车信贷等产品多点开花;同时加强与金融板块协同合作,全面助力集团整车销售。

【公司金融】

(一) 发展成就

2020年,公司继续坚持通过多元化、差异化的金融产品,极致化、个性化的定制服务支持集团产业链各个环节的发展,以竞争优势保持企业存款稳定,最大可能降低疫情影响,2020年全年日均存款依然保持5%的正增长。

(二) 产融协作

年内,公司再次牵头组建上汽通用200亿元银团、上汽大通50亿元银团,为集团整车企业提供现金流储备,并多方协调,在疫情期间克服各种困难因素协助完成银团提款,为企业复工复产提供最有力的保障;继续以互联网支付支持出行板块,为上海市政府和集团重点出租车出行项目"申程出行"构建小额高频支付通道;打造"好票e贴"平台,为业外一级供应商提供全线上票据贴现服务,贴现时间最快可缩短至2小时。

【投融资】

(一) 投资

2020年,面对资本市场的高波动性和高流动性,公司通过专业化、精细化的操作,在风险可控的前提下,寻找低风险、中收益产品,实现了持续稳定的投资收益。

(二) 融资

2020年,公司抓住年中市场利率大幅走低的有利契机，再次发行100亿元车贷ABS，其中优先A1级票面利率1.70%，创下汽车金融行业历史发行利率最低纪录；优先A2级票面利率1.95%，也低于国有银行存单二级交易价格。

（三）股权投资

2020年，公司投资的合资企业——上汽通用汽车金融有限责任公司业务逆势继续保持增长，全年完成零售合同115万笔；年末，汽车金融信贷资产余额1 517.2亿。

【风险管理】

2020年，公司继续将风险控制作为发展的坚强护盾，全面提升风控水平。面对疫情的冲击，公司采取多种风控手段，多维度进行逾期管理，使汽车金融零售逾期率恢复至疫情前的正常水平；制定前中后台联动的风险应急处理机制，继续保持批发贷款零损失。此外，公司成立数据治理与数据安全团队，全面强化数据治理与数据安全工作；首创全流程内部审计信息化平台，全面提升内部审计在经营管理中的价值。

【社会责任】

2020年，公司关心社会、关爱员工、关注用户，积极践行企业公民的社会责任。对社会，持续23年援建井冈山畔田希望小学，不间断开展各种资金捐助和对口支援，年内被上海市红十字会授予“人道博爱荣誉证章”；对员工，创新活动形式，丰富文化内涵，通过举办“变革创新、拓路致远”为主题的线上线下融合年会，以及“创新同行、奋斗有我”企业文化主题实践活动，弘扬奋进主旋律；对用户，不断优化线上线下服务质量和效率，提升客户满意度；对受疫情影响特定客户给予多方面的政策扶持，共渡难关。

（上海汽车集团财务有限责任公司）

上海浦东发展集团财务有限责任公司

【概况】

2020年，上海浦东发展（集团）有限公司（以下简称“集团公司”）立足浦东改革开放再出发的新起点，紧紧围绕新区“2025年经济总量突破2万亿”目标和“五大倍增行动”，统筹推进疫情防控与企业经营发展，勇当浦东建设主力军和浦东民生守护者，全力减小新冠肺炎疫情对各项工作的影响，出色完成全年工作目标，实现“十三五”圆满收官，为“十四五”发展打下良好基础。全年实现主营业务收入200.45亿元，利润总额18.60亿元，截至2020年底，集团公司总资产1 680.14亿元，归母净资产705.42亿元。

【经营情况】

面对突如其来的新冠肺炎疫情，上海浦东发展集团财务有限责任公司（以下简称“财务公司”）在集团公司的正确领导下，在班子成员的通力合作下，在全体员工的共同努力下，克服了环境及市场的波动影响，按照决策部署，紧紧围绕资金集约管理和成员企业金融服务的基本定位，不断转变发展理念，致力实现集团价值最大化。全年实现营业收入4.12亿元，净利润2.60亿元，净资产收益率达10.40%。资本充足率、不良贷款率等重要经营资产质量指标，均符合监管机构监管要求。

年内通过协助集团公司推进资金系统建设，提升资金精细化管理，提高资金管控实效；通过协助集团公司及成员企业发行相关债券，保持直接融资最优成本，同时推进重点项目的银团组建，确保间接融资平稳有序落实；通过盘活存量金融资产、消化资金成本为抓手，切实为集团公司及成员企业提供定制化综合金融服务；通过持续推进信息系统建设、提高员工综合业务能力，确保财务公司风险可控、稳健发展。

【服务实体】

财务公司通过进一步拓展金融服务广度和深度，扎实推进各项工作的开展：一是加强集团公司所涉区域建设、绿色环保、保障性住房、长租房项目等相关信贷的支持力度，切实发挥以“融”助“产”。二是以执行LPR贷款利率定价机制为契机，主动降低自营贷款利率，积极推进银团贷款利率下浮，为客户节约融资成本。三是面对新冠疫情，提前安排部署，切实满足客户的融资需求，保障金融服务不断档。四是通过可研分析，重点就聚合支付、房企融资新规“三道红线”等事项，提供服务方案及成效测算，供客户参考决策。五是协助完成债务融资，降低融资成本。配合上市公司发行9亿元公司债，实现本年度一季度AA＋级发行人同期限产品最低；协助集团公司完成2020年公司债第一期10亿元的发行，票面利率为2017年以来地方国有企业同期限发行利率新低；协助浦房集团完成16亿元住房租赁专项公司债的发行，创2017年以来房企（含央企）发债利率新低。

【信贷业务】

财务公司积极开展绿色信贷业务，年内向集团公司环保产业累计发放贷款14.23亿元；协助集团公司推进上海市重点民生保障和区域开发、建设项目，年内发放保障房等房地产项目贷款9.81亿元。截至12月31日，累计发放各类贷款87.70亿元，日均贷款规模59.22亿元。

【资金业务】

财务公司科学、合理制定资金管理计划，保障落实新冠肺炎疫情期间集团公司及成员单位关键时间节点的用款，整体资金面合理充裕，公司流动性比例保持在合理阈值范围内。同时采取拓宽询价范围、比较多种资金业务的机会成本以及抓住关键时间节点资金利率高位的资金运作策略，开展存放同业活期、定期、活期定存、同业存单、银行间市场债券质押式回购和同业拆借等同业业务，确保财务公司全年考核目标的完成。

【投资业务】

财务公司秉持稳健审慎的原则，在满足流动性需求的前提下，克服了市场波动、信用违约加速爆发等诸多困难，开展货币基金、债券型基金、债券等产品投资，全年完成收益7 283万元，收益率4.14%，高于市场纯债型基金平均水平。

【资金集中】

协助集团公司开展银行账户清理工作，严格控制开户数量，加强账户管理工作，并重点以资金归集率为考核导向，进一步推进集团资金归集工作的落实，有效提高资金归集规模和使用效率。2020年，集团成员单位日均存款规模144.62亿元，年平均资金归集率为96.05%（剔除集团上市公司等不可归集因素）。

【业务创新】

财务公司立足服务集团的基本定位，积极拓展投行业务，不断提升综合金融服务水平，充分发挥集团智库作用。一是受托完成浦东新区国资企业首单要约收购，溢价率比市场平均水平低29.48%。二是协助集团内上市公司开拓金融投资。财务公司作为集团上市公司的金融工具投资财务顾问，充分发挥自身优势，从制度设计、方案形成、人员培训、策略制定、业务落地进行全流程咨询辅导服务，协助完成了14亿元的基金投资，在原有资金收益率基础上有效提升了12.07%。

【风险管理和内部控制】

财务公司通过开展年度法人客户评级和授信、信贷投向指引以及同业资金存放额度控制，结合公司业务系统刚性额度控制及开展压力测试强化公司风险防控措施；以数据治理为契机，从组织架构、制度建设、系统保障和数据标准、数据质量控制与数据报送、存储和共享应用五方面完善数据质量控制机制与监督机制，形成数据质量管理长效机制；开展信息系统等级保护测评工作，排查新核心系统高等级风险漏洞，确保核心系统有效运营；紧跟监管合规要求，做好合规政策解读培训，完善顶层设计，全面梳理并优化公司内控制度体系建设。

【人力资源管理】

制度建设方面，修订完善了《员工考勤管理办法》《招聘管理办法》，同时为进一步加强对公司员工履职行为的监督，推动公司廉洁建设，提升内控机制有效性，督促公司员工公平公正履职，新增了《员工履职回避管理办法》；培训管理方面，不断拓宽培训渠道，鼓励员工终身学习，以同行业挂职锻炼进行人才交流，提升员工职业素质；团队建设方面，完成3名专业序列人员续聘及5名专业序列人员评聘工作，同时共招聘4名新员工及时补充相关部室的人员需求。

【信息化建设】

财务公司全力配合集团资金管理平台建设工作，完成了财企直连功能的开发测试和部署上线。在集团统一要求和指引下，完成了新OA系统的采购和实施。按计划完成新业务系统网银功能上线，实现公司新业务系统全面建成投产。根据监管要求启动了二代企业征信系统的采购建设和金融基础数据报送系统的比选工作。2020年，公司的关键信息系统再次通过了安全等级保护测评。

【企业文化建设】

财务公司持之以恒推进企业文化建设与推广。通过成功续创2019—2020年度上海市文明单位，提升员工的向心力和归属感，进一步增强服务倍增软实力。通过职工技能竞赛、课题研究、宏观分析、业务研讨、网课学习等活动的深入开展，进一步提升员工的学习研究能力。通过抗疫募捐、各类主题党日活动的开展，进一步提升团队凝聚力。通过《中国共产党党章》学习、廉政网评文发布、廉政大排查、员工行为排查等活动的开展，进一步提升廉政风险防控能力。

【党建工作】

财务公司党总支树立“党建聚力、产融赋能”的党建品牌创建理念，将“开拓创新的金融服务先锋团队”贯穿于管理始终，有效促进了党建工作和经营管理协同发展：依托“问需、问计、问效”的“三问”原则，进一步加大业务理论研究、拓展金融服务深度和广度，提升金融资源配置能力和集团战略管理支持力度；将党建工作与队伍建设、作风建设、企业文化相结合，在培养政治过硬、清正廉洁、担当作为的干部队伍中强化党建引领、凸显党员意识。

【经营指标】

单位：亿元

指标＼年份	2016	2017	2018	2019	2020
本外币资产总额	186.02	186.60	197.38	223.10	246.87
本外币各项存款余额（不含同业存款）	157.27	157.89	165.70	189.43	219.04
本外币各项贷款余额	15.22	25.92	43.71	84.56	62.75
净利润	2.78	2.86	3.33	2.51	2.60
不良贷款率(%)	0	0	0	0	0

（上海浦东发展集团财务有限责任公司）

上海电气集团财务有限责任公司

【经营情况】

上海电气集团财务有限责任公司（以下简称“公司”）成立于1995年12月，由上海电气集团股份有限公司控股，2020年注册资本达22亿元。2020年，公司以助推产业发展为己任，积极应对国内外复杂多变的经济形势和新冠疫情带来的挑战，秉持“依托集团、服务集团、客户至上、创新驱动”的经营理念，切实做好集团“财务能力和意志”的延伸，科学有序地推进数字化、智能化转型发展。截至2020年12月末，公司总资产达773.84亿元，信贷资产达238.03亿元，吸收存款合计691.81亿元。

【资金集中管理】 公司在2020年内聚焦司库管理核心能力建设，积极协助集团实现资金集中管控。一是切实加强存量客户和新吸收成员单位的存款营销，有效引导成员企业实现资金归集的最大化；二是积极参与集团资金管控平台建设，协助集团梳理司库管控现状，并参与规划新一代管控型司库体系。

【信贷业务】 2020年面对突如其来的新冠肺炎疫情，公司积极承担起集团金融服务“主通道”的角色，不断加大对成员企业的信贷支持力度，有效实现信贷业务的扩面增量，2020年，本外币日均贷款规模处于历史高位。一方面，公司积极贯彻国家科技强国和绿色可持续发展的理念，持续向集团内科技创新和绿色环保企业给予信贷支持；另一方面，公司通过降低贷款和贴现利率等各类优惠政策充分让利成员企业，同时对受疫情影响严重企业的贷款作灵活的还款安排，帮助成员企业稳固发展根基。

【业务创新】 2020年，公司不断创新金融业务模式和产品设计，及时应对集团和成员企业的金融需求，助力集团产业稳增长、促发展。

一是依托集团与央企客户的战略合作，积极推广财务公司保函，并与多家央企财务公司之间形成了保函互认合作，大幅推进了央企业主对公司保函的接受度；二是充分利用银行授信资源，创新开展了分离式保函业务，为成员单位提供更丰富的保函服务；三是创新开展“双十一”金融产品促销活动，通过直播带货的模式向成员企业大力推广特色金融产品，并同步推出了专属优惠活动，涉及减费让利的金融产品涵盖了公司全部重点服务；四是充分利用多年来持续进行信用研究的良好基础，协助集团搭建符合上海电气行业特色的业主信用评估模型，并在2020年内率先完成了第一个子行业光伏模型。

【服务实体】 2020年，公司着力开展金融服务场景的设计与应用落地，充分实现了将金融服务界面从线下拓展到线上，也将产品设计针对的需求从线下拓展到线上，切实优化客户体验，抢占市场先机。一是落地票据ECDS线上清算功能，具备等同商业银行的票据清算能力，为集团成员企业票据融通提供更有力的支持。二是落地“融E贴”线上贴现业务，并向银行“秒贴”产品靠拢，通过更便捷的线上化业务提升财务公司金融服务能力。三是推进RPA（机器人流程自动化）二期项目建设，进一步扩大RPA流程规模达到15个、机器人数量4个，服务客户5家，着力打造一流的企业级RPA机器人管控平台；四是推进统一收付平台建设，为集团的电子商城提供安全性高、便利性强并具有可拓展性的线上清算服务。同时，统一收付平台下设员工智能扫码缴费模块，方便缴费员工、小微企业实时实地进行扫码付款；五是在柜面实现AI人脸识别技术，有效提升客户身份识别效率，筑牢金融机构安全防线。

【外汇业务】 2020年，公司积极服务集团“走出去”战略，充分发挥外汇业务专业性优势，深化公司目标定位，成为集团外汇业务统一办理的“入口”、外汇业务整体服务方案的“出口”以及深化外汇管理政策对外咨询的“窗口”。一是落实异地企业线上购付汇模式，提升了异地企业外汇业务操作的便利性。二是作为集团对接外汇局的统一窗口，公司进一步深化集团外汇业务窗口职能，推动集团重点项目落地。三是强化外汇顾问服务力度，承办了第三届上海电气外汇业务研讨会，通过聚焦外汇市场、境外投资和资本市场投资等热点话题，帮助成员单位更好地把握市场动态和政策变化。

【风险管理和内部控制】 2020年，公司不断强化监管指引执行力，切实提升风险管理的精细化和专业化水平。一是更加注重利用信息化、模型化手段实现风险管控的精细化管理，通过不断完善风险管理工具，开发建立高效全面的风险管理信息系统平台，强化科技对风险管理的支撑作用。二是持续夯实制度体系建设，紧跟最新的监管合规要求继续完善公司的制度管理体系，实现制度“颗粒度”达到具体岗位和流程。截至2020年12月末，公司有效制度达201项，合计新增和修订制度达44项。三是公司在2020年持续关注最新监管政策，加强对政策导向的研读，不仅聚焦反洗钱、案件防控和乱象整治回头看等重点领域的风险防控，同时不断结合自身业务特征，加强对日常业务的排查和预警，确保公司合规有序地开展业务。

【信息化建设】 2020年，公司全面提升内部运营的信息化水平和运作效能。一是初步建立了稳定的核心业务系统群，形成了五层架构、三类接口的应用服务体系，不断优化与提升业务服务效能，全年共完成核心系统改造需求32个。二是完成了底层数据仓库的建设，不断推进数据整合和分析决策应用能力；三是围绕核心系统做好外围接口的对接，充分满足各种监管要求，切实完成了票据ECDS线上清算、二代征信系统、关联账户额度管理、保理系统供应链升级等各类系统开发和功能的上线；四是根据集团和监管要求，进一步加大信息安全体系建设，聘请第三方安全机构对公司信息系统进行了全面的安全评估，完成了核心系统的三级等保认证。

（上海电气集团财务有限责任公司）

东航集团财务有限责任公司

2020年，全球经济在新冠肺炎疫情下受到极大冲击，国内外形势也经历着深刻复杂的严峻挑战，东航集团财务有限责任公司（以下简称“公司”）紧紧围绕东航集团（以下简称“集团”）的整体工作部署，坚持以习近平新时代中国特色社会主义思想为指导，深入贯彻党的“十九大”和十九届二中、三中、四中、五中全会精神，立足服务实体经济，服务主业，克服疫情对航空业带来的巨大影响，有序推进集团“三稳五加强八重点”的工作要求，落实公司防疫抗疫、安全经营、增收节支、改革发展等举措，较好地完成了年初董事会下达的经营目标和重点任务。在助力集团发展的同时，自身资产规模创新高，服务能力和实力进一步提升，实现“十三五”圆满收官，为“十四五”的良好开局奠定坚实的基础。

【经营情况】

2020年，公司实现营业总收入37 808.33万元，较上年的38 400.36万元减少592.03万元，减幅1.54%；发生营业总成本24 085.26万元，较上年的21 461.48万元增加2 623.78万元，增幅12.23%；税前利润为7 860.12万元，较上年同比减少46.83%。

截至2020年底，公司资产总额为5 548 644.84万元，较年初的1 150 855.63万元增加4 397 789.21万元，资产规模增加382.13%。年末公司资产集中在货币资金、贷款、买入返售金融资产、交易性金融资产和可供出售金融资产几方面。

【全力提供金融保障，顺利实现疫情防控】

2020年初，面对突如其来的新冠肺炎疫情，公司积极响应集团部署，迅速应对，全力提供各项金融保障，通过多项综合举措，顺利保证了航空主业的运营和防疫物资采购等各项资金支持。

公司制订了非现场业务应急预案和疫情期间日常结算方案，对成员单位提供了四大支持：即实现防疫物资采购24小时无间断付款、保障主业全渠道集中退票金额实时到账、全方位提供集团流动性融资支持、制定纾困扶持措施，包括疫情期间做到不抽贷、断贷、压贷，提供优惠贷款利率，免除委贷手续费，实施优惠担保费率等。

截至12月底，公司共完成购买防疫用品的紧急支付款项32笔，共计金额1 571.26万元；为东航成员单位提供结算服务475 156笔，累计结算金额15 642.65亿元。公司通过跨境人民币双向资金池实现资金流动合计约96.48亿元人民币；为集团成员单位完成结售汇26.32亿美元，收付汇68.37亿美元；通过跨国公司跨境资金集中运营管理，协助企业借入14 000万美元、对外放款12 000万美元、归还外债27 371.56万美元，新增海关保函4亿元，有效地支持了集团的经营。

公司全年累计发放贷款325.47亿元，较去年同期205.22亿元上升58.59%，日均贷款54亿元，同比增长68%，为东航成员单位节约贷款利息5 584万元，减免委贷手续费80万元，减免保函手续费26万元，有力地支持了东航防疫工作和现金流稳定，降低了成员单位财务费用和融资成本，保障安全生产经营。

【规范开展业务，提升风险防控】

2020年，公司严守风险管理三道防线，始终秉持在严控风险的前提下开展各项业务，针对不同的风险采取风险识别、风险评估、风险控制、事后评价等策略，保证了公司的稳健运营，整体经营风险可控。公司注重塑造风险管理文化，倡导员工主动发现风险隐患或问题，在公司范围内形成尊重规章、严守规章并恪守职业操守的良好工作氛围。2020年公司风险管理的重点工作内容如下：

开展银行业保险业市场乱象整治工作“回头看”工作，坚持自查从宽、他查从严、立查立改的原则，检查要点覆盖公司治理到业务开展，做到全方位、规范化检查。

开展规章制度全面梳理专项工作，2020年，公司总共签发制度54项，其中新增31项、修订原有制度23项。

完成信贷业务系统升级、投资业务系统和流动性风险监测系统上线，实现主要风险全覆盖，各项风险管理措施得到细化，风险管理效果全面提升。

深入开展数据质量治理工作，做到自查要点全面覆盖，逐一梳理各项问题，制定整改计划，不断推进数据质量有效提升。

做好每日流动性风险监控及流动性计划管理，确保符合流动性监管比例要求，积极关注央行货币政策执行情况和人民币同业交易市场价格波动，动态掌握市场资金成本和市场流动性信息，特别加强关注疫情影响下集团资金流动性安全情况，适时开展压力测试工作。

做好日常市场风险管理，对投资业务严格进行事前审核、事中监控和事后评估，开展交易对手的准入工作，定期评估交易对手资质情况，确保投资操作符合授权、投资产品能够及时止损。此外，实时监控外汇交易情况，对每笔外汇交易进行复核，确保头寸无误、额度符合规定。

做好信用风险管理工作，对客户贷款使用和合同执行等情况进行定期检查与监督，滚动评估其信用情况，完善客户信用等级评估体系建设，并按季度做好资产五级分类评估和减值准备计提等工作。

严格内控管理工作，预防操作风险。分别按照董事会授权和总经理授权做好各层级授权管理工作；做好系统管理员角色，按照业务划分、内控要求对权限及操作额度进行设置、变更和注销；对大额资金的划出进行多道复核，确保资金安全。且定期开展内控评价工作，梳理检视各内控环节，不断完善内控管理。

利用反洗钱系统做好每日可疑交易排查及辅助上报工作，采用量化分析模型进行系统筛查，减少人工环节，进一步提高了反洗钱工作的有效性。

完成股东资质评估、股权治理、信息安全、合同管理、非法集资、案件防控等方面的专项检查和各类新业务的风险评估工作。

【创新金融服务，加大科技赋能】

公司扎实推进金融服务实体经济的战略部署，精心筹备并通过验收获批成员单位产品的消费信贷和买方信贷业务资格，积极与主业系统对接，助推航空主业发展。公司以融促产，加强创新，丰富开拓产品线。与东航股份推进合作UATP业务，成功举办“东航账户E”上海地区首次推介会，试点东方航食地面餐食项目应收账款保理业务等，将金融服务领域拓展至集团产业链下游的个人端和企业端。保障主业全渠道退款、不正常航班赔付、B2T业务结算近

15亿,新接入行李自动赔付,创新业务的多点开花,扩展了集团航空金融产业的布局,有效促进了公司对客户服务的提升。

随着金融科技的迅速发展,公司加大科技赋能,大力推进信息系统建设,开发机器人项目优化"自动化结算支付""外汇财企直联接口"等系统功能,提升本外币结算效率。完成并上线投资交易系统及信贷业务系统升级换代,做到投资交易审批、记账,闭环风控管理线上化,新增信贷功能对接二代征信,加强贷后管理落实受托支付监管要求。实施流动性动态监测系统,动态及时监测流动性指标数据,实现可视化管理。信息系统业务全覆盖,业务处理和管理水平上新台阶。

公司将大数据分析技术引入买方信贷客户贷款审批和金融保理的客户财务能力评估中,高效识别和防范风险。探索便捷高效的互联网金融服务,借助消费信贷产品开拓互联网运营新模式:线上机票分期申请和放款实现自动化,运用本地化风控决策引擎和预警系统,将风险管理模型以项目化方式进行灵活管理,实现风险策略的自动化、智能化,激活数据价值,提升评价效率。

【经营指标】

单位:亿元

指标 \ 年份	2016	2017	2018	2019	2020
本外币资产总额	128.47	167.43	110.62	115.09	554.86
本外币各项存款余额(不含同业存款)	102.25	141.35	81.77	85.52	527.40
本外币各项贷款余额	22.76	37.98	19.34	59.31	119.65
净利润	0.95	1.41	1.7	1.13	0.68
不良贷款率(%)	0.76	0.46	0.90	0.19	0.09

(东航集团财务有限责任公司)

申能集团财务有限公司

【经营情况】

申能集团财务有限公司(以下简称"申能财务")取得上海银保监局2020年度监管1B级评级结果,经营状况良好,风险管理能力强。截至2020年末,申能财务实现净利润4.92亿元,总资产282.46亿元,净资产32.30亿元。各项监管指标执行情况良好,不良率为零,符合监管要求。

【风险管理情况】

2020年,申能财务坚持合规发展的理念,不断加强自身能力建设,积极探索提升精细化管理水平的各项措施。主要包括:

加强制度建设,完善流动性风险管理相关制度。公司制定并发布了《流动性风险管理办法》,定期完成流动性压力测试工作,进一步提升预防流动性风险的能力。

修订完善《应急预案》,新增流动性风险应急预案,建立流动性预警机制及流动性补充机制。

公司定期开展信息系统风险事件的回顾机制,建立信息系统上线、版本迭代的多维度评估机制,进一步强化信息科技风险管理措施,构建信息科技风险常态化防控体系。

为正确贯彻实施《中华人民共和国民法典》,同时结合相关监管的最新要求以及公司业务实际操作,公司2020年开展格式合同梳理工作,建立标准规范的业务格式文本,为业务开展保驾护航。

【服务实体经济情况】

(一)信贷业务

2020年,申能财务跟进集团重点能源项目信贷需求,统筹组合自营贷款、产业链、银团、清洁基金委贷等多种融资方式,做好项目配套信贷保障。2020年末,已与124家贷款客户发生信贷业务,发放贷款158亿元,公司绿色信贷投放占比63%。公司切实落实政策支持为成员单位提供抗疫优惠贷款1 400万元,切实为成员企业抗击新冠疫情、复工复产提供金融支持。公司积极应标新的银团项目,全年新增银团放款总额3.40亿元,在引入财政部清洁基金委贷方面完成放款6 500万元。同时公司响应央行关于贷款市场报价利率形成机制改革要求,实现自营贷款LPR贷款定价全覆盖,为成员单位不同程度地节约了融资成本。

(二)产业链金融

2020年,申能财务延伸产业链业务有序推进,业务量达到一定规模,新增15家供应商客户,实现产业链放款近7亿元。财务公司积极营销集团内新的业务板块,将其作为产业链核心企业目标客户,做好业务场景的储备。除上游供应商外,与系统内燃气企业针对下游直供用户天然气款的应收账款保理模式也进一步得到了开拓,为实现产业链业务向下游延伸做好一定的铺垫。

（三）服务创新

2020年，申能财务完成“申财通”系统2.0版页面调整及升级改版需求确认，开展“申财通”系统2.0版升级改版用户需求调研，向集团成员单位发放相关业务问卷调研表，征集实质性优化意见及建议，作为本次“申财通”系统2.0版改版需求重要组成内容。同时结合调研反馈情况，完成“申财通”系统2.0版升级改版需求确认工作。

2020年，申能财务接入上海票据交易所电票业务线上清算，真正实现了票据业务票据流、资金流、信息流的“三流合一”。通过解决票据和资金不同步交割所带来的资金风险，加快票据资金回流，有效提升电子商业汇票资金清算效率和信息的安全性，使公司票据服务能力和票据基础设施建设迈上新的台阶。

截至2020年末，集团成员单位累计签约开通电子商业汇票业务47家，全年累计办理各类出票共计21.29亿元；办理电票贴现21.18亿元；再贴现业务累计完成21.38亿元，其中3亿抗疫专项再贴现额度，用于集团系统内保供支持复工复产行业的小微企业。2020年10月正式开通上海票据交易所线上清算业务，制定票交所资金账户备付金管理制度和线上清算业务操作细则，通过“制度加科技”的手段充分保障业务创新与风险防范并举，极大提升了公司票据业务服务能级。

（四）外汇业务（公司金融部）

2020年，申能财务紧跟集团国际化发展战略，发挥自贸区金融平台优势，推进集团跨境结算和海外项目配套金融服务体系建设。完成代客结售汇56笔，公司主动对接有境外融资需求的企业，跟进落实海外能源项目和转口贸易进展，拟通过政策研究、同业交流等形式尽快落实提供全面的海外项目跨境金融配套服务方案。

（五）疫情防控

2020年，申能财务全力做好集团金融服务保障，确保集团成员企业涉及供气供电供能的各项金融业务顺利办理。公司通过微信公众号发布《申能财务新冠疫情防控期间金融服务指南》。复工复产后，快速恢复全面金融服务，积极响应客户业务需求。针对新冠疫情特殊需求，为虹桥商务区能服项目公司发放优惠利率抗疫支持贷款1400万元，切实为成员企业抗疫复工复产提供金融支持。公司开通绿色通道，顺利完成西气东输款项的代理支付和天然气款购汇划款等操作，确保申能集团资金支付结算高效畅通，从而保障上海市天然气正常供应。

（六）资金业务

2020年，申能财务通过定期资金平衡例会机制对资金进行余缺管理，在确保资金安全性的前提下对不同频度的资金进行有效配置，兼顾资金流动性和收益性，提升资金运用效率。2020年，申能财务通过人行再贴现业务取得外部融资21.38亿元，用于支持集团系统小微企业、绿色信贷资金需求；申能财务年度累计拆入资金197.50亿元，有效地补充了日常流动性。另外，公司通过不断提升信息技术管理水平，完善资金监测体系，实现对流动性指标实时监控。

（七）信息化建设

2020年，申能财务信息化建设按照集团以及公司年度重点工作要求，扎实推进公司信息化工作开展。在应用系统建设方面，配合集团共享中心建设，完成共享服务数据平台的建设；配合央行LPR利率实施推进，完成新一代LPR信贷系统的上线运营；引入RPA流程机器人技术，推进RPA项目的实施和应用；提升票据清算能力，完成票交所电票线上清算功能；落实监管要求，实现业务线上流程化以及加强数据应用；在信息安全方面，切实保障重要时期网络安全，完成财企直联SSL VPN国密算法实施、安全态势感知系统、数据安全云盘等各类安全项目的实施。

（八）重大活动

2020年9月16—18日，根据中国清洁发展机制基金管理中心关于清洁发展委托贷款项目现场检查的相关要求，申能财务分四批次接待了清洁基金委托的第三方机构检查人员，赴青浦热电、液化天然气、森兰外高桥、虹桥商务区新能源等公司项目现场，协助借款人就项目建设进展、企业财务情况、生产经营情况、企业信用状况等进行了现场检查接待及资料准备工作。通过此次贷后检查，巩固了申能财务与清洁基金的良好合作关系。

2020年10月28日，申能财务2020年度秋季论坛成功举办。申能财务秋季论坛始终把握市场热点，紧跟时代脉搏，已经成为申能财务与集团成员企业，以及合作伙伴之间沟通交流的桥梁。

【经营指标】

单位：亿元

指标＼年份	2016	2017	2018	2019	2020
本外币资产总额	190.66	169.75	216.07	229.51	282.46
本外币各项存款余额（不含同业存款）	159.56	135.76	186.94	192.50	235.93
本外币各项贷款余额	86.41	104.44	133.13	123.48	158.89
净利润	3.52	3.99	3.72	3.88	4.92
不良贷款率(%)	0	0	0	0	0

（申能集团财务有限公司）

中国电力财务有限公司华东分公司

【概况】 2020 年，中国电财华东分公司以习近平新时代中国特色社会主义思想为指导，坚决贯彻落实国网电网公司党组和中国电财党委各项决策部署和工作要求，坚持党建引领，顽强克服新冠肺炎疫情影响，提质增效，严控风险，持续提升金融服务能力，各项工作有序推进，确保了良好发展态势。

【经营情况】 华东分公司实现考核利润 10.32 亿元，完成年度计划的 120.77%；存款日均余额 1 241.11 亿元，同比（剔除东西帮扶）增长 10.59%；贷款日均余额 459.81 亿元，同比增长 5.22%；资金备付额度 84.41 亿元。无结算差错，无不良贷款、无新增不良资产。

【提质增效精益化】 积极落实提质增效专项行动工作部署，通过聚“六力”促“六效”行动、“党建＋提质增效”工程、“提质增效当先锋，我为党旗添光彩”党员承诺等丰富多彩的活动宣传形式，超额完成各项经营任务，提质增效工作干得出色、突出特色。大力稳定存款，顶住压力坚守资金备付最低安全底线，紧抓主业存款拓展这个牛鼻子，做好余额“双监测”工作，大力推动补充医保账户挂接和“稳利金”产品推广，全年新增“电利金”存款 53.80 亿元，有力地稳定了存款规模。加大循环贷款、票据贴现业务的办理力度，及时满足客户融资需求，全年累计发放循环贷款 115 亿元，办理票据承兑 40.85 亿元，办理产业链贴现 15.91 亿元。建立财务综合评价体系暨财务情况通报机制，加强区域内银行存款利率管理，组织实施区域银行存款定向配置方案。

【服务建设体系化】 加快“1＋5”区域新型客户服务体系建设，打造“338”重点工程，完善重点工作沟通机制，推动关键信息共享三项年度重点工作取得实效。组织辖内安徽业务部完成 5 亿元流动资金贷款受托支付工作，实现中国电财受托支付先行先试。配合中国电财加快统一客户服务电话知识库试点工作，组织完成知识库评审验收和场景手册编制工作。稳步推进产业链金融业务，开展票据贴现业务流程优化研究。积极组织落实英大集团“电 e 金服”产业链金融平台推广应用，推进辖内福建分公司 0.8 亿元“票融通”试点工作。

【依法治企规范化】 坚持依法从严治企要求，全面提高企业合规合法管理水平。开展结算风险案例编制和应用工作，梳理历年资金安全检查问题清单，提升结算检查闭环管理实施效果。加强票据业务风险防范，编制华东分公司承兑业务到期流动性风险应急预案，确保合规经营。以中国电财组织的反洗钱工作、征信业务、贷款及保函业务专项审计为契机，全面排查和整治存在问题，依法治企水平得到显著提高。建立华东分公司授权采购工作机制，编写采购工作操作手册，明确权限、流程，为规范采购工作并提高工作效率打下基础。全年 1 104 报表和 EAST 标准化数据报送工作保持“零差错”的良好局面。

【党建引领特色化】 抗击疫情党旗飘，华东分公司党委高度重视新冠疫情防控，靠前指挥，充分发挥党的领导作用，确保职工零确诊、零疑似“双零”目标。大力推进“初心领航”党建品牌建设工作，形成“省级机构—支部—品牌”。以“基层党建巩固提升年”为抓手，持续推进标准化建设，完成国有企业基层党组织工作条例对标自查。丰富岗位实践形式，开展“我是党员我承诺，防控疫情我先行”“做好电力先行官、架起党群连心桥”等多项主题党日活动。增强党建互动交流，赴国网华东分部、上海电力公司开展党工团交流学习。参与地方区域化党建“共建、共治、共享”，获得“扶贫先锋”称号。

2021 年，华东分公司将以国家电网公司建设具有中国特色国际领先的能源互联网企业的战略目标为指引，以争当落实国家电网战略的金融服务排头兵为方向，坚定不移地落实中国电财“三位一体、绿色发展、全面创优”的发展思路，在“初心领航”党旗引领下，奋楫扬帆，行稳致远，开启“十四五”“新航线”工程，坚定地走好能源电力金融特色的高质量发展道路。

（中国电力财务有限公司华东分公司）

中国石化财务有限责任公司上海分公司

【概况】

中国石化财务有限责任公司上海分公司(简称“上海分公司”)是中国石化财务有限责任公司驻沪分支机构，1992年11月11日经中国人民银行批准成立上海代表处，1994年11月29日经中国人民银行批准成立上海办事处，2007年4月经中国银保监会批准，7月19日正式挂牌更名为上海分公司，注册营运资金1亿元。

【业务范围】

分公司业务范围：吸收成员单位的存款；对成员单位办理贷款及融资租赁；办理成员单位之间的内部转账结算；对成员单位办理票据承兑与贴现；办理成员单位之间的委托贷款及委托投资；协助成员单位实现交易款项的收付；对成员单位办理财务和融资顾问、信用鉴证及相关的咨询、代理业务；经批准的保险代理业务；经公司批准的属于财务公司经营范围内的其他业务。

【特色服务】

目前，分公司根据上海银保监局的核准和总部的授权，主要从事的业务包括内部转账结算、吸收存款、发放贷款、票据贴现及转贴现等。按总部业务区域划分，为上海、浙江、福建三地中石化集团持股20%以上的各石化成员企业提供金融服务，共有开户企业180家，业务涵盖石油化工行业上、中、下游各类企业。各项业务的开展接受人民银行上海分行及上海银保监局的领导、监督、检查、管理及指导。

【主要业绩】

2020年，分公司全年资金总流量达3.95万亿元；实现营业收入16 973万元；实现利润9 974万元；全年日均贷款26.09亿元；日均存款19.64亿元。

【金融文化】

中国石化财务有限责任公司是中国石化为加强集团资金集中管理和提高集团资金使用效率而设立，为中国石化成员单位提供财务管理服务的非银行金融机构。作为分支机构，上海分公司围绕“立足石化，服务主业”“集团利益最大化”的使命和宗旨，坚持行稳致远的总要求，促进集团优化资源配置、节约财务成本、保障资金安全、提升运行效率。2020年，面对新冠肺炎疫情防控常态化和严峻的外部环境，上海分公司根据集团公司年度工作会议和财务公司党委工作安排，严格遵循中国人民银行上海分行和中国银行保险监督管理委员会上海监管局的行业监管，积极响应集团公司“百日攻坚创效”“持续攻坚创效”行动，锐意进取，攻坚克难，进一步增强金融服务意识和提升金融服务能力，积极稳妥开展市场化业务，持续强化风险防控和内部管理，多项措施并举，主动为成员单位提供优质高效的金融服务，探寻经营发展新契机，为集团企业提供高效优质的金融服务，助力集团主业发展。

【信贷业务】

深化“一企一策”精准服务，坚守功能定位，深化产融结合，积极服务集团“一基两翼三新”产业格局，分公司通过持续加大企业走访力度，了解企业的经营情况及最新的动态，根据不同客户特点，量身定制金融服务方案，加大差异化服务、个性化服务力度，提高精准服务水平。在服务好集团主业的同时，充分利用集团上下游一体化优势，大力开展产业链票据贴现、应收账款保理等产业链金融业务，2020年，新增产业链备案客户96家，办理产业链贴现771张，金额16.08亿元，同比增加了6.43亿，增幅66.54%，增强集团成员单位对产业链的影响力和黏性，有效缓解了产业链客户尤其是受疫情影响较重客户的资金困难，提升分公司产业链金融服务水平和效率。

【风险管控】

坚持加强内部管理，始终把风险防控放在突出位置，牢固树立大局意识，持续强化全面风险管控，严格落实各项监管要求，依法合规开展各项业务，确保风险始终受控，未出现任何风险事件。有效发挥稽核监督作用，常规稽核工作与业务同步开展，稽核人员参与走访企业，加强现场调查力度，从源头上把好客户准入关，持续关注服务区内重点企业的复工复产及经营情况，紧盯贷款企业和开票企业的资金情况，关注其资金流向及货款回笼情况，杜绝发生流动性风险。加强员工的“自我约束”和“尽职监督”控制，在分公司内部形成良好的合规文化氛围，组织全员合规培训，开展银行业金融机构案件警示教育，不断提高全员合规意识能力，为规范经营管理、加强风险防控发挥积极的作用。

【党建工作】

上海分公司始终坚持认真学习贯彻习近平新时代中国特色社会主义思想和党的“十九大”精神，着力推动党建工作与中心工作深度融合，积极探索创建有自身特色的党建工作模式。一是抓政治建设，提升思想引导力。在坚持“三会一课”制度基础上，结合专题研讨、辅导讲座、网络教育、微党课等多种方式，引导党员干部增强“四个意识”、坚定“四个自信”、做到“两个维护”。二是深化党建引领，凝聚发展合力。2020年，上海分公司与辖区内企业开展党建共建，做到资源互享、经验互用、优势互补，达到以党建促业务的“多赢”效果。三是抓作风建设，弘扬风清气正。紧紧扭住作风建设不放，深入抓好贯彻执行八项规定精神，使党员干部切实树牢红线意识，全力营造风清气正的氛围。

【经营指标】

单位：亿元

年份 指标	2016	2017	2018	2019	2020
本外币资产总额	43.59	57.53	72.72	83.86	76.31
本外币各项存款余额	17.96	19.44	15.09	44.85	12.64
本外币各项贷款余额	25.01	39.17	49.74	40.97	38.74
净利润	0.67	0.6	0.5	0.35	0.35
不良贷款率(%)	0	0	0	0	0

（中国石化财务有限责任公司上海分公司）

上汽通用汽车金融有限责任公司

【经营情况】

上汽通用汽车金融有限责任公司(SAIC-GMAC)成立于2004年8月，总部设在上海，是中国银监会批准成立的全国第一家汽车金融公司。公司由上汽集团财务有限责任公司、General Motors Financial Company, Inc.和上汽通用汽车有限公司合资组建。截至2020年末，注册资本为人民币65亿元。经过十多年的建设与发展，公司已成为一家覆盖范围广、业务品种丰富、服务水平一流的汽车金融公司。

截至2020年末，公司资产总计为人民币1 443.79亿元，净资产193.94亿元，零售存量合同数超过249万笔，已为超过740万零售客户提供了汽车消费信贷服务，并与全国335座城市中超过9 068家经销商建立了良好的零售信贷业务合作关系。截至12月末，公司管理的信贷资产规模达到1 517亿元(含服务类资产231亿元人民币)，同比增长10.96%。批发业务方面启动了302个城市中的1 367家经销商，全年累计为上汽通用汽车提供新车融资超过118.4万台，为上汽通用五菱提供新车融资2.0万台。与此同时，公司信贷资产质量持续向好，批发业务继续保持零损失，零售净损失实现历史新低位，损失回收率不断提高。

【主要风险管理】

（一）信用风险

公司自成立以来，各零售品牌风险管理情况良好。2020年末，不良贷款总余额42 402.97万元，较上年增加9 539.15万元，占贷款余额总额的0.33%，较上年增加0.04个百分点，低于行业平均水平。公司密切关注外部欺诈风险趋势变化，迅速采取了一系列强化措施控制风险，保证公司的资产质量。公司非常重视不良贷款的处理工作，依据不同客户情况，提供多种解决方案。

截至2020年末，公司批发信贷资产未出现不良，风险可控。批发信贷业务由于其单户金额高、监控难度大等特点，成为公司风险控制及管理环节的重中之重。公司以控制风险为核心，建立全面的风险管理体系，不断创建及完善风险控制流程，构建缜密的风险防范手段，包括日常风险管理措施，建立及完善风险预警体系，以及对潜在风险及早发现和控制。

（二）流动性风险

按照1个月内到期的资产和负债来统计流动性比例，公司2020年12月底流动比率为194.39%。

2020年上半年，为应对新冠肺炎疫情，央行实行较为宽松的货币政策，下半年，随着疫情有效控制，流动性较上半年有所收紧。公司始终致力于融资渠道多元化，通过银行借款、发行资产证券化、金融债等多个渠道获取不同定价和期限的资金，有效分散融资集中度。

（三）操作风险

针对操作风险的控制，公司从基层抓起，各部门制定及采取严格的交叉检查制度，保证每一重要工作环节都有第二人校对。操作风险的控制也是公司合规部门及内审部门监督、测试和审查的重点。

【服务实体经济】

根据人民银行政策指导，为进一步支持优质中小微经销商业务发展，公司在风险可控的前提下，计划通过接受其他担保方式降低经销商保证金要求(例如接受经销商自有展厅抵押)，为经销商释放更多流动性，帮助其更好地发挥核心渠道作用。

融资难、融资贵是中小微企业发展中普遍遇到的问题，而汽车经销商绝大部分都属于中小微企业。扶持中小微企业、服务实体经济是公司批发信贷业务的宗旨。一直以来，公司批发信贷业务为经销商的生产经营和企业发展提供了有力的融资支持。公司与汽车生产厂商共同提供的新车批发融资息期优惠商务政策在中小微企业的发展、缓解中小微企业的资金压力、促进实体经济的健康发展方面发挥了重要的作用。

公司开业至今，已累计为经销商超过 1 522 万台车辆提供了库存融资，累计发放贷款超 21 044 亿元人民币。2020 年当年，公司为经销商发放贷款金额 1 965.77 亿元人民币，共计 1 194 911 笔，贷款余额 342.28 亿元人民币。从客户结构来看，公司批发信贷在 302 个城市中的 1 367 家经销商，主体为中小微企业，截至 2020 年 12 月 31 日，其占比已稳步增长到了 100%。

实体经济与金融同生共荣，公司始终贯彻“以产促融、以融助产”的经济模式，不断提升品牌渗透率，促进中国汽车销量。2020 年全年，别克、雪佛兰、凯迪拉克和上汽通用五菱总销量超过 288 万台，同时，截至 2020 年末，公司各品牌的渗透率分别为，雪佛兰 53.46%，同比增长 6.91%；别克 45.71%，同比增长 1.59%；凯迪拉克 37.54%，同比降低 3.77%；五菱品牌为 29.95%，同比增长 9.64%。

【产品和服务创新】

为响应国务院“发挥新消费引领作用，培育新供给新动力”的号召，公司基于 10 多年的汽车金融经验，稳妥推进产融对接工作，积极推动新消费及绿色经济。根据中国人民银行与银监会下发的《关于加大对新消费领域金融支持的指导意见》(银发[2016] 92 号)，依托汽车贷款融资范围拓宽，以及二手车与新能源车首付比例降低两大利惠政策，公司在得到监管认可后，第一时间将对应产品投向市场。公司附加品融资业务于 2016 年 4 月下旬正式启动，目前该业务已经实现所有经销商渠道的全覆盖。2020 年 1—12 月，公司共发放涉及附加品汽车贷款 744 185 笔，同比上升 11.31%(该业务开展至今已累计发放涉及附加品汽车贷款 2 120 066 笔)。为更好支持客户附加品贷款需求及响应经销商附加品销售实际操作困难的诉求，公司自 2018 年第二季度开始调整了附加品贷款受托支付凭证收取要求，对于经销商销售的附加品(除购置税和保险外)，贷款额以车价发票金额的 15%或 3 万元孰低为上限，可以提供发票或者是收据与客户签字经销商盖章清单明细作为凭证。新能源汽车是未来汽车市场发展的重要方向，汽车金融公司作为对实体经济的有效补充，能够通过加强对新能源汽车绿色信贷的扶持，推动新能源车的有效推广。公司不断创新，积极探寻、研究支持新能源车贷款发展的有效实现方式。截至 2020 年四季度末，公司累计发放该类贷款 60 505 笔，累计贷款金额 28.62 亿元；贷款余额 13.76 亿元，同比增加 54.45%。

二手车汽车贷款方面，公司自 2012 年下半年通过市场调研与准备，开始逐步推出二手车零售贷款业务和二手车批发融资业务。在二手车零售业务中，截至 2020 年 12 月底，公司已累计发放二手车贷款 44 392 笔，累计发放金额约 30.45 亿元。截至 2020 年底，公司二手车贷款余额约为 7.19 亿元，贷款余额同比 2019 年上升 217.50%。

免抵押汽车贷款方面，根据中国人民银行、中国银行业监督管理委员会下发的《汽车贷款管理办法》，公司于 2018 年 6 月正式开展免抵押汽车贷款。在业务初期，公司仅在一、二线城市中选取部分优质经销商进行试点向优质客户提供。截止到 2020 年 12 月底，公司免抵押汽车贷款 202 949 笔，贷款余额 91.06 亿元，占公司贷款余额的 7.08%。

【重大活动】

2020 年 3 月 9 日，上汽通用汽车金融有限责任公司(以下简称“公司”)完成了公司第十五单信贷资产证券化产品“融腾 2020 年第一期个人汽车贷款资产支持证券”的发行。本次发行金额为人民币 30 亿元。

2020 年 4 月 16 日完成了公司第十六单信贷资产证券化产品“融腾 2020 年第二期个人汽车贷款资产支持证券”的发行。本次发行金额为人民币 100 亿元。

2020 年 4 月 21 日，公司完成了“2020 年上汽通用汽车金融有限责任公司金融债券”的发行，即公司发行的第八单金融债券。本次金融债券发行金额为80亿元人民币。

2020年7月21日完成了公司第十七单信贷资产证券化产品“融腾2020年第三期个人汽车贷款资产支持证券”的发行。本次发行金额为人民币70亿元。

【经营指标】

单位：亿元

指标＼年份	2016	2017	2018	2019	2020
本外币资产总额	777.65	1 064.45	1 214.65	1 217.45	1 443.79
本外币各项存款余额(不含同业存款)	4.86	7.10	8.36	4.62	4.70
本外币各项贷款余额	723.13	872.13	999.57	1 097.45	1 245.37
净利润	21.99	26.04	29.24	31.52	33.13
不良贷款率(%)	0.17	0.08	0.09	0.29	0.33

（上汽通用汽车金融有限责任公司）

东风日产汽车金融有限公司

【经营情况】

在零售业务方面，截至2020年12月31日，东风日产汽车金融有限公司共在全国397个城市开展了业务。目前共有1 636家经销商开始使用该公司的零售金融产品，累计零售贷款车辆共3 188 560台。截至2020年12月31日，个人零售贷款合同余量为1 252 512个，机构(非经销商)零售贷款合同余量为8 915个，经销商零售贷款合同余量为6个。零售贷款余额为人民币557.71亿元。

截至2020年12月31日，附加品产品贷款(包括延保贷款、保险贷款、购置税贷款、VPS贷款及汽车装潢贷款等)余额为96 307.01万元；新能源汽车消费贷款余额为33 805.67万元；二手车消费贷款余额为7 446.27万元。

在库存融资业务方面，截至2020年12月底共有857家经销商在使用该公司提供的信贷额度，857家经销商核准的授信额度为149.34亿元。截至2020年12月31日，对经销商的总贷款余额为82.28亿元。

信用风险方面，公司管控的方法妥当，虽然2020年受到新冠肺炎疫情影响，但公司已积极有效地采取了应对措施。总体而言，信用风险可控。

市场风险和流动性风险水平相对较低。公司在市场跟踪定价的基础上，综合考虑公司的成本结构和期望利润水平制定产品的价格。2020年，公司落实贷款市场报价利率(LPR)机制，存量合同和新签合同均按照贷款市场报价利率执行。总体上，市场利率变动对公司产品价格的影响较低。另外，公司目前没有外汇业务，因此不存在汇率风险敞口，基于利率和汇率的市场风险水平低。随着资产规模的增大，公司不断拓展多元化的融资渠道。目前，直接融资方式如资产证券化和金融债已经成为公司的常规融资渠道，短期融资渠道包括线上同业拆借等可满足短期资金的需求，公司一直高度关注并监控流动性管理，制定了流动性风险管理制度及流动性应急计划。公司整体流动性风险较低。

关于操作风险，由于内控梳理，公司及时制定并修改了相关政策流程和操作手册，每年进行两次全公司范围的操作风险自查，操作风险属可控范围。

关于战略风险：公司作为股东方共同出资设立的汽车金融公司，鉴于目前的经营模式，业务战略的制定与实施是基于与股东方下属品牌主机厂的密切合作、捆绑形成的双赢盈利模式，使得由单方面决策失误引发的战略风险相对较低。

从汽车金融的作用而言，汽车金融作为产业链的一个组成部分，对终端销售有直接的刺激作用。汽车金融能够为消费者提供灵活的金融服务产品，为满足消费者购车需求提供资金支持，它和汽车产业相结合，互相配合，在拉动汽车销售的同时也促进了居民及机构消费。今后，公司将继续响应国家号召，不断改善零售汽车贷款金融服务并加大对中小微企业及经销商购车融资的支持。

零售金融方面，2020 年，公司继续联合东风日产、东风启辰、东风英菲尼迪和郑州日产主机厂开展零售金融促销活动，为个人购车客户、机构购车客户提供贷款服务，包括为东风日产品牌推出“安享贷”“缓供贷”“至友贷”“增益贷”等产品，为客户提供更丰富的贷款产品、助力经销商改善收益；为东风启辰品牌推出“缓供贷”“定额贷”“无忧贷”、灵活还款产品、赠送精品等产品。为支持新能源汽车的发展，公司为东风日产轩逸纯电和东风启辰 D60EV、E30EV、T60EV 等车型配套了多种金融产品，客户不仅能享受国家补贴政策，而且得到金融提供的支持与便利。为推进二手车业务发展，公司开发了多款二手车贷款产品，满足不同客户的贷款需求。

库存金融方面，公司继续为合作的主机厂、经销商提供库存融资服务，针对东风日产、东风启辰实施库零联动方案，针对郑州日产实施“轻松贷”、大客户延迟还款库存融资产品，助力经销商更便捷地获得库存融资支持，降低经销商的融资成本，帮助经销商改善库存管理。

【经营指标】

单位：亿元

年份 指标	2016	2017	2018	2019	2020
本外币资产总额	347.78	443.05	532.54	647.42	683.22
本外币各项存款余额（不含同业存款）	81.94	106.94	135.53	88.37	102.14
本外币各项贷款余额	324.00	406.52	502.61	609.10	630.99
净利润	9.50	12.01	9.52	15.42	17.89
不良贷款率(%)	0.07	0.18	0.03	0.02	0.04

（东风日产汽车金融有限公司）

中船财务有限责任公司

【经营情况】

2020 年 12 月末，中船财务有限责任公司（以下简称“公司”）资产总额 843.46 亿元，同比增长 8.48%，1—12 月日均资产总额 567.30 亿元，同比增长 16.08%；负债总额 768.99 亿元，同比增长 9.25%，1—12 月企业日均人民币存款 477.25 亿元，同比增长 19.17%。2020 年，公司实现营业收入 16.83 亿元，同比增长 1.39%。

2020 年，公司牢牢把握服务集团主业的功能定位，坚持让利主业、支持主业，充分发挥金融服务实体经济作用。2020 年，公司实现利润总额 8.40 亿元，通过存款利率上浮、贷款利息折让等措施服务集团让利实体经济 5.67 亿元，金融服务集团主业作用进一步凸显。

【风险管理情况】

一是完善全面风险管理体系。建设事前、事中、事后和前台、中台、后台全覆盖多层级的全面风险管理体系，做实事前尽职调查，优化事中评审机制，重视事后审计监督，形成“横向到边、纵向到底”的风险管理体系，有效管理公司各类风险。充分发挥“第三道防线”监督作用，构建全方位、分层次的违规经营投资责任追究体系和经济责任审计体系，并将新业务及高风险业务作为审计重点，实现主营业务全覆盖。二是提升依法治企能力。建立定期学法机制，在把法治学习纳入党委年度学习计划的同时，将法治教育纳入各级领导干部年度学习培训必修课程。健全法律审查机制，以制度形式确立了合同全面法律审核制度，2020 年，公司规章制度、重要决策、经济合同“三大事项”法律审核率均达 100%。三是强化关键人员履职回避管理。在上海银保监局的指导下，制订《公司履职回避管理办法（试行）》，并对董事、监事和高级管理人员等关键人员开展履职回避摸排工作，将履职回避作为公司合规文化、廉洁文化建设的重要内容。

【服务实体经济】

（一）服务主责主业，降低集团主业成本

一是信贷投放大幅增长。公司运用降低融资利率、减免手续费、提供专项优惠贷款等组合措施，增加信贷投放。2020 年 1—12 月，公司平均贷款规模 182 亿元，同比增长 38%。二是加大信贷优惠力度。通过减免保证金和手续费等多种手段为成员单位办理承兑汇票 246 亿元，同比增长 9%。2020 年，公司贷款平均收益率 3.1%，同比降低 22%，为成员单位减少利息支出 2.2 亿元。三是降低集团有息负债。协助集团有计划有步骤置换外部银行贷款，充分发挥对集团内部资金的配置作用。全年为成员单位置换外部贷款 55 亿元，每年可为集团整体节省财务费用约 2.1 亿元。四是降低集团汇兑成本。加强同业合作，积极为成员单位争取最优惠的结售汇报价，全年为成员单位降低交易成本约1 824万元，同比增长8%。五是降低全集团保费支出。完成2021—2022年度保险供应商及部分统一采购险种招投标工作，保险费费率在原有基础上进一步下降，平均下降幅度超过10%。

（二）支撑集团财金管理，发挥司库管理职能

一是完善账户管理系统。优化线上审批流程，实现了全级次成员单位账户、资金分布可视，提升了银行账户管理效能。二是建设集团资金管理平台。实现对大额资金、票据等资金支出、收入、流转的监控，逐步建立全面动态预警等监控体系，实现对资金风险进行事前、事中、事后全过程管控。三是降低集团外汇风险敞口。引导并协助成员单位在较高价位锁定远期汇率，抓住2020年市场结汇有利时机，有力保障了全集团汇率风险敞口锁定比例超过70%，规避了2020年下半年以来人民币汇率大幅升值带来的损失。

（三）服务集团产业发展，提升价值创造能力

一是全力支持企业复工复产。设立新冠肺炎防疫专项优惠贷款，贷款利率相较同期限LPR下浮超过50%；因疫情影响延期还款资金不计罚息；主动联系各大金融机构，增加结售汇授信额度，平抑了成员单位外汇资金风险并确保了资金的合理安排。二是服务集团产业升级。完成绿洲环保医疗废物焚烧炉项目和611所大型邮轮薄板生产流水线优惠贷款发放，密切跟踪沪东重机LNG加注系统双创项目，为集团应用产业、科技创新和重大项目建设提供低成本融资支持。三是提供个性化外汇方案。探索推出多种外汇创新服务，满足成员单位个性化需求。办理掉期理财通业务1.03亿美元，办理违约及差额交割服务11.5亿美元，办理超长远期结汇业务（3～5年）3.98亿美元。四是协助集团处理重大理赔。发挥专业优势，为沪东重机有限公司货运险沉船案获得理赔金额1 832万元，有效降低企业风险。五是协助开展首台套业务。协助成员单位申请成功20个项目的首台（套）保险，保费金额共计2.99亿元，为企业科技创新提供了有效的风险保障。

（四）强化创新发展，激活高质量发展新动能

一是大力拓展产业链金融业务。2019年11月获批后，公司当年开展"一头在外"贴现业务4 556万元。2020年，公司的"一头在外"贴现发生额120 910.2万元，同比增加26倍，有效服务造船产业链各类供应商合计60家，其中59家为中小型企业。2020年，公司"一头在外"平均贴现融资成本为3.11%，较一年期LPR下浮近20%，切实降低了产业链中小企业的融资成本。随着产业链金融业务的逐步拓展，公司的业务模式不仅在供应商之间形成了一定的口碑效应，也得到了学界的认可，获上海市小微金融创新案例优秀奖。

二是落地首笔代开国内信用证。创新设立代开类信贷产品，协调合作银行在免收保证金且不占成员单位综合授信的情况下为成员单位开立信用证，代开类创新产品不但为公司综合金融服务提供了新思路和新工具，也拓宽了成员单位的融资渠道。

【经营指标】

单位：亿元

年份 指标	2016	2017	2018	2019	2020
本外币资产总额	566.3	496.66	487.24	777.5	843.46
本外币各项存款余额（不含同业存款）	505.81	432.89	426.88	697.6	756.76
本外币各项贷款余额	182.68	180.75	138.29	163.1	206.07
净利润	7.35	8.58	9.99	10.33	5.98
不良贷款率(%)	0	0	0	0	0

（中船财务有限责任公司）

宝武集团财务有限责任公司

【经营情况】 宝武集团财务有限责任公司（以下简称"宝武财务公司"）统筹推进疫情防控、生产经营、整合融合、改革发展等各项工作，全年实现营业收入9亿元，利润总额3.2亿元，年末资产规模364亿元，净资产42亿元，在岗员工100人。继续保持优良监管评级（1B级），获中国金融出版社组织的"企业文化年度案例奖"、上海市浦东新区颁发的"经济突出贡献奖"。

【资金结算和资金归集】 作为中国宝武的结算主渠道，加快新技术应用，不断提升结算效率，形成7×24小时结算服务能力。全年办理结算流量6.5万亿元，业务量202万笔，同比分别上升21%和20%。现金平台覆盖成员单位293家，归集资金446亿，融通资金292亿，支持核心企业资金管控更有力，资源配置更优化，资金使用更高效。

【资金监控服务】 借助银财直连和SWIFT通道，推进境内外账户的可视化管理，年末归集账户和直连账户超过5 200个，有力支撑中国宝武实施穿透式监督。2020年升级资金监控手段，新增电票管控平台和夜间支付监控、代办事项监控、异常处理优化等功能，充分发挥集团内部资金监控平台的功能。

【公司金融业务】 配合集团去产能和两金压降，推进有保有压、有扶有控的差异化信贷策略，优化信贷结构，满足成员单位资金需求。全年累计发放贷款超过240亿元。将绿色信贷作为重点探索方向，聚焦宝武清能、宝武水务、宝武环科等成员企业，加大资金支持力度。依托CRM系统（客户关系管理系统）推进客户精细化管理，为信贷业务定价、个性化精准营销、金融服务报告等奠定基础。

【供应链融资业务】 加大产品创新力度，率先实现通宝全流程线上融资。以生态化协同理念，开展产业链条上财务公司之间深度合作，扩大财财合作"圈友"。全年供应链融资发生额368亿，同比增长16%；服务产业链客户近1 300家，其中小微企业占比超80%。

【票据业务】 为核心企业搭建票据管理平台和票据在线监控系统，支持核心企业实现体系内票据资源共享，提高票据使用效率，加强票据风险管控。积极扩大票据转贴现、再贴现额度，增强资产盘活交易能力，全年转贴现发生54.14亿元，再贴现发生32.75亿元。

【投资业务】 自营投资坚持谨慎原则，提升固定收益品种的投研能力，引入组合管理的理念，形成组合稳定收益的能力。在流动性管理方面，扩大交易对手，提升交易能力，抓住关键时点灵活开展多级备付资金的组合运作。

【国际业务】 外汇线上支付项目2020年6月底上线，解决线下操作工作量大、单据传递慢、结算效率低等痛点，大大提高结算效率。推出线上代开信用证服务，实现国际信用证开立、付款、赎单线上操作，疫情期间为八钢等核心企业正常开展海外采购业务发挥了重要的作用，全年累计开证36笔。积极拓展结售汇业务，扩大结售汇服务覆盖面，全年累计办理结售汇折美元7.2亿元。

【服务与创新】 作为开户机构和融资机构，与上海票据交易所、欧冶金服合作推出"供应链票据"，成为传统票据和通宝的有益补充。联合江苏银行发行"苏银宝钢财务2020年度第一期标准化票据"，成为上海地区和钢铁行业首单标准化票据业务。

【整合融合】 2020年6月，宝武财务公司吸收合并武钢财务公司，注册资本金变更为26亿元人民币（含3 000万美元）；8月，武钢财务公司解散注销；11月，公司更名为宝武集团财务有限责任公司。在武钢财务公司整合过程中，不断推进业务融合、团队融合和文化融合，为后续整合工作积累了宝贵的经验。

【风险管理】 参照中国宝武制度体系，完成制度树建设，并常态化推进。结合"风控合规年"建设，加大合规风险培训力度，月月有培训，季季有考试，参训员工超过1 000人次，提升员工合规意识。针对新冠肺炎疫情和经济下行影响，对供应链业务的实质风险进行排摸，加强应急预案的实战性演练，提升应急能力。

【信息化建设】 实施金融科技和数据治理三年规划，加大科技投入，驱动业务创新，推进"四个智慧"项目（智慧中台、智慧营销、智慧决策、智慧风控）开发，引领金融服务向数字化、线上化、智慧化转型。加强数据治理和数据应用，挖掘数据资产价值，支撑公司数智化高质量发展。提升系统整体应急能力，保障系统运行的安全性和稳定性。

【经营指标】

单位：亿元

年份 指标	2016	2017	2018	2019	2020
本外币资产总额	151	202	167	197	364
本外币各项存款余额（不含同业存款）	125	170	135	155	303
本外币各项贷款余额	75	81	99	116	180
净利润	1.27	2.06	2.58	2.76	2.42
不良贷款率(%)	0	0	0	0	0

（宝武集团财务有限责任公司）

日立（中国）财务有限公司

【经营情况】

2020年，日立（中国）财务有限公司（以下简称"日立财务"）以积极进取、开拓务实的态度，秉承依托集团、服务集团的宗旨，提高服务理念、开拓创新积极寻求新的业务发展点，在监管部门的指导下，在与同行业各财务公司通力合作下，克服了国际国内经济金融政策复杂多变而难以预测所带来的影响，高质量发展业务，保持了稳健的经营态势，取得了来之不易的成绩，为日立财务今后的事业拓展奠定了坚实的基础。

2020年度，日立财务在合规经营、风险可控的原则下积极开展各项业务，在本年度中，日立财务开展的业务主要集中在资产负债业务与中间业务，包括主要开展了存款业务、贷款业务、委托贷款业务、支付代理业务、跨境资金池业务这五大业务。本年度在集团母公司的支持下，日立财务积极进取，进一步加强与各成员单位的联系，积极吸收成员单位的存款，存款总量保持稳定状态，同时，在风险可控的前提下，发放贷款的总量保持稳定，在经济形势复杂多变的2020年很好地加大了对成员单位的支持力度，扩大了日立财务在集团内的影响力。截至2020年度末日立财务吸收成员单位人民币存款余额为45亿元，比去年末增加9.26%，人民币流动资金贷款余额22亿元、减少14.04%。

2020年度的最终经营业绩为盈利1 401.35万元，比去年的盈利减少54.89%，净利润减少的主要原因是本年度由于新冠肺炎疫情的影响，且同业存款利息一路走低，金融机构往来利息净收入较去年减少41.12%。导致营业收入中利息收入减少较多。

【风险管理情况】

对各类风险过程中，对风险的识别、计量、限额分配、跟踪、控制、处置由哪些部门、管理层级分别执行，加以简要叙述和评价。

日立财务在现阶段业务中需要直面信用风险、市场风险、流动性风险、操作风险、法律风险、声誉风险、战略风险等风险，其中，2020年度日立财务需要面对的主要风险是信用风险、市场风险、流动性风险和操作风险。在风险管理中，日立财务加强对公司风险文化的建设，确立了以全员风险管理意识与风险管理理念为基础，以稳健、精确、时效的风险识别和监测评估为前提，以全面健全的风险管理制度和高效、及时的风险管理措施为核心，以审慎的审计监督为保障，以适合公司自身的信息系统和畅通实时的报告交流渠道为依托的风险管理体系，实施了卓有成效的风险管理。

在公司日常运营时，以规范经营、防范风险为首要考虑因素，管理层严把决策、审批关，根据公司章程及规章制度的议事规定科学决策开展业务特别是新业务时，能够做到制度先行、风控优先，审慎地进行经营活动。

日立财务关注公司业务逐步开展，资产规模扩大后对于内部控制和人员素质提高方面面临的问题，通过制度建设、培训等手段避免发生违规操作事件，减少操作风险。同时在目前国内国外经济环境的变化因素较多、经济形势复杂多变的大环境下，要加大对于国际金融形势与国家政策的关注，特别是对于汇率和利率变动所引起的市场风险要引起足够的关注，同时继续开展跨境双向人民币资金池业务，以缓解在流动性方面的压力，减少流动性风险。

日立财务风险合规科、管理科和业务科主要承担风险识别、风险计量、风险监测的重要职责，而高级管理层承担风险控制、决策的责任。具体操作业务人员如在具体业务中发现问题时，及时向上级反映问题，并了解和分析开展业务中可能发生的风险原因，发现其潜在风险，做好第一道风险防范。同时风险合规科人员向高级管理层提供比较完整的经营风险管理报告的方式，使高级管理层及时了解风险水平及管理状况，以便董事会制定更加完善的风险管理的战略和政策。

【业务创新情况】

虽然本年度日立财务并未开展新业务，但在新业务的开展方面，公司管理层将规范经营、防范风险放在首要位置，严把决策、审批关，审慎地进行经营活动。同时，按照“先制度后业务”的合规要求，首先制定好相关业务制度及业务流程，综合分析业务风险点、业务费用及收益、做好系统准备的基础上，开展具体的业务操作。

同时，日立财务在新业务合规风险管理上，继续保持与监管部门的沟通，合规与监管部门有效互动。

【经营指标】

单位：亿元

指标＼年份	2016	2017	2018	2019	2020
本外币资产总额	36.45	50.12	47.40	47.25	51.29
本外币各项存款余额（不含同业存款）	31.77	44.85	41.81	41.58	45.43
本外币各项贷款余额	20.15	26.19	30.85	25.34	21.78
净利润	0.29	0.18	0.35	0.31	0.14
不良贷款率(%)	0	0	0	0	0

［日立(中国)财务有限公司］

四、金融服务公司

华杰资信评级有限责任公司

【概况】 华杰资信评级有限责任公司(以下简称“华杰公司”)于1999年4月在北京成立,是以资信评级业务、贷款监管业务、商业调查业务为基础的综合性、全国性的经济服务机构。注册资本金人民币5 235万元。

华杰资信评级有限责任公司经营范围涵盖企业信用评级、金融产品评级、企业综合评价、资金监理、财务顾问、投融资咨询、商业调查、商账催收等。华杰资信评级有限责任公司的各项业务取得了稳步的进展,公司先后五次获得“上海市贷款企业评级先进集体”称号,并获得2013—2014年度、2015—2016年度、2017—2018年度上海市信用服务机构质量控制先进集体称号。

近几年中国传统行业面临着经济转型的阵痛,公司主要业务资信评级业务和监管业务等完全市场化,伴随着中美贸易争端加剧、中国承诺的金融开放加快实施、外资评级企业的准入使外资评级巨头已经或正行进在入华的大道中。在这样的情况下,华杰公司全体员工在董事长和总经理的领导下,团结一致,励精图治,瞄准市场需求,努力保持公司业务稳定发展。

【资金监管】 华杰公司从事资金监管业务已经超过15年时间,投融资资金监管业务已成为华杰公司的强项业务之一。华杰资金监管业务:一是为银行、信托、基金、保险等各大金融机构服务,对其发放的项目贷款资金流入、流出进行监管。二是为基金和企业的股权投资、固定资产投资等项目的资金投入和回收进行监管。对项目资金的使用进行事前审核、事中控制、事后检查的工作,并对资金使用以及项目营运过程中出现的违反合同约定现象,以及可能发生的风险及时披露并提出相应的建议。

华杰资信从事资金监管业务以来,经营状况保持稳定,累计受托监管项目逾670个,累计监管项目资金超4 200亿元,与农业银行、中国银行、上海银行、上海农商银行、恒丰银行、华宝信托、安信信托、平安养老险、华宸未来资产、禾晖投资、鉅派投资、寰球投资等多家金融机构、房地产基金和投资咨询管理公司等一直有项目资金监管业务合作。目前正在进行的监管项目近60个,监管资金合计400余亿元。

在资金监管业务中,项目经理查票据、跑工地,理清资金脉络,跟踪工程进度,既快速满足企业工程用款的合理需求,又确保资金的按期收回。发现问题及时与企业与银行沟通,共同商议提出解决问题的方案。高效率、高质量的工作保证了企业的工程进度和银行的资金安全,获得了企业和金融机构等的好评。

【资信评级】 资信评级是华杰公司业务的另一个重要板块。作为人民银行最早的、1999年授权的贷款企业评级机构,经过二十多年的耕耘,积累了大量的数据,建立了自己完善的评级数据库,培养了一批既有专业资质又有实践经验的人才,为政府部门选优、大型项目招投标、金融机构评估融资对象等需求,提供了企业的信用状况和偿债能力等方面的分析,并出具资信资质证书。

近几年资信评级业务已完全市场化,但是资信工作始终是信用社会的基石,是经济金融健康发展的基础,也是解决中小企业融资难、融资贵的根本。因此,华杰公司始终不渝地坚守这一阵地,并根据总经理室的要求予以深化:进一步优化评级流程、评级软件;利用同花顺大数据和自身长期积累的大数据,进行深度的行业和细分行业的分析,为资信评级奠定良好的业务基础;选取典型案例进行解析讨论,不断提升评级质量。2020年在上海市信贷市场评级业务量继续下滑的态势下,华杰公司仍然保持了领先的市场份额。

【数字化转型】 为了全面提升资金监理的整体效率,保障资金监理业务的质量,根据风险管理委员会制定的一系列资金监理业务内部管理制度，华杰公司开发了从业务流程到报告发布等标准化、电子化管理“资金监理业务管理平台”，提高了资金监理业务效率。华杰公司开发的三期监理系统，目前已正式运营，新系统进一步提升了监理业务的电子化程度。

1. 监管工作中的数据全部数字化和云端储存，通过严格的权限控制，在保证数据安全的前提下，最大程度提升了报告查询及内部数据调阅的速度。

2. 监管业务流程系统化，通对 TEAMS 的深度定制，实现了 PC 端及移动端流程的处理和通过，可进行手机端移动办公，提升了业务人员的工作效率。

3. 每篇报告从底稿到最终生成均在封闭的系统内完成，所有版本均通过 office365 进行版本管理，修改轨迹可以追溯。

4. 内部采用微软最新 teams 进行交流，可进行音频、视频会议，并通过软件进行共享 PC 端、手机端屏幕，全程录制沟通过程，提升项目沟通的效率和效果。

5. 对项目的核心数据构建了项目数据库，深度挖掘项目异常数据与风险之间的潜在关系，构建风险系图，提示潜在风险。

至此，华杰业务系统与办公系统进入云端。如今业务流程、审批、公告、打卡、培训、消息互通、点对点联系等都可以在移动端进行，无论你在何时何地，只要移动端有信号的地方都可以工作、都会得到响应，效率得到极大的提升。不仅仅是在办公数字化方面，而且在市场营销方面也将向人机交互、智能世界的数字营销迈进。

【人才培养】 华杰公司员工团队以诚信、专业、稳健、创新的理念，勤勉尽职的敬业态度，为金融机构和企业提供资信评估及信用管理等相关金融服务，为客户规避风险、创造价值。从业人员具有多年资金监管从业经验，多为会计师、经济师等专业技术人员。公司每年根据政策、法规的变化以及委托单位的要求，对从业员工进行财务核算、税务改革、工程款核定等方面的培训。公司党团支部经常组织大家参加各类培训与文化讲座，全面提升素质。华杰党支部从 2010 年开始，每年获中共上海市信息服务业行业协会委员会的“先进党支部”称号，在工作中发挥了先锋模范的作用。

（华杰资信评级有限责任公司）

上海资信有限公司

【概况】

上海资信有限公司成立于 1999 年，是根据时任国务院总理朱镕基“同意个人信誉公司在上海试点”的批示，经中国人民银行银办函〔1999〕322 号文批准，组建的全国首家从事个人征信业务的机构。2000 年和 2002 年，上海资信分别出具了中华人民共和国成立以来大陆地区首份个人信用报告和首个个人信用评分。2009 年，中国人民银行征信中心正式成为上海资信的控股股东。

上海资信办公地址位于北京东路 280 号，下设上海资信征信有限公司和上海中誉企业信用咨询有限公司 2 家全资子公司。共有员工 200 余人，大多为金融、财会、数理统计和计算机等专业，具有银行及会计师事务所的从业经验。

二十余年的发展历程中，上海资信先后得到了各级领导的亲切关怀。中央领导温家宝、韩正、俞正声、华建敏，人民银行领导周小川、苏宁，上海市领导冯国勤、屠光绍等先后莅临公司视察指导，对公司在社会信用体系建设中发挥的积极作用给予充分肯定。

作为人行征信中心下属公司，上海资信始终秉承“征信为民”服务理念，以非银信贷征信需求为导向，不断探索服务小微领域的征信新模式，在防控金融风险、促进小微融资、支持实体经济、优化营商环境等方面提供更优质高效的服务。

【企业文化】

通过党工团组织成立阅读小组、摄影小组等兴趣小组，举办党建知识竞赛、红色教育基地参观、团建拓展等形式多样的活动，丰富员工生活。注重员工成长，不定期开展各类培训，提高员工综合素质。定期举行“一日捐”，关注脑瘫、自闭儿童，积极践行国企责任，提高员工社会责任感。

【资质荣誉】

公司任上海市互联网金融行业协会监事长单位、上海市信用行业协会副会长单位，获得“上海市劳模集体”“上海市巾帼文明岗”等称号，具有高新技术企业证书、ISO9001 质量管理体系认证证书、CMMI3 级证书、等保三级认证证书等。完成企业征信业务经营备案、资信评级机构备案、证券市场资信评级机构备案。

【网络金融征信系统 NFCS】

2013 年受人民银行征信中心委托建成上线，主要为消费金融、小额贷款、融资租赁、商业保理等机构提供行业信息共享服务、资信评分、特征变量、反欺诈服务等产品与服务；已帮助 26 家合作机构接入央行征信系统，在网贷行业风险防范、政府部门行业监管、互联网风险整治等方面发挥了重要作用，提高了征信服务的覆盖率，成为央行征信系统的重要补充，提升了“白户”人群获得公平信贷的机会。曾先后获得上海市金融创新成果二等奖，入选“上海十大信用典型案例”。

【商业信用征信系统 CCS】

2014 年建成上线，主要为尚不满足接入央行征信系统条件的融资租赁、商业保理、小额贷款、融资性担保等机构提供合规高效的征信服务；累计合作机构 281 家，建立了高效非银信息采集机制，整合多维合规企业公开信息，有效缓解了小微金融机构强烈的征信需求。2021 年成功接入“长三角征信链”，全面实现企业征信报告上链及应用。

【信用评级】

从产业环境、企业素质、履约情况、财务结构、偿债能力、经营能力、发展前景等方面对评级对象的违约风险及履约能力进行综合评价，出具相应的评级报告。包括债项评级、借款企业信用评级、担保机构信用评级、小额贷款公司信用评级、融资租赁公司信用评级、保理企业信用评级、银行类金融机构评级、非银行类金融机构评级、商业票据评级、应收账款评级。

【政府专项评估】

受政府相关部门委托，或与政府相关部门合作，在其行政审批、资格认定等工作环节中提供企业信用评估服务。包括海关专项评估、政府采购招投标专项评估、商业企业信用评估、科技创新类企业信用评估、合同能源企业信用评估、监理企业专项评估、建筑类企业专项评估等。

【资金监管】

受金融机构委托，按照项目可行性研究报告对专项资金的使用与回收进行监管。定期向委托方及合同所涉利益人反映资金的流向，及时提示资金收支过程中的相关风险。包括房地产项目预售资金监管、项目贷款资金监管等。

【行业研究】

以行业生存背景、产业政策、产业布局、产业生命周期、行业特征、竞争态势、市场进入与退出等要素为核心，研究行业内部各企业间相互作用关系、行业发展、行业间互动联系等，分析行业在不同条件下及成长阶段中的竞争策略和市场行为模式，揭示各类行业风险，向投资者提供决策咨询服务，并出具研究报告。

【咨询服务】

根据企业整体战略目标，受托对企业的信用控制体系做出诊断和分析，设计有针对性的管理方案并出具咨询报告，对信用交易的事前、事中和事后各个阶段实施信用风险监控管理。

【社会信用体系建设】

承担国企责任，协助开展信用系统建设，协助多个省市开展信用系统建设咨询、方案设计、系统实施等工作。参与国家发改委“双公示”第三方评估项目、金融风险防范服务项目等，为省市政府部门履职提供服务，积极发挥征信行业的先锋模范作用。参与政府部门制度建设，积极参与信用体系建设相关法律法规性文件的意见征集、起草及专家论证工作，助力信用制度建设。

（上海资信有限公司）

上海国利货币经纪有限公司

【经营情况】

截至 2020 年 12 月末，公司经纪业务共撮合成交各类交易 732 514 笔，合计成交量约 126.88 万亿元人民币，营业净收入 9.93 亿元人民币，完成全年预算的 120.88%；实现净利润约 3.23 亿元人民币，完成全年预算的 124.49%。公司在董事会、管理层以及全体员工的共同努力下，取得了良好的经营业绩，并继续在行业排名上保持综合第一。

【风险管理】

一是夯实“第一道防线”建设，建立自查自纠能力。通过建立合规专员机制，细化各部门内部控制自评价、对部门负责人主观题测试等方式，强化“第一道防线”主动合规管理及风险管理意识和能力，初步建立各业务部门内部自查自纠与监督反馈能力。

二是贯彻“制度先行”理念，对标监管新规、股东方审计要求开展内控制度梳理，修订完善客户资质审核、招标采购、服务采购、物资管理、履职回避和轮岗强休、薪酬风险金等制度流程，将制度约束贯穿公司经营管理全过程。进一步细化内控评价要求，针对不同部门的主要工作职责，个性化设计评价指标，以问题为导向，不断完善内控体系。

【经营指标】

单位：亿元

指标＼年份	2016	2017	2018	2019	2020
本外币资产总额	3.61	3.95	5.25	8.17	10.93
本外币各项存款余额（不含同业存款）	—	—	—	—	—
本外币各项贷款余额	—	—	—	—	—
净利润	1.21	1.40	1.83	2.61	3.23
不良贷款率（%）	0	0	0	0	0

（上海国利货币经纪有限公司）

中国东方资产管理股份有限公司上海市分公司

2020年，中国东方资产管理股份有限公司上海市分公司（以下简称“中国东方上海市分公司”）在中国东方资产管理股份有限公司党委的正确领导下，以习近平新时代中国特色社会主义思想为指引，克服新冠肺炎疫情防控迭加宏观经济增速下行等多种因素影响，迎难而上应对挑战，奋力拼搏勇于担当，各项工作取得明显成效。

【工作情况】

2020年，中国东方上海市分公司深入贯彻落实全面从严治党方针，充分发挥全面从严治党引领保障作用，以高质量党建推动高质量发展，年内获“2018—2019年度全国金融系统思想政治工作先进单位”称号，获评上海市银行业2019年综合评价A类机构，也是四家在沪资产管理公司中唯一一家获评A类评价的机构。一年来，分公司一方面科学部署新冠疫情防控工作，织密织牢疫情防控网络；另一方面，坚持防疫经营两不误，聚焦主责主业，加大不良资产业务投放力度，努力夯实存量资产质量，牵头召开集团在沪机构协同业务座谈会，对新投放项目进行廉洁风险体检，持续提升内控管理水平，超额完成了年度预算利润目标。

【业务经营】

2020年，中国东方上海市分公司向管理要效益，大力推动业务开展。一是结合上海地区特点，立足“积极拓展单户不良资产市场，努力探索区域差异化发展路径”的业务定位，重点攻坚总部在上海的金融机构，着力推进单户金融与非金不良资产业务开展。组织开展“战疫情 促发展 强生产”主题劳动竞赛，在分公司内部营造“比学赶超”的良好氛围，努力稳定发展格局。二是积极跟踪资本市场动向，寻求实体经济中的市场化债转股、资本市场兼并收购等方面的业务机会。通过市场化债转股参与企业改制，支持实体企业降低资产负债率和转型发展。抓住金属与矿业资源行业中产业链整合的机会，通过与产业龙头（并购方）的合作，探索介入问题企业和风险机构重组处置的业务模式。此外，利用上海地区的地缘便利，努力发掘资本市场中的业务机会，探索各类金融工具和交易结构下的不良资产创新业务模式，多渠道服务实体经济发展。三是大力做好存量资产处置，提高处置类资产效率，加大内生不良处置力度，成立重大项目领导小组和风险项目处置化解小组，定期召开会议研究应对方案，督促企业提前还款实现部分压降，采取多种措施降低项目风险，全力以赴推动风险项目化解，全力推进业务良性循环，

【风险管控】

中国东方上海市分公司坚持将风险防控放在工作首位。一是对典型项目进行复盘，认真总结经验教训，梳理还原风险形成及化解全过程，为存量项目管理提供思路；围绕存量资产紧盯客户经营动向，密切关注项目进展，定期召开会议研究应对方案，必要时引入代建方加强项目管控，多措并举扎实做好风险防控。二是通过校园招聘、内部培训和社会招聘打造形成业务素质高、责任意识强的风险管理队伍，充分发挥外部研究力量把握行业与市场趋势，借助中介机构专业能力夯实尽调，进行信息交叉验证，严把项目准入关，从源头入手提升管控质效。三是进一步强化投后管理力度，增加全封闭监管项目数量，设立专门的投后管理与监督团队，不断发现并改进项目管理过程中的薄弱环节。四是定期研判集团客户风险，避免单一客户集中度过高或单笔投放过大导致的集中度风险，根据“三重一大”事项规定，将相关项目报党委会集体研究审议，加强审核管理，严控增量项目风险。

【队伍建设】

一年来，中国东方上海市分公司持续深化队伍

建设，不断凝聚发展合力。一是切实贯彻新时代好干部标准，将党管干部原则与市场化选人用人原则有效结合，严把选人用人的政治关、品行关、能力关、作风关、廉洁关。二是通过“请进来、走出去”有针对性地对员工进行职业教育，针对新冠疫情影响聘请专家学者进行宏观经济专题培训，组织开展一系列实体行业培训，定期举办案例解析研讨会，积极参加总部各项业务培训，持续提升员工的专业知识和专业能力。三是关心、关爱员工，在疫情防控期间，积极调动多方资源，准备必要的防疫物资，对办公区域全面消毒；顺利完成部分办公场所维修，初步缓解员工工位紧张的问题；组织开展一系列丰富多彩的集体活动，进一步凝聚团队力量，激发工作热情。

（中国东方资产管理股份有限公司上海市分公司）

五、银行自律组织

上海市银行同业公会

2020年，上海市银行同业公会坚持以习近平新时代中国特色社会主义思想为引领，立足金融服务实体经济高质量发展功能定位，紧密结合上海“五个中心”和“三大任务一大平台”各项建设安排，积极发挥平台和桥梁作用，推动上海银行业扎实做好“六稳”工作，全面落实“六保”任务。截至2020年末，会员单位总数增至238家。

【提高政治站位，支持疫情防控和经济社会发展】

一是当好金融行业疫情防控“引导员”“协调人”。先后发布《关于上海银行业积极应对新型冠状病毒肺炎的相关工作的倡议》《关于上海银行业保险业积极应对新型冠状病毒肺炎的相关工作的倡议》《齐心协力 抗击疫情 上海市银行保险业致全体市民的一封信》，制定《上海银行业营业网点复工复产疫情防控指引》。

二是持续深化银税互动，助力企业复工复产。开展“上海银税互动信息服务平台”三期升级优化工作，平台共享数据从原来70项增加至162项。联合市税务局举办7场“非接触式”小微金融服务云直播活动，支持企业办理线上申贷业务和银行线上办理疫情期间复工复产相关业务。

三是开展“百行进万企”活动。发布《上海银行业建立“百行进万企”长效机制倡议书》，编印《上海银行业“百行进万企”融资对接工作优秀案例汇编》。截至2020年12月末，上海地区共有83家银行参与融资对接工作，已授信企业21 158户，授信金额1 235.08亿元，贷款余额655.66亿元。

四是推动落实“六稳”“六保”任务。先后发布《上海银行业支持临港新片区重点产业领域发展金融服务倡议书》《上海银行业“稳外贸、稳外资”金融服务倡议书》，加强主体扶持，兜住底线，守好基本盘。完成《关于在沪总行信用卡中心联席会议助力疫情防控及相关建议的报告》《疫情时期银行内控与合规风险的整体分析与警示》等专题报告。

【守住风险底线，切实履行行业自律和维权职能】

持续做好联合授信试点企业机制运行情况的监测及组织协调工作。强化联合授信信息共享机制，开展联合授信典型案例征集工作，做好辖内数据信息的收集汇总。

做好债委会协调服务工作。持续做好债委会组建工作，搭建债委会议事协商平台，向上海市政府作《银行债委会制度运作中存在的问题及优化路径》提案研究报告，争取市政府、司法等部门对债委会工作的支持。

破解执行难问题，坚决打击逃废银行债务行为。商请市高院在全市开展涉金融债权重大疑难案件专项执行行动，取得阶段性进展。

做好“上海银行业押品处置信息平台”二期升级和应用。平台二期于2020年1月1日上线试运行，与上海市拍卖行业协会公拍网达成合作协议，银行可通过平台上架商品并同步推送至公拍网招商或线上竞拍。同时，建立押品处置辅助服务机构目录库。

推动合规专业化建设。开展合规专家评聘工作，组织开展“上海银行业合规管理示范区”“上海银行保险业合规能力建设”问卷调研工作，配合人民银行上海总部推进境外反洗钱和制裁案例编译工作，召开主题为“高质量发展与银行合规能力建设”的第十三届银行业合规年会。

促进银行卡市场规范健康发展。推动行业落实《信用卡逾期催收自律公约》及相关实施细则，规范收单市场，强化POS专业化服务公司管理，优化支付环境。

作为唯一一家金融类行业协会入选上海市人民政府基层立法联系点。

【践行普惠金融，提升社会民生金融服务】

创新金融宣教方式，提高公众金融知识普及率。组织开展“上海银行业3.15国际消费者权益日宣传周”“普及金融知识万里行”等活动，组织上海银行业金融辅导志愿讲师开展广播媒体和云宣教网络直播活动，开展《上海银行业消费者权益保护白皮书》编撰工作。

推进窗口服务建设，提升行业服务水平。完成2020年银行业文明规范服务千佳单位达标评估工作，修订《2020年上海银行业敬老服务网点评选标准》，组织开展敬老服务网点和敬老服务标兵自查自评工作，举办窗口服务手语培训班，持续推进上海银行业无障碍环境建设，与上海银行业纠纷调解中心联合编撰《2019年度上海银行业金融投诉处理及纠纷调解案例》。

发布《2019年度上海银行业社会责任报告》。

（上海市银行同业公会）

第三篇　证　　券

一、证券公司

海通证券股份有限公司

2020年，在上海市委市政府、市国资委和董事会的正确领导下，公司经营班子带领全体干部员工努力拼搏，锐意进取，改革创新，取得了良好的经营业绩。2020年，实现营业收入382.20亿元，归属于母公司股东的净利润108.75亿元，总资产6 940.73亿元，归属于母公司股东的净资产1 534.48亿元，主要财务指标保持行业前列。在证券公司分类评价中获A类AA级。

【积极推进各项金融创新】

积极推进监管部门主导的各项创新。公司获得上市基金主做市商资格、利率互换实时承接业务资格、利率期权业务资格、深交所质押式报价回购交易权限，并完成标准债券远期入市；子公司海通资源管理获得首批上证50ETF股票期权主做市商资格及深交所沪深300ETF股票期权一般做市商资格。

继续加快自主创新步伐，为客户提供创新的业务解决方案。以中芯国际、中微公司、沪硅产业、芯原微电子等行业龙头企业为基础，在集成电路领域建立突出的投行保荐品牌优势，并打通产业链上下游，同时，完成复旦张江、君实生物两家H股回A项目，树立了公司在生物医药领域的市场影响力；持续保持债券业务创新活力，完成多项市场首单业务，包括首单以券商为存托机构的“供应链票据＋标准化票据”、首单深交所新规下公募短期公司债券、首单以疫情防控ABN（资产支持票据）为标的的信用风险缓释凭证等；海通资管顺利完成首只公募大集合产品“海通核心优势”发行；海通国际证券澳大利亚子公司成功获澳大利亚证券和投资委员会（ASIC）颁发的金融服务牌照，进一步推动了海通的国际化进程。

【金融科技创新工作在集团内部广泛开展】

公司秉承“科技引领”发展战略，持续加大科技投入，2020年投入16.71亿元，同比增长15.4%，保持行业前列，累计获得33项软件著作权、5项国家专利，引领行业多项科技创新。主要有以下方面：

自建的张江科技园正式启用，建筑面积超4万平方米，承载机柜超3 000个，已成为证券期货基金公司中规模最大、设施最先进、管理最智能的数据中心新标杆。

海通混合金融云平台继续保持行业领先，率先建成基于ARM架构容器集群和落地Windows容器集群的容器云平台，获“2020中国国际金融展金鼎奖”等荣誉。

自研的新一代核心交易系统二期工程顺利投产，采用全新的“分布式、全内存、高并发、低延迟”技术架构，端到端交易延迟控制在微秒级。

自研的一站式零售“e海通财”APP和PC端，总安装用户接近4 000万，月均平台活跃数最高超500万，继续位列行业第一梯队。

自研的机构“e海方舟”智能交易平台，整合了极速交易和极速行情，为专业投资者量身打造，2020年，全年股基交易量近1.4万亿元。

建成了公司首个区块链金融平台，已应用超过十多个业务场景，累计上链量超过100万笔；机器人流程自动化（RPA）应用场景超过240个，涵盖了运营、零售、财务、基金托管等十多条业务线，获中国计算机用户协会云应用分会“最高成就项目奖”；债券信用风险预警、智能文档分析等多个人工智能应用处于行业领先水平。

【持续提升实体经济服务能力】

海通证券始终以“做深服务价值链，构建客户生态圈”作为总体发展思路中的关键着力点，通过投资业务、融资业务及保荐业务之间所形成的“投、融、保”联动，回归投行本源，把握产业链的关键环节和价值链的高端地位，持续提升实体经济全球综合金融服务能力，促进产融结合。2020 年，公司累计为实体经济（含地方政府债）提供融资服务总额超过 6 600 亿元，为上海企业（含地方政府债）提供融资总额超过 1 400 亿元。

（一）支持科创企业发展

公司积极落实党中央关于金融支持科技创新的重要指示，紧紧抓住科创板推出的历史性机遇，在半导体、高端装备、生物医药等众多科技创新领域深耕细作，为科创企业提供上市保荐等服务，为我国科创事业的蓬勃发展贡献海通力量。

2020 年，公司成功助力中芯国际、思瑞浦、沪硅产业、复旦张江等优质项目登陆科创板，助力科创企业做大做强，2020 年，科创板承销金额市场排名第一。截至 2020 年 12 月末，海通证券保荐承销的科创板企业已申报 45 家（其中 14 家已完成发行上市、12 家过会待发行），储备项目合计 64 家（其中 20 家上海企业、41 家长三角企业）。已完成发行上市科创企业累计募集资金超过 700 亿元；PE 子公司投资的科创板企业已申报 17 家，其中，8 家已完成发行上市，已发行上市项目投资金额 4.03 亿；在审项目 9 个，在审项目投资金额 5.19 亿元，总投资金额 9.22 亿元。

（二）支持小微企业发展

公司积极落实国家关于金融机构支持小微企业的相关部署，加大对中小微企业的金融支持力度，通过提供新三板挂牌、债券发行等直接、间接融资服务，拓宽中小微企业融资渠道，帮助企业解决融资难题，激发小微企业发展活力。

2020 年末，公司共持续督导新三板挂牌企业 124 家，年内申报 4 家企业新三板基础层挂牌、1 家精选层挂牌，通过定向发行为小微企业提供融资达 2.84 亿元。

（三）发展绿色金融

海通证券坚持绿色发展理念，充分发挥资本市场优化资源配置的作用，通过发行绿色债券、助力绿色企业上市等金融服务，引导和激励更多社会资本投入绿色产业，服务国家生态文明建设。

2020 年，海通证券主承销各品种绿色债券 17 期，发行规模 311 亿元，承销规模 87 亿元，债券品种涵盖企业债、公司债、债务融资工具、金融债、ABS 和项目收益票据等主流品种。

（四）响应国家号召，设立纾困基金解决民营企业融资困难

2018 年 10 月，中国证券业协会组织 11 家证券公司作为联合发起人，共同出资 255 亿，发起“证券行业支持民营企业发展系列资管计划”。作为自有资金出资最多的券商，海通证券出资 50 亿元，设立“证券行业支持民企发展系列之海通证券资管 1 号 FOF 资产管理计划”。海通证券还成立了民营企业纾困基金专项工作小组，指导、督促各地分支机构与当地政府、金融办等合作，支持民企发展，推动实体经济健康发展。

截至 2020 年末，公司与上海、安徽、福建、陕西、河北、湖北、辽宁等多个地方国资平台展开合作，集团纾困计划总规模达 475 亿元，实际出资规模约 137 亿元。集团为 39 家民营企业（总市值约 4 023 亿，员工人数超过 23 万人）及其股东纾解流动性困难，总投资金额约 104 亿元，有效缓解了民营公司的流动性困难，而且纾困基金也取得了较好的投资收益。

（五）参与上海市政府重点项目“国企混改基金”

公司积极参与自贸区金融创新业务，认缴 10 亿元（已实际出资 2 亿元）参与上海市政府重点项目“中国国有企业混合所有制改革基金”并担任基金公司监事，该基金已在临港新片区落地。

【经营指标】

单位：亿元

指标 \ 年份	2016	2017	2018	2019	2020
本外币资产总额	5 608.66	5 347.06	5 746.24	6 367.94	6 940.73
净资产	1 219.58	1 296.94	1 301.86	1 411.19	1 681.26
营业收入	280.12	282.22	237.65	344.29	382.20
净利润	89.31	98.76	57.71	105.41	120.37

（海通证券股份有限公司）

上海国泰君安证券资产管理有限公司

2020年，在经济社会方面的主要矛盾是新冠肺炎疫情的冲击与其后的经济稳健复苏。资本市场方面，延续健康可持续的基调快速发展。股票市场总市值达到80万亿元，政府债券融资存量规模近45万亿元、企业债券融资规模存量超过27万亿元。在资管新规等政策指导下，证券行业资管业务转型立足居民财富管理需求，不断创新产品体系，积极加强主动管理，证券公司通道类资管规模持续压缩，资产管理业务结构进一步优化。

2020年，资产管理行业发生了深刻的结构性变革。公募基金迎来超级大年，行业规模首破20万亿；银行理财子公司加快设立，获批已超20家；外资机构来势汹汹，多家全球知名资管巨头已抢滩登陆中国，竞争对手的扩围进一步加大资管行业竞争的激烈程度。2021年是资管新规延长过渡期的最后一年，去通道、降杠杆仍将是资管行业主旋律，券商资管规模仍将持续收缩，通道类业务退出历史舞台。未来行业“危”“机”并存、分化明显，公募业务成为券商资管新的业务增长点，提升主动管理能力成为券商资管转型的关键。

2020年，公司按照开展公募业务“站高望远”的要求，放眼“大资管”竞争格局，重视战略管理对公司经营的牵引作用，制定出台了三年发展战略规划，明确未来发展方向和实施路径。新三年发展战略规划优化了资管公司的资源配置，破解制约持续健康发展和长期能力建设的体制机制障碍，进一步释放产能，增强创新发展活力。2020年，公司为贯彻落实集团战略和公司打造“本土领先、有全球影响力的现代资产管理机构”的目标要求，为迎接进军公募对主动管理能力提升的挑战，资管公司开展了一系列综合改革，推动形成“强大前台、专业中台、集约后台”，以提高经营管理运行效果和效率。完成组织架构整体调整、市场销售体系优化、投研能力提升规划、开展人力资源配套机制改革工作。

2020年，公司实现营业收入224 904万元，比去年同期增加19 490万元，增长9.49%；手续费及佣金净收入173 817万元，比去年同期减少1 794万元，下降1.02%；实现净利润71 834万元，比去年同期减少1 649万元，下降2.24%。根据中国证券业协会公布的12月数据，公司2020年度受托客户资产管理业务净收入名列行业第四位。

截至2020年12月31日，公司资产管理业务总规模为5 258.02亿元，比2019年末减少1 716.10亿元，同比下降24.61%。其中：集合资产管理业务规模为912.71亿元，比2019年末减少74.58亿元，同比下降7.55%；单一资产管理业务规模为3 534.40亿元，比2019年末减少1 878.66亿元，同比下降34.71%；专项资产管理业务规模为810.91亿元，比2019年末增加237.14亿元，同比增长41.33%。主动管理能力是公司竞争力的重要表现，公司依托超过10年的资产管理经验，截至2020年底，主动管理规模3 618.72亿元，主动管理比例达到68.82%，远高于券商资管行业的平均水平。根据中国证券投资基金业协会公布的2020年第四季度统计数据，公司私募资产管理月均规模名列行业第三、私募主动管理资产月均规模名列行业第二。

创新能力是资产管理业务的核心竞争力。公司始终坚持创新，不断探索创新业务领域，通过创新创造客户需求，促进业务发展。公司根据市场需求，结合自身优势，积极推动产品创新，培育新的业务增长点。2020年，公司继续大力发展资产证券化业务，2020年初，公司响应国家号召，践行金融“抗疫”政策指引，第一时间内高效发行约20亿元“抗疫”主题ABS，为支持实体经济、扶持中小微企业复工复产，完成全国首单小微租赁疫情防控ABS产品“国君—诚泰租赁2019年小微资产支持专项计划(疫情防控abs)”发行。此外，公司积极探索绿色ABS产品发行与创新，实现上交所首单“主体＋资产”双绿色ABS产品的发行，助力绿色内循环经济发展；完成江西首单绿色ABS产品发行，引领区域绿色经济示范效应。

2020年12月，公司收到中国证券监督管理委员会(以下简称“中国证监会”)《关于核准上海国泰君安证券资产管理有限公司公开募集证券投资基金管理业务资格的批复》(证监许可〔2020〕3 681号)，根据批复，中国证监会核准国泰君安资管公开募集证券投资基金管理业务资格。公司将在换领经营证券期货业务许可证后，开展公开募集证券投资基金管理业务。

总体而言，2020年，公司通过积极申请公募牌照，拓宽公司发展路径；重塑投研框架体系，夯实投研发展基础；及时因应市场需求，优化产品渠道布局；创新业务发展模式，多项业务取得突破；集团外渠道开拓卓有成效；打通内部投研人才晋升机制，丰富投资风格，向“本土领先、有全球影响力的现代资产管理机构”全面转型。

（上海国泰君安证券资产管理有限公司）

上海东方证券资产管理有限公司

【经营情况】

根据经审计的财务数据，2020 年，上海东方证券资产管理有限公司全年实现营业收入 28.62 亿元、净利润 8.10 亿元，受托资产管理业务净收入 24.40 亿元，排名行业第一位（数据来源：中国证券业协会）。截至年末，公司资产管理规模超 3 000 亿元，同比增长 33%，其中主动权益管理规模约 1 400 亿元，同比增长 42%。权益类产品和固收类产品长期业绩均保持领先优势，近五年股票投资主动管理收益率 163.59%，排名行业第一（数据来源：银河证券基金研究中心——基金管理人股票投资主动管理能力长期评价榜单）；固定收益类基金近五年绝对收益率 27.60%，排名行业第六（数据来源：海通证券研究所金融产品研究中心——基金公司权益及固定收益类资产业绩排行榜）。

【风险管理】

2020 年，公司合规与风险管理体系有效运行，各项风控指标持续合规，未发现重大违法违规行为及重大异常事件。年内，公司稳步推进资管新规整改和大集合转型工作，持续推动制度流程规范化，进一步完善反洗钱内控制度及操作流程，持续加强风险管理系统化建设，充分发挥全面风险管理机制，深入开展合规文化建设，贯彻落实全员合规理念、廉洁从业要求，全力保障公司各项业务合规、稳健开展。

【产品创新】

公司始终着眼于境内外金融市场前沿，注重对资产管理行业发展趋势和创新产品的研究，并结合固有发展优势，持续推进业务创新工作。2020 年在巩固优势业务的基础上，公司进一步推进 Smart Beta 指数基金、养老目标基金和海外业务。SmartBeta 指数方面，在已成立一只基金的基础上，新发布红利低波指数，并上报相关基金产品。养老目标基金方面，完成 3 支目标风险型养老基金的发行，并积极开发目标日期型养老基金的下滑曲线。海外业务方面，获得了国家外汇管理局境外投资 2 亿美元额度的批复，为拓展国际业务做好储备。

【重大活动】

（一）公司精准扶贫工作开展情况

2020 年，公司积极响应中国基金业协会号召，向中国基金业协会定点帮扶的山西省汾西县定向捐赠助学金 20 万元，用于支持汾西县贫困学生完成学业。

（二）爱·早餐助学计划

2020 年，为了帮助贫困地区的学生缓解非义务教育阶段的开支压力，上海市东方红公益基金会在旗下“爱·早餐”助学稳步推进第四期资助项目，持续面向贵州省遵义市务川一中、赤水一中的 100 名贫困高中学生进行资助，以缓解部分学生的生活压力。截至 2020 年年底，“爱·早餐”助学计划累计捐赠计 100 万元，共计捐赠学生 360 余名。

【经营指标】

单位：亿元

指标＼年份	2016	2017	2018	2019	2020
本外币资产总额	14.79	28.90	33.01	31.61	43.18
本外币各项存款余额（不含同业存款）	3.92	13.17	19.53	15.67	21.94
本外币各项贷款余额	0	0	0	0	0
净利润	3.90	6.01	9.42	6.01	8.10

（上海东方证券资产管理有限公司）

爱建证券有限责任公司

面对纷繁复杂的局面，2020 年，公司继续以习近平新时代中国特色社会主义思想为指导，在深刻理解中央经济工作会议精神的基础上，在公司党委、董事会、经营层的领导下，结合公司管理层的重组和战略规划的出台，在现有约束条件下，坚持稳中求进的工作总基调，积极理顺底层发展逻辑，克服新冠肺炎疫情影响，把握公司发展的市场和政策机遇，开源节流，不断推动公司的各项业务向前发展。

【主营业务】

2020 年，公司收入结构有所变化，以经纪业务（财富管理业务线）为主，占比 76.15%，投资银行业务为辅，占比 22.55%，资产管理等业务收入占比合计不到2%。细分来看：

1. 财富管理业务。公司在全国设有40余家分支机构，业务辐射全国。2020年，公司财富管理业务全年累计实现收入25 696.09万元，同比增长5.79%。公司累计实现股票基金交易量4 247.70亿元，同比增长7.82%。

2. 投资银行业务。公司投资银行业务主要包括股权业务、债券发行业务、资产证券化业务三方面。

股权业务方面，全年完成了均瑶健康主板IPO、法尔胜非公开发行股票、法尔胜重大资产重组、托普软件股权分置改革等重点项目，累计实现收入2 909.22万元。全行业IPO项目排名并列47名，增发新股项目排名并列44名。

债券业务方面，全年新取得发行批文8个，成功发行债券12支，发行规模合计达112.5亿元，累计实现收入4 700.21万元，同比增长185.64%。同时，公司在企业债发行方面有了新的突破，企业债承销规模上半年排名上升至行业第十八位。

3. 金融市场业务。公司金融市场业务主要包括权益类证券投资、固定收益证券投资、新三板做市三个方面。2020年，公司金融市场业务表现中规中矩，权益投资资金年化收益约16.94%。

4. 资产管理业务。2020年，公司资产管理业务依然困难重重。因前期的风险事件持续发酵、业务条线人事调整以及激励制度悬而未决等诸多因素的影响，2020年未发行成立新的资管产品，并且迫于监管要求主动缩减存量的通道业务规模。

【获奖情况】

由投资银行部申报的《注册制下红筹上市公司直接回归A股的法律冲突问题研究——以美国、中国香港上市红筹企业为例》被评为中国证券业协会2020年全国重点课题研究优秀课题报告优秀课题，已连续两年获此殊荣。

【社会责任】

公司始终将履行社会责任与公司经营管理相结合，坚守“诚信、稳健、开拓”的经营管理理念，推行全面风险管理，倡导和推进合规文化建设，在实施严格管理、稳健经营和规范运作基础上，积极稳步开展各项业务的开拓与创新，将落实国家宏观经济政策、依法合规经营、创新产品及服务、促进员工发展等不同维度的社会责任作为常态化工作。报告期内，公司履行社会责任的重点工作包括：

1. 疫情防控。自新冠肺炎疫情出现以来，公司高度重视，积极贯彻落实习近平总书记重要指示精神和党中央、国务院、上海市委、市政府、浦东新区以及股东单位的重要部署，成立了以公司党委书记、董事长为组长的应对新冠疫情防控工作领导小组，统一部署安排公司应对新冠疫情的相关工作。一方面迎难而上，积极准备如体温计、口罩、消毒用品等防控物资，落实公司内部消毒卫生防疫的工作，组织动员全体员工积极了解健康知识、掌握防护要点，同时积极做好应急处置安排，从而做足疫情防控的事前准备；另一方面积极掌握员工的相关行程安排与身体状况，加强对疫区接触人员的排查管理，建立异常信息上报通道，落实“四个必报”制度，并对疫情重点地区和重点关注地区接触人员严格落实执行相关管控要求，以坚决守住疫情防控底线。此外在疫情严重时期，公司还通过远程办公与现场办公相结合的工作模式以及错峰上下班、严控来访人员等方式，在确保各项工作能够正常开展的同时，尽量减少人员密度，降低交叉感染概率。

通过以上措施，公司于2020年2月3日顺利复工，同时自疫情出现以来包括湖北武汉以及北京等地区分支机构在内，未发生任何人员感染事件。

此外，在国内疫情形势好转，逐步解封之后，公司依然对疫情防控工作常抓不懈，不断将国内局部地区的疫情动态向全体员工进行通报，做好重点地区人员情况的统计和排查，时刻提醒全体员工注意自身安全防护，同时对上级单位的疫情防控工作要求进行积极全面落实，实现了对2020年疫情防控工作的完美收官。

2. 结对帮扶。公司积极推进结对帮扶工作，切实履行企业社会责任。动员全体员工向公司结对帮扶县捐赠抗疫爱心善款13万余元，开展英山县云雾茶消费扶贫采购活动，协助推进英山县云雾茶自助售茶机项目布局，助力当地支柱产业发展。开展“守护希望、携手发展”教育产业帮扶第四期公益行活动。响应上海市帮扶新疆等地经济发展号召，开展消费扶贫，助力解决贫困地区农产品销售难问题。

3. 切实做到以人为本。保障员工的合法权益是公司应当履行的社会责任之一。报告期内，公司按照国家劳动人事方面的法律法规，依法与员工签订劳动合同。同时，公司组织开展丰富的文体活动，促进企业文化建设，注重员工人文关怀。报告期内，公司组织举办、参与各类文体活动10余项，切实让公司全体员工融入公司浓厚的文化氛围之中。公司不断增强企业凝聚力和向心力。大力推进“职工之家”建设，组织开展“爱建大讲堂”“心理加油站”等特色主题活动，丰富员工业余生活，增强企业活力，营造和谐发展氛围。支持公司团总支组织团员青年参与爱建老一辈口述历史工作，弘扬传承爱国建设精神。

4. 真心实意回报社会。公司的成长和发展离不开社会方方面面的支持和帮助，为回馈社会，公司员工积极投身社会公益活动，涉及投资者教育服务、社区发展等领域。通过走进社区街道、公司官网公示、营业部投教园地张贴、咨询投诉专线的接听、投资者教育讲座等现场和非现场方式，向广大投资者开展系列诚信建设宣传活动、业务知识讲座等，告知投资者如何通过法律维护自己的合法权益，提高自己的风险防范意识。

5. 倡导低碳环保。公司继续把节能环保、低碳生活作为公司的发展目标之一，加快推进电子金融服务建设，完善了网上营业厅等互联网金融平台，持续建设微信公众号、微·财讯等移动互联网服务平台，加快电子金融服务。升级办公系统，倡导无纸化办公和运营，节省自然资源占用。

【经营指标】

单位：亿元

指标 \ 年份	2016	2017	2018	2019	2020
本外币资产总额	92.07	86.69	44.32	48.95	48.64
本外币各项存款余额	33.27	27.03	20.93	29.72	29.85
净利润	0.42	0.28	−1.00	0.11	0.03

（爱建证券有限责任公司）

二、基金管理公司

泰信基金管理有限公司

【概况】

泰信基金管理有限公司于2003年5月8日获中国证监会《关于同意泰信基金管理有限公司开业的批复》(证监基金字[2003]68号),并于2003年5月23日正式成立。公司注册资本金为人民币2亿元,是由山东省国际信托股份有限公司(出资9 000万元)、江苏省投资管理有限责任公司(出资6 000万元)、青岛国信实业有限公司(出资5 000万元)共同发起设立的。

泰信基金管理有限公司是实施“好人举手”承诺自律制度后,第一家以信托公司为主发起人的基金管理公司。

泰信的三家股东均是其所在地的政府投资主体,实力雄厚,经营稳健,业绩优良,在国内外资本市场上保持着良好的信誉,设立泰信是三家股东长期发展战略的重要组成部分,也将为其今后的发展提供强有力的支持。

【资产管理业务】

截至2020年12月底,公司旗下全资子公司上海锐懿资产管理有限公司共发行成立129支专项资管产品,自成立以来资产管理总规模321.19亿元,累计服务2 200多位资产委托人。公司专户业务总规模8.64亿元。

【新系统】

为进一步完善公司信息系统,保证公司新业务和新产品的发行,公司启动FISP监管数据报送二期、三期项目建设,并于2020年8月上线。中登新接口整体系统改造项目实施,2020年9月完成。此外,直销系统V3.8版本升级,2020年8月正式上线。门户网站、网上基金销售系统IPv6项目,2020年4月完成改造。

【基金管理】

截至2020年12月31日,公司管理的公募基金共21只,管理资产规模合计128.94亿元。自2003年5月成立至今,公司已经拥有泰信天天收益货币、泰信先行策略混合、泰信双息双利债券、泰信优质生活混合、泰信优势增长混合、泰信蓝筹精选混合、泰信债券增强收益、泰信发展主题混合、泰信债券周期回报、泰信中证200指数、泰信中小盘精选混合、泰信行业精选混合、泰信中证锐联基本面400指数分级、泰信现代服务业混合、泰信鑫益定期开放、泰信国策驱动混合、泰信鑫选混合、泰信互联网+混合、泰信智选成长混合、泰信鑫利混合、泰信竞争优选混合共21只开放式基金,形成了较完善的基金产品线。

【内部管理】

2020年,公司提高了对员工培训和企业文化建设方面的重视程度。公司完善了员工培训制度,配合企业文化建设目标建立了完整的培训计划。一方面在行业监管制度的指导下,针对各部门业务组织公司内部合规培训,并鼓励员工积极报名参加行业各监管机构组织的交流培训会议,及时更新业务知识;另一方面通过开展形式多样的公司活动,培养员工积极进取、努力拼搏的精神理念,在团队建设培训活动中丰富员工业余生活的同时增强企业凝聚力。

【社会责任】

公司在以优秀的投资团队、优化的投资流程、优良的投资品种帮助广大投资者实现财富梦想的同时,积极投身于各项社会公益活动,全方位履行与实践各项社会责任。公司2020年社会责任预算经费约为50万元,由综合管理部和市场部提出社会责任活动建议,总经理办公会审核批准,统筹兼顾,确保经费的使用方向符合企业履行社会责任的原则和方针。2020年,公司在旗下基金持续营销期间,联合银行、券商等线下销售渠道及互联网直播平台等线上渠道,举办了超过50场投资者教育活动,覆盖人群2 000多人次。此外,在同业公会的指导下,公司先后在官网、官微、官博上组织发布多个主题类的投教活动，宣传反洗钱相关知识以及非法金融证券活动的危害。同时，公司还不定期地邀请基金经理与投资者进行交流，宣传价值投资理念。公司手机移动端的微信订阅号泰友会设有“投教微课堂”专题，每日发布投资理财常识。

（泰信基金管理有限公司）

华泰柏瑞基金管理有限公司

【经营情况】

华泰柏瑞基金管理有限公司于 2004 年 11 月 18 日在上海成立，公司股东为华泰证券股份有限公司、柏瑞投资有限责任公司及苏州新区高新技术产业股份有限公司。

秉承为客户“提供高质量的投资工具和解决方案、创造长期稳定的投资回报”的初心，华泰柏瑞坚持特色化、专业化、精品化的道路，围绕主动权益、指数投资、量化投资和固定收益四大板块进行深入建设，搭建起特色鲜明的业务框架。2019—2020 年，旗下基金分别为持有人赚取 213 亿元、253 亿元的基金利润，单位利润在千亿以上的基金公司中表现突出（Wind，仅统计披露年报产品）。

截至 2020 年底，华泰柏瑞累计获得金牛奖 24 座、金基金奖 21 座、明星基金奖 8 座，包括“金牛基金公司”“金基金 · TOP 公司大奖”“十大明星基金公司”等重量级奖项。2020 年 3 月，公司斩获《中国证券报》第 17 届金牛奖的五项大奖，是业内获奖项目最多的三家基金公司之一，其中量化团队更是三度蝉联“量化投资金牛基金公司”，指数团队四获“被动投资金牛基金公司”称号。

指数投资方面，华泰柏瑞不仅是国内首批的 ETF 供应商，更是多个“首只 ETF”的潮流引领者。作为四届“被动投资金牛基金公司”得主（2016.3、2017.4、2019.4、2020.3，《中国证券报》），长期以来一直践行“指”做精品的理念，在产品布局、发行策略及整体运营上追求精益求精，保持着 ETF 零差错运营的记录。截至 2020 年末，旗下非货 ETF 管理规模位居市场前列（数据来源：沪深交易所）。

量化投资方面，华泰柏瑞基金是市场上仅有的连续三年（2018—2020 年）“量化投资金牛基金公司”得主。团队成员拥有海外知名金融公司的实战经验和世界一流高等学府的学历背景，具有量化投资不可或缺的坚实金融工程功底和丰富的海外投资经验，熟悉包括 A 股和港股在内的亚洲市场。公司为量化投资团队配置了国际顶尖的优化器、风险模型、程序化交易系统、数据供应和信息技术。旗下产品线齐全，长期超额收益突出。

主动权益方面，华泰柏瑞坚持科学和制度化的投资理念和投资方法，聚焦高质量投资机会，致力为持有人创造长期、可持续的优秀回报。公司搭建了专业、科学、高效的投资研究平台，为研究成果的迅速转化和可持续的投资业绩奠定了坚实的基础。目前大咖云集、群星荟萃，形成了完备的人才梯队。据银河证券基金研究中心 2020 年 12 月底统计，近十二年旗下股票基金算术平均股票投资主动管理收益率排名第九，长期业绩突出。

固定收益方面，华泰柏瑞基金拥有一支实力雄厚的固定收益团队。团队投资风格严谨，在利率债和高等级信用债交易方面经验丰富、体系成熟，对于信用风险的识别与管理十分严格，团队成立以来未出现过一例信用事件。据银河证券统计，截至 2020 年底，公司近四年债券投资主动管理能力在 54 家可比公司中排名第三，中长期业绩靓丽。

（华泰柏瑞基金管理有限公司）

德邦基金管理有限公司

【经营情况】

德邦基金以“修身、齐家、立业、助天下”为己任，坚持坦诚沟通、学习创新、规范透明、创造价值、分享发展的企业文化，秉持长期价值投资理念，坚守严谨的风险控制底线，努力为客户增加财富，致力于成长为国内最专业的、最富有创新精神的、最受尊敬的资产管理公司之一。

自成立以来，德邦基金始终将投资者利益放在首位，力争在获取持续、稳定超额收益的同时，实现自身社会价值的不断提升。不忘初心，砥砺前行，始终心怀感恩之心，持续提升自己的核心竞争力，努力把德邦基金打造成为一个富有创新进取精神的智慧生命体，更好地为社会及广大投资者提供优质服务。

经过多年的精耕细作与用心沉淀，德邦基金构建了较为健全的业务布局，产品线不断得到丰富和完善，基本涵盖了市场上的主流产品类型。截至2020年四季度末，德邦基金资产管理业务总规模达417.88亿元，产品总数为60只。其中，公募基金资产管理规模为310.81亿元，公募基金产品总数为30只；专户资产管理规模达107.07亿元，专户产品总数为30只。历史业绩在同类产品中排名靠前，获得了业内人士及广大投资者的认可。

公司的长期愿景是借鉴精品店模式，打造多策略投资能力，走特色化发展之路，发展为行业领先的金融科技型资产管理公司，努力打造成为中国"贝莱德"。

【经营指标】

单位：亿元

指标＼年份	2016	2017	2018	2019	2020
本外币资产总额	4.99	6.78	8.4	8.92	10.03
本外币各项存款余额（不含同业存款）	—	—	—	—	—
本外币各项贷款余额	—	—	—	—	—
净利润	0.55	0.49	−0.68	0.08	0.12
不良贷款率(%)	—	—	—	—	—

（德邦基金管理有限公司）

三、证券自律组织

上海市证券同业公会

2020 年，上海市证券同业公会（以下简称“公会”）在上海证监局和中国证券业协会的指导下，在广大会员的支持下，秉承“自律、服务、沟通”的宗旨，积极引导和服务上海地区证券行业落实国家战略、合规经营、有序竞争，保持市场健康发展。截至 2020 年末，公会共有会员单位 980 家，同比减少 2 家。

【行业自律】 一是根据上海证监局要求，公会对自律规则进行了梳理，其中，修订了 4 项自律规则，废止了 2 项规则；二是继续做好每年一次的自律检查工作，通过线上审查会员单位提交的自查报告和实地检查两种形式开展自律检查。三是认真做好社会信息公示工作，截至 2020 年底，公会秘书处通过公会网站向社会公示，上海地区证券营销人员为 10 579 人，累计登记金融产品数 269 575 件，证券分支机构搬迁信息 118 条，上海地区从业人员诚信信息 34 条。

【服务】 一是紧扣市场热点和会员需求，免费举办形式多样的培训、沙龙和交流等活动。全年组织开展培训活动共计 14 次，会员单位从业人员、投资者等共计近 7 万人次参加。全年开展参访活动共计 3 场，参与人数近 100 人。二是切实做好日常纠纷化解工作。2020 年公会新受理投诉 535 起，已处理 467 起，处理遗留 103 起。已处理的本年新收投诉中，投资者索赔金额共计 2 169.71 万元，和解金额 532.84 万元。全年办理普通调解 19 件，投资者诉求 3 416 万元，和解金额 43 万元。三是有效推动小额诉调工作，公会自 2019 年底开始推进小额诉调工作，截至 2020 年 3 月 31 日，上海地区 25 家有签约意向的法人证券经营机构和法人证券投资咨询机构已全部完成协议签署工作。四是主动参与，配合监管部门推动行业文化建设及助力上海金融人才队伍建设等工作。2020 年度通过建联系、做调研、办讲座、促交流，推动建立行业文化建设机制；在上海市金融工委和上海证监局指导下，启动建立上海地区证券从业人员信息数据平台的计划，以全面准确地获取上海地区证券从业人员基本信息、人才规模与结构、岗位分布、人员流动趋势等数据。五是积极回馈社会，2020 年经上海市民政局推荐，公会参与了崇明区界东村老有所养公益关爱项目——农村重病关爱患者活动，定向捐赠 10 万元人民币帮扶农村重病老人。

【沟通】 一是与各地协会同行开展同业间交流，2020 年，公会陆续接待北京、深圳、广东、西藏等地方证券业协会来沪交流，增进协会间互相了解。此外，为了解相关行业调解组织，公会秘书处相关工作人员先后赴 4 地调解中心走访调研；二是为了解行业需求、倾听会员心声，公会全年走访多家会员单位，先后开展了 4 次不同主题的调研活动。

【投资者教育保护】 一是联合媒体，拓宽投教宣传面。2020 年，公会参与了由上海证监局与中证中小投资者服务中心共同举办的“投保有道：细说新证券法”活动及线上课程，节目通过媒体向社会公众播出。二是紧跟热点，开展主题系列活动。2020 年 3 月，新的《中华人民共和国证券法》正式实施，公会通过网站、微信、APP 等平台开展宣传。同时举办主题知识竞赛活动，证券从业人员共报名学习 30 578 人、答题竞赛 23 833 人。此外，公会还举办了 4 次新的《中华人民共和国证券法》相关主题讲座、2 次秘书处内部培训和 1 次新《证券法》投资者调查问卷活动。三是积极探索将投教工作纳入国民教育体系实践，2020 年，公会与上海立信会计金融学院签订举行产学研战略合作框架协议，并在上海证监局指导下与该学院联合开发编制证券实务案例相关教材，预计 2021 年年底前完成。

（上海市证券同业公会）

上海市期货同业公会

2020 年，上海市期货同业公会（以下简称“公会”)积极响应党的十九届五中全会提出的“要加快构建以国内大循环为主体、国内国际双循环相互促进的新发展格局”,以助力抗击新冠肺炎疫情和促进复工复产为重心,以行业文化建设为引领,秉承“重实务,促协调,守自律,拓发展”的宗旨,不断提升服务质量,圆满完成各项任务。截至2020年末,共有会员单位264家,其中,期货公司34家,期货分支机构176家,银行7家,软件公司8家,风险管理公司39家。

【做好疫情防控　助力复工复产】

2020年春节假期,公会即通过官网、官微转发央行、证监会、中期协等通知与倡议,发布“复工防疫建议书”,提醒投资者警惕各类打着“疫情防控”的投资骗局,通过一系列及时有力的举措协助会员单位平稳运行。春节假期结束前,为保障市场交易安全稳定,公会向监管部门提出暂停夜盘交易等建议并得到采纳。3月,银保监会《关于保险资金参与国债期货交易有关事项的通知》征求意见,公会组织会员单位认真学习并及时反馈意见,最终得到采纳。公会广泛搜集并大力宣传会员单位多方筹措、维护正常运营秩序的案例,并在《期货日报》开展上海期货业防疫与助力复工复产的专题报道;在市委统战部、市民政局、市工商联组织的“政会银企”专题会议上,公会在落实疫情防控与复工复产方面的得力举措被列入会议材料。

【树立行业品牌　组织投教宣传】

2020年11月12日,以“立足本源,创新发展”为主题的期货机构投资者年会首次以“线上线下融合”形式举办,通过各大直播平台累计吸引近13.5万人次观看。已举办了十一届的期货机构投资者年会社会影响力逐步扩大,现场参会人数累计逾万,形成较好的品牌效应,得到了来自社会的肯定和专业的认可,有力助推上海国际金融中心建设。

在“3·15”“4·15”“5·15”“防非月”“普法宣传周”等各项投教活动中,公会围绕主题组织开展上海地区期货行业投资者教育与保护宣传活动,使广大期货投资者进一步树立理性投资意识,有效提高风险防范水平。公会在担任上海市证券、基金、期货业纠纷联合人民调解委员会主任单位期间充分履职,顺利完成调委会换届,全年共受理期货投诉、调解纠纷45起,其中涉及纠纷调解受理4件,受理的调解全部达成和解并签署了调解协议;投诉纠纷41件,达成和解8件,未和解32件,解释说明1件。

【践行社会责任　投身公益慈善】

2020年,公会连续第12年汇编上海地区期货公司社会责任报告,反映各家期货公司在公司治理、经济责任、社会责任、环境责任等诸多方面的履责情况,并刊登于《期货日报》,进一步提升期货经营机构内在价值,促进合规诚信发展。

在市民政局的支持下,公会积极投身“三区建设”,向“崇明区专项行动民生奖励项目”进行公益捐赠4.5万元,并先后与失独家庭及自闭症儿童开展联欢、慰问活动,通过开展一系列公益捐助与暖心活动,展现行业正能量。

【依托联席会议　做实会员服务】

2020年,公会举办了2次首席风险官联席会、1次信息技术负责人联席会(简称“IT联席会”),并创新形式在IT联席会上增加闭门会议环节,会议上邀请长三角地区期货公司技术负责人参与主旨演讲和分组讨论,充分进行交流。联席会议也逐渐成为交流行业热点、探讨合规前沿问题、通报监管动态、集中学习交流的平台与品牌。年内,公会还配合监管部门对上海地区6家期货法人机构及1家分支机构进行现场校验检查。

【立足行业文化　开展各类活动】

公会围绕行业文化建设开展一系列活动:一是网络安全宣传周期间,公会原创短视频经上海证监局推荐,入围全市作品评选,同时通过开展全行业网络安全培训与竞赛,选拔人才组成行业联队,获得“观安杯ISG网络安全技能竞赛大赛”三等奖。二是开展行业技能比拼,先后组织会员单位参与金融职工立功竞赛系列活动、行业趣味运动会、大商所“期乐杯”知识竞赛——棕榈油国际化路演竞赛,以竞赛促发展、强技能,丰富员工生活。三是不断加强对外交流,组织会员单位负责人赴大商所、郑商所、上期所、中金所交流座谈,深入探讨会员服务等内容以及下一步合作方向。四是做好各类培训,包括联合交易所举办培训调研、围绕企业文化组织培训与走访、结合国民教育培养后备人才、向高校学生开展期货行业知识普及公益讲座、举办夏令营等。五是通过所在联合党支部开展联学联建,组织线上专题授课、讲座。六是公会综合信息管理系统2期上线,并通过等保测评,有力提升工作效率,更好服务会员。

(上海市期货同业公会)

第四篇　保　　险

一、人寿保险公司

中国人寿保险股份有限公司上海市分公司

2020年，中国人寿保险股份有限公司上海市分公司(以下简称“国寿上分”)认真贯彻集团公司、总公司的决策部署，上下齐心，抢抓发展机遇，统筹推进“重振国寿”战略，稳中有进，稳中向好。

【高质量发展成效凸显】

一是经营业绩稳中有进。2020年，国寿上分总保费收入64.77亿元，同比增长8.2%。其中，首年期缴保费11.15亿元，突破10亿元大关，首年标保3.96亿元，10年期缴保费4.08亿元，大短险13.25亿元，保障型业务2.56亿元，和行业内主要竞争对手对标的比值有所提升。二是业务结构持续改善。坚持以标保为统领，全面向长期期缴和高价值业务转型。实现保障型业务占10年期业务比重的64%，同比增长8%，续期业务保持系统领先。三是队伍质态持续提升。坚持有效的队伍驱动业务，营销渠道季均有效人力2 168人，同比提升29%；月均长险举绩人力1 599人，同比提升31%。收展渠道季均有效人力975人，同比提升5.1%；长险举绩人力808人，同比提升4.7%。

【支撑能力全面增强】

一是运营管理能力不断提高。无纸化件均审核时效在6.5小时内，双录质检时效在T+1天内。无纸化投保率、理赔e化率、个人业务出险支付时效等多项职能指标均达考核满分，死亡重疾指数达考核满分。二是客户服务能力取得突破。投诉处理的及时率、保全时效均达考核满分；新单犹豫期回访成功率99.99%，年度接通率99.17%，保持行业领先；非正常退保率显著下降，全年未发生重大、群体性事件。三是科技支持能力不断加强。依托PAC体系，自主开发抽奖程序和数据报表，实现全流程线上管理。创新开发上海学平险(职团开拓)线上短险缴费系统，坚持以科技赋能服务，为客户创造价值。

【央企担当得以彰显】

一是牢记使命，服务国家战略。持续推动“一带一路”保险服务，成立境外人身保险业务管理团队，为集团战略客户和区域重点客户提供人身风险保障方案。二是回归本源，保障社会民生。全年赔付金额15.8亿元，平均每分钟服务3位客户，平均每天赔付超386.85万元。全年累计借款金额17.58亿元，同比增长120.72%。大力发展城乡居民大病保险，全年服务客户3.73万人次，累计赔款1.02亿元，同比增长15.96%，未发生投诉案件。三是创新服务，开发新型健康险。结合长三角区域特色医疗资源，为糖尿病前期及2型糖尿病的人群开发首款“国寿长三角糖安宝医疗保险”。最高保额达205万元，在线投保无需体检，增加“因糖尿病导致的特定疾病住院治疗0元免赔额”“特定疾病住院定额给付医疗保险金200元/天”“保险期间免费健康管理服务”及“每年一次的免费门诊陪诊及协助住院安排”等服务。

【风险防控扎实有效】

一是积极作为，有效消除风险隐患。全年开展内外部大小销售风险排查、大额保单借款排查、风险预警系统排查等各类风险排查共计94次，检查率达到100%全覆盖。二是苦练内功，提高风险防控能力。加强风险管理委员会统筹领导，定期审议风控形势，优化销售风险管理组织机构，强化事前防控、事中管控和事后监督，不断推进风险管控向前端延伸。三是守住底线，扎实开展内审工作。聚焦重点风险，扎实开展反洗钱审计、经济责任审计，积极推进审计整改，确保整改到位。

(中国人寿保险股份有限公司上海市分公司)

中国平安人寿保险股份有限公司上海分公司

中国平安人寿保险股份有限公司上海分公司(以下简称“平安人寿上海分公司”或“公司”)成立于

1994年，在全市设有45个营业网点，外勤销售团队超过22 000人，内勤团队近千人。2020年，突袭的新冠肺炎疫情严重威胁了人民的健康安全，同时也对保险业的发展带来了巨大冲击。在此背景下，公司积极探索线上经营模式，在上半年采取宽松的营销员考核政策，降低特殊时期代理人收入所遭受的影响。在监管部门与总公司的指导下，以“产品＋”“科技＋”的战略为指引，令公司在艰难的环境中依然实现了价值的稳健增长，全年实现保费总收入166.2亿元，同比增长3.1%，其中新单保费50.4亿元，同比增长2.2%。

【理赔服务升级】 面对新冠疫情，平安人寿上海分公司依托智能AI技术，实现“零接触、云赔付”。公司第一时间升级理赔服务，例如：7×24小时线上服务不间断、专人理赔辅助指导、开通理赔绿色通道、启动特案预赔服务等；同时，取消药品限制、诊疗项目限制、定点医院限制、等待期限制，取消免赔额，对被保险人最大程度地给予人文关怀。2020年，平安人寿上海分公司理赔获赔率98.7%，平均理赔服务时效不到1.5天，理赔客户服务满意度达93.7%，充分兑现服务承诺。2020年8月，重磅推出“智能预赔”服务，将理赔服务前置到住院治疗环节中，实现理赔金的提前给付，更大程度上缓解了客户在就医时的经济压力。在赔付速度上，更是创造了“7分钟到账”的最快纪录；“重疾先赔、特案预赔”项目通过预付保险赔款的方式，全年累计为253名客户提供了主动赔付服务，赔款达1 394万元；“平安闪赔”项目致力于持续为客户打造30分钟内完成理赔的极速服务，全年共有2.3万名客户感受到“平安闪赔”的高效便捷。

【产品持续创新】 平安人寿上海分公司坚持以客户为中心，持续优化产品结构，进一步丰富“产品＋”服务体系，积极拓展保障型产品线。2020年，主力产品“平安福”升级并简化了产品形态：重疾险可单独投保，附加险可自由选择，且重疾理赔后主险原有的附加险仍继续有效，这让客户的保障更加全面。同时，配合“平安RUN(plus)”计划，鼓励用户养成良好的运动习惯来提升保额，把保险从风险事后补偿转变为事前干预与管理。

【持续回馈社会】 新冠疫情期间，平安人寿上海分公司推出“E路平安”赠险计划，全年累计赠予27万余人保险服务，赠送的总保额超1 000亿元。此外，平安人寿上海分公司还向已投保公司业务的客户赠送扩展责任或附加条款，组织全体员工捐款13.3万余元，并向浦东新区南码头公益基金会捐赠了一批口罩、消毒液等防疫物资，支持上海打赢疫情阻击战。公司还在教育、红十字、社群、扶贫等公益项目上有所投入，连续17年帮扶对口希望小学、采购扶贫产品助力当地经济发展，持续反哺社会。不忘初心，久久为功。未来，平安人寿上海分公司将始终以保障民生为核心，立足高质量发展转型，诚信经营，专业服务，持续回馈社会，积极践行企业责任。

（中国平安人寿保险股份有限公司上海分公司）

新华人寿保险股份有限公司上海分公司

2020年，新华人寿保险股份有限公司上海分公司（以下简称“新华保险上海分公司”或“上海分公司”）作为新华保险的重要发展机构，在总公司的统一部署与战略指引下，以高质量党建引领高质量发展，坚持专业化发展格局，坚持市场化发展机制，坚持渐进式发展模式，走长期健康可持续发展道路。上海分公司规模与价值两个维度均衡发展，稳步提升自身综合实力。

2020年是新华保险公司党建基础建设年和“二次腾飞”战略的开局年，在总公司的战略指引下，上海分公司不断提高综合管理水平，走上全新的发展历程。2020年，上海分公司全年保费收入20.66亿元，同比增长18.14%，综合实力平稳增长，为消费者提供全生命周期的保险保障。

围绕“以客户为中心”的服务理念，新华保险上海分公司着力打造全方位、多层级的保险服务，建立起多元化的客户服务体系，全面提升理赔时效，全新升级服务体验。2020年开通自助理赔、柜面受理、业务员移动签收三条快速索赔通道，为客户提供便捷服务，认真履行对每一位客户的保障承诺，关注生命健康，传递保险力量。

新华保险上海分公司在坚持规模价值全面发展的同时，始终不忘企业公民的社会责任，通过一系列的产品和服务创新，充分发挥保险经济补偿和社会管理功能，积极参与社会和谐建设。

自2018年9月20日落地上海以来，新华人寿保险公益基金会开始向上海市5万余名环卫工人赠送保险。2020 年，新华人寿保险公益基金会继续向上海市 53 220 名环卫工人捐赠人身意外伤害保险，合计捐赠保额 53.22 亿元。

（新华人寿保险股份有限公司上海分公司）

太平人寿保险有限公司上海分公司

中国太平保险集团有限责任公司，简称“中国太平”，于 1929 年在上海创立，是中国历史上持续经营时间最为悠久的民族保险品牌，中国太平是管理总部设在香港的中管金融企业，已连续 3 年入选《财富》世界 500 强。

太平人寿隶属于中国太平保险集团有限责任公司，是国内中大型寿险企业之一。公司总部设在上海，注册资本 100.3 亿元，总资产超 7 200 亿元，期末有效保险金额超 430 000 亿元。服务网络基本覆盖全国，已开设 38 家分公司和 1 300 余家三级及以下机构，累计服务客户超 5 600 万人，支付理赔款和生存金总额超 1 300 亿元。凭借稳健的财务表现，公司连续 6 年获得惠誉国际“A＋”（强劲）财务实力评级。

太平人寿保险有限公司上海分公司（以下简称“上海分公司”）隶属于太平人寿保险有限公司，是太平人寿首批开设的省级分支机构之一，于 2002 年 4 月正式开业。上海分公司依托集团综合性、多元化经营平台，不断拓宽个人代理、银邮代理、电话销售与网络销售等服务渠道，提供涵盖人寿、意外、健康、年金等多种类型的保险产品，基本形成覆盖客户全生命周期的产品体系。上海分公司还通过多样化的责任约定来满足不同的消费需求，为客户提供周全的保险保障和一站式、一揽子金融保险服务。多年来，上海分公司始终坚持以客户为中心、以价值驱动成长的发展思路，其核心业务和新业务价值持续健康发展，业务品质保持行业领先水平。截至 2020 年 12 月，上海分公司期末有效承保人次超 116 万，期末有效保险金额 3 781 亿元。

“国家所需，太平所向”，上海分公司致力于将“共享太平”的理念转化为社会责任，推进税优健康、税延养老业务，参与教育医疗、健康环保、扶贫帮困、灾害救助等公益项目，在赢得客户、员工与社会支持的同时，积极提升品牌形象和企业声誉。

（太平人寿保险有限公司上海分公司）

合众人寿保险股份有限公司上海分公司

2020 年，合众人寿保险股份有限公司（以下简称“合众人寿”）在新冠肺炎疫情期间砥砺前行，全力践行社会责任，凭借在综合实力、客户服务、企业社会责任方面的杰出表现，合众人寿获得了“保护消费者权益信用单位”“抗疫杰出贡献奖”“年度经营效率保险公司”“2020 中国保险业精准扶贫方舟奖”“保险科技创新奖”等多项荣誉。

合众人寿保险股份有限公司上海分公司（以下简称“分公司”）秉承总公司“回归本源，行稳致远”的发展理念，以高质量发展为导向，以个险渠道为核心，持续推动业务、人力稳健增长。2020 年，合众人寿创办 15 周年，分公司积极面对外部挑战，着力推动新业务价值及队伍产能的提升，通过科技赋能及创新平台深化客户经营、推进培训落地，实现稳步发展。2020 年，分公司实现原保险保费收入 70 017 万元，其中个人代理渠道实现保费收入 69 286 万元、个险新契约保费收入 20 757 万元、个险续期保费收入 48 529 万元；团险渠道实现保费收入 537 万元。2020 年，分公司累计赔付金额 10 459 万元，保险覆盖面和影响度稳步提升。

合众人寿始终坚持以客户需求为核心，构建全面保障产品体系，大力发展长期保障型和储蓄型产品，适应居民健康、医疗、养老等消费升级的趋势。2020 年，分公司主打“传世臻爱”增额终身寿险，力推“福禧人生”“福享金生”“鑫禧人生”等年金产品和“合众壹号”“守护幸福”等重疾产品，同步满足客户长期储蓄及健康保障的产品需求，同时持续推广“微系列”两全险、“康系列”健康医疗险等多样产品，满足客户重疾、医疗、意外等方面特定的保障需求。

在客户服务方面，合众人寿坚持“推陈出新、以客为尊、友善简单、扎实可靠、事捷功倍”的客户服务理念，持续践行“合众保险、理赔不难”的服务承诺。疫情期间，合众人寿第一时间作出响应，将服务前置，推出“贴心核保，暖心理赔”两核服务举措，升级理赔八大服务举措，进一步简化服务流程，7×24 小时在线响应，持续为客户提供温暖、便捷的服务。2020 年新冠肺炎疫情发生初期，合众人寿将重疾类和意外类保险共计 42 款产品的保险责任进行扩展

（有效期为2月6日至4月30日），同时启动应急预案，开通了理赔绿色通道、预付赔款，提出“四减免、四取消”，即免保单、免申请、免账户、免发票，取消医保目录限制、取消定点医院限制、取消观察期、取消免赔额等多项服务举措。

分公司将继续以高质量发展为核心，秉承“源于爱、传递爱”的品牌理念，遵循“尊重信任、开放包容、创新服务、价值分享”的核心价值观，坚持价值经营，坚持可持续发展，坚持科技、养老与寿险双向赋能，坚持以客户为中心，持续提升服务水平，为客户提供有场景、有温度、有创新的服务。

（合众人寿保险股份有限公司上海分公司）

汇丰人寿保险有限公司

汇丰人寿保险有限公司（以下简称“公司”）由汇丰保险（亚洲）有限公司和国民信托有限公司合资成立，双方各占50%股权，公司注册资本为10.25亿元人民币，总部设于上海，在北京、广东、深圳、天津、浙江设有分公司。

公司主要营销渠道为银行保险渠道，主要合作银行为汇丰银行及恒生银行。2019年公司开拓经纪渠道，合作伙伴为美仕保险经纪。2020年7月，公司私人财富规划师团队正式开展业务，依托集团优势打造业内高素质、具影响力和竞争力的私人财富规划师团队，秉承“以客为本”的原则为客户提供个性化的财富规划服务，团队已在上海、广州、深圳、杭州开展业务。

2020年是不平凡的一年，新冠肺炎疫情在全球暴发，国内经济活动一时陷入停顿，并显著地影响了居民的行为及消费习惯。公司面对突如其来的疫情，快速响应防疫形势，启动业务应急预案，尽最大力量保护客户及员工，并根据指示有序复工复产。公司无员工感染案例，业务运营有序。同时，公司及时推出客户关爱计划，提供额外新冠赔付和灵活的理赔政策。公司还向社会福利基金会捐出100万元人民币开展“突发大型公共安全疫情防控机制”公益项目，用于购买及运送必要的医疗物资；员工也自发筹款为武汉医院捐助医疗物资，合计筹得超过10万元人民币，携手抗疫情，共度时艰。

2020年，公司原保费收入人民币18.7亿元，同比增长2.7%；规模保费收入人民币26.4亿元，同比增长23.4%。公司内部主要考核的业务指标为新单年化标准保费，2020年实际完成新单年化标准保费较2019年同比下降约两成，增长受阻的主要原因为上半年新冠疫情暴发对拓展新业务带来的负面影响。但公司通过与合作银行加强合作，追赶新业务的同时加强长缴产品和终身寿险产品的销售，全年新业务价值率获得显著提升。

截至2020年末，公司资产合计人民币129.15亿元，同比增长了25%，增长速度稳健，公司的资产结构维持在健康的状态。公司所有者权益基本与上年末持平，经受住了新冠疫情带来的冲击。

同时，公司还积极进行保险知识的宣传和普及。2020年，公司为丰富高校大学生生活并加强金融知识普及，支持开展高校大学生保险教育公益行动，在北京、上海、广州、深圳、天津、杭州六地48所高校通过开展系统的保险教育试点活动，展开线上金融保险知识题库开发以及线下保险知识辩论赛等，促进高校大学生对全球性问题、保险问题和跨文化知识的理解和掌握。

公司遵循原保监会〔2013〕18号文“中国保监会关于印发《保险公司发展规划管理指引》的通知”之指引，在董事会的领导下，制定了未来3年发展规划。公司在未来3年将致力于以财富规划为核心，科技赋能、多渠道业务发展；为个人、家庭和企业客户提供全方位健康保障，使公司成为外资寿险市场和中高端客户市场中具有较强竞争力的公司。

（汇丰人寿保险有限公司）

友邦人寿保险有限公司上海分公司

友邦人寿保险有限公司（简称“友邦人寿”或公司）是友邦保险有限公司（简称“友邦保险”）全资持股的寿险子公司，统一经营友邦保险在中国内地的寿险业务。友邦人寿拥有专业的保险营销员队伍，并通过多元化销售渠道，为客户提供人寿保险、健康保险、意外伤害保险等各类人身保险业务。

友邦保险于1992年在上海设立分公司，是改革开放后最早一批获发个人人身保险业务营业执照的非本土保险机构之一，也是第一家将保险营销员制度引进国内的保险公司。2020年6月，友邦保险获批将友邦保险有限公司上海分公司改建为友邦人寿保险有限公司。2020年7月，友邦人寿正式成为中国内地首家外资独资的人身保险公司。公司位于上海中山东一路17号友邦大厦3—8楼。

“友邦保险有限公司上海分公司”改建为“友邦人寿”后，为保证业务发展和客户服务的持续和稳定，总公司设立上海事业部，取代原上海分公司，负责上海地区的所有业务经营。上海事业部在内部组织架构、管理流程和人员岗位等方面，均直接沿袭原上海分公司做法。友邦人寿副总经理、原上海分公司总经理蔡伟兵继续担任上海事业部的负责人，管理上海地区的所有业务经营。截至2020年底，友邦人寿在上海地区下设有13家营销服务部，拥有6 924名营销员、286名内勤员工。

2020年，面对突如其来的新冠疫情，友邦人寿积极履行社会责任，及时启动紧急预案，开通保险理赔绿色通道，开通24小时热线受理理赔申请，简化理赔程序。针对新型冠状病毒肺炎的出险客户，公司实行取消理赔医院限制，取消住院方式限制，取消药品及诊疗项目限制，取消免赔额，取消等待期限制等措施，使患者得到更优质、快捷的理赔服务。专款支持微医互联网总医院为全国用户提供在线义诊，减轻线下医院压力，减少交叉感染风险；通过合作伙伴微医、爱德基金会，为武汉及孝感、黄冈等武汉周边县市筹措捐助防护镜、消毒水、口罩等医用及社区防护所需的紧缺物资；向北京、上海、广东、江苏、河北等地医院的防疫一线医疗队以及2家非医院机构赠送专属保障。此次提供的保障为友邦团险抗疫定制产品，免费提供每人60万元的专属保障，保障期限一年。公司对所有持一年期及以上个险产品有效保单的被保险人，如确诊新型冠状病毒肺炎，则赠送特别慰问金；因确诊新型冠状病毒肺炎不幸导致身故或全残，则给付20万元。公司对友邦“全佑”系列等疾病保险产品的新老客户提供保险责任扩展；若被保险人首次确诊感染新型冠状病毒肺炎且临床分型为重型或危重型，友邦保险将给付责任扩展额外保险金予被保险人，其金额等于被保险人确诊时该保险合同基本保险金额的30%，同一被保险人的责任扩展额外保险金给付累计以50万元为限。公司还推出各种防控应急业务方案，以保证公司业务有序进行。

（友邦人寿保险有限公司上海分公司）

中国人民人寿保险股份有限公司上海市分公司

中国人民人寿保险股份有限公司（以下简称“人民人寿”）注册资本金257.61亿元，总部设在北京，是中国人民保险集团旗下的重要成员，主要经营人寿保险、年金保险、健康保险、意外伤害保险等业务及上述再保险业务，在全国31个省、自治区、直辖市和5个计划单列市设立36个省级分公司，在294个地市、1 599个县（市、区）设立分支机构和服务网点。自成立以来，人民保险始终秉持红色基因，与人民冷暖相守、朝夕相伴，走出了一条具有人保寿险特色的发展之路，累计为3.3亿保险消费者送去人民保险的温暖，成为推动中国寿险市场发展的一支重要力量。截至2020年末，公司总资产5 000亿元，职工2万人，营销员43万人，实现净利润45亿元。穆迪、惠誉分别给予公司A2、A+的财务实力评级。

中国人民人寿保险股份有限公司上海市分公司（以下简称“上海市分公司”）成立于2007年10月19日，是总公司在全国设立的首批省级分支机构，业务、财务实行集中管理模式，内控体系完善。分公司总部坐落于上海外滩，选址黄浦江畔福佑路8号的中国人保寿险大厦，目前下辖11个分支机构，包括6家支公司、5家营销服务部，服务网点覆盖全市，通过柜面、电话、互联网、移动APP、客户端、银行合作网点以及各渠道超过2 000多名销售人员为客户提供“无忧”系列、“百万守护”系列、人保福产品组合等200多款保险产品和服务。

2020年，在复杂的经济形势、新冠肺炎疫情影响和激烈的市场竞争下，上海市分公司在提高业绩、做细业务、提升盈利能力、推进精细化管理等方面攻坚克难，主要业绩指标良好，保持较高利润水平，取得了建司13年来最好成绩。其中标准保费、首年期交和10年期以上的完成率和增长率均在人保寿险系统中位列前五；10年及以上首年期缴保费在主要同业市场中排名第五，呈稳定上升趋势；累计创费（佣）同比增长52.64%，综合投产比（含专项）30.73%，同比增长9.52个百分点。客户服务方面，2020年，公司共计为客户办理理赔案件18.85万件，理赔总金额达10 745万元；简易和常规案件的理赔时效为2.0天，批次案件的理赔时效为4.8天；同时，实施“温暖工程”活动，以“让客户感知人民保险温度提升”为出发点和落脚点，显著提升数字化服务能力，为500余名客户提升服务，涉及保单数量600余件。

上海市分公司肩负“人民保险，服务人民”的光荣使命，服务经济社会发展，保障人民品质生活，主动承担社会责任，积极参与脱贫攻坚、民生工程和公益事业，全力以赴打好新冠肺炎疫情防控阻击战，2020年，为100余家中小单位提供了新冠疫情专属保障方案，涉及员工2万余人，提供风险保障金额超40亿元；累计赠送个人新冠肺炎保障方案近5 000份，提供风险保障近10亿元。未来，上海市分公司将进一步响应党和国家发展商业养老保险的号召，持续助力国家健康养老产业，为创造和谐社会贡献力量，为广大人民群众提供周全的风险解决方案和财务保全传承解决方案。

（中国人民人寿保险股份有限公司上海市分公司）

二、财产保险公司

中国人民财产保险股份有限公司上海市分公司

截至2020年底，中国人民财产保险股份有限公司上海市分公司(以下简称“中国人保财险上海分公司”或“公司”)以人保集团“卓越保险战略”为引领，坚持一手抓疫情防控，一手抓业务发展，落实“六稳”“六保”，为国家担当，对社会尽责，全年保费规模90亿元，市场份额位居前三；全年承担风险责任金额41.7万亿元，处理赔案72万件，支付赔款50.79亿元，纳税金额6.63亿元，坚定践行中管金融央企的初心和使命。

坚持“为党工作”，切实践行“央企初心”，改设“虹桥商务区营业部”“临港新片区支公司”等机构，主动参与长三角一体化、虹桥商务区、临港新片区规划建设，全力推进“保险机制助力上海市政府职能转变”服务清单的建立；设立中国人保上海区域工委，加强与地方党政的合作，研究制定专属金融综合服务方案；注重党建引领，加强社会责任引导，向医护人员、公司客户赠送新冠肺炎责任保障，覆盖约20万人次；组建青年突击队，助力疫情防控和复工复产；为旅行社、运输车辆等客户免费顺延保险期限，等同减免保费700余万元；开发和推进7款复工复产专项保障方案，总保障金额超过56亿元。

坚持“为国经营”，坚定护航“国之重器”，全力服务实体经济，为上海机场、振华重工等区域龙头企业保驾护航；全力服务社会治理，与高校、企业联合建立人工智能联合研究中心，升级IDI拓展平台实现保费1.93亿元，深度参与医疗、校园、食品等领域，实现保费3.14亿元；全力服务模式创新，完成电梯卫士系统与上海市智慧电梯管理平台对接，落地7个新模式试点；全力服务科技创新，出资30亿元设立科创基金，科技保险产品已纳入“长三角科技金融创新圈”目录范畴，全年审批通过科技履约贷承保项目72个，为科技型中小微企业承保融资1.65亿元；全力服务绿色产业，加快风电产业布局，新保江苏华威启东、协鑫如东等海上风电场，承保风电船船壳险；全力护航国之重器，新保大型首台套项目53个，实现保费1.82亿元，年度补贴通过率83%。其中包括承保亚太6D卫星发射险、外高桥船厂豪华邮轮船建险等标志性项目；深化与上海电力、上海建工等大型海外总包企业合作，开拓了上海电气巴基斯坦塔尔煤矿与电厂工程险等新业务。

坚持“为民保险”，深入推进“温暖工程”，拓宽“保险＋期货”服务范围，覆盖3个交易所、8个产品，中标“保险＋期货”项目20余个，为32万户农户提供风险保障12.55亿元；实现大病保险新突破，拓宽商业健康险覆盖面，成功中标杨浦区民政局社保项目，再次成功中标上海市大病保险经办项目，推进上海市医保账户购买商业健康险项目；落地人伤“到家调解”，针对老年客户及伤者提供“到家调解”16次；完善消费者权益保护工作制度体系，2020年NPS值50.01%，同比提升14.15个百分点；持续推进“雷霆行动”，打击欺诈修理厂13家，处理各类违法违纪人员63人，深化反欺诈平台应用，与黄浦警方配合破获欺诈团伙；推动“温暖工程”落地，加大宣传力度，发布“人民有期盼、保险有温度”主题广告，推出“温暖”号申城观光巴士，深化品牌输出，切实践行做“有温度的人民保险”的承诺。

(中国人民财产保险股份有限公司上海市分公司)

中国平安财产保险股份有限公司上海分公司

中国平安财产保险股份有限公司上海分公司(以下简称“平安产险上海分公司”或“公司”)是中国平安财产保险股份有限公司在上海设立的二级机构，成立于1994年。自成立以来，平安产险上海分公司持续稳健发展。根据银保监统信数据显示，自2010年起，公司保费规模持续位居上海财产保险市场首位。同时，公司积极改革创新，不断提升客户体验，不忘初心，回馈社会。

公司经营业务范围涵盖车险、财产险、工程险、货运险、责任险及意外健康险等一切法定产险业务及国际再保险业务，近年又适时开发推出了诉讼保全责任保险、建筑质量保证保险、出口贸易信用保险、关税保证保险、建设工程履约保证保险、首台（套）重大技术装备保险、个人借款人综合保险、专利保险、网络安全保险、银行卡持卡人意外保险、网络订餐配送人员意外保险、预订取消类保险、医疗美容意外保险、驾乘人员意外保险等符合市场需求的新险种，目前经营的险种已达200多个。

平安产险上海分公司始终坚持以客户为中心，以科技创新为驱动，不断探索创新理赔服务模式，持续提升客户理赔体验。在车险理赔方面，公司再次突破传统理赔流程，通过智能机器人、OCR等技术实现定损、审核等环节流程自动化与智能化，推出"一键理赔"服务，打造简单、便捷、透明的全流程线上理赔新模式。同时，公司聚焦不同客户在不同场景下的服务痛点及需求，通过智能决策引擎分客群场景匹配服务产品，搭建前置化、智能化的"客户理赔服务"专属应用体系，打造"一客户一场景一服务一模式"的精准服务，客户满意度达88.2%。财产险理赔方面，公司创新推出了财产险人伤医疗案件OCR自动识别，并将OCR、AI、核赔三者结合，建立"基于ICR的人伤智能核赔风控系统"，不断加强新科技应用，提升客户体验。同时，公司基于行业、业务、场景特性预设埋点，迅速识别风险单位及场景，通过迅捷风控引擎，建立精准、细化、完善的专属风控体系。

平安产险上海分公司坚持合规发展、守法经营，以专业的技能、优良的服务在上海地区树立了良好的形象，先后承保了一大批在上海地区乃至全国有影响的、社会效益显著的重要项目：上海铁路局车险、宝钢车险、上海邮政车险以及上海中心大厦、长江隧桥上海段、上海金茂大厦、浦东国际机场、上海迪斯尼园区、上海地铁轨道交通等一大批上海著名标的以及上海市中小学校方综合责任险、高校校方综合责任险、专业运动员综合意外险、上海海关综合意外险等重大保险项目。

凭借突出的市场业绩和服务创新，平安产险上海分公司在2020年斩获多项荣誉。获2020上海市单用途预付卡行业"抗疫奉献"标兵企业、2020年上海市交通安全公益宣传倡议单位、第十四届上海金融服务实体经济洽谈会暨论坛优秀参展机构。在第二十七届"蓝天下的至爱"慈善活动开幕式暨第六届"上海公益微电影节"颁奖典礼上，作为公益支持企业参与的《上海之光|有依很安心》获最佳公益微电影三等奖。在"上海保险行业发展论坛暨第十一届上海保险行业年度大奖颁奖典礼"上，"平安爱宠医保计划"获"最佳创新保险产品年度大奖"。

（中国平安财产保险股份有限公司上海分公司）

安信农业保险股份有限公司上海分公司

安信农业保险股份有限公司成立于2004年9月，是中国第一家专业性农业保险公司，总部设立在上海。2019年3月，安信农业保险股份有限公司上海分公司（以下简称"安信农险上海分公司"或"公司"）成立。公司秉持服务"三农"使命，紧贴农业、农村、农民的保险需求，积极参与农村社会经济发展，不断探索农业保险产品和服务的创新发展之路。

2020年，安信农险上海分公司实现总保费收入12.62亿元，其中农险保费7.90亿元、商险保费4.71亿元。面对上海地区农业保险发展瓶颈等问题，公司直面困难，坚持开拓创新，深挖可保资源，有效应对新冠肺炎疫情、"黑格比"台风等突发事件，贯彻高质量发展，坚持有效益、可持续、精细化的经营管理模式。

【坚持创新驱动】 年内共开发绿肥种植费用补偿保险、耕地土壤病害防治费用补偿保险、优质稻米价格保险、草莓价格保险等创新险种12个，其中指数类保险9个。创新"基本险＋商业险"，在生猪养殖险、能繁母猪险迭加商业性生猪提标险、商业性能繁母猪PSY值保险、商业性仔猪保险、无害化转移支付。同时，配合政府相关部门，积极推进"银行＋担保＋保险"和"银行＋保险＋知识产权"，在支农和支小两个方面发挥重要作用。

【聚焦市场导向】 成功落地上海市安全责任保险项目，市场占有率42%；全面推广农村综合帮扶保险项目，涉及低收入人群约6万人，获得广泛认可与好评；试点开展"菜篮子"价格指数保险项目，帮助解决物价周期性上涨对农村低收入人群的生活影响。同时，贯彻落实集团协同发展战略，与太保产险上海分公司、寿险上海分公司通过融合发展，在多个大型商业保险项目上互惠互通、合作共赢。

【服务社会民生】 2020年，面对新冠肺炎疫情防控的严峻考验，主动履行社会责任，坚持业务经营和疫情防控两手抓。公司积极探索保险助力政府应对突发性公共安全事件的新路径，量身打造"农供保"专属方案，为农产品"保供稳价"保驾护航，聚焦主粮、蔬菜、肉蛋奶和水果4类主副食品，覆盖生产和流通环节，重点推出针对农业企业的复工复产保险、农产品食品安全保险、蔬菜价格指数保险及菜篮子物价指数保险等产品，保障惠及城市低收入人群、疫情隔离人群、疫情感染人群三类人群。

2021年1月，安信农业保险股份有限公司上海分公司更名为：太平洋安信农业保险股份有限公司上海分公司。未来，太平洋安信农业保险股份有限公司上海分公司将继续聚焦做优做强农险主业，充分发挥公司创新发展基因，实现专业化转型发展，做传统农险的示范者、农险创新的引领者、农险高质量发展的实践者。

（安信农业保险股份有限公司上海分公司）

美亚财产保险有限公司上海分公司

美亚保险为美国国际集团（AIG）旗下成员，是一家在中国注册的财产保险公司，目前在北京市、上海市、广东省、深圳市、江苏省和浙江省设有7家省级分支机构，其中包括美亚航运保险运营中心。美亚保险也是目前中国最大的外商独资财产保险公司之一。

美亚财产保险有限公司上海分公司（以下简称"美亚上分"）成立于2007年9月28日，是美亚财产保险有限公司（以下简称"美亚保险"）在上海设立的分公司。美亚上分在上海行政区域内经营的保险业务主要包括财产损失保险、责任保险、信用保险、保证保险等财产保险业务，短期健康保险、意外伤害保险，上述业务的再保险业务。

通过AIG广泛的全球财产责任险网络，美亚上分为个人和企业客户提供全面的产品和服务，包括帮助中国企业"走出去"、防损减灾及境外旅行保险服务等。凭借其丰富的全球资源、广泛经验以及分析洞察能力来满足当地市场需要，并实现在中国市场可持续的长期发展。

2020年，美亚上分经营稳健，赔付率及综合成本率指标良好，偿付能力充足。全年实现总保费收入11.12亿元，净赔款支出3.39亿元，综合成本率47.4%。

2020年，美亚上分业务发展稳定，按业务险种划分责任险为第一险种，总保费收入7.23亿元，占比65.0%；企业财产保险居第二，总保费为1.74亿元，占比15.7%；信用保险位居第三，总保费为0.56亿元，占比5.0%。

【积极开展消费者权益保护工作】 2020年，美亚上分继续完善消费者权益保护工作机制的建设，包括对产品开发、销售、售后服务的全流程开展消费者权益保护审查；进行消费者权益保护政策和知识的宣传推广及培训；规范各销售渠道的销售行为等。

【完善公司合规管理机制】 2020年，美亚上分秉承诚信合规的经营理念，进一步建立健全合规管理制度，开展合规审核、合规检查、合规风险监测、合规考核以及合规培训等一系列合规工作。

【注重企业社会责任】 2020年，美亚上分致力于宣传"守信用、担风险、重服务、合规范"的核心价值理念，积极保障员工基本权益，通过制度建设和各类培训，为员工提供平等发展机会。充分发挥员工技能、经验、知识和热情，聚焦社会需求，通过共同抗疫"守望计划"公益校招、向美亚保险希望小学捐资捐物、慈善基金捐赠等活动，传递"保险让生活更美好"这一美好愿景。

（美亚财产保险有限公司上海分公司）

中国出口信用保险公司上海分公司

中国出口信用保险公司是由国家出资设立、支持中国对外经济贸易发展与合作、具有独立法人地位的国有政策性保险公司，于2001年12月18日正式挂牌运营，服务网络覆盖全国。中国出口信用保险公司上海分公司（以下简称"分公司"）作为中国信保首批成立的一级分支机构，主要负责上海地区信用保险工作。2020年，分公司坚决贯彻落实习近平总书记重要讲话精神和党中央、国务院决策部署，充分发挥"逆周期"调节的政策性职能，迎难而上，勇担重任，为助力做好"六稳"工作、全面落实"六保"任务作出积极贡献，取得明显成效。

2020 年，分公司支持外经贸规模达 417.3 亿美元，为“六稳”“六保”作出了积极贡献；支持本市 460 家企业向“一带一路”沿线国家出口和投资 57.3 亿美元，服务出口企业的广度、深度进一步提高，为 8 941 家企业提供信用保险及风险管理支持，同比增长 24%，政策覆盖面进一步扩大；帮助企业新开发海外客户 1.85 万家，批复买家授信额度 181.7 亿美元，实现新增出口 270 亿美元；服务支持小微企业 7 688 家，主动实施阶段性降费，为企业降低成本 1 742 万元，稳定就业近 22 万人；积极应对和化解风险，充分发挥损失补偿和风险管理作用，多措并举帮助企业化解近 11 亿元的应收账款风险，有效缓解了企业的财务压力，赢得市场的高度认同。

2020 年，分公司先后获“上海市抗击新冠肺炎疫情先进集体”称号、“上海金融‘五一’劳动奖章”等多项荣誉。

（中国出口信用保险公司上海分公司）

三、互联网保险公司

众安在线财产保险股份有限公司

众安在线财产保险股份有限公司(以下简称“众安保险”或“公司”)作为保险科技的开拓者和先行者,始终坚持科技与保险深度融合,不断精进科技力、产品力、品牌力。公司坚持有质量的增长,2020 年实现保费收入 167 亿元,同比增长 14%,保费规模首次进入全国财险市场前十,位列第九位。受益于坚持有质量的增长及科技驱动的降本增效,2020 年,全年综合成本率 102.5%,较 2019 年的 113.3%下降 10.8 个百分点;承保亏损人民币 4.1 亿元,同比减亏 12.9 亿元。

2020 年新冠肺炎疫情防控期间,众安保险“不在一线,却一直在线”,陆续推出近 20 项抗疫举措,助力疫情防控。5 月,众安保险响应国家发改委倡议,成为首批国家数字化转型伙伴,支持中小微企业数字化转型;2020 年年底,公司完成了近 10 亿美元高级无抵押债券发行,创下全球保险科技行业最高融资纪录;实现了 H 股全流通,为众安保险下一步发展和战略布局打下了坚实基础。同时,公司也在不断拓宽发展新路径:2020 年 3 月,众安银行成为香港首家正式营业的虚拟银行;5 月,众安人寿获香港保险业监管局授予的全数码化保险公司牌照,并于当月迅速开业。

2020 年,公司的健康生态在新冠肺炎疫情背景下保持高速增长,不断拓展健康保障范围,加速迭代产品,5 年来“尊享 e 生”已经完成 19 次迭代;在业务质量上,健康险持续优化业务结构,通过采取减少赔付率较高的健康险团险业务等经营策略,持续改善赔付率。此外,众安布局“保险保障+医疗服务”的健康生态闭环,打造差异化竞争优势。

在数字生活生态方面,众安保险迅速响应新冠肺炎疫情对生活消费模式的改变,上线新冠肺炎特别保障、新冠肺炎疫苗意外综合保险、营业中断险等创新产品。此外,公司在大力拓展退运险业务的同时也积极挖掘特色保障需求,进一步为用户提供宠物、家庭财产、手机碎屏等风险保障服务。碎屏险保费破亿元,宠物险已服务百万宠物主,并联合杭州市政府、绍兴市政府推广智慧养宠服务。

在消费金融生态方面,2020 年面对新冠肺炎疫情及复杂的国际形势,众安保险主动收紧风控标准、严格监控底层资产风险表现,并相应缩减业务规模;通过精细化管理和高标准风险经营,持续增强后台成本管控,优化风险管理水平,实现了赔付率的大幅改善。

在车险生态方面,众安仍保持与平安的共保合作模式,利用自身的互联网优势及合作方线下资源,适应车险综改趋势,不断完善互联网销售和服务体系,持续推动新能源车险、里程保险等车险创新产品的开发研究,为车主提供多样化和个性化的车险创新产品。

(众安在线财产保险股份有限公司)

四、保险自律组织

上海市保险同业公会

2020年,在上海银保监局党委的正确领导和各会员单位大力支持下,上海市保险同业公会在规范推进党支部建设、新冠疫情防控、发挥行业自律作用、联动推进清廉金融文化建设、构建行业宣传平台等方面较好完成各项任务目标。

【党建引领】

一是坚持以习近平新时代中国特色社会主义思想为指导,认真贯彻落实党的"十九大"精神,加强组织建设,把牢政治方向,压实工作责任,落实各项政治任务:加强新冠疫情各项防控部署,巡察整改各项要求,坚持勤俭节约、制止餐饮浪费任务,完成行业降费让利任务。二是加强制度建设,强化内控合规,完善民主议事决策制度,推进"双一流"发展。建立健全各类工作制度,加强制度学习和制度执行,加强纪律和作风建设,强化责任担当。三是监管、行业、机构"三位一体"有效推动清廉金融文化建设。在银保监局纪委办指导下,深入开展行业清廉金融文化建设"一个理念、一个公约、一本文集、一堂廉课"4个规定工作和"一个调研、一个竞赛"保险业专属2项活动。

【服务行业】

一是加强自律,有效规范市场秩序。推动车险综合改革和"代位求偿"落地,组建出租车共保体;推动从业人员流动自律全渠道管理,修订严重违纪违规通报管理办法、诚信服务承诺书签订规则等;加强健康调查介绍信管理,建立上海保险业医疗健康调查事务联络监督机制。二是深入维权,有效维护行业及消费者权益。与市经侦总队签署新版"保险反欺诈"工作交流合作机制协议,并共同开发"保险欺诈风险研判系统";在行业内开展航延险欺诈风险排查和线索串并,助力上海警方捣毁4个诈骗团伙;信访投诉调解、与法院诉调对接工作扎实有效;交警驻点调解工作获肯定,获锦旗11面、表扬信4封。三是优化服务,提升会员满意度。在信息平台方面,与公安建立建设反欺研判平台;建立"恶意投诉信息共享"系统平台;深化"上海快处易赔"交通事故处理平台的便民性工作,该平台已成为上海市快速处理交通事故的重要工具。桥梁纽带作用方面,与监管、消保委、税务、公安等政府部门建立对口联系及相关工作机制,积极解决消费者关心的市场热点、难点。在培训平台方面,创新打造"上海保险直播间"线上培训新模式,联合税务、经侦、网安、检察院、高校等专家学者等,全年举办13期活动。在宣传平台方面,开办《上海保险行业资讯》电子期刊;升级改造微信公众号和网站,公众号2020年度关注新增人数近5万人,涨幅超过180%;以"快处易赔"系统上线四周年和"服务'六稳''六保'大局 推动上海保险业高质量发展"为主题召开2场新闻通气会;组织记者团,开展"保险服务进博会3.0版调研式采访"。通过"线上+线下"开展"3·15"消费者权益保护宣传周、"防范非法集资"宣传月、全国保险公众宣传日活动等,大力弘扬行业核心价值理念。

(上海市保险同业公会)

第五篇　市　　场

交易所(中心)市场运行

中国外汇交易中心

【主要工作及重要事件】

2020年,中国外汇交易中心(以下简称"交易中心")统筹推进新冠肺炎疫情防控和复工复产,稳妥有序、全面推进本外币市场建设。银行间市场经受住了疫情冲击和国内外形势变化的考验,利率汇率运行指标稳健,交易规模继续扩大,境内外市场参与者稳步增长。

2020年,银行间市场累计成交1 618.2万亿元,同比增长11.2%。其中,货币市场成交1 106.9万亿元,同比增长14.0%;债券市场成交240.3万亿元,同比增长10.0%;外汇即期市场成交59.0万亿元,同比增长5.4%;利率衍生品市场成交20.1万亿元,同比增长8.0%;汇率衍生品市场成交121.4万亿元,同比增长1.3%;外币货币市场成交70.5万亿元,同比微降0.8%。截至年末,银行间本币市场成员36 943家,较上年末增加6 597家;银行间外汇市场会员735家,较上年末增加24家。

银行间市场流动性保持合理充裕。在新冠疫情冲击下,货币市场利率中枢在1—4月份整体下行后稳步回升,年末呈宽幅波动;债券市场对外开放成效显著,成交量同比大增;信用债违约事件爆发后,信用利差年内两度走扩;利率衍生品市场成交规模稳步上升,呈现V型走势的宽幅震荡行情。人民币汇率先弱后强,三季度快速升值后盘整至年末;汇率政策回归中性,基本面与资本市场共同影响汇率;双向波动下汇率影响因素具有时变特征,不同阶段主导因素迥异;外汇市场总成交量实现增长,外币对市场保持较快增速。

银行间市场建设稳步推进,本外币市场发挥合力高效服务全球投资者。现券交易时间延长至20:00,CIBM Direct直接交易服务成功落地,推出特殊结算周期和循环结算服务,汇兑流程进一步便利化。新本币平台主体功能成功上线,系统性能大幅度提升。搭建开放平台客户端,拓展iDeal功能。完善做市机制,不断创新X系列产品。CFETS同业存款正式上线,编制发布高等级CDS指数,优化多种产品交易机制。外汇市场成功上线银企交易平台,切实服务实体经济。坚持科技赋能,推进交易平台接口建设。上线主经纪业务、外币对撮合交易,优化外币回购业务清算结算流程,推出挂钩新国际基准利率的外币产品。

(一)本币市场

1. 扎实推进制度建设

2020年,交易中心在深化利率市场化改革中继续发挥重要作用,助力降低社会融资成本,让利实体经济,切实维护金融消费者权益。具体而言,LPR改革方面,配合做好存量浮动利率贷款定价基准转换工作,确保顺利完成。LPR每月按时发布,报价较年初下行。存款利率自律管理方面,压降不规范存款"创新"产品,引导优化大额存单定价,监测并处理互联网平台存款的不当定价行为,将结构性存款保底收益率纳入自律管理。国际基准利率转换方面,参与起草国际基准利率改革白皮书,制定转换路线图和转换方案,形成基准转换协议模板。明示贷款年化利率方面,制定计算规则和展示模板,基本完成银行体系的贷款和信用卡业务的年化利率明示工作。

2. 对外开放水平持续提升

2020年,银行间债券市场对外开放进程明显提速,中国国债被全球三大主要债券指数悉数纳入。境外主体投资中国债券市场日益增多,利率互换衍生品作为利率风险对冲的重要工具也从中受益,参与主体进一步拓展。为更好地满足境外投资者交易需求,交易中心将债券市场T+1及以上的现券交易时间延长至20:00,便利更多时区的全球投资者参与中国市场。推出特殊结算周期和循环结算服务,满足多样化的交易结算需求。CIBM Direct直接交易服务成功落地，提升交投效率。通过 iDeal 一级承分销服务，便利境外机构跨境认购境内债券。

3. 交易平台整体升级

本币新平台主体功能成功上线，系统性能大幅提升。推出做市商报价和报价板，优化做市商客户管理工具。推进开放客户端建设，拓展旗舰店模式；推广交易接口，探索智能交易。

4. 产品和交易机制创新发展

CFETS 同业存款业务正式上线，推出 LPR 利率期权、标准化票据创设交易服务、农发标债远期业务；发布“CFETS-SCH-GTJA”高等级 CDS 指数，组织机构每日报价。拓展 iDeal 功能：优化 RFQ 报价、增加衍生品报价板，上线 eBond、兴业研究等机构工作台应用。

完善做市机制，发布现券做市商业务操作指引。实现国债、国开债做市支持双向、多券种操作，推出做市分层报价和做市机构报价板。推出利率期权、利率互换请求报价、质押式回购请求报价和分仓服务；上线农发标债合约，新增同业存单路演，iDeal 推出 ABS 发行前服务。

不断创新 X 系列交易。推广 X-bond 交易接口，API 订单占比快速增加；债券匿名拍卖 X-Auction 常态化月拍和全流程线上化；创新债券匿名询价机制 X-Bargain，受到机构欢迎。优化 X-Repo，调整盘前报价机构。X-Swap 新增智能撮合、聚合行情，X-Lending 上线意向转成交功能。

5. 服务市场水平不断提升

配合金融支持防疫，为湖北市场成员减免费用；开通服务绿色通道，主动解决机构难题。推出防疫存单，支持 109 家机构成功发行 136 期防疫专项存单。

搭建新型沟通平台，推出外滩夜话、外滩夜走等精品项目。创新办会与培训形式，推出“本币云课堂”“竹枝讲席”等内容。发挥微信公众号线上服务功能，发布“应知应会”系列。

开展“服务于一线、问计于市场”活动，走访机构、主动营销。优化境外投资者服务，加强对报价商群体的服务。

(二) 外汇市场

1. 扎实推进制度建设

根据外汇局《银行间外汇市场做市商指引》修改和发布计划，配合修订银行间外汇市场评优办法和实施细则，完善考评指标和报表功能；协助外汇局完成两年一度的做市商调整。

开发外汇交易后领域 34 条报文，并通过中国金融业通用报文库入库验证，成为首批与 ISO20022 接轨的交易后处理领域中国通用报文标准最佳实践。推动制定外汇市场双边确认和货币掉期利息计算两项新标准，进一步规范外汇市场交易后业务规则，完善争议解决机制，提高业务效率。

外汇市场自律机制发布《外汇市场自律机制风险信息共享工作指引》《外汇市场自律机制自律管理措施工作指引》(修订版)、《全国外汇市场自律机制成员自律行为评估办法》(修订版)，进一步完善外汇自律工作机制。

2. 对外开放水平持续提升

境外机构入市数量稳定增长。引入 XTX 成为外币对市场首家非银机构做市商，完成 3 家境外央行类机构、5 家境外参加行入市和 1 家清算行衍生品入市，外币拆借市场新增 18 家境外机构和 3 家自贸区会员。

完善债券市场境外投资者汇兑流程。CIBM Direct 项下推出主经纪模式，提供接轨国际惯例的交易解决方案；同时，扩展通过银行对客市场进行汇率风险管理时的交易对手数量，境外投资者可作为客户与不超过三家境内金融机构直接开展外汇交易。债券通项下，投资者可选择不超过三家香港结算行办理资金汇兑和外汇风险对冲业务。

3. 交易平台持续优化

服务实体经济，成功上线银企交易平台。11 月 2 日，交易中心正式推出银企外汇交易服务平台。银企平台通过独立于银行间交易的专用模块为银行对客结售汇业务提供电子化平台，支持实时询价、点击成交等多种模式，提供风险管理、做市接口和数据直通式处理等全流程服务。

坚持科技赋能，优化接口建设。在外币对市场推出交易接口，支持即期、远期、掉期等品种。在期权市场推出报价接口，支持机构对各货币对标准期限、标准波动率品种进行持续双边买卖报价。

4. 产品和交易机制不断创新

上线外币对撮合交易，覆盖外币对即期市场和掉期市场。在 EUR/CNY、JPY/CNY、HKD/CNY、SGD/CNY 和 AUD/CNY 五个非美货币对上线询价点击成交功能，增加价格透明度，提高交易效率。

推出以境外外币债为抵押品的外币回购代收发报文业务。参与机构通过外汇交易系统达成回购交易后，交易中心根据机构授权代发结算指令报文至相应境外托管机构，实现交易与结算的直通式处理。拓展外币回购结算方式。与上海清算所合作，针对跨币种抵押融资产品的难点，在尊重市场交易习惯的基础上，推出外币质押式回购首期见款付券、到期见券付款、券款对付(DVP)结算，以及一揽子交易和债券估值、结算状态等信息服务。放开外币回购首期结算日期限制、提升外币买断式回购标的券数量上限，外币回购市场参与者的交易结算灵活性显著提高。

外币货币市场与新国际基准利率接轨。密切跟踪基准利率改革进展，在货币掉期、外币利率互换中的外币端增加美元担保隔夜融资利率(SOFR)、境内美元同业拆放参考利率(CIROR)、英镑隔夜指数平均值(SONIA)、欧元短期利率(ESTER)及东京隔夜平均利率(TONAR)等新的外币浮动基准利率。

推动即时通信工具 iDeal 向交易辅助工具转型。在 iDeal 上推出外汇经纪报价和外汇经纪一站式直通服务，汇聚五家货币经纪报价，支持外汇远期和掉期在 iDeal 上完成交易全流程。丰富 iDeal 信息行情，在工作台中推出市场深度行情，支持图表分析。

5. 服务市场出实招、显实效

新冠肺炎疫情期间摸排湖北地区会员的交易需求，跟进复工进度。主动了解境外重点机构的交易状况和困难，提出针对性解决方案。

加强市场沟通，利用直播平台和集团公司合作举办 4 场艺术沙龙活动，举办线上年度交流会和多场线上座谈会。制定线上交易员培训方案，创新推出线上培训交易员电子证书号，不间断提供银行间外汇市场培训服务。

完善银行间外汇市场电子化服务平台(iSupport)的功能，更新发布《银行间外汇市场入市及服务指引》。

【市场运行情况】

(一) 货币市场

2020 年，银行间货币市场整体运行平稳。各品种交投活跃，交易规模再创新高，利率中枢呈 V 型走势，整体有所下行。货币市场成交进一步向质押式回购集中，回购交易中利率债押品占比提升，存款类机构间质押式回购利率(DR)波动较质押式回购全市场利率(R)更稳定，大型商业银行资金融出占比进一步提高，同业存单发行期限向短端倾斜，信用利差走阔后收窄。交易中心一如既往推动货币市场发展，创新性推出回购请求报价交易机制，新冠肺炎疫情期间推出 CFETS 同业存单助力疫情防控和复工复产，推出存单路演完善存单全周期闭环服务。

1. 市场稳中有进，规模持续提升

2020 年，银行间货币市场全年发行、交易量合计 1 126 万亿元，同比增长 14%；日均交易 4.5 万亿元，较上年增加 0.5 万亿元。其中，质押式回购全年成交 953 万亿元，在货币市场中占比 84%，规模较上年增长 18%；信用拆借和买断式回购交易量分别为 147 万亿元和 9 万亿元，同比分别下降 3% 和 26%；同业存单发行量为 19 万亿元，同比增长 6%。在新冠肺炎疫情冲击下，银行间货币市场保持稳中有进的发展态势，为货币政策有效传导和疫情防控提供了有效支撑，为服务实体经济提供了适宜的金融环境。

2. 市场利率呈 V 型走势，整体有所下行

2020 年，面对疫情的严重冲击，中国人民银行继续实施稳健的货币政策，前瞻性引导利率下降。2020 年，存款类机构 7 天质押式回购加权利率(DR007)均值为 2.12%，较 2019 年降低 46 个基点。受疫情冲击、经济环境变化及货币政策调整等因素影响，年内银行间货币市场利率整体呈 V 型走势。其中，1—4 月，为对冲新冠肺炎疫情影响，中国人民银行通过降准、中期借贷便利及公开市场操作等为银行间市场提供流动性，市场利率快速下行，4 月 DR007 均值达到 1.54%，较 1 月下降 95 个基点。随着经济活动复苏和疫情影响减弱，货币政策调控回归正常化，市场利率有所回升，12 月 DR007 均值为 2.1%。从波动幅度上看，2020 年 DR007 日加权平均利率的极差①扩大至 165 个基点，较上年增加 33 个基点；波动标准差②扩大至 0.34，较上年增加 0.14。

(二) 债券市场

2020 年，债券市场平稳发展，市场规模持续增

① DR007 极差为 2020 年 DR007 最大值减去 DR007 最小值。
② 标准差为 DR007 日加权平均利率与年平均加权利率差值的平方和的算术平均数的平方根。

长，投资者不断扩容，产品类型继续丰富，市场机制不断创新，对外开放持续推进，市场深度和广度进一步提高，有效满足了各类经济主体的融资需求和各类投资主体的资产配置需求，有力促进了实体经济发展。截至2020年末，银行间债券市场余额达到98万亿元，占中国债券市场存量的86%。

1. 市场规模持续增长

2020年，债券市场总计成交241万亿元，同比增长10%。其中，现券成交233万亿元，同比增长9%；债券借贷成交7.5万亿元，同比增长63%；预发行成交89.5亿元，同比下降45%。

2. 参与主体进一步增加

2020年，市场新增法人288家，新增产品6 310个，截至年末，市场成员总数突破3.7万家。成员类型更为广泛，涵盖商业银行、证券公司、基金公司等法人机构和基金、保险、信托等各类非法人产品。

3. 收益率呈现先抑后扬走势

2020年，债券市场收益率先下后上，在新冠疫情期间有力支持实际经济融资需求。截至12月末，1年期、10年期国债收益率分别收于2.47%、3.14%，较上年末分别上行约11 BP和1 BP，曲线趋于平坦化。整体上看，市场全年走势可分为三个阶段。

第一阶段为年初至4月末，受突发新冠疫情冲击、央行稳健的货币政策更加灵活适度、市场避险情绪抬升等因素的影响，收益率大幅下行。3—4月，信用债净融资额创阶段新高，债券市场为实体经济融资提供有力支撑。

第二阶段为5—11月，受国内疫情防控得力、基本面企稳预期升温、市场流动性宽松预期收敛、债券供给压力增大等因素影响，收益率整体上行。特别是10月下旬以来，信用风险事件导致投资者抛售债券，10年期国债收益率最高升至3.35%，较年内低点大幅上行87 BP；1年期国债最高升至2.97%，较年内低点大幅上行185 BP。

第三阶段为12月，债券收益率曲线陡峭化下行。2020年，中央经济工作会议关于政策“不急转弯”的基调提振市场信心，加之央行大幅增加流动性投放力度、MLF续作规模创历史新高、隔夜回购利率创历史新低等因素综合影响，债市做多情绪升温，债券收益率大幅下行。

（三）外汇市场

2020年，外汇市场整体运行平稳，市场成交量小幅增长，人民币汇率先弱后强；外汇衍生品交易活跃度与上年持平；外币对市场交易模式序列不断完善，流动性持续改善；外币货币市场流动性充裕，美元拆借利率大幅下行。产品服务持续创新，做市商制度持续优化，市场对外开放力度持续加大，境内外币利率市场平稳发展，市场自主定价和抗冲击能力提升。

2020年，银行间外汇市场累计成交36万亿美元，同比增长2%。截至2020年末，人民币外汇市场会员735家，较上年末增加24家；外币对市场会员225家，较上年末增加17家；外币货币市场会员595家，较上年末增加38家。新增会员主要为境外机构、非银机构和中小银行，市场参与者类型进一步丰富。

1. 人民币外汇即期市场

（1）市场交易量小幅提升。2020年，人民币外汇即期成交8万亿美元，日均325亿美元，同比增长6%。分月度看，最高为12月，日均成交508亿美元；最低为2月，日均成交217亿美元。年初即期市场交易量一度萎缩，3月中旬汇率“破7”后，交易量并未显著放大，11月以来伴随年末效应、汇率走势企稳等因素，交易量升至年内高点。

（2）人民币汇率先弱后强。2020年，中美双边关系变化及全球疫情发展两方面因素主导人民币即期汇率走势，人民币汇率先弱后强。5月28日，银行间人民币对美元汇率收于7.160 0，为年内最弱；12月25日收于6.524 1，为年内最强，同时为2018年6月以来汇率收盘最低；年末收于6.539 8，较上年末升值4 264 BPS，同比升值6.52%。全年银行间人民币对美元加权平均汇率6.862 4，较上年升值0.64%。年末，CFETS、BIS货币篮子和SDR货币篮子人民币汇率指数分别收于94.84、98.68和94.23，较上年末分别上升3.78%、3.78%和2.64%。

2. 外币对市场

2020年，外币对市场相继推出即期撮合及掉期撮合模式，交易模式序列不断完善，流动性持续改善，参与机构进一步扩容。全年，市场累计成交8 109亿美元，日均33亿美元，同比增长71%。年末，外币对市场做市商26家，较上年末增加2家；会员225家，较上年末增加17家，其中境外会员4家、自贸区会员1家。

3. 外币利率市场

（1）市场流动性充裕。2020年，境内外币利率市场流动性充裕，外币利率市场交易增长迅速，累计成交10万亿美元，日均420亿美元，同比略降0.4%。其中，外币拆借日均成交415亿美元，同比下降1%；外币回购日均成交5亿美元，同比增长29%；外币利率互换成交2.1亿，同比增长14.39%；外币同业存款成交1.12亿，同比增长5.66%。从交易期限分布看，隔夜交易仍为主体，占比87%，较上年下降2个百分点；隔夜至1个月以内交易稳中有升，占比11%，较上年上升1个百分点；1—3个月中等期限交易占比稳定在1%，3个月以上中长期限交易占比0.6%，较上年略有上升。年末，外币利率市场共有会员595家，较上年末增加38家，其中境外会员66家、自贸区会员4家。

(2) 美元拆借利率大幅下行。2020年，美元流动性受新冠肺炎疫情影响长期宽松，境内美元拆借利率大幅下行至历史低位。与境外相比，境内美元拆借隔夜利率波动较小，且自6月起持续低于境外利率，9月以来长期稳定于0.01%低位，境内美元流动性较境外更为宽裕；由于中长期限上成交较少，因此中长期限利率易受高信用风险主体交易的影响出现较大波幅。年末，隔夜、1周、1个月、3个月和6个月银行间成交利率分别报0.01%、0.05%、0.11%、0.3%、0.35%和0.57%，较上年末分别大幅下行143、191、167、200和178个基点。

(四) 衍生品市场

2020年，银行间衍生品市场整体运行平稳。利率衍生品市场成交量稳步上升，人民币外汇衍生品市场交易活跃度保持稳定。市场参与者对于信用风险管理意识进一步提高，市场参与主体进一步丰富。交易中心持续不断推动衍生品市场发展，完善银行间市场产品序列，推出利率期权，持续优化标准债券远期合约，支持基准利率体系建设，完善衍生品市场交易机制。

2020年，衍生品市场成交量稳步上升。利率及信用衍生品市场共计成交20.1万亿，其中信用衍生品各品种合计成交47.5亿元。利率互换1年及1年以下期限品种交易最为活跃，合约价格呈现先下后上的“V”型走势，年内波幅较大。标准债券远期期限结构分布更加均匀，5年期合约品种占比最高。人民币外汇衍生品累计成交17万亿美元，日均700亿美元，同比持平。

2020年，衍生品市场参与主体进一步丰富。利率互换市场方面，截至2020年底，共有603家机构通过交易中心系统进入利率互换市场，较去年底增加116家。产品类参与者、城市商业银行及农村商业银行等中小金融机构入市较多，其中产品类参与者297家，占比49%；城市商业银行、农村商业银行和农村信用联社133家，占比22%。标准债券远期市场和利率期权市场分别有78家和121家入市机构，涵盖银行、证券公司和非法人产品类等主要机构类型。信用衍生品方面，截至2020年底，共有88家机构进入信用衍生品市场，主要参与者类型为证券公司、股份制商业银行及基金公司的特定客户资产管理业务。人民币外汇远期、掉期、货币掉期和期权市场会员数分别达266、259、213和163家。

(中国外汇交易中心)

上海黄金交易所

【黄金市场运行情况】

(一) 上海黄金交易所市场运行情况

2020年，上海黄金交易所(以下简称“上金所”)有效保障新冠肺炎疫情防控，稳步推动业务开展，市场运行平稳有序，清算、交割安全顺畅，交易规模持续增长，市场服务功能进一步增强。黄金、白银交易量均居全球交易所市场第三位。

2020年，上金所总交易金额43.32万亿元，同比增长50.66%。其中，黄金成交量5.87万吨，同比下降14.44%，成交额22.55万亿元，同比增长4.91%；白银成交量421.47万吨，同比增长136.78%，成交额20.75万亿元，同比增长186.19%；铂金成交量84.32吨，同比增长97.15%，成交额164.83亿元，同比增长91.42%。上金所国际业务板块成交金额8.26万亿元，同比增长125.24%。其中，黄金成交8 028.83吨，同比下降2.07%，成交金额3.05万亿元，同比增长16.54%；白银成交104.60万吨，同比增长316.95%，成交金额5.21万亿元，同比增长395.33%。

(二) 清算、交割情况

2020年，资金清算量45 324亿元，日均清算量187亿元，同比增长21.59%。其中，自营资金清算量34 735亿元，增长26.23%；会员代理10 589亿元，增长8.52%。

2020年，主板实物入库量共计4 107.95吨，同比下降5.52%。其中，主板黄金入库量共计1 280.64

吨,同比下降 28.00%;铂金入库量共计 42.60 吨,同比上升 99.44%;白银入库量共计 2 784.72 吨,同比上升 9.30%。2020 年,主板实物出库量共计 3 353.27 吨,同比上升 12.69%。其中,主板黄金出库量共计 1 205.33 吨,同比下降 26.59%;铂金出库量共计 41.33 吨,同比上升 95.99%;白银出库量共计 2 106.62 吨,同比上升 60.49%。

(三) 黄金投资性交易需求提升,实物交易需求降幅较大

得益于市场行情推动投资需求增长以及手续费优惠减免政策,黄金延期市场交易量稳步增长,但受疫情期间实物需求大幅萎缩影响,黄金现货实物交易量降幅明显,导致黄金竞价市场总体交易量微降。熊猫金币产品的市场功能不断完善,做市商报价能力持续增强,价格运行较为平稳,全年交易量 290.40 千克,同比增长 117.33%,共 9 680 枚,成交额 1.13 亿元,同比增长 156.59%。沪纽金延期产品交投活跃,沪纽金延期合约全年成交量 203.16 吨,成交额 803.13 亿元,日均成交量 836.03 千克,日均成交额 3.31 亿元。

(四) 黄金自营业务受疫情影响有所萎缩

黄金竞价交易主体中,自营成交 1.11 万吨,同比下降 21.10%;代理成交量 1.56 万吨,同比增长 19.63%,其中,代理机构成交量 7 016.84 吨,同比增长 13.60%,代理个人成交量 8 593.00 吨,同比增长 25.05%。

【黄金市场价格分析】

(一) 黄金价格创历史新高,国际金价年度涨幅超过两成

2020 年初,新冠肺炎疫情扩散冲击全球经济,股票与商品市场普遍下跌,市场流动性短缺波及贵金属市场,国际现货黄金价格最低下探至 1 451.13 美元/盎司。3 月,美联储连续推出开放式量化宽松政策缓解全球流动性恐慌,低实际利率和通胀预期推升现货黄金价格大幅反弹。8 月上旬,国际现货黄金最高触及 2 075.14 美元/盎司,国内现货黄金最高触及 449.00 元/克,均创历史新高。四季度,受新冠肺炎疫苗研发取得积极进展、市场不确定性下降等因素影响,黄金高位回调整理。年末,国际现货黄金价格收于 1 897.53 美元/盎司,比 2019 年末上涨 380.35 美元/盎司,涨幅 25.07%。上金所黄金 Au9999 合约年初开盘价 341.95 元/克,全年最高价 449.00 元/克,最低价 327.60 元/克,振幅 35.62%,年末收盘价 390.00 元/克,同比上涨 14.44%(见图 1)。

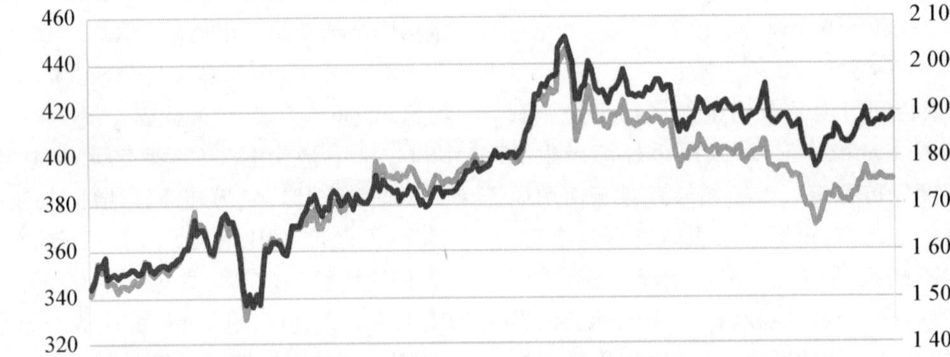

图 1　2020 年国内外黄金价格走势图

(二) 黄金、白银国内外价差走低

黄金国内外价差在新冠肺炎疫情期间由正转负,并徘徊在历史低位。2020 年新冠肺炎疫情暴发以来,国内实物金销售受到冲击,出现黄金现货需求不足、供给相对过剩的情况,而国际市场受避险需求和实物流通不畅等因素影响,对黄金的需求比较旺盛,导致体现供求关系的敏感性指标"国内外价差"走低,国内价格贴水。新冠肺炎疫情暴发前,黄金国内外价差长期稳定在 1～2 元/克区间内,疫情暴发后,价差于 2 月由正转负,并于 8 月 12 日下探至−22.88 元/克的全年最低值。四季度,价差逐渐回归,年末基本稳定在−5 元/克附近。全年,黄

金的国内外价差平均幅度为－5.77元/克，比去年的2.46元/克下跌了8.23元/克。针对国内外黄金价格出现历史上首次大幅倒挂情况，上金所调降延期市场递延费率，及时采取窗口指导措施，积极发挥银行的做市商作用，缓释市场价格倒挂风险，降低国际极端行情对我市场的负面冲击。全年，白银的国内外价差平均幅度为123.82元/千克，同比缩小156.47元/千克，同比降幅55.82%。全年，铂金的国内外价差平均幅度为8.74元/克，同比扩大0.26元/克，同比增幅3.07%。

【主要工作】

（一）防范疫情风险，促进市场稳健发展

一是抓紧新冠疫情防控，稳步推动业务开展。面对新冠肺炎疫情，上金所党委第一时间成立应对疫情工作领导小组，靠前指挥、统筹谋划有效组织开展疫情防控，并根据疫情形势变化，动态调整防控策略，及时优化工作安排，在确保有效防控疫情的前提下，有序开展各项工作，实现了员工零感染和市场平稳运行。二是加强组织领导，有效应对市场波动。从全局视角开展风险控制工作，新设立风险管理部，探索建立全风险报告机制。面对疫情影响，组织召开24次所领导市场稳定工作专题会，密切关注市场行情，相机采取应对措施，多次调整延期合约涨跌停板及保证金比例，适时约谈会员进行窗口指导，实时统计个人客户风险信息，及时发布风险提示，妥善处置极端行情和违约事件，有效应对市场波动。

（二）深化争先创优，营造良好发展氛围

一是提高站位，扎实开展模范机关创建。认真贯彻人民银行模范机关创建工作部署，及时制定《关于创建"让总行党委放心、让黄金市场满意"模范单位实施意见》，全面部署创建工作，召开创建模范机关推进会，按季确定重点工作，按月通报创建工作进展，总结交流具体做法，确保创建工作落实见效。二是统筹兼顾，持续深化文明单位创建。制定年度文明单位创建工作计划，召开精神文明建设指导委员会会议、创建文明单位推进会，对照文明单位创建考核评价标准，结合实际细化创建台账，有序推进创建工作，顺利参评第20届上海市文明单位。

（三）推进创新发展，丰富完善业务体系

场内产品创新不断深化，推动场内现货黄金期权产品研发，形成黄金现货期权业务方案。2020年年内实现3只传统黄金ETF上市及首批4只上海金ETF上市，推动保险资金通过投资黄金ETF参与黄金市场。场外产品创新持续推进，履约担保型询价产品实现技术上线，研究挂钩"上海银"询价衍生产品，推动多边询价产品创新储备。

（四）坚守发展导向，着力服务实体经济

优化交易机制，提升运行效率。元旦起增加询价市场夜盘交易时间，调整后询价业务整体交易时段达10.5小时。设定长期未发生交易的合约为不活跃状态，提升市场运行效率。降低交易成本，关怀疫区会员。结构化降低延期和现货合约手续费率，调降延期市场递延费率，降低投资者交易手续费及持仓成本。减免湖北地区会员单位2020年度年会费、席位使用费、交易手续费、仓储费、出入库费等费用，降低疫区会员及相关机构运行成本。

【重要事件】

1月20日，上海黄金交易所成为中国人民银行认证的合格中央对手。3月10日，上海市委常委、副市长吴清一行到上金所调研。6月12日牵头召开2020年上半年"滨江党建 金融外滩"区域化党建联席会议全体会议。8月27日，天津市人民政府副市长王卫东一行赴上金所调研。9月25日，焦瑾璞理事长当选2020"沪上金融家"。9月30日，修订后的《上海黄金交易所风险控制管理办法》正式发布。11月23日，上金所"沪纽金"延期产品、上海银定价交易系统获2019年度上海金融创新成果奖二等奖。12月24日，"上海金"金锭标准成功入选上海市首批"上海标准"。

（上海黄金交易所）

中国金融期货交易所

【主要工作】

2020年，中国金融期货交易所（以下简称"中金所"）以习近平新时代中国特色社会主义思想为指引，深入学习贯彻党的"十九大"和"十九大"以来历次全会精神，切实将加强党的领导贯穿市场建设和交易所各项工作始终，坚持稳中求进工作总基调，稳步创新发展，加快推动长期资金入市，努力为投资者提供安全高效的金融资产风险管理服务，服务上海国际金融中心建设和长三角一体化发展，促进金融市场和实体经济高质量发展。

（一）持续优化业务规则，推进银行、保险等更多中长期资金入市

2020年，中金所持续推进各类中长期机构投资者入市。推动商业银行、保险机构参与国债期货交易，发展工、农、中、建、交五大行成为交易结算会员。2020年2月21日，证监会、财政部、央行、银保监会发布联合公告，允许符合条件的试点商业银行和具备投资管理能力的保险机构，按照依法合规、风险可控、商业可持续的原则，参与中国金融期货交易所国债期货交易。3月1日，中金所发布《关于商业银行参与国债期货业务试点有关事项的通知》，修订《中国金融期货交易所会员管理办法》《中国金融期货交易所交易细则》等业务规则，积极推动商业银行、保险机构参与国债期货交易。4月10日，商业银行参与国债期货业务正式启动。7月1日，银保监会发布《保险资金参与国债期货交易规定》，修订了《保险资金参与金融衍生产品交易办法》《保险资金参与股指期货交易规定》。

（二）落实国庆、中秋假期风险防控安排，实施首次节假日交易保证金调整

基于市场情况动态调整保证金是境内外期货市场的通行做法，也是《金融市场基础设施原则》（PFMI）对中央对手方风险管理的要求，2020年以来，中金所以假期保证金调整为契机，探索建立保证金动态调整机制，并于国庆、中秋假期前后实施开业十年来首次节假日交易保证金调整。节假日保证金调整可以有效防范假期市场可能累积的潜在风险，有利于期货市场的平稳运行。同时，通过对会员、客户等层级的资金压力测试，充分分析和评估可能对期、现货市场的影响，实现了保证金标准调整前后金融期货市场的平稳运行，营造了良好的发展环境。

（三）优化完善交易、结算应急预案，强化安全生产体系制度建设

2020年，中金所持续强化安全生产体系制度建设，累计实现安全运维243天，上市69个期货合约、932个期权合约（含波动生成合约422个），切实保障交易运维“交易不断、数据不乱”，实现全年安全生产零事故。一是安全生产理念一以贯之，全力保障市场平稳安全运行。二是细致梳理业务管理和操作流程，修订汇编业务操作流程。三是优化应急处置流程、完善配套基础设施配置及系统准备。四是扎实做好各项应急演练工作，持续优化完善交易、结算风险应急预案，提升交易、结算风险应急处置能力，健全中金所应急管理体系。

（四）推进数据中心建设，提升基础设施承载能力

2020年，中金所稳步推进金融交易广场数据中心和唐镇数据中心建设，建设标准、容量性能等各方面实现大幅提升，不断夯实交易所IT基础设施承载能力，打造数字驱动、智能融合的新一代数据中心，为中金所未来业务发展提供全方位的基础设施支持。作为首个自主建设的数据中心，2020年10月，金融交易广场数据中心正式启动试运行，形成了上海同城一主二备三中心并行模式。

（五）落实科技监管转型，筑牢风险监测基石

中金所积极践行“数据让监管更智慧”的科技监管愿景，以监管智能化为目标，聚焦系统建设、数据建设和人才建设，大力推动“一平台多系统”监管应用体系成型，进一步拓宽监管数据采集范围和应用场景，稳步夯实中金所风险防范根基。以加强系统建设为抓手，持续推进监察系统主平台迭代开发和功能优化，有效提升风险技防能力。以强化风险监测研判水平为主线，加大风险排查分析力度，深化市场监控分析，显著提升线索甄别能力和排查效率。

（六）不断优化会员服务，深化市场推广和宣传

一是全力支持会员疫情防控及业务开展。新冠肺炎疫情全面暴发后，及时了解会员公司在此次新冠疫情中的情况和面临的困难，迅速采取相关措施，对疫区会员开展调研及慰问。二是显著提升会员业务办理电子化程度，大幅精简银行会员入会材料要求。三是扎实开展会员检查，分区划片加强会员管理。在疫情条件下安全稳妥开展年度会员检查，实现现场检查与非现场检查相结合。四是推动交易机制优化完善，完成沪深300股指期权交易限额调整。五是与会员公司一起，采用线上和线下相结合的方式，积极做好市场培育工作，推动改善金融期货市场发展生态。

（七）研究推动金融期货市场进一步对外开放，持境外股权项目稳健持续发展

2020年，中金所按照党中央、国务院关于全面扩大金融对外开放、提升国际竞争力的重要战略部署，研究推动金融期货市场进一步对外开放相关准备工作。持续研究论证国债期货对外开放方案，服

务于境外投资者对中国债券市场日益增长的投资和风险管理需求。立足于中国资本市场对外开放整体布局，克服新冠肺炎疫情不利影响，深入推进巴基斯坦证券交易所(以下简称"巴交所")及中欧国际交易所(以下简称"中欧所")"一带一路"国际化项目发展，促进双边市场实质性合作。协助巴交所理清后续发展规划并克服新冠肺炎疫情影响，确保巴交所及市场总体运行情况平稳，未发生相关风险事件。积极支持中欧所业务发展和创新，推动落实第二次中德高级别财金对话政策成果。截至2020年12月底，中欧所共有43只现货产品挂牌交易，包括1只股票、15只ETF，其余为债券类产品。

【金融期货市场运行情况】

(一) 2020年金融期货市场运行情况

1. 股指期货

2020年，沪深300、上证50、中证500三个股指期货产品总成交量为7 450.36万手，总成交金额为88.93万亿元，同比分别增长39.91%、62.27%；日均成交量、日均持仓量分别为30.66万手、43.97万手，同比分别增长40.49%、49.85%；日均成交持仓比为0.70，持续处于较低水平。股指期货三个产品期现货价格相关性高，沪深300、上证50和中证500股指期货主力合约收盘价和对应标的指数收盘价的价格相关系数分别为99.91%、99.83%和99.72%。

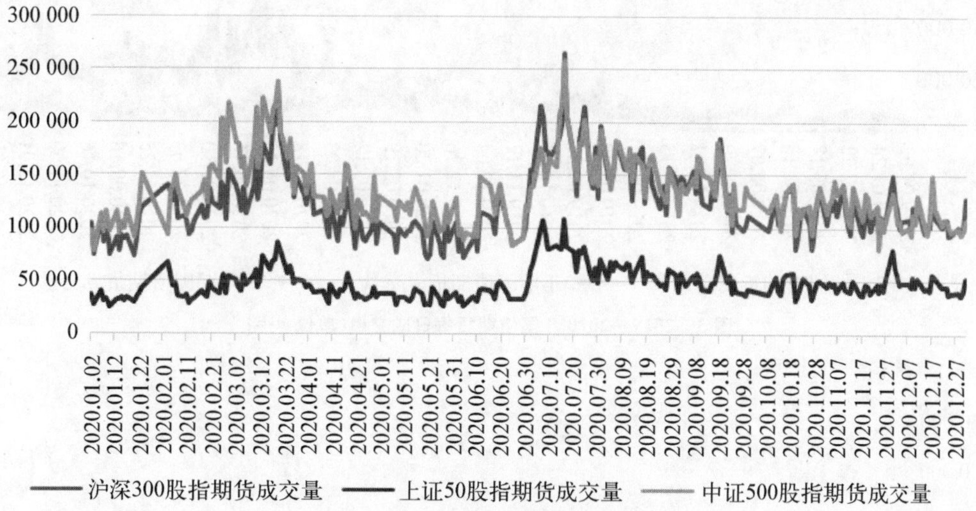

图1　2020年股指期货每日成交量(单位：手)

数据来源：中金所

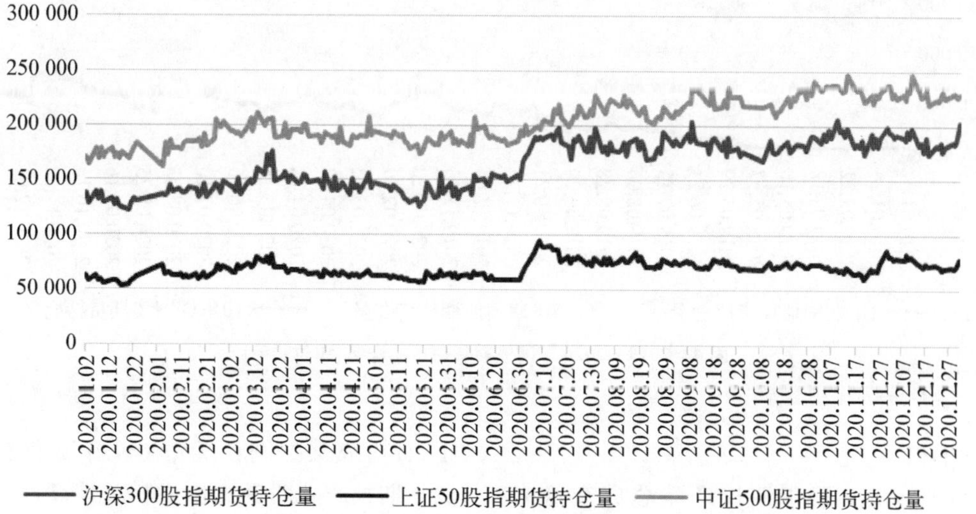

图2　2020年股指期货每日持仓量(单位：手)

数据来源：中金所

2. 国债期货

2020年,2年期、5年期和10年期三个国债期货产品总成交量为2 403.51万手,总成交金额为26.37万亿元,同比分别增长84.43%、77.98%;日均成交量、日均持仓量分别为9.89万手、16.47万手,同比分别增长85.19%、59.72%;日均成交持仓比为0.60,持续处于较低水平。国债期现货价格联动紧密,2年期、5年期、10年期国债期货主力合约与现货价格相关性分别达到98%、99%、99%以上。2020年,国债期货顺利完成12个合约的交割,共计交割15 718手,平均交割率为3.17%,交割平稳顺畅。

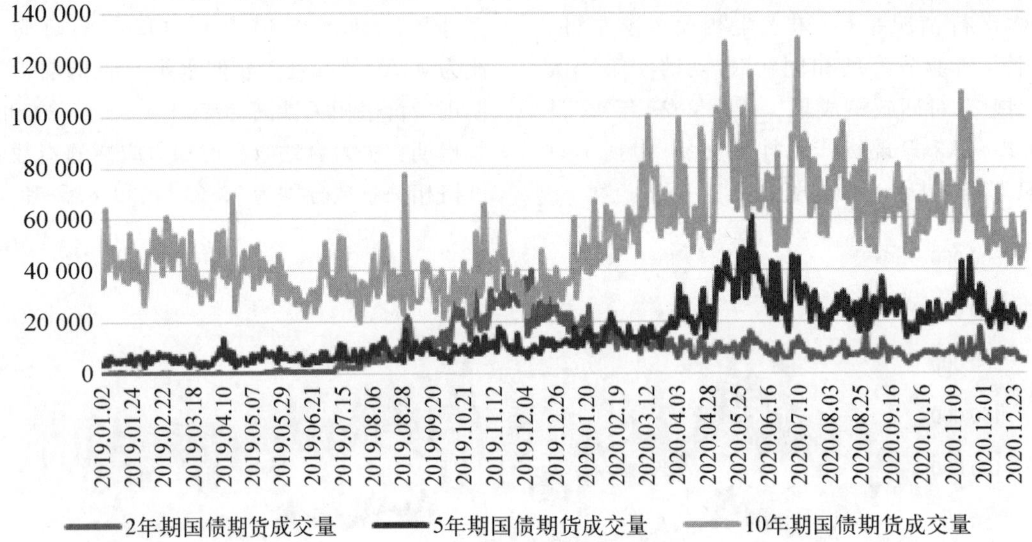

图3 2019—2020年国债期货每日成交量(单位:手)

数据来源:中金所

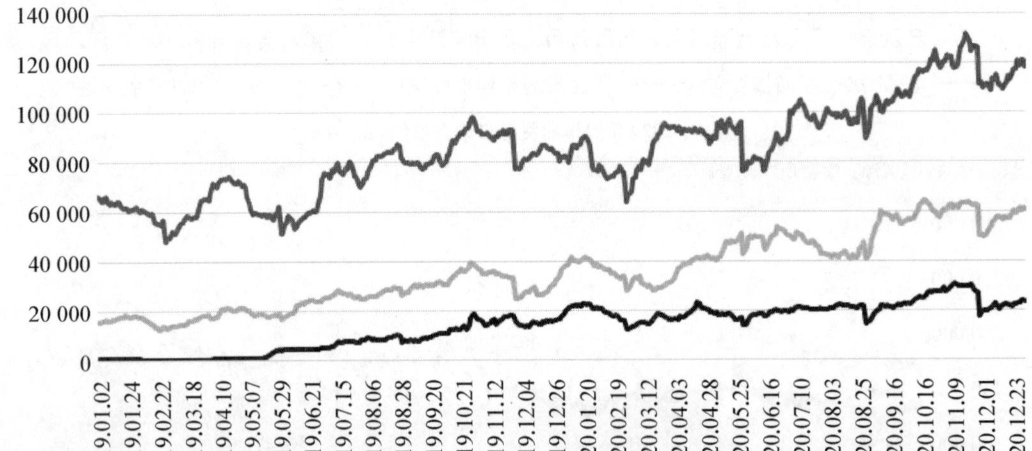

图4 2019—2020年国债期货每日持仓量(单位:手)

数据来源:中金所

3. 股指期权

2020年,沪深300股指期权产品总成交量为1 674.28万手,权利金总成交金额为1 365.53亿元;日均成交量、日均持仓量分别为6.89万手、10.36万手;日均成交持仓比为0.65,持续处于较低水平。股指期权产品期现货价格相关性高,沪深300股指期权当月平值合约合成期货价格与沪深300指数收盘价的价格相关系数为99.93%,与沪深300股指期

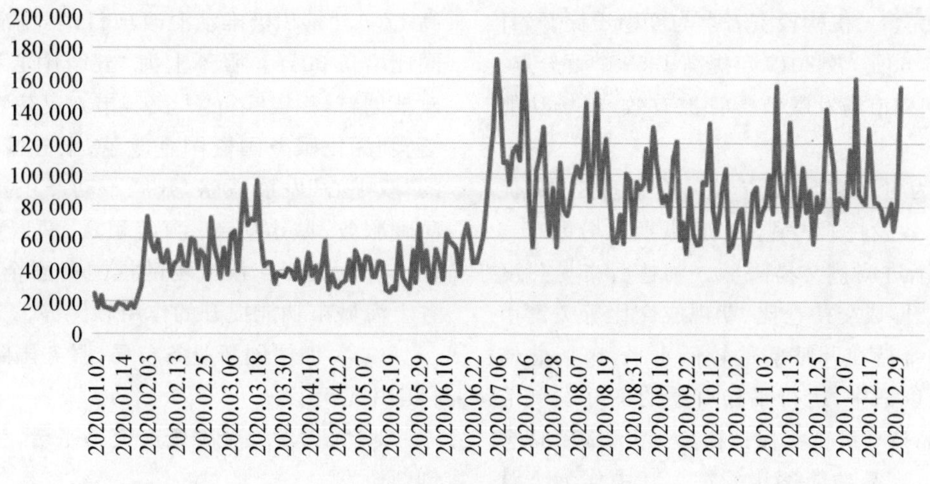

图 5　2020 年股指期权每日成交量(单位：手)

数据来源：中金所

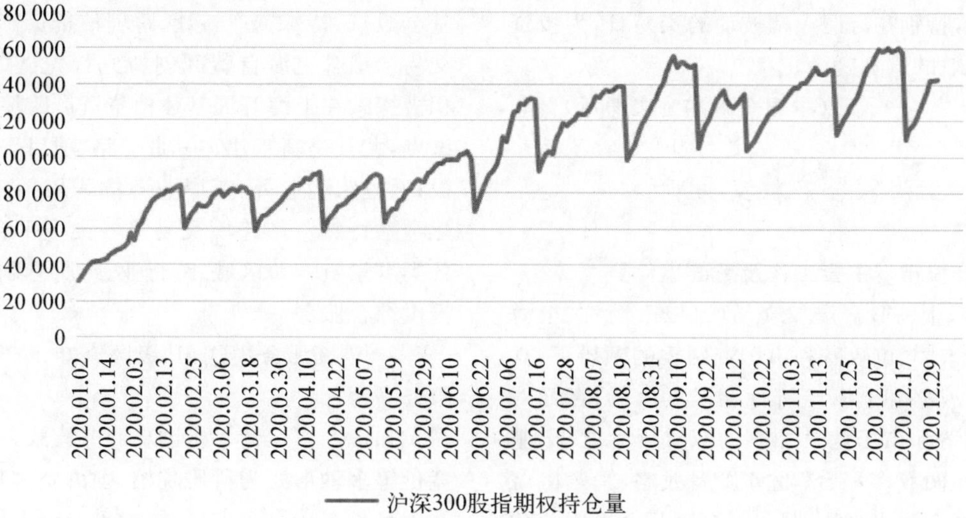

图 6　2020 年股指期权每日持仓量(单位：手)

数据来源：中金所

货当月合约收盘价的价格相关系数为 99.99%。

(二) 2020 年金融期货市场运行的主要特点

1. 股指期货持仓创新高，成交持仓比维持低位，市场运行安全平稳

2020 年，股指期货市场基本恢复常态化运行，日均成交量和持仓量同比有所增加。市场总持仓量与中证 500 股指期货持仓量屡创新高，市场总持仓量于 2020 年 12 月 11 日达到最高值 52.53 万手，全年共 22 个交易日创新高；中证 500 股指期货持仓量于同日达到最高值 24.69 万手，全年共 17 个交易日创新高。日均成交持仓比为 0.70，相对稳定且维持在较低水平。市场运行总体安全平稳，全年安全生产无事故。

2. 国债期货市场发展成熟度不断提升，市场功能有效发挥

2020 年，受新冠肺炎疫情影响，国际国内金融市场波动加剧，市场机构利率风险管理需求增大，国债期货市场运行平稳有序，在保障国债和地方债平稳发行、促进债券市场对外开放、降低企业融资成本、防范化解金融风险等方面发挥了积极作用。2020 年，国债期货成交、持仓量明显增加，均创新高，总成交量于 2020 年 6 月 3 日达到最高值 19.26 万手，总持仓量于 2020 年 11 月 18 日达到最高值 22.51 万手。2020 年，商业银行、保险资金等现货市场重要参与者获准参与国债期货市场，国债期货投资

者结构进一步完善。机构投资者参与度稳步提升，日均持仓占比85.63％，较2019年提高1.59个百分点。

3. 股指期权市场发展节奏管控有效，市场功能逐步发挥

2020年，为更好满足投资者风险管理需求，促进产品功能有效发挥，沪深300股指期权分别于3月、6月，循序渐进调整交易限额。调整后交易热度未出现明显上升，成交持仓比、期现成交比等关键市场运行指标均维持在调整前的较低水平，市场总体呈现出交易热度适中、运行平稳有序的良好发展节奏。同时，产品持仓量全年保持稳步提升，随着持仓规模平稳增长，产品功能逐步发挥。其中作为下跌“保险”的看跌期权，其成交量占比为43％、持仓量占比为47％，股指期权合约对应股票现货日均受保市值近200亿元，已逐步成为投资者管理股票风险的重要工具，特别在行情大幅波动的交易日，为投资者提供了有效的避险途径。

（中国金融期货交易所）

上海联合产权交易所

【上海产权市场主要工作及重要事件】

2020年，上海联合产权交易所(以下简称“上海联交所”)在市委、市政府和市国资两委的领导下，立足服务国家战略和上海经济社会发展大局，在面对新冠肺炎疫情和市场竞争加剧的双重压力之下，坚持实施“一体两翼多平台”业务发展战略，紧紧围绕“服务国资国企深化改革、服务上海国际金融中心建设、服务上海科创中心建设、服务实体经济投融资需求”的使命任务，坚持转型升级、创新发展、强基固本、提质增效，推进平台功能的持续优化和专业服务能力的不断提升，平台业务发展实现新突破。

(一) 立足服务央企和上海国资改革，做好做强主营业务

2020年，上海联交所积极服务央地国企混合所有制改革、战略性重组和专业化整合，促进治理结构调整和创新发展，助推国有经济高质量发展。围绕混合所有制改革，服务“双百行动”“区域性综改试验”“科改示范行动”继续有序推进，在央企和地方国企调整资本布局、加速资源整合、不良资产处置等方面发挥积极作用，共完成中央企业各类项目成交973宗，同比提高30％，成交金额994亿元，同比提高17.67％；积极推动混改项目，实现混改增资业务同比增长30％。服务上海“五个中心”建设和国资改革创新，积极践行“人民城市人民建”的重要理念，落实“深化服务国资国企改革、服务城市功能提升”的“双中心”发展战略，开展不动产租赁、混改服务、品牌服务、城市更新、酒店租赁、两区服务“六大行动”，有效发挥产权市场助推国资国企改革发展，服务上海城市功能提升的作用和优势。

(二) 加快创新业务布局，服务国际金融中心和科创中心建设

1. 大力发展金融资产交易平台，坚持业务品种创新研发

金融资产交易平台围绕“服务上海国际金融中心建设”的战略目标，加快落地各类非标金融资产流转业务，包括企业供应链债权、融资租赁资产、私募基金股权、特殊资产转让、跨境信贷资产等非标资产交易。结合上海自贸区创新先行先试的制度优势，积极探索在上海开展基建信贷资产跨境转让的业务试点，尤其是新基建、“一带一路”项目等重大项目建设；通过跨境业务、离岸业务的积极探索，进一步搭建金融特殊资产跨境交易等各类子平台，为境内外各类要素资源跨区域、跨行业、跨所有制市场化配置提供综合服务。

2. 创新服务模式，升级国家知识产权运营公共服务平台

知识产权运营平台创新服务模式，以拍卖、市场竞价等多种形式为科研院校、国央企客户提供服务，并立足长三角资本市场，探索平台金融服务功能，为科创发展提供专业支撑。打造国际知识产权枢纽港，举办第十七届国际知识产权论坛分论坛暨第二届中知路知识产权国际运营论坛，发布《ICT产业创新发展白皮书》。建设多个专业联动平台，促进高端技术成果转化，如协助建设完成“中知路”线上线下一体化知识产权国际运营交易平台，与上海市公共卫生临床中心共建“公卫知识产权运营中心”，完成21宗“新冠”相关技术成果(知识产权)转化服务项目，转化服务额近4亿元等。

(三) 新兴业务板块协同发展，创新突破成效显著

1. 积极推进全国碳市场建设，助推绿色金融和低碳发展

积极推进全国碳市场筹建工作，推动上海环交

所重组升级为全国碳排放交易机构,基本建成全国碳交易系统并完成配套制度建设;围绕国家战略,助推绿色金融和低碳建设,提出“碳普惠”“碳中和”共同发展的工作思路,加快推动碳普惠平台和上海碳普惠体系建设以及碳中和机制研究。2020年与上海证券交易所共同研发绿色股票指数产品,引导市场机构和普通投资者进行绿色投资;全面推进氢能业务发展及氢能交易平台建设工作,以碳普惠建设为切入点,推动长三角环境权益市场一体化发展。

2. 推动上海市公共资源交易平台升级改造,平台建设初步完成

依据《上海市公共资源交易平台升级改造工作方案》,开展“一网三平台”建设工作,目前平台初步建设工作已完成。2020年11月,“一网交易”总门户正式上线运行,综合服务平台的核心功能模块已完成功能开发,综合交易平台中的机电招标系统已完成内外部测试,综合监管平台已可以开始进行交易全流程监管。市公共资源交易平台目前已具备数据对接、交易、服务、监管以及大数据统计分析等功能。同时,已完成了《平台服务标准》《平台数据规范》《专家管理办法》和《交易管理办法》等相关配套的制度体系建设工作。

3. 体旅板块全面对接国家体育总局,交易品种实现突破

文体旅资源交易平台全面对接国家体育总局经济司,通过联合举办峰会、体育赛事等,体现平台集聚效应发展合作伙伴。同时,交易品种实现突破。2020年完成中国山地自行车联赛2020—2023年运营权公开招募,是上海产权市场服务全国单项体育协会实体化改革的首个成功案例;以6 100万元的价格组织完成了王者荣耀YTG电竞俱乐部的席位转让,是全国首个电子竞技职业联赛席位通过产权市场公开转让的成功案例。

4. 探索农村产权交易品种创新,嘉定区实现首单突破

2020年5月与安信农保合作,在金山区试点开展农地经营权流转“公开交易+履约保险”创新业务,累计完成农地经营权流转成交宗数1 462宗,同比增长89.87%,成交金额1.51亿元,同比增长115.33%。上海农交所依托于联交所分层级对口联系的工作机制,积极对接各区政府及部分涉农区域,围绕农村产权交易中的痛点问题进行多轮沟通,实现嘉定区首单交易进场,并拓展了一批意向进场的项目。

5. 成立非公产权交易平台,服务民营经济投融资需求

2020年10月,联交所成立非公产权交易平台,针对中小企业提供投融资市场需求,积极推进非公股权、债权、物权、租赁权等各类交易业务,并在此基础上,研发“产融通”业务,助力中小企业改革发展。与上交所签署战略合作协议,与深交所V-NEXT创新创业投融资服务平台完成对接,通过“非标市场”和“标准市场”双向赋能,共同打造多层次资本市场。

(四) 推动高水平开放合作,提升产权市场辐射带动力

1. 强化区域合作,打造长三角一体化云服务平台

为服务国家长三角一体化发展战略,积极推进服务长三角产权交易市场一体化,完成《长三角产权市场一体化建设三年行动计划》的编制工作,明确长三角产权市场一体化建设的战略任务;完成长三角一体化信息发布平台,发布各类项目信息21 137条;构建长三角体育资源交易子平台,发布各地文体旅项目33宗,推动上海文化产权交易所通过该平台与安徽等18家长三角交易机构开展信息发布、项目推广、业务联动等方面的合作。

2. 多渠道联动强化宣传,持续提升平台影响力

举办“2020世界并购大会”,发布“2020中国并购综合指数”,与上海证券交易所、交通银行、国家绿色发展基金签约建立合作关系;成功推动316宗项目在“央企混改推介会”上发布,引入社会资本超过1 800亿元,助推央企民企协同发展;成功举办“2020中知路国际知识产权运营论坛”,助力全球知识价值实现。上述大会获得了社会各界的广泛好评,对提升上海联交所的平台影响力,优化上海产权市场未来发展布局发挥了积极作用。

(五) 推动交易系统上线,助力产权市场数字化转型

上海联交所新一代交易系统于2020年1月正式上线运行。新系统建设聚焦安全和服务两个方面,以打造“数字化联交所”为目标,对标“安全如券商、便捷如电商”的总体要求,具有前中后台分离设计、完整用户体系、三大模块与集团直连等多个创新

点，能够实现高效便捷的线上竞价、开放智能的市场服务、丰富新颖的信息发布和先进可靠的云平台设施等功能。新一代交易系统目前已实现与上交所、深交所系统对接，建立了与证券金融机构的信息沟通机制，为下一步深度对接多层次资本市场打下基础。

（六）优化健全制度体系，打造产权市场核心竞争力

对标证券市场成熟做法，优化内控管理体系，打造受理审核、登记结算、市场服务、会员管理、合规风控、信息保障“六大基础制度体系”，打造产权市场核心竞争优势；优化受理审核流程。一是改革审核模式，采用无纸化受理审核模式；二是优化受理审核流转沟通环节，统一审核标准并进行公示；三是出台会员管理办法，提出新型会员服务管理模式，和会员建立良性合作关系，提高市场参与度，促进上海联交所和会员单位组成产权市场发展的共同体。

【上海产权市场总体运行状况】

2020 年，上海联交所全年完成各类产权交易项目 2 214 宗，同比增长 6.75%；竞价率 22.13%，同比增长 3.40%；全年实现营业收入 1.7 亿元，资产总额 85.65 亿元，所有者权益 18.06 亿元，同比增长 3.6%；实现利润总额 1.57 亿元，同比增长 115.3%，净资产收益率 9.1%，同比增长 5.3%。

（一）产(股)权类项目交易情况

2020 年度，产(股)权类项目共成交 634 宗，同比增长 3.09%；成交金额 990.95 亿元，同比增长 0.12%。其中，中央企业产(股)权交易成交 304 宗，成交金额 584.52 亿元，同比增长 41.42%。

产(股)权转让项目中，中央企业的转让宗数、成交金额占比分别为 47.95%和 58.99%；上海国有企业的转让宗数、成交金额占比分别为 30.60%和 22.79%；异地国有企业的转让宗数、成交金额占比分别为 1.58%和 0.85%；非国有企业的转让宗数、成交金额占比分别为 19.87%和 17.37%。

上海联交所助力国有资本运作统筹谋划，提高国有资本运营效率，积极落实“三去一降一补”要求，协助相关央企通过产(股)权转让的形式，逐步从酒店、医院、房地产等非主业领域和钢铁、煤炭、电力等产能过剩领域退出。2020 年，上海联交所协助广西中铁交通高速公路管理有限公司完成企业 51%股权及对应债权的转让，成交金额达 99.45 亿元。有效盘活中铁交通资产，助力企业拓宽融资渠道、降低资产负债率、保障后续高速公路建设资金供给，推动多方共同赋能、合力打造央企高速公路专业化投资运营平台。

（二）资产类项目交易情况

2020 年度，资产类项目成交 1 440 宗，同比增长 6.67%；成交金额 194.44 亿元，同比下降 15.72%。其中，中央企业资产转让项目成交 599 宗，同比增长 34%；成交金额 84.06 亿元，同比增长 26.47%。非国有资产转让项目成交 305 宗，同比增长 27.08%；成交金额 29 亿元，同比增长 1.5 倍。

资产转让项目中，中央企业的转让宗数、成交金额占比分别为 41.60%和 43.23%；上海国有企业的转让宗数、成交金额占比分别为 32.92%和 40.76%；异地国有企业的转让宗数、成交金额占比分别为 4.31%和 10.90%；非国有企业的转让宗数、成交金额占比分别为 21.18%和 14.91%。

上海联交所助力国有企业盘活存量资产，去产能，去库存，推动上海烟草、上海药材、中华棉花集团、上海国际港务(集团)、中铁集团、华润电力等国企完成不动产转让，成交金额达 123.57 亿元；推动国电集团、中海油气、上海宝钢、中铝集团等央企完成相关机械设备，成交金额达 13.75 亿元；推动南方航空通过上海联交所完成国内首批老旧 A330－200 飞机的资产转让，成交金额达 21.57 亿元。2020 年资产成交项目中，私企、个体企业受让方投资金额达 72.18 亿元，外资受让方投资金额达 9.53 亿元，进一步实现了国有企业资产结构优化升级。

（三）增资类项目交易情况

2020 年，上海联交所增资类业务累计成交 125 宗，同比增长 32.98%；成交金额为 545.30 亿元，同比增长 0.63%。其中，国有企业增资业务规模稳定增长，成交金额为 524.62 亿元，同比增长 36.94%；上海本市国有企业增资业务成交金额为 207.23 亿元，同比增长 2.61 倍。

2020 年增资项目中，中央企业的转让宗数、成交金额占比分别为 47.20%和 57.50%；上海国有企业的转让宗数、成交金额占比分别为 24%和 38%；异地国有企业的转让宗数、成交金额占比分别为 0.80%和 0.71%；非国有企业的转让宗数、成交金额占比分别为 28%和 3.79%。

2020 年，上海联交所助力南方航空货运物流(广州)有限公司集聚优质产业资源，建设现代智慧

物流新平台,成功募集资金 33.55 亿元,推动南航货运从基础物流服务商向现代物流综合物流服务商转型升级;协助中钢洛耐新材料科技有限公司以混促改激发功勋企业再发展,成功引入 5 家外部投资者,同步完成员工持股,新增股东合计持股 36.81%,募集资金 9.5 亿元,助力中钢洛耐提高核心竞争力,拓展市场规模,加快建设成为"具有国际竞争力的世界一流耐火材料企业";协助北京智芯微电子科技有限公司引入战略合作伙伴,成功募集资金 85.6 亿元,加速"国网芯"高质量、跨越式发展,为打破国际市场垄断、降低核心技术对外依赖、解决"卡脖子"核心技术问题提供了有力保障,为建设具有中国特色的国际先进能源互联网企业奠定了坚实基础;协助双百行动与混改"双试点"企业的鞍钢集团工程技术有限公司以增资扩股方式成功引入战略投资者,并实现员工持股,共计募集资金 4.4 亿元,为下一步企业体制机制创新、产业布局优化、建设具有国际一流创新型综合技术服务商创造了有利条件;协助上海燃气有限公司引战促改革,成功引入城市燃气行业领军企业作为战略合作方,募集资金 47 亿元(超募 2.24 亿元);协助重庆长安新能源汽车科技有限公司成功募集资金 28.4 亿元,引入产业高度契合的优质民企资源实现股权多元化改革,增强企业发展活力,进一步加强研发投入,全面开启中国新能源汽车产业发展的新篇章。

(四) 新兴业务板块交易情况

上海产权市场各类要素交易平台建设成效凸显。2020 年,上海碳市场现货累计成交量 2 693 万吨,同比增长 22.25%;累计交易金额 4.31 亿元,同比增长 50.64%。其中配额累计成交量 591 万吨,累计交易金额 2.34 亿元;CCER 累计成交量 2 102 万吨,累计交易金额 1.97 亿元。2020 年,上海碳市场现货产品各年度累计总成交量在全国排名前列,CCER 成交量多年稳居全国第一。

国家知识产权国际运营(上海)平台完成知识产权交易项目 128 宗,交易运营额 10.5 亿元;积极组织 G60 科创走廊知识产权服务,创新知识产权交易服务形式,承办第二届 G60 科创走廊科技成果拍卖会,拍卖活动现场成交 30 宗项目,交易总额为 1.39 亿元;与上海市公共卫生临床中心共建"公卫知识产权运营中心"并启动运营,完成 21 宗"新冠"相关技术成果(知识产权)转化服务项目,转化服务额近 4 亿元,完成 4 000 多万元的交易项目。

体育产权交易中心交易规模显著提升,2020 年,体旅产权板块完成 25 宗项目的市场公开招募,交易量 1.78 亿元,同比增长 600%,竞价增值率超 15%,成交项目包括体育场馆经营权、体育赛事承办权和电竞资源交易等。助力优化体育资源配置,推动上海市仙霞网球中心 5 年运营权转让项目顺利完成,成交金额 2 350 万元,增值 10%。该项目是首个通过产权市场完成的上海市属体育场馆运营权转让项目,实现了交易过程规范化、场馆运营市场化、社会效益最大化,成功探索出利用产权市场提升体育资源市场化配置的可行路径。

(上海联合产权交易所)

上海清算所

银行间市场清算所股份有限公司(以下简称"上海清算所")成立于 2009 年 11 月 28 日,是中国银行间市场唯一一家专业化集中清算机构,也是中国三大债券发行登记托管结算机构之一,以建成"规范化、市场化和国际化"的专业清算和托管机构为发展目标,为金融市场直接和间接的本外币交易及衍生品交易提供登记、托管、清算、结算、交割、保证金管理、抵押品管理,以及信息服务、咨询业务等。2020 年,上海清算所同步推进清算和托管双支柱业务发展,持续在银行间市场拓展以中央对手清算为主的集中清算,现已建成中国场外金融市场统一、专业的集中清算服务体系,覆盖债券、利率、外汇、信用及大宗商品五大类产品;同时创新发展并不断完善债券发行登记托管结算服务,现已建成中国信用债托管中心,为金融债券、非金融企业债券、货币市场工具、凭证类信用衍生品提供招标发行、登记托管、清算结算的全流程、一站式服务。上海清算所严格对标《金融市场基础设施原则》(PFMI)国际标准,构建了完整高效的风险管理体系,被中国人民银行认定为合格中央对手方,并在多次国际监管评估中获得较好评价。

【经营情况】

(一) 清算业务

2020 年,上海清算所持续做好利率、外汇、信用和大宗商品等领域的集中清算业务产品创新、服务优化和功能完善。全年清算业务总量达 417.08 万亿元,同比增长 14.9%(详见图 1)。

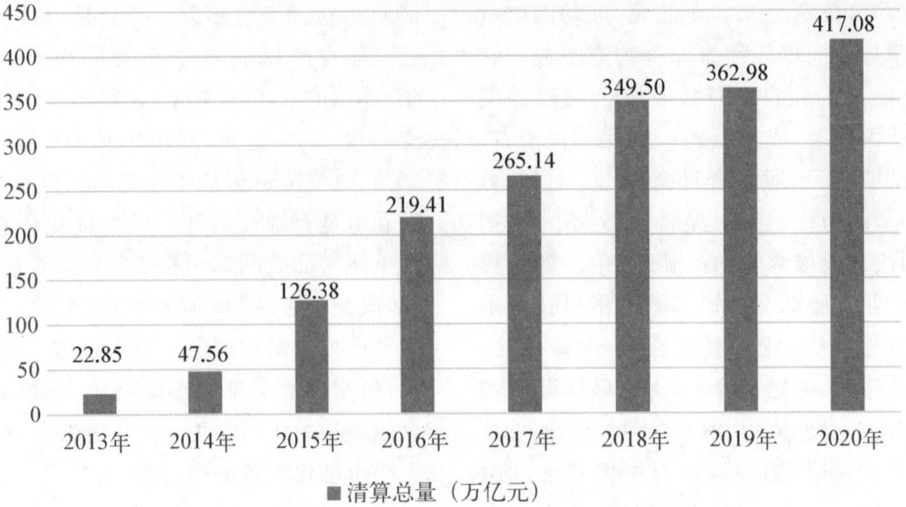

图1 2013—2020年上海清算所清算业务发展概况

数据来源：上海清算所

1. 中央对手清算业务

一是外汇中央对手清算业务。进一步拓展外汇中央对手清算业务的清算期限和清算品种，将T+1日交易以及外汇期权组合交易纳入中央对手清算范围，同时拓展双边清算服务，推出外币回购清算业务、券款对付（DVP）结算等多项优化功能，为交易结算安全提供有力保障。2020年共完成外汇中央对手清算183.1万笔、92.28万亿元，同比分别增长22.5%和4.8%。其中，外汇即期清算量40.95万亿元，外汇远期清算量2 327.43亿元，外汇掉期清算量50.06万亿元，外汇期权清算量1.02万亿元。

二是利率衍生品中央对手清算业务。积极服务利率汇率市场化改革，研发LPR利率互换集中清算，推进衍生品市场开放，成功引入境外投资者参与利率互换集中清算业务；推出农发债标准债券远期业务，研发实物交割功能。2020年共完成利率衍生品中央对手清算27.8万笔、19.50万亿元，同比分别增长15.7%和6.4%，其中，利率互换中央对手清算27.2万笔，清算名义本金19.05万亿元，同比增长6.5%；标准债券远期中央对手清算6 366笔，清算名义本金4 532.30亿元，同比增长3.8%。

三是债券中央对手清算业务。不断优化债券集中清算服务功能和优化系统功能，实现中央对手方累进优惠功能自动化，提升计费效率和安全性，便利会员自助查询优惠金额、下载单据；发挥清算托管联动优势，优化通用质押式回购业务系统功能，提升交易便利性和结算安全性。2020年共完成债券中央对手清算5.3万笔，清算面额15.07万亿元。

四是信用衍生品中央对手清算业务。持续完善“CFETS-SHCH-GTJA高等级CDS指数”运营工作，助力构建完善的信用风险曲线；研发以民企为参考实体的信用违约互换（CDS）指数，搭建民企信用风险价格风向标；与外汇交易中心CDS业务接口上线，首次实现CDS交易清算直通式处理。

五是大宗商品中央对手清算业务。创新市场培育及推广路径，结合后疫情时期的新常态，灵活运用新媒体手段推进化工、铁矿石掉期等衍生品市场营销；积极推进衍生品研发及储备，推动人民币纯苯、精对苯二甲酸（PTA）、对二甲苯（PX）掉期研发，推进碳排放等绿色金融产品、能化掉期、铁矿石掉期产品储备，全面丰富产品序列。2020年共完成大宗商品衍生品中央对手清算3.1万笔、84.33亿元。

2. 其他集中清算业务

一是积极推进债券全额清算，服务公司信用债市场活跃发展。持续推动债券市场互联互通，有序推进跨市场交易结算，研发创新型银行间市场可转让债券基金及跨市场交易所交易债券基金。拓展担保品运用场景，制定全业务担保品违约处置业务制度，推出本币多标的券买断式回购业务。研究支持机构开展债券柜台业务创新。优化外币回购业务，推出券款对付结算等新功能。2020年共办理债券全额清算382.84万笔、290.22万亿元。其中，现券62.94万亿元，本币质押式回购223.66万亿元，本币买断式回购 5 916.23 亿元，外币回购 5 692.67 亿元，其他[①] 2.46 万亿元。

二是推出大宗商品现货清算（即“大宗商品清算通”）业务，有力服务实体经济需求。研发大宗商品清算通业务，持续推动打造国内外连接、期现联动的大市场和大平台，满足实体企业安全交收、风险对冲、产业链融资等综合需求。同时，积极服务绿色金融，探索基于清算通业务的碳配额跨境清算服务，持续推动场外大宗商品市场创新发展。

三是创新信用衍生品逐笔清算服务，探索信用衍生品双边清算增值服务。实现首单基于外资参考实体的信用违约互换（CDS）逐笔清算；研发推出信用违约互换（CDS）指数逐笔清算业务，为上海清算所作为独立第三方为 CDS 指数提供交易清算结算、估值等服务做好充分准备。2020 年共完成信用衍生品逐笔清算 62 笔、31.11 亿元。

（二）发行登记托管结算业务

1. 业务规模

一是债券发行登记业务。2020 年，上海清算所共为 3.81 万只债券提供发行登记服务，债券发行总额 28.66 万亿元（详见图 2）。其中，公司信用类债券发行量 8.53 万亿元，同业存单发行量 18.97 万亿元，金融类债券发行量 1.10 万亿元，标准化票据发行 61.18 亿元。上海清算所债券发行量占全市场债券发行总量的 50.0%，占银行间市场发行总量的 59.1%。

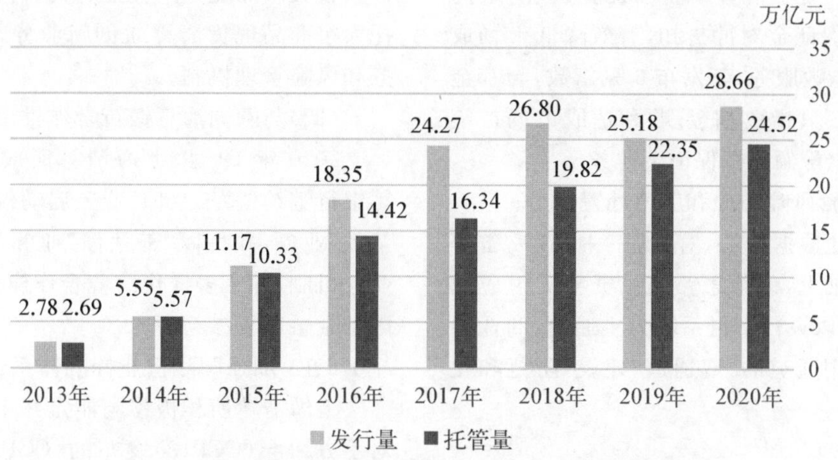

图 2 2013—2020 年上海清算所发行登记托管业务发展概况

数据来源：上海清算所

二是债券托管业务。截至 2020 年末，上海清算所共托管各类债券 2.88 万只，托管余额 24.52 万亿元，同比分别增长 8.1%和 9.7%（详见图 2）。其中，公司信用类债券托管余额 12.39 万亿元，同业存单托管余额 11.15 万亿元，金融类债券托管余额 7 796.50 亿元，标准化票据托管余额 28.92 亿元。上海清算所债券托管余额占全市场债券托管总量的 21.0%，占银行间市场债券托管总量的 24.3%。

2. 积极推动债券业务创新

成功支持国开行试点绿色金融债多市场同发，率先落地并持续优化理财子公司多级托管业务，支持结算代理人探索向托管行转型。支持首批民营企业集合短期融资券和资产支持商业票据成功试点、首单住房抵押贷款资产支持证券信用风险缓释凭证创设，为首单支持民企集合短期融资券发行的信用风险缓释合约提供逐笔清算服务，为标准化票据提供登记托管服务。推出直接面向国际市场发行的“玉兰债”。

3. 提升服务质量

推进债券发行一级认购试点，支持投资者直接参与发行。支持进出口银行金融债券弹性招标发行，实现政策性金融债发行服务全覆盖。全面优化发行人服务平台和债券账户直通处理系统，推出承销费代理支付、发行缴款线上化、持有人名册定期推送、账户申请批量处理等便利服务。深化跨境互联互通，持续优化完善“债券通”交易结算安排，面向境外投资人推出现券循环结算自动结算和灵活结算周

① “其他”包含债券分销、借贷、远期以及信用违约互换、信用风险缓释凭证和信用联结票据等逐笔清算量。

期(T+N)服务,落地现券延时交易结算服务等安排。

【风险管理】

(一) 完善风险与违约处置制度建设

推出《银行间市场集中清算业务违约处置指引》,大幅提升违约处置高效性与实操性;针对疫情等极端场景,首次设计并开展线上线下结合的违约处置演练,验证并提升违约处置流程有效性;推动有抵押授信方案的落地实施,扩充流动性资源,保障极端市场情形下的金融市场稳定。

(二) 优化风险管理机制和措施

创新制定LPR利率互换双曲线估值方案;扎实开展外汇业务"期权组合、T+1接单、交易撤单退出及冲销、接单自动化"拓展项目风控研发;国内首创推出大宗商品中央对手清算组合保证金管理,最高可实现60%跨期保证金对冲折扣,有效降低市场成本。拓展估值和指数服务,新发布6只指数,与基金公司合作新发行2只指数基金,顺利达成市场首笔代理客户使用基金份额充抵保证金业务。

(三) 提升运营风险防控和应急处置能力

在已有的独立数据中心、"两地三中心"灾备等应急保障机制基础上,创新思路建设资金支付应急备用通道,实现了以央行支付系统为主通道、商业银行支付为应急备用通道的"双通道"建设,防范和化解资金支付风险。

【重大活动】

(一)支持国家开发银行成功试点多市场同发"应对气候变化"绿色金融债券

2020年7月29日,上海清算所支持国家开发银行以公开招标的方式,成功完成绿色金融债券多市场同发首场发行。首场发行的债券规模为50亿元,期限为3年,参考收益率为2.498 4%,认购倍数达15.52。同日,上海清算所与国家开发银行签署业务合作备忘录,开启全面合作新篇章。在上海试点"应对气候变化"绿色金融债券多市场同发,有利于促进债券市场发展、践行绿色发展理念、支持上海打造更加开放的金融市场、塑造更具竞争力的金融功能、营造更有活力的金融生态。

(二) 参与第二届外滩金融峰会云会场

2020年10月,谢众董事长出席第二届外滩金融峰会"新冠疫情下的中央对手方发展与监管"云会场,与国际嘉宾就中央对手方(CCP)应对新冠疫情、CCP监管动态、CCP服务拓展等主题,深入探讨交流。谢众董事长向国际嘉宾介绍了上海清算所应对新冠肺炎疫情的情况,特别是得益于高起点、严标准风控制度建设,CCP业务稳健高效运行,经受住了实战检验。谢众董事长指出,下一步上海清算所将前瞻思考增强风控韧性、积极推动跨境监管协调、深度参与全球行业治理,确保中国CCP机构建设高质量。

(三) 参加第三届进博会"普惠金融建设和数字化发展"论坛

2020年11月,谢众董事长应邀参加第三届进博会"普惠金融建设和数字化发展"论坛的分论坛"疫情冲击下普惠金融的机遇与挑战"主题讨论,介绍上海清算所作为银行间市场清算和托管基础设施,将着力提升普惠金融在内的服务实体经济能力,扩大各类产品业务广覆盖、易获得的高质量供给,依托大宗商品现货清算通创新业务、拓展专业清算服务和风险管理机制。

(四)与欧洲清算银行合作推出"玉兰债"业务

2020年12月,上海清算所成功举办与欧洲清算银行签约暨"玉兰债"业务启动仪式,正式推出"玉兰债"业务,并将以"玉兰债"业务为基础,继续优化业务机制,探索多样化跨境合作模式,进一步便利境内外金融市场参与者。

(五) 加强国际行业标准体系建设

上海清算所积极参与制定并主导推动全球中央对手方协会(CCP12)发布的《CCP12量化披露实务标准》("上海清算标准"),作为唯一一个金融团体标准成功入选首批"上海标准"。上海清算标准是全球中央对手清算机构落实国际监管组织有关要求、定期披露金融衍生品市场业务运行和风险管理等关键量化信息的清算行业国际标准,切实提高了全球衍生品市场的透明度。

(六) 积极参加国际交往

上海清算所全力夯实国际合作基础。2020年12月,美国商品期货交易委员会(CFTC)在其官方网站发布公告,延长上海清算所的不行动函期限,并将可清算产品范围全面拓展至上海清算所提供集中清算服务的所有互换类金融衍生产品。同时,上海清算所主动参与高级别政府对话机制等渠道,发挥上海清算所在跨境金融国际合作中的作用,从服务金融开放的角度,积极为中法、中德、中俄等高级别政府对话机制建言献策。

(上海清算所)

上海证券交易所

【主要工作及重要事件】

一是克服新冠肺炎疫情影响,有力支持实体经济恢复发展。2020 年,突如其来的新冠疫情给经济社会和交易所工作带来不少挑战。上海证券交易所(以下简称"上交所")在证监会党委的统一领导下,克服新冠疫情带来的极端困难,缜密筹划、精心组织实现市场如期开市和平稳运行。同时,特殊时期特殊施策,允许受疫情影响的上市公司延期披露年报,放宽相关业务办理时限,支持线上办理债券发行上市业务,充分体现监管温度,最大程度减轻疫情对市场主体的冲击。上交所大力支持企业复工复产,开设"疫情防控债"发行绿色通道,截至 2020 年底,全年共发行疫情防控债券 1 615 亿元;加强对疫情防控相关科创企业的审核保障,3 家企业成功登陆科创板有力支持了实体经济恢复发展;免收湖北上市公司和证券公司相关费用 1 632 万元;组织开展募捐活动,合计捐款 3 300 余万元。

二是聚焦重大改革,强化科创板集聚示范效应。2020 年是科创板试点注册制改革的第二年。上交所认真贯彻习近平总书记关于科创板建设的重要指示批示精神,坚守科创板定位,支持与鼓励"硬科技"企业上市,以中芯国际、寒武纪等为代表,一批极具"含科量"的企业陆续登陆科创板,红筹企业上市实现突破。2020 年,全年受理 327 家,发行上市 145 家,首发融资 2 226 亿元,较上年分别增长 60%、107%、170%。其中,IPO 总额接近 A 股同期的一半。此外,严把科创板"入口关",从源头提高上市公司质量。全年开展现场督导 23 家,威慑其中 19 家主动终止发行上市申请,审议否决 2 家,终止注册 3 家;加强科创板持续监管,开展对董事长等"关键少数"的专题培训,督促科创板上市公司聚焦主业,将募集资金主要投向科技创新领域,持续实现高质量发展。

三是深化注册制改革,完成了注册制下首单公司债发行,推进退市新规落地。2020 年 3 月 16 日,中国中煤能源股份有限公司成功完成注册制下上交所首单公开发行公司债券簿记发行。作为产业链龙头,该公司在募集资金中将安排不少于 10%的比例以预付款形式向其上游供应商及相关物流企业支付采购货款和运输费用等,带动配套企业增强协同复工复产动能。该项目从申请受理、审核、注册至簿记发行历时仅 11 个工作日,公司债券审核注册效率大幅提升,债券发行市场化程度进一步提高。全年共受理首批注册制下公司债发行上市申请 592 只,注册生效 387 只。注册制的平稳实施为债券市场的高质量发展带来新机遇。为贯彻党中央、国务院关于资本市场的重要部署,严格落实新的《中华人民共和国证券法》精神,2020 年 12 月 31 日,上交所发布《上海证券交易所股票上市规则》《上海证券交易所科创板股票上市规则》《上海证券交易所风险警示板股票交易管理办法》《上海证券交易所退市公司重新上市实施办法》(以下合称"退市新规"),退市新规自发布之日起实施。此次改革通过进一步优化退市指标、缩短退市流程,加大市场出清力度,提升退市效率,有力促进形成上市公司有进有出、优胜劣汰的市场生态。

四是监管与服务并举,守住风险底线,持续防范化解各领域风险。推动构造"简明友好型"规则体系,规则层级进一步精简,业务规则和指南总量减少 25%,提升市场获得感。落实"放管服"要求,厘清交易所监管职责和服务事项,向市场公布权责清单,推进"阳光监管、友好服务"。公开监管事项执行标准,清理"口袋规则",明确市场预期。持续深化分类监管,提升监管效能,率先发布信息披露分类监管指引。围绕提高上市公司质量,制订三年行动计划,着力开展三省一市六辖区上市公司专项服务,形成证监系统、地方国资委和金融局五位一体的联动工作机制,化解 38 家高风险公司风险。与各方合力推动 110 余家沪市高风险公司化解风险,高比例质押公司数量压降 50 余家,两者降幅均超过 30%。

【市场运行情况】

(一) 股票市场

一是股票市场规模持续扩大。截至 2020 年底,上交所上市公司数达到 1 800 家,其中,主板公司 1 585 家,科创板公司 215 家。股票总市值为 45.5 万亿元,同比增长 28.1%,其中,主板市值 42.2 万亿元,科创板市值 3.3 万亿元。上市公司总股本 42 601 亿股,流通股 37 501 亿股。根据世界交易所联合会(WFE)排名,上交所股票总市值在全球交易所中位列第三位,仅次于纽交所、纳斯达克。

二是股票市场运行平稳。2020 年,上交所股票累计成交 84.0 万亿元,日均成交 3 456 亿元,同比增长 55%。其中,主板成交 77.4 万亿元,科创板成交

6.6万亿元。根据世界交易所联合会(WFE)排名，上交所股票成交额在全球交易所中位列第五位，仅次于纳斯达克、纽交所、CBOE Global Markets、深交所。2020年，上证综指开盘3 066.34点，最高3 474.92点，最低2 646.81点，年底收于3 473.07点，涨幅13.9%。上证50指数开盘3 073.93点，最高3 646.75点，最低2 517.30点，年底收于3 640.64点，涨幅18.85%。上证180指数开盘8 925.38点，最高10 696.47点，最低7 491.94点，年底收于10 685.41点，涨幅20.36%。

三是股票融资结构继续优化。2020年，沪市股票累计筹资9 152亿元，同比增加19%。完成首次公开发行(IPO)233家，募集资金3 477亿元，均较上年增长89%。其中，主板新上市公司88家，募集资金1 251亿元，分别增长66%、23%；科创板新上市公司145家，募集资金2 226亿元，分别增长107%、170%。再融资354家，募集资金5 675亿元，同比减少3.0%。根据WFE排名，上交所股票IPO数量和IPO筹资额均位居全球首位。

四是上市公司质量持续提升。2020年，上交所贯彻落实国务院关于进一步提高上市公司质量的意见要求，制订发布《推动提高沪市公司质量三年行动计划》，提出39项具体措施。在增量上，以注册制和科创板建设为抓手，严把“入口”质量关；在存量上，积极支持上市公司充分借助资本市场做优做强，同时畅通市场“出口”，抓好退市制度改革落地。全年，共有60家公司完成重大资产重组，交易金额2 500亿元，其中，生物医药、高端设备制造、电子信息技术等科技创新产业超过800亿元，占比达到32%。

(二) 债券市场

市场规模稳步扩大，有效提升服务实体经济能力。截至2020年底，上交所债券托管量13.2万亿元，同比增长30.6%。债券挂牌2.0万只，同比增长32.6%，品种涵盖国债、地方债、金融债、企业债、公司债、可转换公司债和资产支持证券等。全年债券市场融资总额6.6万亿元，同比增长19.5%。其中，公司债券发行3.8万亿元，地方政府债券发行1.7万亿元，资产支持证券发行1.1万亿元。全年债券累计成交271.1万亿元，日均成交1.1万亿元，同比增长22.7%。其中，现券成交11.4万亿元，回购(包括债券质押式回购、协议回购、三方回购和报价回购)成交259.7万亿元。此外，根据证监会整体部署，上交所加快推进基础设施领域公募REITs试点落地，完善规则供给，加强市场组织，做好技术准备。

(三) 基金市场

基金规模持续增长，财富管理功能日益显现。截至2020年底，上交所基金挂牌总数380只，市值总规模9 195亿元，占境内基金市场的77%。全年累计成交10.8万亿元，同比增长57%。ETF市场规模稳居亚洲第二，截至2020年底，上交所共有260只ETF，市值规模9 004亿元，分别较2019年底增长35%和51%。沪市ETF累计成交10.7万亿元，占国内ETF市场总成交额的82%。其中，权益型ETF(含跨境ETF)成交4.8万亿元。沪市持有ETF的账户数约438万，较2019年实现翻番。

(四) 衍生品市场

2020年，股票期权市场运行平稳，规模稳步增长。全年股票期权累计合约成交9.8亿张，日均成交404.3万张，同比增长58.4%。日均持仓465.2万张，同比增长35.5%。日均成交面值1 515.4亿元，同比增长106.6%。日均权利金成交29.5亿元，同比增长112.3%。目前，上证50ETF期权和沪深300ETF期权已成为全球主要的ETF期权品种。上证50ETF期权合约累计成交5.2亿张，日均成交213.4万张，日均成交面值670.7亿元，日均权利金成交13.1亿元。沪深300ETF期权合约累计成交4.6亿张，日均成交190.9万张，日均成交面值844.7亿元，日均权利金成交16.4亿元。截至2020年末，上交所期权投资者账户总数为48.97万，年内新增7.64万户。随着市场规模增加，越来越多的投资者使用期权进行保险和增强收益，期权经济功能逐步发挥。

(上海证券交易所)

中国证券登记结算有限责任公司上海分公司

2020年，中国证券登记结算有限责任公司上海分公司(以下简称“中国结算上海分公司”)深入学习贯彻党的“十九大”与十九届二中、三中、四中、五中全会精神，贯彻落实党中央统筹推进疫情防控和经济社会发展的重大决策部署，扎实做好“六稳”“六保”工作，坚持“四个敬畏、一个合力”，围绕新发展格局支持金融体系结构性调整，全面落实服务实体经济、防范金融风险、深化金融改革等任务。

新冠肺炎疫情暴发后，中国结算上海分公司坚守岗位、有条不紊地做好春节后开市准备及应急预案，远程保障湖北地区券商、发行人业务顺利开展，完成184家湖北地区发行人业务收费减免共计1 248万元；开通营业大厅“绿色通道”，提供材料预审服务；积极拓展在线业务范围，践行“让投资者少跑路”，充分利用在线业务平台与在线培训平台，体现服务温度，保障服务连续性。

截至2020年底，中国结算上海分公司存管各类证券23 295只(其中A股1 796只、B股48只、债券20 567只、基金等884只)，证券总市值61.67万亿。代扣代缴A股交易印花税838.81亿元。

表1　中国结算上海分公司沪市证券登记结算业务概况表

业务类型	2020年	2019年	同比增长
新增投资者数(万)	1 605.26	1 499.31	7.07%
期末投资者数(万)	17 670.01	15 871.16	11.33%
登记存管证券只数(只)	23 295.00	17 975.00	29.60%
登记存管证券总面值(万亿元)	18.28	14.83	23.26%
登记存管证券总市值(万亿元)	61.67	48.01	28.46%
非限售市值(万亿元)	54.12	42.55	27.20%
结算总额(万亿元)	1 266.87	1 004.89	26.07%
结算净额(万亿元)	52.23	41.13	26.98%

【持续深化设立科创板并试点注册制改革】 完成科创板股份减持、首单科创板CDR发行上市，支持红筹企业在科创板上市。截至12月底，完成科创板发行登记145家，募集资金2 226亿元；累计发行登记215家，募集资金3 050亿元；总市值约3.35万亿元，持有科创板股票的投资者169.17万个。

【全面做好直接融资支持工作】 截至12月底，办理主板新股发行88只，融资额1 208亿元；办理公司债券、国债、地方政府债登记8 474笔，新增托管量4.98万亿元。日均划拨资金笔数同比翻倍增长。

表2　中国结算上海分公司证券登记结算业务明细表

业务类型	2020年	2019年	同比增长
上市公司发行登记(家)	465	390	19.2%
股票权益(笔)	1 426	1 359	4.9%
债券初始登记(笔)	8 474	5 819	45.60%
债券兑付兑息(笔)	24 027	18 127	32.55%
日均划拨资金金额(亿元)	4 446	3 161	40.65%
日均划拨资金笔数(笔)	15 915	7 788	104.35%

【股票期权业务运行平稳】 衍生品合约账户数近49万户；全年市场成交活跃，全市场日均权利金结算金额、日均合约持仓数量、日均维持保证金连续五年快速增长，其中日均权利金结算金额实现翻倍增长。未发生强行平仓、交收违约等风险事件。

表3　中国结算上海分公司股票期权业务表

业务类型	2020年	2019年	同比增长
期末衍生品合约账户数(万户)	48.99	41.38	18.39%
股票期权合约日均持仓数量(万张)	458.00	337.58	35.67%
股票期权日均权利金结算金额(亿元)	29.49	13.89	112.31%
日均维持保证金(亿元)	147.81	99.26	48.91%
行权累计清算金额(亿元)	52.92	54.01	−2.02%
累计行权清算证券(亿份)	19.31	22.78	−15.23%

【加强债券回购等风险防范，牢牢守住不发生系统性风险的底线】 持续做好债券回购风控和违约处置，优化回购现金担保品业务。筛查场外股票质押融资数据，每日监控、及时报告违规交易。持续强化全面风险管理，不断提高风险意识，全面排查业务风险隐患，完成5个主要场景的压力测试和33场应急演练。

表4　中国结算上海分公司债券质押式回购业务表

业务类型	2020年	2019年	同比增长
债券质押式回购日均交易量(亿元)	10 514	8 720	20.57%
日均回购未到期规模(亿元)	19 661	16 644	18.13%

【全力支持资本市场更高水平开放，助力债券跨市场互联互通】 持续落实QFII/RQFII制度改革。全年登记发行3只沪伦通GDR并持续跟踪保障。积极响应“一带一路”倡议，2020年登记“一带一路”债券8只，募集资金87.5亿元。

表5　中国结算上海分公司跨境业务表

业务类型	2020年	2019年	同比增长
港股通公司行为(笔)	1 414	1 390	1.7%
港股通结算总额(亿元人民币)	21 523.63	19 551.27	10.09%
港股通换汇折合人民币(亿元)	3 743.91	2 106.97	77.69%

表 6　中国结算上海分公司债券跨市场转托管业务表

业务类型	2020 年	2019 年	同比增长
跨市场转托管(笔)	15 715	12 314	27.62%
跨市场转托管金额(亿元)	14 320	12 603	13.62%

【深化改革创新与制度完善】　深入调研，持续推进 A 股结算制度、结算备付金制度等证券市场基础制度优化改革，提升抗风险能力。推进公募 REITs 试点准备工作。推进结算系统优化，完成 RTGS 系统改造。完成沪市 ETF 结算模式调整和 ETF 代收代付优化工作；推出首批 4 只科创板 ETF 产品。持续加强账户实名制管理。

【聚焦市场热点难点，努力提升服务质效】　在线系统实现券商代理业务全覆盖。与上海金融法院、浦东法院、北京金融法院共建线上司法协助机制，优化资本市场法治化环境。

【夯实信息技术基础，加强金融科技应用】　进行技术架构转型研究，提升自主可控能力，推进国产分布式数据库研究和试点，推进基于流式引擎的清算系统主机下移试点项目。利用人工智能和大数据技术，建设智能运维大数据平台，建设独立自主运行 RPA 系统，试点实施多个部门 RPA 业务，场景覆盖面广，包括办公流程审批、定期报表生成、格式化数据处理等，操作准确率达到 100%，极大提高了业务办理效率，降低了业务操作风险，提升了金融科技应用能力。顺利完成核心主机平台升级改造、异地灾备系统建设及金桥技术运行中心建设，推进技术系统信息创新改造，持续提升网络安全防护能力。

（中国证券登记结算有限责任公司上海分公司）

上海股权托管交易中心

【概况】

上海股权托管交易中心（以下简称"上海股交中心"）于 2010 年 7 月 19 日揭牌，是按照国务院指示精神，经上海市政府批准，中国证券监督管理委员会备案的区域性股权市场，是证券法规定的多层次资本市场的组成部分。上海股交中心始终致力于服务初创期和成长期的中小微企业，缓解这类企业的融资难题，主要职能包括：为非上市的中小企业提供改制挂牌、非公开发行、股票登记托管、股票转让、价值挖掘、宣传营销等一站式金融服务；为投资者提供股票买卖、报价、清算交割等综合性服务；对挂牌、展示企业的规范运作、信息披露及股票转让各方行为进行自律性监管。经过多年发展，上海股交中心已形成"一市五板、五大平台"的市场格局。"一市五板"分别为：科技创新板（N 板），服务对象为科技型、创新型、中小型股份有限公司，除实现融资、交易外，还助推挂牌公司转上交所科创板上市；股份转让系统（E 板），服务对象为已渡过初创阶段，具有一定规模、具有持续经营能力的股份有限公司；展示系统，为各类企业提供规范运营、能级提升、重组并购、产业整合、展示宣传等服务；科创 Q 板，专注于为科创企业到上交所科创板上市提供专业化培育孵化服务；绿色 Q 板，主要服务于国家《绿色产业指导名录》中所列产业的企业，帮助企业对接金融资源，推动相关产业低碳发展。"五大平台"分别为：可转债平台，为企业发行可转换成公司股票的债券提供发行、交易、信息披露、登记结算等服务；债转股资产交易平台，为符合国家降杠杆政策的股权资产，提供挂牌交易、信息发布、登记托管、清算交收、尽职调查、居间撮合等一揽子综合金融服务；股权托管系统，包括非上市股份有限公司股权托管系统、银行业机构股权托管系统，为非上市股份有限公司、银行业金融机构、地方金融机构提供股权登记托管、股权过户登记、股权质押登记、代理分红派息、股权查询、咨询等服务；私募股权投资基金份额报价系统（PELP），为私募股权投资基金的有限合伙人提供基金份额登记与托管、转让信息发布等服务。

【主要工作】

2020 年，上海股交中心围绕国家战略和监管要求，扎实做好"六稳"工作，全面落实"六保"任务，全力服务中小微企业，规范市场发展，市场建设取得了新进展。

（一）深化板块建设，聚焦企业融资发展

首先，上海股交中心为打造"规模可观、服务一流、国内领先、国际知名"的场外交易市场，始终坚持为中小微企业提供度身定制的综合金融服务，深耕细作板块建设，多措并举提升市场服务水平。2020 年，上海股交中心稳步扩大市场规模，通过与地方政府、机构、协会等签订战略合作协议，设立孵化基地并整合多方面资源，有针对性地挖掘和开发当地挂牌企业，推动各地方政府在市场推广、政策扶持方面给予实质性的支持。截至 2020 年底，中心与各省、市、区及机构等联合设立孵化基地505个,签署战略合作协议717家次,挂牌及展示企业数量增至10 438家(其中N板371家、E板415家、展示系统9 652家)。其次,上海股交中心扎实推进E板、N板、展示系统等板块建设,密切关注市场内企业的发展趋势,把握企业融资需求,采取定向增资、私募债、银行贷款、小额贷款、融资租赁等多元融资方式为不同的挂牌公司规划合适的融资服务方案。通过对接资源、联合走访、持续督导等多种途径,先后以非公开发行方式帮助鸿之微完成9 980.548 3万元增资,帮助上海锐镐有色金属股份有限公司完成3亿元增资;推动润佳(上海)医药科技股份有限公司完成近4亿元人民币的B轮融资,估值超15亿元人民币……截至2020年底,上海股交中心全年新增E板、N板挂牌企业挂牌后股权融资金额达到12.13亿元,融资覆盖率达到64.5%。此外,上海股交中心不断拓宽业务板块,努力提升多层次资本市场体系服务内容,依托展示板(Q板)基本信披层设计专门服务于绿色产业企业的绿色Q板,还与上海证券交易所共同推进"科创Q板"建设工作,为"一市五板"市场格局的形成打下了坚实基础。

(二)协同推进,做深科创金融服务

为深化金融供给侧结构性改革,上海股交中心不断完善金融支持创新体系,推动本市场的科技创新板建设,支持企业对接更高层次的资本市场。在对接高层次资本市场方面,上海股交中心与上交所建立合作工作机制,为拟于科创板上市的后备企业打造专属板块——"科创Q板",有效锁定上市后备资源,为上交所提前甄别企业提供抓手;在深化重点企业上市培育工作方面,上海股交中心联合上交所、深交所、金融机构等深入服务市场中的上市后备企业,解答企业上市困惑,同时积极落实"浦江之光"行动计划,做好"选苗"工作,深入挖掘具有发展潜力的高新技术企业以及承担国家科技重点计划和省级重点科技计划项目的企业入库。已推动91家企业进入"浦江之光"企业库,并助推步科自动化于11月2日正式登陆上交所科创板,成为从上海股交中心走出去的首家科创板上市企业。基于在服务科创型中小微企业方面作出的突出贡献,上海股交中心科技创新板制度体系建设小组获"上海市模范集体"称号。

(三)完善股权托管,助力金融监管

首先,上海股交中心不断完善非上市股份公司、银行业金融机构、非上市商业银行等的股权托管,为有效防范和化解金融风险,培育健康的股权交易市场生态体系发挥作用,坚持做好老托管业务,协同推进综合金融服务系统业务发展。2020年,上海股交中心持续深化登记托管业务的服务内涵,强化股权托管后服务,对托管公司完善治理结构、促进投融资、协助业务拓展等诸多方面提供有效服务,帮助托管的拟IPO企业进一步优化股权架构,用专业服务帮助扫清股权障碍,帮助上海农商行解决了"一控两参"问题,推动其IPO顺利过会。其次,在推动非上市商业银行股权集中登记托管工作中,面对新冠肺炎疫情带来的诸多不便,上海股交中心及时改进确权方法,降低确权成本;简化业务办理流程,压缩申报文件;建立对口联系机制,24小时为各银行经办人提供咨询服务和技术支持。截至2020年底,上海市19家非上市商业银行全部按时完成托管,托管总股本合计182.1亿股,确权股东超24 000人。此外,上海股交中心积极推进上海金融租赁公司股权托管工作,紧跟监管动向,主动对接沪上各家金租公司,制定了整体托管服务方案,共计完成7家金租公司的托管,合计托管总股本达424.5亿股。

(四)推动发展创新,加快市场转型升级

上海股交中心立足股权融资交易的市场初心,勇于创新,不断探索业务新模式、新方法。应用市场化模式全力推进区块链项目建设。认真落实证监会关于夯实区域性股权市场信息技术基础建设工作的要求,积极开展建设基于区块链的场外市场登记系统试点工作。目前已能够实现市场内全部企业、中介机构、投资者数据上链,涵盖挂牌、展示、托管、交易、资金、信息披露等全部业务数据,并成功与证监会监管区块链实现连通对接,进一步规范了市场行为并提高了信息透明度,为证监会创新监管模式、重构监管链生态提供蓝本。完成国家级债转股资本交易平台建设,此业务获得国务院批准后,上股交发布了债转股资产挂牌交易业务规则,开发建立了转股资产交易专属网站,构建起交易安全管理制度,并积累了多个存量项目资源,逐步集聚了包括保险资管、银行理财、券商资管、战略投资者甚至境外投资者在内的众多投资者资源。推动私募股权基金权益性资产交易平台建设,恢复私募基金份额转让服务,重新制定私募股权基金服务平台建设方案,并与主管部门、行业协会以及多家投资机构共同研讨,摸准业务痛点，建设契合市场需求的私募基金份额转让服务平台。除此之外，上股交还与上交所联合牵头区域性股权市场同股不同权问题研究，推动了N板企业彩虹鱼与华瑞银行落地第一单投贷联动试点业务，持续推进寅佳电子FT跨境债转股。

（五）夯实市场监管，积极防范风险

上海股交中心积极落实监管部门的政策要求，力保市场稳定高效运营。严格坚守市场监管职责，完成挂牌企业信息披露文件审查及发布。及时对未在规定时间内披露2020年半年度报告的企业进行了风险揭示；对未在规定时间内披露2019年年报的企业进行了风险揭示；对违规挂牌企业采取自律管理措施。加强中介机构管理，促进中介机构合规展业。根据最新政策要求和市场发展需要，进一步完善监管制度，起草中介业务活动隔离操作规则，从而强化利益冲突的隔离；修订市场风险管理办法、异常情况整体应急预案、防范非法集资管理办法、投资者资金监测细则，有效防范市场风险；拟定信息披露负责人资格管理办法，规范董秘培训管理。综合分析挂牌企业经营整体情况。依据企业披露的年报、半年报，分析挂牌企业上一年度的经营特点、存在的问题以及信息披露质量，做好投资风险提醒，同时挖掘年度中发展较好的企业，对业绩亮眼的企业在官方平台进行宣传展示。

【市场运营情况】

（一）市场发展情况

2020年初爆发的新冠肺炎疫情给中小微企业带来严峻考验，导致长期以来存在的中小企业融资难问题，在疫情时期更加凸显，上海股交中心市场发展也相应遭受影响，但上海股交中心通过稳定市场运行、开展线上服务、给予重点帮扶等方式，助力企业复工复产，全力保障市场良性、规范发展。在挂牌及展示企业数量方面，2020年，上海股交中心N板新增78家，E板新增7家，展示系统新增341家。挂牌及展示企业合计新增426家，数量较2019年新增企业提高了37.4%。截至2020年12月31日，挂牌及展示企业数量10 438家（其中N板371家、E板415家、展示系统9 652家）。新增纯托管企业58家，新增纯托管企业注册资本593.65亿元，其中新增商业银行、金融租赁公司托管36家，股本583.52亿元，托管公司累计228家。在中介机构发展方面，2020年，上海股交中心新增各类中介机构业务资格21个。截至2020年12月31日，各类业务资格累计909个（其中N板业务资格166个、E板业务资格408个、交易服务业务资格107个、展示系统推荐展示业务资格228个）。在投资者开户方面，2020年新增合格投资者406户，其中机构投资者143户、自然人投资者263户。机构投资者占比显著增加，为历年来最高。反映出机构投资者对区域性股权市场的认识逐渐深入、投资意愿增加。在企业融资、交易方面，新增E板、N板挂牌企业挂牌后股权融资金额12.13亿元，新增E板、N板挂牌企业交易总金额12.2亿元，二级市场换手率达24.36%，成交量及换手率高于同类市场。

（二）挂牌企业成长情况

据上海股交中心挂牌公司（249家次）2020年年报数据显示，2020年，挂牌公司营业收入大幅增长，实现总营业收入218.52亿元，平均营业收入8 775.81万元，同比增长49.39%；实现净利润总额4.18亿元，平均净利润167.80万元，同比增长193.37%。挂牌公司在“疫情年”表现出了较好的抗压能力，平均营业收入首次突破8 500万元，平均营业收入增长率创新高，净利润规模实现持续增长，但增速有所趋缓。

以可比数据为样本，自2012年上海股交中心开业以来，挂牌公司营业收入的年复合增长率为14.11%，平均营业收入的年复合增长率为12.03%，且平均营业收入及增速、营业收入中位数均于2020年达到峰值。其中，E板挂牌公司的平均营业收入为2.76亿元，平均营业收入增长率为109.8%，营业收入中位数为2 866.80万元，营业收入中位数增长率为48.56%，E板平均营业收入以及增长率均创新高；N板挂牌公司的平均营业收入为2 662.55万元，营业收入中位数为1 758.39万元，营业收入中位数增长率为19.12%；E板与N板挂牌公司营业收入中位数也均于2020年达到峰值（见图1）。

2020年度，挂牌公司净利润规模在“疫情年”持续增长，挂牌公司归属母公司股东净利润合计4.1亿元，平均净利润167.80万元，净利润中值为28.38万元，平均净利润同比增长103.69%，净利润中值同比增长7.48%。E板挂牌公司平均净利润为589.28万元，同比增长193.37%，N板平均净利润为31.04万元，同比减少了2.53%。平均净利润首次突破150万元，实现平均净利润167.80万元，净利润中值在28.38万元，平均净利润于2020年创新高（见图2），且在“疫情年”继续保持高速增长，尽管

图 1　挂牌公司 2012—2020 年营业收入情况(单位：万元)

资料来源：2012—2020 年度挂牌公司年报

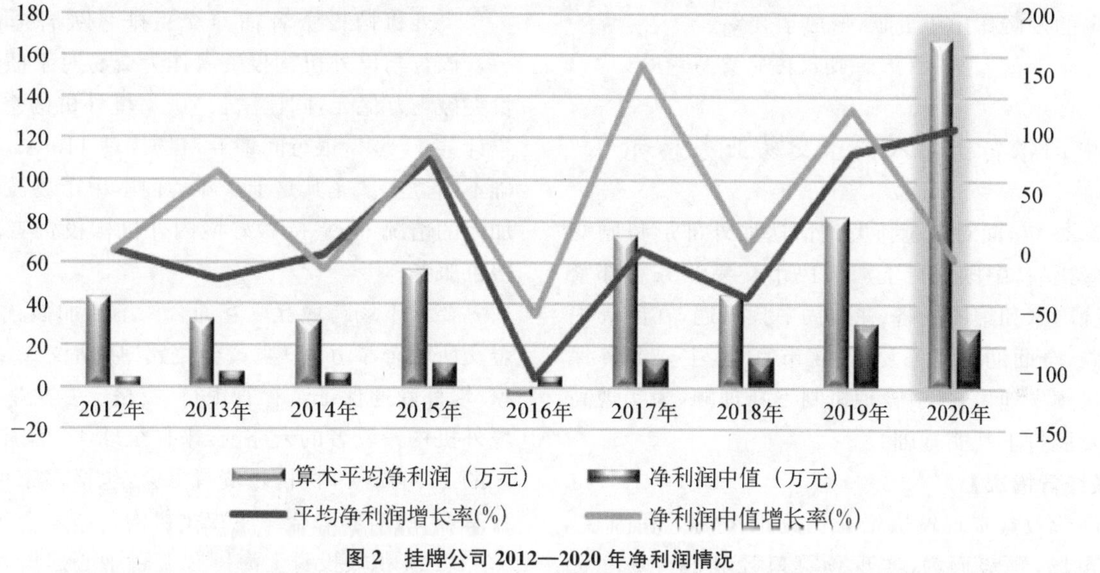

图 2　挂牌公司 2012—2020 年净利润情况

资料来源：2012—2020 年度挂牌公司年报

增速有所趋缓，且各板块挂牌公司盈利水平存在分化，但活性很足。净利润在 1 000 万元以上的比例呈上升状态，亏损企业占比则有所下降。

2020 年度，挂牌公司在年初疫情期停工或延期开工的情况下，依然保持着积极向上的增长态势，盈利能力显著提高。在披露的年报数据中，实现盈利的公司占比 63.86%，同比提升了 5.61 个百分点。盈利公司合计实现净利润 4.18 亿元，大部分挂牌公司净利润规模处在 0～500 万元之间，占比在 52.21%。2020 年度，挂牌公司盈利水平继续增长但存在分化，E 板挂牌公司的净利率、净资产收益率等普遍向好。以初创期科创企业为主的 N 板挂牌公司的毛利向好，但费用上升，营业收入、净资产收益率等有所承压下滑。行业上来看，纺织品服装业、化工、教育服务业的挂牌公司毛利率、每股收益、净资产收益率水平回升明显。

2020 年度，挂牌企业在研发投入方面依旧持续加大比重，取得显著创新成果，从研发费用投入来看，2020 年挂牌公司的研发费用约为 6.89 亿元左右，加权平均研发投入占营业收入比重约为

3.15%。E板挂牌公司的研发费用总计1.57亿元,加权平均研发费用占营业收入比重约为0.93%,N板挂牌公司的研发费用总计为5.31亿元,加权平均研发费用占营业收入比重约为10.61%,N板挂牌公司研发投入率较大。从研发对于挂牌公司成长性来看,业绩增长突出的挂牌公司的创新能力突出,高成长性的企业主要分布在信息技术服务、软件技术服务行业、医疗保健行业,大部分企业均有自主核心技术并在研发费用上持续投入,以提高企业的能力,公司基本拥有多项专利技术。甚至在传统食品饮料、餐饮以及建筑行业的挂牌公司,也有相关的专利权属。

此外,2020年初面对新冠疫情防控的严峻形势,上海股交中心挂牌公司不仅主动承担社会责任,积极发扬企业家精神支持抗疫,无私奉献爱心,无偿捐赠大量防疫物资,积极捐款助力一线防疫,更积极响应扶贫政策、发挥企业优势,有效带动农户致富,为市场的发展作出了贡献,形成了表率。

(上海股权托管交易中心)

中国银行上海人民币交易业务总部

2020年,面对新冠肺炎疫情迭加外部形势剧变的严峻挑战,中国银行上海人民币交易业务总部紧紧围绕国家和集团战略,在变局中找机遇,在困局中求突破,全面助力复工复产、复市复业,主要业务保持市场领先地位,各项管理机制不断理顺,为实现高质量发展打下扎实基础。

【经营情况】

经营效益实现较快增长。克服市场不利因素,紧跟市场,顺势而为,实现预算口径利润10.39亿元,同比增幅18%。

金融市场业务排名位居市场前列。我行境外机构债券做市排名市场第一;上金所自营黄金交易总量四大行第一;询价交易做市商交易量四大行第一;黄金代理业务交易份额四大行保持第二。

在沪法人金融机构业务稳步增长。在沪法人金融机构本外币日均存款2 766亿元,日均资产1 483亿元,分别较上年日均增长14%和23%。

跨境人民币清算、结算业务继续保持领先。跨境人民币汇出汇入清算金额累计达4万亿元,同比增长11%;CIPS间参行359家,市场份额34%,保持市场第一。

长三角区域集团贡献度、主要业务竞争力提升。长三角六行合计实现营业收入1 051亿元,境内行贡献同比提升0.8个百分点;存款时点贡献提升0.45个百分点,贷款时点贡献提升0.19个百分点。四大行口径人民币存款市场份额提升0.13个百分点。

各类风险整体可控。客户资产质量总体稳定,存量黄金租赁均为正常类,市场风险控制在限额内。

【主要业务发展情况】

(一)主动融入双循环新发展格局,支持实体经济和高水平对外开放

多措并举助力复工复产复市复业。成功发行中国银行首期疫情防控专项同业存单,积极推进国家开发银行战疫专题债券和脱贫攻坚专题债券的柜台销售工作,做好全部四支财政部特别抗疫国债的报价服务。疫情期间积极提供贵金属市场流动性,获上海黄金交易所"疫情期间市场稳定特殊贡献奖"。

境外机构投资者债券交易排名跃居全市场第一。该行与境外机构投资者作为交易对手债券成交量突破1万亿元,同比增长70%;境外机构交易对手累计共414家,银行间债券市场代理119家,客户基础不断夯实。尤其是上半年境内本币市场波动明显加大的情况下,坚持做好境内外机构投资者的做市报价服务。

要素市场跨境互联互通合作不断加强。与上海金交所联合举办"沪澳黄金之路"启动仪式,获得首家"境外联通保证金存管银行"资格。多次举办面向境外机构投资者的云路演,来自全球41个国家和地区的135家境外机构投资者参会,包括多家央行、主权基金、政府养老金等主权类机构。

(二)积极投身上海国际金融中心建设,加强金融要素市场业务创新

与中债登通力合作,牵头完成国内首单离岸机构境内担保品融资业务——交银租赁香港公司国债质押跨境融资项目,获"中国(上海)自贸区第十批金融创新案例"奖。

联动中行上海市分行快速完成中金所账户开立、授信落地,有力支持该行成为中金所国债期货首批入市银行并完成首单交易。

(三)助力人民币国际化进程,不断提升跨境人民币清算网络建设

以智慧运营建设为着力点,加快推进科技与业

务融合。积极协同推进中国银行 CIPS 海外直参行建设。牵头与 13 家海外分行、总行相关部门研究拟定 CIPS 海外直参行系统实施方案,实现多条线系统单一入口、全球多点互备功能,为我行全球人民币支付体系跃升新平台夯实基础。

疫情期间切实保障跨境人民币清算安全运营,紧急启动疫情应急办公机制和巴拿马持续接力运营措施,确保了跨境人民币清算业务服务平稳顺畅。

(四) 积极打造高质量发展样板区,促进长三角一体化发展

管理机制逐步到位。“中国银行长三角一体化发展协调委员会”和“中国银行长三角区域一体化发展联席会议”两大机制已顺利运作。委员会议定事项均已落地,区域联席会议重点推进事项完成 4 项。行动方案 72 项工作任务完成过半,其余均取得阶段性成果。

协同发展初见成效。长三角一体化总行级重点项目已扩容至 78 个、落地 52 个,批复金额达到 1 513 亿元,贷款余额 383 亿元。示范区 81 个重点项目,已取得实质进展及持续跟进营销的项目 34 个。个人客户尊享积分实现区域一体化,并导入综合经营公司产品。

示范区金融服务领先同业。10 月 22 日,中国银行长三角一体化示范区机构揭牌,成为首批在三地同时获准设立示范区分支机构的商业银行,基本实现支付、授信、开户、抵质押同城一体化服务。

【经营指标】

单位:亿元

指标 \ 年份	2016	2017	2018	2019	2020
本外币资产总额	1 178.27	2 729.45	2 086.86	1 948.27	2 148.29
本外币各项存款余额(不含同业存款)	0.00	0.01	0.19	1.78	1.05
本外币各项贷款余额	—	—	—	—	—
净利润	6.42	7.73	10.47	7.05	6.62
不良贷款率	—	—	—	—	—
债券总额	156.70	241.86	304.23	404.43	386.88
存单总额	265.76	429.11	415.73	598.25	500.52
贵金属资产总额	378.75	449.56	326.13	490.38	287.27

(中国银行上海人民币交易业务总部)

第六篇　统　　计

一、金融综合统计

（一）本外币信贷收支统计

上海市中外资金融机构本外币信贷收支表

2020-12-31

单位：亿元

来源项目名称	本期	比上月增减数		比年初增减数		运用项目名称	本期	比上月增减数		比年初增减数	
		今年	去年	今年	去年			今年	去年	今年	去年
一、各项存款	155 865.06	658.63	563.01	23 018.75	11 679.94	一、各项贷款	84 643.04	709.05	682.22	6 741.57	5 609.84
（一）境内存款	148 045.07	610.64	627.48	21 804.31	11 019.36	（一）境内贷款	80 305.92	702.49	578.94	6 506.68	5 502.83
1. 住户存款	38 302.45	511.69	608.93	4 979.96	4 712.03	1. 住户贷款	25 599.02	379.62	112.90	2 239.77	2 059.18
（1）活期存款	13 120.93	277.62	466.78	1 766.71	1 159.60	（1）短期贷款	2 877.17	30.72	−140.91	−93.64	230.43
（2）定期及其他存款	25 181.52	234.07	142.14	3 213.25	3 552.43	消费贷款	2 123.93	4.02	−73.26	−185.85	183.74
2. 非金融企业存款	63 425.46	2 240.39	1 242.86	7 437.41	2 708.56	经营贷款	753.24	26.71	−67.65	92.20	46.70
（1）活期存款	18 443.11	824.22	844.96	1 969.82	777.51	（2）中长期贷款	22 721.85	348.90	253.81	2 333.42	1 828.75
（2）定期及其他存款	44 982.35	1 416.17	397.91	5 467.59	1 931.05	消费贷款	19 800.27	302.55	207.36	1 530.31	1 302.59
3. 机关团体存款	14 601.54	222.78	156.50	295.85	731.10	经营贷款	2 921.58	46.35	46.45	803.11	526.16
4. 财政性存款	3 934.59	−596.84	−476.96	1 160.22	267.99	2. 企(事)业单位贷款	54 302.80	316.61	374.09	4 289.98	3 361.87
5. 非银行业金融机构存款	27 781.02	−1 767.39	−903.86	7 930.88	2 599.70	（1）短期贷款	16 756.87	−202.77	−86.71	1 199.07	89.89
（二）境外存款	7 819.99	47.99	−64.46	1 214.44	660.58	（2）中长期贷款	29 332.42	373.28	468.41	3 463.69	2 360.13
二、金融债券	2 833.62	−19.75	−4.69	276.58	708.18	（3）票据融资	3 381.47	103.31	−0.07	−783.30	605.91
其中：境外发行	865.97	−5.68	37.85	292.65	217.44	（4）融资租赁	4 791.98	67.50	−3.73	456.61	310.45
三、卖出回购资产	41.54	−7.14	59.57	−71.72	90.21	（5）各项垫款	40.06	−24.71	−3.81	−46.09	−4.51
四、借款及非银行业金融机构拆入	2 968.59	−72.42	10.98	50.14	74.02	3. 非银行业金融机构贷款	404.11	6.25	91.96	−23.07	81.77
五、联行往来(净)						（二）境外贷款	4 337.12	6.56	103.29	234.89	107.01
六、应付及暂收款	3 440.06	−236.02	−97.90	182.21	136.93	二、债券投资	11 423.97	−38.97	−76.85	1 796.41	1 619.82
七、各项准备	2 231.62	5.70	143.89	234.48	425.92	其中：境外债券	1 234.92	−3.96	−3.75	225.23	152.55
八、所有者权益	7 396.84	−68.03	−147.62	560.13	513.90	三、股权及其他投资	5 700.07	−78.48	−153.15	−99.31	−865.94
其中：实收资本	2 312.23	−0.26	4.23	108.28	209.30	四、买入返售资产	647.85	254.01	18.01	81.99	−138.94
九、其他	199 122.36	778.51	−348.07	−4.59	160.65	五、存放非银行业金融机构款项	1 058.82	111.40	−74.27	431.43	124.34
						六、联行往来(净)	62 062.99	569.11	1 062.77	15 662.30	8 164.44
						其中：境内存放二级准备金	541.58	8.14	27.33	−1 090.35	−198.46
						七、金银占款					
						八、中央银行外汇占款	206 255.75	93.85	−858.02	−622.26	−566.20
						九、应收及预付款	1 384.10	−585.67	−422.61	181.47	−175.79
						十、投资性房地产	38.46	−5.30	−0.34	33.68	0.05
						十一、固定资产	684.62	10.46	1.40	38.69	18.16
资金来源总计	373 899.68	1 039.47	179.16	24 245.98	13 789.76	**资金运用总计**	373 899.68	1 039.47	179.16	24 245.98	13 789.76

注：非银行支付机构存款纳入各项存款口径，在“非金融企业存款”项下的“定期及其他存款”中反映。

（二）人民币信贷收支统计

上海市中外资金融机构人民币信贷收支表

2020－12－31

单位：亿元

来源项目名称	本期	比上月增减数 今年	比上月增减数 去年	比年初增减数 今年	比年初增减数 去年	运用项目名称	本期	比上月增减数 今年	比上月增减数 去年	比年初增减数 今年	比年初增减数 去年
一、各项存款	145 327.65	523.81	698.96	21 978.57	10 687.57	一、各项贷款	77 991.03	665.44	721.13	6 108.57	5 297.82
（一）境内存款	142 343.72	747.80	638.45	21 669.87	10 846.12	（一）境内贷款	77 062.66	639.88	649.96	6 190.17	5 292.25
1. 住户存款	36 733.97	501.63	589.94	4 985.45	4 643.05	1. 住户贷款	25 582.72	379.99	113.09	2 246.76	2 061.48
（1）活期存款	12 397.69	243.69	449.74	1 641.75	1 177.08	（1）短期贷款	2 874.78	30.80	−141.01	−90.24	230.57
（2）定期及其他存款	24 336.28	257.94	140.19	3 343.71	3 465.97	消费贷款	2 121.54	4.09	−73.36	−182.44	183.87
2. 非金融企业存款	59 588.27	2 290.38	1 300.76	7 294.43	2 579.95	经营贷款	753.24	26.71	−67.65	92.20	46.70
（1）活期存款	16 057.54	825.58	816.75	1 580.44	810.22	（2）中长期贷款	22 707.94	349.19	254.10	2 336.99	1 830.91
（2）定期及其他存款	43 530.73	1 464.80	484.00	5 713.98	1 769.74	消费贷款	19 786.35	302.84	207.64	1 533.89	1 304.75
3. 机关团体存款	14 546.91	241.89	159.10	292.85	726.16	经营贷款	2 921.58	46.35	46.45	803.11	526.16
4. 财政性存款	3 934.59	−596.84	−476.96	1 160.22	267.99	2. 企(事)业单位贷款	51 264.79	311.13	438.76	4 126.28	3 145.26
5. 非银行业金融机构存款	27 539.97	−1 689.27	−934.39	7 936.92	2 628.97	（1）短期贷款	15 392.55	−212.50	−7.26	1 178.66	58.77
（二）境外存款	2 983.94	−223.98	60.51	308.71	−158.55	（2）中长期贷款	28 332.25	385.51	434.27	3 382.40	2 249.47
二、金融债券	1 977.63	−14.07	−42.54	−6.10	490.73	（3）票据融资	3 381.47	103.31	−0.07	−783.25	605.90
其中：境外发行	9.97	0.00		9.97		（4）融资租赁	4 119.45	59.51	13.36	393.64	234.36
三、卖出回购资产		−9.98	55.85	−79.99	75.19	（5）各项垫款	39.06	−24.70	−1.54	−45.18	−3.25
四、借款及非银行业金融机构拆入	450.43	−109.43	87.05	134.76	267.61	3. 非银行业金融机构贷款	215.15	−51.23	98.11	−182.86	85.51
五、联行往来(净)						（二）境外贷款	928.37	25.57	71.17	−81.60	5.58
六、应付及暂收款	3 210.67	−138.73	−104.08	247.14	−315.03	二、债券投资	10 005.94	−29.58	−59.79	1 452.01	1 431.23
七、各项准备	2 102.92	−10.49	152.95	216.45	403.36	其中：境外债券	59.09	2.14	6.68	4.53	7.68
八、所有者权益	6 915.64	−62.24	−168.20	616.94	466.11	三、股权及其他投资	5 550.03	−110.68	−145.60	−146.00	−810.03
其中：实收资本	2 210.08	0.03	4.54	156.85	198.08	四、买入返售资产	647.85	254.01	18.01	81.99	−138.94
九、其他	201 580.62	927.72	−49.33	−867.09	812.26	五、存放非银行业金融机构款项	320.75	6.59	13.94	120.18	26.70
						六、联行往来(净)	58 913.43	773.07	1 278.49	14 969.72	7 748.19
						其中：境内存放二级准备金	541.24	8.10	28.88	−1 075.77	−183.00
						七、金银占款					
						八、中央银行外汇占款	206 255.75	93.85	−858.02	−622.26	−566.20
						九、应收及预付款	1 165.58	−551.18	−338.39	204.81	−118.51
						十、投资性房地产	38.46	−5.30	−0.34	33.68	0.05
						十一、固定资产	676.73	10.36	1.22	38.00	17.48
资金来源总计	361 565.56	1 106.59	630.66	22 240.69	12 887.80	**资金运用总计**	361 565.56	1 106.59	630.66	22 240.69	12 887.80

注：非银行支付机构存款纳入各项存款口径，在“非金融企业存款”项下的“定期及其他存款”中反映。

上海市中资金融机构人民币信贷收支表

2020－12－31

单位：亿元

来源项目名称	本期	比上月增减数 今年	比上月增减数 去年	比年初增减数 今年	比年初增减数 去年
一、各项存款	137 624.46	411.11	367.80	20 994.73	10 276.18
（一）境内存款	135 805.36	471.66	316.00	20 732.89	10 550.56
1. 住户存款	36 500.82	487.57	580.03	4 983.33	4 619.51
(1) 活期存款	12 315.26	235.77	445.55	1 631.73	1 167.38
(2) 定期及其他存款	24 185.56	250.80	134.48	3 351.60	3 452.13
2. 非金融企业存款	53 591.43	2 001.42	975.34	6 452.39	2 258.91
(1) 活期存款	14 828.87	682.76	641.57	1 463.94	734.89
(2) 定期及其他存款	38 762.56	1 313.66	333.77	4 988.45	1 524.02
3. 机关团体存款	14 545.08	241.91	159.09	292.32	726.30
4. 财政性存款	3 934.57	－595.69	－476.39	1 160.22	267.97
5. 非银行业金融机构存款	27 233.45	－1 663.54	－922.07	7 844.64	2 677.86
（二）境外存款	1 819.10	－60.55	51.80	261.84	－274.38
二、金融债券	1 907.66	－24.07	－42.54	－36.08	542.71
其中：境外发行					
三、卖出回购资产		－9.98	55.85	－77.99	73.19
四、借款及非银行业金融机构拆入	164.76	－23.37	6.20	37.07	105.30
五、联行往来(净)					
六、应付及暂收款	3 141.46	－157.25	16.81	318.40	212.45
七、各项准备	2 031.64	－6.66	158.16	221.49	408.99
八、所有者权益	5 858.91	－73.25	－165.88	499.46	418.57
其中：实收资本	1 898.12	0.03	4.54	101.37	170.67
九、其他	203 416.63	1 058.99	297.22	－678.76	561.90
资金来源总计	354 145.53	1 175.54	693.62	21 278.33	12 599.28

运用项目名称	本期	比上月增减数 今年	比上月增减数 去年	比年初增减数 今年	比年初增减数 去年
一、各项贷款	74 413.63	699.71	634.23	6 187.61	5 069.50
（一）境内贷款	73 610.77	694.14	593.45	6 264.24	5 075.04
1. 住户贷款	25 300.62	385.98	105.76	2 249.97	2 019.30
(1) 短期贷款	2 822.68	32.63	－143.70	－102.28	199.29
消费贷款	2 080.81	6.48	－75.16	－188.98	155.25
经营贷款	741.88	26.15	－68.53	86.70	44.04
(2) 中长期贷款	22 477.94	353.35	249.46	2 352.25	1 820.01
消费贷款	19 574.09	307.17	202.78	1 546.76	1 291.51
经营贷款	2 903.84	46.17	46.68	805.49	528.50
2. 企(事)业单位贷款	48 094.99	359.39	389.58	4 197.13	2 970.23
(1) 短期贷款	13 659.74	－188.81	2.17	1 316.97	5.31
(2) 中长期贷款	27 174.41	391.45	394.08	3 361.30	2 070.43
(3) 票据融资	3 103.47	121.95	－18.48	－828.65	663.55
(4) 融资租赁	4 119.45	59.51	13.36	393.64	234.36
(5) 各项垫款	37.92	－24.70	－1.54	－46.12	－3.42
3. 非银行业金融机构贷款	215.15	－51.23	98.11	－182.86	85.51
（二）境外贷款	802.86	5.57	40.77	－76.63	－5.54
二、债券投资	8 489.77	－69.96	－36.19	1 019.71	1 581.57
其中：境外债券	25.11	－0.04	1.81	－1.26	1.18
三、股权及其他投资	5 550.03	－110.68	－145.60	－146.00	－804.04
四、买入返售资产	639.85	255.92	24.03	98.79	－128.29
五、存放非银行业金融机构款项	230.94	16.37	18.36	87.17	10.29
六、联行往来(净)	56 819.16	777.42	1 360.15	14 407.70	7 529.53
其中：境内存放二级准备金	539.28	8.43	28.93	－1 070.67	－180.54
七、金银占款					
八、中央银行外汇占款	206 255.75	93.85	－858.02	－622.26	－566.20
九、应收及预付款	1 050.00	－492.14	－304.29	172.74	－111.22
十、投资性房地产	38.46	－5.30	－0.34	33.68	0.05
十一、固定资产	657.94	10.35	1.29	39.19	18.09
资金运用总计	354 145.53	1 175.54	693.62	21 278.33	12 599.28

注：非银行支付机构存款纳入各项存款口径，在“非金融企业存款”项下的“定期及其他存款”中反映。

上海市外资金融机构人民币信贷收支表

2020－12－31

单位：亿元

来源项目名称	本月余额	比上月增减数		比年初增减数	
		今年	去年	今年	去年
一、各项存款	7 751.38	102.25	322.01	977.07	432.19
（一）境内存款	6 586.54	265.68	313.30	930.21	316.36
1. 个人存款	233.15	14.06	9.91	2.13	23.54
其中：活期储蓄存款	82.44	6.92	4.20	10.02	9.70
定期储蓄存款	23.03	0.00	−0.66	0.13	−0.38
结构性存款	78.37	4.26	2.86	−17.21	−6.05
2. 单位存款	5 998.67	288.94	325.43	842.57	320.90
其中：活期存款	1 229.47	142.83	175.18	117.01	75.32
定期存款	386.84	12.43	−24.50	42.03	−55.35
保证金存款	70.11	11.56	0.65	22.16	−14.05
结构性存款	507.95	−224.76	−288.99	−174.30	−96.00
3. 国库定期存款					
4. 非存款类金融机构存款	354.72	−37.32	−22.04	85.51	−28.08
（二）境外存款	1 164.84	−163.43	8.72	46.86	115.83
二、代理财政性存款	0.02	−1.15	−0.57	0.00	0.01
三、金融债券	69.96	10.00	0.00	29.98	−51.98
其中：境外发行	9.97	0.00		9.97	
四、卖出回购资产	132.11	−43.49	−18.87	−6.05	35.04
五、向中央银行借款			−0.35	−0.25	−19.04
六、银行业存款类金融机构往来	387.04	1.51	24.55	−3.94	−190.51
七、借款及非存款类金融机构拆入	285.66	−86.06	80.85	97.69	161.91
八、联行往来(净)					
九、应付及暂收款	69.21	18.52	−120.89	−71.26	−527.49
其中：应付利息	36.17	−10.29	−11.39	2.34	−6.43
十、其他负债	4 231.69	−16.65	3.59	−436.42	−445.17
十一、所有者权益	1 056.73	11.00	−2.32	117.48	47.54
其中：实收资本	311.96			55.47	27.41
资金来源总计	13 983.79	−4.06	288.01	704.30	−557.47

运用项目名称	本月余额	比上月增减数		比年初增减数	
		今年	去年	今年	去年
一、各项贷款	4 564.87	4.10	95.23	70.11	70.33
（一）境内贷款	4 439.36	−15.89	64.84	75.08	59.21
1. 短期贷款	2 534.80	22.57	4.53	−58.38	−38.94
（1）个人贷款	52.10	−1.83	2.69	12.04	31.28
其中：个人消费贷款	40.73	−2.39	1.81	6.54	28.62
（2）单位贷款	1 732.81	−23.69	−9.43	−138.30	53.47
经营贷款	1 373.39	−33.75	−40.16	−94.39	33.53
固定资产贷款	26.73	0.44	−5.29	−9.42	−6.48
并购贷款	0.34		−2.24	0.08	−2.24
贸易融资	332.34	9.62	38.25	−34.58	28.66
（3）非存款类金融机构贷款	749.90	48.09	11.27	67.88	−123.68
2. 中长期贷款	1 625.41	−19.83	41.89	87.11	155.62
（1）个人贷款	230.00	−4.16	4.64	−15.26	10.90
其中：个人消费贷款	212.26	−4.33	4.86	−12.87	13.24
（2）单位贷款	1 157.84	−5.94	40.20	21.10	179.04
经营贷款	372.45	2.18	−4.16	−31.06	20.42
固定资产贷款	705.64	−9.23	39.65	49.41	125.90
并购贷款	36.43	1.18	2.49	5.03	15.18
贸易融资	43.32	−0.07	2.23	−2.29	17.54
（3）非存款类金融机构贷款	237.57	−9.73	−2.94	81.27	−34.31
3. 票据融资	278.01	−18.64	18.42	45.40	−57.64
4. 融资租赁					
5. 各项垫款	1.14			0.95	0.17
（二）境外贷款	125.51	19.99	30.39	−4.97	11.12
二、债券投资	1 516.17	40.38	−23.60	432.30	−150.34
三、股权及其他投资					−5.98
四、买入返售资产	168.69	89.83	13.70	74.16	−116.20
五、存放中央银行存款	1 250.84	11.08	179.46	−31.89	−192.26
六、缴存中央银行财政性存款	1.44	0.68	−0.04	1.09	−0.19
七、银行业存款类金融机构往来	516.01	11.58	34.75	−64.66	−279.84
八、存放非存款类金融机构款项	89.81	−9.78	−4.41	33.01	16.42
九、联行往来	2 094.27	−4.35	−81.66	562.02	218.66
其中：境内存放二级准备金	1.95	−0.33	−0.05	−5.10	−2.45
十、库存现金	0.45	−0.01	0.00	−0.30	−0.42
十一、应收及预付款	115.59	−59.04	−34.10	32.07	−7.29
其中：应收利息	53.72	−5.78	−6.98	−0.60	−14.32
十二、投资性房地产					
十三、固定资产	18.79	0.02	−0.07	−1.19	−0.60
十四、其他资产	3 715.58	−91.21	103.57	−408.89	−114.98
十五、减：各项准备	68.71	−2.66	−5.17	−6.47	−5.23
其中：贷款损失准备	66.97	−2.29	−5.22	−6.02	−5.23
资金运用总计	13 983.79	−4.06	288.01	704.30	−557.47

上海市中资全国性大型银行人民币信贷收支表

2020－12－31

单位：亿元

来源项目名称	本月余额	比二月增减数		比年初增减数		运用项目名称	本月余额	比上月增减数		比年初增减数	
		今年	去年	今年	去年			今年	去年	今年	去年
一、各项存款	60 251.42	−635.82	−324.30	9 686.67	3 392.57	一、各项贷款	32 660.20	231.62	128.20	2 901.35	1 982.93
（一）境内存款	59 142.02	−542.00	−382.40	9 572.47	3 694.25	（一）境内贷款	32 325.73	228.67	109.73	2 930.72	2 007.95
1. 个人存款	21 407.81	434.79	348.63	2 743.21	1 861.41	1. 短期贷款	5 754.66	−131.79	−42.24	890.61	−96.47
其中：活期储蓄存款	8 143.96	271.77	338.50	958.68	736.99	（1）个人贷款	581.48	1.92	30.29	61.82	140.67
定期储蓄存款	7 839.68	209.90	51.62	1 997.05	93.29	其中：个人消费贷款	439.87	0.31	25.43	−2.38	132.17
结构性存款	547.58	10.80	−49.77	−296.88	−52.25	（2）单位贷款	5 163.40	−133.71	−78.03	834.30	−249.43
2. 单位存款	25 411.97	425.23	609.99	3 071.03	908.40	经营贷款	4 333.22	−155.01	−89.42	598.16	−222.53
其中：活期存款	9 163.77	427.05	658.26	1 059.00	800.60	固定资产贷款	75.21	1.31	−8.41	−9.95	51.49
定期存款	3 377.61	−22.65	−235.20	−742.16	−290.14	并购贷款			−0.45		−0.45
保证金存款	263.57	−27.74	−5.85	14.70	1.42	贸易融资	754.97	19.99	20.25	246.08	−77.94
结构性存款	775.21	−237.74	−201.47	210.22	47.74	（3）非存款类金融机构贷款	9.78		5.50	−5.50	12.28
3. 国库定期存款	388.00	−146.00		25.00	−130.00	2. 中长期贷款	25 348.85	306.67	143.33	2 264.42	1 800.20
4. 非存款类金融机构存款	11 934.25	−1 256.03	−1 341.02	3 733.24	1 054.44	（1）个人贷款	11 465.29	108.34	57.25	954.41	1 080.45
（二）境外存款	1 109.40	−93.82	58.10	114.20	−301.67	其中：个人消费贷款	11 061.42	93.23	53.19	831.91	940.62
二、代理财政性存款	2 153.77	55.92	160.72	525.08	341.47	（2）单位贷款	13 860.55	198.34	86.08	1 287.01	719.75
三、金融债券	0.00			0.00	0.00	经营贷款	2 704.16	97.14	7.46	460.97	−344.21
其中：境外发行						固定资产贷款	9 975.34	99.69	64.08	855.75	1 049.80
四、卖出回购资产	559.00	559.00	−29.94	152.44	201.87	并购贷款	738.77	11.10	11.69	−67.34	−4.84
五、向中央银行借款	26.03	0.12	2.82	−31.03	39.59	贸易融资	442.29	−9.60	2.85	37.64	19.01
六、银行业存款类金融机构往来	788.52	232.48	431.32	−223.06	267.90	（3）非存款类金融机构贷款	23.00			23.00	
七、借款及非存款类金融机构拆入	109.96	−23.85	3.69	24.27	74.29	3. 票据融资	1 203.31	54.02	8.39	−225.49	301.91
八、联行往来(净)						4. 融资租赁					
九、应付及暂收款	1 119.31	−64.11	69.91	15.79	108.99	5. 各项垫款	18.90	−0.24	0.25	1.17	2.31
其中：应付利息	720.99	−64.46	−69.84	65.53	7.07	（二）境外贷款	334.48	2.95	18.47	−29.37	−25.02
十、其他负债	1 529.98	0.07	69.88	266.49	80.06	二、债券投资	520.60	62.84	−21.45	−52.80	19.48
十一、所有者权益	480.25	−54.05	−39.97	92.80	57.30	三、股权及其他投资	17.74	5.79	0.42	5.78	0.42
其中：实收资本						四、买入返售资产	95.67	95.67	55.08	40.59	−64.60
						五、存放中央银行存款	1.35	−0.82	8.52	−9.61	−0.98
						六、缴存中央银行财政性存款	1 714.00	−677.09	−379.22	364.03	329.52
						七、银行业存款类金融机构往来	654.17	13.83	54.97	5.63	197.01
						八、存放非存款类金融机构款项	30.59	−12.08	10.55	−5.23	−34.03
						九、联行往来	29 588.74	652.57	597.18	7 301.10	2 238.72
						其中：境内存放二级准备金	230.50	−0.01	29.26	−1 140.09	−80.17
						十、库存现金	69.03	6.26	13.22	−26.94	−12.95
						十一、应收及预付款	360.56	−225.48	−114.79	70.23	−188.40
						其中：应收利息	91.79	−122.36	−111.16	−5.89	−43.76
						十二、投资性房地产					
						十三、固定资产	352.49	2.88	−0.05	−8.64	9.88
						十四、其他资产	1 408.08	−55.46	−1.84	34.75	117.63
						十五、减：各项准备	454.97	30.77	6.68	110.78	30.60
						其中：贷款损失准备	419.84	10.59	7.12	89.31	30.38
资金来源总计	67 018.24	69.76	344.11	10 509.46	4 564.04	**资金运用总计**	67 018.24	69.76	344.11	10 509.46	4 564.04

上海市中资全国性中小型银行人民币信贷收支表

2020－12－31

单位：亿元

来源项目名称	本月余额	比上月增减数		比年初增减数		运用项目名称	本月余额	比上月增减数		比年初增减数	
		今年	去年	今年	去年			今年	去年	今年	去年
一、各项存款	56 996.62	－334.14	367.69	9 430.49	5 625.79	一、各项贷款	28 367.11	185.40	419.29	2 328.74	2 636.76
（一）境内存款	56 387.73	－346.80	367.56	9 317.48	5 544.81	（一）境内贷款	27 929.74	185.63	394.23	2 379.15	2 610.67
1. 个人存款	11 471.63	46.41	183.13	1 855.85	2 325.30	1. 短期贷款	8 612.33	－70.69	－63.74	140.82	481.54
其中：活期储蓄存款	3 584.39	－31.39	91.42	606.85	387.67	（1）个人贷款	1 926.74	0.84	－180.15	－255.19	1.08
定期储蓄存款	3 764.63	151.56	51.39	1 225.87	387.95	其中：个人消费贷款	1 409.55	－13.21	－105.86	－256.52	－25.69
结构性存款	752.21	－139.95	－16.90	－548.76	119.37	（2）单位贷款	5 407.11	－102.19	46.60	300.36	190.36
2. 单位存款	28 878.63	348.09	－200.24	3 185.49	2 350.79	经营贷款	4 416.54	－142.80	17.56	167.03	164.02
其中：活期存款	7 671.93	177.85	186.68	896.53	266.86	固定资产贷款	111.16	－13.16	－24.84	41.03	－33.08
定期存款	5 492.21	63.01	－174.08	972.65	－113.77	并购贷款	9.78			9.78	－3.89
保证金存款	1 718.74	148.47	62.46	5.10	126.25	贸易融资	869.63	53.77	53.88	82.52	63.31
结构性存款	2 761.65	－547.55	－680.99	－955.96	525.50	（3）非存款类金融机构贷款	1 278.47	30.67	69.81	95.66	290.11
3. 国库定期存款	325.00	－121.00	－5.00	5.00	－213.00	2. 中长期贷款	18 075.04	202.70	467.05	2 699.64	1 840.76
4. 非存款类金融机构存款	15 712.47	－620.30	389.66	4 271.14	1 081.72	（1）个人贷款	7 052.08	88.58	133.85	988.82	640.10
（二）境外存款	608.89	12.67	0.13	113.00	80.98	其中：个人消费贷款	4 738.74	65.51	93.68	358.19	269.40
二、代理财政性存款	23.26	－5.85	－10.68	5.53	－1.10	（2）单位贷款	10 370.72	115.12	245.21	1 556.82	936.42
三、金融债券	299.98	0.00	0.00	－49.98	200.03	经营贷款	3 166.28	54.97	75.43	676.94	266.84
其中：境外发行						固定资产贷款	5 746.30	41.58	55.03	803.21	370.02
四、卖出回购资产	546.80	154.93	165.37	－25.88	－11.97	并购贷款	1 037.41	23.16	85.55	－6.60	320.70
五、向中央银行借款	1 574.84	69.58	－10.45	445.64	－32.25	贸易融资	420.73	－4.58	29.21	83.27	－21.14
六、银行业存款类金融机构往来	3 669.75	257.04	507.59	492.01	－134.38	（3）非存款类金融机构贷款	652.24	－1.00	88.00	154.00	264.24
七、借款及非存款类金融机构拆入	7.80	－21.51	－0.49	4.79	3.01	3. 票据融资	1 227.96	77.98	－6.73	－413.87	292.94
八、联行往来(净)						4. 融资租赁					
九、应付及暂收款	904.00	－110.77	－68.73	136.63	111.57	5. 各项垫款	14.42	－24.36	－2.36	－47.45	－4.57
其中：应付利息	620.06	－56.74	－59.01	119.98	93.16	（二）境外贷款	437.37	－0.23	25.05	－50.41	26.08
十、其他负债	955.59	－206.27	－9.07	－337.70	408.15	二、债券投资	5 428.90	－151.86	43.28	831.87	1 031.23
十一、所有者权益	2 070.49	48.87	－7.39	58.43	20.97	三、股权及其他投资	3 988.08	－103.37	－155.96	－258.05	－751.22
其中：实收资本	341.64				32.78	四、买入返售资产		－2.30	－58.18	－10.30	－273.74
						五、存放中央银行存款	1 372.91	－22.76	18.72	48.89	－74.01
						六、缴存中央银行财政性存款	8.71	－9.79	7.96	－10.55	11.67
						七、银行业存款类金融机构往来	143.33	－39.10	95.31	－248.08	－1 753.58
						八、存放非存款类金融机构款项	167.02	7.12	4.72	75.59	43.97
						九、联行往来	27 080.75	124.97	695.66	7 114.44	5 269.92
						其中：境内存放二级准备金	308.78	8.44	－0.33	69.42	－100.38
						十、库存现金	39.90	2.40	6.97	－1.22	－5.96
						十一、应收及预付款	304.18	－198.27	－150.93	29.26	19.75
						其中：应收利息	132.36	－101.41	－89.16	71.15	－25.95
						十二、投资性房地产	3.54	－0.01	－0.34	－0.82	－0.38
						十三、固定资产	178.24	0.81	0.34	11.34	6.85
						十四、其他资产	763.55	－0.01	51.28	294.73	188.01
						十五、减：各项准备	797.09	－58.66	44.29	45.90	159.44
						其中：贷款损失准备	680.38	－26.99	43.39	35.80	145.17
资金来源总计	67 049.13	－148.11	933.84	10 159.96	6 189.83	**资金运用总计**	67 049.13	－148.11	933.84	10 159.96	6 189.83

上海市中资全国性四家大型银行人民币信贷收支表

2020-12-31

单位：亿元

来源项目名称	本月余额	比二月增减数		比年初增减数	
		今年	去年	今年	去年
一、各项存款	49 851.50	−63.20	224.92	7 213.20	3 074.00
（一）境内存款	48 883.84	23.51	203.69	7 065.87	3 437.39
1. 个人存款	17 863.63	400.13	306.02	2 374.33	1 451.98
其中：活期储蓄存款	7 160.35	232.62	284.32	857.80	672.79
定期储蓄存款	7 261.69	190.83	52.22	1 785.68	144.86
结构性存款	319.43	42.95	−28.98	−184.27	−53.28
2. 单位存款	22 022.73	497.74	562.52	2 558.42	776.49
其中：活期存款	8 081.64	292.88	631.00	743.43	766.36
定期存款	2 821.15	−3.50	−198.49	−675.90	−324.73
保证金存款	199.65	5.12	3.19	5.02	−5.81
结构性存款	574.33	−152.14	−124.42	324.29	49.14
3. 国库定期存款	299.00	−113.00		1.00	−76.00
4. 非存款类金融机构存款	8 698.48	−761.36	−664.86	2 132.11	1 284.92
（二）境外存款	967.66	−86.71	21.23	147.34	−363.40
二、代理财政性存款	2 153.57	56.81	160.41	525.41	341.16
三、金融债券	0.00			0.00	0.00
其中：境外发行					
四、卖出回购资产	559.00	559.00	−29.94	152.44	201.87
五、向中央银行借款	11.14	0.11	0.99	−23.26	16.93
六、银行业存款类金融机构往来	747.23	281.79	429.05	−207.01	316.51
七、借款及非存款类金融机构拆入	109.96	−23.85	3.69	31.77	66.79
八、联行往来(净)					
九、应付及暂收款	961.67	−40.93	86.57	−1.91	87.05
其中：应付利息	610.62	−39.09	−52.96	57.19	−10.17
十、其他负债	1 503.32	12.48	71.75	281.73	72.08
十一、所有者权益	366.75	−64.88	−46.45	100.83	60.86
其中：实收资本					
资金来源总计	56 264.16	717.34	900.99	8 073.21	4 237.24

运用项目名称	本月余额	比上月增减数		比年初增减数	
		今年	去年	今年	去年
一、各项贷款	26 680.27	239.74	72.71	2 365.39	1 753.16
（一）境内贷款	26 480.72	237.59	91.47	2 395.68	1 819.49
1. 短期贷款	4 504.73	−71.10	−8.39	678.75	−26.21
（1）个人贷款	483.12	0.52	12.01	34.01	89.92
其中：个人消费贷款	433.47	0.14	10.89	27.96	100.03
（2）单位贷款	4 011.83	−71.62	−25.90	650.24	−128.41
经营贷款	3 293.96	−84.47	−47.06	425.99	−146.22
固定资产贷款	75.11	1.31	−8.46	−8.33	65.76
并购贷款					
贸易融资	642.77	11.54	29.63	232.58	−47.95
（3）非存款类金融机构贷款	9.78		5.50	−5.50	12.28
2. 中长期贷款	21 175.12	285.48	117.16	1 982.33	1 556.88
（1）个人贷款	10 483.62	95.45	55.90	871.66	1 029.46
其中：个人消费贷款	10 103.53	82.96	52.05	756.54	889.02
（2）单位贷款	10 668.49	190.03	61.26	1 087.67	527.42
经营贷款	2 130.62	85.42	6.42	454.61	−355.75
固定资产贷款	7 592.45	105.27	48.48	724.10	883.07
并购贷款	615.03	7.99	7.65	−84.26	−9.60
贸易融资	330.40	−8.65	−1.28	−6.79	9.70
（3）非存款类金融机构贷款	23.00			23.00	
3. 票据融资	796.71	23.20	−18.06	−267.10	286.63
4. 融资租赁					
5. 各项垫款	4.16	0.00	0.75	1.71	2.19
（二）境外贷款	199.55	2.15	−18.76	−30.29	−66.33
二、债券投资	520.60	62.84	−18.95	−52.80	21.98
三、股权及其他投资	15.76	5.91	0.01	5.91	0.01
四、买入返售资产	95.67	95.67	55.08	40.59	−64.60
五、存放中央银行存款	1.33	−0.61	7.76	−8.55	5.07
六、缴存中央银行财政性存款	1 713.40	−676.68	−393.80	378.60	316.78
七、银行业存款类金融机构往来	556.94	−4.40	55.52	−67.33	185.02
八、存放非存款类金融机构款项	30.32	−8.58	10.55	−5.23	−34.03
九、联行往来	24 942.91	1 262.13	1 212.66	5 446.25	2 098.26
其中：境内存放二级准备金	0.04	−0.01	29.26	−1 140.09	−80.17
十、库存现金	53.61	1.46	10.03	−28.74	−11.61
十一、应收及预付款	344.56	−192.14	−88.56	73.11	−189.35
其中：应收利息	76.64	−89.89	−85.10	−5.44	−44.91
十二、投资性房地产					
十三、固定资产	300.11	2.68	0.09	−5.82	5.78
十四、其他资产	1 362.03	−31.01	−12.77	31.10	186.66
十五、减：各项准备	353.36	39.67	9.34	99.25	35.91
其中：贷款损失准备	319.81	19.06	9.60	78.30	35.86
资金运用总计	56 264.16	717.34	900.99	8 073.21	4 237.24

上海市财务公司人民币信贷收支表

2020－12－31

单位：亿元

来源项目名称	本月余额	比上月增减数		比年初增减数	
		今年	去年	今年	去年
一、各项存款	6 437.42	1 291.28	972.62	747.29	756.44
（一）境内存款	6 436.97	1 290.83	972.41	747.05	756.24
1. 个人存款					
其中：活期储蓄存款					
定期储蓄存款					
结构性存款					
2. 单位存款	6 432.08	1 297.83	967.46	819.66	752.12
其中：活期存款	965.89	105.79	64.68	155.95	41.41
定期存款	1 421.25	−16.59	109.63	−119.38	347.39
保证金存款	32.41	−0.04	−0.10	1.53	−48.00
结构性存款					
3. 国库定期存款					
4. 非存款类金融机构存款	4.89	−7.00	4.95	−72.61	4.11
（二）境外存款	0.45	0.45	0.21	0.24	0.20
二、代理财政性存款					
三、金融债券	32.50	−5.49		32.50	
其中：境外发行					
四、卖出回购资产					
五、向中央银行借款	20.84	4.52	−0.28	12.40	2.91
六、银行业存款类金融机构往来		−12.80	−3.00		
七、借款及非存款类金融机构拆入					
八、联行往来(净)	42.72	−14.03	−61.94	36.83	5.78
九、应付及暂收款	161.28	−8.93	18.54	−22.11	49.22
其中：应付利息	43.70	−8.57	−2.78	7.49	9.05
十、其他负债	16.07	2.74	1.85	4.36	3.90
十一、所有者权益	902.78	−1.26	−33.02	175.89	49.79
其中：实收资本	471.17			43.14	13.00
资金来源总计	7 613.61	1 256.04	894.76	987.16	868.04

运用项目名称	本月余额	比上月增减数		比年初增减数	
		今年	去年	今年	去年
一、各项贷款	2 876.42	115.86	9.12	163.97	−115.44
（一）境内贷款	2 876.42	115.86	9.12	167.46	−115.44
1. 短期贷款	1 601.51	66.23	49.87	26.90	55.96
（1）个人贷款	17.43	−0.64	−4.32	−15.77	−27.08
其中：个人消费贷款	17.43	−0.64	−4.32	−15.76	−27.07
（2）单位贷款	1 578.74	61.54	54.19	37.33	83.04
经营贷款	1 524.78	61.37	51.58	−2.14	70.05
固定资产贷款	2.09	2.09	2.61	−12.09	12.68
并购贷款					
贸易融资	51.87	−1.92	0.00	51.56	0.31
（3）非存款类金融机构贷款	5.34	5.34		5.34	
2. 中长期贷款	1 140.18	74.30	−34.97	147.06	−157.71
（1）个人贷款	500.26	39.96	−42.77	11.97	−295.62
其中：个人消费贷款	500.03	39.95	−42.67	12.29	−294.24
（2）单位贷款	639.92	34.34	7.80	135.09	137.91
经营贷款	408.31	32.06	7.14	116.83	109.37
固定资产贷款	212.05	1.43	0.67	17.37	28.54
并购贷款	18.70		−0.01	0.04	0.29
贸易融资	0.85	0.85		0.85	−0.29
（3）非存款类金融机构贷款					
3. 票据融资	119.74	−24.29	−6.16	−7.84	−17.70
4. 融资租赁	14.99	−0.38	0.38	2.64	4.02
5. 各项垫款				−1.29	
（二）境外贷款				−3.50	
二、债券投资	102.59	6.43	0.92	50.35	33.46
三、股权及其他投资	493.70	48.24	11.01	6.16	49.51
四、买入返售资产	298.80	188.80	59.02	105.85	131.92
五、存放中央银行存款	323.09	26.25	15.93	37.19	5.04
六、缴存中央银行财政性存款					
七、银行业存款类金融机构往来	3 437.27	786.77	834.20	515.37	812.62
八、存放非存款类金融机构款项	19.43	5.05	−3.25	2.34	−3.98
九、联行往来					−13.39
其中：境内存放二级准备金					
十、库存现金	0.01	0.00	0.00	0.00	0.00
十一、应收及预付款	26.71	−10.42	−7.45	−30.11	7.94
其中：应收利息	8.63	−11.53	−10.52	−0.26	0.23
十二、投资性房地产	0.58	0.00	0.00	0.15	0.43
十三、固定资产	1.70	−0.06	0.00	−0.18	−0.59
十四、其他资产	123.52	96.06	18.40	63.20	2.33
十五、减：各项准备	90.21	6.94	43.12	−72.88	41.82
其中：贷款损失准备	82.69	6.75	34.02	−55.75	28.56
资金运用总计	7 613.61	1 256.04	894.76	987.16	868.04

上海市其他城市商业银行人民币信贷收支表

2020－12－31

单位：亿元

来源项目名称	本月余额	比上月增减数		比年初增减数	
		今年	去年	今年	去年
一、各项存款	6 280.94	158.58	76.25	1 058.38	484.98
（一）境内存款	6 249.49	154.82	76.47	1 055.17	476.76
1. 个人存款	1 138.45	0.78	8.55	313.44	163.79
其中：活期储蓄存款	189.93	−43.11	13.90	21.24	23.32
定期储蓄存款	475.02	31.34	1.79	208.04	7.53
结构性存款	119.59	1.53	−18.53	−28.41	2.89
2. 单位存款	3 809.49	189.37	90.50	318.91	163.07
其中：活期存款	1 191.57	279.34	178.18	121.42	195.07
定期存款	725.11	−3.12	−7.73	1.58	77.13
保证金存款	278.28	−24.08	−19.03	−3.25	1.11
结构性存款	545.22	−123.59	−85.71	−129.49	−174.07
3. 国库定期存款	16.00	−4.00		2.00	−3.00
4. 非存款类金融机构存款	1 285.55	−31.33	−22.58	420.82	152.91
（二）境外存款	31.45	3.76	−0.23	3.21	8.22
二、代理财政性存款	0.01	−0.12	−0.04	0.01	0.00
三、金融债券					
其中：境外发行					
四、卖出回购资产					
五、向中央银行借款	16.86	1.82	−0.30	16.86	−7.83
六、银行业存款类金融机构往来	213.25	−19.53	36.60	34.01	90.82
七、借款及非存款类金融机构拆入	0.00		−3.49	−0.01	0.01
八、联行往来(净)					
九、应付及暂收款	114.08	−2.99	−11.67	14.04	5.29
其中：应付利息	68.16	−9.13	−13.60	2.46	−0.90
十、其他负债	27.36	−0.35	−1.16	−1.22	4.18
十一、所有者权益	25.73	−11.69	14.76	−11.22	22.40
其中：实收资本					
资金来源总计	6 678.23	125.72	110.93	1 110.85	599.85

运用项目名称	本月余额	比上月增减数		比年初增减数	
		今年	去年	今年	去年
一、各项贷款	4 031.04	−3.80	49.69	46.13	310.24
（一）境内贷款	3 985.04	−3.17	46.30	48.70	306.87
1. 短期贷款	1 304.64	−6.76	10.62	−237.95	−23.87
（1）个人贷款	385.02	10.77	−16.39	−165.69	−35.11
其中：个人消费贷款	164.58	6.97	−22.52	−183.28	−61.22
（2）单位贷款	905.92	−15.03	28.01	−80.96	11.54
经营贷款	835.32	−10.19	20.10	−77.95	27.21
固定资产贷款	12.11	−0.21	−1.41	3.69	−12.33
并购贷款					
贸易融资	58.50	−4.63	9.33	−6.71	−3.33
（3）非存款类金融机构贷款	13.70	−2.50	−1.00	8.70	−0.30
2. 中长期贷款	2 490.44	5.44	39.73	238.53	313.94
（1）个人贷款	939.09	19.37	14.02	147.74	118.32
其中：个人消费贷款	562.33	6.01	3.72	62.56	41.59
（2）单位贷款	1 551.35	−13.93	25.71	90.79	195.62
经营贷款	905.46	−13.33	23.16	49.96	130.61
固定资产贷款	600.59	0.24	4.67	33.95	79.87
并购贷款	21.77	−0.32	−0.60	0.86	−4.54
贸易融资	23.53	−0.53	−1.53	6.03	−10.32
（3）非存款类金融机构贷款					
3. 票据融资	182.09	−1.81	−2.76	54.86	18.23
4. 融资租赁					
5. 各项垫款	7.87	−0.04	−1.29	−6.74	−1.43
（二）境外贷款	46.00	−0.63	3.39	−2.57	3.38
二、债券投资	6.47	0.00	−1.27	0.16	−38.40
三、股权及其他投资	35.62	−12.32	−2.65	−10.87	−6.77
四、买入返售资产					
五、存放中央银行存款	1.81	−0.01	−0.01	−0.66	−5.17
六、缴存中央银行财政性存款	0.10	−0.09	0.08	−0.10	0.15
七、银行业存款类金融机构往来	46.14	−4.47	50.01	−131.33	66.17
八、存放非存款类金融机构款项	10.12	1.35	−2.76	1.44	4.12
九、联行往来	2 507.87	156.96	76.04	1 202.56	351.25
其中：境内存放二级准备金	220.51	−3.29	4.90	36.72	3.24
十、库存现金	3.65	0.44	0.51	0.25	−0.26
十一、应收及预付款	25.98	−22.01	−29.28	2.69	−8.10
其中：应收利息	15.51	−19.44	−25.73	2.07	−2.71
十二、投资性房地产					
十三、固定资产	45.75	−0.17	0.39	10.30	10.87
十四、其他资产	72.48	5.61	−22.48	3.94	−46.98
十五、减：各项准备	108.80	−4.24	7.33	13.66	37.28
其中：贷款损失准备	107.88	−3.87	6.98	13.57	36.57
资金运用总计	6 678.23	125.72	110.93	1 110.85	599.85

（三）外汇信贷收支统计

上海市中外资金融机构外汇信贷收支表

2020 - 12 - 31

单位：亿元

来源项目名称	本期	比上月增减数		比年初增减数	
		今年	去年	今年	去年
一、各项存款	1 614.95	33.58	−8.97	253.58	122.20
（一）境内存款	873.78	−13.77	4.52	75.80	12.12
1. 住户存款	240.38	3.48	4.41	14.76	6.35
（1）活期存款	110.84	6.06	3.08	25.08	−3.96
（2）定期及其他存款	129.54	−2.58	1.34	−10.32	10.31
2. 非金融企业存款	588.08	−2.83	−4.20	58.54	10.02
（1）活期存款	365.61	2.76	6.19	79.47	−9.48
（2）定期及其他存款	222.47	−5.59	−10.39	−20.93	19.50
3. 机关团体存款	8.37	−2.84	−0.31	0.97	0.60
4. 财政性存款					
5. 非银行业金融机构存款	36.94	−11.58	4.61	1.52	−4.85
（二）境外存款	741.17	47.35	−13.48	177.78	110.08
二、金融债券	131.19	0.20	6.01	49.01	30.33
其中：境外发行	131.19	0.20	6.01	49.01	30.33
三、卖出回购资产	6.37	0.48	0.56	1.60	2.11
四、借款及非银行业金融机构拆入	385.93	8.75	−7.98	12.84	−34.35
五、联行往来(净)					
六、应付及暂收款	35.16	−14.51	1.21	−7.03	65.14
七、各项准备	19.72	2.62	−1.17	3.86	3.03
八、所有者权益	73.75	−0.28	3.53	−3.37	5.66
其中：实收资本	15.66	0.08	0.12	−5.95	1.28
九、其他	−376.75	−25.74	−46.12	99.26	−87.11
资金来源总计	1 890.32	5.11	−52.92	409.73	107.00

运用项目名称	本期	比上月增减数		比年初增减数	
		今年	去年	今年	去年
一、各项贷款	1 019.48	14.89	1.04	156.69	31.26
（一）境内贷款	497.06	13.55	−6.90	77.53	23.77
1. 住户贷款	2.50	−0.04	0.00	−0.84	−0.39
（1）短期贷款	0.37	−0.01	0.02	−0.46	−0.03
消费贷款	0.37	−0.01	0.02	−0.46	−0.03
经营贷款					
（2）中长期贷款	2.13	−0.03	−0.02	−0.37	−0.36
消费贷款	2.13	−0.03	−0.02	−0.37	−0.36
经营贷款					
2. 企(事)业单位贷款	465.60	4.61	−6.06	53.59	24.78
（1）短期贷款	209.09	3.17	−9.83	16.45	1.36
（2）中长期贷款	153.28	−0.62	5.86	21.57	13.96
（3）票据融资		0.00	0.00	−0.01	0.00
（4）融资租赁	103.07	2.05	−1.76	15.69	9.65
（5）各项垫款	0.15		−0.32	−0.12	−0.19
3. 非银行业金融机构贷款	28.96	8.97	−0.84	24.78	−0.61
（二）境外贷款	522.42	1.34	7.95	79.16	7.48
二、债券投资	217.33	0.33	−1.25	63.43	24.94
其中：境外债券	180.21	0.53	−0.44	43.29	18.85
三、股权及其他投资	23.00	5.08	−0.96	8.18	−8.39
四、买入返售资产					
五、存放非银行业金融机构款项	113.12	16.85	−12.08	51.93	13.22
六、联行往来(净)	482.70	−27.09	−27.98	130.50	54.81
其中：境内存放二级准备金	0.05	0.01	−0.20	−2.09	−2.29
七、应收及预付款	33.49	−4.97	−11.72	−1.18	−8.92
八、投资性房地产					
九、固定资产	1.21	0.03	0.03	0.18	0.08
资金运用总计	1 890.32	5.11	−52.92	409.73	107.00

二、银行机构资产负债统计

上海浦东发展银行股份有限公司资产负债表

2020－12－31　　　　单位：百万元

项　目	本集团		本行	
	2020年12月31日	2019年12月31日	2020年12月31日	2019年12月31日
资产				
现金及存放中央银行款项	489 088	477 853	484 262	472 824
存放同业及其他金融机构款项	151 796	103 755	143 447	96 179
拆出资金	234 131	172 607	238 959	177 854
贵金属	44 969	30 870	44 969	30 870
衍生金融资产	63 589	38 719	63 589	38 719
买入返售金融资产	36 526	2 873	36 526	2 873
发放贷款和垫款	4 430 228	3 930 750	4 339 333	3 857 413
金融投资：				
-交易性金融资产	549 149	505 318	514 468	488 178
-债权投资	1 169 777	1 074 927	1 167 536	1 072 249
-其他债权投资	577 786	497 508	571 508	491 384
-其他权益工具投资	5 835	5 794	5 835	5 794
长期股权投资	2 401	2 049	26 434	26 148
固定资产	32 364	30 383	16 250	14 852
无形资产	10 523	10 357	8 234	8 067
商誉	6 981	6 981	—	—
递延所得税资产	52 157	45 532	50 853	44 586
其他资产	92 918	69 653	86 089	64 417
资产总额	7 950 218	7 005 929	7 798 292	6 892 407
负债和股东权益				
负债				
向中央银行借款	274 346	233 423	272 964	232 934
同业及其他金融机构存放款项	1 182 890	1 000 828	1 193 043	1 008 810
拆入资金	182 682	162 541	117 013	117 719
交易性金融负债	16 057	23 295	6 067	18 464
衍生金融负债	61 146	41 503	61 137	41 501
卖出回购金融资产款	232 346	227 583	225 425	227 583
吸收存款	4 122 407	3 661 842	4 090 341	3 634 003
应付职工薪酬	13 822	12 628	12 183	11 269
应交税费	27 693	28 060	26 242	26 165
已发行债务证券	1 140 653	1 003 502	1 127 379	991 301
递延所得税负债	689	634	—	—
预计负债	5 280	6 698	5 276	6 697
其他负债	44 390	42 341	36 655	32 551
负债总额	7 304 401	6 444 878	7 173 725	6 348 997
股东权益				
股本	29 352	29 352	29 352	29 352
其他权益工具	112 691	62 698	112 691	62 698
资本公积	81 761	81 760	81 711	81 710
其他综合收益	3 976	7 267	3 349	6 670
盈余公积	142 739	125 805	142 739	125 805
一般风险准备	79 640	76 249	78 000	74 900
未分配利润	188 038	170 730	176 725	162 275
归属于母公司股东权益合计	638 197	553 861	624 567	543 410
少数股东权益	7 620	7 190	—	—
股东权益合计	645 817	561 051	624 567	543 410
负债及股东权益合计	7 950 218	7 005 929	7 798 292	6 892 407

上海农村商业银行股份有限公司资产负债表

2020－12－31 单位：千元

项 目	2020年12月31日	2019年12月31日
负债：		
向中央银行借款	28 861 309	14 006 071
同业及其他金融机构存放款项	7 325 906	3 950 606
拆入资金	42 369 245	31 959 252
以公允价值计量且其变动计入当期损益的金融负债	20 680	103 946
衍生金融负债	912 780	554 217
卖出回购金融资产款	36 680 502	54 436 595
吸收存款	763 616 513	692 348 716
应付职工薪酬	2 743 854	2 757 078
应交税费	1 221 191	1 592 016
已发行债务证券	87 683 730	47 946 796
预计负债	565 323	403 718
其他负债	4 503 755	5 672 975
负债合计	976 504 788	855 731 986
股东权益：		
股本	8 680 000	8 680 000
资本公积	8 947 939	8 947 939
其他综合收益	776 169	1 226 676
盈余公积	20 935 430	17 715 475
一般风险准备	10 207 445	9 641 076
未分配利润	27 663 861	24 938 714
归属于母公司股东权益合计	77 210 844	71 149 880
少数股东权益	3 261 052	3 056 235
股东权益合计	80 471 896	74 206 115
负债及股东权益总计	1 056 976 684	929 938 101
资产：		
现金及存放中央银行款项	62 119 394	71 796 619
存放同业款项	16 801 875	5 380 665
拆出资金	62 702 126	47 900 606
贵金属	20 670	25 553
衍生金融资产	943 657	415 722
买入返售金融资产	35 534 690	34 249 806
发放贷款和垫款	495 101 975	437 382 376
金融投资：		
交易性金融资产	69 332 583	51 472 458
债权投资	155 355 746	148 067 827
其他债权投资	90 947 908	78 003 223
其他权益工具投资	11 500	11 500
长期股权投资	2 858 066	2 477 349
固定资产	4 637 932	4 905 360
在建工程	1 534 218	1 219 484
递延所得税资产	5 185 887	4 081 404
持有待售资产	—	16
其他资产	4 028 395	1 067 932
资产总计	1 007 116 622	888 457 900
负债：		
向中央银行借款	28 028 783	13 599 796
同业及其他金融机构存放款项	13 168 883	11 103 143
拆入资金	19 774 054	14 934 087
以公允价值计量且其变动计入当期损益的金融负债	20 680	103 946
衍生金融负债	912 780	554 217
卖出回购金融资产款	36 680 502	54 436 595
吸收存款	737 823 475	667 074 659
应付职工薪酬	2 539 984	2 594 242
应交税费	1 215 756	1 480 335
已发行债务证券	87 683 730	47 946 796
预计负债	565 323	403 718
其他负债	2 480 228	3 829 117
负债合计	930 894 178	818 060 651
股东权益：		
股本	8 680 000	8 680 000
资本公积	9 219 974	9 219 974
其他综合收益	776 169	1 226 676
盈余公积	20 612 301	17 460 427
一般风险准备	9 772 127	9 215 955
未分配利润	27 161 873	24 594 217
股东权益合计	76 222 444	70 397 249
负债及股东权益总计	1 007 116 622	888 457 900

国家开发银行上海市分行资产负债表

2020－12－31

单位：元

资　　产	行次	期末金额	期初金额	负债及所有者权益	行次	期末金额	期初金额
资产：				**负债：**			
现金及存放中央银行款项	1	308 821.26	1 229 674.47	向政府和其他金融机构借款	19	0	0
存放同业款项	2	1 188 872 956.82	92 820 041.95	同业及其他金融机构存放款项	20	3 975 987.23	8 372 637.81
贵金属	3	0	0	拆入资金	21	925 702 991.62	1 113 510 431.17
拆出资金	4	196 166 224.83	547 085 000.00	交易性金融负债	22	0	0
交易性金融资产	5	0	0	衍生金融负债	23	0	0
衍生金融资产	6	0	0	卖出回购金融资产款	24	0	0
买入返售金融资产	7	0	0	吸收存款	25	30 532 708 671.36	29 341 684 365.72
发放贷款和垫款	8	227 373 184 905.56	206 995 384 010.87	应付职工薪酬	26	22 046 002.03	14 134 880.63
其他债权投资	9	0	0	应交税费	27	130 470 579.73	162 087 444.93
债权投资	10	0	0	预计负债	28	0	0
其他权益工具投资	11	0	0	已发行债务证券	29	850 604 994.91	489 196 574.69
长期股权投资	12	0	0	递延所得税负债	30	0	0
投资性房地产	13	0	0	其他负债	31	232 401 720 983.84	209 803 432 806.78
固定资产	14	101 129 039.57	112 332 909.86	**负债合计**	32	264 867 230 210.72	240 932 419 141.73
无形资产	15	19 583.25	24 583.23	**所有者权益：**			
递延所得税资产	16	0	0	实收资本(或股本)	33	0	0
其他资产	17	35 676 400 684.88	35 711 789 082.47	其他权益工具	34	0	0
				资本公积	35	0	0
				其他综合收益	36	－12 809 314.80	－12 783 184.65
				盈余公积	37	0	0
				一般风险准备	38	0	0
				未分配利润	39	－318 338 679.75	2 541 029 345.77
资产总计	18	261 431 082 216.17	243 460 665 302.85	**归属于母公司股东权益合计**	40	－331 147 994.55	2 528 246 161.12

中国进出口银行上海分行资产负债表

2020－12－31

单位：元

项目	行次	期初数	期末数	项目	行次	期初数	期末数
资产：				**负债：**			
现金及银行存款	1	994.00	6 240.50	向中央银行借款	28		
存放中央银行款项	2	12 524 300.88	12 582 867.22	联行存放款项	29	142 890 154 403.57	164 514 772 500.40
贵金属	3			同业及其他金融机构存放款项	30	73 862 106.66	858 775 049.47
存放联行款项	4	0.00	0.00	拆入资金	31	0.00	0.00
存放同业款项	5	155 203 081.79	170 205 587.71	交易性金融负债	32		
拆出资金	6	5 742 000 000.00	9 535 000 000.00	衍生金融负债	33	18 645 810.15	7 562 151.35
交易性金融资产	7			卖出回购金融资产款	34		
衍生金融资产	8	18 677 154.32	7 562 151.35	吸收存款	35	11 465 874 401.19	7 465 467 867.76
买入返售金融资产	9			应付职工薪酬	36	0.00	1 811 098.00
应收款项类金融资产	10			应交税费	37	95 571 150.51	79 154 061.82
应收利息	11	410 469 610.24	305 864 833.41	应付利息	38	200 582 201.05	191 560 345.48
其他应收款	12	4 659 688.19	1 506 104.12	其他应付款	39	22 776 340.99	13 104 013.36
发放贷款和垫款	13	148 169 061 889.55	163 807 730 071.12	预计负债	40	74 817 876.71	73 132 895.72
可供出售金融资产	14			应付债券	41		
持有至到期投资	15			递延所得税负债	42		
长期股权投资	16	722 888 000.00	722 888 000.00	其他负债	43	442 207 797.78	368 161 924.36
投资性房地产	17	36 499 888.19	33 612 019.07	**负债合计**	44	155 284 492 088.61	173 573 501 907.72
固定资产	18	10 256 236.98	9 725 027.42	**所有者权益(或股东权益)：**			
在建工程	19	0.00	0.00	实收资本(或股本)	45		
固定资产清理	20	0.00	0.00	其中：国有资本	46		
无形资产	21	304 740.53	437 453.71	外商资本	47		
商誉	22			其他权益工具	48		
长期待摊费用	23			资本公积	49		
抵债资产	24	0.00	0.00	减：库存股	50		
递延所得税资产	25			盈余公积	51		
其他资产	26	1 946 503.95	1 373 579.63	一般风险准备	52		
				未分配利润	53	0.00	1 034 992 027.54
				外币报表折算差额	54	0.00	0.00
				归属于母公司所有者权益合计	55	0.00	1 034 992 027.54
				少数股东权益	56		
				所有者权益(或股东权益)合计	57	0.00	1 034 992 027.54
资产总计	27	155 284 492 088.62	174 608 493 935.26	**负债和所有者权益(或股东权益)总计**	58	155 284 492 088.61	174 608 493 935.26

中国农业发展银行上海市分行资产负债表

2020 - 12 - 31

单位：元

项　　目	行次	期初数	期末数	项　　目	行次	期初数	期末数
资产：	1			**负债：**	39		
现金及银行存款	2			向中央银行借款	40		
存放中央银行款项	3	69 113 093.66		联行存放款项	41	83 424 786 124.09	29 218 309 170.52
贵金属	4			同业及其他金融机构存放款项	42		
存放银行款项	5			拆入资金	43		
存放同业款项	6	14 646 414.96	11 346 388.97	* 交易性金融负债/以公允价值计量且其变动计入当期损益的金融负债	44		
拆出资金	7			衍生金融负债	45		
衍生金融资产	8			卖出回购金融资产款	46		
买入返售金融资产	9			吸收存款	47	6 047 226 713.27	5 084 437 973.16
持有待售资产	10			应付职工薪酬	48	24 941 598.18	48 253 403.73
应收款项类金融资产	11			应交税费	49	41 464 830 25	26 284 508.96
应收利息	12	64 523 291.10	98 052 356.21	应付利息	50	4 481 432.61	4 384 895.16
其他应收款	13	985 741.35	1 947 991.93	持有待售负债	51		
发放贷款和垫款	14	89 669 936 523.69	34 775 598 271.09	其他应付款	52	2 659 160.38	649 177.24
* 金融投资	15			预计负债	53		
* 交易性金融资产/以公允价值计量且其变动计入当期损益的金融资产	16			应付债券	54		
* 债权投资	17			递延所得税负债	55		
* 其他债权投资	18			其他负债	56	190 960 823.25	193 573 728.06
* 其他权益工具投资	19			**负债合计**	57	89 736 520 682.03	34 575 892 856.83
可供出售金融资产	20			**所有者权益(或股东权益)**	58		
持有至到期投资	21			实收资本(或股本)	59		
长期股权投资	22			国家资本	60		
投资性房地产	23			集体资本	61		
固定资产	24	151 317 383.81	141 581 659.23	法人资本	62		
在建工程	25			其中：国有法人资本	63		
无形资产	26	32 487.07	73 008.86	个人资本	64		
商誉	27			外商资本	65		
长期待摊费用	28	159 056.70	501 489 02	其他权益工具	66		
抵债资产	29			资本公积	67		
递延所得税资产	30			减：库存股	68		
其他资产	31			其他综合收益	69		
	32			盈余公积	70		
	33			一般风险准备	71		
	34			未分配利润	72	234 193 310.31	453 208 308.48
	35			归属于母公司所有者权益合计	73	234 193 310.31	453 208 308.48
	36			少数股东权益	74		
	37			**所有者权益(或股东权益)合计**	75	234 193 310.31	453 208 308.48
资产总计	38	89 970 713 992.34	35 029 101 165.31	**负债和所有者权益(或股东权益)总计**	76	89 970 713 992.34	35 029 101 165.31

中国农业银行上海市分行资产负债表

2020-12-31　　　　单位：元

	附注编号	期初金额	期末金额
资　产			
现金及存放中央银行款项		79 929 767 004.83	109 898 093 054.62
存放同业款项净额		9 667 456.69	17 209 661.11
存放同业款项总额		9 761 573.48	17 383 621.40
减：存放同业减值准备		(94 116.79)	(173 960.29)
贵金属		170 520.00	170 520.00
存放联行款项		492 195 096 193.59	546 948 319 806.34
拆出资金净额			
拆出资金总额			
减：拆出资金减值准备			
以公允价值计量且其变动计入当期损益的投资		85 596 409.25	85 783 254.94
衍生金融资产		80 259 311.58	722 919 407.48
买入返售金融资产净额			
买入返售金融资产总额			
减：买入返售金融资产减值准备			
应收利息净额		3 509 773.16	(9 803 389.97)
应收利息总额		4 444 137.12	11 250 363.93
减：应收利息减值准备		(934 363.96)	(21 053 753.90)
发放贷款及垫款净额		530 167 683 105.81	581 293 235 257.39
发放贷款及垫款总额		537 646 870 985.79	591 422 181 401.50
其中：对公贷款及垫款		334 913 796 171.36	374 302 359 122.71
零售贷款及垫款		202 733 074 814.43	217 119 822 278.79
减：发放贷款及垫款减值准备		(7 479 187 879.98)	(10 128 946 144.11)
以公允价值计量且其变动计入其他综合收益的投资			
以摊余成本计量的投资净额		102 941.73	248 598.74
以摊余成本计量的投资总额		105 058.73	254 581.74
减：以摊余成本计量的投资减值准备		(2 117.00)	(5 983.00)
长期股权投资净额			
长期股权投资总额			
减：长期股权投资减值准备			
控制结构化主体投资净额			
控制结构化主体投资总额			
减：控制结构化主体投资减值准备			
固定资产净值		7 770 142 236.06	7 346 708 043.16
固定资产原值		12 722 504 055.91	12 677 978 913.97

（续表）

	附注编号	期初金额	期末金额
减：累计折旧		(4 952 361 819.85)	(5 331 270 870.81)
减：固定资产减值准备			
使用权资产净值		656 023 788.16	666 499 994.29
使用权资产原值		857 691 386.25	1 079 124 723.62
减：累计折旧		(201 667 598.09)	(412 624 729.33)
减：使用权资产减值准备			
无形资产净值		314 256 174.30	310 923 228.67
无形资产原值		526 916 276.64	539 184 114.11
减：累计摊销		(212 660 102.34)	(228 260 885.44)
减：无形资产减值准备			
投资性房地产净值			
投资性房地产原值			
减：投资性房地产减值准备			
递延所得税资产		1 228 563 506.13	1 741 802 599.76
其他资产		3 819 334 867.99	6 442 405 165.84
其中：应收及暂付款		513 659 321.23	440 330 580.85
抵债资产			
长期待摊费用		30 998 634.19	27 133 776.85
商誉			
待处理资产		6 994 662.54	5 461 250.22
分摊往来 1			
固定资产清理		(53 818 260.19)	647.55
预估增值税进项税额		45 513 480.50	44 673 572.15
不动产留抵增值税进项税			
其他资产-其他		3 275 987 029.72	5 924 805 338.22
资产总计		1 116 260 173 289.28	1 255 464 515 202.37
负　债			
向中央银行借款			
同业及其他金融机构存放款项		138 155 398 124.95	155 365 839 554.95
联行存放款项		5 115 342 774.17	5 259 709 268.18
拆入资金		0.00	0.00
以公允价值计量且其变动计入当期损益的金融负债		0.00	0.00
衍生金融负债		279 765 348.77	686 807 585.43
卖出回购金融资产款			
客户存款		956 798 966 450.53	1 077 578 513 117.20
其中：公司活期存款		311 176 188 049.92	343 426 117 749.92

（续表）

	附注编号	期初金额	期末金额
公司定期存款		121 681 780 118.20	125 118 939 275.93
个人活期存款		173 994 389 702.27	187 237 868 855.07
个人定期存款		254 465 649 853.29	300 757 962 325.98
保证金存款		2 570 843 846.18	4 732 570 985.53
其他存款		92 910 114 880.67	116 305 053 924.77
应付职工薪酬		2 200 962 612.77	2 383 707 002.60
应交税费		630 728 307.87	599 762 895.78
应付利息		280 315.08	1.24
预计负债		602 476 370.10	578 158 153.25
应付债券及发行存款证			
递延所得税负债			
租赁负债		680 084 835.83	700 705 721.53
其他负债		1 434 990 304.84	2 041 889 817.48
其中：应付财政部款项款项			
应付待结算及清算款项		1 089 818 212.82	1 704 668 609.39
久悬未取款项		82 896 689.42	97 725 266.85
递延收益		49 945 977.25	49 244 697.72
应付投资款项			
转贷资金			
预提费用			
应付股利			
分摊往来 2			
预估增值税销项税		42 958 016.93	44 595 990.60
其他负债-其他		169 371 408.42	145 655 252.92
负债合计		1 105 898 995 444.91	1 245 195 093 117.64
所有者权益			
实收资本			
其他权益工具			
资本公积			
其他综合收益		155 732 302.85	104 556 119.91
盈余公积			
一般风险准备			
未分配利润/(累计亏损)		10 205 445 541.52	10 164 865 964.82
归属于母公司所有者权益合计		10 361 177 844.37	10 269 422 084.73
少数股东权益			
所有者权益合计		10 361 177 844.37	10 269 422 084.73
负债及所有者权益总计		1 116 260 173 289.28	1 255 464 515 202.37

中国银行上海市分行资产负债表

2020－12－31　　单位：万元

项　　目	A 人民币	B 外币折人民币	C 本外币合计
Ⅰ. 资产			
1. 现金	75 191.62	20 609.68	95 801.31
2. 贵金属	5 396.14	2 285 246.65	2 290 642.79
3. 存放中央银行款项	0.00	0.00	0.00
4. 存放同业款项	576 144.55	0.00	576 144.55
4.1 境内商业银行	560 000.00	0.00	560 000.00
4.2 境内其他银行业金融机构	0.00	0.00	0.00
4.3 境内证券业金融机构	0.00	0.00	0.00
4.4 境内保险业金融机构	0.00	0.00	0.00
4.5 境内其他金融机构	16 144.55	0.00	16 144.55
4.6 境外金融机构	0.00	0.00	0.00
70. 存放系统内款项	26 039 287.18	13 243 182.01	39 282 469.19
71. 拨付营运资金	0.00	0.00	0.00
5. 应收利息	98 080.48	8 096.41	106 176.89
6. 贷款	50 845 222.53	1 802 253.14	52 647 475.66
7. 贸易融资	2 238 657.05	955 330.61	3 193 987.66
8. 贴现及买断式转贴现	3 125 976.31	0.00	3 125 976.31
9. 其他贷款			
10. 拆放同业	331 836.04	132 636.98	464 473.02
10.1 境内商业银行	4 000.00	94 012.08	98 012.08
10.2 境内其他银行业金融机构	327 836.04	38 624.90	366 460.94
10.3 境内证券业金融机构	0.00	0.00	0.00
10.4 境内保险业金融机构	0.00	0.00	0.00
10.5 境内其他金融机构	0.00	0.00	0.00
10.6 境外金融机构	0.00	0.00	0.00
11. 其他应收款	74 166.91	1 953.04	76 119.95
12. 投资	98 366.67	27 819.79	126 186.46
12.1 债券	0.00	0.00	0.00
12.2 股票	0.00	0.00	0.00
12.3 其他	98 366.67	27 819.79	126 186.46
12.3.1 其中：长期股权投资	0.00	27 819.79	27 819.79
13. 买入返售资产	0.00	0.00	0.00

（续表）

项 目	A	B	C
	人民币	外币折人民币	本外币合计
13.1 境内商业银行	0.00	0.00	0.00
13.2 境内其他银行业金融机构	0.00	0.00	0.00
13.3 境内证券业金融机构	0.00	0.00	0.00
13.4 境内保险业金融机构	0.00	0.00	0.00
13.5 境内其他金融机构	0.00	0.00	0.00
13.6 境外金融机构	0.00	0.00	0.00
13.7 境内外非金融机构	0.00	0.00	0.00
13.8 中央银行	0.00	0.00	0.00
13.9 买入返售资产(按品种分类)			
13.9.1 债券	0.00	0.00	0.00
13.9.2 票据	0.00	0.00	0.00
13.9.3 贷款	0.00	0.00	0.00
13.9.4 其他	0.00	0.00	0.00
14. 长期待摊费用	7 461.09	0.00	7 461.09
15. 固定资产原价	641 779.55	0.00	641 779.55
16. 减：累计折旧	338 526.58	0.00	338 526.58
17. 固定资产净值	303 252.96	0.00	303 252.96
18. 固定资产清理	544.28	0.00	544.28
19. 在建工程	3 315.58	0.00	3 315.58
20. 无形资产	28 925.84	0.00	28 925.84
21. 抵债资产	0.00	0.00	0.00
22. 递延所得税资产	0.00	0.00	0.00
23. 其他资产	674 305.34	6 036.06	408 931.44
23.1 投资性房地产	0.00	0.00	0.00
23.2 衍生金融资产	133 154.32	12 490.64	145 644.96
23.3 商誉	0.00	0.00	0.00
24. 减：各项资产减值损失准备	1 185 363.57	47 861.99	1 233 225.55
25. 资产总计	83 340 767.00	18 435 302.39	101 504 659.43
Ⅱ. 负债及所有者权益			
26. 单位存款	38 456 610.66	5 512 748.22	43 969 358.89
27. 储蓄存款	24 636 578.21	3 439 680.81	28 076 259.02
28. 向中央银行借款	0.00	0.00	0.00
29. 同业存放款项	17 291 320.83	8 222 257.72	25 513 578.55

（续表）

项　　目	A	B	C
	人民币	外币折人民币	本外币合计
29.1 境内商业银行	252 963.25	5 819 561.92	6 072 525.17
29.2 境内其他银行业金融机构	949 196.19	1 599 607.68	2 548 803.87
29.3 境内证券业金融机构	1 808 644.52	260 236.33	2 068 880.85
29.4 境内保险业金融机构			
29.5 境内其他金融机构	12 385 114.59	521 117.13	12 906 231.72
29.6 境外金融机构	1 895 402.28	21 734.66	1 917 136.94
72. 系统内存放款项	0.00	0.00	0.00
30. 同业拆入	30 000.00	130 498.00	160 498.00
30.1 境内商业银行	0.00	130 498.00	130 498.00
30.2 境内其他银行业金融机构	0.00	0.00	0.00
30.3 境内证券业金融机构	0.00	0.00	0.00
30.4 境内保险业金融机构	0.00	0.00	0.00
30.5 境内其他金融机构	0.00	0.00	0.00
30.6 境外金融机构	30 000.00	0.00	30 000.00
31. 卖出回购款项	41 379.62	0.00	41 379.62
31.1 境内商业银行	0.00	0.00	0.00
31.2 境内其他银行业金融机构	0.00	0.00	0.00
31.3 境内证券业金融机构	0.00	0.00	0.00
31.4 境内保险业金融机构	0.00	0.00	0.00
31.5 境内其他金融机构	0.00	0.00	0.00
31.6 境外金融机构	0.00	0.00	0.00
31.7 境内外非金融机构	0.00	0.00	0.00
31.8 中央银行	41 379.62	0.00	41 379.62
31.9 卖出回购款项(按品种分类)			
31.9.1 债券	0.00	0.00	0.00
31.9.2 票据	41 379.62	0.00	41 379.62
31.9.3 贷款	0.00	0.00	0.00
31.9.4 其他	0.00	0.00	0.00
32. 汇出汇款	2 106.91	27 185.69	29 292.59
33. 应解汇款	46 378.24	215 993.85	262 372.09
34. 存入保证金	593 697.08	489 680.70	1 083 377.78
35. 其他存款			
36. 应付利息	830 571.81	16 688.47	847 260.29

（续表）

项 目	A 人民币	B 外币折人民币	C 本外币合计
37. 应交税费	43 535.24	10.58	43 545.81
38. 应付职工薪酬	62 597.55	0.00	62 597.55
39. 应付福利费			
40. 应付股利	0.00	0.00	0.00
41. 其他应付款	150 213.50	5 689.89	155 903.39
42. 预提费用			
43. 递延收益	65 091.15	657.22	65 748.37
44. 预计负债	120 315.83	14 121.30	134 437.13
45. 转贷款资金			
46. 应付债券	0.00	0.00	0.00
47. 其他负债	136 808.40	289 172.95	154 571.39
47.1 衍生金融负债	121 809.94	17 220.34	139 030.28
48. 递延所得税负债	0.00	0.00	0.00
49. 负债合计	82 507 205.02	18 364 385.42	100 600 180.47
50. 少数股东权益	0.00	0.00	0.00
51. 所有者权益			
52. 实收资本	511 749.35	0.00	511 749.35
53. 资本公积	0.00	0.00	0.00
66. 其他权益工具	0.00	0.00	0.00
65. 其他综合收益	2 179.66	—0.15	2 179.51
54. 盈余公积	0.00	0.00	0.00
55. 一般风险准备	0.00	0.00	0.00
56. 信托赔偿准备	0.00	0.00	0.00
57. 未分配利润	319 632.98	70 917.12	390 550.10
57.1 其中：本年利润	319 632.98	70 917.12	390 550.10
59. 所有者权益合计	833 561.99	70 916.97	904 478.96
60. 负债及所有者权益总计	83 340 767.00	18 435 302.39	101 504 659.43
附注项目			
61. 各项存款	63 735 371.09	9 685 289.28	73 420 660.37
62. 各项贷款	56 209 855.89	2 757 583.75	58 967 439.63
63. 生息资产	80 999 437.85	12 202 662.30	93 202 100.15
64. 付息负债	81 033 765.09	17 784 806.03	98 818 571.12

中国建设银行上海市分行资产负债表

2020-12-31

单位：万元

资　　产	行次	期末余额	年初余额	负债和股东权益	行次	期末余额	年初余额
资产：	1			**负债：**	28		
现金及存放中央银行款项	2	195 315.77	330 398.54	向中央银行借款	29	0.00	0.00
存放同业款项	3	655.65	656.55	同业及其他金融机构存放款项	30	24 383 273.90	20 045 120.23
贵金属	4	5 240.90	5 505.63	拆入资金	31	0.00	0.00
拆出资金	5	0.00	82 927.70	交易性金融负债	32	2 615 797.51	1 675 285.52
衍生金融资产	6	37 572.03	31 029.73	衍生金融负债	33	51 360.45	31 745.96
买入返售金融资产	7	0.00	0.00	卖出回购金融资产	34	0.00	0.00
发放贷款和垫款	8	71 550 855.53	64 636 172.80	吸收存款	35	119 075 737.09	103 550 075.47
金融投资：	9	0.00	0.00	应付职工薪酬	36	116 305.59	130 687.01
交易性金融资产	10	97.30	119.10	应交税费	37	52 593.76	50 862.82
债权投资	11	14 003.98	21 960.60	预计负债	38	32 830.49	3 251.05
其他债权投资	12	0.00	0.00	应付债券	39	0.00	21.39
其他权益工具投资	13	0.00	0.00	递延所得税负债	40	112.89	48.85
长期股权投资	14	0.00	0.00	租赁负债	41	99 511.92	110 255.40
投资性房地产	15	0.00	0.00	其他负债	42	406 907.59	267 124.80
固定资产	16	250 747.36	272 169.32	负债合计	43	146 834 431.19	125 864 478.51
在建工程	17	3 442.37	2 678.15	**股东权益：**	44		
无形资产	18	105 168.49	108 422.20	股本	45	0.00	0.00
商誉	19	0.00	0.00	其他权益工具	46	0.00	0.00
递延所得税资产	20	442.64	198.74	资本公积	47	0.00	0.00
使用权资产	21	102 221.07	114 093.61	减：库存股	48	0.00	0.00
其他资产	22	75 073 754.44	60 282 318.31	其他综合收益	49	−989.24	−449.67
	23			盈余公积	50	0.00	0.00
	24			一般风险准备	51	0.00	0.00
	25			未分配利润	52	506 075.58	24 622.15
	26			**股东权益合计**	53	505 086.34	24 172.48
资产总计	27	147 339 517.52	125 888 650.99	**负债和股东权益总计**	54	147 339 517.52	125 888 650.99

中国邮政储蓄银行上海分行资产负债表

2020-12-31　　　　单位：万元

属性	指标号	指 标 名 称	人民币	外 币	本外币
余额	AA141112M01	一、资产类总计	28 725 321.12	550 572.52	32 317 751.74
余额	AA141112M02	（一）现金	112 745.07	119.93	113 527.58
余额	AA141112M03	1. 当月借方发生额	4 403 048.53	212.14	4 404 432.72
余额	AA141112M04	2. 当月贷方发生额	4 354 548.67	205.07	4 355 886.72
余额	AA141112M08	（二）银行存款	0.00	0.00	0.00
余额	AA141112M09	（三）贵金属	0.00	0.00	0.00
余额	AA141112M0A	（四）存放中央银行存款	155.70	0.00	155.70
余额	AA141112M0B	存放中央银行准备金存款	0.00	0.00	0.00
余额	AA141112M0C	以外汇交存人民币存款准备金	0.00	0.00	0.00
余额	AA141112M0H	存放中央银行外汇风险准备金存款	0.00	0.00	0.00
余额	AA141112M0D	存放中央银行特种存款	0.00	0.00	0.00
余额	AA141112M0E	存放中央银行清算资金存款	0.00	0.00	0.00
余额	AA141112M0F	存放中央银行财政性存款	155.70	0.00	155.70
余额	AA141112M0G	存放中央银行其他存款	0.00	0.00	0.00
余额	AA141112M11	（五）存放同业款项	122 348.94	0.74	122 353.77
余额	AA141112M12	1. 存放同业活期款项	122 348.94	0.74	122 353.77
余额	AA141112M13	存放境内银行业存款类金融机构	122 348.94	0.00	122 348.94
余额	AA141112M1F	2. 存放同业定期款项	0.00	0.00	0.00
余额	AA141112M21	（六）拆放同业	0.00	0.00	0.00
余额	AA141112M2E	1. 短期拆放同业	0.00	0.00	0.00
余额	AA141112M39	2. 中长期拆放同业	0.00	0.00	0.00
余额	AA141112M2P	（七）联行往来（资产方）	17 603 283.82	103 291.25	18 277 248.91
余额	AA141112M2Q	系统内资金往来	17 599 952.73	92 680.13	18 204 681.30
余额	AA141112M2R	其中：境内存放二级准备金	0.00	0.00	0.00
余额	AA141112M2S	境内清算备付金	0.00	0.00	0.00
余额	AA141112M2T	境外系统内资金往来	0.00	0.00	0.00
余额	AA141112M2U	系统外资金往来	3 331.09	10 611.12	72 567.61
余额	AA141112M31	（八）贷款	7 444 494.14	81 830.67	7 978 431.06
余额	AA141112M32	1. 短期贷款	2 503 714.63	72 830.67	2 978 927.46
余额	AA141112M33	信用卡及账户透支	0.00	0.00	0.00
余额	AA141112M34	其中：单位信用卡及账户透支	0.00	0.00	0.00
余额	AA141112M35	个人信用卡及账户透支	0.00	0.00	0.00
余额	AA141112M36	个人贷款	479 054.46	0.00	479 054.46
余额	AA141112M37	个人经营性贷款	472 088.26	0.00	472 088.26
余额	AA141112M3A	个人消费贷款	6 966.20	0.00	6 966.20
余额	AA141112M3B	住房贷款	2.92	0.00	2.92

（续表）

属性	指标号	指 标 名 称	人民币	外 币	本外币
余额	AA141112M3C	汽车贷款	312.64	0.00	312.64
余额	AA141112M3D	助学贷款	40.70	0.00	40.70
余额	AA141112M3E	其他贷款	6 609.95	0.00	6 609.95
余额	AA141112M3H	单位经营贷款	1 567 943.76	2 330.67	1 583 151.13
余额	AA141112M3J	其中：小额贷款公司	0.00	0.00	0.00
余额	AA141112M3I	单位固定资产贷款	0.00	0.00	0.00
余额	AA141112M3K	单位并购贷款	0.00	0.00	0.00
余额	AA141112M41	贸易融资	456 716.42	60 000.00	848 210.42
余额	AA141112M4E	对非居民贷款	0.00	10 500.00	68 511.45
余额	AA141112M4F	非金融国际组织	0.00	0.00	0.00
余额	AA141112M4G	国际金融组织	0.00	0.00	0.00
余额	AA141112M4H	政府	0.00	0.00	0.00
余额	AA141112M4I	金融机构	0.00	0.00	0.00
余额	AA141112M4J	中央银行	0.00	0.00	0.00
余额	AA141112M4K	银行业金融机构	0.00	0.00	0.00
余额	AA141112M4M	非银行业金融机构	0.00	0.00	0.00
余额	AA141112M4N	非金融企业	0.00	10 500.00	68 511.45
余额	AA141112M4P	个人	0.00	0.00	0.00
余额	AA141112M4Q	其中：个人住房贷款	0.00	0.00	0.00
余额	AA141112M51	2. 中长期贷款	4 940 779.50	9 000.00	4 999 503.60
余额	AA141112N0J	信用卡及账户透支	0.00	0.00	0.00
余额	AA141112N0K	单位信用卡及账户透支	0.00	0.00	0.00
余额	AA141112N0M	个人信用卡及账户透支	0.00	0.00	0.00
余额	AA141112M52	个人贷款	2 673 135.08	0.00	2 673 135.08
余额	AA141112M53	个人消费贷款	2 628 793.13	0.00	2 628 793.13
余额	AA141112M54	住房贷款	2 451 516.20	0.00	2 451 516.20
余额	AA141112M55	汽车贷款	133 475.98	0.00	133 475.98
余额	AA141112M56	助学贷款	131.72	0.00	131.72
余额	AA141112M57	其他贷款	43 669.23	0.00	43 669.23
余额	AA141112M5A	个人经营性贷款	44 341.95	0.00	44 341.95
余额	AA141112M5C	单位经营贷款	1 609 151.67	0.00	1 609 151.67
余额	AA141112M5S	其中：小额贷款公司	0.00	0.00	0.00
余额	AA141112M5D	单位固定资产贷款	402 050.31	0.00	402 050.31
余额	AA141112M5E	单位并购贷款	55 000.00	0.00	55 000.00
余额	AA141112M5M	贸易融资	201 442.44	0.00	201 442.44
余额	AA141112M67	对非居民贷款	0.00	9 000.00	58 724.10
余额	AA141112M68	非金融国际组织	0.00	0.00	0.00

（续表）

属性	指标号	指 标 名 称	人民币	外 币	本外币
余额	AA141112M69	国际金融组织	0.00	0.00	0.00
余额	AA141112M6A	政府	0.00	0.00	0.00
余额	AA141112M6B	金融机构	0.00	0.00	0.00
余额	AA141112M6E	中央银行	0.00	0.00	0.00
余额	AA141112M6F	银行业金融机构	0.00	0.00	0.00
余额	AA141112M6G	非银行业金融机构	0.00	0.00	0.00
余额	AA141112M6H	非金融企业	0.00	9 000.00	58 724.10
余额	AA141112M6I	个人	0.00	0.00	0.00
余额	AA141112M6J	其中：个人住房贷款	0.00	0.00	0.00
余额	AA141112M81	（十）证券资产	0.00	0.00	0.00
余额	AA141112M9U	（十一）票据融资	2 764 436.54	0.00	2 764 436.54
余额	AA141112M9V	贴现及买断式转贴现	2 764 436.54	0.00	2 764 436.54
余额	AA141112M9W	其中：买断式转贴现	1 652 149.23	0.00	1 652 149.23
余额	AA141112M9X	买入其他票据	0.00	0.00	0.00
余额	AA141112MAS	（十三）外汇买卖	263 054.00	83 321.87	806 720.86
余额	AA141112MAY	代客本币兑换	263 038.28	0.00	263 038.28
余额	AA141112MAZ	自营本币兑换	15.71	0.00	15.71
余额	AA141112MVX	代客外币兑换	0.00	83 320.76	543 659.60
余额	AA141112MVY	自营外币兑换	0.00	1.11	7.26
余额	AA141112MB1	（十四）应收及预付款项	−15 583.52	424.65	−12 812.72
余额	AA141112MB2	应收款项	−16 853.22	424.65	−14 082.42
余额	AA141112MB3	应收账款	18 700.75	424.65	21 471.55
余额	AA141112MB4	其中：应收利息	17 625.73	424.65	20 396.53
余额	AA141112MB5	其中：应收贷款利息	17 610.91	255.99	19 281.20
余额	AA141112MB6	其中：应收财政部款项(农行专用)	0.00	0.00	0.00
余额	AA141112MB7	其他应收款	−35 553.97	0.00	−35 553.97
余额	AA141112MB8	其中：存出保证金	0.00	0.00	0.00
余额	AA141112MB9	预付款项	1 269.70	0.00	1 269.70
余额	AA141112MBA	预付利息	0.00	0.00	0.00
余额	AA141112MBB	预交税金	0.00	0.00	0.00
余额	AA141112MBC	暂付款	1 269.70	0.00	1 269.70
余额	AA141112MBE	（十五）各项垫款	135 000.00	0.00	135 000.00
余额	AA141112MBF	承兑垫款	135 000.00	0.00	135 000.00
余额	AA141112MBG	贴现垫款	0.00	0.00	0.00
余额	AA141112MBH	担保垫款	0.00	0.00	0.00
余额	AA141112MBI	信用证垫款	0.00	0.00	0.00
余额	AA141112MBJ	其他垫款	0.00	0.00	0.00

（续表）

属性	指标号	指标名称	人民币	外币	本外币
余额	AA141112MBM	（十六）衍生金融工具	0.00	0.00	0.00
余额	AA141112MBN	远期合约	0.00	0.00	0.00
余额	AA141112MBP	期货合约	0.00	0.00	0.00
余额	AA141112MBQ	期权合约	0.00	0.00	0.00
余额	AA141112MBR	掉期	0.00	0.00	0.00
余额	AA141112MBT	（十七）融资租赁	0.00	0.00	0.00
余额	AA141112MBU	应收租赁款	0.00	0.00	0.00
余额	AA141112MBV	未实现租赁收益(减)	0.00	0.00	0.00
余额	AA141112MBW	应收转租赁款	0.00	0.00	0.00
余额	AA141112MBX	租赁资产	0.00	0.00	0.00
余额	AA141112MBY	待转租赁资产(减)	0.00	0.00	0.00
余额	AA141112MC1	（十八）经营租赁类	0.00	0.00	0.00
余额	AA141112MC2	经营租赁	0.00	0.00	0.00
余额	AA141112MC3	经营租赁资产折旧(减)	0.00	0.00	0.00
余额	AA141112MC6	（十九）固定、无形及递延资产	268 234.09	0.00	268 234.09
余额	AA141112MC7	1. 固定资产净值	266 056.43	0.00	266 056.43
余额	AA141112MC8	固定资产	477 433.76	0.00	477 433.76
余额	AA141112MC9	累计折旧(减)	211 377.33	0.00	211 377.33
余额	AA141112MCA	2. 固定资产清理	0.00	0.00	0.00
余额	AA141112MCB	3. 在建工程	451.95	0.00	451.95
余额	AA141112MCC	4. 待处理固定资产损失	0.00	0.00	0.00
余额	AA141112MCD	5. 无形资产	1 725.71	0.00	1 725.71
余额	AA141112MCE	6. 递延资产	0.00	0.00	0.00
余额	AA141112MCH	（二十）债券资产	0.00	0.00	0.00
余额	AA141112MFZ	（二十四）存单投资	0.00	0.00	0.00
余额	AA141112MEP	（二十一）投资性房地产	0.00	0.00	0.00
余额	AA141112MEQ	（二十二）股权投资	0.00	0.00	0.00
余额	AA141112MFJ	（二十三）其他资产	27 152.35	281 583.41	1 864 455.95
余额	AA141112MFK	1. 其他流动资产	24 952.65	281 583.41	1 862 256.25
余额	AA141112MFM	待处理流动资产损失	0.00	0.00	0.00
余额	AA141112MFN	其他类流动资产	24 952.65	281 583.41	1 862 256.25
余额	AA141112MFP	2. 其他中长期资产	2 199.70	0.00	2 199.70
余额	AA141112MFQ	低值易耗品	0.00	0.00	0.00
余额	AA141112MFR	拨付外汇资本金	0.00	0.00	0.00
余额	AA141112MFS	拨付营运资金	0.00	0.00	0.00
余额	AA141112MFT	其中：拨付境外机构营运资金	0.00	0.00	0.00
余额	AA141112MFU	拨付备付金	0.00	0.00	0.00

（续表）

属性	指标号	指 标 名 称	人民币	外 币	本外币
余额	AA141112MFV	代理发放银团贷款	0.00	0.00	0.00
余额	AA141112MFW	其他类中长期资产	2 199.70	0.00	2 199.70
余额	AA141112MFX	待处理抵贷资产	0.00	0.00	0.00
余额	AA141112MFY	待处理抵贷资产损溢(减)	0.00	0.00	0.00
余额	AA141112MWS	（二十五）债券资产(2017 准则)	0.00	0.00	0.00
余额	AA141112MYP	（二十六）股权投资(2017 准则)	0.00	0.00	0.00
余额	AA141112MZQ	（二十七）特定目的载体份额投资	0.00	0.00	0.00
余额	AA141112N0N	（二十八）其他债权投资	0.00	0.00	0.00
余额	AA141112N0P	其中：资产收益权	0.00	0.00	0.00
余额	AA141112MG1	二、负债及所有者权益类总计	28 725 321.12	550 572.52	32 317 751.74
余额	AA141112MG2	（一）存款	20 876 245.21	162 176.75	21 934 432.26
余额	AA141112MG3	1. 单位存款	1 937 254.94	160 002.22	2 981 253.43
余额	AA141112MG4	单位活期存款	1 083 616.63	2.22	1 083 631.12
余额	AA141112MG5	企业活期存款	1 036 535.32	2.22	1 036 549.80
余额	AA141112MG6	机关团体活期存款	47 081.32	0.00	47 081.32
余额	AA141112MG7	社保基金活期存款	0.00	0.00	0.00
余额	AA141112MG8	部队活期存款	0.00	0.00	0.00
余额	AA141112MG9	住房公积金活期存款	0.00	0.00	0.00
余额	AA141112MGA	非居民活期存款	0.00	0.00	0.00
余额	AA141112MGB	单位定期存款	773 192.75	100 000.00	1 425 682.75
余额	AA141112MGC	企业定期存款	412 679.44	0.00	412 679.44
余额	AA141112MGD	机关团体定期存款	513.31	0.00	513.31
余额	AA141112MGE	社保基金定期存款	250 000.00	0.00	250 000.00
余额	AA141112MGF	部队定期存款	0.00	0.00	0.00
余额	AA141112MGG	住房公积金定期存款	110 000.00	0.00	110 000.00
余额	AA141112MGH	非居民定期存款	0.00	100 000.00	652 490.00
余额	AA141112MGI	单位通知存款	77 115.04	0.00	77 115.04
余额	AA141112MGJ	企业通知存款	77 115.04	0.00	77 115.04
余额	AA141112MGK	机关团体通知存款	0.00	0.00	0.00
余额	AA141112MGM	社保基金通知存款	0.00	0.00	0.00
余额	AA141112MGN	部队通知存款	0.00	0.00	0.00
余额	AA141112MGP	住房公积金通知存款	0.00	0.00	0.00
余额	AA141112MGQ	非居民通知存款	0.00	0.00	0.00
余额	AA141112MGR	单位协议存款	0.00	0.00	0.00
余额	AA141112MGS	企业协议存款	0.00	0.00	0.00
余额	AA141112MGT	机关团体协议存款	0.00	0.00	0.00
余额	AA141112MGU	社保基金协议存款	0.00	0.00	0.00

（续表）

属性	指标号	指 标 名 称	人民币	外 币	本外币
余额	AA141112MH1	部队协议存款	0.00	0.00	0.00
余额	AA141112MH2	住房公积金协议存款	0.00	0.00	0.00
余额	AA141112MH3	非居民协议存款	0.00	0.00	0.00
余额	AA141112MH4	单位协定存款	0.00	0.00	0.00
余额	AA141112MH5	企业协定存款	0.00	0.00	0.00
余额	AA141112MH6	机关团体协定存款	0.00	0.00	0.00
余额	AA141112MH7	社保基金协定存款	0.00	0.00	0.00
余额	AA141112MH8	部队协定存款	0.00	0.00	0.00
余额	AA141112MH9	住房公积金协定存款	0.00	0.00	0.00
余额	AA141112MHA	非居民协定存款	0.00	0.00	0.00
余额	AA141112MHB	单位保证金存款	3 330.52	60 000.00	394 824.52
余额	AA141112MHC	企业保证金存款	3 330.52	60 000.00	394 824.52
余额	AA141112MHD	机关团体保证金存款	0.00	0.00	0.00
余额	AA141112MHE	社保基金保证金存款	0.00	0.00	0.00
余额	AA141112MHF	部队保证金存款	0.00	0.00	0.00
余额	AA141112MHG	住房公积金保证金存款	0.00	0.00	0.00
余额	AA141112MHH	非居民保证金存款	0.00	0.00	0.00
余额	AA141112MHI	单位结构性存款	0.00	0.00	0.00
余额	AA141112MHJ	企业结构性存款	0.00	0.00	0.00
余额	AA141112MHK	机关团体结构性存款	0.00	0.00	0.00
余额	AA141112MHM	社保基金结构性存款	0.00	0.00	0.00
余额	AA141112MHN	部队结构性存款	0.00	0.00	0.00
余额	AA141112MHP	住房公积金结构性存款	0.00	0.00	0.00
余额	AA141112MHQ	非居民结构性存款	0.00	0.00	0.00
余额	AA141112MI1	2. 个人存款	18 758 980.21	2 174.53	18 773 168.77
余额	AA141112MI2	个人活期存款	4 131 924.60	1 048.85	4 138 768.27
余额	AA141112MI3	其中：非居民	8 579.27	0.00	8 579.27
余额	AA141112MI4	个人定期存款	507 208.41	1 125.26	514 550.63
余额	AA141112MI5	其中：非居民	12 944.72	0.00	12 944.72
余额	AA141112MI6	定活两便存款	1 406.10	0.41	1 408.78
余额	AA141112MI7	其中：非居民	0.03	0.00	0.03
余额	AA141112MI8	个人通知存款	3 104.02	0.00	3 104.02
余额	AA141112MI9	其中：非居民	0.00	0.00	0.00
余额	AA141112MIA	个人协议存款	14 115 337.06	0.00	14 115 337.06
余额	AA141112MIB	其中：非居民	0.00	0.00	0.00
余额	AA141112MIC	个人协定存款	0.00	0.00	0.00
余额	AA141112MID	其中：非居民	0.00	0.00	0.00

（续表）

属性	指标号	指 标 名 称	人民币	外 币	本外币
余额	AA141112MIE	个人保证金存款	0.00	0.00	0.00
余额	AA141112MIF	其中：非居民	0.00	0.00	0.00
余额	AA141112MIG	个人结构性存款	0.00	0.00	0.00
余额	AA141112MIH	其中：非居民	0.00	0.00	0.00
余额	AA141112MIK	3. 财政性存款	180 000.06	0.00	180 000.06
余额	AA141112MIM	代理财政存款	0.06	0.00	0.06
余额	AA141112MIN	中央财政存款	0.00	0.00	0.00
余额	AA141112MIP	地方财政存款	0.00	0.00	0.00
余额	AA141112MIQ	财政预算外存款	0.00	0.00	0.00
余额	AA141112MIR	其他财政性存款	0.06	0.00	0.06
余额	AA141112MIS	国库定期存款	180 000.00	0.00	180 000.00
余额	AA141112MIT	中央国库现金管理定期存款	0.00	0.00	0.00
余额	AA141112MIU	地方国库现金管理定期存款	180 000.00	0.00	180 000.00
余额	AA141112MIV	4. 临时性存款	10.00	0.00	10.00
余额	AA141112MIW	应解汇款及临时存款	10.00	0.00	10.00
余额	AA141112MIX	其中：境外汇入应解汇款	0.00	0.00	0.00
余额	AA141112MIY	汇出汇款	0.00	0.00	0.00
余额	AA141112MIZ	汇入汇款	0.00	0.00	0.00
余额	AA141112MK1	（三）向中央银行借款	148 913.11	0.00	148 913.11
余额	AA141112MJT	一般流动性贷款	0.00	0.00	0.00
余额	AA141112MJU	专项政策性贷款	0.00	0.00	0.00
余额	AA141112MJ6	支农再贷款	0.00	0.00	0.00
余额	AA141112MK7	支小再贷款	0.00	0.00	0.00
余额	AA141112MJV	金融稳定贷款	0.00	0.00	0.00
余额	AA141112MJW	质押融资	0.00	0.00	0.00
余额	AA141112MJX	专项贷款	0.00	0.00	0.00
余额	AA141112MJY	常备借贷便利	0.00	0.00	0.00
余额	AA141112MJZ	中期借贷便利	0.00	0.00	0.00
余额	AA141112MK6	再贴现	148 913.11	0.00	148 913.11
余额	AA141112MKA	（四）同业存放款项	878 469.81	0.00	878 469.81
余额	AA141112MKB	1. 同业存放活期款项	862 469.81	0.00	862 469.81
余额	AA141112MKC	货币当局存放	0.00	0.00	0.00
余额	AA141112MKD	中央银行存放	0.00	0.00	0.00
余额	AA141112MKE	国家外汇管理局存放	0.00	0.00	0.00
余额	AA141112MMW	其中：外汇储备委托贷款资金	0.00	0.00	0.00
余额	AA141112MKF	境内银行业存款类金融机构存放	103 867.66	0.00	103 867.66

（续表）

属性	指标号	指 标 名 称	人民币	外 币	本外币
余额	AA141112MKG	境内银行业非存款类金融机构存放	166 696.99	0.00	166 696.99
余额	AA141112MKH	境内证券业金融机构存放	174 418.09	0.00	174 418.09
余额	AA141112MKI	其中：境内证券公司存放	64 034.55	0.00	64 034.55
余额	AA141112MKJ	客户交易结算资金专用存款	64 034.55	0.00	64 034.55
余额	AA141112N03	验资专户存款	0.00	0.00	0.00
余额	AA141112MKK	自有资金专用存款	0.00	0.00	0.00
余额	AA141112MKM	自有资金其他存款	0.00	0.00	0.00
余额	AA141112MKN	其中：境内期货公司存放	0.00	0.00	0.00
余额	AA141112MKP	境内保险业金融机构存放	10 969.92	0.00	10 969.92
余额	AA141112MKQ	境内交易及结算类金融机构存放	63 351.50	0.00	63 351.50
余额	AA141112MKR	其中：境内结算公司存放	0.00	0.00	0.00
余额	AA141112MKS	清算备付金专用存款	0.00	0.00	0.00
余额	AA141112MKT	自有资金专用存款	0.00	0.00	0.00
余额	AA141112MKU	验资专户存款	0.00	0.00	0.00
余额	AA141112MKV	其中：境内期货交易所存放	0.00	0.00	0.00
余额	AA141112MKW	境内金融控股公司存放	0.00	0.00	0.00
余额	AA141112MKX	其中：中央金融控股公司存放	0.00	0.00	0.00
余额	AA141112MKY	境内特殊目的载体存放	343 165.65	0.00	343 165.65
余额	AA141112MKZ	其中：托管封闭式投资基金存款	0.00	0.00	0.00
余额	AA141112MM1	其中：托管开放式投资基金存款	47 607.70	0.00	47 607.70
余额	AA141112N04	其中：货币市场基金存放	0.00	0.00	0.00
余额	AA141112MM2	境内其他金融机构存放	0.00	0.00	0.00
余额	AA141112MM6	其中：小额贷款公司	0.00	0.00	0.00
余额	AA141112MM3	境外同业存放	0.00	0.00	0.00
余额	AA141112MM4	境外存款性公司存放	0.00	0.00	0.00
余额	AA141112MM5	境外其他金融性公司存放	0.00	0.00	0.00
余额	AA141112MMA	2. 同业存放定期款项	16 000.00	0.00	16 000.00
余额	AA141112MMB	货币当局存放	0.00	0.00	0.00
余额	AA141112MMC	中央银行存放	0.00	0.00	0.00
余额	AA141112MMD	国家外汇管理局存放	0.00	0.00	0.00
余额	AA141112MMX	其中：外汇储备委托贷款资金	0.00	0.00	0.00
余额	AA141112MME	境内银行业存款类金融机构存放	0.00	0.00	0.00
余额	AA141112MMF	其中：邮政储蓄银行老协议存款	0.00	0.00	0.00
余额	AA141112MMG	境内银行业非存款类金融机构存放	0.00	0.00	0.00
余额	AA141112MMH	境内证券业金融机构存放	0.00	0.00	0.00
余额	AA141112MMI	其中：境内证券公司存放	0.00	0.00	0.00

（续表）

属性	指标号	指 标 名 称	人民币	外 币	本外币
余额	AA141112MMJ	境内保险业金融机构存放	16 000.00	0.00	16 000.00
余额	AA141112MMK	境内交易及结算类金融机构存放	0.00	0.00	0.00
余额	AA141112MMM	境内金融控股公司存放	0.00	0.00	0.00
余额	AA141112MMN	其中：境内中央金融控股公司存放	0.00	0.00	0.00
余额	AA141112MMP	境内特殊目的载体公司存放	0.00	0.00	0.00
余额	AA141112N05	其中：货币市场基金存放	0.00	0.00	0.00
余额	AA141112MMQ	境内其他金融机构存放	0.00	0.00	0.00
余额	AA141112MMV	其中：小额贷款公司	0.00	0.00	0.00
余额	AA141112MMR	境外同业存放	0.00	0.00	0.00
余额	AA141112MMS	境外存款性公司存放	0.00	0.00	0.00
余额	AA141112MMT	境外其他金融性公司存放	0.00	0.00	0.00
余额	AA141112MN1	（五）同业拆借	0.00	0.00	0.00
余额	AA141112MNK	（六）联行往来(负债方)	4 793 832.27	17 292.88	4 906 666.56
余额	AA141112MNM	系统内资金往来	4 793 832.27	6 741.80	4 837 821.86
余额	AA141112MNN	其中：境内二级准备金存放	0.00	0.00	0.00
余额	AA141112MNP	境内清算备付金	0.00	0.00	0.00
余额	AA141112MNQ	境外系统内资金往来	0.00	0.00	0.00
余额	AA141112MNR	系统外资金往来	0.00	10 551.07	68 844.70
余额	AA141112MNU	（七）证券负债	0.00	0.00	0.00
余额	AA141112MR1	（九）应付及暂收款	591 504.85	560.81	595 164.07
余额	AA141112MR2	应付款项	591 504.74	560.81	595 163.97
余额	AA141112MR3	应付工资	22 062.52	0.00	22 062.52
余额	AA141112MR4	应付福利费	0.00	0.00	0.00
余额	AA141112MR5	应交税金	6 736.08	185.70	7 947.76
余额	AA141112MR6	应付利润	0.00	0.00	0.00
余额	AA141112MR7	应付利息	537 385.01	375.11	539 832.56
余额	AA141112MR8	其中：应付存款利息	535 552.77	367.61	537 951.40
余额	AA141112MR9	预提费用	0.00	0.00	0.00
余额	AA141112MRA	应付股利	0.00	0.00	0.00
余额	AA141112MRB	其他应付款	25 321.13	0.00	25 321.13
余额	AA141112MRC	暂收款项	0.10	0.00	0.10
余额	AA141112MRD	预收利息	0.00	0.00	0.00
余额	AA141112MRE	其他暂收款	0.10	0.00	0.10
余额	AA141112MRF	其中：代扣缴储蓄利息所得税	0.03	0.00	0.03
余额	AA141112MRK	（十）外汇买卖	263 035.34	370 157.58	2 678 276.52
余额	AA141112MWN	代客本币兑换	263 021.31	0.00	263 021.31

（续表）

属性	指标号	指 标 名 称	人民币	外 币	本外币
余额	AA141112MWP	自营本币兑换	14.03	0.00	14.03
余额	AA141112MWQ	代客外币兑换	0.00	370 156.47	2 415 233.94
余额	AA141112MWR	自营外币兑换	0.00	1.11	7.23
余额	AA141112MRU	（十一）衍生金融工具	0.00	0.00	0.00
余额	AA141112MRV	远期合约	0.00	0.00	0.00
余额	AA141112MRW	期货合约	0.00	0.00	0.00
余额	AA141112MRX	期权合约	0.00	0.00	0.00
余额	AA141112MRY	掉期	0.00	0.00	0.00
余额	AA141112MS3	（十二）长期借款	0.00	0.00	0.00
余额	AA141112MS4	境内长期借款	0.00	0.00	0.00
余额	AA141112MS5	境外长期借款	0.00	0.00	0.00
余额	AA141112MS6	境外筹资转贷款资金	0.00	0.00	0.00
余额	AA141112MS7	境外同业转贷款资金	0.00	0.00	0.00
余额	AA141112MS8	转贷外国政府贷款资金	0.00	0.00	0.00
余额	AA141112MS9	转贷国际金融组织贷款资金	0.00	0.00	0.00
余额	AA141112MSA	转贷买方信贷资金	0.00	0.00	0.00
余额	AA141112MSB	转贷混合贷款资金	0.00	0.00	0.00
余额	AA141112MSC	转贷境外其他筹资资金	0.00	0.00	0.00
余额	AA141112MSD	境外其他借款	0.00	0.00	0.00
余额	AA141112MSJ	（十三）长期应付款	0.00	0.00	0.00
余额	AA141112MSK	其中：应付融资租赁款	0.00	0.00	0.00
余额	AA141112MSM	（十四）债券负债	0.00	0.00	0.00
余额	AA141112MSQ	境内发行	0.00	0.00	0.00
余额	AA141112MSR	交易性债券	0.00	0.00	0.00
余额	AA141112MSS	其他债券负债	0.00	0.00	0.00
余额	AA141112MST	境外发行	0.00	0.00	0.00
余额	AA141112MSU	交易性债券	0.00	0.00	0.00
余额	AA141112MSV	其他债券负债	0.00	0.00	0.00
余额	AA141112MUC	（十八）存单发行	789 744.78	0.00	789 744.78
余额	AA141112MUD	同业存单	0.00	0.00	0.00
余额	AA141112MW1	境内银行业存款类金融机构	0.00	0.00	0.00
余额	AA141112MW2	境内银行业非存款类金融机构	0.00	0.00	0.00
余额	AA141112MW3	境内其他金融机构	0.00	0.00	0.00
余额	AA141112N0C	其中：货币市场基金	0.00	0.00	0.00
余额	AA141112MW4	境外金融机构	0.00	0.00	0.00
余额	AA141112MUE	大额存单	789 744.78	0.00	789 744.78

（续表）

属性	指标号	指 标 名 称	人民币	外 币	本外币
余额	AA141112MW5	境内个人	79 744.78	0.00	79 744.78
余额	AA141112MW6	境内非金融企业	157 000.00	0.00	157 000.00
余额	AA141112MW7	境内机关团体	3 000.00	0.00	3 000.00
余额	AA141112MW8	境内社保基金	0.00	0.00	0.00
余额	AA141112MW9	境内部队	0.00	0.00	0.00
余额	AA141112MWA	境内住房公积金	0.00	0.00	0.00
余额	AA141112MWM	境内金融机构	550 000.00	0.00	550 000.00
余额	AA141112MWB	非居民	0.00	0.00	0.00
余额	AA141112MT1	（十五）其他负债	48 384.72	0.00	48 384.72
余额	AA141112MT2	1. 其他流动负债	21 336.05	0.00	21 336.05
余额	AA141112MT3	签发定额票据	0.00	0.00	0.00
余额	AA141112MT4	其他类流动负债	21 336.05	0.00	21 336.05
余额	AA141112MT5	其中：汇率损益调整	0.00	0.00	0.00
余额	AA141112MTA	2. 其他长期负债	27 048.67	0.00	27 048.67
余额	AA141112MTB	入营运资金	27 000.00	0.00	27 000.00
余额	AA141112MTC	拨入备付金	0.00	0.00	0.00
余额	AA141112MTD	专项拨款	0.00	0.00	0.00
余额	AA141112MTE	住房周转金	0.00	0.00	0.00
余额	AA141112MTF	银团贷款资金	0.00	0.00	0.00
余额	AA141112MTG	递延负债	48.67	0.00	48.67
余额	AA141112MTI	其他类长期负债	0.00	0.00	0.00
余额	AA141112MTJ	人民币买入营运资金	0.00	0.00	0.00
余额	AA141112MTQ	（十六）各项准备	230 257.09	153.65	231 259.66
余额	AA141112N06	表内资产减值准备	227 032.47	153.65	228 035.03
余额	AA141112MTR	其中：贷款损失准备	226 885.61	153.65	227 888.18
余额	AA141112N07	表外资产减值准备	3 224.63	0.00	3 224.63
余额	AA141112MU1	（十七）所有者权益	104 933.93	230.86	106 440.26
余额	AA141112MU2	1. 实收资本	0.00	0.00	0.00
余额	AA141112MU3	2. 资本公积	0.00	0.00	0.00
余额	AA141112MU4	3. 盈余公积	0.00	0.00	0.00
余额	AA141112MU5	4. 公益金	0.00	0.00	0.00
余额	AA141112MU6	5. 留存利润	0.00	0.00	0.00
余额	AA141112MU7	6. 本年利润	105 643.40	359.98	107 992.22
余额	AA141112MU8	7. 减：所得税	3 203.33	0.00	3 203.33
余额	AA141112MU9	8. 年度损益调整	0.00	0.00	0.00
余额	AA141112MUA	9. 一般准备金	0.00	0.00	0.00

（续表）

属性	指标号	指 标 名 称	人民币	外 币	本外币
余额	AA141112MUB	10. 实收资本折算差额	0.00	0.00	0.00
余额	AA141112N08	11. 其他综合收益	2 493.87	−129.12	1 651.37
余额	AA141112MUF	三、调平项(县级专用)	0.00	0.00	0.00
余额	AA141112MUG	专项票据置换的不良贷款(农信社专用)	0.00	0.00	0.00
余额	AA141112MUH	专项票据置换的其他资产(农信社专用)	0.00	0.00	0.00
余额	AA141112MUI	已处置不良资产(农信社专用)	0.00	0.00	0.00
余额	AA141112MUJ	处置不良资产所回收的现金(农信社专用)	0.00	0.00	0.00
余额	AA141112MUK	★零值指标	0.00	0.00	0.00
余额	AA141112MUM	保险公司及养老公司定期存放(2006 年后)	0.00	0.00	0.00
余额	AA141112MUN	以外汇交存人民币存款准备金(人民币)	0.00	0.00	0.00
余额	AA141112MUP	法定存款准备金率(县域法人机构专用)	0.00	0.00	0.00
余额	AA141112MUQ	银行承兑汇票保证金	0.00	0.00	0.00
余额	AA141112MUR	信用证保证金	0.00	0.00	0.00
余额	AA141112MUS	保函保证金	557.57	0.00	557.57
余额	AA141112MUT	外汇买卖保证金	0.00	0.00	0.00
余额	AA141112MUU	衍生金融产品保证金	0.00	0.00	0.00
余额	AA141112MUV	银行本票保证金	0.00	0.00	0.00
余额	AA141112MTH	租赁保证金	0.00	0.00	0.00
余额	AA141112MUW	其他保证金	2 772.95	60 000.00	394 266.95
余额	AA141112MUX	银行承兑汇票余额	24 685.38	0.00	24 685.38
余额	AA141112N09	表外理财资金余额	1 778 073.20	0.00	1 778 073.20
余额	AA141112MUY	表外理财资产余额	1 778 073.20	0.00	1 778 073.20
余额	AA141112MUZ	其中：贷款余额	0.00	0.00	0.00
余额	AA141112N0A	信托资金余额(信托公司专用)	0.00	0.00	0.00
余额	AA141112MV1	信托资产余额(信托公司专用)	0.00	0.00	0.00
余额	AA141112MV2	其中：贷款余额(信托公司专用)	0.00	0.00	0.00
余额	AA141112MVR	个人银行卡下活期存款	4 123 345.33	1 048.85	4 130 189.00
余额	AA141112MVS	个人两年以上定期存款	149 370.69	680.88	153 813.33
余额	AA141112MVT	企业两年以上定期存款	184 431.99	0.00	184 431.99
余额	AA141112MVU	机关团体两年以上定期存款	463.31	0.00	463.31
余额	AA141112MVV	社保基金两年以上定期存款	180 000.00	0.00	180 000.00
余额	AA141112MVW	部队两年以上定期存款	0.00	0.00	0.00
余额	AA141112N0D	金融机构贷款核销额	3 241.08	0.00	3 241.08
余额	AA141112N0E	全额核销贷款金额	3 241.08	0.00	3 241.08
余额	AA141112N0F	差额核销贷款金额	0.00	0.00	0.00
余额	AA141112N0G	金融机构核销贷款收回额	2 851.56	0.00	2 851.56

中信银行上海分行资产负债表

2020-12-31

单位：万元

资　产	期末余额	年初余额	负债和股东权益	期末余额	年初余额
资产			**负债**		
现金及存放中央银行款项	17 477.64	18 563.36	向中央银行借款	0.00	0.00
存放同业款项	1 220 538.70	542 114.95	同业及其他金融机构存放款项	13 416 493.80	6 858 708.91
贵金属	0.00	0.00	拆入资金	56 570.84	282 153.38
拆出资金	65 388.16	0.00	交易性金融负债	0.00	0.00
衍生金融资产	76 521.13	10 773.88	衍生金融负债	80 016.80	11 079.38
买入返售金融资产	0.00	0.00	卖出回购金融资产款	299 042.12	303 928.59
应收利息	49 331.97	33 650.07	吸收存款	26 125 551.04	22 159 237.22
发放贷款和垫款	16 949 612.59	14 898 392.64	应付职工薪酬	45 546.43	35 513.84
金融资产投资	27 232.54	27 060.18	应交税费	60 889.54	57 470.59
1. 以公允价值计量且其变动计入当期损益的金融资产	0.00	0.00	应付利息	282 579.86	232 329.34
2. 以公允价值计量且其变动计入其他综合收益的金融资产	20 232.54	20 060.18	预计负债	32 468.68	13 428.74
3. 以摊余成本计量的金融资产	7 000.00	7 000.00	租赁负债	45 166.00	49 241.04
长期股权投资	0.00	0.00	已发行债务凭证	0.00	34 434.43
固定资产	263 546.40	273 476.40	联行存放	0.00	137 826.97
无形资产	587.55	459.10	其他负债	48 934.97	−570 282.02
使用权资产	43 386.37	48 422.89	**负债合计**	40 493 260.10	29 605 070.38
递延所得税资产	66 560.81	45 050.96	**股东权益**		
存放联行	21 657 904.27	13 895 417.86	拨入营运资金	55 233.29	57 038.81
其他资产	206 393.92	33 473.20	其他综合收益	906.37	661.81
			未分配利润	95 082.29	164 084.51
			股东权益合计	151 221.95	221 785.12
资产总计	40 644 482.05	29 826 855.51	**负债和股东权益总计**	40 644 482.05	29 826 855.51

中国光大银行上海分行资产负债表

2020 - 12 - 31

单位：元

编号	资　产	期　初　数	期　末　数	编号	负债及所有者权益	期　初　数	期　末　数
1	**资产：**			5	**负债：**		
110	现金及银行存款	187 034 910.36	142 610 958.83	510	对公存款	141 358 410 604.09	192 482 035 013.03
120	贵金属	10 775 847 560.29	9 312 212 165.54	520	储蓄存款	54 997 190 083.47	64 010 208 127.81
130	存放中央银行款项	37 319 000.00	47 357 000.00	530	财政性存款	4 764 699.70	3 706 805.23
140	存放同业款项	561 170 628.69	410 278 655.60	540	向中央银行借款	0.00	0.00
150	存放联行款项	159 019 643 703.33	222 793 714 604.04	550	同业存放款项	59 166 195 984.87	61 592 725 535.97
160	拆出资金	653 365 000.00	0.00	560	联行存放款项	0.00	0.00
170	买入返售金融资产	0.00	0.00	570	同业拆入款项	210 246 124.05	35 000 945.21
180	发放贷款和垫款	74 670 861 611.73	79 712 369 888.46	580	卖出回购金融资产款	337 008 625.00	0.00
190	贸易融资	11 215 071 800.47	6 816 429 207.09	590	应解汇款	88 110 314.78	192 213 266.19
200	贴现	4 103 471 395.03	5 419 556 355.37	600	汇出汇款	794 622.51	460 678.01
210	信贷资产减值准备	2 820 682 385.87	2 426 562 517.09	610	应付利息	1 910 777 453.80	3 283 906 707.87
220	应收利息	289 682 954.86	271 809 251.54	620	其他应付款	210 802 578.26	155 966 907.10
230	其他应收款	63 969 632.49	52 567 881.78	630	交易性金融负债	0.00	0.00
240	重估计损益的交易性资产	0.00	0.00	640	衍生金融负债	77 120 321.42	344 001 632.65
250	衍生金融资产	83 140 117.76	350 677 260.54	650	应付债券	0.00	0.00
260	重估计权益金融资产	0.00	0.00	660	长期借款	0.00	0.00
270	摊余成本计量投资性资产	393 980 478.24	2 226 643.27	700	应付职工薪酬	333 505 002.43	337 889 119.17
280	长期股权投资	0.00	0.00	710	应交税费	81 516 353.72	74 512 369.35
290	重估计损益投资性资产	50 214 018.49	60 569 784.60	720	应付股利	0.00	0.00
320	固定资产原值	1 723 383 636.56	1 728 513 594.22	725	租赁负债	414 028 218.60	547 289 804.88
330	减：累计折旧	765 322 477.55	812 653 506.45	730	预计负债	122 293 652.71	163 409 981.55
340	固定资产净值	962 061 159.01	915 860 087.77	740	递延所得税负债	0.00	0.00
350				750	其他负债	581 816 262.16	305 012 443.99
360	固定资产清理	703 657.33	585 863.65	7	**负债合计**	259 894 580 901.57	323 528 339 338.01
370	在建工程	0.00	0.00	8	股东权益：		
372	使用权资产原值	502 095 192.10	714 981 748.79	810	股本	0.00	0.00
374	减：使用权资产累计折旧	83 918 230.86	173 477 032.10	815	其他权益工具	0.00	0.00
376	使用权资产净值	413 176 961.24	541 504 716.69	820	资本公积	0.00	0.00
380	无形资产	29 180 661.80	25 276 897.20	825	其他综合收益	45 438 336.77	22 638 017.14
390	商誉	0.00	0.00	830	盈余公积	0.00	0.00
400	长期待摊费用	14 805 251.66	34 618 214.16	840	一般风险准备	0.00	0.00
410	抵债资产	133 600 000.00	133 600 000.00	850	未分配利润	1 349 993 691.04	1 294 725 970.71
420	递延所得税资产	0.00	0.00	860	其中：本年利润	0.00	0.00
430	其他资产	451 394 812.47	228 440 406.82	9	**股东权益合计**	1 395 432 027.81	1 317 363 987.85
4	**资产总计**	261 290 012 929.38	324 845 703 325.86	10	**负债和股东权益总计**	261 290 012 929.38	324 845 703 325.86

华夏银行上海分行资产负债表

2020－12－31

单位：元

资　　产	期末余额	期初余额	负债和所有者权益(或股东权益)	期末余额	期初余额
资产：			**负债：**		
现金及存放中央银行款项	37 664 118.25	40 709 379.37	向中央银行借款	0	0
存放同业款项	344 237 405.72	373 644 398.51	同业及其他金融机构存放款项	4 461 913 553.13	4 452 167 299.35
贵金属	0	0	拆入资金	7 678 203 000.00	9 468 385 940.00
拆出资金	－0.07	－0.07	交易性金融负债	0	0
以公允价值计量且其变动计入当期损益的金融资产	0	0	衍生金融负债	0	0
衍生金融资产	1 394 279.68	0	卖出回购金融资产款	0	0
买入返售金融资产	0	0	吸收存款	71 451 695 173.28	78 687 742 570.59
应收利息	434 445 047.20	402 069 330.04	应付职工薪酬	63 585 435.64	72 067 713.52
发放贷款及垫款	48 415 252 769.08	47 903 827 203.59	应交税费	58 496 622.02	55 711 426.40
以公允价值计量且其变动计入其他综合收益的金融资产	6 344 673.64	6 344 673.64	租赁负债	0	0
以摊余成本计量的金融资产	15 498 781 780.17	16 494 772 029.07	应付利息	1 819 345 574.38	1 790 471 328.66
应收款项类投资	0	0	预计负债	19 024 356.05	19 572 829.53
长期股权投资	0	0	应付债务凭证	0	0
投资性房地产	0	0	递延所得税负债	0	0
固定资产	334 540 969.72	333 489 236.13	其他负债	487 696 019.38	480 572 204.17
使用权资产	0	0	—		
无形资产	0	0	**负债合计**	86 039 959 733.88	95 026 691 312.22
递延所得税资产	0	0	**股东权益：**		
其他资产	22 275 841 297.78	30 443 849 240.53	股本	0	0
—			其他权益工具	0	0
—			资本公积	0	0
—			减：库存股	0	0
—			其他综合收益	－13 699 597.16	－15 358 289.19
—			盈余公积	0	0
—			一般风险准备	0	0
—			未分配利润	1 322 242 204.45	987 372 467.78
—			**股东权益合计**	1 308 542 607.29	972 014 178.59
资产合计	87 348 502 341.17	95 998 705 490.81	**负债与股东权益合计**	87 348 502 341.17	95 998 705 490.81

中国民生银行上海分行资产负债表

2020 - 12 - 31

单位：元

资　　产	期末余额	年初余额	负债和股东权益	期末余额	年初余额
现金及存放中央银行款项	220 869 262.78	280 694 766.06	向中央银行借款		
存放同业及其他金融机构款项	211 053 608.13	172 829 396.19	同业及其他金融机构存放款项	96 704 547 927.03	78 628 497 295.07
贵金属	24 569 999.02	129 503 998.83	拆入资金		3 621 503 547.92
拆出资金			以公允价值计量且其变动计入当期损益的金融负债		
衍生金融资产	146 056.00		衍生金融负债	638 116.00	
买入返售金融资产			卖出回购金融资产款	78 790 869.74	850 962 461.10
应收利息			吸收存款	364 948 672 686.60	336 743 337 871.69
发放贷款和垫款	205 315 028 258.54	200 928 525 637.71	应付职工薪酬	115 756 316.58	181 658 457.40
金融投资：			应交税费	196 491 615.85	212 796 604.65
以公允价值计量且其变动计入当期损益的投资	3 161 593 873.98	2 888 458 362.73	应付利息		
以摊余成本计量的投资			预计负债	32 908 407.71	35 969 320.32
以公允价值计量且其变动计入其他综合收益的债权投资		—392 351.04	应付债券		
以公允价值计量且其变动计入其他综合收益的权益工具投资			租赁负债	557 371 456.77	584 758 573.90
以公允价值计量且其变动计入其他综合收益的投资			递延所得税负债		
长期股权投资			其他负债	749 961 712.08	436 464 035.77
固定资产	295 720 429.46	319 121 864.21	**负债合计**	463 385 139 108.36	421 295 948 167.82
无形资产	2 510 281.71	3 173 424.53			
使用权资产	587 021 878.01	580 503 446.55	股本	1 252 500 000.00	1 252 500 000.00
递延所得税资产			其他权益工具		
其他资产	258 959 725 292.12	222 698 765 038.46	其中：优先股		
			永续债		
			资本公积		
			减：库存股		
			其他综合收益	17 157 110.47	36 136 258.88
			盈余公积		
			一般风险准备		
			未分配利润	4 123 442 720.92	5 416 599 157.53
			外币报表折算差额		
			股东权益合计	5 393 099 831.39	6 705 235 416.41
资产总计	468 778 238 939.75	428 001 183 584.23	**负债和股东权益总计**	468 778 238 939.75	428 001 183 584.23

兴业银行上海分行资产负债表

2020-12-31

单位：万元

项 目 名 称	本 期 余 额
现金及存放中央银行款项	19 163.98
存放同业款项	85 487.42
贵金属	—
拆出资金	—
衍生金融资产	—
买入返售金融资产	—
发放贷款及垫款	16 790 119.18
交易性金额资产	209 926.20
债权投资	13 290.00
其他债权投资	150 362.22
其他权益工具投资	285.00
长期股权投资	—
投资性房地产	—
固定资产	435 955.19
在建工程	3 373.77
无形资产	1 238.21
递延所得税资产	—
其他资产	30 382 939.04
其中：应收利息	300.00
资产总计	48 092 140.19
向中央银行借款	—
同业及其他金融机构存放款项	17 327 846.60
拆入资金	—
交易性金融负债	—
衍生金融负债	—
卖出回购金融资产款	64 704.66
吸收存款	28 804 257.88
应付职工薪酬	76 830.05
应交税费	12 770.28
预计负债	10 206.43
应付债券	537 777.94
递延所得税负债	—
其他负债	869 726.03
其中：应付利息	—
负债合计	47 704 119.87
所有者权益(或股东权益)：	—
股本	—
资本公积	—
其他综合收益	3 676.14
盈余公积	—
一般风险准备	—
未分配利润	384 344.19
减：库存股	—
所有者权益(或股东权益)	388 020.33
负债及所有者权益总计	48 092 140.19

广发银行上海分行资产负债表

2020-12-31

单位：元

资　　产	期初数	期末数	负债及所有者权益	期初数	期末数
资产：			**负债：**		
现金及存放中央银行款项	66 557 653.76	64 104 932.82	向中央银行借款	0.00	0.00
存放同业款项	20 490 802.19	8 378 248.26	同业及其他金融机构存放款项	12 059 209 414.28	22 265 438 938.24
贵金属	0.00	0.00	拆入资金	2 305 559 532.87	2 618 627 337.81
拆出资金	83 793 401.14	0.00	交易性金融负债	0.00	0.00
衍生金融资产	0.00	0.00	衍生金融负债	0.00	27 316 154.06
买入返售金融资产	0.00	0.00	卖出回购金融资产款	1 594 028 860.36	1 058 558 617.82
发放贷款和垫款	49 003 729 374.25	59 032 238 285.47	吸收存款	72 050 854 604.60	112 725 070 233.05
金融投资：	894 470.18	146 616.53	应付职工薪酬	105 378 922.20	104 062 044.23
交易性金融资产	0.00	0.00	应交税费	33 978 360.62	42 903 281.27
债权投资	894 470.18	146 616.53	预计负债	19 919 532.24	54 525 400.83
其他债权投资	0.00	0.00	应付债券	0.00	0.00
其他权益工具投资	0.00	0.00	递延所得税负债	0.00	0.00
长期股权投资	0.00	0.00	其他负债	460 683 478.71	489 548 027.16
固定资产	21 515 486.38	18 624 020.73	**负债合计**	88 629 612 705.88	139 386 050 034.47
在建工程	0.00	0.00	所有者权益(或股东权益)：		
无形资产	3 172 591.45	3 505 101.04	实收资本(或股本)	0.00	0.00
递延所得税资产	0.00	0.00	其他权益工具	0.00	0.00
其他资产	38 533 791 075.14	79 897 106 389.58	其中：优先股	0.00	0.00
			永续债	0.00	0.00
			资本公积	0.00	0.00
			减：库存股	0.00	0.00
			其他综合收益	8 851 253.25	−1 946 885.01
			盈余公积	0.00	0.00
			一般风险准备	0.00	0.00
			未分配利润	−904 519 104.64	−359 999 555.03
			所有者权益(或股东权益)合计	−895 667 851.39	−361 946 440.04
资产总计	87 733 944 854.49	139 024 103 594.43	**负债和所有者权益(或股东权益)总计**	87 733 944 854.49	139 024 103 594.43

北京银行上海分行资产负债表

2020-12-31

单位：元

资 产	期末余额	期初余额	负债和所有者权益(或股东权益)	期末余额	期初余额
资产：			**负债：**		
现金及存放中央银行款项	89 886 995.43	63 821 102.19	向中央银行借款	—	—
存放同业款项	1 666 230 443.52	1 848 253 556.32	同业及其他金融机构存放款项	24 659 063 654.40	17 650 577 570.11
贵金属	—	—	拆入资金	13 691 150 200.00	10 157 995 700.00
拆出资金	1 885 029 398.44	710 142 947.13	交易性金融负债	—	—
交易性金融资产	—	—	衍生金融负债	15 647 820.96	37 624 910.32
衍生金融资产	16 714 934.28	—	卖出回购金融资产款	—	—
买入返售金融资产	—	—	吸收存款	79 114 262 722.33	63 949 538 498.01
应收利息	265 025 288.42	286 752 178.36	应付职工薪酬	—	—
发放贷款和垫款	88 529 828 187.98	95 777 725 329.89	应交税费	90 159 574.42	110 094 554.19
可供出售金融资产	—	—	应付利息	943 621 283.07	1 319 615 602.93
持有至到期投资	—	—	预计负债	302 102 409.39	549 135 253.29
应收投资款项	11 238 194 882.36	2 953 841 173.61	应付债券	—	—
长期股权投资	—	—	递延所得税负债	—	—
投资性房地产	—	—	其他负债	362 202 941.01	11 578 268 841.14
固定资产	702 922 424.66	740 515 021.29	**负债合计**	119 178 210 605.58	105 352 850 929.99
无形资产	—	—			
递延所得税资产	—	—	所有者权益(或股东权益)：	—	—
其他资产	12 947 635 428.88	3 041 301 639.66	实收资本(或股本)	—	—
			其他权益工具	—	—
			资本公积	1 169 439.25	12 806 077.91
			减：库存股	—	—
			盈余公积	—	—
			一般风险准备	—	—
			未分配利润	−1 837 912 060.87	56 695 940.55
			所有者权益(或股东权益)合计	−1 836 742 621.62	69 502 018.46
资产总计	117 341 467 983.97	105 422 352 948.45	**负债和所有者权益(或股东权益)总计**	117 341 467 983.97	105 422 352 948.45

杭州银行上海分行资产负债表

2020 - 12 - 31

单位：元

资　　产	行次	期初数	期末数	负债及所有者权益	行次	期初数	期末数
资产：				**负债：**			
现金及存放中央银行款项	1	50 697 393.92	38 757 054.49	向中央银行借款	21	—	198 042 695.14
存放同业款项	2	493 412 497.16	732 108 828.94	同业和其他金融机构存放款	22	148 986 994.36	330 464 238.82
贵金属	3	—	—	拆入资金	23	2 530 629 064.74	3 450 888 089.91
拆出资金	4	−12 248.78	−12 248.78	交易性金融负债	24	—	—
衍生金融资产	5	11 360 311.27	—	衍生金融负债	25	11 401 331.94	—
买入返售金融资产	6	—	—	卖出回购金融资产款	26	—	—
发放贷款和垫款	7	22 982 889 733.48	28 445 750 358.53	吸收存款	27	43 041 067 539.72	49 983 923 357.09
金融投资：	8			应付职工薪酬	28	21 013 084.81	26 292 829.43
交易性金融资产	9	—	—	应交税费	29	21 168 807.38	16 186 003.66
债权投资	10	—	—	预计负债	30	25 612 125.06	25 612 125.06
其他债权投资	11	—	—	应付债券	31	—	—
其他权益工具投资	12	—	—	递延所得税负债	32	—	—
长期股权投资	13	—	—	其他负债	33	133 672 436.84	132 127 003.96
投资性房地产	14	—	—	**负债合计**	34	45 933 551 384.85	54 163 536 343.07
固定资产	15	5 580 560.58	4 765 183.86	股东权益：			
在建工程	16	—	—	股本	35	—	—
无形资产	17	—	—	其他权益工具	36	—	—
递延所得税资产	18	—	—	其中：优先权	37	—	—
其他资产	19	22 549 181 949.11	25 224 916 938.18	永续债	38	—	—
				资本公积	39	—	—
				其他综合收益	40	508 072.31	−362 246.37
				盈余公积	41	—	—
				一般风险准备	42	—	—
				未分配利润	43	159 050 739.58	283 112 019.52
				股东权益合计	44	159 558 811.89	282 749 773.15
资产总计	20	46 093 110 196.74	54 446 286 116.22	**负债和股东权益总计**	45	46 093 110 196.74	54 446 286 116.22

渤海银行上海分行资产负债表

2020-12-31

单位：元

资　　产	行次	年初余额	期末余额	负债和股东权益	行次	年初余额	期末余额
资产：				**负债：**			
现金及银行存款	1	14 118 237.99	13 003 397.81	向中央银行借款	61	0.00	0.00
存放中央银行款项	2	53 269 833.53	37 000.00	同业及其他金融机构存放款项	62	74 013 673.76	70 413 818.02
存放同业款项	3	74 345 147.50	12 451 473.71	拆入资金	63	0.00	0.00
减：存放同业减值准备	4	27 775.18	0.00	交易性金融负债	64	0.00	0.00
存放同业款项净值	5	74 317 372.32	12 451 473.71	衍生金融负债	65	0.00	0.00
贵金属	6	0.00	0.00	卖出回购金融资产款	66	59 472 500.00	81 697 916.67
拆出资金	7	1 350 725 000.00	0.00	客户存款	67	29 119 569 280.28	31 244 797 709.40
减：拆出资金减值准备	8	1 352 785.27	0.00	应解及汇出款	68	2 662 852.50	3 908 927.50
拆出资金净值	9	1 349 372 214.73	0.00	应付职工薪酬	69	64 635 892.50	78 743 818.10
以公允价值计量且其变动计入当期损益的金融投资	10	0.00	0.00	应交税费	70	30 047 642.55	29 932 462.80
衍生金融资产	11	0.00	0.00	应付利息	71	478 081 420.16	482 668 002.16
买入返售金融资产	12	0.00	0.00	预计负债	72	0.00	0.00
减：买入返售金融资产减值准备	13	0.00	0.00	应付债券	73	0.00	0.00
买入返售金融资产净值	14	0.00	0.00	递延所得税负债	74	0.00	0.00
应收利息	15	57 014 239.76	243 095 840.89	其他负债	75	263 058 174.66	192 779 349.12
发放贷款和垫款	16	24 203 291 486.65	23 349 764 894.23	**负债合计**	76	30 091 541 436.41	32 184 942 003.77
减：贷款损失准备	17	0.00	0.00	**股东权益：**			
发放贷款和垫款净值	18	24 203 291 486.65	23 349 764 894.23	股本	77	0.00	0.00
以公允价值计量且其变动计入其他综合收益的金融投资	19	0.00	0.00	其他权益工具	78	0.00	0.00
以摊余成本计量的金融投资	20	1 140 000 000.00	1 140 000 000.00	其中：永续债	79	0.00	0.00
长期股权投资	21	0.00	0.00	资本公积	80	0.00	0.00
投资性房产	22	0.00	0.00	其他综合收益	81	0.00	0.00
固定资产	23	5 498 235.89	5 686 979.41	盈余公积	82	0.00	0.00
无形资产	24	0.00	0.00	一般风险准备	83	0.00	0.00
递延所得税资产	25	0.00	0.00	未分配利润	84	340 610 557.70	0.00
其他资产	26	3 535 270 373.24	7 719 774 245.38	本年利润	85	0.00	298 871 827.66
				股东权益合计	86	340 610 557.70	298 871 827.66
资产总计	27	30 432 151 994.11	32 483 813 831.43	**负债和股东权益总计**	87	30 432 151 994.11	32 483 813 831.43

富邦华一银行(台资)资产负债表

2020-12-31

	附 注	年末余额 人民币元	上年年末余额 人民币元
资产			
现金及存放中央银行款项	7	9 898 113 716. 30	7 558 944 506. 86
存放同业款项	8	2 079 213 351. 81	2 214 257 944. 86
拆出资金	9	6 671 440 200. 00	9 657 000 000. 00
以公允价值计量且其变动计入当期损益的金融资产	10	99 736 800. 00	29 683 710. 00
衍生金融资产	11	461 684 908. 72	59 439 622. 11
买入返售金融资产	12	1 699 438 000. 00	98 000 000. 00
发放贷款和垫款	13	45 949 768 880. 45	39 750 645 561. 73
可供出售金融资产	14	24 441 046 125. 75	20 083 972 170. 85
持有至到期投资	15	21 753 846 714. 10	13 009 961 379. 26
固定资产	16	1 085 695 245. 76	1 115 475 115. 38
无形资产	17	95 697 182. 69	47 386 419. 10
递延所得税资产	18	190 734 892. 86	69 065 576. 51
其他资产	19	2 150 231 779. 10	1 072 546 077. 03
资产总计		116 576 647 797. 54	94 766 378 083. 69
负债			
同业及其他金融机构存放款项	20	284 789 456. 95	2 965 060 986. 36
拆入资金	21	2 724 021 700. 00	3 866 248 600. 00
衍生金融负债	11	1 080 209 741. 23	144 291 341. 84
卖出回购金融资产款	22	200 000 000. 00	2 747 270 000. 00
吸收存软	23	92 870 483 286. 81	71 081 675 482. 96
应付职工薪酬	24	129 474 994. 00	130 522 648. 00
应交税费	25	45 301 037. 19	46 943 831. 19
应付债券	26	12 101 008 603. 03	6 906 229 799. 78
其他负债	27	855 586 502. 98	778 777 772. 41
负债总计		110 290 875 322. 19	88 667 020 462. 54
所有者权益			
实收资本	28	2 100 000 000. 00	2 100 000 000. 00
资本公积	29	93 176 446. 10	93 176 446. 10
其他综合收益	30	(180 496 638. 11)	69 103 522. 59
盈余公积	31	463 679 394. 51	420 077 893. 02
一般风险准备	32	1 544 023 916. 50	1 321 285 568. 42
未分配利润	33	2 265 389 356. 35	2 095 714 191. 02
所有者权益总计		6 285 772 475. 35	6 099 357 621. 15
负债及所有者权益总计		116 576 647 797. 54	94 766 378 083. 69

上海松江民生村镇银行资产负债表

2020－12－31

单位：元

资　　产	期末余额	年初余额	负债和股东权益	期末余额	年初余额
现金及存放中央银行款项	270 922 538.56	330 742 384.49	向中央银行借款	137 769 088.10	60 050 416.66
存放同业及其他金融机构款项	1 433 658 300.81	2 316 653 245.73	同业及其他金融机构存放款项		
贵金属			拆入资金		
拆出资金			以公允价值计量且其变动计入当期损益的金融负债		
衍生金融资产			衍生金融负债		
买入返售金融资产			卖出回购金融资产款		
应收利息			吸收存款	4 279 084 466.76	5 141 003 299.79
发放贷款和垫款	3 071 263 336.80	2 839 654 366.93	应付职工薪酬	4 112 422.93	2 870 112.88
金融投资：			应交税费	5 975 521.01	6 053 889.78
以公允价值计量且其变动计入当期损益的投资			应付利息		
以摊余成本计量的投资			预计负债	32 546.60	42 009.17
以公允价值计量且其变动计入其他综合收益的债权投资			应付债券		
以公允价值计量且其变动计入其他综合收益的权益工具投资			租赁负债	29 263 334.36	15 306 685.93
以公允价值计量且其变动计入其他综合收益的投资			递延所得税负债		
长期股权投资			其他负债	18 498 683.92	1 088 520.95
固定资产	1 701 138.82	2 071 926.77	**负债合计**	4 474 736 063.68	5 226 414 935.16
无形资产	517 640.01	541 143.08			
使用权资产	30 000 673.26	15 968 877.16	股本	150 000 000.00	150 000 000.00
递延所得税资产	13 535 142.94	12 915 387.64	其他权益工具		
其他资产	222 268 337.22	239 932 528.19	其中：优先股		
			永续债		
			资本公积	50 000 000.00	50 000 000.00
			减：库存股		
			其他综合收益		
			盈余公积	51 805 965.57	45 490 969.09
			一般风险准备	82 512 626.11	81 706 456.93
			未分配利润	234 812 453.06	204 867 498.81
			外币报表折算差额		
			股东权益合计	569 131 044.74	532 064 924.83
资产总计	5 043 867 108.42	5 758 479 859.99	**负债和股东权益总计**	5 043 867 108.42	5 758 479 859.99

上海崇明沪农商村镇银行资产负债表

2020－12－31

单位：元

资　　产	序号	年初余额	年末余额	负债及所有者权益	序号	年初余额	年末余额
资产：	1			**负债：**	43		
现金及存放中央银行款项	2	565 117 844.87	396 524 961.17	向中央银行借款	44	20 000 000.00	119 850 000.00
存放同业款项	3	1 199 519 813.33	1 398 305 558.64	同业及其他金融机构存放款项	45		
减：存放同业款项减值准备	4			拆入资金	46		
贵金属	5			联行存放	47		17 700.00
拆出资金	6			交易性金融负债	48		
减：拆出资金减值准备	7			衍生金融负债	49		
存放联行	8	35 319.18		卖出回购金融资产款	50		
交易性金融资产	9			吸收存款	51	3 582 183 947.24	3 130 670 876.61
衍生金融资产	10			汇出汇款	52		
买入返售金融资产	11			应付职工薪酬	53	12 191 259.10	13 564 269.56
减：买入返售金融资产减值准备	12			应交税费	54	6 021 410.25	4 650 090.90
应收利息	13	6 996 205.10	8 238 129.89	应付利息	55	23 596 568.10	32 654 166.70
其他应收款	14	589 754.03	758 488.98	应付股利	56		
减：坏账准备	15	−55 714.40	−14 660.40	其他应付款	57	82 625.40	100 756.42
发放贷款及垫款	16	1 801 074 475.87	1 849 257 514.38	递延收益	58		
减：贷款损失准备	17	−61 840 022.27	−58 843 416.65	预计负债	59		
可供出售金融资产	18			应付债券	60		
减：可供出售金融资产减值准备	19			递延所得税负债	61		
持有至到期投资	20	10 000 000.00	110 218 147.97	其他负债	62		
减：持有至到期投资减值准备	21			**负债合计**	63	3 644 075 810.09	3 301 507 860.19
应收款类投资	22	500 000 000.00			64		
减：应收款类投资减值准备	23				65		
长期股权投资	24				66		
减：长期股权投资减值准备	25				67		
投资型房地产	26				68		
减：投资型房地产减值准备	27				69		
固定资产原值	28	3 026 939.93	2 825 316.93		70		
减：固定资产累计折旧	29	−1 213 551.99	−1 533 933.37		71		
减：固定资产减值准备	30				72		
固定资产净值	31	1 813 387.94	1 291 383.56		73		
在建工程	32		57 857.10		74		
减：在建工程减值准备	33				75		
无形资产	34			所有者权益(或股东权益)：	76		
减：无形资产减值准备	35			实收资本(或股本)	77	105 260 000.00	105 260 000.00
长期待摊费用	36	6 139 593.17	4 093 062.11	资本公积	78		
递延所得税资产	37	12 518 506.92	14 775 078.26	减：库存股	79		
待处理抵债资产	38			盈余公积	80	87 589 157.61	107 261 741.96
减：抵债资产跌价准备	39			一般风险准备	81	47 203 982.29	52 151 098.55
其他资产	40			未分配利润	82	157 780 213.75	158 481 404.31
减：其他资产减值准备	41			**所有者权益(或股东权益)合计**	83	397 833 353.65	423 154 244.82
资产总计	42	4 041 909 163.74	3 724 662 105.01	**负债和所有者权益(或股东权益)总计**	84	4 041 909 163.74	3 724 662 105.01

上海奉贤浦发村镇银行资产负债表

2020-12-31

单位：元

资　　产	行次	期初数	期末数	负债及所有者权益	行次	期初数	期末数
现金	1	8 798 916.42	15 255 329.29	向中央银行借款	45	0.00	101 823 400.00
存放中央银行款项	2	914 843 467.45	226 728 625.75	同业存放款项	46	55 533 470.21	55 941 092.43
存放同业	3	1 522 123 052.07	1 844 083 093.52	拆入资金	47	0.00	0.00
贵金属	4	0.00	0.00	衍生金融负债	48	0.00	0.00
拆出资金	5	280 000 000.00	280 000 000.00	卖出回购金融资产款	49	0.00	0.00
交易性金融资产	6	0.00	0.00	短期存款	50	903 225 686.05	634 702 807.93
加或减：交易性金融资产公允价值调整	7	0.00	0.00	短期储蓄存款	51	135 379 845.81	150 139 088.70
衍生金融资产	8	0.00	0.00	委托资金	52	0.00	0.00
买入返售金融资产	9	0.00	0.00	存入短期保证金	53	1 791 757.12	684 580.05
应收利息	10	15 764 543.25	22 618 496.92	长期存款	54	170 400 000.00	268 800 000.00
短期贷款	11	542 362 626.71	626 288 885.70	长期储蓄存款	55	2 115 699 046.58	1 985 049 994.80
贴现	12	0.00	0.00	存入长期保证金	56	8 805 000.00	9 883 000.00
进出口押汇	13	0.00	0.00	应解汇款及临时存款	57	0.00	0.00
中期贷款	14	438 617 717.20	503 805 414.23	资产托管存款	58	0.00	0.00
长期贷款	15	155 759 215.55	191 090 154.44	应付工资	59	1 952 459.32	2 316 363.97
逾期贷款	16	22 695 328.76	8 830 287.01	应付福利费	60	0.00	0.00
减：贷款呆账准备	17	−61 201 959.29	−51 387 299.08	应交税费	61	684 761.42	4 145 961.51
可供出售金融资产	18	0.00	0.00	应付利息	62	137 767 503.68	147 721 744.66
加或减：可供出售金融资产公允价值调整	19	0.00	0.00	发行长期债券	63	0.00	0.00
减：可供出售金融资产减值准备	20	0.00	0.00	递延所得税负债	64	0.00	0.00
持有至到期投资	21	0.00	0.00	财政性存款	65	0.00	0.00
减：持有至到期投资减值准备	22	0.00	0.00	汇出汇款	66	0.00	0.00
分为贷款和应收款的金融资产	23	0.00	0.00	其他应付款	67	338 947.12	423 810.42
长期股权投资	24	0.00	0.00	应付利润	68	0.00	0.00
减：长期股权投资减值准备	25	0.00	0.00	预提费用	69	0.00	0.00
固定资产	26	3 965 050.57	4 048 802.57	其他流动负债	70	0.00	0.00
减：累计折旧	27	−3 073 505.29	−3 367 291.15	应付债券	80	0.00	0.00
减：固定资产减值准备	28	0.00	0.00	其他长期负债	71	0.00	0.00
固定资产清理	29	0.00	0.00				
在建工程	30	0.00	0.00	**负债合计**	72	3 531 578 477.31	3 361 631 844.47
减：在建工程减值准备	31	0.00	0.00				
无形资产	32	0.00	0.00				
减：无形资产累计摊销	33	0.00	0.00	实收资本	73	150 000 000.00	150 000 000.00
减：无形资产减值准备	34	0.00	0.00	资本公积	74	86 000 000.00	86 000 000.00
递延所得税资产	35	0.00	12 414 821.24	盈余公积	75	9 069 600.35	12 785 451.57
其他应收款	36	3 100 228.54	1 622 869.57	一般风险准备	76	22 171 568.11	44 422 917.70
减：坏账准备	37	−424 745.00	−1 401 083.00	未分配利润	77	49 563 116.81	29 159 443.67
其他流动资产	38	0.00	0.00				
长期待摊费用	39	5 052 825.64	3 368 550.40	所有者权益合计	78	316 804 285.27	322 367 812.94
抵债资产	40	0.00	0.00				
减：抵债资产跌价准备	41	0.00	0.00				
其他长期资产	42	0.00	0.00				
减：其他非贷款资产减值准备	43	0.00	0.00				
资产合计	44	3 848 382 762.58	3 683 999 657.41	**负债和所有者权益合计**	79	3 848 382 762.58	3 683 999 657.41

三菱日联银行(中国)有限公司资产负债表

2020-12-31　　单位：元

	附　注	年末余额 人民币元	上年年末余额 人民币元
资产			
现金及存放中央银行款项	7	19 302 356 758.20	21 892 603 692.39
存放同业款项	8	17 064 786 059.52	14 108 979 126.34
拆出资金	9	32 156 488 500.00	36 268 139 250.00
以公允价值计量且其变动 计入当期损益的金融资产	10	873 896 026.00	839 614 712.00
衍生金融资产	11	9 051 010 861.68	3 771 244 015.71
买入返售金融资产	12	6 393 956 000.00	12 877 200 000.00
发放贷款和垫款	13	44 729 039 991.58	48 885 199 046.68
可供出售金融资产	14	25 866 997 375.00	22 707 797 926.00
固定资产	15	133 995 825.57	87 895 367.44
无形资产	16	557 319 037.26	556 299 483.75
递延所得税资产	17	443 230 507.46	462 078 852.23
其他资产	18	1 071 662 904.27	1 243 512 820.97
资产总计		157 644 739 846.54	163 700 564 293.51
负债			
同业及其他金融 机构存放款项	19	3 544 196 138.75	2 819 403 315.10
拆入资金	20	9 339 585 799.98	9 402 337 240.01
衍生金融负债	11	8 746 394 535.59	3 635 095 593.67
卖出回购金融资产	21	360 000 000.00	740 000 000.00
吸收存款	22	112 919 721 954.16	125 080 546 602.63
应付职工薪酬	23	216 095 795.81	203 833 563.69
应交税费	24	217 043 473.81	87 464 881.78
其他负债	25	532 145 898.11	797 163 380.72
负债总计		135 875 183 596.21	142 765 844 577.60
所有者权益			
实收资本	26	10 000 000 000.00	10 000 000 000.00
其他综合收益	27	(37 495 749.78)	50 004 618.46
盈余公积	28	1 160 291 169.40	1 030 923 891.00
一般风险准备	29	2 260 271 569.54	2 260 271 569.54
未分配利润	30	8 386 489 261.17	7 593 519 636.91
所有者权益总计		21 769 556 250.33	20 934 719 715.91
负债及所有者权益总计		157 644 739 846.54	163 700 564 293.51

* 本表出自经外部注册会计师事务所审计的年度财报。

三井住友银行(中国)有限公司资产负债表

2020－12－31 单位：元

	附 注	2020 年	2019 年
资产			
现金及存放中央银行款项	5	14 583 093 787.79	13 826 754 667.45
存放同业及其他金融机构款项	6	14 762 645 538.88	17 518 257 148.99
拆出资金	7	40 589 275 833.27	37 476 647 897.58
以公允价值计量且其变动计入当期损益的金融资产	8	139 548 950.00	599 925 730.00
衍生金融资产	9	4 426 472 750.33	1 524 828 020.67
买入返售金融资产	10	5 153 580 000.00	1 096 000 000.00
应收利息	11	708 864 392.45	695 081 756.01
发放贷款和垫款	12	42 126 606 501.56	43 882 207 066.24
可供出售金融资产	13	30 503 996 722.00	15 136 707 055.02
固定资产	14	55 244 087.32	47 842 313.58
在建工程	15	91 021 101.20	37 577 228.07
无形资产	16	57 514 756.61	67 534 793.03
递延所得税资产	17	6 797.31	—
其他资产	18	487 601 955.30	145 886 275.72
资产总计		153 685 473 174.02	132 055 249 952.36
负债和所有者权益			
负债			
同业及其他金融机构存放款项	19	3 159 938 308.35	1 984 719 258.91
拆入资金	20	9 446 791 778.30	12 951 921 663.06
衍生金融负债	9	4 387 769 004.64	1 420 455 303.73
吸收存款	21	103 532 061 513.66	92 859 184 120.89
存款证	22	11 182 000 000.00	1 436 000 000.00
卖出回购金融资产款	23	495 000 000.00	1 287 000 000.00
已发行债务证券	24	99 642 639.62	—
应付职工薪酬	25	12 689 107.31	10 234 055.73
应交税费	26	120 962 639.94	47 917 414.08
应付利息	27	318 993 945.66	256 764 353.21
递延所得税负债	17	—	42 286 677.94
其他负债	28	699 640 793.78	393 136 955.86
负债合计		133 455 489 731.26	112 689 619 803.41
所有者权益			
实收资本	29	10 000 000 000.00	10 000 000 000.00
其他综合收益	30	(23 714 610.81)	52 853 792.24
盈余公积	31	890 961 909.09	796 869 739.40
一般风险准备	32	2 069 922 733.79	1 712 633 503.76
未分配利润		7 292 813 410.69	6 803 273 113.55
所有者权益合计		20 229 983 442.76	19 365 630 148.95
负债和所有者权益总计		153 685 473 174.02	132 055 249 952.36

正信银行有限公司资产负债表

2020－12－31

单位：元

项　　目	附注七	年末余额	年初余额	项　　目	附注七	年末余额	年初余额
资产：				**负债：**			
现金及存放中央银行款项	一	39 943 714.94	53 395 435.80	向中央银行借款			
存放同业款项	二	335 462 481.60	120 463 163.14	同业及其他金融机构存放款项	十二	13 481 720.78	24 864 708.84
拆出资金	三	191 832 060.00	41 438 628.00	拆入资金	十三	333 422 390.00	258 817 020.00
衍生金融资产				交易性金融负债			0.00
买入返售金融资产				衍生金融负债			0.00
应收利息	四	950 739.46	1 629 967.79	卖出回购金融资产款	十四	487 149 552.73	288 547 682.69
发放贷款和垫款	五	704 214 397.12	963 398 794.33	吸收存款	十五	781 195 643.24	991 024 820.11
金融投资：				应付职工薪酬	十六	4 618 582.82	3 843 728.54
交易性金融资产				应交税费	十七	2 819 467.61	4 204 093.83
其他债权投资				应付利息	十八	5 635 634.41	9 548 941.56
可供出售金融资产	六	40 142 489.78	170 744 665.51	预计负债			0.00
持有至到期投资	七	1 313 599 288.35	1 299 760 183.16	应付债券			0.00
应收款项类投资				递延所得税负债			0.00
长期股权投资				其他负债	十九	1 912 691.08	486 743.27
投资性房地产				**负债合计**		1 630 235 682.67	1 581 337 738.84
固定资产	八	5 189 250.13	4 384 786.80				
使用权资产				**所有者权益(或股东权益)：**			
无形资产	九	2 897 535.95	3 321 462.23	实收资本	二十	1 000 000 000.00	1 000 000 000.00
递延所得税资产	十	2 621 867.03	8 300 605.97	资本公积	二十一	52 500.00	52 500.00
其他资产	十一	9 919 078.40	8 063 773.12	其他综合收益	二十二	－76 932 231.10	－5 997 983.20
				盈余公积	二十三	27 447 500.62	26 938 933.74
				一般风险准备	二十四	36 124 188.76	32 509 510.74
				未分配利润	二十五	59 845 261.81	40 060 765.73
				所有者权益合计		1 046 537 220.09	1 093 563 727.01
资产总计		2 676 772 902.76	2 674 901 465.85	**负债和所有者权益总计**		2 676 772 902.76	2 674 901 465.85

科威特国民银行股份有限公司上海分行资产负债表

2020－12－31 单位：元

	美 元	等值人民币
资产：		
现金及存放中央银行款项	2 086 000	13 610 941
存放同业款项	18 398 791	120 050 274
拆借放同业款项	149 600 000	976 125 040
联行往来	15 056 294	98 240 810
应收利息	371 404	2 423 371
发放贷款及垫款	6 349 367	41 428 985
固定资产	24 671	160 977
无形资产	237 651	1 550 652
长期待摊费用	41 541	271 053
其他资产	135 039	881 117
资产总计	192 300 759	1 254 743 220
负债：		
拆入资金	114 000 000	743 838 600
联行往来	3 343 873	21 818 436
吸收存款	27 398 981	178 775 613
应付职工薪酬	32 924	214 825
应交税费	27 095	176 792
应付利息	480 937	3 138 067
其他负债	1 805 743	11 782 295
负债合计	147 089 554	959 744 628
总行账户：		
拨入营运资金	45 093 795	300 000 000
其他综合收益	—	（6 193 239）
未分配利润	117 410	1 191 831
总行账户合计	45 211 205	294 998 592
负债及总行账户总计	192 300 759	1 254 743 220

三、其他金融机构资产负债统计

申能集团财务有限公司资产负债表

2020－12－31

单位：元

资　产	行次	期初余额	期末余额	负债和所有者权益	行次	期初余额	期末余额
资产：				**负债：**			
现金及存放中央银行款项	1	1 161 709 824.79	1 393 564 531.45	向中央银行借款	18	617 321 873.43	1 064 280 301.17
存放同业款项	2	7 704 104 336.79	8 936 323 161.75	同业及其他金融机构存放款项	19	—	—
贵金属	3	—	—	拆入资金	20	—	—
拆出资金	4	—	—	交易性金融负债	21	—	—
交易性金融资产	5	—	—	衍生金融负债	22	—	—
衍生金融资产	6	—	—	卖出回购金融资产款	23	—	—
买入返售金融资产	7	—	—	吸收存款	24	19 249 879 111.71	23 592 595 580.24
应收利息	8	37 716 088.54	27 549 152.28	应付职工薪酬	25	14 662 422.48	14 620 413.98
发放贷款及垫款	9	12 014 810 636.23	15 474 443 029.20	应交税费	26	63 176 909.15	108 911 418.73
可供出售金融资产	10	2 022 388 275.56	2 338 382 065.80	应付利息	27	81 610 134.28	161 185 937.56
持有至到期投资	11	—	—	预计负债	28	—	—
长期股权投资	12	6 372 394.71	6 273 000.00	应付债券	29	—	—
投资性房地产	13	—	—	递延所得税负债	30	38 786 646.69	—
固定资产	14	2 033 166.78	2 080 496.42	其他负债	31	365 355 437.53	74 061 169.11
无形资产	15	—	—	**负债合计**		20 430 792 535.27	25 015 654 820.79
递延所得税资产	16	—	12 490 570.32	**所有者权益：**			
其他资产	17	2 113 527.44	54 829 442.19	实收资本	32	1 500 000 000.00	2 000 000 000.00
				资本公积	33	0.04	227 750 000.04
				其他综合收益	34	147 426 449.37	－14 259 122.60
				盈余公积	35	283 902 926.65	333 078 975.15
				一般风险准备	36	237 431 168.78	300 159 621.06
				未分配利润	37	351 695 170.73	383 551 154.97
				所有者权益合计	38	2 520 455 715.57	3 230 280 628.62
资产总计	99	22 951 248 250.84	28 245 935 449.41	**负债和所有者权益总计**	100	22 951 248 250.84	28 245 935 449.41

中泰信托有限责任公司资产负债表

2020－12－31

单位：元

资　产	期末余额	年初余额	负债和所有者权益	期末余额	年初余额
资产：			**负债：**		
现金	51 942.21	41 935.84	拆入资金		
银行存款	94 980 654.28	294 885 108.34	交易性金融负债		
其他货币资金	33 004 078.17	53 881 439.19	衍生金融负债		
拆出资金			卖出回购金融资产款		
交易性金融资产	1 410 958 401.85	917 234 347.46	应付手续费及佣金		
衍生金融资产			应付职工薪酬	91 855 556.34	81 867 728.88
买入返售金融资产			应交税费	29 621 361.62	18 152 685.79
应收手续费及佣金		280 512.07	应付利息		
应收利息	3 676 928.95	843 635.19	应付股利	4 706 281.78	4 706 281.78
应收股利	255 420 000.00	239 085 000.00	其他应付款	7 197 116.81	8 536 126.74
其他应收款	175 824 271.61	134 434 894.30	预计负债		
其他流动资产		6 848 154.96	递延收益		
发放贷款和垫款			递延所得税负债	74 989 858.67	81 458 891.73
可供出售金融资产	564 952 913.58	780 523 072.03	其他负债		
持有至到期投资	77 675 798.62	126 493 891.50	**负债合计**	208 370 175.22	194 721 714.92
长期股权投资	2 156 582 748.89	2 049 302 514.30	**所有者权益：**		
投资性房地产			实收资本	516 600 000.00	516 600 000.00
固定资产	13 226 460.12	12 009 350.40	资本公积	33 674 018.25	33 674 018.25
无形资产	6 319 096.27	6 689 628.45	减：库存股		
商誉			其他综合收益	165 177 639.52	211 502 269.18
长期待摊费用	9 078 540.56	4 097 158.01	盈余公积	275 841 795.80	275 841 795.80
递延所得税资产	128 814 811.60	120 601 025.75	一般风险准备	76 368 221.26	70 000 668.07
其他资产			信托赔偿准备金	103 320 000.00	103 320 000.00
			未分配利润	3 551 214 796.66	3 341 591 201.57
			外币报表折算差额		
			归属于母公司所有者权益合计	4 722 196 471.49	4 552 529 952.87
			少数股东权益		
			所有者权益合计	4 722 196 471.49	4 552 529 952.87
资产总计	4 930 566 646.71	4 747 251 667.79	**负债和所有者权益总计**	4 930 566 646.71	4 747 251 667.79

上海爱建信托有限责任公司资产负债表

2020-12-31　　单位：万元

资产类	期末余额	上年年末余额	负债及所有者权益类	期末余额	上年年末余额
资产：			**负债：**		
现金及存放中央银行款项	8.60	9.26	向中央银行借款		
存放同业款项	141 279.93	49 969.73	同业及其他金融机构存放款项		
贵金属			拆入资金		
拆出资金			交易性金融负债		
衍生金融资产			衍生金融负债		
应收款项			卖出回购金融资产款		
合同资产	18 663.10		吸收存款		
买入返售金融资产			应付职工薪酬	32 809.74	35 474.29
持有待售资产			应交税费	59 896.08	39 633.72
发放贷款和垫款	427 952.44	143 784.15	应付利息		
金融投资：			合同负债	16 603.98	
交易性金融资产	403 956.50	773 632.04	持有待售负债		
债权投资	23 516.39	23 656.54	预计负债		
其他债权投资			应付债券		
其他权益工具投资		1 604.54	其中：优先股		
长期股权投资	3 968.54	4 128.64	永续债		
投资性房地产			递延所得税负债	154.13	63.48
固定资产	1 106.85	947.13	其他负债	118 130.34	193 155.14
在建工程			**负债合计**	227 594.27	268 326.63
无形资产	4 416.85	2 291.08	**所有者权益(或股东权益)：**		
商誉			实收资本(或股本)	460 268.46	460 268.46
递延所得税资产	5 764.72	4 237.30	其他权益工具		
其他资产	27 763.74	8 108.00	其中：优先股		
			永续债		
			资本公积	9 096.93	9 096.93
			减：库存股		
			其他综合收益		−1 604.54
			盈余公积	66 779.83	54 671.92
			一般风险准备	15 839.83	15 142.30
			信托赔偿准备金	62 085.60	49 977.68
			未分配利润	216 732.74	156 489.03
			所有者权益合计	830 803.39	744 041.78
资产总计	1 058 397.66	1 012 368.41	**负债和所有者权益总计**	1 058 397.66	1 012 368.41

东航集团财务有限责任公司资产负债表

2020-12-31 单位：元

项目	期末余额	期初余额	附注编号
资产：			
现金及存放中央银行款项	1 101 412 203.24	578 199 920.89	八、(一)
存放同业及其他金融机构款项	39 725 629 553.83	3 559 901 570.48	八、(二)
贵金属			
拆出资金			
以公允价值计量且其变动计入当期损益的金融资产	284 685 773.54	235 511 149.17	八、(三)
衍生金融资产			
买入返售金融资产	1 915 307 545.90	350 000 000.00	八、(四)
应收利息	26 110 684.94	21 418 441.73	八、(五)
发放贷款和垫款	11 654 832 991.93	5 772 000 000.00	八、(六)
可供出售金融资产	718 227 257.90	831 658 471.00	八、(七)
持有至到期投资			
应收款项类投资			
长期股权投资			
投资性房地产			
固定资产	2 762 531.43	3 149 697.66	八、(八)
在建工程			
无形资产	870 873.30	188 679.07	八、(九)
商誉			
递延所得税资产	47 573 311.73	24 944 999.82	八、(十)
其他资产	9 035 697.38	131 583 333.64	八、(十一)
资产总计	55 486 448 425.12	11 508 556 263.46	
负债：			
向中央银行借款			
同业及其他金融机构存放款项			
拆入资金			
吸收存款	52 739 714 971.23	8 552 497 228.11	八、(十二)
以公允价值计量且其变动计入当期损益的金融负债			

(续表)

项　　目	期末余额	期初余额	附注编号
衍生金融负债			
卖出回购金融资产款项			
已发行存款证			
应付职工薪酬	42 390.25	359 703.52	八、(十三)
应交税费	5 925 714.61	2 286 019.13	八、(十四)
应付利息	21 443 296.05	35 883 506.13	八、(十五)
应付股利			
预计负债			
应付债券			
其中：优先股			
永续债			
递延所得税负债	11 442 218.43	7 961 371.43	八、(十)
其他负债	226 365 713.36	398 368 936.74	八、(十六)
负债合计	53 004 934 303.93	8 997 356 765.06	
所有者权益：			
实收资本(或股本)	2 000 000 000.00	2 000 000 000.00	八、(十七)
其他权益工具			
其中：优先股			
永续债			
资本公积	6 364 000.00	6 364 000.00	八、(十八)
减：库存股			
其他综合收益	15 468 153.86	11 454 731.93	八、(三十四)
专项储备			
盈余公积	201 594 091.50	194 791 547.48	八、(十九)
一般风险准备	216 648 231.83	196 864 979.62	八、(二十)
未分配利润	41 439 644.00	101 724 239.37	八、(二十一)
所有者权益合计	2 481 514 121.19	2 511 199 498.40	
负债及所有者权益合计	55 486 448 425.12	11 508 556 263.46	

上汽通用汽车金融有限责任公司资产负债表

2020－12－31

单位：元

资　　产	行次	年初数	期末数	负债和所有者权益	行次	年初数	期末数
资产：				**负债：**			
现金及存放中央银行款项	1	461 867 877.45	470 357 321.09	向中央银行借款	18		
存放同业款项	2	4 821 531 617.49	13 392 548 234.69	同业存放款项	19	0.00	0.00
贵金属	3			拆入资金	20	49 578 800 249.65	68 800 860 861.47
拆出资金	4			交易性金融负债	21		
金融投资：交易性金融资产	5			衍生金融负债	22		
衍生金融资产	6			卖出回购金融资产款	23		
买入返售资产	7			吸收存款	24	2 805 390 000.00	2 805 553 333.33
发放贷款及垫款	8	110 046 475 665.71	124 877 803 437.89	应付职工薪酬	25	50 791 630.69	66 283 548.59
金融投资：其他债权投资	9			应交税费	26	577 875 248.29	815 192 713.27
金融投资：债权投资	10			预计负债	27		
长期股权投资	11			应付债券	28	26 829 933 126.34	23 987 525 913.17
投资性房地产	12			递延所得税负债	29		
固定资产净值	13	12 237 365.22	13 774 445.37	其他负债	30	23 821 146 320.38	28 510 127 179.42
无形资产	14	28 165 227.22	35 875 030.27	**负债合计**	31	103 663 936 575.35	124 985 543 549.25
递延所得税资产	15	1 705 577 454.81	1 806 989 799.01	**所有者权益：**			
其他资产	16	4 669 462 741.68	3 782 134 450.17	实收资本(或股本)	32	6 500 000 000.00	6 500 000 000.00
				资本公积	33		
				减：库存股	34		
				盈余公积	35	875 000 000.00	1 190 161 782.49
				一般风险准备	36	1 810 945 869.92	1 823 905 218.28
				未分配利润	37	8 895 435 504.31	9 879 872 168.47
				所有者权益合计	38	18 081 381 374.23	19 393 939 169.24
资产总计	17	121 745 317 949.58	144 379 482 718.49	**负债和所有者权益总计**	39	121 745 317 949.58	144 379 482 718.49

上海浦东发展集团财务有限责任公司资产负债表

2020－12－31

单位：元

项　　目	行次	期末余额	期初余额	项　　目	行次	期末余额	期初余额
流动资产：	1			**流动负债：**	72		
货币资金	2	11 192 472 397.33	9 047 652 629.17	短期借款	73		
△结算备付金	3			△向中央银行借款	74		
△拆出资金	4			△拆入资金	75		
以公允价值计量且其变动计入当期损益的金融资产	5	1 302 541 963.62	1 091 731 372.39	以公允价值计量且其变动计入当期损益的金融负债	76		
衍生金融资产	6			衍生金融负债	77		
应收票据	7			应付票据	78		
应收账款	8			应付账款	79		
预付款项	9	4 230 538.31	2 035 314.16	预收款项	80		
△应收保费	10			△卖出回购金融资产款	81		
△应收分保账款	11			△吸收存款及同业存放	82	21 904 463 412.82	18 942 780 753.87
△应收分保合同准备金	12			△代理买卖证券款	83		
其他应收款	13	56 852 390.97	58 443 601.46	△代理承销证券款	84		
其中：应收股利	14			应付职工薪酬	85	9 591 604.71	8 939 780.08
△买入返售金融资产	15	2 595 443 000.00	1 303 050 000.00	其中：应付工资	86	9 591 604.71	8 939 780.08
存货	16			应付福利费	87		
其中：原材料	17			＃其中：职工奖励及福利基金	88		
库存商品(产成品)	18			应交税费	89	8 615 098.67	33 228 760.80
持有待售资产	19			其中：应交税金	90	8 360 721.57	32 955 298.55
一年内到期的非流动资产	20			其他应付款	91	158 987 222.86	888 428 541.33
其他流动资产	21	43 047.30	17 372.20	其中：应付股利	92		743 853 582.28
流动资产合计	22	15 151 583 337.53	11 502 930 289.38	△应付手续费及佣金	93		
非流动资产：	23			△应付分保账款	94		
△发放贷款和垫款	24	6 118 417 422.37	8 244 654 990.00	持有待售负债	95		
可供出售金融资产	25	3 342 713 300.00	2 477 364 930.00	一年内到期的非流动负债	96		
持有至到期投资	26			其他流动负债	97	1 343 722.14	4 596 440.58
长期应收款	27			**流动负债合计**	98	22 083 001 061.20	19 877 974 276.66
长期股权投资	28			**非流动负债：**	99		
投资性房地产	29			△保险合同准备金	100		
固定资产	30	49 056 228.93	51 693 261.02	长期借款	101		
其中：固定资产原价	31	97 422 103.86	97 017 795.06	应付债券	102		
累计折旧	32	48 365 874.93	45 324 534.04	其中：优先股	103		
固定资产减值准备	33			永续债	104		
在建工程	34			长期应付款	105		

（续表）

项 目	行次	期末余额	期初余额	项 目	行次	期末余额	期初余额
生产性生物资产	35			长期应付职工薪酬	106		
油气资产	36			预计负债	107		
无形资产	37	1 427 714.66	2 061 741.14	递延收益	108		
开发支出	38			递延所得税负债	109	12 539 014.14	19 426 874.21
商誉	39			其他非流动负债	110		
长期待摊费用	40			其中：特准储备基金	111		
递延所得税资产	41	23 532 374.70	31 710 211.50	**非流动负债合计**	112	12 539 014.14	19 426 874.21
其他非流动资产	42			**负债合计**	113	22 095 540 075.34	19 897 401 150.87
其中：特准储备物资	43			**所有者权益：**	114		
非流动资产合计	44	9 535 147 040.66	10 807 485 133.66	实收资本	115	1 000 000 000.00	1 000 000 000.00
	45			国家资本	116		
	46			国有法人资本	117	1 000 000 000.00	1 000 000 000.00
	47			集体资本	118		
	48			民营资本	119		
	49			外商资本	120		
	50			＃减：已归还投资	121		
	51			实收资本净额	122	1 000 000 000.00	1 000 000 000.00
	52			其他权益工具	123		
	53			其中：优先股	124		
	54			永续债	125		
	55			资本公积	126	347 000 000.00	347 000 000.00
	56			减：库存股	127		
	57			其他综合收益	128	3 708 149.99	12 874 274.98
	58			其中：外币报表折算差额	129		
	59			专项储备	130		
	60			盈余公积	131	706 473 532.75	654 397 690.57
	61			其中：法定公积金	132	350 875 957.23	324 838 036.14
	62			任意公积金	133	355 597 575.52	329 559 654.43
	63			＃储备基金	134		
	64			＃企业发展基金	135		
	65			＃利润归还投资	136		
	66			△一般风险准备	137	335 938 110.47	307 445 987.56
	67			未分配利润	138	198 070 509.64	91 296 319.06
	68				139		
	69				140		
	70			**所有者权益合计**	141	2 591 190 302.85	2 413 014 272.17
资产总计	71	24 686 730 378.19	22 310 415 423.04	**负债和所有者权益总计**	142	24 686 730 378.19	22 310 415 423.04

上海东方证券资产管理有限公司资产负债表

2020－12－31

单位：元

项　　目		年末数	年初数
资产：			
货币资金	1	2 204 185 668.57	1 592 956 543.91
结算备付金	2	63 988 584.82	59 993 587.53
应收款项	3	244 048 024.55	215 402 638.02
存出保证金	4	39 000 000.00	32 700 000.00
金融投资：			
交易性金融资产	5	1 282 422 565.35	910 090 644.18
固定资产	6	25 310 152.53	7 448 544.08
在建工程	7	3 681 393.29	372 108.57
无形资产	8	30 126 762.80	19 732 617.70
使用权资产	9	145 048 397.94	184 021 130.17
递延所得税资产	10	151 296 600.17	51 581 802.68
其他资产	11	128 827 239.12	86 483 831.41
资产总计		4 317 935 389.14	3 160 783 448.25
负债：			
应付职工薪酬	12	972 241 024.70	541 423 688.27
应交税费	13	376 087 505.75	84 146 257.71
应付款项	14	267 585 411.99	283 249 978.39
其他负债	15	19 800 251.05	9 335 143.09
租赁负债	16	157 705 468.98	188 793 016.46
负债总计		1 793 419 662.47	1 106 948 083.92
所有者权益：			
实收资本	17	300 000 000.00	300 000 000.00
盈余公积	18	150 000 000.00	150 000 000.00
一般风险准备	19	979 234 338.45	707 844 736.33
交易风险准备	20	530 919 926.94	449 927 558.90
未分配利润	21	564 361 461.28	446 063 069.10
所有者权益合计		2 524 515 726.67	2 053 835 364.33
负债和所有者权益总计		4 317 935 389.14	3 160 783 448.25

爱建证券有限责任公司资产负债表

2020－12－31 单位：元

项 目	附注七	
资产：		
货币资金	1	2 194 581 725.60
其中：客户资金存款		1 891 124 232.67
结算备付金	2	790 275 795.65
其中：客户备付金		488 816 534.99
融出资金	3	904 321 176.43
买入返售金融资产	4	463 277 509.59
应收款项	5	18 688 178.05
存出保证金	6	29 918 818.69
金融投资：		
交易性金融资产	7	323 759 396.13
固定资产	8	50 691 201.18
无形资产	9	14 784 588.44
递延所得税资产	10	48 022 814.90
其他资产	11	25 280 058.89
资产总计		4 863 601 263.55
负债：		
应付短期融资款	13	121 769 649.19
拆入资金		—
卖出回购金融资产款		—
代理买卖证券款	14	2 381 328 269.16
应付职工薪酬	15	19 408 348.96
应交税费	16	14 633 493.62
应付款项	17	4 953 566.43
应付债券	18	618 600 000.00
其他负债	19	76 368 190.46
负债合计		3 237 061 517.82
所有者权益：		
实收资本	21	1 400 000 000.00
盈余公积	22	42 771 672.71
一般风险准备	23	87 309 978.15
未分配利润	24	96 458 094.87
归属母公司所有者权益合计		1 626 539 745.73
少数股东权益		—
所有者权益合计		1 626 539 745.73
负债及所有者权益总计		4 863 601 263.55

四、保险统计

（一）资产负债统计

中国人寿保险股份有限公司上海市分公司资产负债表

2020-12-31　　单位：百万元

资　　产	2020 年	2019 年	负债及所有者权益	2020 年	2019 年
资产：			负债：		
货币资金	224.87	288.12	短期借款	0	0
拆出资金	0	0	拆入资金	0	0
交易性金融资产	0	0	交易性金融负债	0	0
衍生金融资产	0	0	衍生金融负债	0	0
买入返售金融资产	0	0	卖出回购金融资产款	0	0
应收利息	11.38	9.49	预收保费	887.04	843.11
应收保费	183.9	178.1	应付手续费及佣金	46.5	36.47
应收代位追偿款	0	0	应付分保账款	2.67	2.67
应收分保账款	4.49	8.13	应付职工薪酬	144.43	165.04
应收分保未到期责任准备金	57.59	60.16	应交税费	5.62	4.16
应收分保未决赔款准备金	72.25	65.41	应付赔付款	845.29	830.77
应收分保寿险责任准备金	3.68	2.86	应付保单红利	1 653.34	1 583.58
应收分保长期健康险责任准备金	94.27	88.94	保户储金及投资款	28 030.92	26 981.81
保户质押贷款	983.38	807.33	未到期责任准备金	482.86	458.92
定期存款	0	0	未决赔款准备金	362.72	321.38
可供出售金融资产	0	0	寿险责任准备金	34 317.02	30 240.47
持有至到期投资	0	0	长期健康险责任准备金	1 640.54	1 348.31
长期股权投资	0	0	长期借款	0	0
存出资本保证金	0	0	应付债券	0	0
投资性房地产	0	0	独立账户负债	0	0
固定资产	265.27	280.47	递延所有税负债	0	0
无形资产	36.3	37.6	其他负债	435.63	460.39
独立账户资产	0	0	负债合计	68 854.58	63 277.08
递延所得税资产	0	0	所有者权益(或股东权益)：		
其他资产	39 379.5	36 680.86	实收资本(或股本)	0	0
			资本公积	0	0
			减：库存股	0	0
			盈余公积	0	0
			一般风险准备	0	0
			未分配利润	−27 537.7	−24 769.61
			所有者权益(或股东权益)合计	−27 537.7	−24 769.61
资产总计：	41 316.88	38 507.47	负债和所有者权益(或股东权益)总计	41 316.88	38 507.47

中国平安人寿保险股份有限公司上海分公司资产负债表

2020－12－31　　　　单位：百万元

资　　产	2020年	2019年	负债及所有者权益	2020年	2019年
资产：			**负债：**		
货币资金	0.98	2.05	短期借款	0	0
拆出资金	0	0	拆入资金	0	0
交易性金融资产	0	0	交易性金融负债	0	0
衍生金融资产	0	0	衍生金融负债	0	0
买入返售金融资产	0	0	卖出回购金融资产款	0	0
应收利息	75.67	62.18	预收保费	1 303.81	1 145.36
应收保费	324.25	437.33	应付手续费及佣金	220.43	266.93
应收代位追偿款	0	0	应付分保账款	0	0
应收分保账款	0	0	应付职工薪酬	152.14	144.92
应收分保未到期责任准备金	7.81	10.73	应交税费	46.91	40.85
应收分保未决赔款准备金	4.39	2.97	应付赔付款	4 489.86	4 144.11
应收分保寿险责任准备金	9.94	7.50	应付保单红利	5 035.45	4 789.62
应收分保长期健康险责任准备金	42.28	29.41	保户储金及投资款	27 386.17	26 147.26
保户质押贷款	4 474.87	4 013.63	未到期责任准备金	29.20	29.66
定期存款	0	0	未决赔款准备金	8.72	5.51
可供出售金融资产	0	0	寿险责任准备金	137 261.75	126 829.78
持有至到期投资	0	0	长期健康险责任准备金	11 684.88	10 505.61
长期股权投资	0	0	长期借款	0	0
存出资本保证金	0	0	应付债券	0	0
投资性房地产	2 854.04	3 013.81	独立账户负债	10 672.58	9 969.50
固定资产	501.90	517.95	递延所有税负债	0	0
无形资产	72.08	70.89	其他负债	401.60	236.42
独立账户资产	0	0	负债合计	198 693.50	184 255.52
递延所得税资产	0	0	**所有者权益(或股东权益)：**		
其他资产	135 886.66	127 230.70	实收资本(或股本)	0	0
			资本公积	0	0
			减：库存股	0	0
			盈余公积	0	0
			一般风险准备	0	0
			未分配利润	−54 438.63	−48 856.39
			所有者权益(或股东权益)合计	−54 438.63	−48 856.39
资产总计：	144 254.87	135 399.13	**负债和所有者权益(或股东权益)总计**	144 254.87	135 399.13

新华人寿保险股份有限公司上海分公司资产负债表

2020-12-31　　单位：百万元

资　　产	2020年	2019年	负债及所有者权益	2020年	2019年
资产：			**负债：**		
货币资金	6.71	17.00	短期借款	0	0
拆出资金	0	0	拆入资金	0	0
交易性金融资产	0	0	交易性金融负债	0	0
衍生金融资产	0	0	衍生金融负债	0	0
买入返售金融资产	0	0	卖出回购金融资产款	0	0
应收利息	5.43	5.67	预收保费	95.22	75.34
应收保费	64.32	57.68	应付手续费及佣金	23.39	27.00
应收代位追偿款	0	0	应付分保账款	5.78	5.54
应收分保账款	6.79	9.22	应付职工薪酬	78.61	53.08
应收分保未到期责任准备金	1.26	0.67	应交税费	−5.08	0.88
应收分保未决赔款准备金	0.62	0.30	应付赔付款	438.19	271.17
应收分保寿险责任准备金	0	0	应付保单红利	0.02	0
应收分保长期健康险责任准备金	0	0	保户储金及投资款	2 125.93	2 162.86
保户质押贷款	201.14	249.10	未到期责任准备金	85.73	62.82
定期存款	0	0	未决赔款准备金	61.55	126.41
可供出售金融资产	0	0	寿险责任准备金	13 341.57	14 836.92
持有至到期投资	0	0	长期健康险责任准备金	1 116.06	940.28
长期股权投资	0	0	长期借款	0	0
存出资本保证金	0	0	应付债券	0	0
投资性房地产	52.61	53.94	独立账户负债	0	0
固定资产	448.20	376.91	递延所有税负债	0	0
无形资产	0.34	0.11	其他负债	98.24	75.65
独立账户资产	0	0	负债合计	17 465.20	18 637.96
递延所得税资产	0	0	**所有者权益(或股东权益)：**		
其他资产	15 864.78	16 945.23	实收资本(或股本)	0	0
			资本公积	0	0
			减：库存股	0	0
			盈余公积	0	0
			一般风险准备	0	0
			未分配利润	−813.01	−922.14
			所有者权益(或股东权益)合计	−813.01	−922.14
资产总计：	16 652.20	17 715.82	**负债和所有者权益(或股东权益)总计**	16 652.20	17 715.82

太平人寿保险有限公司上海分公司资产负债表

2020－12－31 单位：百万元

资 产	2020年	2019年	负债及所有者权益	2020年	2019年
资产：			**负债：**		
货币资金	0.56	0.38	短期借款	0	0
拆出资金	0	0	拆入资金	0	0
交易性金融资产	0	0	交易性金融负债	0	0
衍生金融资产	0	0	衍生金融负债	0	0
买入返售金融资产	0	0	卖出回购金融资产款	0	0
应收利息	4.00	3.92	预收保费	214.00	93.17
应收保费	26.98	20.24	应付手续费及佣金	33.03	38.51
应收代位追偿款	0	0	应付分保账款	656.44	726.73
应收分保账款	1.56	24.81	应付职工薪酬	18.64	16.63
应收分保未到期责任准备金	9.17	9.20	应交税费	1.56	2.45
应收分保未决赔款准备金	3.05	1.33	应付赔付款	101.93	113.65
应收分保寿险责任准备金	3.59	3.36	应付保单红利	209.77	197.33
应收分保长期健康险责任准备金	16.44	12.30	保户储金及投资款	1 236.66	1 091.43
保户质押贷款	518.97	478.54	未到期责任准备金	27.51	20.90
定期存款	0	0	未决赔款准备金	4.80	2.36
可供出售金融资产	0	0	寿险责任准备金	8 897.84	6 947.73
持有至到期投资	0	0	长期健康险责任准备金	1 037.38	787.37
长期股权投资	0	0	长期借款	0	0
存出资本保证金	0	0	应付债券	0	0
投资性房地产	0	0	独立账户负债	0	0
固定资产	56.72	59.65	递延所有税负债	0	0
无形资产	0	0	其他负债	2.69	2.07
独立账户资产	0	0	负债合计	5 651.12	5 205.95
递延所得税资产	0	0	**所有者权益(或股东权益)：**		
其他资产	20.44	20.37	实收资本(或股本)	0	0
			资本公积	0	0
			减：库存股	0	0
			盈余公积	0	0
			一般风险准备	0	0
			未分配利润	−4 989.63	−4 571.83
			所有者权益(或股东权益)合计	−4 989.63	−4 571.83
资产总计：	661.49	634.12	**负债和所有者权益(或股东权益)总计**	661.49	634.12

合众人寿保险股份有限公司上海分公司资产负债表

2020 - 12 - 31　　单位：百万元

资　产	2020年	2019年	负债及所有者权益	2020年	2019年
资产：			**负债：**		
货币资金	0.01	0.05	短期借款	0	0
拆出资金	0	0	拆入资金	0	0
交易性金融资产	0	0	交易性金融负债	0	0
衍生金融资产	0	0	衍生金融负债	0	0
买入返售金融资产	0	0	卖出回购金融资产款	0	0
应收利息	6.04	4.77	预收保费	100.20	38.09
应收保费	12.64	11.76	应付手续费及佣金	15.52	8.69
应收代位追偿款	0	0	应付分保账款	0	0
应收分保账款	0	0	应付职工薪酬	6.60	5.42
应收分保未到期责任准备金	0.36	0.16	应交税费	−4.56	0.43
应收分保未决赔款准备金	0.18	0.75	应付赔付款	1.07	1.25
应收分保寿险责任准备金	0.75	0.70	应付保单红利	138.61	124.94
应收分保长期健康险责任准备金	2.11	1.79	保户储金及投资款	1 317.29	1 003.63
保户质押贷款	125.90	115.38	未到期责任准备金	3.77	4.75
定期存款	0	0	未决赔款准备金	1.41	3.04
可供出售金融资产	0	0	寿险责任准备金	3 787.62	3 310.97
持有至到期投资	0	0	长期健康险责任准备金	102.76	72.83
长期股权投资	0	0	长期借款	0	0
存出资本保证金	0	0	应付债券	0	0
投资性房地产	0	0	独立账户负债	1.15	1.23
固定资产	0.70	0.84	递延所有税负债	0	0
无形资产	0	0	其他负债	248.09	235.27
独立账户资产	1.15	0	负债合计	5 719.52	4 810.55
递延所得税资产	0	0	**所有者权益(或股东权益)：**		
其他资产	4 196.66	3 504.13	实收资本(或股本)	0	0
			资本公积	0	0
			减：库存股	0	0
			盈余公积	0	0
			一般风险准备	0	0
			未分配利润	−1 373.02	−1 170.23
			所有者权益(或股东权益)合计	−1 373.02	−1 170.23
资产总计：	4 346.50	3 640.32	**负债和所有者权益(或股东权益)总计**	4 346.50	3 640.32

汇丰人寿保险有限公司资产负债表

2020－12－31

单位：百万元

资　　产	2020 年	2019 年	负债及所有者权益	2020 年	2019 年
资产：			**负债：**		
货币资金	255.2	119.27	短期借款	0	0
拆出资金	0	0	拆入资金	0	0
交易性金融资产	1 219.94	891.28	交易性金融负债	0	0
衍生金融资产	0	0	衍生金融负债	0	0
买入返售金融资产	63.8	290.01	卖出回购金融资产款	0	0
应收利息	157.64	146.73	预收保费	0	0
应收保费	13.66	17.82	应付手续费及佣金	4	7.2
应收代位追偿款	0	0	应付分保账款	10.77	8.07
应收分保账款	5.03	3.69	应付职工薪酬	31.52	23.79
应收分保未到期责任准备金	0	0	应交税费	2.92	4.59
应收分保未决赔款准备金	0	0	应付赔付款	183.19	142.68
应收分保寿险责任准备金	87.59	30.44	应付保单红利	226.81	194.45
应收分保长期健康险责任准备金	0.11	0.3	保户储金及投资款	27.95	25.63
保户质押贷款	109	94.95	未到期责任准备金	0	0
定期存款	0	0	未决赔款准备金	0	0
可供出售金融资产	4 605.08	3 688.55	寿险责任准备金	4 481.17	3 830.71
持有至到期投资	3 098.95	2 839.88	长期健康险责任准备金	51.36	44.74
长期股权投资	0	0	长期借款	0	0
存出资本保证金	205	205	应付债券	0	0
投资性房地产	0	0	独立账户负债	1 487.88	1 013.9
固定资产	3.29	2.51	递延所有税负债	0	0
无形资产	124.15	108.17	其他负债	7 785.5	6 045.25
独立账户资产	1 487.88	1 013.9	负债合计	14 293.07	11 341.01
递延所得税资产	0	0	**所有者权益(或股东权益)：**		
其他资产	3 746.47	2 633.26	实收资本(或股本)	1 025	1 025
			资本公积	69.79	75.23
			减：库存股	0	0
			盈余公积	0	0
			一般风险准备	0	0
			未分配利润	−205.07	−355.48
			所有者权益(或股东权益)合计	889.72	744.75
资产总计：	15 182.79	12 085.76	**负债和所有者权益(或股东权益)总计**	15 182.79	12 085.76

友邦人寿保险有限公司上海分公司资产负债表

2020－12－31

单位：百万元

资　　产	2020年	2019年	负债及所有者权益	2020年	2019年
资产：			**负债：**		
货币资金	1 412.30	2 067.07	短期借款	0	0
拆出资金	0	0	拆入资金	0	0
交易性金融资产	0	0	交易性金融负债	0	0
衍生金融资产	0	0	衍生金融负债	0	0
买入返售金融资产	1 080.30	1 389.00	卖出回购金融资产款	8 677.50	12 261.82
应收利息	1 384.64	1 266.30	预收保费	1 344.55	1 033.67
应收保费	1 581.12	1 335.55	应付手续费及佣金	793.66	831.01
应收代位追偿款	0	0	应付分保账款	1 243.08	1 174.95
应收分保账款	1 129.89	977.87	应付职工薪酬	444.45	292.37
应收分保未到期责任准备金	29.75	25.24	应交税费	116.58	703.12
应收分保未决赔款准备金	88.39	72.59	应付赔付款	1 250.70	1 063.85
应收分保寿险责任准备金	205.52	148.16	应付保单红利	416.34	354.06
应收分保长期健康险责任准备金	4 838.52	3 021.53	保户储金及投资款	8 661.45	8 252.23
保户质押贷款	3 607.33	3 014.16	未到期责任准备金	1 745.72	1 353.48
定期存款	2 260.00	2 535.88	未决赔款准备金	374.21	266.93
可供出售金融资产	108 241.29	86 705.35	寿险责任准备金	113 397.05	96 386.42
持有至到期投资	58 930.67	60 167.53	长期健康险责任准备金	36 390.01	26 984.26
长期股权投资	0	0	长期借款	0	0
存出资本保证金	765.39	765.39	应付债券	0	0
投资性房地产	0	0	独立账户负债	4 142.92	3 168.34
固定资产	56.50	47.49	递延所有税负债	1 132.55	967.14
无形资产	535.64	369.92	其他负债	1 846.57	3 525.03
独立账户资产	4 142.92	3 168.34	负债合计	181 977.34	158 618.69
递延所得税资产	0	0	**所有者权益(或股东权益)：**		
其他资产	8 406.16	8 279.00	实收资本(或股本)	3 777.40	3 777.40
			资本公积	4 563.58	3 924.89
			减：库存股	0	0
			盈余公积	1 213.73	1 058.66
			一般风险准备	0	0
			未分配利润	7 164.28	7 976.71
			所有者权益(或股东权益)合计	16 718.99	16 737.66
资产总计：	198 696.33	175 356.35	**负债和所有者权益(或股东权益)总计**	198 696.33	175 356.35

中国人民人寿保险股份有限公司上海分公司资产负债表

2020－12－31　　单位：百万元

资　产	2020年	2019年	负债及所有者权益	2020年	2019年
资产：			负债：		
货币资金	1.57	1.77	短期借款	0	0
拆出资金	0	0	拆入资金	0	0
交易性金融资产	0	0	交易性金融负债	0	0
衍生金融资产	0	0	衍生金融负债	0	0
买入返售金融资产	0	0	卖出回购金融资产款	0	0
应收利息	1.28	2.81	预收保费	71.95	13.65
应收保费	13.65	5.06	应付手续费及佣金	21.34	12.96
应收代位追偿款	0	0	应付分保账款	0	0
应收分保账款	0	0	应付职工薪酬	16.61	19.32
应收分保未到期责任准备金	0	0	应交税费	2.1	1.3
应收分保未决赔款准备金	0	0	应付赔付款	70.89	67.5
应收分保寿险责任准备金	0	0	应付保单红利	22.55	21.61
应收分保长期健康险责任准备金	0	0	保户储金及投资款	231.71	1 915.79
保户质押贷款	38.41	41.51	未到期责任准备金	5.41	5.82
定期存款	0	0	未决赔款准备金	13.13	19.15
可供出售金融资产	0	0	寿险责任准备金	1 462.44	1 016.56
持有至到期投资	0	0	长期健康险责任准备金	695.49	757.27
长期股权投资	0	0	长期借款	0	0
存出资本保证金	0	0	应付债券	0	0
投资性房地产	1 104	1 104	独立账户负债	0	0
固定资产	265.08	270.53	递延所有税负债	0	0
无形资产	0.05	0	其他负债	7.78	20.88
独立账户资产	0	0	负债合计	2 621.4	3 871.81
递延所得税资产	0	0	所有者权益(或股东权益)：		
其他资产	−894.6	324.64	实收资本(或股本)	0	0
			资本公积	30.85	30.85
			减：库存股	0	0
			盈余公积	0	0
			一般风险准备	0	0
			未分配利润	−2 122.81	−2 152.34
			所有者权益(或股东权益)合计	−2 091.96	−2 121.49
资产总计：	529.44	1 750.32	负债和所有者权益(或股东权益)总计	529.44	1 750.32

中国人民财产保险股份有限公司上海分公司资产负债表

2020 - 12 - 31　　单位：百万元

资　　产	2020 年	2019 年	负债及所有者权益	2020 年	2019 年
资产：			**负债：**		
货币资金	63.14	333.05	短期借款	0	0
拆出资金	0	0	拆入资金	0	0
交易性金融资产	0	0	交易性金融负债	0	0
衍生金融资产	0	0	衍生金融负债	0	0
买入返售金融资产	0	0	卖出回购金融资产款	0	0
应收利息	0.01	0.01	预收保费	655.91	813.52
应收保费	817.88	938.05	应付手续费及佣金	313.41	281.69
应收代位追偿款	0.72	0.55	应付分保账款	−10.05	−10.03
应收分保账款	−20.51	−20.02	应付职工薪酬	301.36	313.55
应收分保未到期责任准备金	728.33	728.52	应交税费	−26.97	−27.32
应收分保未决赔款准备金	1 260.87	1 148.54	应付赔付款	76.57	54.89
应收分保寿险责任准备金	0	0	应付保单红利	−0.03	−0.03
应收分保长期健康险责任准备金	0	0	保户储金及投资款	45.33	45.45
保户质押贷款	0	0	未到期责任准备金	4 058.23	3 936.06
定期存款	0	0	未决赔款准备金	5 215.35	4 082.82
可供出售金融资产	0	0	寿险责任准备金	0	0
持有至到期投资	0	0	长期健康险责任准备金	0	0
长期股权投资	0	0	长期借款	0	0
存出资本保证金	0	0	应付债券	0	0
投资性房地产	0	0	独立账户负债	0	0
固定资产	2 409.10	202.30	递延所有税负债	0	0
无形资产	0.67	0.73	其他负债	−5 227.94	−5 981.84
独立账户资产	0	0	负债合计	5 401.17	3 508.76
递延所得税资产	0	0	**所有者权益(或股东权益)：**		
其他资产	140.96	177.03	实收资本(或股本)	0	0
			资本公积	0	0
			减：库存股	0	0
			盈余公积	0	0
			一般风险准备	0	0
			未分配利润	0	0
			所有者权益(或股东权益)合计	0	0
资产总计：	5 401.17	3 508.76	**负债和所有者权益(或股东权益)总计**	5 401.17	3 508.76

中国平安财产保险股份有限公司上海分公司资产负债表

2020－12－31　　　　单位：百万元

资　　产	2020年	2019年	负债及所有者权益	2020年	2019年
资产：			**负债：**		
货币资金	72.14	155.49	短期借款	0	0
拆出资金	0	0	拆入资金	0	0
交易性金融资产	0	0	交易性金融负债	0	0
衍生金融资产	0	0	衍生金融负债	0	0
买入返售金融资产	0	0	卖出回购金融资产款	0	0
应收利息	0	0	预收保费	1 150.61	1 218.11
应收保费	2 602.15	2 202.42	应付手续费及佣金	425.58	305.7
应收代位追偿款	0	0	应付分保账款	300.25	243.25
应收分保账款	498.18	505.19	应付职工薪酬	152.14	－5
应收分保未到期责任准备金	608.18	604.7	应交税费	80.46	－52.49
应收分保未决赔款准备金	888.72	808.58	应付赔付款	0	0
应收分保寿险责任准备金	0	0	应付保单红利	0	0
应收分保长期健康险责任准备金	0	0	保户储金及投资款	1.13	1.13
保户质押贷款	0	0	未到期责任准备金	8 078.06	7 052.95
定期存款	0	0	未决赔款准备金	8 272.18	7 540.95
可供出售金融资产	0	0	寿险责任准备金	0	0
持有至到期投资	0	0	长期健康险责任准备金	0	0
长期股权投资	0	0	长期借款	0	0
存出资本保证金	0	0	应付债券	0	0
投资性房地产	0	0	独立账户负债	0	0
固定资产	34.15	42.82	递延所有税负债	0	0
无形资产	0	0	其他负债	350.06	971.49
独立账户资产	0	0	负债合计	18 810.47	17 276.09
递延所得税资产	0	0	**所有者权益(或股东权益)：**		
其他资产	21 957.31	19 361.41	实收资本(或股本)	0	0
			资本公积	0	0
			减：库存股	0	0
			盈余公积	0	0
			一般风险准备	0	0
			未分配利润	7 850.36	6 404.52
			所有者权益(或股东权益)合计	7 850.36	6 404.52
资产总计：	26 660.83	23 680.61	**负债和所有者权益(或股东权益)总计**	26 660.83	23 680.61

安信农业保险股份有限公司上海分公司资产负债表

2020－12－31　　单位：百万元

资　　产	2020年	2019年	负债及所有者权益	2020年	2019年
资产：			**负债：**		
货币资金	72.14	155.49	短期借款	0	0
拆出资金	0	0	拆入资金	0	0
交易性金融资产	0	0	交易性金融负债	0	0
衍生金融资产	0	0	衍生金融负债	0	0
买入返售金融资产	0	0	卖出回购金融资产款	0	0
应收利息	0	0	预收保费	1 150.61	1 218.11
应收保费	2 602.15	2 202.42	应付手续费及佣金	425.58	305.7
应收代位追偿款	0	0	应付分保账款	300.25	243.25
应收分保账款	498.18	505.19	应付职工薪酬	152.14	－5
应收分保未到期责任准备金	608.18	604.7	应交税费	80.46	－52.49
应收分保未决赔款准备金	888.72	808.58	应付赔付款	0	0
应收分保寿险责任准备金	0	0	应付保单红利	0	0
应收分保长期健康险责任准备金	0	0	保户储金及投资款	1.13	1.13
保户质押贷款	0	0	未到期责任准备金	8 078.06	7 052.95
定期存款	0	0	未决赔款准备金	8 272.18	7 540.95
可供出售金融资产	0	0	寿险责任准备金	0	0
持有至到期投资	0	0	长期健康险责任准备金	0	0
长期股权投资	0	0	长期借款	0	0
存出资本保证金	0	0	应付债券	0	0
投资性房地产	0	0	独立账户负债	0	0
固定资产	34.15	42.82	递延所有税负债	0	0
无形资产	0	0	其他负债	350.06	971.49
独立账户资产	0	0	负债合计	18 810.47	17 276.09
递延所得税资产	0	0	**所有者权益(或股东权益)：**		
其他资产	21 957.31	19 361.41	实收资本(或股本)	0	0
			资本公积	0	0
			减：库存股	0	0
			盈余公积	0	0
			一般风险准备	0	0
			未分配利润	7 850.36	6 404.52
			所有者权益(或股东权益)合计	7 850.36	6 404.52
资产总计：	26 660.83	23 680.61	**负债和所有者权益(或股东权益)总计**	26 660.83	23 680.61

美亚财产保险有限公司上海分公司资产负债表

2020－12－31 单位：百万元

资　　产	2020年	2019年	负债及所有者权益	2020年	2019年
资产：			**负债：**		
货币资金	266.78	265.16	短期借款	0	0
拆出资金	0	0	拆入资金	0	0
交易性金融资产	0	440.16	交易性金融负债	0	0
衍生金融资产	0	0	衍生金融负债	0	0
买入返售金融资产	0	0	卖出回购金融资产款	0	0
应收利息	0	72.86	预收保费	0	0
应收保费	281.10	147.29	应付手续费及佣金	15.36	18.86
应收代位追偿款	0	0	应付分保账款	233.21	165.83
应收分保账款	256.67	252.99	应付职工薪酬	73.53	65.78
应收分保未到期责任准备金	193.85	132.40	应交税费	9.62	14.52
应收分保未决赔款准备金	220.34	249.70	应付赔付款	0.52	16.99
应收分保寿险责任准备金	0	0	应付保单红利	0	0
应收分保长期健康险责任准备金	0	0	保户储金及投资款	0	0
保户质押贷款	0	0	未到期责任准备金	538.97	351.33
定期存款	0	935.70	未决赔款准备金	379.95	430.79
可供出售金融资产	0	131.11	寿险责任准备金	0	0
持有至到期投资	0	0	长期健康险责任准备金	0	0
长期股权投资	0	0	长期借款	0	0
存出资本保证金	0	182.37	应付债券	0	0
投资性房地产	0	0	独立账户负债	0	0
固定资产	10.02	5.71	递延所有税负债	0	0
无形资产	12.46	19.83	其他负债	－904.30	767.21
独立账户资产	0	0	负债合计	346.86	1 831.31
递延所得税资产	48.92	57.23	**所有者权益(或股东权益)：**		
其他资产	43.20	35.66	实收资本(或股本)	510.53	510.53
			资本公积	3.97	4.64
			减：库存股	0	0
			盈余公积	115.79	89.11
			一般风险准备	111.02	84.34
			未分配利润	245.17	408.24
			所有者权益(或股东权益)合计	986.48	1 096.86
资产总计：	1 333.34	2 928.17	**负债和所有者权益(或股东权益)总计**	1 333.34	2 928.17

中国出口信用保险公司上海分公司资产负债表

2020－12－31

单位：百万元

资　　产	2020年	2019年	负债及所有者权益	2020年	2019年
资产：			**负债：**		
货币资金	24.57	15.67	短期借款	0	0
拆出资金	0	0	拆入资金	0	0
交易性金融资产	0	0	交易性金融负债	0	0
衍生金融资产	0	0	衍生金融负债	0	0
买入返售金融资产	0	0	卖出回购金融资产款	0	0
应收利息	0	0	预收保费	21.62	20.16
应收保费	6.25	48.92	应付手续费及佣金	1.31	0.07
应收代位追偿款	0.04	3.04	应付分保账款	0	0
应收分保账款	0	0	应付职工薪酬	20.74	15.35
应收分保未到期责任准备金	124.81	110.13	应交税费	−53.59	−40.45
应收分保未决赔款准备金	192.79	220.19	应付赔付款	1.82	0
应收分保寿险责任准备金	0	0	应付保单红利	0	0
应收分保长期健康险责任准备金	0	0	保户储金及投资款	0	0
保户质押贷款	0	0	未到期责任准备金	1 620.80	1 793.43
定期存款	0	0	未决赔款准备金	545.54	602.34
可供出售金融资产	0	0	寿险责任准备金	0	0
持有至到期投资	0	0	长期健康险责任准备金	0	0
长期股权投资	0	0	长期借款	0	0
存出资本保证金	0	0	应付债券	0	0
投资性房地产	0	0	独立账户负债	0	0
固定资产	3.58	2.91	递延所有税负债	0	0
无形资产	0	0	其他负债	−1 799.54	−1 984.44
独立账户资产	0	0	负债合计	358.71	406.46
递延所得税资产	0	0	**所有者权益（或股东权益）：**		
其他资产	6.67	5.60	实收资本（或股本）	0	0
			资本公积	0	0
			减：库存股	0	0
			盈余公积	0	0
			一般风险准备	0	0
			未分配利润	0	0
			所有者权益（或股东权益）合计	0	0
资产总计：	358.71	406.46	**负债和所有者权益（或股东权益）总计**	358.71	406.46

众安在线财产保险股份有限公司资产负债表

2020－12－31　　单位：百万元

资　　产	2020 年	2019 年	负债及所有者权益	2020 年	2019 年
资产：			**负债：**		
货币资金	5 980.05	926.72	短期借款	0	0
拆出资金	0	0	拆入资金	0	0
交易性金融资产	5 318.34	5 714.67	交易性金融负债	0	0
衍生金融资产	0	0	衍生金融负债	0	0
买入返售金融资产	93	160	卖出回购金融资产款	4 093.82	4 049.72
应收利息	303.62	302.86	预收保费	126.71	101.13
应收保费	4 477.91	3 532.16	应付手续费及佣金	581.34	158.85
应收代位追偿款	0	0	应付分保账款	452.16	218.06
应收分保账款	319.53	238.03	应付职工薪酬	173.53	203.72
应收分保未到期责任准备金	188.26	111.83	应交税费	168.08	73.42
应收分保未决赔款准备金	158.09	163.29	应付赔付款	69.7	115.9
应收分保寿险责任准备金	0	0	应付保单红利	0	0
应收分保长期健康险责任准备金	0	0	保户储金及投资款	0	0
保户质押贷款	0	0	未到期责任准备金	5 415.72	5 368.68
定期存款	0	0	未决赔款准备金	3 128.5	2 174.02
可供出售金融资产	14 660.85	12 175.13	寿险责任准备金	0	0
持有至到期投资	574.45	0	长期健康险责任准备金	0	0
长期股权投资	3 663.95	2 753.65	长期借款	0	0
存出资本保证金	294.34	294.34	应付债券	6 487.17	0
投资性房地产	0	0	独立账户负债	0	0
固定资产	18.57	24.54	递延所有税负债	0	0
无形资产	262.34	293.74	其他负债	1 834.12	1 514.01
独立账户资产	0	0	负债合计	22 530.85	13 977.51
递延所得税资产	0	0	**所有者权益(或股东权益)：**		
其他资产	3 436.64	3 175.91	实收资本(或股本)	1 469.81	1 469.81
			资本公积	16 897.86	16 561.24
			减：库存股	0	0
			盈余公积	0	0
			一般风险准备	0	0
			未分配利润	－1 148.58	－2 141.69
			所有者权益(或股东权益)合计	17 219.09	15 889.36
资产总计：	39 749.94	29 866.87	**负债和所有者权益(或股东权益)总计**	39 749.94	29 866.87

(二) 损益统计

中国人寿保险股份有限公司上海市分公司损益表

2020 - 12 - 31　　单位：百万元

项　　目	2020 年	2019 年
一、营业收入	6 341.92	5 844.58
已赚保费	6 232.61	5 740.29
保险业务收入	6 477.21	5 985.49
其中：分保费收入	0	0
减：分出保费	218.09	213.65
提取未到期责任准备金	26.51	31.55
投资收益(损失以“—”号填列)	44.18	36.92
其中：对联营企业和合营企业的投资收益	0	0
公允价值变动收益(损失以“—”号填列)	0	0
汇兑收益(损失以“—”号填列)	0	0
其他业务收入	65.13	67.37
二、营业支出	9 108.99	7 949.55
退保金	384.96	487.92
赔付支出	1 580.52	2 275.65
减：摊回赔付支出	184.78	214.19
提取保险责任准备金	4 399.27	2 758.34
减：摊回保险责任准备金	13.00	25.31
保单红利支出	1 132.80	819.45
分保费用	0	0
营业税金及附加	8.17	7.32
手续费及佣金支出	619.51	553.29
业务及管理费	654.83	749.94
减：摊回分保费用	22.51	0.13
其他业务成本	556.22	537.27
资产减值损失	0	0
三、营业利润(亏损以“—”填列)	—2 767.07	—2 104.97
加：营业外收入	0.24	0
减：营业外支出	1.26	1.90
四、利润总额(亏损总额以“—”填列)	—2 768.09	—2 106.87
减：所得税费用	0	0
五、净利润(净亏损以“—”填列)	—2 768.09	—2 106.87
六、每股收益	0	0
(一) 基本每股收益	0	0
(二) 稀释每股收益	0	0

中国平安人寿保险股份有限公司上海分公司损益表

2020－12－31　　　　　　　　　　　　单位：百万元

项　　目	2020年	2019年
一、营业收入	17 627.99	17 072.48
已赚保费	16 491.34	15 992.18
保险业务收入	16 615.89	16 116.07
其中：分保费收入	0	0
减：分出保费	122.09	136.00
提取未到期责任准备金	2.46	－12.11
投资收益(损失以“－”号填列)	0	0
其中：对联营企业和合营企业的投资收益	0	0
公允价值变动收益(损失以“－”号填列)	0	0
汇兑收益(损失以“－”号填列)	－6.19	1.65
其他业务收入	1 142.84	1 078.65
二、营业支出	23 218.81	24 677.70
退保金	1 707.16	1 509.92
赔付支出	3 885.38	4 368.87
减：摊回赔付支出	88.10	85.67
提取保险责任准备金	11 614.45	12 409.17
减：摊回保险责任准备金	16.74	－2.57
保单红利支出	970.42	1 025.44
分保费用	0	0
营业税金及附加	81.70	80.46
手续费及佣金支出	0	0
业务及管理费	971.34	1 159.26
减：摊回分保费用	22.86	28.71
其他业务成本	4 116.06	4 236.40
资产减值损失	0	0
三、营业利润(亏损以“－”填列)	－5 590.82	－7 605.22
加：营业外收入	9.25	3.23
减：营业外支出	0.67	0.27
四、利润总额(亏损总额以“－”填列)	－5 582.24	－7 602.26
减：所得税费用	0	0
五、净利润(净亏损以“－”填列)	－5 582.24	－7 602.26
六、每股收益	0	0
(一)基本每股收益	0	0
(二)稀释每股收益	0	0

新华人寿保险股份有限公司上海分公司损益表

2020-12-31　　单位：百万元

项　　目	2020 年	2019 年
一、营业收入	2 059.94	1 824.45
已赚保费	2 017.05	1 762.38
保险业务收入	2 066.46	1 749.17
其中：分保费收入	0	0
减：分出保费	27.10	24.41
提取未到期责任准备金	22.32	−37.62
投资收益(损失以“−”号填列)	10.71	12.49
其中：对联营企业和合营企业的投资收益	0	0
公允价值变动收益(损失以“−”号填列)	0	0
汇兑收益(损失以“−”号填列)	0	0
其他业务收入	32.17	49.59
二、营业支出	2 873.90	2 733.01
退保金	362.16	510.52
赔付支出	3 438.24	3 360.92
减：摊回赔付支出	17.99	17.38
提取保险责任准备金	−1 384.44	−1 576.11
减：摊回保险责任准备金	0.32	0.21
保单红利支出	5.73	0.19
分保费用	0	0
营业税金及附加	17.54	19.60
手续费及佣金支出	123.76	113.79
业务及管理费	252.82	233.18
减：摊回分保费用	5.30	7.75
其他业务成本	81.71	96.22
资产减值损失	0	0.06
三、营业利润(亏损以“−”填列)	−813.96	−908.56
加：营业外收入	3.20	2.37
减：营业外支出	2.82	3.93
四、利润总额(亏损总额以“−”填列)	−813.59	−910.12
减：所得税费用	−0.58	12.01
五、净利润(净亏损以“−”填列)	−813.01	−922.14
六、每股收益	0	0
(一) 基本每股收益	0	0
(二) 稀释每股收益	0	0

太平人寿保险有限公司上海分公司损益表

2020-12-31 单位：百万元

项 目	2020年	2019年
一、营业收入	3 005.53	2 418.38
已赚保费	2 930.41	2 384.63
保险业务收入	2 984.64	2 429.64
其中：分保费收入	1 168.30	730.66
减：分出保费	47.60	42.13
提取未到期责任准备金	6.63	2.87
投资收益(损失以"—"号填列)	0	0
其中：对联营企业和合营企业的投资收益	0	0
公允价值变动收益(损失以"—"号填列)	0	0
汇兑收益(损失以"—"号填列)	27.81	—12.96
其他业务收入	47.31	46.71
二、营业支出	3 427.53	2 948.68
退保金	161.19	164.30
赔付支出	505.54	209.44
减：摊回赔付支出	35.72	22.89
提取保险责任准备金	2 106.45	1 790.15
减：摊回保险责任准备金	6.08	2.91
保单红利支出	123.69	109.84
分保费用	38.67	47.48
营业税金及附加	0.52	0.45
手续费及佣金支出	206.97	258.54
业务及管理费	244.32	309.44
减：摊回分保费用	7.76	3.84
其他业务成本	89.74	88.68
资产减值损失	0	0
三、营业利润(亏损以"—"填列)	—422.00	—530.30
加：营业外收入	11.16	0.13
减：营业外支出	0.33	0.11
四、利润总额(亏损总额以"—"填列)	—411.17	—530.28
减：所得税费用	12.30	9.84
五、净利润(净亏损以"—"填列)	—423.48	—540.12
六、每股收益	0	0
(一) 基本每股收益	0	0
(二) 稀释每股收益	0	0

合众人寿保险股份有限公司上海分公司损益表

2020－12－31　　单位：百万元

项　　目	2020年	2019年
一、营业收入	705.00	710.72
已赚保费	696.55	703.64
保险业务收入	700.17	712.20
其中：分保费收入	0	0
减：分出保费	4.81	8.86
提取未到期责任准备金	－1.19	－0.29
投资收益(损失以“－”号填列)	0	0
其中：对联营企业和合营企业的投资收益	0	0
公允价值变动收益(损失以“－”号填列)	0	0
汇兑收益(损失以“－”号填列)	0	0
其他业务收入	8.45	7.08
二、营业支出	908.04	862.21
退保金	65.81	54.93
赔付支出	104.59	122.75
减：摊回赔付支出	4.17	79.05
提取保险责任准备金	504.94	470.04
减：摊回保险责任准备金	－0.20	－66.05
保单红利支出	36.50	34.96
分保费用	0	0
营业税金及附加	0.07	0.08
手续费及佣金支出	80.10	79.82
业务及管理费	51.12	61.66
减：摊回分保费用	0.72	0.63
其他业务成本	69.60	51.76
资产减值损失	－0.01	－0.16
三、营业利润(亏损以“－”填列)	－203.03	－151.49
加：营业外收入	0.29	0.95
减：营业外支出	0.04	0.06
四、利润总额(亏损总额以“－”填列)	－202.79	－150.60
减：所得税费用	0	－0.16
五、净利润(净亏损以“－”填列)	－202.79	－150.44
六、每股收益	0	0
(一) 基本每股收益	0	0
(二) 稀释每股收益	0	0

汇丰人寿保险有限公司损益表

2020－12－31 单位：百万元

项　　目	2020 年	2019 年
一、营业收入	1 297.31	1 230.66
已赚保费	739.16	781.8
保险业务收入	800.77	818.51
其中：分保费收入	0	0
减：分出保费	61.61	36.73
提取未到期责任准备金	0	－0.02
投资收益(损失以“－”号填列)	406.33	365.36
其中：对联营企业和合营企业的投资收益	0	0
公允价值变动收益(损失以“－”号填列)	104.97	61.21
汇兑收益(损失以“－”号填列)	14.24	－4.78
其他业务收入	32.61	27.07
二、营业支出	1 144.92	1 127.79
退保金	67.47	33.81
赔付支出	72.06	62.33
减：摊回赔付支出	1.98	1.16
提取保险责任准备金	657.08	700.92
减：摊回保险责任准备金	56.96	30.44
保单红利支出	53.15	46.71
分保费用	0	0
营业税金及附加	1.11	0.93
手续费及佣金支出	34.07	37.58
业务及管理费	311.68	263.76
减：摊回分保费用	7.67	6.54
其他业务成本	14.91	13.14
资产减值损失	0	6.75
三、营业利润(亏损以“－”填列)	152.39	102.87
加：营业外收入	1.41	0.01
减：营业外支出	1.58	0.2
四、利润总额(亏损总额以“－”填列)	152.22	102.68
减：所得税费用	1.81	－3.42
五、净利润(净亏损以“－”填列)	150.41	106.1
六、每股收益	0	0
(一) 基本每股收益	0	0
(二) 稀释每股收益	0	0

友邦人寿保险有限公司上海分公司损益表

2020－12－31　　单位：百万元

项　　目	2020年	2019年
一、营业收入	47 036.90	39 282.94
已赚保费	37 771.97	32 650.75
保险业务收入	39 797.60	34 133.93
其中：分保费收入	1 000.00	1 000.00
减：分出保费	－1 637.91	－1 229.32
提取未到期责任准备金	－387.72	－253.85
投资收益(损失以"－"号填列)	8 885.42	6 274.66
其中：对联营企业和合营企业的投资收益	0	0
公允价值变动收益(损失以"－"号填列)	0	0
汇兑收益(损失以"－"号填列)	－4.30	－3.08
其他业务收入	383.82	360.60
二、营业支出	－38 767.20	－30 341.15
退保金	－894.31	－748.36
赔付支出	－5 815.40	－4 642.12
减：摊回赔付支出	1 144.26	861.78
提取保险责任准备金	－24 628.36	－16 874.84
减：摊回保险责任准备金	1 890.15	1 650.89
保单红利支出	－285.97	－222.39
分保费用	0	0
营业税金及附加	－29.30	3.65
手续费及佣金支出	－5 883.16	－6 085.37
业务及管理费	－3 961.41	－3 680.95
减：摊回分保费用	169.88	153.75
其他业务成本	－421.97	－623.48
资产减值损失	－51.59	－133.72
三、营业利润(亏损以"－"填列)	8 269.70	8 941.79
加：营业外收入	25.39	68.63
减：营业外支出	－27.58	－55.05
四、利润总额(亏损总额以"－"填列)	8 267.51	8 955.37
减：所得税费用	－948.16	－786.81
五、净利润(净亏损以"－"填列)	7 319.35	8 168.56
六、每股收益	0	0
(一) 基本每股收益	0	0
(二) 稀释每股收益	0	0

中国人民人寿保险股份有限公司上海分公司损益表

2020-12-31 单位：百万元

项 目	2020年	2019年
一、营业收入	820.77	564.59
已赚保费	784.19	560.83
保险业务收入	783.78	555.36
其中：分保费收入	0	0
减：分出保费	0	0
提取未到期责任准备金	−0.41	−5.47
投资收益(损失以“—”号填列)	1.79	2.65
其中：对联营企业和合营企业的投资收益	0	0
公允价值变动收益(损失以“—”号填列)	−1.13	−8.61
汇兑收益(损失以“—”号填列)	0	0
其他业务收入	35.92	9.72
二、营业支出	787.59	894.83
退保金	100.19	450.97
赔付支出	198.52	270.29
减：摊回赔付支出	0	0
提取保险责任准备金	377.71	−222.44
减：摊回保险责任准备金	0	0
保单红利支出	12.49	7.97
分保费用	0	0
营业税金及附加	10.71	0.13
手续费及佣金支出	152.48	86.31
业务及管理费	52.29	47.79
减：摊回分保费用	0	0
其他业务成本	−116.81	253.81
资产减值损失	0.01	0
三、营业利润(亏损以“—”填列)	33.18	−330.24
加：营业外收入	0.33	0.01
减：营业外支出	0	0.11
四、利润总额(亏损总额以“—”填列)	33.51	−330.34
减：所得税费用	0	0
五、净利润(净亏损以“—”填列)	33.51	−330.34
六、每股收益	0	0
(一) 基本每股收益	0	0
(二) 稀释每股收益	0	0

中国人民财产保险股份有限公司上海分公司损益表

2020－12－31　　单位：百万元

项　　目	2020年	2019年
一、营业收入	6 927.11	7 370.81
已赚保费	6 922.99	7 352.34
保险业务收入	8 999.91	9 776.64
其中：分保费收入	0	－0.00
减：分出保费	1 954.46	2 100.21
提取未到期责任准备金	122.45	324.08
投资收益(损失以“－”号填列)	－1.82	－0.80
其中：对联营企业和合营企业的投资收益	0	0
公允价值变动收益(损失以“－”号填列)	－5.42	－4.36
汇兑收益(损失以“－”号填列)	－12.34	0.62
其他业务收入	23.70	23.02
二、营业支出	7 236.44	7 005.76
退保金	0	0
赔付支出	5 078.67	5 059.17
减：摊回赔付支出	976.40	1 044.50
提取保险责任准备金	1 129.79	416.26
减：摊回保险责任准备金	112.33	－9.52
保单红利支出	0	0
分保费用	－0.01	－0.00
营业税金及附加	45.44	50.97
手续费及佣金支出	885.54	940.89
业务及管理费	1 670.08	2 158.80
减：摊回分保费用	525.47	586.09
其他业务成本	12.00	5.87
资产减值损失	29.14	－5.13
三、营业利润(亏损以“－”填列)	－309.33	365.05
加：营业外收入	4.65	3.62
减：营业外支出	0.23	1.04
四、利润总额(亏损总额以“－”填列)	－304.92	367.64
减：所得税费用	0	0
五、净利润(净亏损以“－”填列)	－304.92	367.64
六、每股收益	0	0
(一) 基本每股收益	0	0
(二) 稀释每股收益	0	0

中国平安财产保险股份有限公司上海分公司损益表

2020－12－31　　　　单位：百万元

项　　目	2020年	2019年
一、营业收入	13 171.22	12 584.64
已赚保费	13 164.93	12 552.26
保险业务收入	15 854.15	14 697.89
其中：分保费收入	0	0
减：分出保费	1 667.6	1 518.62
提取未到期责任准备金	1 021.62	627.01
投资收益(损失以“－”号填列)	0.22	0.26
其中：对联营企业和合营企业的投资收益	0	0
公允价值变动收益(损失以“－”号填列)	0	0
汇兑收益(损失以“－”号填列)	－6.4	－0.61
其他业务收入	12.46	32.73
二、营业支出	11 713.68	11 287.01
退保金	0	0
赔付支出	6 959.68	7 748.15
减：摊回赔付支出	471.86	761.6
提取保险责任准备金	731.23	－247.51
减：摊回保险责任准备金	80.13	－377.22
保单红利支出	0	0
分保费用	0	0
营业税金及附加	73.03	81.92
手续费及佣金支出	1 549.09	1 796.53
业务及管理费	3 298.93	2 725.06
减：摊回分保费用	484.49	454.73
其他业务成本	5.08	5.49
资产减值损失	133.12	16.48
三、营业利润(亏损以“－”填列)	1 457.54	1 297.63
加：营业外收入	0.04	0.07
减：营业外支出	11.75	17.49
四、利润总额(亏损总额以“－”填列)	1 445.83	1 280.21
减：所得税费用	0	0
五、净利润(净亏损以“－”填列)	1 445.83	1 280.21
六、每股收益	0	0
(一) 基本每股收益	0	0
(二) 稀释每股收益	0	0

安信农业保险股份有限公司上海分公司损益表

2020－12－31　　　　单位：百万元

项　　目	2020年	2019年
一、营业收入	13 171.22	12 584.64
已赚保费	13 164.93	12 552.26
保险业务收入	15 854.15	14 697.89
其中：分保费收入	0	0
减：分出保费	1 667.6	1 518.62
提取未到期责任准备金	1 021.62	627.01
投资收益(损失以“－”号填列)	0.22	0.26
其中：对联营企业和合营企业的投资收益	0	0
公允价值变动收益(损失以“－”号填列)	0	0
汇兑收益(损失以“－”号填列)	－6.4	－0.61
其他业务收入	12.46	32.73
二、营业支出	11 713.68	11 287.01
退保金	0	0
赔付支出	6 959.68	7 748.15
减：摊回赔付支出	471.86	761.6
提取保险责任准备金	731.23	－247.51
减：摊回保险责任准备金	80.13	－377.22
保单红利支出	0	0
分保费用	0	0
营业税金及附加	73.03	81.92
手续费及佣金支出	1 549.09	1 796.53
业务及管理费	3 298.93	2 725.06
减：摊回分保费用	484.49	454.73
其他业务成本	5.08	5.49
资产减值损失	133.12	16.48
三、营业利润(亏损以“－”填列)	1 457.54	1 297.63
加：营业外收入	0.04	0.07
减：营业外支出	11.75	17.49
四、利润总额(亏损总额以“－”填列)	1 445.83	1 280.21
减：所得税费用	0	0
五、净利润(净亏损以“－”填列)	1 445.83	1 280.21
六、每股收益	0	0
(一) 基本每股收益	0	0
(二) 稀释每股收益	0	0

美亚财产保险有限公司上海分公司损益表

2020-12-31 单位：百万元

项 目	2020 年	2019 年
一、营业收入	330.79	424.55
已赚保费	293.34	383.48
保险业务收入	1 112.28	938.86
其中：分保费收入	261.11	242.32
减：分出保费	692.82	586.06
提取未到期责任准备金	126.12	−30.68
投资收益(损失以“—”号填列)	22.82	52.03
其中：对联营企业和合营企业的投资收益	0	0
公允价值变动收益(损失以“—”号填列)	0	0
汇兑收益(损失以“—”号填列)	−0.65	−2.71
其他业务收入	15.28	−8.24
二、营业支出	145.04	246.33
退保金	0	0
赔付支出	339.05	280.54
减：摊回赔付支出	182.23	152.48
提取保险责任准备金	−50.69	29.39
减：摊回保险责任准备金	−29.27	−5.12
保单红利支出	0	0
分保费用	38.51	39.63
营业税金及附加	5.02	4.58
手续费及佣金支出	37.51	53.35
业务及管理费	202.96	236.01
减：摊回分保费用	280.25	247.87
其他业务成本	0	0
资产减值损失	5.90	−1.95
三、营业利润(亏损以“—”填列)	185.75	178.21
加：营业外收入	2.33	1.67
减：营业外支出	0.21	−0.29
四、利润总额(亏损总额以“—”填列)	187.87	180.18
减：所得税费用	87.39	73.09
五、净利润(净亏损以“—”填列)	100.48	107.08
六、每股收益	0	0
(一) 基本每股收益	0	0
(二) 稀释每股收益	0	0

中国出口信用保险公司上海分公司损益表

2020-12-31　　　　单位：百万元

项　　目	2020年	2019年
一、营业收入	616.65	570.87
已赚保费	659.73	538.62
保险业务收入	785.91	861.75
其中：分保费收入	0	0
减：分出保费	235.20	212.71
提取未到期责任准备金	−109.02	110.42
投资收益(损失以"—"号填列)	0	0
其中：对联营企业和合营企业的投资收益	0	0
公允价值变动收益(损失以"—"号填列)	0	0
汇兑收益(损失以"—"号填列)	−59.03	19.40
其他业务收入	15.95	12.85
二、营业支出	266.56	261.30
退保金	0	0
赔付支出	390.03	315.20
减：摊回赔付支出	146.92	121.59
提取保险责任准备金	−17.70	41.69
减：摊回保险责任准备金	−12.98	5.25
保单红利支出	0	0
分保费用	0	0
营业税金及附加	1.24	1.22
手续费及佣金支出	4.28	1.74
业务及管理费	75.67	75.99
减：摊回分保费用	55.89	50.50
其他业务成本	2.81	2.67
资产减值损失	0.06	0.13
三、营业利润(亏损以"—"填列)	350.09	309.57
加：营业外收入	0.13	0
减：营业外支出	0.03	0.02
四、利润总额(亏损总额以"—"填列)	350.18	309.55
减：所得税费用	1.87	1.71
五、净利润(净亏损以"—"填列)	348.31	307.84
六、每股收益	0	0
(一) 基本每股收益	0	0
(二) 稀释每股收益	0	0

众安在线财产保险股份有限公司损益表

2020-12-31 单位：百万元

项 目	2020年	2019年
一、营业收入	17 834.31	14 633.27
已赚保费	16 216.66	12 806.25
保险业务收入	16 709.38	14 633.4
其中：分保费收入	0	0
减：分出保费	522.1	234.15
提取未到期责任准备金	−29.38	1 593.01
投资收益(损失以"—"号填列)	1 253.74	1 483.78
其中：对联营企业和合营企业的投资收益	0	0
公允价值变动收益(损失以"—"号填列)	−37.78	162.18
汇兑收益(损失以"—"号填列)	170.37	−0.01
其他业务收入	231.32	181.07
二、营业支出	16 942.68	14 599.23
退保金	0	0
赔付支出	8 182.3	8 293
减：摊回赔付支出	369.25	256.47
提取保险责任准备金	954.48	632.72
减：摊回保险责任准备金	−5.2	43.14
保单红利支出	0	0
分保费用	0	0
营业税金及附加	72.22	57.6
手续费及佣金支出	1 425.45	935.96
业务及管理费	6 100.69	4 694.19
减：摊回分保费用	−16.15	1.15
其他业务成本	216.38	99.96
资产减值损失	339.06	186.56
三、营业利润(亏损以"—"填列)	891.63	34.04
加：营业外收入	1.23	0.36
减：营业外支出	11.96	2.47
四、利润总额(亏损总额以"—"填列)	880.9	31.93
减：所得税费用	−112.21	24.33
五、净利润(净亏损以"—"填列)	993.11	7.6
六、每股收益	0	0
(一) 基本每股收益	0	0
(二) 稀释每股收益	0	0

第七篇　法　　规

一、中国人民银行上海总部发布的法规

中国人民银行上海分行关于修订《上海票据交换办法》的通知

上海银发〔2020〕128号

国家开发银行上海市分行，各政策性银行、国有商业银行、股份制商业银行、中国邮政储蓄银行上海（市、自贸区）分行，上海银行、上海农商银行、上海华瑞银行，其他法人银行上海分行，上海市各经营人民币业务的外资银行，上海市各村镇银行：

为保障票据交换业务安全、有序开展，规范票据交换单位管理及提升信息化管理水平，现将我分行修订的《上海票据交换管理办法》（详见附件）印发给你们，请遵照执行。

特此通知。

中国人民银行上海分行

2020年7月20日

附件

上海票据交换管理办法

第一章　总　　则

第一条　为适应上海金融业务稳健发展的需要，提升信息化管理水平，规范票据交换单位管理，保障票据交换业务的安全、有序进行，制定本办法。

第二条　本办法适用于参加上海票据交换的票据交换单位及上海票据交换中心。

第三条　上海票据交换中心是负责上海票据交换业务正常运行的专设机构，并负责票据交换业务系统的建设、运行和维护。

第四条　票据交换单位分为直接交换单位和被辖带交换单位。

直接交换单位是指由中国人民银行上海分行核发交换号码、独立参加上海票据交换的机构。

被辖带交换单位是指由直接交换单位辖带参加上海票据交换的机构。

第五条　交换票据的种类包括支票、银行本票、银行汇票、华东三省一市银行汇票、银行承兑汇票、商业承兑汇票、电汇凭证、托收凭证、定期（专用）借记凭证、代收（付）款项报数单、收入缴款书、收入退还书、贷记凭证、预算拨款凭证、特种转账凭证、特种转账凭证[退借（贷）方凭证专用]、利息凭证等。

第六条　交换的票据应当按规定打印磁码后提出交换。

磁码是指直接打印在票据和专用信封上的磁性号码（MICR），包含银行交换号、账号、交易码和金额等信息。

第七条　上海票据交换的基本原则：票据信息与磁码信息相符，票据交换以磁码为准，场场轧平，日账日清，人民银行不垫款。

第八条　中国人民银行上海分行对上海票据交换业务实行统一管理。

第二章　票据交换单位管理

第一节　管 理 方 式

第九条　票据交换单位参加上海票据交换应当具备以下条件：

（一）持有《金融许可证》和《营业执照》；

（二）遵守本办法以及各项支付结算管理制度；

（三）其所属的上海市法人银行或非法人银行上海（市）分行（以下简称“上海市管理行”）已印制相关票据凭证；

（四）直接交换单位应当配备熟悉票据业务制度和操作的工作人员。

第十条　票据交换单位的参加、变更、退出事项按照集中管理原则组织实施。

上海市管理行负责管理所辖机构参加、变更、退出上海票据交换,并根据本办法要求向中国人民银行上海分行提交申请或报备。

票据交换单位根据中国人民银行上海分行、上海市管理行的要求承办具体的票据交换业务。

第十一条 上海票据交换单位管理包括审核管理、报备管理和日常信息管理。

(一)审核管理事项包括直接交换单位参加、退出上海票据交换,直接交换单位变更票据交换场次或者交换号码,以及直接交换单位采用、取消集中提回处理方式等事项;

(二)报备管理事项包括直接交换单位变更名称、地址、清算关系,被辖带交换单位参加、退出上海票据交换,以及被辖带交换单位变更辖带关系等事项;

(三)日常信息管理事项包括票据交换单位变更联系人、联系电话,以及被辖带交换单位变更单位名称、单位地址等事项。

第十二条 中国人民银行上海分行可以根据管理需要调整审核管理、报备管理和日常信息管理的范围和具体内容。

第十三条 上海票据交换单位管理工作通过中国人民银行上海分行公文和票据交换中心业务系统组织实施。

第二节 管理要求

第十四条 票据交换单位在审核管理范围内申请相关事项的,由上海市管理行通过正式公文形式报送中国人民银行上海分行,并同步通过票据交换中心业务系统报送申请信息。公文应将相关申请材料作为附件。

第十五条 票据交换单位申请直接参加票据交换的,应提交下列附件:

(一)《金融许可证》复印件;

(二)《营业执照》复印件;

(三)《直接交换单位审核管理事项申请表》(详见附表1,下同);

(四)中国银行保险监督管理委员会上海监管局的开业批文。根据中国银行保险监督管理委员会上海监管局相关规定无相关开业批文的除外。

第十六条 直接票据交换单位申请退出票据交换、变更票据交换场次或者交换号码的,应提交《直接交换单位审核管理事项申请表》作为附件。

第十七条 上海市管理行首次申请采用集中提回处理方式的,应当在正式申请前与上海票据交换中心商定集中提回处理方案,并通过模拟运行进行验证。上海票据交换中心应当出具模拟运行结论报告。

上海市管理行首次申请采用集中提回处理方式的,应将模拟运行结论报告以及集中提回清单作为附件;申请取消集中提回处理方式的,应将取消集中提回清单作为附件。

第十八条 票据交换单位在报备管理范围内报备相关事项的,由上海市管理行将加盖管理行公章的纸质报备报告和相关附件报送中国人民银行上海分行,并同步通过票据交换中心业务系统报送报备信息。

第十九条 直接交换单位变更名称、地址的,应提交下列附件:

(一)《金融许可证》复印件;

(二)《营业执照》复印件;

(三)《直接交换单位报备管理事项登记表》(详见附表2,下同);

(四)直接交换单位变更名称的,还需附上中国银行业监督管理委员会上海监管局的变更批文。

第二十条 直接交换单位变更清算关系的,应提交《直接交换单位报备管理事项登记表》作为附件。

第二十一条 被辖带交换单位参加上海票据交换的,应提交《金融许可证》复印件、《营业执照》复印件作为附件。

第二十二条 被辖带交换单位退出上海票据交换或者被辖带交换单位变更辖带关系的,无需提交附件。

第二十三条 票据交换单位在日常信息管理范围内变更相关事项的,由上海市管理行通过票据交换中心业务系统报送相关信息,无需报送纸质报告。

第二十四条 票据交换单位如因特殊情形(包括但不限于不可抗力)需要临时退出上海票据交换、变更参加交换场次或地址等信息,应由所属上海市管理行通过正式公文形式向中国人民银行上海分行报备,并按要求提交相关附件。

第二十五条 票据交换单位应按照实际需要由所属上海市管理行通过正式公文形式向中国人民银行上海分行提交刻制交换清算章申请,至少包含交换单位名称、交换号、交换清算章起讫号、发票信息,并同步向票据交换中心业务系统报送相应申请信息。

第二十六条　交换清算章由票据交换单位自行保管。作废的交换清算章由票据交换单位自行销毁。

第三节　生 效 事 项

第二十七条　中国人民银行上海分行收到审核管理事项申请并同意的，通过正式公文形式批复相关事项，并同步在票据交换中心业务系统中发布相关事项生效信息。

第二十八条　中国人民银行上海分行收到报备管理事项并复核无误的，在票据交换中心业务系统中发布相关事项生效信息。

第二十九条　票据交换中心业务系统自动发布经系统校验的日常信息管理事项。

第三十条　审核管理、报备管理事项在中国人民银行上海分行指定日期生效，日常信息管理事项经票据交换中心业务系统发布后立即生效。

第三十一条　直接交换单位变更票据交换场次、变更交换号码或者退出上海票据交换的，原交换号码自批复变更或退出之日(含)起 10 个交换工作日内可以办理提回票据和提出退票，第 11 个交换工作日第一场交换起停止一切交换业务。

第三十二条　中国人民银行上海分行收到临时变更申请并审核通过后，应协调上海票据交换中心及票据交换单位做好临时变更工作，确保上海票据交换平稳有序开展。

第三十三条　中国人民银行上海分行在批复或复核时发现相关审核管理或报备管理事项的材料或附件不符合规定的，应及时通知相关上海市管理行予以补充或更正。

第三十四条　审核管理或报备管理事项不符合本办法规定，或者相关上海市管理行无法提供本办法规定附件的，中国人民银行上海分行将终止相关审核管理或报备管理事项的审理程序。

第四节　信 息 查 询

第三十五条　上海市管理行可以在票据交换中心业务系统中查询审核管理或报备管理事项的批复或审核进度。

第三十六条　上海市管理行、直接票据交换单位可以在票据交换中心业务系统中查询、下载上海市各票据交换单位信息。

第三十七条　上海市管理行、直接票据交换单位应当及时查看由票据交换中心业务系统发布的票据交换单位新增、变更和退出公告，并遵照执行。

第三章　票据交换运行管理

第三十八条　上海票据交换收发票时间及场次由中国人民银行上海分行通过公文形式确定。

第三十九条　票据交换单位应当在每个交换场次通过票据交换中心业务系统上传票据和信件交换信息。本场无提出交换票据或信件的，应提出零报。

第四十条　票据交换单位必须将当日营业时间内受理的应当提出交换的票据全部提出交换，不得积压、延误。

上海票据交换中心必须依据交换单位上传的票据和信件信息将票据交换单位当日提出交换的票据及信件全部进行清分处理，不得积压、延误。

第四十一条　上海票据交换采用三级清算资金方式。

一级清算资金单位关联相关上海市管理行在中国人民银行上海分行开立的资金账户，汇总清算相关上海市管理行所辖所有票据交换单位每场次的票据交换业务。

上海市管理行根据需要将票据交换单位分别设置为二级清算资金单位和三级清算资金单位，票据交换单位逐级向其上级清算资金单位清算资金。

第四十二条　上海市管理行应当保证在中国人民银行上海分行开立的资金账户有足够的余额支付每场次上海票据交换差额资金。

第四十三条　上海票据交换中心负责运行和维护票据交换中心业务系统，管理系统用户。

上海市管理行负责本行票据交换中心业务系统的系统用户管理。如需重置系统密码，应填写票据交换中心业务系统重置密码申请表(详见附表 3)，由上海票据交换中心审核后重置。

第四章　纪 律 和 责 任

第四十四条　票据交换单位不得擅自移址使用交换号码，全部业务必须纳入其会计报表。

第四十五条　票据交换中心业务系统发生故障的，上海市管理行应当第一时间报告中国人民银行上海分行及上海票据交换中心。

第四十六条　票据交换单位之间的交换业务纠

纷由中国人民银行上海分行负责协调处理。

第四十七条　上海票据交换业务纳入上海市支付结算业务考核范围。

第四十八条　票据交换单位违反本办法及票据交换有关规定的，中国人民银行上海分行将进行约见谈话，给予通报，直至停止为其提供票据交换服务。

第五章　附　　则

第四十九条　中国人民银行上海分行在特殊情况下决定的场账处理和应急措施（包括临时改变交换时间、场次等），上海票据交换中心、上海市管理行及票据交换单位应当遵照执行。

第五十条　本办法由中国人民银行上海分行负责解释。

第五十一条　本办法自 2020 年 9 月 1 日起施行，原《中国人民银行上海分行关于修订〈上海票据交换管理办法〉的通知》（上海银发〔2019〕2 号）同时废止。

附表 1

直接交换单位审核管理事项申请表

申请日期：　　年　月　日

申请单位名称			
申请事项	参加（ ）　退出（ ）　变更场次或号码（ ）　集中（ ）		
刻制交换清算章	枚	起讫号码	
参加			
地址			
联系电话			
清算级别		上级清算行交换号	
申请参加场次		集中提回行交换号（若有）	
交换号（人民银行填写）			
退出			
交换号			
变更场次或号码			
原交换号		变更后的场次	
新交换号（人民银行填写）			
其他同步变更信息			
新增集中提回			
集中提回行交换号		集中提回清单见附件	
集中提回行联系电话			

说明事项：

申请管理行（签章）
年　月　日

启用（退出）日期＿＿＿＿
启用（退出）场次＿＿＿＿
退出过渡期＿＿＿＿
审核编号＿＿＿＿
中国人民银行上海分行
年　月　日

注：本表一式一份。
如申请以一级清算单位身份参加票据交换，则在说明事项中填写在人民银行上海分行开立的账户信息。

附表 2

直接交换单位报备管理事项登记表

申请日期：　　年　月　日

申请单位名称			
票据交换号码			
变更事项	名称（ ）　地址（ ）　清算关系（ ）		
拟变更生效日期	年　月　日第　场		
刻制交换清算章	枚	起讫号码	
变更前的信息			
名称			
地址			
清算级别		上级清算行交换号	
变更后的信息			
名称			
地址			
清算级别		上级清算行交换号	
联系电话			

说明事项：

申请管理行签章
年　月　日

启用日期 ________
启用场次 ________
报备编号 ________

中国人民银行上海分行
年　月　日

注：本表一式一份。变更前、后的信息仅填写需变更的事项。
如需变更在人民银行上海分行开立的账户信息，则在说明事项中注明。

附表3

票据交换中心业务系统重置密码申请表

银行名称	
系统用户名	
联系人	
联系电话	
重置密码理由	

负责人签字： 银行公章或管理部门公章： 日期：	上海票据交换中心审核意见： 经办人： 上海票据交换中心公章：

注：本表填完后传真至上海票据交换中心，传真：52769950。

二、中国银保监会上海监管局发布的法规

上海银保监局关于印发《关于推动上海银行业和保险业差异化转型高质量发展的实施意见》的通知

沪银保监通〔2020〕33号

在沪各银行保险机构

为贯彻落实中国银保监会和上海市委、市政府的决策部署，深化金融供给侧结构性改革，推动上海银行业和保险业差异化转型高质量发展，提升金融服务上海经济社会发展和国家战略实施质效，支持上海朝着具有更强全球资源配置能力的国际金融中心迈进，我局制定了《关于推动上海银行业和保险业差异化转型高质量发展的实施意见》，请辖内各机构认真按照本意见和相关政策要求，明确具体任务，落实工作责任，将推动差异化转型高质量发展的各项要求落到实处。

特此通知。

2020年9月8日

附件：

关于推动上海银行业和保险业差异化转型高质量发展的实施意见

为贯彻落实中国银保监会和上海市委、市政府的决策部署，深化金融供给侧结构性改革，推动上海银行业和保险业差异化转型高质量发展，提升金融服务上海经济社会发展和国家战略实施质效，支持上海朝着具有更强全球资源配置能力的国际金融中心迈进，现依据《中国银保监会关于推动银行业和保险业高质量发展的指导意见》(银保监发〔2019〕52号)及相关政策精神，提出以下贯彻落实意见：

一、提高政治站位，直面风险挑战，增强发展动力

（一）总体要求。推动上海银行业和保险业差异化转型高质量发展，是深入贯彻落实习近平总书记对金融工作一系列重要讲话精神的重要内容，是进一步推进新时期上海银行业、保险业改革创新发展和支持上海加快建设“五个中心”、强化“四大功能”的关键。辖内各银行保险机构要切实提高政治站位，以习近平新时代中国特色社会主义思想为指导，全面贯彻党的“十九大”和十九届二中、三中、四中全会精神，坚持党中央对金融工作的集中统一领导，坚持以人民为中心的发展思想，落实“创新、协调、绿色、开放、共享”的新发展理念，按照中国银保监会和上海市委、市政府的决策部署，抓住新时代上海发展重大机遇，以排头兵的姿态和先行者的担当，着力打造扩大金融开放的新高地，着力构筑金融改革创新的新平台，着力形成金融服务实体经济的新能级，着力构建金融良性发展的新生态，努力开创上海银行业和保险业高质量发展新局面。

（二）对风险挑战要有全面清醒认识。我国经济已由高速增长阶段转向高质量发展阶段，与高质量发展要求相比，金融业发展还有较大差距，金融企业经营也面临较大风险挑战。经济结构转型升级和新旧发展动能转换，对市场主体的业务结构和资产质量会产生长期深远影响。深化利率市场化改革导致银行净息差持续收窄，资本市场快速发展增强优质企业金融脱媒趋势，银行传统业务规模增速因此可能放缓，行业内部分化会进一步加剧。保险费率市场化改革会进一步加剧市场竞争，保险业长期存在的粗放发展问题可能进一步突出。金融科技的迅速发展既为行业发展带来机遇，也带来很大挑战。外部环境日益复杂严峻以及国内外金融市场关联共振，对市场主体经营将产生日益显著影响。

（三）以差异化转型高质量发展为抓手增强发展动力。面对风险挑战，各银行保险机构要明确市

场定位，充分研判经济金融形势与市场发展变化，综合考虑自身比较优势和风险承受能力等因素，突出差异化和特色化，促进经营的可持续健康发展。要充分融入上海经济社会建设和改革开放创新大局，更好支持国家战略实施和重点项目建设，稳步拓宽金融服务边界，形成“千人千面”特色优势，培育增强发展新动能。面对各种困难，要保持战略定力，克服短视、激进行为，坚持差异化转型方向，走高质量发展道路，久久为功，善作善成。

二、持续完善多层次、广覆盖、有差异的银行保险机构体系

（四）优化大中型银行功能定位。开发性、政策性银行要突出政策性职能定位，进一步提高政策性业务比重，着力发挥中长期融资支持优势。大型商业银行要在“做强”上下功夫，加强各业务条线的服务整合，加强与集团内各子公司的业务联动，提高综合金融服务水平。股份制商业银行要坚持差异化市场定位，增加更具特色的产品与服务，不断提升市场竞争优势。

（五）增强中小银行金融服务能力。中小银行要坚守服务上海本地经济、中小微企业和城乡居民的定位。村镇银行要坚守支农支小发展定位，坚持做小做散，打造符合上海村镇特点的微小金融产品体系。要不断优化社区金融服务，采用线上线下多种形式延伸服务网络，为居民提供更加方便快捷的金融服务。

（六）强化保险机构风险保障功能。保险机构要回归风险保障本源，在稳健发展传统业务的基础上，不断扩大保险产品的应用领域。针对抗疫减灾等薄弱环节，增加保险产品供给。扩大出口信用保险覆盖面，积极发展海外投资保险。大力发展航运保险，推进上海再保险市场建设。加快发展养老保险和健康保险，与养老医疗社会保障体系形成有效互补。推动建设新型保险中介市场体系。

（七）推动外资银行保险机构发展。巩固提升上海外资银行保险市场的优势地位，支持外资机构在稳外贸、稳外资等方面发挥更大作用。鼓励外资机构发挥境外母行（公司）优势，创新业务模式，引入新产品新服务，深度参与上海建设面向国际的金融市场。鼓励中外资机构在产品、股权、管理和人才等方面开展合作，不断拓展合作的广度与深度。

（八）发挥非银行金融机构特色优势。信托公司要加强资产端的主动管理能力建设，积极发展服务信托、财富管理信托、慈善信托。金融租赁公司要聚焦服务先进制造业领域，帮助企业提升国际市场竞争能力。财务公司要加强集团资金集中管理，支持符合条件的财务公司延伸产业链金融业务。金融资产管理公司要做强做精不良资产处置主业，合理拓展资本市场业务。消费金融公司要立足消费本源，以小额、分散为基本原则，不断提高消费金融的普惠水平。支持理财子公司及专业子公司、金融资产投资公司及专业子公司，投资和参与与上海重点项目建设、经济结构调整、产业优化升级和协调发展相关的股权投资与企业重组业务。

三、聚焦上海经济社会发展重点领域，提升金融服务质效

（九）支持上海发展战略新兴产业、先进制造业和建设科创中心。要大幅增加对上海战略新兴产业、先进制造业的中长期资金支持，尤其是扩大对新一代信息基础设施、集成电路、人工智能、生物医药、民用航空、高端装备、基础材料、特色工艺等产业的信贷投放。鼓励银行保险机构依法合规加强与各类高新技术产业引导基金的协同合作。注重开发针对中小型制造企业的特色化、专业化金融产品。加快融资租赁业务发展，支持大型飞机、民用航天、先进轨道交通、海洋工程装备和高技术船舶、智能电网成套设备等高端装备重点领域扩大市场应用和提高国际竞争力。紧扣上海科创中心建设，积极发展科技金融，支持科研基础设施和科技重大项目建设，支持“上海制造”品牌建设和科技产业创新布局，支持专业技术交易转移平台建设，支持高层次科技人才的金融需求，在金融、科技和产业良性循环与三角互动方面进行新探索。

（十）支持上海自贸试验区与临港新片区建设。鼓励银行保险机构充分发挥上海自贸试验区与临港新片区的试验田作用，积极开展业务创新，丰富面向国际的金融产品体系，进一步提高人民币可自由使用程度。支持市场主体在依法合规、风险可控、商业可持续的前提下，为临港新片区内企业和非居民提供各类跨境金融服务。运用创新监管互动机制，支持市场主体参照国际通行规则开展业务试点，重点支持引进涉及国计民生、国家亟需的高新技术和高端产业建设，更好满足实体经济在配置要素资源时对跨境金融服务的新需求。鼓励具备条件的银行保险机构在临港新片区建设跨境金融服务平台，统筹发展在岸业务与离岸业务。鼓励银行机构按照市场化原则为临港新片区内高新技术产业、航运业等重点领域增加长期信贷资金，支持重大科技创新及研发项目。鼓励商业银行理财子公司、金融资产投资公司、保险资产管理公司及以上机构子公司，投资临港新片区重点建设项目股权和未上市企业股权，持续优化产融对接机制。

（十一）服务长三角一体化发展战略。紧扣一体化和高质量两个关键词，围绕重点领域、重点区域、重大项目和重大平台，在产业体系协同创新、基础设施互联互通、生态环境共保联治、公共服务便利共享等方面加大金融资源投入，高效对接长三角一体化发展的金融需求。具备条件的银行机构要加强与长三角内其他省市系统内机构和同业机构的沟通合作，在项目评审、授信贷款、贷后管理等方面开展联动协同，共同服务长三角内重点企业和重大项目，优化信贷资源跨省市配置。支持符合条件的银行保险机构在长三角一体化示范区试点设立管理总部或分支机构，联动长三角内各类机构，统筹推进跨省市一体化发展和同城化金融服务落地。创新绿色金融产品与服务，推动长三角绿色建筑与绿色金融协同发展，改进生态环境责任保险产品。

（十二）加大民营企业、小微企业金融支持力度。银行机构要通过单列信贷计划、完善内部转移定价和综合绩效考核权重等方式，着力提升民营和小微金融服务能力。把稳企业保就业和服务民营、小微企业更好地结合起来。增加对符合产业发展方向、主业相对集中、技术先进的民营企业融资支持力度。对暂时遇到困难但仍有前景的企业，加大金融支持。大幅增加小微企业信用贷款、首贷、无还本续贷。落实好中小微企业贷款延期还本付息政策，安排好复工复产信贷支持举措，取消不当收费，合理降低费率，加大贷款优惠，推动企业综合融资成本明显下降，实现向企业合理让利。用好“百行进万企”融资对接平台等渠道，优化信贷产品与服务方式。积极发展供应链金融，强化产业链核心企业金融服务，帮助上下游企业解决资金紧张问题。在风险可控的前提下，稳妥发展针对性较强的企业贷款保证保险业务。

（十三）完善外贸金融服务。银行机构要加大对外贸企业的信贷投放，加强与境外同业合作，完善跨境服务网络，努力提升对国际产业链企业的融资支持和服务能力。紧跟外部环境变化和外贸形势发展，为企业提供外贸金融整体解决方案，采用多种金融工具助力畅通全球供应链。通过提供买方信贷等融资方式帮助企业稳定和增加出口订单，用好出口信用保险分担风险损失，扩大保单融资业务规模，增加外贸企业资金来源。鼓励具备条件的银行推动内外贸、本外币、境内外业务融合发展，提供多样化风险对冲产品。不断提升中国国际进口博览会金融服务水平，为参会参展企业提供更加优质高效的金融支持。积极开展贸易融资资产跨境转让等业务，为真实离岸转手买卖提供高效便利的金融服务，放大中国国际进口博览会溢出带动效应。

（十四）丰富社会民生领域产品供给。针对家政、托幼、教育、文化、旅游、体育等领域消费需求，开发专属信贷和保险产品。提升健康保险供给能力，推动保险产品与健康管理融合发展，优化跨境医疗保险产品服务，支持上海国际医疗服务集聚区建设。积极参与上海长期护理保险试点，推动税延型养老保险扩大规模，优化职工使用医保个人账户结余资金购买商业保险的产品供给。积极探索“意外险＋服务”创新模式。更好发挥财产保险在污染防治、安全生产、食药安全、医疗纠纷、建筑质量以及突发公共事件领域辅助社会治理作用，主动适应车险市场综合改革，提供更加优质车险服务。

四、优化转型发展工作机制，改进丰富业务发展方式

（十五）优化信贷管理机制。注重审核第一还款来源，减少对抵押担保的过度依赖，把主业突出、财务稳健、主要股东及实际控制人信用良好等作为授信的重要依据。丰富信用贷款产品体系，提高信用贷款发放效率，增加信用贷款比重，加大小微企业信用贷款支持力度。鼓励银行机构与产业链核心企业、各类信用信息平台建立信息共享机制，加强对物流、信息流和第三方数据的跟踪管理，积极发展应收账款、存货、订单融资。创新发展知识产权质押贷款、股权质押贷款、以品牌为基础的商标专利权质押贷款，更好满足轻资产企业的融资需求。

（十六）完善科技金融机制。健全绩效考核机制。法人机构应在发展战略中内嵌支持科创中心建设任务，并落实到绩效考核体系中。分支机构应积极向总行(公司)争取政策，在绩效考核中体现科创中心的业务特点。推动建设科技金融专营机构。切实发挥科技支行“科技金融试验田”作用，加快实现专业化经营、特色化发展、体系化运作、品牌化管理的“四化”发展目标。鼓励保险公司建设科技保险专营分支机构。开展科技金融产品创新。积极推出科技企业全生命周期金融服务方案，开发符合技术贸易特点的金融产品，创新技术类无形资产交易融资的担保方式和风险管理技术。积极发展科技保险、专利保险，深入推进首台(套)首批次重大技术装备保险补偿机制试点。拓宽科技金融服务范围。依托科技企业客户及投资机构建立投融资对接平台，为产业链、创新链提供金融服务，稳妥推进与天使投资基金、股权投资基金的投贷联动业务。联动各方提升科技金融水平。充分利用上海市政策性担保基金、科委“3＋X”科技信贷体系等，发展科技型中小微企业贷款履约保证保险，有效分散科技金融业务风险。进一步加强与市科技管理部门、科创中心、科技金融服务站、科创产业园区的联动合作，拓展科技金融服务的广度与深度。

(十七) 健全普惠金融机制。银行机构应在内部绩效考核评价中提高小微业务权重，落实尽职免责要求。充分运用大数据等手段精准采集小微企业信息，开展有效银企对接。加强与上海市大数据中心等平台的数据信息交换，进一步促进银税互动，提高信贷投放的精准度和力度。创新发展供应链金融在线业务，通过线上线下相结合方式为企业提供方便快捷的供应链金融服务。大力发展绿色金融，将环境与社会治理要求纳入授信流程，针对生态环保领域开发更多专属信贷和保险产品，积极创新特许经营权、项目收益权和排污权等环境权益抵质押融资方式。主动对接农业农村金融需求，强化涉农信贷与农业保险服务，加大对新型农业经营主体融资支持，助力上海都市型现代化农业发展。

(十八) 推动交易银行转型。鼓励银行机构加强产品、渠道、客户、服务的整体协同，为企业提供包括支付结算、贸易融资、供应链金融、财资管理等在内的一体化金融服务。围绕客户各类交易行为，以账户管理为核心，完善交易银行产品体系，提高金融服务的匹配度。运用移动互联网、物联网和区块链等技术，通过场景化与平台化运作，提升产品与服务的可得性与客户体验。充分挖掘交易数据潜在价值，完善风险控制技术，改进企业信用风险评价模型。推动客户现金与资产管理线上化与智能化。

(十九) 发展投资银行业务。支持有条件的银行机构完善直接融资服务体系，增加综合金融服务类型。为企业收购兼并提供融资支持，满足客户的财务顾问需求。鼓励具有集团内多牌照优势的银行机构积极参与系统内投融资业务协作，一站式满足客户的全方位投融资需求。依托上海金融市场优势，积极发展债券承销、资产证券化服务等业务。

(二十) 强化金融科技支撑。银行保险机构要夯实信息科技基础，建立完善适应金融科技发展的组织架构、激励机制、运营模式，做好相关技术、数据和人才储备。将人工智能、大数据、云计算、区块链、生物识别等新兴技术，充分运用于产品开发、客户营销、业务运营和风险控制等环节，创新服务流程与模式，改进服务质量，降低服务成本，强化业务管理。在安全运营的前提下逐步推进数字化转型和智能化管理，着力推动智慧银行建设，提升保险普惠水平与服务能力。加强数据治理，提高数据质量。加强网络安全建设，强化客户信息安全保护，提升突发事件应急处置能力和灾备水平。

五、精准有效防范化解各类风险

(二十一) 防止影子银行死灰复燃。坚决防止违规同业投资、同业理财等重新抬头。清理压缩不符合资管新规的表外理财非标资产投资、表内特定目的载体投资、同业理财等业务规模，严控银信通道类业务。按照业务实质实施一致性、穿透性、全覆盖风险管理，严格适用相应的风险分类、资本占用和拨备计提等要求。严格落实资管新规要求，认真合规完成理财业务整改，推动业务平稳过渡和规范转型。

(二十二) 加强重点领域风险防控。严格遵循“房住不炒”定位，执行落实房地产金融监管政策各项要求。做好融资平台存量债务风险监测。稳妥化解集团客户信用风险，有序退出“僵尸企业”。深入推进联合授信机制，遏制多头过度融资行为。加强对个人消费贷款与经营性贷款、信用卡透支的风险防控。调整规范联合贷助贷业务，禁止将核心业务环节外包。严格控制个人融资性保证保险经营风险。做实资产质量分类，充足提取拨备，加大不良贷款处置力度，提高抵御风险能力。积极稳妥推进高风险机构处置，严防出现处置风险的风险。

（二十三）加强合规管理与案件风险防控。加强内部控制与风险管理，深入推进“合规管理示范区”建设，持续推动合规管理实现主动合规、全员合规、尽职合规和价值合规。夯实案件防控工作基础，完善案件管理制度。强化员工行为管理，合规与案件警示教育常抓不懈。配合上海市相关部门持续深入开展互联网金融风险整治，严防互联网金融风险、非法金融活动风险传染渗透。充分利用先进技术提升账户资金监测预警功能，在打击非法集资、反洗钱和反欺诈方面发挥更大作用。

六、建立健全中国特色现代金融企业制度

（二十四）全面加强党的领导。辖内国有控股法人机构要认真落实加强国企党建有关意见，把党的领导融入公司治理各环节。各机构要从实际出发，积极探索更好发挥党组织作用的有效途径与方式，实现加强党的领导与公司治理一体化推进。坚持党建对业务发展的引领作用，以高质量党建带动队伍成长、推动业务发展。

（二十五）严格规范股东股权管理。辖内法人机构董事会要切实承担起股东资质审查第一责任，严把增资扩股和股权重组中新进股东的资质关，强化对股东情况的穿透管理，防止出现通过隐瞒关联股东信息、股权代持等方式变相谋求机构控制权的行为。厘清出资人与机构资金上的联系，不允许把资金挪用给出资人或关联方，不允许违规开展关联交易。切实加强股东行为约束，进一步规范股权质押、股权转让等行为。

（二十六）加强“三会一层”建设。更好发挥股东（大）会的权力机构作用，防止控股股东不当干预机构经营和侵犯中小股东利益的行为。持续优化董事会结构，加强董事履职能力建设，提升董事的专业性和独立性，引导独立董事真正发挥作用，增强董事会下设各专门委员会的履职能力。做实监事会功能，增加外部监事占比，增强专职监事作用，定期开展监督检查并督促整改。规范高管层履职，合理优化董事会对高管层的经营授权，提高经营决策效率，严格落实岗位交流、履职问责等各项制度。主发起行要在村镇银行公司治理中切实承担起主要责任。

七、加强金融监管和清廉金融文化建设

（二十七）严格依法依规监管。持续推进简政放权，提升行政审批效率。做细做深分类监管，严肃查处违法违规行为，加强问责和处罚信息披露。推进监管大数据平台和智能检查实验室建设，提高监管科技水平。积极参与金融委办公室地方协调机制，协同上海开展金融改革创新先行先试。

（二十八）推进扩大对外开放。保持金融业扩大对外开放的上海速度，推动更多银行业和保险业扩大开放重大举措在上海落地，吸引各类全球金融机构入沪，进一步提升金融开放枢纽门户功能。按照内外资一致，支持外资机构合理布局，拓宽业务范围。促进双向开放，为境内机构参与国际市场竞争提供载体平台，更加高效连结境内境外两个市场、两种资源。

（二十九）强化消费者权益保护。各机构应切实承担好消费者权益保护的主体责任。深化全流程金融消费者权益保护体系建设，全面推行保险销售行为可回溯管理制度，及时纠正误导金融消费者的违法违规行为。加强金融知识普及和消费者教育，帮助金融消费者树立价值投资、理性投资和风险防范意识。推进行业纠纷调解组织建设，打造金融纠纷多元化解的上海品牌。

（三十）全面推进清廉金融文化建设。通过机构主动、行业联动、监管推动三管齐下，切实提升从业人员的廉洁意识，强化从业人员职业操守，形成“遵纪守法、秉公办事、廉洁自律、为民服务”的行为准则。严格执行公私分开、履职回避、非公务交往等要求，做到监管与被监管之间“零物质往来”，构建良好“亲清”监管关系，一体推进不敢腐、不能腐和不想腐的长效机制建设。

辖内各银行保险机构要认真按照本意见和相关政策要求，明确具体任务，落实工作责任，将推动差异化转型高质量发展的各项要求落到实处，并转化为企业可持续健康发展的核心竞争能力。

第八篇　文　　化

一、学术团体

上海市金融学会

2020年，上海市金融学会组织金融学术研究活动，编辑出版金融书刊，提供金融决策咨询和科学普及等服务。

2月通过通讯方式召开第十届理事会第二次会议，完成秘书长兼法定代表人变更程序。

3月31日，上海市金融学会跨境金融服务专业委员会举办《临港新片区境内贸易融资资产跨境转让业务操作指引》专题培训会。

4月16日，上海市金融学会召开《上海市志·金融分志·金融综述卷(1978—2010)》评议会。人民银行上海总部副主任兼上海分行行长金鹏辉致辞。

7月3日，上海市金融学会与交银金融租赁有限公司共同举办"上海市金融学会成立四十周年系列学术活动：《把握新趋势、引领新发展》——2020年金融租赁行业专题研讨会"。

8月，上海市金融学会跨境金融服务专业委员会成功举办第二届换届大会暨跨境金融惠企服务分享会。中国人民银行上海总部、上海市金融学会、跨委会会员单位、高校专家等参加了此次活动。

8月20日，上海市金融学会召开第十届第二次会员代表大会暨学会成立四十周年系列学术活动首场报告会。

9月11日举办上海市金融学会成立四十周年系列学术活动：汽车金融专题研讨会。

9月17日，上海市地方志办公室在人民银行上海总部召开会议，审定通过《上海市志·金融分志·综述卷(1978—2010)》(以下简称"《金融综述卷》")。《金融综述卷》专家组组长、上海市原常务副市长、市政协第十一届委员会主席冯国勤，人民银行上海总部副主任孙辉，上海市地方志办公室主任洪民荣出席审定会并讲话。

9月21日，上海市金融学会召开"'双循环'经济发展新格局"研讨会。本次会议由上海市金融学会、人民银行上海总部调查统计研究部、上海现代金融学会联办，是上海市社联第十四届(2020)学会学术活动月活动之一。会上，来自六家外资金融机构的经济学家围绕国内大循环的潜力和短板、我国产业链供应链如何重构、金融如何适应"双循环"新格局等主题进行了探讨。

9月28日，上海市金融学会举办"关于国际金融中心建设和人民币国际化有关问题的思考"学术讲座。会议邀请了中国人民银行金融研究所所长周诚君。

10月9日，上海市金融学会举行"金融前沿论坛——上海市金融学会成立四十周年学术交流会"。博鳌亚洲论坛副理事长、中国人民银行原行长周小川应邀出席，并与上海市金融学会代表就四个课题开展了广泛深入的学术探讨。人民银行上海总部副主任、上海市金融学会会长金鹏辉主持会议。人行上海总部领导班子成员、相关部室负责人，以及部分金融机构的负责人等代表与会交流。

10月15日，上海市金融学会跨境金融服务专业委员会成功举办人民币跨境金融助力进博会全贸易链同业倡议活动。

11月4日举办《关于统计法律法规理论与实践的思考》学术讲座。讲座邀请了国家统计局统计执法监督局巡视员庞晓林。

12月11日，上海市金融学会召开"金融科技与普惠金融发展"研讨会暨上海市金融学会成立四十周年系列学术活动。人民银行上海总部调查统计研究部赵春泮副主任、中国银行上海市分行领导杨军出席并致辞。中国银行上海市分行、交通银行上海市分行、浦发银行上海分行以及中银金科、建信金科、兴业数字金融、平安壹账通的业务专家出席会议。

(上海市金融学会)

上海市保险学会

2020年，上海市保险学会在上海银保监局和上海市社科联的正确领导下，围绕行业发展中突出的重点、热点、难点问题，积极推动上海保险理论研究工作，在学术期刊、课题研究、宣传培训等方面发挥积极作用。

【坚持党建引领，强化意识形态管理】

一是提高政治站位，坚持以习近平新时代中国特色社会主义思想为指导，认真贯彻落实党的“十九大”精神，以推进“两学一做”“三会一课”学习教育常态化、制度化为抓手，不断加强思想建设、组织建设和作风建设，把党建工作融入学会发展。二是建立《对外信息发布管理办法》，加强选题管控和内容监督，强化会刊杂志、微信公众号等学术载体与宣传阵地管理，确保正确的意识形态和政治言行。三是遵照国家新闻出版署和上海市新闻出版局要求，完成五年一度的记者证换证工作。

【把握宣传阵地，讲好上海保险故事】

一是改版“上海保险”官方微信号。年度新增近5万人，涨幅超过180%。二是推出“上海保险直播间”，全年举办13期活动，最高单场观看量近3 000人次。三是开辟“行业新闻通气会＋集中调研式采访”形式。召开两场新闻通气会，开展“保险服务进博会3.0版调研式采访”。四是“线上＋线下”开展3.15消保宣传周、“防范非法集资”宣传月、7.8全国保险公众宣传日等活动。五是打造学术交流类活动重要品牌——“保险思享汇”，为广大保险从业者、保险消费者提供了互动交流的平台，有力促进了保险宣教工作的开展。

【办好杂志期刊，做好志鉴编纂】

一是保证《上海保险》杂志专栏与理论文章的高水准，继续做好《封面人物》栏目，进一步规范杂志（社）的发展与日常管理。二是召开《上海市志·金融分志·保险业卷（1978—2010）》（以下简称“《保险业卷》”）评议会和《保险业卷》审定会，《保险业卷》通过审定并进入了收官阶段。三是扎实推进年鉴编纂。整理参编单位的用户名录及2020版《上海保险年鉴》填报要求及说明，申请开放并协助测试《上海保险年鉴》信息管理系统；制定了编辑、审核分工表，对外发布组稿编辑工作通知；督办信息上报工作。

【发挥智库效应】

一是专委会牵头各类研讨活动。如：“承保人建筑幕墙责任保险风险识别的技术基础与法律适用性讨论会”“2020年信用保险与风险专委会第一次联席会议”“健康服务与管理专业（健康保险方向）人才培养暨学术研讨会”等。二是办好学术年会。举办主题为“探索研究与实践之融合，助力保险业科学发展”的保险科技高峰论坛暨上海保险学会2020年学术年会。三是做好课题管理。《疫情背景下加快上海国际保险中心建设的对策研究》被成功列入上海市社联2020年度学会（民非）学术课题研究合作项目。四是合作高校，促进行业人才培养建设。与复旦大学泛海金融学院、上海交大高等金融学院创新合作模式，推出上海保险行业专属奖学金项目。

（上海市保险学会）

二、金融博物馆

上海市银行博物馆

2020年是上海市银行博物馆成立20周年，博物馆持续发挥在金融历史文化领域的特色和优势，依托展览、教育、收藏、研究等方面的基础职能，克服疫情带来的不利影响，开展年度各项工作。

【举办展览】 2020年，银行博物馆举办多场展览，累计接待参观5万余人次。一是在馆内推出“红色金融百年足迹”和“红色基因在上海”两个专题展，回顾建党百年红色金融发展历程；二是在第十四届上海金融服务实体经济洽谈会（金洽会）现场布置“不忘初心、牢记使命”红色金融历史展，突显文化公益；三是在2020年第三届中国国际进口博览会（进博会），参与“变革的力量——中国工商银行网点的发展”专题展览，将20世纪80年代储蓄所场景和金融展品融入展区，展现银行过去、现在和未来的发展进程；四是举办“金史漫观——金融历史文化漫画展”，在上海鲁迅纪念馆、上图书店和明复图书馆等三家单位进行巡展。

【文化宣传】 一是结合银行博物馆建馆20周年契机做好“发布”，在陆家嘴大屏、《新民晚报》、分行i频道等媒体平台，推出“念廿不忘”系列形象宣传广告；二是新媒体宣传突破“发力”，与新华网公众号、抖音等新媒体平台相结合，开展《走进银行博物馆，120分钟速览上海银行业170年风云》线上直播活动，观看量达80余万人次，《远东第一金库》短视频在哔哩哔哩播出，《新民晚报》新媒体以视频结合图文的形式，播出《上海人“老底子”存银行，90后真是看不懂了》，介绍储蓄与民生的变迁发展；三是在中国工商银行总行媒体上保持“发挥”，利用博物馆员工在收藏、艺术、研究领域的积累，在《工行通讯》上开辟专栏，弘扬金融历史，传播金融文化，全年刊登量近20篇；四是博物馆微信公众号全年发布200余篇文章，尤其在新冠疫情期间，推出金融老海报“抗疫”新编、金融漫画“云展览”等方式，增强时效性，促进与读者的互动。

【学术研究】 一是继续做好《行家》《银行博物》杂志的组稿和出版，通过精心组织专题、调整版式和设计风格，提升刊物可读性；二是在《上海城市金融》《金融博览》《金融文化》《档案春秋》等刊物撰稿及开设专栏，推出各类研究文章20余篇；三是组织员工编写《中国金融之最》，收录中国金融史上相关第一、之最等内容100篇，图文并茂，书稿已经全部编排落定。

（上海市银行博物馆）

第九篇　人　　物

一、先进劳模

［王志红］ 1976年11月生，汉族，本科学历。上海农商银行宝山支行营业部零售副经理。曾任上海农商银行祁连支行金融便利店店长、上海农商银行吴淞支行行长助理、上海农商银行高境支行副行长、上海农商银行罗泾支行副行长。入行以来，立足本职，兢兢业业，求实奋进，自强不息，争先进位，打开了工作局面，促进营业部的各项工作健康、稳定、快速的发展。作为一线员工的领头羊，无论在网点营运，还是在拓展营销方面都发挥着先锋带头作用。2020年被授予上海市劳动模范称号。

［方　泳］ 1965年7月生，中共党员，硕士研究生学历，高级经济师。1984年8月参加工作。中国光大银行上海分行党委委员、工会主席，兼任光大集团长三角协同发展办公室副主任。在多年来的工作中，突出表现了攻坚克难、砥砺奋进的工匠精神，在岗位上兢兢业业、严谨求实，以饱满的热情投身工作学习、以扎实的作风诠释党员身份、以过硬的本领保障业务规范运转、以优异的成绩出色完成各项工作任务，用实际行动展示了一个能树典型、当标杆、做榜样的劳模形象。2020年获上海金融五一劳动奖章。

［刘　瀛］ 中国建设银行上海第二支行职工。2020年获上海金融五一劳动奖章。

［李永妹］ 1971年2月生，中共党员，硕士研究生学历，经济师。中国光大银行上海分行营销总监兼公司业务一部总经理。其政治立场坚定，认真贯彻党和国家的方针政策，钻研金融理论和业务，具有丰富的银行工作经历、基层实践经验和组织管理能力。她以过硬的政治素质、精湛的业务技能和务实的工作作风赢得广泛赞誉，曾获全国金融五一劳动奖章。2020年被授予上海市劳动模范称号。

［吴　炜］ 1973年生，中共党员。中国银行上海市分行办公室高级行政经理。她是奋战在新闻宣传一线的工作者，作为中国银行上海市分行品牌管理工作的牵头人，用文字和影像擦亮百年中行的金字招牌。在上海自贸区创立初始，紧抓中国银行成功叙做、落地多项首笔金融业务的契机，创新宣传形式和工作方法，打造践行国家战略的立体宣传阵地，形成了“一提起自贸区首单，就想到中行”的良好口碑，有力地彰显中行积极支持上海国际金融中心建设的坚定决心。积极投身进博会宣传工作，通过全方位、多角度宣传形式和内容，生动展示了中国银行支持服务进博会的卓越风采。她也是中国银行上海市分行与上海市红十字会的对接联系人，牵头推进中国银行上海市分行“人体器官捐赠专项基金”定向捐赠项目，用自己的实际行动诠释中行人的担当和社会责任。2020年获全国金融五一巾帼标兵称号。

［吴　斌］ 1983年7月生，中共党员，硕士研究生学历。海通证券股份有限公司上海债券融资部总经理兼债券融资总部副总经理。吴斌爱岗敬业、勇于创新，积极树立专业标杆。始终坚持优质资产、优质区域、优质企业的工作策略，带领团队完成债券发行数量和规模均在业内名列前茅，曾创下国内CMBS发行史上规模之最。投身精准扶贫事业，带领团队发行首单以扶贫专项债为标的的信用保护合约，为实体经济发展贡献金融力量。2020年被授予上海市劳动模范称号。

［陆培尔］ 1981年生，中共党员，中国银行上海市分行信息科技部高级技术经理。其为信息科技领域的技术达人，勤于思考、善于总结，用科技力量为金融业的创新发展持续赋能。凭借过硬的专业技术，近年来牵头组织实施了人行自贸区资金监测平台、GE集团客户个性化服务平台、支付宝代发平台等重大项目，以出色的工作成效，获得监管机构、客户单位的认可。在中银集团数字化转型的背景下，勇于创新、自我要求，不断学习和运用前沿技术为中行数字化转型按下“加速键”，牵头建立微服务应用平台、DevOps平台等，并制订“十四五”整体应用架构规划，为中行分布式架构转型打下坚实基础。同时，注重新员工的带教与培训，通过开展系统培训课

程与经验分享交流，培养输送了一批青年技术骨干。2020年被授予全国金融系统劳动模范称号，工作室被评为“工匠人才创新工作室”。

［陆嫣一］　1983年生，中共党员。中国银行上海市分行普惠金融事业部总经理。匠心深耕普惠金融，牵头为中小微企业创新研发产品和方案20余款，获得中国人民银行上海总部、上海银保监局、上海市金融工会、上海市科委、上海银行业同业公会等颁发的20余项创新奖，其中以“张江模式”为代表的科技金融服务已累计支持约3 000家科技型中小企业，累计发放信贷超300亿元，培育境内外上市公司近30家、新三板挂牌企业近200家，获上海市人民政府颁发金融创新成果奖一等奖。积极投身上海“三大任务、一大平台”等建设，组织中行志愿者组成被誉为“跨境红娘桌长”的队伍，全力保障进博会官方配套活动贸易投资对接会，相关工作获得展商、客商一致赞誉。2020年被授予上海市劳动模范称号。

［陈锦焰］　1988年1月生，中共党员，硕士研究生学历。2012年9月入职德勤华永会计师事务所，2015年1月加入中国东方上海市分公司，2020年任风险管理部副经理。2020年获上海金融五一劳动奖章。

［陈　韵］　中国工商银行上海市虹桥开发区张虹支行网点负责人。2020年获上海金融五一劳动奖章。

［林允情］　招商银行上海分行职工。2020年获上海金融五一劳动奖章。

［费玉华］　中国农业银行上海市分行科技与产品管理部副总经理，分管上海农行本地特色信息系统研发。坚持服务业务与基层，为不同客户提供安全可靠的服务；坚持以科技促创新、以创新促发展，积极探索新技术应用，先后完成农行中间业务平台TULIP、Cathay、太行平台、融易汇等平台的迭代更新；紧紧围绕全行数字化转型目标，在移动互联、人工智能等领域开展产品创新，推动技术业务深度融合，支持业务经营转型与创新发展，在助力小微企业、服务实体经济方面，带领技术团队探索普惠金融业务模式和金融产品创新，研发“经营融E贷”产品，创新引入H5界面嵌入合作方APP，通过API和组件化等技术重构内部系统，为小微客户提供手机人脸识别、活体检测等服务，实现远程客户身份识别，让客户体验到贷款的“秒批秒贷”“随借随还”的便捷服务。在融入上海城市建设、助力区域经济发展方面，积极支持市政府重大项目建设与金融服务创新，在上海市敬老卡、社保卡项目中，农行是全市首批发行敬老卡、社保卡的银行之一，她带领开发部门克服时间紧、任务重等困难，在项目入围后的短短一个月的时间内就实现了敬老卡和社保卡的批量开卡、申领等功能。在ETC金融服务需求中，积极配合全行营销任务，短时间内完成个人在线申领、对公ETC、第三方渠道接入等功能研发。2020年被授予上海市劳动模范称号。

［黄长虹］　1971年生，中共党员。中国邮政储蓄银行上海嘉定区支行党总支书记、行长。1990年进入上海邮电局，2008年加入中国邮政储蓄银行上海分行。牢记党员干部初心使命，以“老黄牛”精神，常年战斗在邮储银行基层一线。善于学习，勇挑重担，始终冲在市场第一线。坚持风控第一，资产质量保持优良。多次被授予中国邮政储蓄银行上海分行“先进工作者”“‘三八’红旗手”“优秀党务工作者”“优秀工会工作者”等称号，2017年被授予上海市巾帼建功标兵称号，2020年被授予上海市劳动模范称号。

［章万锋］　交通银行总行软件中心干部。从事并专注金融IT应用研发及系统建设工作近16年，承担交通银行核心、财资、理财、贷记卡、风险等业务领域的项目建设、研发创新与系统运行保障等重要职能。5年来，为交通银行“531工程”新一代信息系统建设及境内、海外行全集团推广上线，为每年两会期间的金融系统运维保障作出突出贡献。作为部门负责人，带领部门完成生物识别平台建设，以人工智能技术助力银行业务线上化、拓展服务渠道；部门承建“双核异构”主体开发，基于自主开发分布式数据库，在同业率先实现主机、开放双“核心”运行，为交行核心技术安全可控迈出坚实一步，获人民银行科技发展奖。作为创新工作室领军人，与工作室成员共促研发、共克难题，推出区块链、深度学习、知识图谱等相关的十多项创新成果，其中“基于区块链技术的资产证券化平台”创新项目获《金融电子化》金融行业科技创新突出贡献奖；工作室已获6项专利、发表4篇期刊文章。因业绩突出，部门团队获得“交通银行青年文明号”称号；个人获得1次上海市劳动模范，4次人民银行科技发展奖，1次交通银行优秀党

务工作者，1次交通银行优秀教育培训工作者，2次总行机关优秀党务工作者，1次总行机关优秀党员等荣誉称号。2020年被授予全国劳动模范称号。

［**董春英**］ 1983年4月生，中共党员，金融学硕士学位，高级会计师，高级经济师。上海电气集团财务有限责任公司财务结算部部门副经理。作为具有装备制造业背景的金融机构财务部门负责人，在财务战略体系建设、服务实体产业、金融产品定价等专业领域具有较为丰富的经验。曾获“上海市青年金才”，首届“财协研究人才”等称号，并带领团队多次获中国人民银行金融统计工作一等奖、中国金融品牌传播年度案例奖、上海市机电工会“五一巾帼奖”集体等荣誉。2020年获上海市劳动模范称号。

［**谭晨晨**］ 中国工商银行上海市闸北支行客户经理。2020年被授予上海市劳动模范称号。

［**潘　淳**］ 1981年生，中共党员。中国银行上海市虹口支行内控运营部主任。她始终满怀对于工作的热情和认真，在担任瑞虹新城支行党支部书记、行长期间，为周边群众打造了最温暖、最贴心的“家银行”。她坚持党建引领，与多个政府部门、企业、高校、街道社区建立党建共建联盟，发挥组织合力，有效提升金融服务的广度和深度。她立足区域特点，积极开展财商课程，宣传消费者权益保护知识，打造消费金融与财富金融两大品牌服务。她持续推进改善网点服务环境和员工工作环境，建立户外职工爱心接力站、员工休息活动区等，为环卫工人、快递小哥、交通警察等户外工作者提供充电、饮水等服务，为员工打造暖心家园，所在网点被誉为“有高度、有温度、有精度、有深度”的“四有”银行网点。2020年获全国金融五一巾帼标兵称号。

二、新 闻 人 物

（一）2020 沪上金融家

上海黄金交易所党委书记、理事长焦瑾璞

中国农业银行上海市分行党委书记、行长陈其昌

上海期货交易所党委副书记、总经理王凤海

上海票据交易所党委书记、董事长宋汉光

中国建设银行信用卡中心党委书记、总经理李骏

中国金融期货交易所党委委员、副总经理李海超

渣打银行（中国）有限公司行长、副董事长张晓蕾

（二）2020 沪上金融行业领军人物

中国外汇交易中心党委委员、副总裁崔嵬

跨境银行间支付清算有限责任公司副总裁张欣

招商银行信用卡中心党委委员、总经理李慧

中国光大银行首席业务总监、上海分行党委书记、行长马宁

平安银行行长助理、上海分行行长张朝晖

汇付天下有限公司董事长、首席执行官周晔

（三）2020 沪上金融行业创新人物

法国兴业银行（中国）有限公司首席执行官 Hugues de La Marnierre

摩根大通环球企业银行中国区总裁、董事总经理黄健

大华银行（中国）有限公司行长、首席执行官符懋赞

德邦证券股份有限公司董事长金华龙

瑞银证券有限责任公司董事长钱于军

泰康人寿保险有限责任公司上海分公司总经理王庆龙

上海海通证券资产管理有限公司总经理李井伟

上海东证期货有限公司董事、总经理卢大印

汇添富基金管理股份有限公司副总经理李骁

中债数字金融科技有限公司总经理程平

三、金融机构负责人

［Charoenlarp Thammanichanond］ 中文名“谭永乐”。1975 年 4 月生，泰国籍，工商管理硕士。毕业后曾先后供职于荷兰银行和花旗银行曼谷分行等银行金融机构，自 2008 年起加入泰国盘谷银行（大众有限公司），任职于国外银行业务部，并于 2011 年调任泰国盘谷银行（大众有限公司）新加坡分行，先后出任副总经理、总经理。2019 年 10 月起出任盘谷银行（中国）有限公司首席执行官，2020 年 1 月起出任盘谷银行（中国）有限公司董事。

［Hermann Hauser］ 1967 年 11 月生，毕业于德国歌德商学院（慕尼黑分校）。东风日产汽车金融有限公司董事兼总经理。1987—2000 年先后在德国 Braun Maschinenvertrieb GmbH 公司、德国 Wepro 公司、德国 Tupaj-Technik-Vertrieb GmbH 公司以及德国福特银行工作；2000—2004 年先后在戴姆勒-克莱斯勒金融服务公司德国以及韩国风险部担任管理职务，戴姆勒东南亚投资有限公司（新加坡）非洲、亚洲、太平洋洲地区金融服务风险管理部长；2004—2013 年先后担任梅赛德斯-奔驰汽车金融有限公司风险管理和信贷运营副总经理、梅赛德斯-奔驰租赁有限公司总经理。2013—2017 年担任东风日产汽车金融有限公司董事和总经理。2017—2019 年担任东风日产汽车金融有限公司监事、日产全球汽车金融业务部部长。2019 年 6 月起任东风日产汽车金融有限公司董事、总经理。

［Takano Aki］ 1971 年 12 月生，本科学历。东风日产汽车金融有限公司副总经理兼首席财务官。2004 年加入日产全球总部，至 2020 年 9 月先后在日产总部财务部负责全球资金管理；在北美日产汽车公司担任资金经理，负责融资和现金流管理；在日产总部财务部担任副总经理，负责海外融资项目；在日产汽车金融公司（日本）担任首席财务官和首席信息官。2020 年 12 月起任东风日产汽车金融有限公司副总经理兼首席财务官。

［Yong Sin Leou］ 中文名“杨先柳”。1964 年 5 月生，马来西亚籍，本科学历。科威特国民银行上海分行行长。有 30 年金融行业相关从业经历，曾在华侨银行、住友银行（原）、星展银行服务并担任过银行企业融资部资深高管，负责银团贷款等业务。2005 年 1 月起在科威特国民银行上海代表处任首席代表职务，2017 年任科威特国民银行上海分行行长。

［八田健（Hatta Takeshi）］ 1970 年 10 月生，经济学士。日本三井住友信托银行股份有限公司上海分行行长。曾在住友信托银行股份有限公司名古屋分行从事金融工作。2000 年外派至住友信托投资有限公司，2005 年外派至中和住信咨询（北京）有限公司任业务科科长。2012 年任三井住友信托银行股份有限公司亚洲部大中华区科科长。2018—2019 年任上海分行副行长，2019 年至今任上海分行行长。

［大和健一（Yamato Kenichi）］ 1968 年 6 月生，本科学历。三菱日联银行（中国）有限公司负责人、董事、行长。先后在株式会社东京银行、株式会社东京银行纽约分行、株式会社东京三菱银行、株式会社三菱 UFJ 银行任职。2019 年 8 月起任株式会社三菱 UFJ 银行执行董事、三菱日联银行（中国）有限公司董事兼行长。

［马立新］ 浙江大学硕士，上海交通大学 EMBA。曾于中国人民银行浙江分行、上海分行、中国银监会上海监管局任职，2010 年担任中国银监会、银保监会上海监管局副局长，2019 年至今担任富邦华一银行董事长。

［马　宁］ 1971 年 3 月生，蒙古族，中共党员，硕士研究生学历。自 1998 年进入中国光大银行后，先后在总行、北京分行、上海分行工作，现任中国光大银行首席业务总监兼任上海分行党委书记、行长。在银行经营管理方面拥有 20 余年的经验，具备较高的金融理论水平和实践水平。

［王　克］ 1968 年 4 月生，获北京大学计算机科学学士学位及美国西北大学凯洛格（Kellogg）商

学院工商管理硕士学位。华侨永亨银行(中国)有限公司董事兼首席执行官。在中国、美国、新加坡等多个国家和地区有着超过20年的国际金融从业经验,谙熟外资银行在中国的经营模式、管理方法以及市场法规环境等。2012年加入华侨永亨银行(中国)有限公司,历任信息科技部总经理、营运与科技部总经理、珠三角地区总部总经理、副行长等职务。作为银行高级管理团队的重要一员,直接参与银行战略管理的决策,出色领导多个战略性项目的实施并取得了丰硕成果。

[王明东] 1971年10月生,中共党员,硕士研究生学历,高级会计师。中国宝武财务公司党委副书记、副董事长。

[区瑞光] 1964年9月生,中共党员,硕士研究生学历。2019年11月起,任北京银行业务总监、上海分行党委书记、行长。

[中村伸吾] 1969年2月生,本科学历。1993年4月进入第一劝业银行股份有限公司(现日本瑞穗银行股份公司前身之一),先后担任瑞穗银行(中国)有限公司营销部助理总经理、深圳分行副行长、上海总行战略企划部副总经理、广州分行行长、上海总行战略企划部总经理。2020年7月起担任瑞穗银行(中国)有限公司副行长。具有丰富的战略企划业务推进经验及全面的银行业务管理能力。

[冈山智则] 1966年11月生,本科学历。日本横滨银行股份有限公司上海分行行长。有30年银行业工作经验,1990年进入日本横滨银行工作,为汉语进修生,先后在香港代表处、曼谷代表处、总行国际业务部门、法人营业部门等就职。2019年6月由总行派遣至上海分行。2019年8月任上海分行行长,主管分行前、中、后台业务以及风险管理。

[孔祥清] 1967年5月生,中共党员,复旦大学工商管理硕士学位、美国斯坦福大学理学硕士学位,高级会计师。华宝信托董事、总经理、党委副书记。1991年7月参加工作,曾在宝钢集团从事财务工作多年,历任宝钢计财部资金处副处长(主持工作),宝钢集团财务公司总经理,华宝投资副总经理,华宝证券董事长,法兴华宝汽车租赁董事长,华宝租赁董事长,中国宝武产业金融党工委副书记、纪工委书记兼工会主席,华宝基金党委书记、董事长等职务。

[左 畅] 硕士研究生学历。德邦证券股份有限公司董事、总裁,德邦基金管理有限公司董事长、代任总经理,德邦星睿投资管理有限公司董事长及法人,德邦证券资产管理有限公司董事长及法人。担任中国证券投资基金业协会资产证券化业务专业委员会委员、深圳证券交易所薪酬财务委员会副主任委员、上海证券交易所理事会科技发展委员会副主任委员。曾先后于华泰证券、东海证券工作,对于证券、基金行业各类业务具有丰富的管理经验。

[石原至] 1965年6月生,本科学历,并修完英国伦敦商业学院斯隆学术项目课程。1988年4月加入日本兴业银行股份有限公司(现日本瑞穗银行股份公司前身之一),分别担任营业第一部部长代理、国际管理部海外日系营业推进室参事役/次长、欧洲营业第一部次长、伦敦分行迪拜事务所所长、瑞穗银行(中国)有限公司营销二部总经理、瑞穗银行(中国)有限公司北京分行行长。2020年7月起担任瑞穗银行(中国)有限公司行长。具备客户营销、信托、外资法人银行经营管理等丰富的商业银行业务和管理经验。

[付 捷] 1973年7月生,中共党员,硕士研究生学历,高级经济师。2009年8月至2014年1月,任工行北京市分行副行长、党委委员。2014年1月至2017年3月,任工行青岛分行行长、党委书记。2017年3—5月,任工行山东省分行行长、党委书记兼青岛分行行长。2017年5月至2019年6月,任工行山东省分行行长、党委书记。2019年6月起,任工行上海市分行行长、党委书记。

[冯长军] 1978年5月生,中共党员,本科学历,正高级会计师。东风日产汽车金融有限公司董事长,东风汽车集团有限公司党委常委、总会计师,东风汽车集团股份有限公司董事会秘书、副总裁。2001—2007年先后任中国兵器装备集团公司财务与审计部总会计处、预算处员工、预算处副处长、财务部预算处副处长;2007—2010年先后任济南轻骑摩托车股份有限公司财务副总监、董事、副总经理;2010—2016年先后任中国兵器装备集团公司财务部副主任、兵器装备集团财务有限责任公司副总经理;2016—2018年先后任重庆汽车金融有限公司董事、总经理、党委书记,长安汽车金融有限公司总经理、董事、党委书记;2018—2020年6月任中国兵器装备集团有限公司财务部主任、长安汽车金融有限

公司董事长。2020 年 10 月起任东风日产汽车金融有限公司董事长。

[冯淳林] 1979 年 12 月生，中共党员，香港大学经济学、哲学硕士。上海电气集团财务有限责任公司总经理。曾担任上海电气集团财务有限责任公司投资银行部部门经理、创新投资部部门经理、副总经理等职务。

[朱永红] 1969 年 1 月生，中共党员，博士研究生学历，高级经济师，高级会计师。中国宝武党委常委、总会计师兼董事会秘书、财务公司董事长。

[朱　健] 1971 年 6 月生，中共党员，法学硕士，工商管理硕士。上海银行党委副书记、副董事长、行长。曾任中国证监会上海证管办信息调研处副处长，中国证监会上海监管局信息调研处副处长、处长，中国证监会上海监管局办公室主任、机构二处处长，中国证监会上海监管局党委委员、局长助理、副局长，国泰君安证券股份有限公司党委委员、副总裁。

[任德奇] 1963 年 9 月生，工学硕士，高级经济师。1988 年 7 月至 2003 年 8 月先后在中国建设银行岳阳长岭支行、岳阳市中心支行、岳阳分行，中国建设银行信贷管理委员会办公室、信贷风险管理部工作。2003 年 8 月至 2014 年 5 月历任中国建设银行信贷审批部副总经理、风险监控部总经理、授信管理部总经理、湖北省分行行长、风险管理部总经理。2014 年 7 月至 2016 年 11 月任中国银行副行长[其中：2015 年 10 月至 2018 年 6 月兼任中银香港(控股)有限公司非执行董事。2016 年 9 月至 2018 年 6 月兼任中国银行上海人民币交易业务总部总裁]。2016 年 12 月至 2018 年 6 月任中国银行执行董事、副行长。2018 年 8 月至 2019 年 12 月任交通银行行长。2018 年 8 月至 2020 年 1 月任交通银行副董事长(其中：2019 年 4 月至 2020 年 1 月代为履行董事长职责)、执行董事。2020 年 1 月起任交通银行董事长、执行董事，代为履行行长职责。

[刘志美] 工商管理硕士学位。32 年银行业工作经验，先后在交通银行总行担任代理行欧非区主管、瑞典银行上海代表处担任过首席代表职务。2000 年进入瑞典银行工作，任代表处首席代表，2007 年 6 月起担任瑞典银行上海分行行长。

[刘　宏] 硕士研究生学历。法国外贸银行股份有限公司上海分行行长。具有多年银行业丰富的工作经验，曾经在荷兰银行、苏格兰皇家银行、澳新银行等金融机构任职。自 2016 年 6 月进入法国外贸银行股份有限公司工作，担任上海分行行长及大中华区负责人。

[刘　珺] 1972 年 1 月生，工商管理博士，高级经济师。1993 年 7 月至 2009 年 9 月先后在中国光大银行国际业务部、香港代表处、资金部、投行业务部工作。2009 年 9 月至 2014 年 6 月历任中国光大银行行长助理、副行长(期间先后兼任中国光大银行上海分行行长、中国光大银行金融市场中心总经理)。2014 年 12 月至 2016 年 11 月任中国光大集团股份公司副总经理。2014 年 6—12 月任中国光大(集团)总公司执行董事、副总经理。2014 年 6 月至 2016 年 11 月期间先后兼任光大永明人寿保险有限公司董事长、中国光大集团有限公司副董事长、中国光大控股有限公司执行董事兼副主席、中国光大国际有限公司执行董事兼副主席、中国光大实业(集团)有限责任公司董事长。2016 年 11 月至 2020 年 5 月任中国投资有限责任公司副总经理。2020 年 7 月起担任交通银行行长、执行董事。

[刘　勤] 1975 年 2 月生，本科学历。自 2001 年底加入汇丰数据处理(上海)有限公司开始，至今已有近 20 年的金融及银行从业经验，曾任渣打银行(中国)有限公司上海分行副行长。上海银保监局(筹备组)于 2018 年 11 月 2 日核准刘勤德意志银行(中国)有限公司上海分行行长的任职资格。

[严　栋] 1973 年 7 月生，中共党员，本科学历，初级会计师。温州银行上海分行党委委员、纪委书记、风险监控官、副行长。

[李大宁] 本科学历。1989 年进入韩国产业银行工作，已有 32 年银行业工作经历，曾在韩国产业银行水源分行、营业部、安全管理部、人事部、投资管理部、财务部等部门工作。2018 年 7 月由总行派遣到上海分行，担任营业部部长。后经上海银保监局任职资格核准，自 2020 年 4 月 29 日起任韩国产业银行上海分行副行长，负责与信、不良与信、监察统辖等业务。

[李　化] 1978 年 4 月生，中共党员，本科学历，中级经济师。东风日产汽车金融有限公司董事兼执行副总经理。2000—2003 年担任深圳市紫金支点技术股份有限公司市场宣传部经理；2003—2018 年先后担任东风日产乘用车公司销售部销售

计划科专营店管理主管，车辆业务科业务主管、科长，东风日产乘用车公司销售部（水平事业部）汽车金融业务科长，东风日产乘用车公司总经理办公室科长。2018 年 7—11 月任东风日产汽车金融有限公司副总经理。2018 年 11 月至 2019 年 9 月任东风日产汽车金融有限公司董事兼副总经理。2019 年 9 月起任东风日产汽车金融有限公司董事、执行副总经理。

［李 玮］ 1966 年 7 月生，中共党员，本科学历，工程师。国家开发银行上海市分行党委委员、副行长。长期在开发银行上海分行工作，曾任办公室主任。

［李建国］ 1963 年 6 月生，中共党员，经济学硕士，经济师。上海农商银行监事会主席。曾任中国人民银行外资司港澳事务办公室副主任，港澳事务管理处副处长，中国华安投资公司副总经理，中国人民银行驻东京代表处首席代表，中国人民银行国际司正处级干部，中国人民银行上海总部国际部副主任，上海银行副行长、党委委员，上海银行副行长（任职期间先后挂职任辽宁省财政厅副厅长、党组成员，辽宁省人民政府副秘书长）。

［李晓勇］ 1972 年 11 月生，中共党员，本科学历，高级经济师。国家开发银行上海市分行党委委员、纪委书记。长期在开发银行总行部门工作，曾任上海分行副行长、党委委员。

［李家永］ 1963 年 12 月生，中共党员，硕士研究生学历，高级经济师。杭州银行上海分行行长。曾任中国人民银行连云港分行金融监督管理科科长、连云港市商业银行副行长、江苏银行总行风险管理部副总经理、江苏银行小企业金融部总经理、杭州银行南京分行行长。

［李琦强］ 1971 年 11 月生，中共党员，会计学硕士，高级会计师。华宝信托党委书记、董事长。1994 年 7 月参加工作，曾在宝钢集团从事财务工作多年，历任宝钢集团浦钢公司财务部副部长、部长，宝钢股份中厚板分公司财务部部长，宝钢股份财务部部长助理、副部长、部长，八一钢铁总会计师，宝钢集团（中国宝武）财务部总经理，中国宝武产业金融业发展中心总经理、产业金融党工委书记、华宝投资总经理，中国宝武总经理助理等职务。

［杨 波］ 工商管理博士。申能集团财务有限公司党总支书记、总经理。有 20 多年的金融从业经验，行业经历涵盖外资商业银行、投资银行、股权投资基金和企业集团财务公司，对于企业融资、创业投资、股权投资、产融结合有着丰富的经验。作为长期从事能源金融的专业人士，同时担任中国投资协会能源投资专业委员会理事，对于碳中和背景下的绿色金融和产业投资有着深刻的见解。积极发挥财务公司自身金融机构与产业生态之间的桥梁纽带作用，围绕绿色金融、低碳发展，寻找新的发展方向和路径，不断丰富绿色金融的理论研究和业务实践，在碳中和投融资实务方面取得了一定的成效。

［吴庆斌］ 1973 年 4 月生，毕业于清华大学水利水电建筑工程专业及法学专业，获得双学士学位。中泰信托有限责任公司董事长。先后任职于北京国际信托有限公司等机构并担任重要管理职务，具有近 20 年金融工作及管理经验。

［吴克照］ 1976 年 7 月生，中共党员，本科学历，高级会计师，注册会计师。温州银行上海分行党委书记、行长。

［吴亮东］ 1966 年 10 月生，中共党员，硕士研究生学历，高级工程师。国家开发银行上海市分行党委书记、行长。长期在开发银行总行部门工作，曾任国家开发银行资金局副局长，国家开发银行深圳分行党委书记、行长。

［吴瑞忠］ 1964 年 7 月生，中共党员，硕士研究生学历。华澳信托公司董事长。先后担任莆田县贸易信托公司副经理，莆田县财政股股长，兴业银行莆田分行荔城办事处主任，福建兴业银行莆田分行党组副书记、副行长、党委书记、行长，兴业银行重庆分行党委书记、行长，华澳国际信托有限公司总裁、董事长。

［何庆东］ 1971 年 5 月生，中共党员，金融学硕士。1992 年 7 月任福建金融管理干部学院金融系教师（其间：1995 年 7 月至 1996 年 2 月由人民银行安排赴西藏援助工作）。2000 年 1 月调至中国东方资产管理公司福州办事处。2010 年 11 月至 2020 年 10 月，历任中国东方资产管理股份有限公司福建省分公司党委委员、助理总经理，党委委员、纪委书记、副总经理，党委委员、副总经理（主持工作），党委书记、总经理。2020 年 10 月至今任中国东方资产管理股份有限公司上海市分公司党委书记、总经理。

［何舜华］ 1960 年 1 月生，工商管理硕士。东亚银行（中国）有限公司执行董事兼行长。作为大中

华地区的资深银行人士，具备逾30年的国际性银行业务和管理经验，对内地市场有着非常深刻的理解。1983—2017年服务于汇丰集团，曾任汇丰香港工商金融处总监、汇丰中国工商金融服务中国区总经理、汇丰中国副行政总裁以及汇丰中国广东行政总裁等职务。曾任中国银行业协会副会长、中国银行业协会外资银行工作委员会主任、上海金融业联合会副理事长、上海新金融研究院常务理事、上海海外联谊会理事。

[余亚瑞] 1965年1月生，中共党员，工商管理硕士，高级会计师。上汽通用汽车金融有限责任公司董事、总经理。大学毕业后就职于上汽集团，从事财务分析和管理工作。历任上汽通用汽车有限公司财务部成本科高级经理、上汽通用东岳汽车有限公司财务部部长、上海汽车集团股份有限公司财务部总监。

[余　钧] 1967年9月生，中共党员，本科学历，中级会计师。中泰信托有限责任公司副总裁。长期从事金融及企业管理工作，先后在厦门农业银行国际部、中泰信托有限责任公司工作并担任高级管理职务，具有20余年金融及企业管理工作经验。

[汪　宇] 1968年7月生，本科学历。兴业银行信用卡中心总经理。

[汪素南] 1966年3月生，中共党员，博士研究生学历，高级工程师，国际注册内审师。浦发银行上海分行党委书记、行长，具有超过20年的商业银行内部管理、营销推进工作经验，曾任浦发银行总行审计部执行审计官、零售业务总监、浦银安盛基金公司董事等职务。

[沈　烁] 1972年8月生，中共党员，经济法学士，中级经济师。中泰信托有限责任公司副总裁。长期从事金融机构合规与风险管理相关实务工作。具有近20年金融及企业管理工作经验。

[沈晓驰] 1970年11月生，硕士。江苏银行上海分行党委书记、行长。历任江苏银行南京分行党委书记、行长。

[张文杰] 经济学与国际商业管理学士。拥有20余年银行从业经验。2020年任美国银行有限公司上海分行行长。

[张旭蕾] 1971年7月生，经济学硕士。她拥有超过27年的银行业工作经验，先后在瑞穗实业银行上海分行、马来亚银行上海分行担任业务课人民币部门经理、营运部经理职务。2007年7月进入中信银行国际（中国）有限公司工作，任营运部主管；2010年4月起任上海分行副行长兼营运部主管；2012年3月起任上海分行副行长、中国区营运部及信息技术部副主管兼上海分行营运部主管。2019年6月起任上海分行副行长、营运管理部副主管兼上海分行营运部主管。

[张晓蕾] 英国兰卡斯特大学工商管理硕士学位。渣打银行（中国）有限公司行长、总裁兼副董事长。曾任渣打中国多项高级管理职务。在担任渣打中国副执行总裁兼华北区执行总裁、北京分行行长期间，主要负责渣打中国北方区的战略制定、业务发展和公司治理，同时全面负责北京分行的日常管理工作。曾任中国区金融机构客户部董事总经理。在此期间，她凭借卓越的客户关系管理才能和出色的领导力，成功带领金融机构客户部实现跨越式发展，并使之成为在华外资银行中最大的金融机构客户部。自1994年加入渣打银行，在企业银行业务领域积累了丰富的实践和管理经验，曾成功开创渣打中国非银行金融机构客户部。

[张朝晖] 1969年3月生，中共党员，硕士研究生学历，中级经济师。平安银行行长助理兼上海分行、上海自贸区分行行长。从事金融工作30年，其中从事中高级管理岗位逾20年，曾担任平安银行广州分行行长助理、平安证券南区事业部总经理、平安银行广州分行行长、平安租赁总经理等职务。其在银行、证券、租赁等多个金融领域表现出了卓越的业务及管理能力，具备跨领域的专业知识与管理经验。

[张　锋] 1974年5月生，经济学硕士。上海东方证券资产管理有限公司董事、总经理。曾任上海财政证券公司研究员，兴业证券股份有限公司研究员，上海融昌资产管理有限公司研究员，信诚基金管理有限公司股票投资副总监、基金经理，上海东方证券资产管理有限公司基金投资部总监、私募权益投资部总经理、公募集合权益投资部总经理、执行董事、董事总经理、副总经理。

[张　騄] 硕士研究生学历，11年金融从业经历。德邦基金管理有限公司联席总经理。曾于宁夏回族自治区固原市隆德县神林乡中学担任支教教师。历任申银万国证券研究所有限公司制造业研究部电子行业首席分析师，华泰证券股份有限公司研究所电子行业首席分析师，知合控股股份有限公司

产研一中心投资总经理，德邦证券股份有限公司研究所所长、总裁助理兼研究所所长、总裁助理兼产研中心总经理。

[陈永健] 1966年1月18日生，无党派人士，本科学历。丰业银行上海分行行长，兼西安银行非执行董事、西安银行董事局风险管理委员会主任委员。拥有丰富的管理经验及广泛的银行业从业背景，曾在丰业银行数个部门和业务领域担任过管理职位，包括投资银行及商业银行业务、企业和市场信贷、贸易融资、金融机构同业、资金外汇、债务重组、分行管理以及公司战略发展。

[陈　刚] 1965年4月生，中共党员，硕士研究生学历。上海国利货币经纪有限公司董事长。1999—2009年历任上海国有资产经营有限公司财务部副总经理、总裁办总经理、香港鼎通投资有限公司执行副总裁、行政人事部总监。2009—2012年历任上海国际集团有限公司行政管理总部副总经理（主持工作）、总经理，2012—2013年任上海国际集团有限公司投资管理总部总经理，2013—2014年任上海国际集团资产管理有限公司总经理，2014年5月起担任公司董事长。

[陈庆锴] 1974年1月生，硕士研究生学位，无党派人士。日立（中国）财务有限公司总经理。从事相关经济工作时间20年，其中金融从业年限为17年。

[陈其昌] 1963年10月生，中共党员，复旦大学国际金融专业在职大学学历。1983年7月进入农行工作。1998年5月起历任卢湾支行党总支书记、行长，上海市分行银行卡部总经理，南汇支行党委书记、行长，徐汇支行党委书记、行长。2008年10月起历任上海市分行党委委员、副行长，上海市分行党委副书记、副行长，上海市分行党委副书记、副行长兼农银金融租赁有限公司监事长，上海市分行党委副书记、副行长。2019年3月起任农行上海管理部党委常务副书记、常务副主任兼上海市分行党委书记。2019年4月起任农行上海管理部党委常务副书记、常务副主任兼上海市分行党委书记、行长。

[陈　峰] 经济学博士。曾任厦门银行副行长，负责厦门银行金融市场及零售业务。曾任职于中国人民银行厦门市中心支行、中国银监会厦门监管局等机构。2017年担任富邦华一银行副行长。2018年至今，担任富邦华一银行行长。

[陈海涛] 1972年4月生，中共党员，硕士研究生学历，高级会计师。中国宝武财务公司党委副书记、总经理。

[邵伏军] 1965年10月生，中共党员，经济学博士。中国银联党委书记、董事长。1988年8月参加工作，1988年8月至2001年6月先后在中国人民银行资金管理司、计划资金司、货币政策司、办公厅工作，2001年6月至2003年1月任中国人民银行办公厅副局级助理巡视员，2003年2月至2007年3月任中国人民银行办公厅副主任，2007年3月至2011年3月任中国人民银行征信管理局局长，2011年3月至2018年10月任中国人民银行办公厅（党委办公室）主任，2018年10月加入中国银联。

[武鸿鹏] 1977年7月生，中共党员，国民经济学硕士，高级经济师。2000年7月参加工作。曾任中国电财发展策划部副主任，中国电财湖南分公司总经理，中国电财信贷管理部主任，中国电财东北分公司党委书记、副总经理。

[林顺辉] 1967年9月生，中共党员，博士研究生学历，高级经济师。中国建设银行上海市分行党委书记、行长兼建行大学上海金融创新学院副院长、建行大学上海国际金融学院副院长。先后任中国建设银行厦门市分行党委委员、副行长，上海市分行党委委员、副行长，浙江省分行党委副书记、副行长，湖北省分行党委书记、行长等职务。

[林钰华] 利兹大学荣誉法学学士学位。花旗银行（中国）有限公司行长，常驻上海。同时兼任花旗中国首席执行官，负责花旗中国区的各项业务和运营。此前担任花旗亚太区运营和技术主管、花旗香港和澳门的零售金融业务总裁。自1983年加入花旗以来，曾先后在香港、加拿大和亚太区担任多个管理职务，涉及领域有环球交易服务部，企业与投资银行和商业银行等。20世纪90年代初，领导花旗证券服务部参与中国B股市场的业务。

[林焕钧] 1980年1月生，硕士研究生学历。台湾中小企业银行股份有限公司上海分行副行长。2014年毕业于东吴大学法律研究所。具有17年银行工作经验，先后在台湾中小企业银行历练催收诉讼与管理、企划推展、法令遵循等业务，2014年10月调至上海分行任行长助理，负责协助办理分行业务手册及作业规章之修订、协助同仁对于相关业务法

令法规之搜集与释疑、协助分行各类业务相关合同与契据之审视与修订、办理业务相关法令及法规之教育训练等事务，并于2016年1月取得合规负责人任职资格的批复。

［林惠娘］ 1965年3月生，硕士研究生学历。台湾中小企业银行股份有限公司上海分行副行长。具有33年银行业工作经历，先后在台湾中小企业银行担任过存款业务、外汇业务、放款及信托业务等职务。2018年3月起拟任上海分行副行长，同年7月起任上海分行副行长。

［欧阳勇］ 1963年生，硕士研究生学历，高级政工师。中国民生银行行长助理、上海分行党委书记、行长，上海自贸试验区分行党委书记、行长。曾任中国民生银行武汉青山支行行长，福州分行党委委员、纪委书记、零售总监，太原分行党委书记、行长，深圳分行党委书记、行长，总行人力资源部总经理、党委组织部部长。

［金一民］ 1968年5月生，中共党员，本科学历，中级经济师。温州银行上海分行党委委员、副行长。

［金　胜］ 1974年3月生，中共党员，硕士研究生学历，高级会计师（研究员级）。中船财务有限责任公司党委副书记、总经理。1997年8月至2004年7月任航天一院综合财务处会计、副处长。2004年7月至2006年9月任航天五院财务部会计核算中心副主任、主任。2006年9月至2012年8月任航天五院财务部副部长。2012年8月至2013年4月任航天五院神舟实业总公司副总经理兼总会计师。2013年4月至2018年11月任航天五院财务部部长。2018年11月至2019年6月任中船财务有限责任公司总经理、党委副书记。2019年6月至2020年4月任中船财务有限责任公司党委书记、总经理。2020年4月起任中船财务有限责任公司党委副书记、总经理。

［金　煜］ 1965年2月生，中共党员，经济学博士，高级经济师。上海银行党委书记、董事长，申联国际投资公司董事，上海商业银行有限公司董事。曾任中国建设银行上海市分行国际业务部总经理、营业部总经理、副行长，中国建设银行新加坡分行总经理，中国建设银行国际业务部总经理，上海银行党委书记、副董事长、行长，上银基金管理有限公司董事长，上海银行（香港）有限公司董事长。

［周向军］ 1968年7月生，中共党员。浙商银行上海分行党委书记、行长。历任中国建设银行瓯海县支行副行长，苍南县支行党支部书记、行长，温州市分行营业部总经理，瑞安市支行党委书记、行长，兴业银行温州分行副行长，浙商银行温州分行党委书记、行长，浙江浙银金融租赁股份有限公司党委书记、董事长。

［周　杰］ 1967年生，中共党员，工学硕士。2016年10月28日起任海通证券股份有限公司董事长，2016年7月起任海通证券党委书记。曾于1992年2月至1996年6月在上海万国证券有限公司投资银行部工作。1996年6月至2016年7月先后任职于上海上实资产经营有限公司、上海实业医药科技（集团）有限公司、上海实业控股有限公司、上海上实（集团）有限公司和上海医药集团股份有限公司。

［郑允哲］ 本科学历。1991年进入韩国产业银行工作，至今已有30年银行业工作经历，曾先后在中国沈阳分行、总行企业金融二部、平泽分行、仁川分行总行监察部、海外事业室等多个部门和分行任职。在此期间，负责过企业集团信贷营业战略、统辖对外监察、制定各分行的营业战略、调整债权金融机构之间的利害关系等重要业务。2020年7月由总行派遣到上海分行，经上海银保监局任职资格核准，自2020年12月22日起就任韩国产业银行上海分行行长。

［郑　杨］ 1966年10月生，中共党员，博士研究生学历，高级经济师。上海浦东发展银行党委书记、董事长，浦发硅谷银行有限公司董事长。曾任国家经贸委经济法规司调研处副处长，中国机电设备招标中心开发处处长、第七招标业务处处长，国家外汇管理局资本项目司副司长，中国人民银行上海分行党委委员、副行长，国家外汇管理局上海市分局副局长，中国人民银行上海总部党委委员、副主任兼外汇管理部主任，上海市金融工作党委副书记、市金融办主任，上海市金融工作党委书记、市金融办主任，上海市金融工作党委书记、市地方金融监管局（市金融工作局）局长。

［项　震］ 1967年11月生，中共党员，工商管理硕士。32年工商银行上海分行工作经验，历任奉贤支行行长、上海分行公司业务部总经理、上海分行第二营业部总经理及浦东分行行长。2020年1月加入中信银行国际（中国）有限公司，2020年8月经

上海银保监局核准,任上海分行副行长。

[赵 蓉] 1971年11月生,中共党员,博士研究生学历。中国银行上海市分行党委书记、行长,中国银行上海人民币交易业务总部常务副总裁、党委副书记、直属机关党委书记。1998年进入中国银行工作。历任中国银行行长办公室秘书二处副处长,中银国际证券有限责任公司董事会秘书、执行董事,中国银行办公室副主任(秘书督办行政)、个人金融部营销总监、个人金融总部副总经理(财富管理)、办公室主任(新闻发言人)、党委办公室主任等职务。2014年7月起任中国银行上海人民币交易业务总部常务副总裁。2015年11月起任中国银行上海市分行行长、党委书记。担任的社会职务包括上海市第十五届人大代表、上海市第十一次党代会代表、上海市银行同业公会理事、上海市医药卫生发展基金会理事、上海国际航运中心发展促进会副理事长、上海市金融学会第十届副会长、上海财经大学第三届校董会董事、上海金融业联合会理事。

[胡 杰] 1984年4月生,经济学学士。长期从事金融合规、风险管理工作。中泰信托有限责任公司总裁。先后任职于上海银行、南洋商业银行、中建投信托、上海陆家嘴国际金融资产交易市场股份有限公司等机构并担任重要管理职务。具有逾10年金融合规、风险管理工作经验。

[胡雅丽] 1976年8月生,中共党员,管理学硕士,《新财富》白金分析师。上海东方证券资产管理有限公司联席总经理、财务负责人兼任权益研究部总经理。曾任招商证券研究发展中心分析师、中信证券研究部首席分析师(MD)、光大证券研究所所长、上海东方证券资产管理有限公司总经理助理。

[侯福宁] 博士研究生学历,高级经济师。上海华瑞银行董事长。具有近30年法人银行经营管理经验,在资金财务、公司金融、零售银行等金融领域具有扎实深厚的管理实践,历任中国工商银行上海市外高桥支行副行长,上海银行资金财务部总经理、办公室主任、行长助理、副行长,上海市农村信用合作社联合社党委副书记、主任,上海农商银行党委副书记、副董事长、行长,均瑶集团副总裁,上海华瑞银行党委书记、董事长。积极推进上海农商银行的改制、创新和转型发展,扎实探索民营银行差异化创新发展,对中小商业银行经营发展战略具有全面的研究和实践经验。发表有《商业银行合规人员法律适用手册》《切实转变经营模式》《农商行的多元化发展》《生态银行、金融科技、组织创新:民营银行的差异化创新发展路径》等专著或论述。

[姚毅治] 荷兰马斯特里赫特管理学院工商管理硕士学位。自2018年任华美银行(中国)有限公司行长以来,全面负责银行在中国大陆地区的整体运营及发展,制定积极的战略方针,推动和发展银行的中美桥梁金融业务。拥有近30年外资银行从业经历,历任美国富国银行上海分行中国区总裁、美国银行上海分行中国运营部主管、美国纽约梅隆银行上海分行行长。曾在荷兰银行、澳新银行、花旗银行以及东亚银行等金融机构任职。

[贺劲松] 1968年12月生,中共党员,硕士研究生学历,高级经济师。中信银行上海分行党委书记、行长。

[秦志华] 1969年6月生,中共党员,本科学历,中级经济师。2017年2月至2020年12月任厦门国际银行上海分行行长。

[秦 怿] 1970年4月生,中共党员,工商管理硕士,高级经济师。上海电气集团财务有限责任公司董事长。曾担任交通银行贵阳分行外汇业务处副处长,上海电气集团财务有限责任公司总经理助理、副总经理、常务副总经理、总经理等职务。

[贾锐军] 1964年7月生,中共党员,工商管理硕士。上海银行监事会主席。曾任上海虹桥国际机场股份有限公司董事会秘书、证券事务部部长,上海国际机场股份有限公司虹桥候机楼管理分公司党委副书记、总经理,上海机场集团虹桥国际机场公司党委委员、副总经理,上海国际机场股份有限公司党委副书记、总经理、董事,上海机场(集团)有限公司党委委员、副总裁,上海国际机场股份有限公司党委书记、董事长。

[夏兵玉] 1985年10月生,经济学硕士。科威特国民银行股份有限公司上海分行合规负责人。2010—2017年,先后任职于中国银行镇江分行公司部、恒生银行(中国)有限公司贷款营运中心和东亚银行(中国)有限公司法律合规处。2017—2019年,先后担任印度卡纳拉银行上海分行合规负责人和印度同心银行有限公司上海分行合规负责人。2019年11月起任科威特国民银行股份有限公司上海分行合规负责人。

[夏维淳] 1973年11月生，中共党员，硕士研究生学历。2018年11月起，任兴业银行上海分行党委书记、行长。

[顾建忠] 1974年11月生，中共党员，经济学硕士，经济师。上海农商银行党委副书记、副董事长、执行董事、行长，兼任上海市第三届金融青年联合会副主席、上海市第八届青年企业家协会执行会长、上海金融业联合会副理事长、中国青年企业家协会第十二届会员。曾任上海银行公司金融部副总经理兼营销经理部、港台业务部总经理，上海银行公司金融部总经理、授信审批中心总经理、营业部总经理，上海市金融服务办公室综合协调处副处长（挂职）、金融机构处处长（挂职），上海银行党委委员、人力资源总监、人力资源部总经理、纪委副书记，上海国际集团副总经理、党委委员。

[徐　力] 1967年12月生，中共党员，经济学硕士，高级经济师，上海市第十五届人民代表大会代表。上海农商银行党委书记、董事长、执行董事，兼任中国银行业协会农村合作金融工作委员会第六届副主任、上海市金融学会常务理事、上海市银行同业公会副会长、《上海国资》理事会理事。曾任中国工商银行上海市分行公司金融业务部总经理，中国工商银行上海市外滩支行行长、党总支书记，中国工商银行上海市分行行长助理、副行长、党委委员，上海农商银行党委副书记、副董事长、行长。

[徐众华] 硕士研究生学历。爱建信托董事长。曾任建行浙江省分行副行长、上海市分行风险总监、党委副书记、副行长（正行级）；兼任上海国际航运中心建设专家委员会委员、上海国际航运研究中心航运金融研究所所长、上海市浙江商会副会长等职务。

[徐　舍] 1973年10月生，中共党员，硕士研究生学历，会计师。中船财务有限责任公司党委书记、董事长，中船重工财务有限责任公司董事长。1996年7月至2015年7月任职于中船重工集团公司第七〇四研究所，历任财务处科员、副处长、处长、副总会计师、资产运作部主任、党委书记助理、党委副书记、纪委书记、工会主席。2015年7月至2018年5月任中船重工财务有限责任公司支部书记、总经理。2018年5月至2020年4月任职于中国船舶重工集团有限公司，历任财务金融部副主任、主任，中船重工财务有限责任公司董事长。2020年4月起任中船财务有限责任公司党委书记、董事长，中船重工财务有限责任公司董事长。

[徐学军] 1972年12月生，中共党员，硕士研究生学历，高级会计师。中国电财华东分公司总经理、党委副书记。1994年8月参加工作，曾任杭州市电力局财务处会计（项目主管），浙江省电力公司财务部主管，中国电财浙江业务部副主任，中国电财甘肃业务部主任，中国电财办公室主任，中国电财浙江分公司总经理，中国电财华东分公司总经理、党委副书记。

[徐　春] 中共党员，硕士研究生学历，中级经济师。东航集团财务有限责任公司总经理。曾在东航集团财务有限责任公司研究发展部、资金计划部任职，2003—2005年任东航期货有限责任公司副总经理，2007—2010年任东航集团财务有限责任公司资金计划部经理，2010—2013年任东航集团财务有限责任公司外汇业务部经理，2013—2014年任东航集团财务有限责任公司总经理助理，2014—2015年任东航集团财务有限责任公司副总经理（主持工作）。2015年11月起任东航集团财务有限责任公司总经理。

[翁宏杰] 1971年10月生，中共党员，本科学历，中级经济师。1994年8月至2004年2月在宁波鄞州农业银行先后从事业务部业务员、副总经理等岗位。2004年3月进入广发银行，至2019年12月，在广发银行宁波分行先后任金融同业部副总经理、金融同业部总经理、宁波鄞州支行行长、宁波分行副行长、宁波分行行长。2019年12月至今，任广发银行上海分行行长。

[高　宇] 泰信基金管理有限公司总经理，博士研究生学历。曾任沈阳市轻工业管理局办公室职员，中国银行股份有限公司上海市分行资金计划处科长、中国银行股份有限公司交易中心（上海）副总经理，花旗银行（中国）有限公司金融市场部总监，光大证券股份有限公司证券投资总部副总经理、金融市场总部副总经理（主持工作）、金融市场总部总经理、金融市场总部董事总经理、权益投资交易部董事总经理。

[高芳明] 1967年1月生，工商管理硕士。澳洲联邦银行上海分行行长兼机构银行及市场部大中华区董事总经理。有30多年的金融行业从业经验，曾在诸多国际性外资银行，任职于渣打银行诸多海

内外分行、汇丰银行(中国)有限公司总行、摩根大通银行(中国)有限公司总行等,担任高级管理层职务。

[黄兆铭] 1971年1月生,硕士研究生学历。台湾中小企业银行股份有限公司上海分行行长。1997年起任职于台湾中小企业银行股份有限公司,曾任总行授信管理部襄理、总行董事会秘书处及人力资源处秘书,分行副经理、经理,历练存款、放款、征审、外汇等业务及经营管理银行相关业务。2018年8月赴上海分行实习,2019年1月起任行长。

[曹八阳] 1972年2月生,中共党员,工商管理硕士,高级经济师。历任中国工商银行上海市虹桥开发区支行副行长、中国工商银行上海市分行小企业金融业务部总经理兼任风险管理部总经理、中国工商银行上海市卢湾支行行长。2017年9月起担任正信银行执行董事、行长。

[崔宝静] 1976年12月生,中共党员。硕士研究生学历。2002年参加工作,拥有超过20年的银行业工作经验,先后在渣打银行上海分行、法国巴黎银行上海分行担任公司业务客户经理、高级客户经理职务。2008年4月进入中信银行国际(中国)有限公司工作,任上海分行公司银行主管。2017年1月升任上海分行行长。

[符懋赞] 新加坡国立大学房地产管理学士荣誉学位,特许金融分析师。2016年12月19日任大华银行中国行长兼首席执行官。大华银行中国执行非独立董事及执行委员会成员,大华银行集团管理委员会成员,恒丰银行股份有限公司非执行董事。拥有30多年银行业从业经验,2011年加入大华银行,主管资金和环球金融部海外分支机构业务,2012年开始担任大华银行泰国行长兼首席执行官一职。

[程春涛] 1971年1月生,中共党员。华夏银行党委委员、上海分行党委书记、行长。历任中国银行河南省分行外汇信贷处信贷员、信贷管理处外商投资企业信贷管理科副科长,风险管理处资产保全科副科长、科长,保全业务处副处长;招商银行郑州分行风险控制部副总经理,国际业务部副总经理、副总经理(主持工作)、风险控制部副总经理(主持工作)、风险控制部总经理兼计划财务部总经理,招商银行郑州分行党委委员、行长助理兼安阳分行行长;华夏银行郑州分行筹备组成员、党委委员(负责纪检工作)、副行长,华夏银行郑州分行党委书记、行长,华夏银行党委委员、华夏银行上海分行党委书记、行长。

[曾绍姿] 1963年12月生,中共党员,党校研究生学历,高级经济师。中国农业发展银行上海市分行党委书记、行长。

[路文斌] 1965年11月生,中共党员,硕士研究生学历,高级经济师。中国邮政储蓄银行高级资深经理、上海分行行长、党委书记。2008年1月至2013年12月,任中国邮政储蓄银行厦门分行行长、党委书记。2013年12月至2014年2月,任中国邮政储蓄银行福建省分行党委书记。2014年2月至2017年8月,任中国邮政储蓄银行福建省分行行长、党委书记。2017年8月至2019年11月,任中国邮政储蓄银行高级资深经理、福建省分行行长、党委书记。2019年11月起,任中国邮政储蓄银行高级资深经理、上海分行行长、党委书记。

[解 强] 硕士研究生学历,经济师。上海华瑞银行执行董事、行长,上海市浙江商会第十届理事会副会长,上海市浦东新区管理咨询行业协会副会长。曾任职于建工集团第一建筑工程公司,建设银行上海分行卢湾南市支行分理处副主任兼房地产信贷科负责人,上海银行支行副行长、行长、总行风险管理部总经理;上海华瑞银行行长助理兼首席风险官、副行长。

[蔡广龙] 1957年12月生。上海国利货币经纪有限公司总经理。2001—2003年任 Quantum Strategic Ltd. 总经理,2003—2005年任 Clearimage Lab. U. S. A 总经理,2005—2006年任香港德利万邦有限公司利率衍生产品部主管,2006—2008年任上海国利货币经纪有限公司利率衍生品市场部总经理,2008—2010年任公司前台业务总监兼利率衍生品市场部总经理。

[蔡剑波] 1963年7月生,中共党员,经济学博士,教授。中国银联党委副书记、副董事长、总裁,兼任银联国际董事长。1983年8月参加工作,1983年8月至1987年9月任杭州大学经济系助教,1987年9月至1993年3月公派赴日本九州大学攻读硕士研究生、博士研究生,1993年3月至2002年9月先后任日本熊本学园大学商学部讲师、副教授、教授(其间:1998年9月至1999年8月在美国哈佛大学费正清东亚研究中心担任访问学者),2002年9月至2005年5月任中国人民银行国际司研究处处长,2005年5月至2007年3月任中国人民银行国际司(港澳台事务办公室)副司长(副主任),2007年3月

加入中国银联。

[潘卫东] 1966年10月生，中共党员，硕士研究生学历，高级经济师。上海浦东发展银行党委副书记、副董事长、行长，上海国际信托有限公司董事长。曾任宁波证券公司业务一部副经理，上海浦东发展银行宁波分行资财部总经理兼任北仑办事处主任、宁波分行副行长，上海浦东发展银行产品开发部总经理，上海浦东发展银行昆明分行行长、党组书记，上海市金融服务办公室挂职并任金融机构处处长，上海国际集团党委委员、总经理助理，上海国际集团党委委员、副总经理，上海国际信托有限公司党委书记、董事长，上海浦东发展银行党委委员、执行董事、行长、财务总监。

[戴祖荃] 1979年9月生，中共党员，本科学历，中级经济师。中国石化财务有限责任公司上海分公司党支部书记兼总经理。2002年8月至2006年1月，任职于中国石化扬子石化公司财务处。2006年1月至2007年8月，任职于中国石化化工销售分公司财务处。2007年8月至今任职于中国石化财务有限责任公司南京分公司、武汉分公司、上海分公司。

[霜鸟隆成] 1978年5月生，本科学历。具有19年银行业工作经验。2001年进入日本横滨银行工作，先后在金泽分行、新横滨支行、新桥分行、纽约事务所以及总行融资部从事对企业业务及涉外、贷款审查等业务。2020年3月由总行派遣至上海分行。2020年5月任上海分行副行长，主管分行资金科和营业科相关事宜。

[藤尾纪史] 1970年11月生，本科学历。具有26年银行业工作经验。1994年进入日本横滨银行工作，先后在国际业务科、派遣至泰国盘谷银行、法人营业科海外业务支援中心等就职。2018年3月由总行派遣至上海分行，2018年4月任上海分行副行长，主管分行资金科和营业科相关事宜。2020年3月平级调任至主管中、后台业务相关事宜的副行长一职。

[瞿秋平] 1961年生，中共党员，经济学硕士，高级会计师。2014年6月25日起担任海通证券股份有限公司执行董事、总经理、党委副书记。2018年起担任海通国际证券董事会主席。历任中国工商银行上海市分行行长助理、副行长，江苏省分行副行长，上海银行党委副书记、行长、副董事长，中国证监会派出机构工作协调部主任、投资者教育办公室主任、非上市公众公司监管部主任。

第十篇　机 构 名 录

一、银行业机构名录

（一）上海市银行业机构名录

类别	序号	机构名称	地址	电话	邮编
政策性银行	1	国家开发银行上海市分行	浦明路68号	20266688	200120
	2	中国进出口银行上海分行	东方路2号	20265288	200120
	3	中国农业发展银行上海市分行	延安东路45号	63366336	200002
大型银行	1	中国工商银行上海市分行	浦东大道9号	58885888	200120
	2	中国农业银行上海市分行	银城路9号	20688888	200120
	3	中国银行上海市分行	中山东一路23号	63291979	200002
	4	中国建设银行上海市分行	陆家嘴环路900号	58880000	200120
	5	交通银行上海市分行	江西中路200号	63213400	200002
	6	中国邮政储蓄银行股份有限公司上海分行	东大名路1080号	35965500	200082
法人银行	1	上海银行	银城中路168号	68475888	200120
	2	上海农村商业银行	中山东二路70号	61899999	200002
	3	上海华瑞银行	世纪大道1239号1层01、02单元	33268888	200122
	4	上海崇明沪农商村镇银行	城桥镇东门路366号	69695660	202150
	5	上海奉贤浦发村镇银行	南桥镇南亭公路281、283号(1层)，285号(2—5层)	60973831	201499
	6	上海松江民生村镇银行	文诚路230号	67811312	201620
	7	上海浦东江南村镇银行	祝家港路228、230号	38230732	201318
	8	上海浦东中银富登村镇银行	金港路211号1层、201室及209室	58385885	201206
	9	上海闵行上银村镇银行	鑫都路2531号	34795472	201199
	10	上海嘉定民生村镇银行	金沙路245号	69016360	201899
	11	上海宝山富民村镇银行	宝林路458号	66680633	201999
	12	上海金山惠民村镇银行	卫清东路3008—3018号	37213031	201508
	13	上海青浦惠金村镇银行	浦仓路528号	39272811	201799
	14	上海嘉定洪都村镇银行	塔城路455号	60766899	201899
	15	上海浦东恒通村镇银行	民生路550号船研大厦101、115、116室和2层	68585960	200135
	16	上海松江富明村镇银行	新松江路1501号	31789950	201620
	17	上海宝山扬子村镇银行	殷高西路711号	66832512	200439

（续表）

类别	序号	机构名称	地址	电话	邮编
股份制银行	1	中信银行上海分行	世博馆路112、138号	20268888	200126
	2	中国光大银行上海分行	世纪大道1118号	63606360	200120
	3	华夏银行上海分行	浦东南路256号	38839666	200120
	4	中国民生银行上海分行	浦东南路100号	61877000	200120
	5	招商银行上海分行	陆家嘴环路1088号招商银行上海大厦	58795555	200120
	6	兴业银行上海分行	江宁路168号、北京西路968号29楼05—08单元	62677777	200041
	7	广发银行上海分行	银城路88号中国人寿金融中心	63901022 63901033	200120
	8	平安银行上海分行	陆家嘴环路1333号1层	58877777	200120
	9	上海浦东发展银行上海分行	浦东南路588号	68887000	200120
	10	浙商银行上海分行	威海路567号	61333333	200003
	11	渤海银行上海分行	银城中路68号	50106666	200120
	12	恒丰银行上海分行	张杨路1353号、源深路419号	61182370	200135
	13	中国民生银行上海自贸试验区分行	浦东南路100号40、41楼	61876887	200120
	14	平安银行上海自贸试验区分行	杨高南路799号1层02单元	20776277	200127
	15	渤海银行上海自贸试验区分行	世纪大道1229、1239号	51827100	200122
	16	宁波银行上海分行	银城中路8号	31158021	200120
	17	北京银行上海分行	浦东南路1500、1530号	20612300	200120
	18	杭州银行上海分行	中山东二路558号2幢	63798905	200010
	19	南京银行上海分行	中山北路933号1—3层	66069888	200070
	20	江苏银行上海分行	世纪大道1128号1—2层	22258000	200120
	21	天津银行上海分行	世博大道1859号宝境商务大厦	63299199	200126
	22	浙江泰隆商业银行上海分行	浦明路868弄1号	38868000	200122
	23	温州银行上海分行	九江路333号1—3楼	63601116	200001
	24	大连银行上海分行	世博大道1919号2号楼	60201177	200126
	25	浙江民泰商业银行上海分行	吴中路515—527(单)号、529号	33561991	201103
	26	盛京银行上海分行	虹桥路1452号102、103、202室	63605070	200004
	27	浙江稠州商业银行上海分行	中山西路1600号	33635000	200235
	28	宁波通商银行上海分行	杨高南路428号由由世纪广场2号楼1层、15层、22—26层	60587888	200127
	29	厦门国际银行上海分行	杨树浦路88号1—2层	31788888	200028
	30	上海浦东发展银行小企业金融服务中心	北京东路689号东银大厦15楼	61618000	200001
	31	中国民生银行中小企业金融事业部	浦东南路100号32楼	61878087	200120
外资法人银行	1	三菱日联银行(中国)有限公司	海阳西路399号前滩时代广场17—20楼	68881666	200120
	2	华侨永亨银行(中国)有限公司	源深路1155号华侨银行大厦	20833252	200135
	3	华美银行(中国)有限公司	世纪大道88号金茂大厦33楼01—08单元	50499999	200120
	4	国泰世华银行(中国)有限公司	陆家嘴环路1366号富士康大厦	68863785	200120

（续表）

类别	序号	机构名称	地址	电话	邮编
外资法人银行	5	大华银行(中国)有限公司	银城路116、128号	60618888	200120
	6	富邦华一银行有限公司	世纪大道1168号A座1楼101室，18、19、20楼	20619888	200120
	7	恒生银行(中国)有限公司	陆家嘴环路1000号恒生银行大厦	38658888	200120
	8	星展银行(中国)有限公司	陆家嘴环路1318号1301、1306、1701、1801单元	38968888	200120
	9	法国巴黎银行(中国)有限公司	世纪大道100号上海环球金融中心25层、2610室	28962888	200120
	10	浦发硅谷银行有限公司	大连路588号宝地广场办公楼B座	35963088	200082
	11	澳大利亚和新西兰银行(中国)有限公司	陆家嘴环路166号未来资产大厦	61696001	200120
	12	瑞穗银行(中国)有限公司	世纪大道100号上海环球金融中心21、23楼	38558888	200120
	13	花旗银行(中国)有限公司	花园石桥路33号花旗集团大厦	28966000	200120
	14	三井住友银行(中国)有限公司	世纪大道100号上海环球金融中心11—13楼	38609000	200120
	15	东方汇理银行(中国)有限公司	南京西路1266号上海恒隆广场2座12层	38566888	200040
	16	南洋商业银行(中国)有限公司	世纪大道800号	38566666	200135
	17	正信银行有限公司	中山东一路17号	63351511	200002
	18	盘谷银行(中国)有限公司	中山东一路7号	23290100	200002
	19	汇丰银行(中国)有限公司上海分行	世纪大道8号上海国金中心汇丰银行大楼	38883888	200120
	20	渣打银行(中国)有限公司上海分行	世纪大道201号渣打银行大厦	38693000	200120
	21	东亚银行(中国)有限公司上海分行	花园石桥路66号东亚银行金融大厦	38675033	200120
外资银行分行	1	澳大利亚澳洲联邦银行公众股份有限公司上海分行	陆家嘴环路1233号汇亚大厦1101—1103及1106室	61238912	200120
	2	澳大利亚国民银行有限公司上海分行	银城中路68号时代金融中心4201—4204室	20890231	200120
	3	澳大利亚西太平洋银行有限公司上海分行	银城中路501号5401、5402、5407、5408室	61657673	200120
	4	德国商业银行股份有限公司上海分行	世纪大道100号37楼	38559633	200120
	5	第一商业银行股份有限公司上海分行	荣华东道86—90号(双)(西部)2层	22270628	201103
	6	法国外贸银行股份有限公司上海分行	陆家嘴环路1000号19032室	61633250	200120
	7	韩国产业银行上海分行	世纪大道100号上海环球金融中心38楼3810室	68775089	200120
	8	荷兰安智银行股份有限公司上海分行	世纪大道100号环球金融中心19楼	20208228	200120
	9	荷兰合作银行有限公司上海分行	陕西南路288号上海环贸广场办公楼二期20层2002—2007室	28934646	200120
	10	马来西亚马来亚银行有限公司上海分行	陆家嘴环路333号金砖大厦6层	60287688＊8208	200120
	11	美国纽约梅隆银行有限公司上海分行	陆家嘴环路1000号41层	38661260	200120
	12	美国富国银行有限公司上海分行	世纪大道100号上海环球金融中心32楼30单元	28927782	200121

（续表）

类别	序号	机构名称	地址	电话	邮编
外资银行分行	13	美国银行有限公司上海分行	陆家嘴环路 1233 号汇亚大厦 1601—1606、1607A、1608A，17 楼	61608712	200121
	14	台湾土地银行股份有限公司上海分行	富城路 99 号震旦国际大楼 17 楼 1703—1704 室	50372495＊110	200120
	15	台湾银行股份有限公司上海分行	南京西路 1788 号 30 楼	32569900＊103	200040
	16	台湾中小企业银行股份有限公司上海分行	凯旋路 399 号 38 楼 3803—3806 室	62627171＊311	200050
	17	西班牙桑坦德银行有限公司上海分行	银城中路 501 号 73 层 7301、7304 室	61686077	200120
	18	中国信托商业银行股份有限公司上海分行	世纪大道 100 号上海环球金融中心 27F	20805801	200051
	19	埃及国民银行股份公司上海分行	浦东大道 1 号船舶大厦 12B07 室	68861889＊8013	200120
	20	巴西银行有限公司上海分行	南京西路 1515 号静安嘉里中心 1 座北楼 2801—02&2806 室	60103618	200040
	21	北欧银行瑞典有限公司上海分行	南京西路 1539 号嘉里中心办公楼 2 座 27 层 2701—2703 室	63405111＊102	200003
	22	比利时联合银行股份有限公司上海分行	浦东大道 1 号船舶大厦 1501—1505 室	58791599＊318	200120
	23	意大利裕信银行股份有限公司上海分行	世纪大道 88 号金茂大厦 2401 室	50470077＊108	200120
	24	德国北德意志州银行上海分行	世纪大道 88 号金茂大厦 37 层 01、07—08 单元	68673870	200120
	25	俄罗斯外贸银行公众股份公司上海分行	银城中路 501 号 25 层 2503—2505 室	60610158	200120
	26	韩国大邱银行股份有限公司上海分行	红宝石路 500 号东银中心 B 栋 11 层 03 室	62369209－1703	201103
	27	马来西亚联昌银行股份有限公司上海分行	陆家嘴环路 1233 号汇亚大厦 1805—1807 室	20261898	200120
	28	印度尼西亚曼底利银行有限责任公司上海分行	银城中路 501 号上海中心大厦 4101、4107、4108 室	20332632	200120
	29	挪威银行公共有限公司上海分行	淮海中路 999 号上海环贸广场办公楼一期 23 层 2304—2307 室	61322868	200020
	30	日本横滨银行股份有限公司上海分行	世纪大道 100 号上海环球金融中心 19 楼 T71 室	68776800＊503	200120
	31	瑞典北欧斯安银行有限公司上海分行	世纪大道 8 号上海国金中心二期 33 层 3301—05、15—16 室	20521888＊832	200120
	32	瑞典银行有限公司上海分行	花园石桥路 33 号花旗集团大厦 601 室	38612666	200120
	33	瑞士信贷银行股份有限公司上海分行	世纪大道 8 号上海国金中心二期	38560016	200120
	34	日本三井住友信托银行股份有限公司上海分行	世纪大道 88 号金茂大厦 50 楼 01 室	50476661＊204	200120
	35	荷兰银行有限公司上海分行	陆家嘴环路 1233 号汇亚大厦 3107—3108 单元	20532699	200120
	36	科威特国民银行股份有限公司上海分行	陆家嘴环路 1233 号汇亚大厦 1501—1502 室	80360868	200120
	37	西班牙对外银行有限公司上海分行	上海世纪大道 88 号金茂大厦 45 层 01、08 单元	80233236	200120

（续表）

类别	序号	机构名称	地址	电话	邮编
外资银行分行	38	意大利联合圣保罗银行股份有限公司上海分行	银城中路501号上海中心大厦56楼5601室	20822701	200120
	39	意大利西雅那银行股份有限公司上海分行	太仓路233号新茂大厦2501—2504室	53830417＊130	200020
	40	印度国家银行上海分行	淮海中路1010号嘉华中心4206室	54670029	200031
	41	印度爱西爱西爱银行有限公司上海分行	南京西路1717号2705室	80171576	200040
	42	英国巴克莱银行有限公司上海分行	陆家嘴环路1233号汇亚大厦3101室	38966150	200120
	43	大丰银行股份有限公司上海分行	中山东一路23号4楼401—404、406、408A室	53218626	200002
	44	泰国汇商银行大众有限公司上海分行	世纪大道100号环球金融中心74楼T15室	60587701	200120
	45	摩洛哥非洲银行股份有限公司上海分行	银城中路501号60层6001、6002室	60589558	200120
	46	约旦阿拉伯银行公众有限公司上海分行	世纪大道8号上海国金中心办公楼二期45楼4505、4506室	61607717	200120
	47	永隆银行有限公司上海分行	世纪大道8号国际金融中心二期26楼2601—2609室	20357161	200120
	48	加拿大丰业银行有限公司上海分行	世纪大道88号金茂大厦2904室	60728998	200120
	49	上海商业银行有限公司上海分行	陆家嘴东路161号上海招商局大厦913室	20891828	200120
	50	华南商业银行股份有限公司上海分行	南京西路1788号35楼03、04单元	60100855＊118	200040
	51	创兴银行有限公司上海分行	福山路388号越秀大厦28层	60853031	200122
	52	德意志银行（中国）有限公司上海分行	世纪大道8号上海国金中心办公楼二期（B座）3001—3016室、3804—3811室、3901—3916室、4001—4016室	20802229	200120
	53	摩根大通银行（中国）有限公司上海分行	银城中路501号4502室、4503室、4604室、4606室至4607室、4702室至4707室、4802室、4803室、4805室至4808室	52002367	200040
	54	法国兴业银行（中国）有限公司上海分行	世纪大道88号金茂大厦48层4801、4802、4806B、4807—4810、4812单元	38669629	200120
	55	韩亚银行（中国）有限公司上海分行	延安东路550号海洋大厦1楼103—105A室、5楼507—515室	50372121＊22	200001
	56	新韩银行（中国）有限公司上海分行	银城路88号尚悦中心名义楼层25楼02—03单元	68865566	200120
	57	友利银行（中国）有限公司上海分行	峨山路505号104B室、502室	50810707＊610	200127
	58	中信银行国际（中国）有限公司上海分行	银城路117、119号瑞明大厦10层	61006105	200120
	59	蒙特利尔银行（中国）有限公司上海分行	世纪大道8号上海国金中心办公楼二期（即B座）20层	61363602	200120
	60	首都银行（中国）有限公司上海分行	延安西路1152号101、102、103室	31833284	200050
	61	大新银行（中国）有限公司上海分行	东大名路501号上海白玉兰广场15层06—07单元	55987020	200080
	62	国民银行（中国）有限公司上海分行	娄山关路523号金虹桥国际中心2楼02、03、04单元	52319110	200050

（续表）

类别	序号	机构名称	地址	电话	邮编
外资银行分行	63	瑞士银行(中国)有限公司上海分行	黄陂南路333号领展企业广场特色商店第2、3、5、6、7、8、9号商铺	23057015	200021
	64	开泰银行(中国)有限公司上海分行	世纪大道88号金茂大厦办公楼2区14层02单元	80111510	200120
	65	永丰银行(中国)有限公司上海分行	古北路666号嘉麒大厦1楼102室、2楼202室、1902室及1903A室	52036800＊6870	200336
非银行金融机构	1	上海国际信托有限公司	九江路111号	23131111	200001
	2	安信信托股份有限公司	广东路689号29楼	63410777	200001
	3	华澳国际信托有限公司	花园石桥路33号17楼	68883098	200120
	4	中泰信托有限责任公司	中华路1600号黄浦中心大厦18层	63871888	200021
	5	中海信托股份有限公司	蒙自路763号36楼	23191688	200023
	6	华宝信托有限责任公司	世纪大道100号环球金融中心59层	38506666	200120
	7	上海爱建信托有限责任公司	肇嘉浜路746号3—8层	64396600	200030
	8	上海汽车集团财务有限责任公司	华京路8号317室	62311010	200042
	9	东航集团财务有限责任公司	吴中路686弄3号15楼	64068672	201103
	10	上海华谊集团财务有限责任公司	浦东南路1271号华融大厦15楼	23535315	200122
	11	上海上实集团财务有限公司	淮海中路98号金钟广场30楼	53850011	200021
	12	日立(中国)财务有限公司	茂名南路205号瑞金大厦1908室	64721002	200020
	13	中远海运集团财务有限责任公司	滨江大道5299号8层	65966666	200127
	14	中船财务有限责任公司	浦东大道1号607室	68862699	200120
	15	上海浦东发展集团财务有限责任公司	浦东南路256号34—35楼	58889596	200120
	16	锦江国际集团财务有限责任公司	延安东路100号3楼	63136001	200002
	17	申能集团财务有限公司	陆家嘴环路958号华能联合大厦3楼	68866767	200120
	18	光明食品集团财务有限公司	南京西路1539号办公楼2座33层	66939888	200040
	19	宝武集团财务有限责任公司	世博大道1859号1号楼9楼	20657307	200126
	20	上海电气集团财务有限责任公司	富特北路211号302—382室	52895555	200041
	21	百联集团财务有限责任公司	中山南路315号8楼	63327503	200010
	22	上海复星高科技集团财务有限公司	江宁路1158号1903A	61735858	200060
	23	松下电器(中国)财务有限公司	吴淞路575号吉汇大厦906室	38667297	200080
	24	上海外高桥集团财务有限公司	杨高北路2001号管理楼1层B部位及2层B、C部位	51307888	200131
	25	上海文化广播影视集团财务有限公司	世纪大道1号3幢1楼	58335010	200120
	26	红星美凯龙家居集团财务有限责任公司	沪南路2218号东楼10楼	68587805	200120
	27	东方国际集团财务有限公司	长宁区虹桥路1488号3号楼	22110388	200336
	28	商飞集团财务有限责任公司	世博大道1919号B座2层	20888900	200126
	29	城投集团财务有限责任公司	浦东南路500号39楼	68508965	200120
	30	中国电力财务有限公司华东分公司	广东路500号27、28楼	38733900	200001

（续表）

类别	序号	机构名称	地址	电话	邮编
非银行金融机构	31	中国石化财务有限责任公司上海分公司	张杨路500号时代广场25楼	58367898	200122
	32	交银金融租赁有限责任公司	陆家嘴环路333号东方汇经中心大厦28、29层	53559858	200001
	33	招银金融租赁有限公司	陆家嘴环路1088号2幢21层、22层、23层一单元、24层	61059981	200120
	34	农银金融租赁有限公司	延安东路518号5—6层	20686873	100022
	35	浦银金融租赁股份有限公司	龙腾大道2865号	33566676	200232
	36	太平石化金融租赁有限责任公司	富特北路211号302—378室	56177115	200000
	37	长江联合金融租赁有限公司	锦康路308号11楼1101室、12楼	20576958	200127
	38	广融达金融租赁有限公司	浦电路360号10楼A单元	20700933	200120
	39	交银航空航运金融租赁有限责任公司	马吉路2号17层1704室	53559858	200001
	40	招银航空航运金融租赁有限公司	陆家嘴环路1088号2幢21层、22层、23层一单元、24层	61059981	200120
	41	华融航运金融租赁有限公司	浦东大道2123号3层3E—246室	63265913	200120
	42	上汽通用汽车金融有限责任公司	浦明路160号财富广场F幢	28936000	200120
	43	福特汽车金融(中国)有限公司	芳甸路1155号浦东嘉里城办公楼19、20层	20894666	201204
	44	东风日产汽车金融有限公司	峨山路505号东方纯一大厦12层、17—20层(实际楼层11层、15—18层)	38576000	200127
	45	菲亚特克莱斯勒汽车金融有限责任公司	黄陂南路838弄1号4幢17层	23109000	200025
	46	上海东正汽车金融股份有限公司	陆家嘴环路166号未来资产大厦30层A、B、C单元	20689999	200120
	47	华晨东亚汽车金融有限公司	东方路1267弄8号第12层	80237100	200127
	48	吉致汽车金融有限公司	锦康路308号9层01、04单元	20535888	200127
	49	中银消费金融有限公司	银城中路200号14楼	63291722	200120
	50	上海尚诚消费金融股份有限公司	延安西路889号23、24、25楼	52508866	200050
	51	平安消费金融有限公司	陆家嘴环路1333号18层	38637992	200120
	52	上海国际货币经纪有限责任公司	荆州路23号2—4层、27号1层	38617888	200082
	53	上海国利货币经纪有限公司	陆家嘴环路1318号1001室	38789777	200120
其他银行机构	1	中国华融资产管理股份有限公司上海市分公司	中山东二路15号	63899900	200002
	2	中国长城资产管理公司上海市分公司	陆家嘴环路333号金砖大厦11层	68863311	200120
	3	中国东方资产管理公司上海市分公司	茂名南路205号	64729268	200020
	4	中国信达资产管理股份有限公司上海市分公司	北京西路1399号	52000808	200040
	5	中国华融资产管理股份有限公司上海自贸区分公司	中山东二路15号7楼	63265959	200002

（续表）

类别	序号	机构名称	地址	电话	邮编
其他银行机构	6	中国长城资产管理公司上海自贸区分公司	陆家嘴环路1000号恒生大厦32楼	68688989	200120
	7	中国信达资产管理股份有限公司上海自贸区分公司	杨高南路759号2号楼12层03、04单元	68581956	200127
专营机构	1	中国工商银行股份有限公司票据营业部	天潼路133号	61235588	200080
	2	中国工商银行股份有限公司贵金属业务部	中山东二路11号	63299299	200002
	3	中国工商银行股份有限公司私人银行部	中山东一路24号	23229500	200002
	4	中国农业银行股份有限公司票据营业部	银城路9号农银大厦	20686900	200120
	5	中国农业银行股份有限公司信用卡中心	银城路9号农银大厦	20686000	200120
	6	中国农业银行股份有限公司私人银行部	中山东一路26号	53211761	200002
	7	中国银行股份有限公司上海人民币交易业务总部	银城中路200号	58774907	200120
	8	中国建设银行股份有限公司信用卡中心	银城路99号	60639000	200120
	9	交通银行股份有限公司太平洋信用卡中心	松涛路80号	38769888	201203
	10	交通银行股份有限公司私人银行部	仙霞路18号	32169999	200336
	11	招商银行股份有限公司信用卡中心	来安路686号	38834600	201201
	12	兴业银行股份有限公司资金营运中心	银城路167号3楼	32174699	200120
	13	兴业银行股份有限公司信用卡中心	来安路500号	20320999	201201
	14	平安银行股份有限公司资金营运中心	陆家嘴环路1333号	38643264	200120
	15	上海浦东发展银行股份有限公司信用卡中心	浦东南路588号	51957997	200120
	16	南京银行资金运营中心	中山北路909号屹申商务大厦11楼	36698006	200070
	17	宁波通商银行资金营运中心	杨高南路428号	60587888	200127
	18	浙江泰隆商业银行资金营运中心	浦明路868弄1号楼4层404室	61710708	200040
	19	中国民生银行信用卡中心华东分中心	浦东南路100号民生大厦	61876077	200120
	20	平安银行股份有限公司信用卡中心上海分中心	张杨路2389弄1—2号置汇旭辉广场5层01、02、03、05、06、07室	38647091	200135
	21	中信银行股份有限公司信用卡中心上海分中心	世博馆路112号、138号中信银行大厦7层	58335670	200120
	22	华夏银行股份有限公司信用卡中心上海分中心	天钥桥路1号煤科大厦	31275658	200030
	23	江苏银行股份有限公司资金营运中心	银城路117号瑞明大厦7层	20536000	200120
	24	宁波银行股份有限公司资金营运中心	世纪大道210号二十一世纪中心大厦19层	23262620	200120
	25	杭州银行股份有限公司资金营运中心	中山东二路558号2幢9层	63799899	200010
	26	昆仑银行股份有限公司上海国际业务结算中心	世纪大道1200号	20356666	200122

（二）中资银行机构

1. 交通银行分支机构名录

机构名称	地　　址	电　话	邮　编
交通银行北京市分行	北京市西城区金融大街22号	010-88668866	100032
交通银行天津市分行	天津市河西区友谊路7号	022-23403701	300201
交通银行河北省分行	河北省石家庄市桥西区自强路26号	0311-69692257	050000
交通银行山西省分行	山西省太原市迎泽区青年路5号	0351-4071477	030002
交通银行内蒙古自治区分行	内蒙古自治区呼和浩特市赛罕区新华东街18号	0471-3287505	010020
交通银行辽宁省分行	辽宁省沈阳市沈河区市府大路258-1号	024-22701582	110014
交通银行大连分行	辽宁省大连市中山区中山广场6号	0411-82824689	116001
交通银行吉林省分行	吉林省长春市朝阳区人民大街3535号网通大厦A座	0431-85570082	130021
交通银行黑龙江省分行	黑龙江省哈尔滨市道里区友谊路428号	0451-83085649	150010
交通银行上海市分行	上海市黄浦区江西中路200号	021-63111000	200002
交通银行江苏省分行	江苏省南京市建邺区庐山路218号	025-83278888	210019
交通银行苏州分行	江苏省苏州市苏州工业园区苏惠路28号	0512-65188666	215021
交通银行无锡分行	江苏省无锡市滨湖区金融二街8号	0510-82705226	214125
交通银行浙江省分行	浙江省杭州市江干区四季青街道剧院路1—39号	0571-87216305	310020
交通银行宁波分行	浙江省宁波市鄞州区海晏北路455号	0574-87276300	315000
交通银行安徽省分行	安徽省合肥市包河区徽州大道与嘉陵江路交口	0551-62646357	230001
交通银行福建省分行	福建省福州市鼓楼区湖东路116号	0591-87874839	350003
交通银行厦门分行	福建省厦门市思明区湖滨中路9号交通银行大厦	0592-2295012	361004
交通银行江西省分行	江西省南昌市红谷滩新区会展路199号	0791-88533929	330038
交通银行山东省分行	山东省济南市市中区共青团路98号	0531-80100340	250012
交通银行青岛分行	山东省青岛市市南区中山路6号	0532-82959000	266001
交通银行河南省分行	河南省郑州市金水区郑花路11号	0371-69395800	450008
交通银行湖北省分行	湖北省武汉市江汉区建设大道847号	027-85328740	430015
交通银行湖南省分行	湖南省长沙市芙蓉区五一大道447号	0731-85603723	410007
交通银行广东省分行	广东省广州市天河区冼村路11号	020-66880825	510623
交通银行深圳分行	广东省深圳市福田区深南中路3018号世纪汇广场交通银行大厦	0755-88020600	518031
交通银行广西壮族自治区分行	广西壮族自治区南宁市兴宁区人民东路228号	0771-2835133	530012
交通银行海南省分行	海南省海口市龙华区国贸大道45号银通国际中心	0898-68556213	570125
交通银行重庆市分行	重庆市江北区江北城西大街3号	023-63632020	400015

（续表）

机构名称	地　　址	电　话	邮　编
交通银行四川省分行	四川省成都市青羊区西玉龙街211号交银大厦	028-86525666	610015
交通银行贵州省分行	贵州省贵阳市观山湖区金融城东三塔	0851-88161894	550081
交通银行云南省分行	云南省昆明市盘龙区白塔路397号交银大厦	0871-63107673	650051
交通银行陕西省分行	陕西省西安市新城区西新街88号	029-87653018	710004
交通银行甘肃省分行	甘肃省兰州市城关区庆阳路129号	0931-8105260	730030
交通银行宁夏回族自治区分行	宁夏回族自治区银川市金凤区宁安大街64号	0951-6916803	750001
交通银行新疆维吾尔自治区分行	新疆维吾尔自治区乌鲁木齐市天山区东风路16号	0991-2833679	830002
交通银行青海省分行	青海省西宁市城西区五四西路67号金阳光大厦A座	0971-6360999	810008

2. 上海浦东发展银行分支机构名录

机构名称	地　　址	电　话	邮　编
上海浦东发展银行杭州分行	杭州市延安路129号	0571-87366688	310002
上海浦东发展银行宁波分行	宁波市江厦街21号	0574-87268111	315000
上海浦东发展银行南京分行	南京市中山东路90号	025-84579118	210002
上海浦东发展银行北京分行	北京市西城区太平桥大街18号丰融国际大厦	010-57395401	100032
上海浦东发展银行苏州分行	苏州市工业园区钟园路718号	0512-62585100	215028
上海浦东发展银行重庆分行	重庆市北部新区高新园星光大道78号	023-63825100	401121
上海浦东发展银行广州分行	广州市天河区珠江西路12号	020-38156666	510620
上海浦东发展银行深圳分行	深圳市罗湖区笋岗街道浦诚路88号浦发大厦	0755-82020900	518033
上海浦东发展银行昆明分行	昆明市东风西路156号环球金融大厦	0871-65394177	650031
上海浦东发展银行天津分行	天津市河西区宾水道9号环渤海发展中心D座	022-88377160	300061
上海浦东发展银行郑州分行	郑州市金水路299号	0371-65896195	450004
上海浦东发展银行大连分行	大连市沙河口区会展路45号	0411-66866666	116023
上海浦东发展银行济南分行	济南市黑虎泉西路139号	0531-86556787	250011
上海浦东发展银行成都分行	成都市二环路东二段22号	028-84395858	610051
上海浦东发展银行西安分行	西安市高新区锦业路6号绿地中央广场智海大厦10105室	029-63603000	710068
上海浦东发展银行沈阳分行	沈阳市沈河区奉天街326号	024-22816666	110026
上海浦东发展银行武汉分行	武汉市江汉区新华路218号	027-85566722	430022
上海浦东发展银行青岛分行	青岛市崂山区海尔路188号	0532-68676588	266100
上海浦东发展银行太原分行	太原市青年路5号	0351-8286578	030001
上海浦东发展银行长沙分行	长沙市滨江新城茶子山东路102号	0731-82831617	410005
上海浦东发展银行哈尔滨分行	哈尔滨市南岗区红旗大街226号	0451-88895528	150090

（续表）

机构名称	地址	电话	邮编
上海浦东发展银行南昌分行	南昌市红谷中大道1402号	0791－86387188	330038
上海浦东发展银行南宁分行	南宁市金浦路22号	0771－5800531	530022
上海浦东发展银行乌鲁木齐分行	乌鲁木齐市新华南路379号	0991－2357288	830004
上海浦东发展银行长春分行	长春市人民大街3518号	0431－8591666	130021
上海浦东发展银行呼和浩特分行	呼和浩特市赛罕区敕勒川大街18号东方君座B座	0471－2842888	010098
上海浦东发展银行合肥分行	合肥市滨湖新区杭州路2608号	0551－62253626	230000
上海浦东发展银行兰州分行	兰州市广场南路101号	0931－8948825	730030
上海浦东发展银行石家庄分行	石家庄市长安区裕华东路133号方北大厦B座	0311－66770668	050000
上海浦东发展银行福州分行	福州市湖东路222号	0591－38288008	350003
上海浦东发展银行贵阳分行	贵阳市观山湖区中天会展城B区金融商务区东区东四塔	0851－7979525	550001
上海浦东发展银行厦门分行	厦门市厦禾路666号	0592－2976217	361004
上海浦东发展银行西宁分行	西宁市城西区微波巷1号1—7亚楠大厦1层	0971－6237906	810001
上海浦东发展银行海口分行	海口市玉沙路26号	0898－36693333	570000
上海浦东发展银行银川分行	银川市兴庆区新华东街51号1—7层	0951－5910202	750004
上海浦东发展银行拉萨分行	拉萨市城关区北京中路48号1号商务楼	0891－6598549	850000
上海浦东发展银行香港分行	香港轩尼诗道1号浦发银行大厦30楼	852－29965600	
上海浦东发展银行新加坡分行	新加坡码头大道12号滨海湾金融中心（12 Marina Boulevard，#34－01，MBFC Tower 3，Singapore）	65－68017888	018982
上海浦东发展银行伦敦分行	19th floor，1 Angel Court London，EC2R 7HJ	44－2078263188	

3. 中国农业发展银行上海市分行分支机构名录

机构名称	地址	电话	邮编
中国农业发展银行上海市分行	延安东路45号	63331813	200002
中国农业发展银行上海市分行营业部	金陵东路68号	63361606	200002
中国农业发展银行上海市闵行区支行	莘浜路6号	64924827	201100
中国农业发展银行上海市嘉定区支行	天祝路820号	59911888	201821
中国农业发展银行上海市宝山区支行	友谊路1518弄4号	56789758	201900
中国农业发展银行上海市南汇支行	南门大街104号	58012200	201300
中国农业发展银行上海市奉贤区支行	韩村路706号	67103719	201400
中国农业发展银行上海市松江区支行	文诚路338弄26号	67665392	201620
中国农业发展银行上海市金山区支行	石化卫零路611弄112号	57960903	200540
中国农业发展银行上海市青浦区支行	青湖路977号	69714216	201700
中国农业发展银行上海市崇明区支行	东门路125号	39622007	202150
中国农业发展银行上海市浦东分行	源深路300号	58318906	200120

4. 中国工商银行上海市分行分支机构名录

机构名称	地址	电话	邮编
中国工商银行股份有限公司上海市分行	浦东大道9号	58885888	200120
中国工商银行股份有限公司上海市分行营业部	中山东一路24号	53312999	200002
中国工商银行股份有限公司上海市分行第二营业部	即墨路88号	58885888	200120
中国工商银行股份有限公司上海市外滩支行	中山东二路11号	63217777	200002
中国工商银行股份有限公司上海市浦东分行	浦东南路2024—2034号	58757777	200127
中国工商银行股份有限公司上海市静安支行	康定路699号	32184610	200040
中国工商银行股份有限公司上海市徐汇支行	辛耕路133号3—6层	64475858	200030
中国工商银行股份有限公司上海市虹口支行	东大名路578号	25101800	200080
中国工商银行股份有限公司上海市闸北支行	广中西路571、581、587、591、611、615号	26107399	200072
中国工商银行股份有限公司上海市卢湾支行	淮海中路98号	53858068	200021
中国工商银行股份有限公司上海市黄浦支行	四川中路346号	63392828	200002
中国工商银行股份有限公司上海市杨浦支行	淞沪路383号1—2层、8—11层	25106000	200433
中国工商银行股份有限公司上海市普陀支行	大渡河路388弄5号1、2、20、21层	33606888	200062
中国工商银行股份有限公司上海市长宁支行	延安西路895号	62252200	200050
中国工商银行股份有限公司上海市宝山支行	淞滨路318号	56845858	200940
中国工商银行股份有限公司上海市闵行支行	都市路4855号2号楼202室、1502室、1602室及富都路118号、188号	64889900	201199
中国工商银行股份有限公司上海市金山支行	石化卫零路558号	57964781	200540
中国工商银行股份有限公司上海市漕河泾开发区支行	宜山路900号	54235423	200233
中国工商银行股份有限公司上海市虹桥开发区支行	娄山关路83号	62097999	200336
中国工商银行股份有限公司上海市浦东开发区支行	金桥路1391号1—7层	58992800	200129
中国工商银行股份有限公司上海市嘉定支行	德富路1288号	59929697	201821
中国工商银行股份有限公司上海市南汇支行	城南路258号	58020695	201399
中国工商银行股份有限公司上海市奉贤支行	南奉公路7809号上海南方国际购物中心写字楼西裙楼1—4层	57102762	201499
中国工商银行股份有限公司上海市松江支行	中山二路218—228号1层、216号2—4层	57813122	201600
中国工商银行股份有限公司上海长三角一体化示范区支行	城中东路485号	59724800	201700
中国工商银行股份有限公司上海市崇明支行	南门路158号	69691942	202150

（续表）

机构名称	地址	电话	邮编
中国工商银行股份有限公司上海自贸试验区新片区分行	临港新城新元南路555号	68284190	201306
中国工商银行股份有限公司上海市张江科技支行	张江路633号	50797273	201120
中国工商银行股份有限公司上海市世博支行	国展路839号华电大厦1层101室、21层	58680662	200126
中国工商银行股份有限公司上海自贸试验区分行	马吉路28号	58699999	200131
中国工商银行股份有限公司上海市虹桥商务区支行	申虹路666弄9号101、102室	54730162	201106

5. 中国农业银行上海市分行分支机构名录

机构名称	地址	电话	邮编
中国农业银行上海市分行	银城路9号	20688888	200120
中国农业银行上海市分行委托资产处置中心	洪山路189号	20736799	200126
中国农业银行上海市崇明支行	人民路32、38号	20732101	202150
中国农业银行上海市川沙支行	妙境路1366号	20736050	201205
中国农业银行上海市闵行支行	水清南路68号508室	20730001	201199
中国农业银行上海市嘉定支行	塔城路355号	20730555	201800
中国农业银行上海市宝山支行	同济路131号	20730888	200940
中国农业银行上海自贸试验区分行	新金桥路188号	20736250	200131
中国农业银行上海市浦东分行	浦东南路379号	20735656	200120
中国农业银行上海自贸试验区新片区分行	紫衫路158弄A4号楼	20736898	201306
中国农业银行上海市虹口支行	吴淞路469号	20735001	200080
中国农业银行上海市静安支行	乌鲁木齐北路207号	20733301	200040
中国农业银行上海市五角场支行	翔殷路1128号	20732688	200433
中国农业银行上海市普陀支行	兰溪路10弄2号	20733051	200062
中国农业银行上海市奉贤支行	南奉公路8515号	20730900	201499
中国农业银行上海长三角一体化示范区支行	公园路6—36号	20731801	201799
中国农业银行上海市黄浦支行	徐家汇路599号	20733888	200023
中国农业银行上海市松江支行	人民北路2—8号	20731201	201600
中国农业银行上海市金山支行	蒙源路99号	20731500	200540
中国农业银行上海市徐汇支行	天钥桥路30号1610－2室	20732599	200030
中国农业银行上海市分行营业部	延安东路518号	20735201	200001
中国农业银行上海市闸北支行	天目西路488号1号楼23层	20733500	200070
中国农业银行上海市长宁支行	定西路998号	20732850	200050

6. 中国银行上海市分行分支机构名录

机构名称	地址	电话	邮编
中国银行上海市分行	银城中路 200 号	38824500	200120
中国银行上海自贸试验区分行	台南西路 50 号	50766195	200131
中国银行上海市分行营业部	中山东一路 23 号	63297778	200002
中国银行上海市普陀支行	长寿路 831 号	52987196	200042
中国银行上海市徐汇支行	虹桥路 355 号	34601800	200030
中国银行上海市闸北支行	广中西路 535、539、595、603 号	56202688	200072
中国银行上海市中银大厦支行	银城中路 200 号	50375580	200120
中国银行上海市嘉定支行	塔城路 451 号	59529079	201800
中国银行上海市黄浦支行	中山南路 328 号	63326898	200010
中国银行上海市杨浦支行	平凉路 1128 号	65723501	200090
中国银行上海市闵行支行	莘建路 256 号	64889998	201199
中国银行上海市宝山支行	宝杨路 1008 号	56125613	201999
中国银行上海市奉贤支行	人民中路 8 号	37101518	201499
中国银行上海市金山支行	蒙山路 1111 号	67965522	200540
中国银行上海市长宁支行	延安西路 2067 号	32096406	200336
中国银行上海市浦东开发区支行	新金桥路 58 号	50301832	201206
中国银行上海市南汇支行	康沈路 1727 号	20975508	201318
中国银行上海市浦东分行	张杨路 838 号	58203198	200122
中国银行上海市静安支行	南京西路 1515 号	52985552	200040
中国银行上海市松江支行	中山中路 208 号	57725692	201699
中国银行上海市卢湾支行	茂名南路 205 号	64747328	200020
中国银行上海市青浦支行	城中东路 608 号	59738858	201700
中国银行上海市虹口支行	四川北路 1393 号	63074918	200080
中国银行上海自贸试验区新片区分行	顺通路 9 号	20787801	201306

7. 中国建设银行上海市分行分支机构名录

机构名称	地址	电话	邮编
中国建设银行上海市分行	淮海中路 200 号	58880000	200021
中国建设银行上海第一支行	陆家浜路 1332 号	53850731	200011
中国建设银行上海第二支行	金陵东路 499 号	63282190	200021
中国建设银行上海第三支行	申长路 988 弄 1 幢 2 号 1 层 103、105 室	54163953	201107

（续表）

机构名称	地址	电话	邮编
中国建设银行上海第四支行	滇池路 103 号	63232666	200002
中国建设银行上海第五支行	九江路 50 号	63294688	200002
中国建设银行上海第六支行	天目西路 290 号	63178800	200070
中国建设银行上海宝钢宝山支行	牡丹江路 1398 号	56125612	201999
中国建设银行上海金山石化支行	卫清西路 368—388 号	67962053	200540
中国建设银行上海黄浦支行	淮海东路 85 号	63748585	200021
中国建设银行上海徐汇支行	衡山路 920 号	64072750	200030
中国建设银行上海长宁支行	延安西路 2067 号(6F)仲盛金融中心	62785141	200336
中国建设银行上海静安支行	愚园路 172 号	62498746	200040
中国建设银行上海普陀支行	长寿路 95 号	62996298	200060
中国建设银行上海虹口支行	吴淞路 211 号	63577626	200080
中国建设银行上海杨浦支行	长阳路 1288 号	55082850	200090
中国建设银行上海闵行支行	沪闵路 6555 号	64126412	201199
中国建设银行上海嘉定支行	塔城路 365 号	69919320	201800
中国建设银行上海松江支行	人民北路 151 号 1 幢北区	57721742	201699
中国建设银行上海奉贤支行	望园南路 1699 号	57428017	201400
中国建设银行上海长三角一体化示范区支行	城中东路 550 号	59725555	201700
中国建设银行上海崇明支行	城桥镇八一路 387 号	59622151	202150
中国建设银行上海浦东分行	陆家嘴环路 900 号	58880000	200120
中国建设银行上海自贸试验区分行	加枫路 17 号	50367180	200131
中国建设银行上海张江分行	科苑路 220 号	50801962	201203
中国建设银行上海自贸试验区新片区分行	环湖西一路 333 号临港城投大厦 1 号 104—105 室	20780003	201306

8. 平安银行上海分行分支机构名录

机构名称	地址
平安银行上海高行社区支行	新行路 367 号、371 号 1 层
平安银行上海白银社区支行	白银路 288 弄 20 号 106-1、106-2 单元
平安银行上海龙柏社区支行	黄桦路 139、141 号 1 层
平安银行上海洋泾支行	张杨路 2389 弄 5 号 1 层 04 室
平安银行上海汇成支行	百色路 1139—1145 号底层
平安银行上海越洋广场社区支行	南京西路 1601 号 1504 室

（续表）

机 构 名 称	地 址
平安银行上海崇明社区支行	东门路 131 号底层
平安银行上海新昌里社区支行	昌里东路 340 号 1 层
平安银行上海凯旋支行	定西路 776 号 101、201 室
平安银行上海古香社区支行	长宁路 1600 弄 4 号
平安银行上海中远两湾城四期社区支行	中潭路 100 弄 248 号 1 层
平安银行上海金桥支行	张杨路 3660、3664、3668 号，3680 弄 1 号 15 层 01 室
平安银行上海大华中环一号社区支行	蕰川路 516 号 3 幢 1—5B 单元
平安银行上海田林支行	钦州北路 278 号、228 - 9 号
平安银行上海川沙社区支行	川黄路 73 号 1 层
平安银行上海中鼎豪园社区支行	清涧路 74 号 1 层
平安银行上海证大家园五期社区支行	利津路 1283 号 1 层
平安银行上海中浩云花园社区支行	新村路 1392 号底层
平安银行上海长白新城社区支行	靖宇东路 52 号 1 层
平安银行上海交易所支行	向城路 288 号 102 室
平安银行上海彭浦社区支行	临汾路 810 号底层
平安银行上海长阳支行	长阳路 1514 号 5 幢 102、105 室
平安银行上海西北支行	沪太路 877 号 101 室
平安银行上海佳龙花园社区支行	营口路 600 弄 3 号
平安银行上海大华梧桐城邦社区支行	真华路 1794 号 1 层
平安银行上海东苑半岛花园社区支行	龙茗路 1082 - 2 号
平安银行上海禹州国际社区支行	金湘路 259 弄 6 号 1 层 103 单元
平安银行上海北蔡社区支行	成山路 2185 号 1 楼
平安银行上海碧云新天地社区支行	长岛路 1057 号 1 层
平安银行上海长风支行	金沙江路 2220、2222 号
平安银行上海七宝支行	宜山路 2293、2297 号
平安银行上海金沙江支行	宁夏路 777 号 1 楼北区、2 楼
平安银行上海大宁支行	共和新路 1550 号 1、2 层
平安银行上海杨浦支行	控江路 1628 号 101、201 单元
平安银行上海常熟路支行	常熟路 8 号 1 层
平安银行上海浦南支行	浦东南路 1351 号
平安银行上海金山支行	卫清东路 3074—3080 号（双号）1 层，以及 3082—3086 号（双号）1—2 层
平安银行上海周浦支行	年家浜路 449 号 1 层

(续表)

机 构 名 称	地 址
平安银行上海松江新城支行	新松江路 888 弄 102 号 1 层南及 2 层部分
平安银行上海市北支行	长寿路 380、382 号及 360 号夹层 05、06 室
平安银行上海古北支行	黄金城道 555 弄 5 号 101 室 1 层
平安银行上海北京西路支行	万航渡路 179 号
平安银行上海市南支行	西藏南路 882—890 号 1—2 层
平安银行上海大柏树支行	东体育会路 990 号 1 楼
平安银行上海徐家汇支行	华山路 1751 号 A 幢商场 1 层
平安银行上海新天地支行	斜土路 251 弄 1—3 号 101 室
平安银行上海奉贤支行	江海路 301 号
平安银行上海南汇支行	拱极路 2877 号
平安银行上海九江路支行	西藏中路 579 号(1 层)及北京西路 61 号(2 层部分)
平安银行上海五角场支行	淞沪路 303 号 101B 室
平安银行上海张江支行	上丰路 1288 号 2 号楼 C2 区 1F9 - 14 轴
平安银行上海安亭支行	墨玉路 155 号
平安银行上海静安支行	长寿路 1071 号
平安银行上海虹桥支行	古北路 505 - 5 号 101、201、202 室
平安银行上海青浦支行	城中北路 735 号
平安银行上海市西支行	宛平南路 25 号
平安银行上海宝山支行	永乐路 728、730、732 号底层，734、736 号 1—2 层
平安银行上海花木支行	芳甸路 1108 号、1112 号 1 层、1116 号 1 层及梅花路 1099 号 110 室
平安银行上海松江支行	谷阳北路 1025 号
平安银行上海闵行支行	水清南路 19 号
平安银行上海黄浦支行	九江路 333 号 103、1701、1702、1703 室
平安银行上海嘉定支行	博乐路 100 号
平安银行上海市中支行	虹桥路 628 号
平安银行上海卢湾支行	鲁班路 546 号、550 号 1 层商铺及鲁班路 558 号 2 层 201、202 室
平安银行上海普陀支行	曹杨路 169、171、173 号
平安银行上海虹口支行	四川北路 1661 号(1 幢 101 - 2 室、1 幢 201 - 11 室)
平安银行上海长宁支行	定西路 1299 号
平安银行上海西南支行	漕溪北路 1200 号
平安银行上海南京西路支行	新闸路 1418 号 1 幢 1 楼 101 室及 5 幢 3 楼 308 室
平安银行上海瑞虹支行	临平路 1 号 105 室 1 楼部分 A 单元
平安银行上海分行	陆家嘴环路 1333 号 1 层

9. 上海浦东发展银行上海分行分支机构名录

机构名称	地址	电话	邮编
上海浦东发展银行上海分行营业部	浦东南路 588 号	68887208	200120
上海浦东发展银行第一营业部	中山东一路 12 号	61618888	200002
上海浦东发展银行宝山支行	牡丹江路 1283 号	56111666	201900
上海浦东发展银行牡丹江路支行	牡丹江路 1718 号	56781974	201900
上海浦东发展银行月浦支行	月浦龙镇路 95 号	56936507	200941
上海浦东发展银行高境支行	殷高西路 253 号	56828637	200439
上海浦东发展银行长江西路支行	长江西路 1929—1939 号	56759934	200431
上海浦东发展银行大华支行	武威东路 90 号	66362690	200442
上海浦东发展银行顾村支行	顾北东路 377 号	56110260	201906
上海浦东发展银行长宁支行	长宁路 855 号	62401568	200050
上海浦东发展银行虹桥机场支行	虹桥路 2550 号	62681750	200335
上海浦东发展银行天山路支行	威宁路 426 号临	62595649	200050
上海浦东发展银行古北支行	黄金城道 881 号	62093738	201103
上海浦东发展银行水务大厦支行	江苏路 389 号水务大厦附楼一楼	62137745	200050
上海浦东发展银行仙霞路支行	仙霞路 475 号	62748293	200336
上海浦东发展银行新华支行	番禺路 483 号	52430131	200052
上海浦东发展银行崇明支行	翠竹路 1588 弄 1 号	59627011	202150
上海浦东发展银行长兴支行	凤滨路 38 弄 2 号	56856955	201913
上海浦东发展银行北门路支行	北门路 228、230、232、236 号	59627615	202150
上海浦东发展银行唐镇支行	唐安路 780 号 1 层部分商场	68798990	201210
上海浦东发展银行奉贤支行	南奉公路 7557 号	57180840	201400
上海浦东发展银行南桥支行	运河北路 258、268、272 号	37525107	201400
上海浦东发展银行江海支行	江海路 222 - A 号	57189550	201499
上海浦东发展银行解放中路支行	解放中路 352 号	5781640	201499
上海浦东发展银行虹口支行	曲阳路 731 号	65543900	200437
上海浦东发展银行大宁支行	广中路 895 号	66522856	200072
上海浦东发展银行飞虹路支行	飞虹路 271、281 号	65950104	200086
上海浦东发展银行四平路支行	四平路 188 号	65077757	200086
上海浦东发展银行凉城路支行	凉城路 461 号	65286991	200434
上海浦东发展银行四川北路支行	四川北路 1851 号 11—12 室	63641128	200080
上海浦东发展银行虹桥支行	兴义路 8 号	52082418	200336
上海浦东发展银行虹桥河滨支行	长宁路 1786 号	52722560	200051
上海浦东发展银行虹梅路支行	虹梅路 3211 号 102、103 室	62781491	201103
上海浦东发展银行剑河路支行	剑河路 465 号	52910071	200335

（续表）

机 构 名 称	地 址	电 话	邮 编
上海浦东发展银行虹桥商务区支行	申长路 818 号 1 号楼 1 楼 101 单元及 2 楼 201、202、203A 单元	34203012	201100
上海浦东发展银行黄浦支行	宁波路 50 号	63291188	200002
上海浦东发展银行九江路支行	九江路 555 号	53965029	200002
上海浦东发展银行大光明支行	南京西路 240 号	63181971	200002
上海浦东发展银行人民大厦支行	人民大道 200 号	63581964	200002
上海浦东发展银行住业大厦支行	北京西路 99 号住业大厦底层	63192398	200002
上海浦东发展银行市府浦东行政中心支行	世博村路 300 号 5 号楼底楼	23114157	200125
上海浦东发展银行嘉定支行	博乐路 199 号	59538383	201800
上海浦东发展银行南翔支行	宝翔路 801 号 130A	59129229	201802
上海浦东发展银行安亭支行	新源路 879 号	69570769	201805
上海浦东发展银行梅川支行	梅川路 1249 号 B 座底层 13、15、16、17 号	52759172	200333
上海浦东发展银行江桥支行	嘉怡路 158 号 1 层	69893097	201803
上海浦东发展银行金桥支行	金港路 509 号	58994808	201206
上海浦东发展银行金杨支行	金杨路 692—702 号	50700606	201206
上海浦东发展银行德平支行	浦东大道 2372—2376 号	58505899	200136
上海浦东发展银行黄金钫支行	枣庄路 398 号	50351260	200136
上海浦东发展银行展想广场支行	祖冲之路 2290 弄 1 号楼 102A、103、104 室	61659199	201210
上海浦东发展银行商飞大厦支行	世博大道 1919 号 B 座 B101 室	50803227	200126
上海浦东发展银行金山支行	卫清西路 153—159 号	37907842	200540
上海浦东发展银行朱泾支行	秀州街 728 号	37912910	201500
上海浦东发展银行龙茗路支行	龙茗路 2131 号	33583947	201101
上海浦东发展银行枫泾支行	泾波路 344、346、348、350 号 1 层	37900933	201501
上海浦东发展银行静安支行	北京西路 669 号	62185500	200041
上海浦东发展银行南京西路支行	南京西路 1788 号 103 室	62675742	200040
上海浦东发展银行江宁支行	江宁路 507 号	62558070	200041
上海浦东发展银行曹家渡支行	万航渡路 790 号 1—2 层	62880649	200042
上海浦东发展银行上海报业集团大厦支行	威海路 755 号 1 层 102 室	62180757	200040
上海浦东发展银行空港支行	启航路 1000 号	68841200	201202
上海浦东发展银行金汇支行	金汇路 538 号	54177499	201103
上海浦东发展银行国际机场支行	迎宾大道 6000—8000 号	68346762	201202
上海浦东发展银行虹桥枢纽支行	上海虹桥机场西航站楼出发大厅	22382424	200335
上海浦东发展银行中华路支行	中华路 120 号 1 层	63304799	200010
上海浦东发展银行陆家嘴支行	东方路 710 号汤臣金融中心底层	58303888	200122
上海浦东发展银行塘桥支行	蓝村路 522 - 1 号	58331066	200127

（续表）

机 构 名 称	地 址	电 话	邮 编
上海浦东发展银行杨思支行	海阳路719、721、723、725号	58321500	200126
上海浦东发展银行商城路支行	商城路618号	58876852	200120
上海浦东发展银行昌里支行	齐河路211号	50562070	200126
上海浦东发展银行科技馆支行	世纪大道2000号	68542061	200127
上海浦东发展银行期交所支行	浦电路577号1层02A单元	50495575	200122
上海浦东发展银行卢湾支行	斜土路713号	53027256	200023
上海浦东发展银行文化广场支行	茂名南路165号乙室	64335525	200020
上海浦东发展银行打浦桥支行	肇嘉浜路201弄1—2号	54961059	200032
上海浦东发展银行永银大厦支行	西藏南路218号永银大厦1层	63343151	200021
上海浦东发展银行田子坊支行	思南路111号1—3室	64320750	200025
上海浦东发展银行闵行支行	莘松路159号	52218221	201199
上海浦东发展银行吴中支行	莲花路2333号	64060030	201103
上海浦东发展银行吴宝支行	吴宝路15号	64194020	201101
上海浦东发展银行江川支行	江川路204号	54714354	200240
上海浦东发展银行春申路支行	春申路2750号	54389426	201199
上海浦东发展银行漕河泾支行	桂箐路65号1层104、105室	64958278	200233
上海浦东发展银行古美支行	古美西路385号1层01店铺西侧部分区域	54470175	201102
上海浦东发展银行龙柏支行	黄桦路235、237、239号	54716030	201103
上海浦东发展银行浦江支行	江月路1850弄1—6号D栋1层D04商铺	64302680	201112
上海浦东发展银行南市支行	陆家浜路1011号	51159500	200011
上海浦东发展银行西藏南路支行	西藏南路768号	63453274	200011
上海浦东发展银行豫园支行	河南南路362—366号	63340116	200011
上海浦东发展银行普陀支行	长寿路746号	62300583	200060
上海浦东发展银行真如支行	北石路388号	62644409	200333
上海浦东发展银行曹杨支行	兰溪路125号	62971738	200062
上海浦东发展银行万里支行	新村路1559号1—2层	66098322	200333
上海浦东发展银行宜川支行	宜川路316号	56060095	200065
上海浦东发展银行国脉大厦支行	江宁路1207号	62769461	200060
上海浦东发展银行长风支行	金沙江路966号1楼西侧	33535696	200062
上海浦东发展银行金沙江路支行	金沙江路2218号	52700990	200333
上海浦东发展银行青浦支行	城中东路699号	59739692	201700
上海浦东发展银行徐泾支行	盈港东路1928号	59765268	201702
上海浦东发展银行临空支行	金钟路633号	32523600	200335
上海浦东发展银行华新支行	新府中路1672、1674、1676号1—2层	59790690	201708

（续表）

机构名称	地址	电话	邮编
上海浦东发展银行汇金支行	秀源路596、598、600号	59720059	201799
上海浦东发展银行朱家角支行	珠湖路510号1—2层	59203760	201713
上海浦东发展银行三林支行	上南路4511—4525号	50109999	200123
上海浦东发展银行上南路支行	浦东南路5021—5029号	58800069	200126
上海浦东发展银行东绣路支行	东绣路559号2层，563号1—2层	58301090	200127
上海浦东发展银行龙阳支行	梅花路800—802号	50101923	201204
上海浦东发展银行锦绣支行	成山路2069号1楼	50592251	200125
上海浦东发展银行松江支行	乐都路388号	37011251	201699
上海浦东发展银行泗泾支行	泗凤路336号	37042590	201601
上海浦东发展银行新桥支行	新南街286、288号	57646705	201612
上海浦东发展银行荣乐中路支行	荣乐中路12弄108、110、111号1楼	37033077	201699
上海浦东发展银行九亭支行	九亭大街455号	67651201	201615
上海浦东发展银行新松江路支行	新松江路1290号	37668412	201620
上海浦东发展银行外高桥保税区支行	加枫路18号	50482333	200131
上海浦东发展银行杨高北路支行	日京路79号	58662377	200131
上海浦东发展银行民生路支行	浦东大道1189号	58216810	200135
上海浦东发展银行华高苑支行	金高路1056号	58650323	201208
上海浦东发展银行联洋支行	芳甸路195号	58334609	200135
上海浦东发展银行外滩支行	中山南路28号	63738033	200010
上海浦东发展银行徐汇支行	建国西路589号	64458518	200031
上海浦东发展银行漕宝支行	漕宝路38号	64362090	200233
上海浦东发展银行大众大厦支行	中山西路1515号	64286894	200233
上海浦东发展银行南丹支行	天钥桥路319号	64869235	200032
上海浦东发展银行肇嘉浜路支行	肇嘉浜路1077号102室	33680242	200031
上海浦东发展银行徐家汇支行	虹桥路188号103甲、乙	64382138	200030
上海浦东发展银行东安支行	斜土路2109号	64183700	200032
上海浦东发展银行柳州路支行	柳州路523-3号	34256226	200233
上海浦东发展银行万源城支行	古龙路536—540号	54932900	201102
上海浦东发展银行杨浦支行	黄兴路1718号1层	35368700	200433
上海浦东发展银行控江支行	控江路1669-2号	65140893	200092
上海浦东发展银行大连路支行	四平路840号	65623968	200092
上海浦东发展银行许昌路支行	许昌路1296号	65660352	200092
上海浦东发展银行中原支行	国和路1075—1077号	65580111	200433
上海浦东发展银行创智天地支行	淞沪路290号1层05—09单元	33810211	200433

（续表）

机构名称	地址	电话	邮编
上海浦东发展银行闸北支行	天目西路123号	63531008	200070
上海浦东发展银行延长中路支行	沪太路785号19幢底层101-2室	56906336	200072
上海浦东发展银行平型关路支行	延长路50号2幢1层105室、2层201室	56388362	200072
上海浦东发展银行彭浦支行	临汾路408、410、412、414号	56913078	200435
上海浦东发展银行芷江支行	普善路139号底座、201室	66076592	200070
上海浦东发展银行张江科技支行	博云路56号1层	58686753	201203
上海浦东发展银行北蔡支行	莲园路79—95号	58916069	201204
上海浦东发展银行紫薇路支行	张江路745号1层、749号1层、753号1层	50330863	201203
上海浦东发展银行张江高科技园区支行	纳贤路800号1幢A座1层01、02单元，A座地下1层01单元	68473207	201210
上海浦东发展银行科苑路支行	科苑路151号西北1层	50801562	201203
上海浦东发展银行上海自贸试验区分行	浦东南路588号22楼	50483037	200131
上海浦东发展银行上海自贸试验区新片区分行	临港新城环湖西一路333号1号楼107—108室	51210146	201306
上海浦东发展银行临港支行	临港新城新元南路555号	68284777	201306
上海浦东发展银行洋山保税港区支行	临港新城业盛路188号1层114室	68101780	201308
上海浦东发展银行南汇支行	人民东路3388号	68018720	201300
上海浦东发展银行周浦支行	年家浜路362号甲	58119432	201318
上海浦东发展银行川沙支行	妙境路648—652号	33824055	201200
上海浦东发展银行瑞建路支行	周泰路61、63、65号，67弄7号201室	68283123	201318
上海浦东发展银行航头支行	沪南公路5588号A108、A109室	20925005	201317
上海浦东发展银行锦江社区支行	长乐路400号110室	54668172	200020
上海浦东发展银行三泉社区支行	三泉路400号101室	56532007	200443
上海浦东发展银行临沂社区支行	临沂路141号	50191026	200125
上海浦东发展银行云莲社区支行	昌里东路397号	50195051	200125
上海浦东发展银行德州社区支行	德州路392号	58200025	200126
上海浦东发展银行华漕社区支行	保乐路67号1层	54478305	201107
上海浦东发展银行金沙嘉年华社区支行	清峪路534号	62180371	200333
上海浦东发展银行育秀社区支行	育秀路159号	57180266	201499
上海浦东发展银行千汇苑社区支行	千汇路566号-1(临)	20979820	201323
上海浦东发展银行局门路小微支行	斜土路106-1号	53510058	200023
上海浦东发展银行江湾镇社区支行	新市北路1380号-3临	65253280	200434
上海浦东发展银行香山社区支行	灵山路1772号	68380130	200136
上海浦东发展银行长白社区支行	靖宇东路120号	65557378	200093

（续表）

机 构 名 称	地　　址	电 话	邮 编
上海浦东发展银行中远两湾城社区支行	中潭路 51 号 101 室	52890711	200061
上海浦东发展银行绿洲雅宾利社区支行	宝昌路 387、389 号	56811117	200071
上海浦东发展银行博园社区支行	御桥路 231、235 号	50785660	200123
上海浦东发展银行崮山社区支行	崮山路 306 号	58825938	200135
上海浦东发展银行馥邦社区支行	北渔路 38 号	62330933	200335
上海浦东发展银行堡镇社区支行	堡镇中路 365、367 号	59416182	202157
上海浦东发展银行经纬绿洲社区支行	纬地路 338 号	56983159	200444
上海浦东发展银行共康社区支行	共康路 433 号	56950092	200443
上海浦东发展银行地杰国际城社区支行	御桥路 1964 号 1 层	50923261	201204
上海浦东发展银行杨思社区支行	杨思路 663、665 号	58351505	200126
上海浦东发展银行同济新村社区支行	彰武路 49 - 2 号	65677017	200092
上海浦东发展银行潼港社区支行	张杨北路 5688 弄 63 号 1 层、67 号 1 层	50681765	200137
上海浦东发展银行长桥社区支行	罗香路 93 号底层	54280530	200231
上海浦东发展银行迎春路社区支行	迎春路 786 号	50480025	200135
上海浦东发展银行武定社区支行	武定路 1129 号 D 室	62180130	200042
上海浦东发展银行兴运社区支行	东波路 301 - 1 号 1 层	50803026	201208
上海浦东发展银行康健社区支行	桂林东街 188 号第 4、5 间门面房	64330501	200235
上海浦东发展银行博兴路社区支行	博兴路 899 号 1 层	58330559	200129

10. 中国邮政储蓄银行上海分行分支机构名录

机 构 名 称	地　　址	电 话	邮 编
中国邮政储蓄银行上海分行	东大名路 1080 号	35965500	200082
中国邮政储蓄银行上海浦东新区分行	张杨路 2899 号 1 层部分	50910527	200136
中国邮政储蓄银行上海自由贸易试验区分行	蓝村路 2 号 2 幢 1 层	68918106	200127
中国邮政储蓄银行上海分行营业部	东大名路 1082 号 1 层	65379980	200082
中国邮政储蓄银行上海静安区支行	万航渡路 55 弄 9 号	62885412	200040
中国邮政储蓄银行上海徐汇区支行	天钥桥路 105 号	64288340	200030
中国邮政储蓄银行上海杨浦区支行	平凉路 1098 号	65252785	200090
中国邮政储蓄银行上海黄浦区支行	九江路 36 号	63293270	200002
中国邮政储蓄银行上海虹口区支行	北苏州路 250 号	63060889	200085
中国邮政储蓄银行上海长宁区支行	武夷路 348 号 12 幢北半幢 1 层 1 - 2、2 层	62809619	200050
中国邮政储蓄银行上海普陀区支行	真北路 1882 号	62647831	200333

（续表）

机构名称	地址	电话	邮编
中国邮政储蓄银行上海闵行区支行	莘建路120号	64889795	201199
中国邮政储蓄银行上海宝山区支行	牡丹江路1317号底层	66793101	201999
中国邮政储蓄银行上海奉贤区支行	南桥路199号	57427724	201499
中国邮政储蓄银行上海松江区支行	人民南路77号	57720914	201699
中国邮政储蓄银行上海青浦区支行	公园路268号1—3层	59728113	201799
中国邮政储蓄银行上海嘉定区支行	张马路50号	59917520	201899
中国邮政储蓄银行上海金山区支行	金一东路233号	57958754	200540
中国邮政储蓄银行上海崇明区支行	八一路365号	59613435	202150

11. 上海银行分支机构名录

机构名称	地址	电话	邮编
上海银行	银城中路168号	68475904	200120
上海银行信用卡中心	来安路555号上海银行数据处理中心3号楼	20620738	201201
上海银行小企业金融服务中心	银城中路168号36楼	68476583	200120
上海银行白玉支行	肇嘉浜路798号	64669533 * 659	200030
上海银行福民支行	凤阳路360号	63591023	200003
上海银行上海自贸试验区分行	长清北路53号中铝大厦南楼大堂部分、南楼6层	58831635	200126
上海银行浦东分行	张杨路699号	58304523	200120
上海银行浦西分行	漕溪北路595号2号楼1层01—02室、2层01—02室、3层01—02室、4层01—02室、5层、6层	64383396	200030
上海银行黄浦支行	福州路120号	63505582	200002
上海银行卢湾支行	复兴中路369号	63362292	200025
上海银行徐汇支行	南丹东路238号1—3层西部	64271483	200030
上海银行长宁支行	仙霞路320号	62754880 * 660	200336
上海银行静安支行	陕西北路78号	52863612	200041
上海银行市南分行	园文路28号101—103、105—108、126、132室，2楼局部和23、25、26、27楼	52966556	201100
上海银行漕河泾支行	漕宝路6号	34130366	200233
上海银行闵行支行	七莘路1885号南主楼1—3层	52966130	201101
上海银行松江支行	新松江路1388弄117—119号101、201、202室	57728752	201620
上海银行青浦支行	青安路39号	59723001	201700
上海银行奉贤支行	南奉公路9639号	67119735	201499

（续表）

机构名称	地址	电话	邮编
上海银行金山支行	卫清西路185—201号1—2层	57281966	200540
上海银行市北分行	大连路813号乙、大连路839弄2号9、10楼	35151180	200086
上海银行普陀支行	曹杨路500号	62448959	200063
上海银行闸北支行	梅园路228号	63810159	200070
上海银行虹口支行	吴淞路408号	63647791	200080
上海银行杨浦支行	政立路415号3幢1、2层(C栋1、2层)	33621501	200433
上海银行宝山支行	牡丹江路1528号	56116660	201999
上海银行嘉定支行	塔城路388号	69988951	201800
上海银行崇明支行	东门路465—485号1层	69631306	202150

12. 上海农商银行分支机构名录

机构名称	地址	电话	邮编
上海农商银行	中山东二路70号	61899999	200002
上海农商银行上海自贸试验区分行	银城中路8号103室	33903691	200121
上海农商银行浦东分行	耀元路58号4号楼1—6层	58640020	200126
上海农商银行闵行支行	七莘路670号1—2层	64889008	201199
上海农商银行嘉定支行	塔城路386号	69988506	201800
上海农商银行宝山支行	牡丹江路1198号	56675212	200940
上海农商银行上海自贸试验区临港新片区支行	申港大道162号1层、云鹃路628-2号2层	68280208	201306
上海农商银行奉贤支行	望园南路2251、2259、2263、2267号，展园路399、407号	57106243	201499
上海农商银行松江支行	人民北路405号	57728325	201600
上海农商银行金山支行	卫清西路505号	57961924	200540
上海农商银行青浦支行	公园路399号	59717917	201700
上海农商银行崇明支行	北门路188号	59622995	202150
上海农商银行徐汇支行	肇嘉浜路3—7号	64439629	200032
上海农商银行普陀支行	新村路599号	56354464	200333
上海农商银行长宁支行	古北路555弄8号	52306866	200051
上海农商银行虹口支行	东长治路339号1层L1-01室	25052806	200080
上海农商银行杨浦支行	黄兴路1599号	55069206	200433
上海农商银行黄浦支行	建国中路29号1楼	63620250	200001
上海农商银行静安支行	北京西路770号	52396003	200041

（续表）

机 构 名 称	地 址	电 话	邮 编
上海农商银行张江科技支行	张衡路 500 弄 B 区 8 号 103—108 室	61681385	201204
上海农商银行浙江长三角一体化示范区支行	浙江省嘉善县罗星街道嘉善大道 67—73 号	0573－84013306	314100
上海农商银行湘潭县支行	湖南省湘潭县易俗河镇金桂南路 598 号	0731－57238890	411228
上海农商银行昆山支行	江苏省昆山市开发区车站路 388 号玖珑湾花苑 18 号楼 1—5 室	0512－36628921	215301

13. 中信银行上海分行分支机构名录

机 构 名 称	地 址	电 话	邮 编
中信银行上海分行营业部	世博馆路 138 号	20268840	200126
中信银行上海淮海路支行	淮海西路 1 号	62832096	200030
中信银行上海漕河泾支行	桂林路 406 号 2 号楼	33565258	200233
中信银行上海普陀支行	宁夏路 328 号	52352111	200063
中信银行上海静安支行	北京西路 1691 号	62886759	200040
中信银行上海虹桥支行	延安西路 2077 号	62193011	200336
中信银行上海虹口支行	四川北路 1666 号	56960361	200081
中信银行上海黄浦支行	西藏南路 518 号	63901286	200021
中信银行上海外滩支行	北京东路 290 号	63211200	200002
中信银行上海市东支行	四平路 136 号	56078561	200086
中信银行上海徐汇支行	漕溪北路 737 弄 1 号	54255500	200030
中信银行上海浦东分行	东方路 710 号汤臣金融大厦首层	68751095	200122
中信银行上海五牛城支行	浦东大道 1085 号	58218079	200135
中信银行上海张江支行	科苑路 201 号	50272942	201203
中信银行上海中信泰富广场支行	南京西路 1168 号中信泰富广场 1 楼	63091503	200081
中信银行上海长宁支行	愚园路 1360 号	32506611	200050
中信银行上海杨浦支行	黄兴路 1738 号	55223088	200433
中信银行上海松江支行	新松江路 1455 号	67828341	201620
中信银行上海闵行支行	莘建路 160 号	34751019	201199
中信银行上海卢湾支行	打浦路 268 号	63022110	200023
中信银行上海长寿路支行	长寿路 946 号	62311069	200060
中信银行上海南汇支行	惠南镇人民东路 2569 号	68245112	201300
中信银行上海闸北支行	沪太路 559 号	66581655	200070
中信银行上海青浦支行	青湖路 992—998 号	69721969	201700
中信银行上海宝山支行	牡丹江路 1278 号	66593605	201999
中信银行上海嘉定支行	金沙路 1 号	59928705	201800

（续表）

机构名称	地址	电话	邮编
中信银行上海古北支行	古北路1088号	62951133	201103
中信银行上海中环支行	梅川路1275号	52822022	200333
中信银行上海浦电路支行	浦电路438号双鸽大厦首层	50192608	200122
中信银行上海市中支行	威海路238号招商局广场底层	52981229	200041
中信银行上海沪西支行	天山路919号	62335035	200051
中信银行上海北外滩支行	大连路839号合生财富广场	60826756	200082
中信银行上海奉贤支行	环城南路1070号	57189091	201400
中信银行上海大华锦绣支行	北艾路1669号	60715556	200125
中信银行上海南京东路支行	南京东路61号	63236560	200002
中信银行上海虹桥商务区支行	申长路1300号	33283525	201107
中信银行上海打浦桥支行	瑞金南路1号1层	33565155	200023
中信银行上海周浦支行	沪南公路3439弄61号	20983301	201318
中信银行上海大柏树支行	曲阳路908号	55896718	200437
中信银行上海徐家汇支行	漕溪北路331号A座1楼	33973710	200030
中信银行上海吴中路支行	吴中路1083号灿虹大厦	64656670	201103
中信银行上海中信广场支行	四川北路859号	63091503	200081
中信银行上海宛平路支行	宛平南路203号	64865280	200032
中信银行上海市南支行	西藏南路1317号	53213088	200011
中信银行上海胶州路支行	胶州路669号	62371137	200040
中信银行上海川沙支行	川沙路5007号1楼西侧大堂	68811738	201299
中信银行上海长风支行	云岭东路89号1楼、5楼	32586996	200062
中信银行上海自贸区分行	富城路99号震旦大厦	50193786	200120
中信银行上海大宁分行	万荣路700号A1幢	36568718	200072
中信银行上海金山支行	龙皓路1032、1038号	60129522	201508
中信银行上海南方商城支行	万源南路99弄6号楼111—113室	60827883	201102

14. 华夏银行上海分行分支机构名录

机构名称	地址	电话	邮编
华夏银行上海分行	浦东南路256号	38839666	200120
华夏银行上海自贸试验区分行	台中南路2号207室	38839666	200120
华夏银行上海普陀支行	西康路1309号	62763572	200060
华夏银行上海虹桥支行	古北路458号	62336329	200336
华夏银行上海闵行支行	莘松路183号	54958187	201100
华夏银行上海陆家嘴支行	浦东南路1036号(1、7楼)	58775801	200120

（续表）

机 构 名 称	地 址	电 话	邮 编
华夏银行上海黄浦支行	中华路 1465 号	63697090	200010
华夏银行上海五角场支行	政立路 491 号 1 楼 B、政立路 493 号 1 楼、政立路 495 号 1 楼及国安路 50 号 1 楼 B	55803378	200041
华夏银行上海长宁支行	定西路 1031 号 101 室及 803 室	52395702	200050
华夏银行上海卢湾支行	鲁班路 279 号	53014486	200023
华夏银行上海市西支行	北京西路 1828 号	62258866	200040
华夏银行上海杨浦支行	控江路 1207 号	65195796	200093
华夏银行上海浦东支行	东方路 738 号裕安大厦 1—2 层	58202730	200120
华夏银行上海大柏树支行	中山北一路 1200 号	65605025	200437
华夏银行上海南汇支行	秀沿路 885—891 号	68069641	201315
华夏银行上海宝山支行	牡丹江路 1332、1338、1346 号	56110330	201900
华夏银行上海嘉定支行	塔城路 453 - 1 号	69910066	201800
华夏银行上海临港支行	鸿音路 2899、2901、2903、2905 号	38258950	201306
华夏银行上海奉贤支行	德丰路 299 弄 1 号 101、801 室	37580399	201400
华夏银行上海青浦支行	城中北路 780 号	69795577	201700
华夏银行上海闸北支行	大统路 733、735 号 1—3 层	52392075	200070
华夏银行上海张江支行	张衡路 1299 号 2 幢 101、201 室	33909603	201203
华夏银行上海外滩支行	延安东路 19 号 1—2 层	63390961	200010
华夏银行上海世博支行	国耀路 209 号 1 楼 03 单元	50302382	200126
华夏银行上海松江支行	南期昌路 701 号	37705053	201600
华夏银行上海漕河泾支行	桂平路 391 号 B 座 104、105、106、201、202、203 室	54203270	200233
华夏银行上海徐汇支行	宛平南路 401 号 1—2 层	64287360	200032
华夏银行上海徐泾支行	盈港东路 1714—1720 号 1 层	59895577	201702
华夏银行上海四平支行	四平路 833—837 号 1—2 层	56630253	200092
华夏银行上海南京路支行	南京西路 388 号 1 层 106、107 单元和 2 层 204、205 单元	63150805	200003
华夏银行上海老西门社区支行	大吉路 275 号	63151310	200011

15. 中国民生银行上海分行分支机构名录

机 构 名 称	地 址	电 话	邮 编
中国民生银行上海分行营业部	浦东南路 100 号	61877072	200120
中国民生银行上海浦东支行	东方路 836 号	68867001	200122
中国民生银行上海市西支行	长寿路 1118 号	62118268	200042

（续表）

机构名称	地址	电话	邮编
中国民生银行上海市北支行	沪太路549号	66580860	200070
中国民生银行上海市东支行	四平路529号	65755758-0	200092
中国民生银行上海徐汇支行	肇嘉浜路1033号	54253677	200030
中国民生银行上海九江支行	九江路399号	63504361-0	200001
中国民生银行上海虹桥支行	仙霞路88号	62950408	200336
中国民生银行上海外滩支行	同心路8号底层、天通庵路816号2层	63292477	200083
中国民生银行上海市南支行	徐家汇路550号	64736063	200025
中国民生银行上海静安支行	海防路435号底层及2层	52761061	200040
中国民生银行上海嘉定支行	塔城路430号	69919062	201800
中国民生银行上海闵行支行	莘松路405号	64986498-600	201100
中国民生银行上海浦江支行	昌里路97号	63372198-121	200126
中国民生银行上海长宁支行	定西路1115号	62523857	200050
中国民生银行上海陆家嘴支行	张杨路1492、1494、1496、1498号1层及桃林路777、779号902、903、904室	50338775-0	200135
中国民生银行上海外高桥支行	夏碧路62号	58624093	200137
中国民生银行上海虹口支行	大连路923号-2、925号	63562736	200086
中国民生银行上海市中支行	石门一路72号1—2层、76号1—2层、78号1—2层	62713088-0	200041
中国民生银行上海汽车城支行	墨玉路29号	59569120	201805
中国民生银行上海卢湾支行	西藏南路218号	63343519	200021
中国民生银行上海福山支行	浦东南路2111号1—3楼	50199001	200120
中国民生银行上海华山支行	淮海西路55号	52989810	200030
中国民生银行上海西南支行	肇嘉浜路333号	64033377-0	200032
中国民生银行上海东门支行	陆家浜路731号	53218766	200010
中国民生银行上海丽园支行	制造局路188号	53015053-0	200023
中国民生银行上海松江支行	谷阳北路277号	57825353-100	201600
中国民生银行上海世纪公园支行	民生路1286号	61001974	200135
中国民生银行上海延中支行	延安西路726号	52397337	200050
中国民生银行上海东方支行	上南路3027、3029号	38471013	200122
中国民生银行上海京门支行	石门二路181号	52282690-0	200041
中国民生银行上海普陀支行	长寿路127号	62773885	200060
中国民生银行上海延平支行	延平路81号	62328610-0	200042
中国民生银行上海漕河泾支行	康健路38号	33683008-0	200235
中国民生银行上海天钥支行	天钥桥路458号	64868855-0	200030

（续表）

机 构 名 称	地 址	电 话	邮 编
中国民生银行上海杨浦支行	黄兴路 2009 号 1、2 层	55063655	200433
中国民生银行上海滨江支行	浦东南路 1426 号	58778368-0	200122
中国民生银行上海宝山支行	牡丹江路 1272 号 101、201—205 室	56113203	201900
中国民生银行上海期交所支行	浦电路 577 号葛洲坝大厦 1、5 层	50125155	200122
中国民生银行上海古北支行	红宝石路 500 号东塔楼(B 栋)1 层 03 单元和 8 层 01 单元	32092529-0	201103
中国民生银行上海青浦支行	青湖路 818 号	69728100-0	201700
中国民生银行上海曹杨支行	曹杨 501、503 号	32516257	200063
中国民生银行上海吴中支行	吴中路 1155 号底层	64056801-0	201103
中国民生银行上海南汇支行	年家浜路 338 弄 1、3、4、5 号，340 弄 3、4 号，342 弄 1 号	68124292	201318
中国民生银行上海黄浦支行	威海路 48 号 1、2 层	53857099	200003
中国民生银行上海七宝支行	七莘路 2888 号 1、2 层	24201922-0	201101
中国民生银行上海花木支行	银霄路 280 号 201—203 室 1、2 层	50452500	201204
中国民生银行上海田林支行	桂林路 402 号 76 幢 101、105、201 室	34764948	200233
中国民生银行上海曹安支行	丰庄路真新新村 521 号-3、4、5	39118293	201824
中国民生银行上海凯旋支行	凯旋路 3131 号 102 室	54251266	200030
中国民生银行上海奉贤支行	环城东路奉浦商业街 5 幢 603 号	67103003-0	201499
中国民生银行上海大华支行	大华路 352 号 116、217、218 室	56318387	200442
中国民生银行上海金桥支行	张杨路 3555 号 101、102、103、105、201、202 室	20223762	200136
中国民生银行上海新泾支行	金钟路 607 号 1 楼	62392383	200335
中国民生银行上海武宁支行	志丹路 151 号	36716088-0	200063
中国民生银行上海逸仙支行	控江路 1686 号 103—109、112—116 室	65196177	200437
中国民生银行上海金山支行	蒙山路 996 号	37907959	200540
中国民生银行上海同福支行	北艾路 1697、1689、1687、1677 号，华鹏路 17 号及 21 号 205、206、207(2—3 层)、208 室	38752550	200125
中国民生银行上海莘庄支行	珠城路 118 弄 1 号	64608335	201601
中国民生银行上海春申支行	莲花南路 1119、1121、1123、1139、1141—1143 号，1111 弄 41 号 102、203 室	62965690	201104
中国民生银行上海豫园支行	昼锦路 83 号 1 楼局部、4 楼局部	53521011	200010
中国民生银行上海中原支行	中原路 280 号	65237010	200438
中国民生银行上海广灵支行	广灵二路 239 号	55636918	200083
中国民生银行上海大宁支行	洛川东路 321 号	36722866	200072
中国民生银行上海川沙支行	妙境路 636、638、640 号	33825699	201299
中国民生银行上海淮海支行	襄阳南路 218 号 1 层	64726719	200031
中国民生银行上海张江支行	金科路 2889 弄 6 号 E 座 1 层 01、02 单元及 12 层 04 单元	50197218-0	201203

（续表）

机 构 名 称	地 址	电 话	邮 编
中国民生银行上海顾村支行	陆翔路1018弄7号128、130、131室	56691075	201907
中国民生银行上海自贸试验区临港新片区支行	临港新城环湖西一路333号临港城投大厦1号楼1楼110—113室及2楼215、217室	38251029－8000	201306
中国民生银行上海奥玎别墅社区支行	虹梅路3215弄201号	62700479	201103
中国民生银行上海幸福小镇社区支行	俱进路305号	68412732	201208
中国民生银行上海中远两湾城社区支行	中潭路99弄139号	66580860	200061
中国民生银行上海锦绣满堂社区支行	锦安东路73号	50199001	201204
中国民生银行上海新湖明珠城社区支行	东新路353号101室、355弄8号1层B	52900853	200063
中国民生银行上海合生高尔夫公寓社区支行	许昌路1112号	56959737	200082
中国民生银行上海歌林春天社区支行	万荣路182号(1、2层)	56618736	200072
中国民生银行上海阳城花园社区支行	阳城路246、248号	63066829	200436
中国民生银行上海新昌城社区支行	新闸路395号	63463356	200003
中国民生银行上海丝庐花语社区支行	零陵路23号	54500335	200032
中国民生银行上海金杨新村社区支行	台儿庄路259号-3	68413179	200129
中国民生银行上海中虹花园社区支行	凉城路371号	65237096	200435
中国民生银行上海美林小城社区支行	沪南路3468弄1支弄28号	68126351	201315
中国民生银行上海临江豪园社区支行	宛平南路947号	54249516	200032
中国民生银行上海东苑古龙城社区支行	古美路987、989号1楼	54711265	201102
中国民生银行上海晶杰苑社区支行	古美西路355号	54147113	201102
中国民生银行上海康城社区支行	莘松路958弄70号101室	54147113	201199
中国民生银行上海文化馨苑社区支行	莲园路30号	58479217	201204
中国民生银行上海工农三村社区支行	开鲁路307号	55898780	200438
中国民生银行上海百合花苑社区支行	浦北路1081－1号	64311773	200233

16. 兴业银行上海分行分支机构名录

机 构 名 称	地 址	电 话	邮 编
兴业银行上海分行	江宁路168号	62677777	200041
兴业银行上海大柏树支行	逸仙路519号1楼02—05室、2楼01、02室	65568002	200434
兴业银行上海静安支行	北京西路1399号底层北	52663632	200040
兴业银行上海嘉定支行	塔城路261号1—2层	69530262	201899
兴业银行上海杨浦支行	隆昌路612号1层，隆昌路588－2号905室	55782651	200090
兴业银行上海漕河泾支行	宜山路700号87幢101、103、106、107、108室	34764977	200233
兴业银行上海宝山支行	宝杨路855号1—2层	66790715	201900

（续表）

机构名称	地址	电话	邮编
兴业银行上海人民广场支行	西藏南路827号1层	63597117	200011
兴业银行上海长宁支行	华山路800弄6号	52395215	200050
兴业银行上海黄浦支行	天津路200号1层及16层	53214561	200001
兴业银行上海南外滩支行	中华路528号1层9106—9109室	63338852	200010
兴业银行上海淮海支行	兴业路180号	53835322	200020
兴业银行上海陆家嘴支行	浦建路145号	58396772	200127
兴业银行上海徐汇支行	肇嘉浜路238号底层A-2、A-3、A-5、A-7红线部位（部位：底层群房商场A2）	64672766	200031
兴业银行上海虹口支行	四川北路1955号	36565355	200081
兴业银行上海浦东支行	东方路710号	58319651	200122
兴业银行上海虹桥支行	仙霞路137号101室，1夹层01、02、03室	62592858	200051
兴业银行上海武宁支行	武宁南路408号	62322322	200042
兴业银行上海闸北支行	天目西路500号	63807822	200070
兴业银行上海金沙江支行	中山北路3553号113—128室、1007—1008室	62453553	200062
兴业银行上海卢湾支行	蒙自路59—61号1、2层，蒙自东路27号地下室（124、126、128、130—133室）	53025332	200023
兴业银行上海闵行支行	莘建路258号	64981100	201100
兴业银行上海松江支行	人民北路181号	67722315	201600
兴业银行上海华山支行	肇嘉浜路909号	54894301	200030
兴业银行上海普陀支行	长寿路400号101—105、109、116、117、122室	62667695	200060
兴业银行上海市南支行	鲁班路166号102室	53023997	200023
兴业银行上海南汇支行	城南路485弄1、3、5、7号及469号6层	58013806	201399
兴业银行上海市中支行	成都北路600号1层和2层北侧01室	63726113	200003
兴业银行上海七宝支行	吴宝路255号101—107室	54495815	201101
兴业银行上海青浦支行	公园东路1606号401室，1608、1610、1612—1616号	69728298	201700
兴业银行上海奉贤支行	环城南路1099号	37596692	201400
兴业银行上海市北支行	保定路621号1—2层	65633889	200086
兴业银行上海五角场支行	淞沪路290号101、103、104室	33811866	200433
兴业银行上海市西支行	金沙江路1685号16幢1楼部分（编号T2-101）	62181226	200333
兴业银行上海龙柏支行	金汇路568号底层	64491208	201103
兴业银行上海沪闵支行	龙茗路1468、1470、1472、1474、1476、1478、1480号	52966062	201101
兴业银行上海彭浦支行	汾西路459号	36392122	200435
兴业银行上海交易所支行	世纪大道1701号浦电路555号1层103室	50151558	200122
兴业银行上海天山支行	天山路600弄1号101室	62338558	200051

（续表）

机 构 名 称	地 址	电 话	邮 编
兴业银行上海金桥支行	博山东路 570 号 1 层 A 区、2 层	58591305	200136
兴业银行上海张江支行	科苑路 151 号 1 楼南	50275148	201203
兴业银行上海丁香支行	丁香路 1188 号 1 层	68412635	200135
兴业银行上海张杨支行	张杨路 1649—1699 号 1 层 107 室	68599026	200135
兴业银行上海自贸试验区分行	银城路 167 号 101 室-1	50928831	200003
兴业银行上海大华支行	大华路 60、64、68 号 1 层，88 弄 32 号 2 层 201、202、203 室和 3 层 301、302、303 室	66071052	
兴业银行上海南翔支行	银翔路 819 弄 1 号 1 层部分以及空调机房(05、06 室)、2 层部分(01、02 室)	69925960	201802
兴业银行上海芷江支行	芷江西路 376 号及普善横路 9 号 201 室	66581785	200070
兴业银行上海自贸试验区临港新片区支行	紫杉路 158 弄 2 号(临港陆家嘴广场 A2 号楼) 1 层 01 单元	58072845	201306
兴业银行上海虹桥商务区支行	苏虹路 333 号 101、502 室	54286016	201106
兴业银行上海外高桥支行	基隆路 1 号 1 层 C 部位	68800011	200131
兴业银行上海松江新城支行	新松江路 1296 号 1 层 1-01	37827018	201600

17. 广发银行上海分行分支机构名录

机 构 名 称	地 址	电 话
广发银行上海分行本部	银城路 88 号 6 楼 602 单元、7 楼 702 单元、28—33 楼	63901033
广发银行上海分行营业部	银城路 88 号 1 楼	63901099
广发银行上海外滩支行	黄浦路 99 号	63931736
广发银行上海虹口支行	四平路 188 号	65754069
广发银行上海南汇支行	城南路 1 号	68037081
广发银行上海浦东支行	浦东南路 855 号 1A 单元中	58560875
广发银行上海静安支行	北京西路 1068 号	62550273
广发银行上海黄浦支行	徽宁路 665 号	63126683
广发银行上海延安支行	镇宁路 251 号	62114693
广发银行上海松江支行	新松江路 1234 号	57820085
广发银行上海徐汇支行	零陵路 353 号	64724180
广发银行上海长宁支行	淮海西路 666 号底层	62813155
广发银行上海虹桥支行	古北路 716 号	62090509
广发银行上海淮海支行	淮海中路 1360 号	64335737
广发银行上海宝山支行	牡丹江路 1211 号	56115920
广发银行上海福州路支行	福州路 318 号	62078116

（续表）

机构名称	地址	电话
广发银行上海闵行支行	莘朱路268号	54154516
广发银行上海嘉定支行	博乐路172号	69919988
广发银行上海嘉定新城支行	叶城路818号	59166939
广发银行上海闸北支行	恒丰路329号101、701室	62150608
广发银行上海普陀支行	梅川路1275号	13901671858
广发银行上海青浦支行	华青南路489号	33868305
广发银行上海金山支行	卫清西路150号	33699332
广发银行上海大柏树支行	汶水东路29号	55219175
广发银行上海奉贤支行	航南公路5757号1层	37568559
广发银行上海桃浦支行	真南路1288号	33870921
广发银行上海长寿支行	昌化路932号	52400658
广发银行上海大宁支行	共和新路1301号	63060799
广发银行上海五角场支行	黄兴路1621号	55133318
广发银行上海漕河泾支行	宜山路700号	64821399
广发银行上海国金中心大厦支行	世纪大道8号国金中心2期43楼	63901265
广发银行上海浦东大道支行	桃林路18号	58955138
广发银行上海期货中心支行	灵山路1号	50871225
广发银行上海联洋国际社区支行	迎春路771号	58585331

18. 浙商银行上海分行分支机构名录

机构名称	地址	电话	邮编
浙商银行上海分行营业部	威海路567号	61333333	200041
浙商银行上海自贸试验区分行	世博馆路50号鲁能国际中心A座1楼	60898655	200126
浙商银行上海陆家嘴支行	张杨路648号	60933999	200122
浙商银行上海徐汇支行	肇嘉浜路680号	61922398	200031
浙商银行上海长宁支行	古北路505－8号	61733288	200051
浙商银行上海普陀支行	曹杨路860号	60717688	200063
浙商银行上海闸北支行	广中路927号	36567128	200072
浙商银行上海闵行支行	报春路239号	61915999	201100
浙商银行上海嘉定支行	环城路号636号	60836133	201899
浙商银行上海松江支行	新松江路292号	31271288	201620
浙商银行上海奉贤支行	南奉公路7777号	37569755	201499

19. 北京银行上海分行分支机构名录

机构名称	地址	电话	邮编
北京银行上海分行	浦东南路 1500 号	20612301	200122
北京银行上海分行营业部	浦东南路 1500 号	20612888	200122
北京银行上海宝山支行	牡丹江路 1329、1331、1333 号 1—2 层	56170308	201999
北京银行上海浦东支行	世纪大道 1588 号 104A、1568 号 1101—1102 室	61065258	200122
北京银行上海闵行支行	闵城路 179、185 号，199 弄 16 号 102、201、202 室	64606033	201199
北京银行上海嘉定支行	博乐路 100 号	39517333	201800
北京银行上海长宁支行	华山路 1568 号 1 楼	62832820	200052
北京银行上海松江支行	新松江路 1188 弄 101 号	67663388	201620
北京银行上海普陀支行	金沙江路 1628 弄 10 号 1 楼、18 楼 01、02、08、09 单元	32512928	200333
北京银行上海临港新片区支行	苍兰路 6 号港城广场二街坊 2 号楼 102 室	58160763	201300
北京银行上海徐汇支行	宛平南路 75 号 1、8 楼	33680618	200032
北京银行上海奉贤支行	通阳路 203—221 号	57429763	201400
北京银行上海杨浦支行	黄兴路 1816、1820，1868 弄 46、80 号	55785030	200433
北京银行上海虹口支行	中山北二路 1800 号 7 幢 1 层 27—40 单元，2 层 29—40 单元	55896010	200437
北京银行上海青浦支行	公园路 99 号舜浦大厦 1 层	39225666	201700
北京银行上海黄浦支行	河南南路 16 号中汇大厦	63361500	200002
北京银行上海张江支行	金科路 2889 弄长泰广场 A 座底层商铺及 B 座 9 层	20428088	201203
北京银行上海静安支行	武宁南路 428 号 1—3 层	62311011	200040
北京银行上海市北支行	共和新路 666 号 1、7 层	56621262	200070

20. 江苏银行上海分行分支机构名录

机构名称	地址	电话
江苏银行上海分行本部	中山北路 3300 号环球港 A 座 36—39 楼	22258016
江苏银行上海分行营业部	世纪大道 1128 号 1—2 层	61046804
江苏银行上海普陀支行	中山北路 3300 号环球港 1 楼北侧	22258369
江苏银行上海杨浦支行	大连路 1546 号	65111700
江苏银行上海南汇支行	年家浜东路 25 号	68188942
江苏银行上海徐汇支行	肇嘉浜路 446 弄 1 号	64738716
江苏银行上海松江支行	中山中路 283 号(申越广场)	57811755
江苏银行上海浦东支行	苗圃路 63 号	20243563
江苏银行上海闵行支行	莘松路 355 号	64985559
江苏银行上海宝山支行	淞宝路 155 弄 2 号	36500075

（续表）

机构名称	地　　址	电话
江苏银行上海嘉定支行	仓场路422号	60765080
江苏银行上海奉贤支行	环城东路883弄8号	37568622
江苏银行上海黄浦支行	打浦路435—437号	63152005
江苏银行上海闸北支行	海宁路919号长泰企业天地广场1楼	60715962
江苏银行上海长宁支行	古北路686号长福公寓底层	62088762
江苏银行上海惠南支行	城东路258号	20793010
江苏银行上海临港支行	环湖西一路281、291、99号1层	61625023

21. 杭州银行上海分行分支机构名录

机构名称	地　　址	电话	邮编
杭州银行上海分行	中山东二路558号N幢103单元，3、5、6、11、12、15、16层	63612822	200011
杭州银行上海分行营业部	中山东二路558号103单元	63798987	200011
杭州银行上海杨浦支行	黄兴路2009号	63799037	200433
杭州银行上海浦东支行	向城路17号1层	58311663	200122
杭州银行上海闵行支行	莘松路58号1号楼	63799090	201199
杭州银行上海徐汇支行	肇嘉浜路366号1A室	63799102	200031
杭州银行上海虹口支行	海宁路269号101室	63799145	200080
杭州银行上海嘉定支行	塔城路297弄37号	59918121	201800
杭州银行上海长宁支行	安顺路251号101室	63799182	200051
杭州银行上海青浦支行	青湖路876—860号	69237210	201700
杭州银行上海北新泾支行	天山西路280号	62607096	200051
杭州银行上海大渡河路支行	大渡河路1653号	52926635	200333
杭州银行上海田林东路支行	田林东路574号1—3层	54253167	200233
杭州银行上海临汾路支行	临汾路600号	56379506	200435
杭州银行上海齐河路支行	齐河路292号1层	50863176	200126
杭州银行上海本溪路支行	本溪路288号	55083180	200092
杭州银行上海黄浦支行	斜土东路98号	63799382	200011

22. 渤海银行上海分行分支机构名录

机构名称	地　　址	电话	邮编
渤海银行上海分行营业部	银城中路68号(时代金融中心)1层	50106916	200120
渤海银行上海闵行支行	水清路1026号	54177656	201199
渤海银行上海松江支行	谷阳北路1783号	37773421	201199

（续表）

机 构 名 称	地 址	电 话	邮 编
渤海银行上海静安支行	石门一路 213、217 号(旺旺大厦底楼)	62711116	200041
渤海银行上海同济支行	四平路 1230 号(同济大学对面)	55677850	200092
渤海银行上海徐汇支行	平江路 48 号 5 号楼 1—2 层	64187998	200032
渤海银行上海虹口支行	物华路 122、124、126、128、130、132 号 1—2 层	65792068	200086
渤海银行上海黄浦支行	西藏南路 758 号 1 楼	61659799	200011
渤海银行上海普陀支行	常德路 1199 号	62251070	200060
渤海银行上海杨浦支行	控江路 1059 号	35083101	200093
渤海银行上海虹桥支行	虹桥路 522 号	61338787	200030
渤海银行上海联洋社区银行	迎春路 824 号	50199506	200135

注：社区银行不办理公司结算业务，仅办理 ATM 存取款业务及理财业务。

23. 温州银行上海分行分支机构名录

机 构 名 称	地 址	电 话
温州银行上海分行	九江路 333 号金融广场 1—3 楼	63601116
温州银行上海宝山支行	牡丹江路 1508 号	66680133
温州银行上海浦东支行	浦东大道 1122、1128 号	58607066
温州银行上海徐汇支行	肇嘉浜路 736 号	64701883
温州银行上海虹莘支行	虹莘路 2938 号	54392677
温州银行上海嘉定支行	永盛路 1217 号	65108239
温州银行上海杨浦支行	政旦东路 20—26(双号)	59905682
温州银行上海普陀支行	长寿路 369 号	65108119
温州银行上海奉贤支行	解放中路 307—309、311—313 号	57183077
温州银行上海青浦支行	盈港路 646 号	69833658
温州银行上海松兰路社区支行	松兰路 1068 号	57183059
温州银行上海新村路社区支行	新村路 1406 号	56390270
温州银行上海墨玉路社区支行	墨玉路 58 号	39948569
温州银行上海北门路社区支行	北门路 251 号	59493205

24. 厦门国际银行上海分行分支机构名录

机 构 名 称	地 址	电 话	邮 编
厦门国际银行上海分行	杨树浦路 88 号 1、2 层	31788888	200082
厦门国际银行上海徐汇支行	南丹东路 183—191 号	54061518	200030
厦门国际银行上海静安支行	威海路 233 号恒利国际大厦裙楼 105 单元	63271518	200041

（续表）

机构名称	地址	电话	邮编
厦门国际银行上海长宁支行	仙霞路333号1楼104室及5楼A2室	60821518	200336
厦门国际银行上海黄浦支行	河南中路369号1、2层	63231518	200001
厦门国际银行上海杨浦支行	翔殷路1088号凯迪金融大厦108室	55221518	200433
厦门国际银行上海北外滩支行	大连路950号105、106、107室	60678185	200092
厦门国际银行上海闵行支行	沪闵路6088号01层01B号	61320858	201100
厦门国际银行上海普陀支行	金沙江路1628弄绿洲中环中心商业广场1号1层102室、2层202室	60676258	200333
厦门国际银行上海闸北支行	恒丰路299号101-05、101-06、201-03、201-04室	61620718	200070
厦门国际银行上海虹桥支行	吴中路1163号	61850888	201103
厦门国际银行上海卢湾支行	徐家汇路555号裙楼1层东区	61207272	200023
厦门国际银行上海大宁支行	平型关路1051号1、2层	61207187	200072
厦门国际银行上海嘉定支行	裕民南路68弄1号大融城2号楼116室	59103370	201800
厦门国际银行上海宝山支行	牡丹江路1233号安信商业广场E区1层76室	56132101	201900
厦门国际银行上海金桥支行	金桥路1398号1层东区	50766228	200129
厦门国际银行上海虹口支行	四川北路1851号1层32室	56661986	200080
厦门国际银行上海市西支行	长寿路360号1层106—107室	62881815	200060
厦门国际银行上海洋泾支行	灵山路1号天鑫大厦1层101室	68776572	200135
厦门国际银行上海陆家嘴支行	浦东大道1号102室	58881518	200120

25. 上海松江民生村镇银行分支机构名录

机构名称	地址	电话	邮编
上海松江民生村镇银行新桥支行	九新公路2767、2771号1—2层	57699531	201612
上海松江民生村镇银行泗泾支行	泗凤路118、120号1—2层	57866763	201601
上海松江民生村镇银行车墩支行	影视路2、4、6号	57827165	201611
上海松江民生村镇银行九亭支行	沪亭南路162号	37683986	201615
上海松江民生村镇银行永丰支行	荣乐西路328、330、332、336号	37685768	201600

26. 上海奉贤浦发村镇银行分支机构名录

机构名称	地址	电话	邮编
上海奉贤浦发村镇银行	南亭公路281号	61820800	201499
上海奉贤浦发村镇银行奉城支行	兰博路2911号	61761945	201408

（三）上海市融资担保机构名录

序号	机构名称	许可证编号	地　址	注册资本（万元）	首次取得许可证日期	许可证换发日期	经营范围	电　话	邮编	备　注
1	上海徐汇融资担保有限公司	沪 A00000001	徐汇区漕溪北路 18 号 21 楼 A 座	30 000	2011 年 3 月 25 日	2018 年 7 月 20 日	借款类担保业务、发行债券担保业务和其他融资担保业务	64275802	200030	
2	上海汇金融资担保有限公司	沪 A00000003	浦东新区江心沙路 1415 号 9 室	52 068	2011 年 3 月 29 日	2018 年 7 月 20 日	借款类担保业务、发行债券担保业务和其他融资担保业务	62891201	200137	
3	上海市松江区中小企业融资担保中心	沪 A00000012	松江区荣乐东路 2279 号	25 000（开办资金）	2011 年 4 月 15 日	2018 年 7 月 20 日	借款类担保业务、发行债券担保业务和其他融资担保业务	57744863	201613	
4	上海亚融融资担保有限公司	沪 A00000020	虹口区汶水东路 29 号 901 室	40 000	2011 年 4 月 27 日	2018 年 7 月 20 日	借款类担保业务、发行债券担保业务和其他融资担保业务	65605363	200437	
5	中国投融资担保股份有限公司上海华东分公司	沪 A00000034	虹口区杨树浦路 168 号 19 层	110 000（营运资金）	2011 年 6 月 10 日	2018 年 7 月 20 日	借款类担保业务、发行债券担保业务和其他融资担保业务	60687190	200082	
6	上海银信融资担保有限公司	沪 A00000035	浦东新区栖山路 129 号 6 楼 618 室	10 000	2011 年 6 月 10 日	2018 年 8 月 15 日	借款类担保业务、发行债券担保业务和其他融资担保业务	50580091	200135	
7	上海东方惠金融资担保有限公司	沪 A00000036	浦东新区张衡路 200 号 2 幢 4 层 401 室	18 846	2011 年 6 月 10 日	2018 年 7 月 20 日	借款类担保业务、发行债券担保业务和其他融资担保业务	51370777	201204	
8	上海融真融资担保有限公司	沪 A00000037	浦东新区东昌路 568 号	70 000	2011 年 6 月 10 日	2018 年 7 月 20 日	借款类担保业务、发行债券担保业务和其他融资担保业务	51330066	200120	
9	上海市崇明区融资担保中心	沪 A00000042	崇明区城桥镇崇明大道 8188 号 2 号楼 725 室	10 000	2011 年 12 月 5 日	2018 年 7 月 20 日	借款类担保业务、发行债券担保业务和其他融资担保业务	69616478	202150	
10	上海创业接力融资担保有限公司	沪 B00000001	杨浦区国定东路 200 号南楼 403-1 室	36 000	2011 年 3 月 25 日	2018 年 7 月 20 日	借款类担保业务、发行债券担保业务和其他融资担保业务	55233063	200433	
11	上海金开融资担保有限公司	沪 B00000002	金山区龙皓路 569 号 2 层北一侧	20 371.088 4	2011 年 4 月 13 日	2018 年 7 月 20 日	借款类担保业务、发行债券担保业务和其他融资担保业务	67961327	200540	
12	上海公信融资担保有限公司	沪 B00000003	长宁区延安西路 570 号 4 楼	10 000	2011 年 4 月 13 日	2018 年 12 月 24 日	借款类担保业务、发行债券担保业务和其他融资担保业务	63295599	200050	
13	上海嘉定融资担保有限公司	沪 B00000006	嘉定区德富路 1288 号 105 室	20 000	2011 年 6 月 16 日	2018 年 7 月 20 日	借款类担保业务、发行债券担保业务和其他融资担保业务	59530221	201821	
14	上海联合融资担保有限公司	沪 B00000012	浦东新区南泉北路 201 号 1101 室	73 000	2011 年 9 月 7 日	2018 年 7 月 20 日	借款类担保业务、发行债券担保业务和其他融资担保业务	33257888	200120	

（续表）

序号	机构名称	许可证编号	地址	注册资本（万元）	首次取得许可证日期	许可证换发日期	经营范围	电话	邮编	备注
15	上海聚龙融资担保股份有限公司	沪 B00000016	奉贤区奉金路 166 号-1 第 9 幢 4003 室	10 000	2011 年 12 月 14 日	2020 年 11 月 1 日	借款类担保业务、发行债券担保业务和其他融资担保业务	61643718	201401	
16	上海晋福融资担保有限公司	沪 B00000021	宝山区锦乐路 947 号 2 幢 B0435 室	10 000	2012 年 3 月 19 日	2019 年 1 月 18 日	借款类担保业务、发行债券担保业务和其他融资担保业务	50871163	201901	
17	上海泰运融资担保有限公司	沪 B00000024	黄浦区复兴东路 733 号 905 室	10 000	2012 年 4 月 24 日	2018 年 7 月 20 日	借款类担保业务、发行债券担保业务和其他融资担保业务	63555818	200010	
18	平安普惠融资担保有限公司上海分公司	沪 B00000027	静安区海宁路 927、937、939 号 5 层 B 座	732.235 956 万美元（营运资金）	2012 年 6 月 4 日	2019 年 3 月 1 日	借款类担保业务、发行债券担保业务和其他融资担保业务	31232381	200085	
19	上海仲盛融资担保股份有限公司	沪 B00000028	普陀区中山北路 3553 号 27 楼	20 000	2012 年 6 月 11 日	2018 年 9 月 19 日	借款类担保业务、发行债券担保业务和其他融资担保业务	60837555	200062	
20	上海杨浦融资担保有限公司	沪 B00000030	杨浦区四平路 2500 号金岛大厦 22 楼	16 500	2012 年 11 月 19 日	2018 年 7 月 20 日	借款类担保业务、发行债券担保业务和其他融资担保业务	65792877	200433	
21	上海奉贤融资担保有限公司	沪 B00000031	奉贤区南奉公路 8589 号 4 层 1 室	20 000	2013 年 5 月 27 日	2018 年 7 月 20 日	借款类担保业务、发行债券担保业务和其他融资担保业务	37112328	201499	
22	上海浦东融资担保有限公司	沪 B00000033	浦东新区春晓路 439 号 10 幢	80 000	2013 年 10 月 17 日	2018 年 7 月 20 日	借款类担保业务、发行债券担保业务和其他融资担保业务	50988765	200135	
23	瀚华融资担保股份有限公司上海分公司	沪 B00000034	中国（上海）自由贸易试验区潍坊西路 55 号 1604 室	5 000（营运资金）	2013 年 11 月 8 日	2019 年 6 月 18 日	借款类担保业务、发行债券担保业务和其他融资担保业务	61638988	200120	
24	上海浦东科技融资担保有限公司	沪 B00000035	浦东新区张江高科技园区春晓路 439 号 9 号楼	30 000	2013 年 11 月 25 日	2018 年 7 月 20 日	借款类担保业务、发行债券担保业务和其他融资担保业务	20307014	201210	
25	上海国智融资担保有限公司	沪 B00000036	长宁区娄山关路 555 号 503 室	15 000	2013 年 11 月 22 日	2018 年 7 月 20 日	借款类担保业务、发行债券担保业务和其他融资担保业务	32098669	200051	
26	上海家天下融资担保有限公司	沪 B00000037	黄浦区河南南路 16 号中汇大厦 3 楼 3006 室	20 000	2014 年 12 月 31 日	2018 年 7 月 20 日	借款类担保业务、发行债券担保业务和其他融资担保业务	80136888	200001	
27	上海市中小微企业政策性融资担保基金管理中心	沪 B00000038	黄浦区陆家浜路 1056 号 16 层	1 040 000（基金规模）	2016 年 5 月 20 日	2018 年 7 月 20 日	借款类担保业务、发行债券担保业务和其他融资担保业务	63776992	200011	
28	上海振汇融资担保有限公司	沪 B00000039	普陀区曹杨路 1888 弄 11 号 1004 室	11 000	2019 年 1 月 30 日	2019 年 1 月 30 日	借款类担保业务、发行债券担保业务和其他融资担保业务	60662936/6198	200333	

（续表）

序号	机构名称	许可证编号	地　址	注册资本（万元）	首次取得许可证日期	许可证换发日期	经营范围	电话	邮编	备注
29	上海三六零融资担保有限公司	沪 B00000040	普陀区同普路 800 弄 4 号 201 室	30 000	2019 年 1 月 30 日	2019 年 1 月 30 日	借款类担保业务、发行债券担保业务和其他融资担保业务	50897271	200333	
30	上海市住房置业融资担保有限公司	沪 B00000041	浦东新区雪野路 928 号 11 楼	100 000	2020 年 6 月 16 日	2020 年 6 月 16 日	借款类担保业务、发行债券担保业务和其他融资担保业务	33257888	200126	
31	上海临港新片区融资担保有限公司	沪 B00000042	中国（上海）自由贸易试验区临港片区环湖西路 383 号 307－3 室	10 000	2020 年 12 月 27 日	2020 年 12 月 27 日	借款类担保业务、发行债券担保业务和其他融资担保业务	38072075	201306	
32	上海金驹融资担保有限公司	沪 B00000014	黄浦区西藏南路 760 号安基大厦 1304—1305 室	10 000	2011 年 11 月 15 日	2018 年 7 月 20 日	借款类担保业务、发行债券担保业务和其他融资担保业务	33023368＊807	200011	许可证已交回，注销许可证办理中

（四）上海市小额贷款公司机构名录

序号	机构名称	地址	注册资本（万元）	成立日期	电话	备注
1	上海松江龙欣小额贷款股份有限公司	松江区玉华路 179、181、183 号	5 600	2008 年 11 月 3 日	13917150888	
2	上海宝山宝莲小额贷款有限公司	宝山区双城路 803 弄 7 号 101 室	5 000	2008 年 11 月 11 日	61808598	
3	上海浦东新区张江科技小额贷款股份有限公司	浦东新区松涛路 560 号 A 座 2 层 201A 室	80 000	2008 年 11 月 26 日	58958800	
4	上海青浦明诚小额贷款股份有限公司	青浦区淀山湖大道 2 号	20 000	2008 年 11 月 26 日	39222982	
5	上海嘉定西上海小额贷款有限公司	嘉定区墨玉南路 1000－3 号 14 幢 1 楼	5 000	2008 年 11 月 26 日	69502275	
6	上海宝山神农小额贷款股份有限公司	宝山区上大路 688 号 218A	6 000	2008 年 12 月 2 日	56105501	
7	上海崇明宝盈小额贷款有限公司	崇明区城桥镇西门路 208 号	3 000	2008 年 12 月 2 日	69615655	
8	上海奉贤新发展小额贷款股份有限公司	奉贤区南桥镇南桥路 81 号	10 000	2008 年 12 月 11 日	57426919	
9	上海嘉定银丰小额贷款股份有限公司	嘉定区塔城路 365 号 15 楼	10 000	2008 年 12 月 11 日	69910999	
10	上海金山民欣小额贷款有限公司	金山区朱泾镇临仓街 188 号 9 层	30 000	2008 年 12 月 11 日	57351553	
11	上海浦东新区融和小额贷款有限公司	浦东新区惠南镇人民东路 2465、2467、2469 号	10 000	2008 年 12 月 22 日	20904826＊8008	

（续表）

序号	机构名称	地址	注册资本（万元）	成立日期	电话	备注
12	上海崇明为中小额贷款股份有限公司	崇明区长兴乡凤西路74号10幢3楼	2 000	2009年1月14日	56850679	
13	上海普陀宝祥小额贷款有限公司	普陀区桃浦路210号108室	5 000	2009年1月19日	52859093	
14	上海松江星浩小额贷款有限公司	松江区洞泾镇沪松公路3670号403室	12 000	2009年1月20日	37703035	
15	上海浦东新区银泰小额贷款有限公司	浦东新区惠南镇卫星东路140号2楼	22 857	2009年3月4日	58015863	
16	上海奉贤绿地小额贷款股份有限公司	奉贤区航南公路4888弄356幢109—111室	70 000	2009年3月9日	53830388	
17	上海徐汇华擎小额贷款股份有限公司	徐汇区龙漕路299号3幢B—C座1楼连廊	10 000	2009年3月24日	64969993	
18	上海杨浦科诚小额贷款股份有限公司	杨浦区国定路335号2号楼1504室	10 000	2009年4月21日	55663075	
19	上海杨浦科创小额贷款股份有限公司	杨浦区武东路198号12楼1205—1206室	10 000	2009年4月27日	65908968	
20	上海奉贤南郊小额贷款股份有限公司	奉贤区德丰路299弄1号901室	6 000	2009年5月7日	37580305	
21	上海宝山东圣小额贷款有限公司	宝山区漠河路600弄B座201室	5 000	2009年6月26日	56678227	
22	上海静安和信小额贷款股份有限公司	静安区南京西路1081弄20号底层西部1幢	10 000	2009年6月26日	62175500	
23	上海黄浦豫园小额贷款股份有限公司	黄浦区西藏南路1229号	20 000	2009年7月2日	63669097	
24	上海闸北景业小额贷款股份有限公司	静安区七浦路225—253号177室	10 000	2009年7月13日	63938366	
25	上海嘉定协通小额贷款股份有限公司	嘉定区嘉行公路1257号6号楼	30 000	2009年8月24日	59556690、5955699	
26	上海闵行巾帼小额贷款股份有限公司	闵行区虹梅路2915号2楼	15 000	2009年9月9日	34736188	
27	上海长宁长诚小额贷款股份有限公司	长宁区幸福路68号402室	10 000	2009年11月2日	62113350	
28	上海徐汇大众小额贷款股份有限公司	徐汇区中山西路1515号1102室	40 000	2009年11月13日	64288829	
29	上海闸北北方小额贷款股份有限公司	静安区中兴路1286号202室	10 000	2009年11月16日	66297668	
30	上海松江华松小额贷款股份有限公司	松江区松卫北路665号企福天地商务楼103室	10 000	2009年12月4日	37745115	
31	上海松江九和小额贷款股份有限公司	松江区谷阳北路1425弄197号402室	10 000	2009年12月30日	37702251	
32	上海嘉定嘉加小额贷款股份有限公司	嘉定区环城路2420弄10号2幢底层	10 000	2010年1月14日	69987950	
33	上海卢湾天益小额贷款股份有限公司	黄浦区马当路548号	10 000	2010年1月18日	63855880	
34	上海浦东新区浩大小额贷款股份有限公司	浦东新区上南路4059号5幢303室	37 000	2010年3月9日	50655325	
35	上海浦东新区金浦小额贷款有限公司	浦东新区昌里路335号106B室	20 000	2010年5月21日	38820720	
36	上海杨浦览坤小额贷款股份有限公司	杨浦区逸仙路23号201、202室	10 000	2010年6月30日	65908997	

（续表）

序号	机构名称	地址	注册资本（万元）	成立日期	电话	备注
37	上海松江永信小额贷款股份有限公司	松江区玉树路 2583 号 301 室	12 000	2010 年 7 月 8 日	57817666	
38	上海虹口虹叶小额贷款有限公司	虹口区长春路 158 号 15 号楼 1 层	15 000	2010 年 7 月 23 日	65033388	
39	上海普陀延华小额贷款股份有限公司	普陀区西康路 1255 号 701—703 室	15 000	2010 年 8 月 23 日	61818686	
40	上海金山利民小额贷款有限公司	金山区枫泾镇潮枫路 2556 号	10 000	2010 年 11 月 5 日	33697958	
41	上海金山众鑫小额贷款有限公司	金山区金山卫镇北泰路 212 号	10 000	2010 年 11 月 8 日	67220623	
42	上海松江御圣小额贷款股份有限公司	松江区永丰路 281、283、285 号 2 层	15 000	2010 年 12 月 22 日	13641777130	
43	上海浦东新区致广小额贷款有限公司	浦东新区周浦镇沈梅路 99 弄 1 号 9 楼 B 座	10 000	2010 年 12 月 22 日	50880366	
44	上海宝山华辉小额贷款股份有限公司	宝山区长逸路 15 号 B 座 1107—1110 室	12 000	2011 年 2 月 23 日	51251223	
45	上海杨浦杨科小额贷款股份有限公司	杨浦区黄兴路 2005 弄 2 号 1008 室	10 000	2011 年 4 月 8 日	55061077	
46	上海金山金开小额贷款有限公司	金山区龙皓路 569 号 102、103 室	15 000	2011 年 4 月 15 日	67961108	
47	上海崇明南亩小额贷款有限公司	崇明区城桥镇人民路 58 号 3—5 层	1 000	2011 年 4 月 15 日	64510690	
48	上海金山众达小额贷款有限公司	金山区山阳镇龙皓路 569 号 201—203 室	12 000	2011 年 4 月 19 日	57930303	
49	上海宝山庙行小额贷款股份有限公司	宝山区共和新路 5199 号 9 楼 A 座	10 000	2011 年 5 月 3 日	36411592	
50	上海静安华宜小额贷款股份有限公司	静安区西康路 928 号静安创展大厦 515 室	10 000	2011 年 5 月 3 日	32568677	
51	上海闸北德润小额贷款股份有限公司	静安区共和新路 2750 号 2 幢 903—905 室	10 000	2011 年 5 月 23 日	52847299	
52	上海杨浦华东小额贷款股份有限公司	杨浦区国泰路 11 号 602 室	27 000	2011 年 9 月 9 日	55120926	
53	上海嘉定祥融小额贷款有限公司	嘉定区金沙路 75 号 807 室	10 000	2011 年 9 月 30 日	64687888	
54	上海静安甬商汇小额贷款股份有限公司	静安区乌鲁木齐北路 480 号 902 室	10 000	2011 年 9 月 30 日	52370931	
55	上海奉贤金海小额贷款股份有限公司	奉贤区德丰路 299 弄 1 号 1108 室	10 000	2011 年 11 月 21 日	37580033	
56	上海奉贤申星小额贷款股份有限公司	奉贤区南桥镇西渡工业园区奉金路 69 号	10 000	2011 年 11 月 21 日	57427308	
57	上海杨浦金五角场小额贷款股份有限公司	杨浦区包头路 92 号 6 层	15 000	2011 年 12 月 14 日	55128035	
58	上海普陀华盛小额贷款股份有限公司	普陀区长寿路 360 号 6 楼 03 室	20 000	2011 年 12 月 21 日	33530358＊619	
59	上海虹口北外滩小额贷款股份有限公司	虹口区邯郸路 173 号 1 号楼 C 区 109、111、112、116 室	10 000	2012 年 2 月 9 日	65590898	

（续表）

序号	机构名称	地址	注册资本（万元）	成立日期	电话	备注
60	上海奉贤聚银小额贷款股份有限公司	奉贤区德丰路299弄1号303室	10 500	2012年3月9日	60970777	
61	上海浦东新区长江鼎立小额贷款有限公司	浦东新区东方路1988号304室	10 000	2012年4月1日	58607570	
62	上海松江平高小额贷款股份有限公司	松江区中山二路216号13层1301、1302、1303室	32 000	2012年4月23日	37000071	
63	上海浦东新区邦信小额贷款股份有限公司	浦东新区莲林路15号1幢106室	15 000	2012年4月25日	61639998	
64	上海浦东新区金桥小额贷款股份有限公司	浦东新区金海路3288号4幢4楼401室A	10 000	2012年4月25日	50681388	
65	上海长宁大众小额贷款股份有限公司	长宁区延安西路1033号105、106、108室	30 000	2012年4月27日	62526808	
66	上海浦东新区玖创小额贷款股份有限公司	浦东新区民生路1403号2806A	10 000	2012年5月11日	50810075	
67	上海长宁国智小额贷款股份有限公司	长宁区娄山关路555号502室	10 000	2012年5月15日	32098669	
68	上海浦东新区银盛小额贷款有限公司	浦东新区金桥路939号1605室	10 000	2012年6月8日	61650175	
69	上海浦东新区恒大小额贷款有限公司	浦东新区板泉路728号12幢301—304室	15 000	2012年6月8日	50493723	
70	上海闸北市北高新小额贷款股份有限公司	静安区江场三路238号1512室	15 000	2012年9月27日	56061818	
71	上海徐汇昂立小额贷款股份有限公司	徐汇区虹桥路333号3幢105、107、109室	15 000	2012年11月3日	64688386	
72	上海松江承平小额贷款股份有限公司	松江区茸梅路518弄5号	20 000	2012年11月12日	15221282158	
73	上海徐汇荣晟小额贷款有限公司	徐汇区钦州北路188号华京大厦8楼	10 000	2012年11月16日	64179719	
74	上海浦东新区亚联财小额贷款有限公司	浦东新区沪南路2218号东楼1509室	20 000	2012年12月12日	31759988	
75	上海浦东新区秋实为农小额贷款股份有限公司	浦东新区惠南镇听悦路639、641、643、645号	12 000	2012年12月17日	60979962	
76	上海金山宜华小额贷款有限公司	金山区廊下镇漕廊公路7810号	12 000	2013年1月5日	37911699	
77	上海浦东新区康信小额贷款有限公司	浦东新区康桥东路111号19号楼3楼	20 000	2013年1月17日	20989900	
78	上海嘉定国鑫小额贷款有限公司	嘉定区德富路1288号1518室	10 000	2013年2月1日	59530107	
79	上海嘉定绿缘小额贷款股份有限公司	嘉定区曹安公路4811号1楼112—113室	10 000	2013年2月7日	59591997	
80	上海黄浦联合小额贷款有限公司	黄浦区鲁班路158号404室	30 000	2013年3月5日	33257888	
81	上海虹口东华美钻小额贷款股份有限公司	虹口区曲阳路800号1509室	10 000	2013年4月28日	56318923	
82	上海普陀宏大小额贷款股份有限公司	普陀区真光路1219号19楼1902室	10 000	2013年5月14日	62973965	

（续表）

序号	机构名称	地址	注册资本（万元）	成立日期	电话	备注
83	上海嘉定大众小额贷款股份有限公司	嘉定区江桥镇鹤旋路88号1层	20 000	2013年5月27日	69515618	
84	上海浦东新区长鑫小额贷款股份有限公司	浦东新区北张家浜路128号501-1室	20 000	2013年6月7日	50817715	
85	上海松江开天小额贷款股份有限公司	松江区广富林路225号20层2011、2013、2015、2010室	20 000	2013年6月7日	37628968	
86	上海青浦工合小额贷款股份有限公司	青浦区清河湾路1200号702、703室	10 000	2013年6月13日	59257788	
87	上海松江易和小额贷款股份有限公司	松江区三新北路900弄801号2楼A区	20 000	2013年7月25日	13601768249	
88	上海奉贤申隆小额贷款股份有限公司	奉贤区金钱公路4888号申隆大厦4楼A—C座	10 000	2013年7月30日	67102120	
89	上海浦东新区华利小额贷款股份有限公司	浦东新区泥城镇鸿音路2958号	10 000	2013年8月12日	20969228	
90	上海静安达安小额贷款股份有限公司	静安区万航渡路888号开开广场20楼B室	10 000	2013年8月28日	52908938	
91	上海青浦华新小额贷款有限公司	青浦区华新镇新府中路1784号	10 000	2013年9月4日	59773333	
92	上海闵行大众小额贷款股份有限公司	闵行区古美路573号	20 000	2013年11月14日	64065229	
93	上海奉贤南桥新城小额贷款股份有限公司	奉贤区南奉公路6899号2幢101室	10 000	2013年11月22日	37196688	
94	上海浦东新区龙象小额贷款有限公司	浦东新区秀浦路2388号3幢1607室	20 000	2013年12月5日	61900577	
95	上海京汇小额贷款有限公司	嘉定区叶城路925号B区5幢208室	90 000	2013年12月31日	33053500	
96	上海满易小额贷款有限公司	嘉定工业区汇源路55号H幢2层C区203室	20 000	2014年1月30日	80165760	
97	上海嘉定及时雨小额贷款股份有限公司	嘉定区沪宜公路3638号2幢303室	20 000	2013年3月8日	62129999	
98	上海浦东新区普罗米斯小额贷款有限公司	浦东新区陆家嘴东路166号中国保险大厦14楼03—10室	20 000	2014年5月13日	20666212	
99	上海闵行华谊小额贷款股份有限公司	闵行区剑川路951号4幢406—408室	10 000	2014年8月11日	64881728	
100	上海静安维信小额贷款有限公司	静安区灵石路697号9号楼4楼401室	20 000	2014年9月16日	60351818	
101	上海徐汇富融小额贷款有限公司	徐汇区瑞金南路438号1楼	12 000	2014年10月23日	64833888	
102	上海搜房小额贷款有限公司	黄浦区河南南路16号中汇大厦三楼3007室	50 000	2015年1月19日	80136668	
103	上海唯品会小额贷款有限公司	嘉定区真新街道定边路35号1402、1403室	50 000	2015年2月16日	80170121	
104	上海奉贤青年创业小额贷款股份有限公司	奉贤区金海公路3111号11楼	10 000	2015年5月7日	37195929	

（续表）

序号	机构名称	地址	注册资本（万元）	成立日期	电话	备注
105	上海连连小额贷款有限公司	徐汇区宛平南路98号永丰国际大厦1206室	30 000	2015年7月3日	64036716	
106	上海杨浦浩源小额贷款股份有限公司	杨浦区黄兴路1800号3幢1001、1012室	15 000	2015年7月16日	55230255	
107	上海黄浦仟宸小额贷款股份有限公司	黄浦区延安东路7号3楼	10 000	2015年7月23日	63511370	
108	上海闵行创业接力小额贷款股份有限公司	闵行区金都路4299号5幢6楼8、10室	10 000	2015年8月25日	55233063	
109	上海携程小额贷款有限责任公司	长宁区金钟路999号B幢2楼2F03室	20 000	2015年9月17日	34064880	
110	上海虹口广信小额贷款有限公司	虹口区吴淞路218号6楼603室	20 000	2015年9月17日	34697319	
111	上海盛大小额贷款股份有限公司	浦东新区张衡路666弄1号A栋2楼212室	25 000	2015年8月25日	68876663	
112	上海青浦大众小额贷款股份有限公司	青浦区北青公路4149号5幢2楼	20 000	2015年12月15日	59889802	
113	上海松江漕河泾小额贷款有限公司	松江区莘砖公路258号34幢1901室	20 000	2015年12月14日	38295111	
114	上海万达小额贷款有限公司	浦东新区杨高南路729号1号楼31层	105 000	2016年1月26日	31653314	
115	上海崇明瀛宝小额贷款有限公司	崇明区城桥镇西门路1333弄20号	10 000	2016年3月22日	69674298	
116	上海永达小额贷款有限公司	黄浦区瑞金南路299号403室	50 000	2016年6月20日	63026789	
117	上海黄浦红星小额贷款有限公司	黄浦区金陵东路2号（光明金融大厦）25层2501室	30 000	2016年8月15日	23300327	
118	上海交银小额贷款有限公司	浦东新区商城路618号3层A106—A107室、A201室—A203室、A205室	20 000	2016年7月4日	13381736225	
119	上海滨江普惠小额贷款有限公司	徐汇区虹桥路500号1202室	20 000	2016年10月25日	64480526	
120	上海静安众创空间小额贷款股份有限公司	静安区万航渡路858弄15号8楼	10 000	2017年3月3日	52997652	
121	上海民投小额贷款有限公司	黄浦区中华路1359号4楼A452室	20 000	2017年3月31日	53396000	
122	上海嘉定通华小额贷款有限公司	嘉定区沪宜公路1168号10层1006—1008室	20 000	2017年6月1日	60818188	
123	上海徐汇东方财富小额贷款有限公司	徐汇区宛平南路88号2811室	20 000	2017年7月19日	54509977	
124	上海中远海运小额贷款有限公司	虹口区东大名路658号1楼101室	20 000	2018年2月9日	65969108	
125	上海贝壳小额贷款股份有限公司	奉贤区南桥镇环城南路749、751号	20 000	2020年12月2日	51697676	
126	上海浦东新区鑫隆小额贷款股份有限公司	浦东新区世纪大道210号805室	10 000	2010年12月30日	18621662323	未参加2019年度现场检查，退出试点办理中

二、证券业机构名录

（一）上海市证券公司机构名录

序号	单位名称	地址	邮编	公司网站网址	电话
1	爱建证券有限责任公司	中国(上海)自由贸易试验区世纪大道1600号1幢32层	200122	www.ajzq.com	32229888
2	长江证券承销保荐有限公司	中国(上海)自由贸易试验区世纪大道1198号28层	200122	www.cjfinancing.com.cn	61118978
3	德邦证券股份有限公司	普陀区曹杨路510号南半幢9楼	200122	www.tebon.com.cn	68761616
4	东方证券承销保荐有限公司	黄浦区中山南路318号24层	200010	www.orientsec-ib.com	23153888
5	东方证券股份有限公司	黄浦区中山南路119号东方证券大厦	200010	www.dfzq.com.cn	63325888
6	光大证券股份有限公司	静安区新闸路1508号	200040	www.ebscn.com	22169999
7	国泰君安证券股份有限公司	中国(上海)自由贸易试验区商城路618号	200120	www.gtja.com	38676666
8	海通证券股份有限公司	黄浦区广东路689号	200001	www.htsec.com	23219300
9	华宝证券有限责任公司	中国(上海)自由贸易试验区世纪大道100号环球金融中心57层	200120	www.cnhbstock.com	68777222
10	华金证券股份有限公司	中国(上海)自由贸易试验区杨高南路759号30层	200127	www.huajinsc.cn	20655588
11	华菁证券有限公司	虹口区吴淞路575号2501室	200080	www.huajingsec.com	60156666
12	民生证券股份有限公司	中国(上海)自由贸易试验区世纪大道1168号B座2101、2104A室	200120	www.mszq.com	95376
13	摩根大通证券(中国)有限公司	中国(上海)自由贸易试验区银城中路501号4901—4908室	200120	www.jpmorganchina.com	61066000
14	摩根士丹利华鑫证券有限责任公司	中国(上海)自由贸易试验区世纪大道100号环球金融中心75楼75T30室	200120	www.morganstanleyhuaxin.com	20336000
15	上海证券有限责任公司	黄浦区四川中路213号7楼	200001	www.shzq.com	53686888
16	申港证券股份有限公司	中国(上海)自由贸易试验区世纪大道1589号长泰国际金融大厦16、22、23楼	200122	www.shgsec.com	20639666
17	申万宏源证券有限公司	徐汇区长乐路989号45层	200031	www.swhysc.com	33389888
18	野村东方国际证券有限公司	黄浦区淮海中路381号中环广场10楼	200020	www.nomuraoi-sec.com	66199000
19	中银国际证券股份有限公司	浦东新区银城中路200号中银大厦39层	200120	www.bocichina.com	20328000
20	长江证券(上海)资产管理有限公司	浦东新区世纪大道1198号世纪汇一座27层	200122	www.95579.com/main/super/jhlc/index.html	95579

（续表）

序号	单位名称	地址	邮编	公司网站网址	电话
21	东证融汇证券资产管理有限公司	浦东新区新金桥路 255 号 540 室	200135	www. nesc. cn	20361067
22	华泰证券（上海）资产管理有限公司	浦东新区基隆路 6 号 1222 室	200120	www. htamc. htsc. com. cn	4008895597
23	上海东方证券资产管理有限公司	黄浦区中山南路 318 号 2 号楼 31 层	200010	www. dfham. com	63325888
24	上海光大证券资产管理有限公司	浦东新区杨高南路 799 号 3 号楼 26 层	200040	www. ebscn. com	22169999
25	上海国泰君安证券资产管理有限公司	黄浦区南苏州路 381 号 409A10 室	200120	www. gtjazg. com	38676666
26	上海海通证券资产管理有限公司	黄浦区广东路 689 号 32 层	200001	www. htsec. com	23219000
27	中泰证券（上海）资产管理有限公司	黄浦区延安东路 175 号 24 楼 05 室	200120	www. qlzqzg. com	20315305
28	上海甬兴证券资产管理有限公司	黄浦区北京东路 666 号 H 区（东座）6 楼 H671	200001	www. yxzqzg. com	63898529
29	天风（上海）证券资产管理有限公司	虹口区东大名路 678 号 5 楼	200080	www. tfzqam. com	68815012
30	德邦证券资产管理有限公司	普陀区中山北路 2918 号 11 层 1101 室	200122	www. tebonam. com. cn	68761616

（二）上海市基金公司机构名录

序号	单位名称	地址	邮编	电话	公司网站
1	长信基金管理有限责任公司	浦东新区银城中路 68 号时代金融中心 9 楼	200120	61009999	www. cxfund. com. cn/
2	东吴基金管理有限公司	浦东新区源深路 279 号	200135	50509888	www. scfund. com. cn
3	富国基金管理有限公司	浦东新区世纪大道 8 号上海国金中心二期 16—17 楼	200120	20361818	www. fullgoal. com. cn/
4	光大保德信基金管理有限公司	黄浦区中山东二路 558 号外滩金融中心 1 幢 6 层	200010	80262888	www. epf. com. cn
5	国海富兰克林基金管理有限公司	浦东新区世纪大道 8 号上海国金中心二期（即 B 座）9 楼	200120	38555555	www. ftsfund. com
6	国联安基金管理有限公司	浦东新区陆家嘴环路 1318 号 9 楼	200121	38992980	www. cpicfunds. com
7	国泰基金管理有限公司	虹口区公平路 18 号 8 号楼嘉昱大厦 16—19 层	200082	31081600	www. gtfund. com
8	华安基金管理有限公司	浦东新区世纪大道 8 号上海国金中心二期 31—32 层	200120	38969999	www. huaan. com. cn
9	华宝基金管理有限公司	浦东新区世纪大道 100 号上海环球金融中心 58 楼	200120	38505888	www. fsfund. com
10	华富基金管理有限公司	浦东新区栖霞路 18 号富汇大厦 A 座 5 楼	200120	68886996	www. hffund. com

（续表）

序号	单 位 名 称	地 址	邮 编	电 话	公 司 网 站
11	汇丰晋信基金管理有限公司	浦东新区世纪大道8号上海国金中心汇丰银行大楼17层	200120	20376868	www. hsbcjt. cn
12	海富通基金管理有限公司	浦东新区陆家嘴花园石桥路66号东亚银行金融大厦36—37层	200120	38650999	www. hftfund. com
13	汇添富基金管理股份有限公司	浦东新区富城路99号震旦国际大楼20楼	200120	28932888	www. 99fund. com
14	金元顺安基金管理有限公司	浦东新区花园石桥路33号花旗集团大厦36楼3608室	200120	68881801	www. jysa99. com
15	交银施罗德基金管理有限公司	浦东新区世纪大道8号国金中心二期21—22楼	200120	61055050	www. fund001. com
16	诺德基金管理有限公司	浦东新区富城路99号震旦国际大楼18层	200120	68985199	www. nuodefund. com
17	农银汇理基金管理有限公司	浦东新区银城路9号农银大厦50层	200120	61095588	www. abc-ca. com
18	浦银安盛基金管理有限公司	黄浦区淮海中路381号38楼	200020	23212888	www. py-axa. com
19	上投摩根基金管理有限公司	浦东新区富城路99号震旦国际大楼25楼	200120	20628000	www. cifm. com
20	申万菱信基金管理有限公司	黄浦区中山南路100号金外滩国际广场11层	200010	23261188	www. swsmu. com
21	泰信基金管理有限公司	浦东新区浦东南路256号37层	200120	20899188	www. ftfund. com
22	天治基金管理有限公司	徐汇区复兴西路159号	200031	60371155	www. chinanature. com. cn
23	万家基金管理有限公司	浦东新区浦电路360号陆家嘴投资大厦9层	200122	38909600	www. wjasset. com
24	中信保诚基金管理有限公司	浦东新区世纪大道8号上海国金中心汇丰银行大楼9层	200120	68649788	www. citicprufunds. com. cn
25	兴证全球基金管理有限公司	浦东新区芳甸路1155号浦东嘉里城办公楼28—29楼	201204	20398888	www. xqfunds. com
26	华泰柏瑞基金管理有限公司	浦东新区民生路1199弄证大五道口广场1号楼17层	200135	38601777	www. huatai-pb. com
27	银河基金管理有限公司	浦东新区世纪大道1568号中建大厦15楼	200122	38568888	www. galaxyasset. com
28	中海基金管理有限公司	浦东新区银城中路68号时代金融中心2905—2908及30层	200120	38429808	www. zhfund. com/
29	中欧基金管理有限公司	浦东新区陆家嘴环路333号5楼	200120	68609600	www. zofund. com
30	中银基金管理有限公司	浦东新区银城中路200号中银大厦26、27、45层	200120	38834999	www. bocim. com
31	西部利得基金管理有限公司	浦东新区杨高南路799号陆家嘴世纪金融广场11层02—04单元	200127	38572888	www. westleadfund. com
32	富安达基金管理有限公司	浦东新区世纪大道1568号中建大厦29层	200122	61870999	www. fadfunds. com
33	财通基金管理有限公司	浦东新区银城中路68号时代金融中心41、43楼	200120	20537888	www. ctfund. com

（续表）

序号	单位名称	地址	邮编	电话	公司网站
34	长安基金管理有限公司	浦东新区芳甸路1088号紫竹大厦16层	201204	20329700	www. changanfunds. com
35	德邦基金管理有限公司	黄浦区中山东二路600号S1幢2101—2106单元	200010	26010852	www. dbfund. com. cn
36	华宸未来基金管理有限公司	虹口区四川北路859号中信广场1608室	200085	26066933	www. hcmirae. com
37	太平基金管理有限公司	浦东新区花园石桥路33号花旗集团大厦1708室	200120	38556666	www. taipingfund. com. cn
38	东海基金管理有限责任公司	浦东新区世纪大道1528号陆家嘴基金大厦15楼	200122	60586900	www. donghaifunds. com
39	兴业基金管理有限公司	浦东新区银城路167号13、14层	200120	22211888	www. cib-fund. com. cn
40	上银基金管理有限公司	浦东新区竹林路101号陆家嘴基金大厦9层	200122	60232799	www. boscam. com. cn
41	永赢基金管理有限公司	浦东新区世纪大道210号21世纪大厦27层	200120	51690188	www. maxwealthfund. com
42	鑫元基金管理有限公司	静安区中山北路909号12楼	200070	20892012	www. xyamc. com/
43	兴银基金管理有限责任公司	浦东新区陆家嘴环路1088号招商银行上海大厦16楼	200120	20296200	www. hffunds. cn
44	圆信永丰基金管理有限公司	浦东新区世纪大道1528号陆家嘴基金大厦19层	200122	60366000	www. gtsfund. com. cn
45	嘉合基金管理有限公司	杨浦区秦皇岛路32号A楼1—2层	200082	60168300	www. haoamc. com
46	华泰保兴基金管理有限公司	浦东新区世纪大道88号金茂大厦4306室	200120	80299000	www. ehuataifund. com
47	凯石基金管理有限公司	黄浦区延安东路1号凯石大厦2层	200002	80365000	www. vstonefund. com
48	恒越基金管理有限公司	浦东新区龙阳路2277号2102—2104室	201204	80363999	www. hengyuefund. com/
49	博道基金管理有限公司	浦东新区福山路500号1601室	200122	80226288	www. bdfund. cn
50	弘毅远方基金管理有限公司	黄浦区中山东二路600号1幢30层(实际楼层28层)06单元	200002	53682888	www. honyfunds. com/
51	中庚基金管理有限公司	浦东新区陆家嘴环路1318号星展银行大厦703—704室	200120	20639999	www. zgfunds. com. cn
52	蜂巢基金管理有限公司	浦东新区竹林路101号陆家嘴基金大厦10层	200122	68886277	www. hexaamc. com
53	湘财基金管理有限公司	浦东新区杨高南路428号由由世纪广场1号楼5楼	200127	50606800	www. xc-fund. com
54	睿远基金管理有限公司	浦东新区芳甸路1155号浦东嘉里城办公楼42层	201204	38173201	www. foresightfund. com/
55	朱雀基金管理有限公司	浦东新区芳甸路1155号浦东嘉里城办公楼3303室	201204	20305888	www. rosefinchfund. com
56	淳厚基金管理有限公司	浦东新区丁香路778号丁香国际大厦西塔7层	200135	60607088	www. purekindfund. com

（续表）

序号	单位名称	地址	邮编	电话	公司网站
57	西藏东财基金管理有限公司	徐汇区龙田路190号天华信息科技园（北区）2号楼3楼	200235	23526999	www.dongcaijijin.com
58	达诚基金管理有限公司	黄浦区东大名路1089号北外滩来福士广场东塔2901室	200082	60581288	www.integrity-funds.com
59	瑞达基金管理有限公司	浦东新区福山路500号2508室	200122	53308822	www.ruidaamc.com

（三）上海市期货公司机构名录

序号	单位名称	地址	邮编	电话	网站地址
1	渤海期货股份有限公司	中国（上海）自由贸易试验区新金桥路28号1201、3503室	200120	61257890	www.bhfcc.com
2	东航期货有限责任公司	闵行区吴中路686弄3号D幢16、18楼	201103	64068796	www.cesfutures.com
3	东吴期货有限公司	黄浦区西藏南路1208号6楼	200011	63123019	www.dwfutures.com
4	东兴期货有限责任公司	虹口区杨树浦路248号22层	200082	65456870	www.dxqh.net
5	光大期货有限公司	中国（上海）自由贸易试验区杨高南路729号陆家嘴世纪金融广场1号楼6楼	200122	22169060	www.ebfcn.com
6	国富期货有限公司	中国（上海）自由贸易试验区杨高南路799号25层01、04单元	200127	20776198	www.gffcc.com
7	国盛期货有限责任公司	中国（上海）自由贸易试验区世纪大道1501号501、502、503、505、506、507、508、509室	200122	60738488	www.guoshengqh.com
8	国泰君安期货有限公司	静安区新闸路669号29、30层	200041	33038650	www.gtjaqh.com
9	国投安信期货有限公司	虹口区杨树浦路168号17层A区域	200080	4008-001-001	www.sdicfutures.com
10	国信期货有限责任公司	虹口区东大名路358号2001、2002、2003、2005、2006、2007、2008、2009、2010、2013、2015、2016、2017室	200000	68865815	www.guosenqh.com.cn
11	海通期货股份有限公司	中国（上海）自由贸易试验区世纪大道1589号17楼，6楼01、03、04单元，25楼，2楼03、05单元	200122	61871688	www.htfutures.com
12	海证期货有限公司	虹口区临平北路19号3楼	200086	65218887	www.hicend.com.cn
13	恒泰期货股份有限公司	浦东新区峨山路91弄120号2层201室	200122	68405178	www.cnhtqh.com.cn
14	华闻期货有限公司	黄浦区北京东路666号H楼31层	200120	50368918	www.hwqh.com.cn
15	华鑫期货有限公司	黄浦区福州路666号21、22楼	200021	63558998	www.shhxqh.com
16	建信期货有限责任公司	浦东新区银城路99号502、503室	200120	60635518	www.ccbfutures.com
17	瑞银期货有限责任公司	中国（上海）自由贸易试验区花园石桥路33号3808室	200120	38668216	www.pumin.com.cn
18	上海大陆期货有限公司	徐汇区凯旋路3131号明申中心大厦25、26楼	200030	54071888	www.dlqh.com

（续表）

序号	单位名称	地址	邮编	电话	网站地址
19	上海东方财富期货有限公司	中国(上海)自由贸易试验区世纪大道1500号12楼北座、902A室	200122	68416966	www.txjhqh.com
20	上海东方期货经纪有限责任公司	浦东新区松林路300号1603室	200122	68401477	www.shdfqh.com
21	上海东亚期货有限公司	浦东新区松林路300号期货大厦2202—2205室	200122	68400499	www.eafutures.com
22	上海东证期货有限公司	浦东新区松林路300号期货大厦14层	200122	68400610	www.dzqh.com.cn
23	上海浙石期货经纪有限公司	浦东新区浦电路438号	200122	50586902	www.zsqh.com
24	上海中期期货股份有限公司	浦东新区世纪大道1701号1301室	200122	61090799	www.shcifco.com
25	申银万国期货有限公司	浦东新区东方路800号7、8、10楼	200122	50588811	www.sywgqh.com.cn
26	天风期货股份有限公司	虹口区黄浦路99号504、506、508室	200080	56556181	www.tfqhgs.com
27	天鸿期货经纪有限公司	虹口区东大名路501号32层01、07、08单元	200082	60769640	www.tianhongqh.com
28	通惠期货有限公司	浦东新区陆家嘴西路99号7楼	200120	68866986	www.tlqh.com.cn
29	铜冠金源期货有限公司	浦东新区源深路273号1、2、3楼	200135	68559999	www.jyqh.com.cn
30	新湖期货股份有限公司	静安区裕通路100号36层、38层3801—3805室	200070	22155599	www.xinhu.cn
31	中财期货有限公司	浦东新区陆家嘴环路958号23楼	200120	68866688	www.zcqh.com
32	中辉期货有限公司	浦东新区新金桥路27号10号楼5层A区	200120	60281688	www.zhqh.com.cn
33	中融汇信期货有限公司	中国(上海)自由贸易试验区东育路255弄5号29层	200126	51557588	www.zrhxqh.com
34	中银国际期货有限责任公司	中国(上海)自由贸易试验区世纪大道1589号903—909室	200122	61088088	www.zygjqh.com

三、保险业机构名录

类别	序号	机构名称	地址	电话	邮编
人身险总公司	1	中国太平洋人寿保险股份有限公司	黄浦区中山南路1号	58776688	200120
	2	太平人寿保险有限公司	浦东新区陆家嘴银城中路488号5楼	50614888	200120
	3	建信人寿保险股份有限公司	中国(上海)自由贸易试验区银城路99号建行大厦29—33层	60638212	200120
	4	国华人寿保险股份有限公司	浦东新区银城中路501号上海中心大厦32层(经营地址)	61058666	200120
	5	上海人寿保险股份有限公司	浦东新区世纪大道201号12、13楼	60289880	200120
	6	中宏人寿保险有限公司	中国(上海)自由贸易试验区世纪大道88号金茂大厦6楼,35楼和36楼	20698888	200120
	7	中德安联人寿保险有限公司	浦东新区陆家嘴环路1366号1903、1904单元以及2001—2004单元	61653814	200120
	8	中美联泰大都会人寿保险有限公司	浦东新区世纪大道1196号世纪汇办公楼二座31、32层	23103636	200120
	9	工银安盛人寿保险有限公司	浦东新区陆家嘴环路166号5层E单元、18—19层	58792288	200120
	10	交银人寿保险有限公司	中国(上海)自由贸易试验区陆家嘴环路333号22—23楼	22192288	200120
	11	北大方正人寿保险有限公司	浦东新区世纪大道1168号东方金融广场A座21层	31077777	200120
	12	长生人寿保险有限公司	静安区南京西路688号5楼	38999888	200041
	13	陆家嘴国泰人寿保险有限责任公司	中国(上海)自由贸易试验区海阳西路555号/东育路588号前滩中心38层	61006168	200120
	14	汇丰人寿保险有限公司	中国(上海)自由贸易试验区世纪大道8号汇丰银行大楼18楼,21楼2101、2113、2113A、2115及2116单元	38509200	200120
	15	复星保德信人寿保险有限公司	浦东新区张杨路2389弄1—2号置汇旭辉广场A座17—18层01、02、03、05、06、07室	20692888	200120
	16	友邦人寿保险有限公司	黄浦区中山东一路17号友邦大厦3—8楼	53599988	200002
	17	东方人寿保险股份有限公司	静安区南京西路1376号7楼568室	58367996	200040
	18	平安养老保险股份有限公司	中国(上海)自由贸易试验区陆家嘴环路1333号12、20、21、24楼	4008866338	200120
	19	太平养老保险股份有限公司	中国(上海)自由贸易试验区银城中路488号太平金融大厦25、26号	61002888	200120

（续表）

类别	序号	机构名称	地址	电话	邮编
人身险总公司	20	太平洋健康保险股份有限公司	中国(上海)自由贸易试验区世纪大道1229号世纪大都会1号楼13层	33966100	200122
	21	平安健康保险股份有限公司	徐汇区凯滨路166号B座16楼	4008866338	200232
	22	长江养老保险股份有限公司	中国(上海)自由贸易试验区世纪大道1239号9楼01单元、10和11楼	38606800	200122
人身险分公司	1	中国人寿保险股份有限公司上海市分公司	浦东新区银城路88号1802室、19和20楼	20712000	200120
	2	中国太平洋人寿保险股份有限公司上海分公司	虹口区吴淞路400号	66779900	200080
	3	新华人寿保险股份有限公司上海分公司	虹口区东大名路558号8—10层，B1层B1101、B1201、B1202、B1203、B1204、B1205室	65677695	200080
	4	太平人寿保险有限公司上海分公司	浦东新区民生路1399号太平人寿大厦	62722100	200135
	5	建信人寿保险股份有限公司上海分公司	杨浦区通北路589号5、6层	31787900	200082
	6	民生人寿保险股份有限公司上海分公司	虹口区塘沽路463号6层601、602、606、607、608室及7层	61355555	200080
	7	太平养老保险股份有限公司上海分公司	静安区南京西路1788号18楼	60456666	200040
	8	中国人民健康保险股份有限公司上海分公司	黄浦区福佑路8号601、602室	61001166	200023
	9	农银人寿保险股份有限公司上海分公司	浦东新区银城路9号农银大厦49楼4906—4912室	60279898	200120
	10	中国人民人寿保险股份有限公司上海市分公司	黄浦区福佑路8号4、10楼	63338686	200010
	11	中国人寿养老保险股份有限公司上海市分公司	中国(上海)自由贸易试验区银城路88号26楼01—05、08单元	20713600	200120
	12	英大泰和人寿保险股份有限公司上海分公司	虹口区天潼路133号第14层01—10室	51160000	200080
	13	幸福人寿保险股份有限公司上海分公司	静安区北京西路1399号23楼	61031155	200040
	14	中邮人寿保险股份有限公司上海分公司	静安区恒丰路601号3幢7楼	63178888	200070
	15	大家人寿保险股份有限公司上海分公司	浦东新区浦电路360号陆家嘴投资大厦10楼B、C单元	61651088	200120
	16	大家养老保险股份有限公司上海分公司	中国(上海)自由贸易试验区浦东南路1118号706—709室	60453872	200120
	17	太平洋健康保险股份有限公司上海分公司	浦东新区世纪大道1229号15楼02、03单元	33966542	200122
	18	中国平安人寿保险股份有限公司上海分公司	静安区常熟路8号静安广场	4008866338	200040
	19	泰康人寿保险有限责任公司上海分公司	浦东新区南泉北路429号泰康保险大厦6层，702A、703、705、706室，18层	80105588	200122
	20	天安人寿保险股份有限公司上海分公司	静安区天目西路128号嘉里不夜城企业中心第一座13层	60945267	200070
	21	光大永明人寿保险有限公司上海分公司	黄浦区淮海中路200号29、30层	23162369	200021

（续表）

类别	序号	机构名称	地址	电话	邮编
人身险分公司	22	富德生命人寿保险股份有限公司上海分公司	中国(上海)自由贸易区试验区张杨路707号生命人寿大厦6、36、37楼，901、902室	58773333	200120
	23	平安养老保险股份有限公司上海分公司	静安区常熟路8号7楼	4008866338	200040
	24	中融人寿保险股份有限公司上海分公司	静安区北京西路1465号国立大厦19层	22301699	200040
	25	合众人寿保险股份有限公司上海分公司	浦东新区东方路69号12层	68634567	200120
	26	华夏人寿保险股份有限公司上海分公司	徐汇区瑞平路275号2、3、5层	60476788	200030
	27	君康人寿保险股份有限公司上海分公司	浦东新区锦康路258号11层01、02单元	23561888	200127
	28	信泰人寿保险股份有限公司上海分公司	浦东新区浦东大道720号国际航运金融大厦15层	61803066	200120
	29	昆仑健康保险股份有限公司上海分公司	长宁区虹桥路1386号3层	22198299	200336
	30	和谐健康保险股份有限公司上海分公司	长宁区延安西路1288号3—4层	31025800	200052
	31	国华人寿保险股份有限公司上海分公司	中国(上海)自由贸易试验区向城路288号8楼801、802、803、809a室	68595576	200122
	32	泰康养老保险股份有限公司上海分公司	中国(上海)自由贸易试验区南泉北路429号8层(实际楼层7层)	80101888	200122
	33	阳光人寿保险股份有限公司上海分公司	虹口区四川北路1318号16楼	61673263	200080
	34	利安人寿保险股份有限公司上海分公司	普陀区凯旋北路1288号A座35楼	60152888	200063
	35	前海人寿保险股份有限公司上海分公司	闵行区申贵路669号虹桥绿谷E座2楼	80105988	201106
	36	东吴人寿保险股份有限公司上海分公司	虹口区公平路18号1号楼5层	35365300	200082
	37	弘康人寿保险股份有限公司上海分公司	浦东新区浦电路438号双鸽大厦9C	58878880	200122
	38	上海人寿保险股份有限公司上海分公司	浦东新区世纪大道201号8层01—04单元、13层01单元	60289888	200120
	39	复星联合健康保险股份有限公司上海分公司	虹口区海伦路440号19层01、05、06单元，11层05、06单元	60191966	200086
	40	中宏人寿保险有限公司上海分公司	虹口区西江湾路388号凯德龙之梦虹口广场B栋8层、10—12层、15—20层、23层01—03单元，A栋25层04单元	36691888	200083
	41	中德安联人寿保险有限公司上海分公司	陆家嘴环路1366号1901单元	61653688	200120
	42	中信保诚人寿保险有限公司上海分公司	浦东新区世博馆路138号中信银行大厦7楼	60561188	200126
	43	中意人寿保险有限公司上海分公司	虹口区吴淞路218号20楼	61055588	200080
	44	中荷人寿保险有限公司上海分公司	浦东新区竹林路101号601、604室	60362999	200122
	45	中英人寿保险有限公司上海分公司	浦东新区张杨路500号17层A2BC单元	80361888	200122
	46	同方全球人寿保险有限公司上海分公司	虹口区海伦路440号26层06单元	80281818	200086
	47	招商信诺人寿保险有限公司上海分公司	浦东新区杨高南路759号陆家嘴世纪金融广场2号楼8、9楼	61871288	200127
	48	瑞泰人寿保险有限公司上海分公司	黄浦区淡水路299号复兴广场A楼2201室	23562500	200025
	49	华泰人寿保险股份有限公司上海分公司	浦东新区商城路506号新梅联合广场二期24层	80361688	200120

（续表）

类别	序号	机构名称	地址	电话	邮编
人身险分公司	50	中美联泰大都会人寿保险有限公司上海分公司	虹口区乍浦路89号星荟中心1座5层501—502室	36152688	200085
	51	平安健康保险股份有限公司上海分公司	虹口区东大名路1089号30层3001、3002、3003、3005、3006、3007、3008室	20660333	200040
	52	东方人寿保险股份有限公司上海分公司	中国(上海)自由贸易试验区雪野路788弄7栋301室	58367996	200125
财产险总公司	1	中国太平洋财产保险股份有限公司	浦东新区银城中路190号交银大厦南楼	33962212	200120
	2	中国大地财产保险股份有限公司	中国(上海)自由贸易试验区银城中路501号上海中心大厦26、27、28层	68577777	200120
	3	天安财产保险股份有限公司	中国(上海)自由贸易试验区国展路1529号13—17层	38189999	200120
	4	华泰财产保险有限公司	浦东新区康桥镇秀浦路68号1号楼5层F、G区	60205128	201315
	5	太平洋安信农业保险股份有限公司	静安区共和新路3651号	66988000	200435
	6	永诚财产保险股份有限公司	浦东新区世博馆路200号	51105888	200126
	7	国泰财产保险有限责任公司	杨浦区黄兴路221号E座(1181室)	61032288	200090
	8	苏黎世财产保险(中国)有限公司	中国(上海)自由贸易试验区世纪大道100号上海环球金融中心32楼T12单元	20595500	200120
	9	安盛天平财产保险有限公司	中国(上海)自由贸易试验区银城路1幢117号瑞明大厦10层1002单元、11层	60660000	200120
	10	史带财产保险股份有限公司	浦东新区福山路500号25层01—04单元	35295888	200122
	11	美亚财产保险有限公司	中国上海市浦东新区世纪大道1589号长泰国际金融大厦5楼501B、503B及504单元	38578000	200122
	12	东京海上日动火灾保险(中国)有限公司	中国(上海)自由贸易试验区陆家嘴环路1000号恒生银行大厦38楼	68414455	200120
	13	众安在线财产保险股份有限公司	黄浦区圆明园路169号协进大楼4—5层	62078660	200002
	14	中远海运财产保险自保有限公司	浦东新区民生路628号航运科研大厦1101室	65966262	200127
	15	三井住友海上火灾保险(中国)有限公司	中国(上海)自由贸易试验区世纪大道100号环球金融中心34-T70单元	68777800	200120
	16	瑞再企商保险有限公司	中国(上海)自由贸易试验区世纪大道1198号世纪汇广场9层02—06单元	60359188	200122
	17	安达保险有限公司	中国(上海)自由贸易试验区世纪大道1229号801、802、803A和804室	23256688	201204
	18	三星财产保险(中国)有限公司	闵行区吴中路1799号B座7楼	22311888	201103
	19	劳合社保险(中国)有限公司	中国(上海)自由贸易试验区银城中路501号30层3001、3004、3005、3006、3007、3008单元	61628200	200120
财产险分公司	1	中国出口信用保险公司上海分公司	浦东新区杨高南路428号由由世纪广场4号楼	63306030	200127
	2	中国人民财产保险股份有限公司上海市分公司	黄浦区福佑路8号801、802、1301、1302、1401、1402室	23200000	200010

（续表）

类别	序号	机构名称	地址	电话	邮编
财产险分公司	3	中国太平洋财产保险股份有限公司上海分公司	虹口区吴淞路400号	66779900	200080
	4	中国平安财产保险股份有限公司上海分公司	静安区常熟路8号	20662265	200040
	5	太平财险保险有限公司上海分公司	中国(上海)自由贸易试验区陆家嘴东路166号13楼、10楼1007—1010室	58877888	200120
	6	中国大地财产保险股份有限公司上海分公司	浦东新区源深路38弄6号5楼	68075888	200120
	7	中国大地财产保险股份有限公司营业部	中国(上海)自由贸易区试验区民生路1199弄1号1001—1003室、1005—1012室、1013室-1	60955590	200135
	8	中国人寿财产保险股份有限公司上海市分公司	浦东新区银城路88号尚悦中心(中国人寿金融中心)16、17、102B楼	36720888	200120
	9	永安财产保险股份有限公司上海分公司	中国(上海)自由贸易试验区峨山路91弄130号6层	23571511	200122
	10	太平洋安信农业保险股份有限公司上海分公司	静安区共和新路3651号1楼西侧和2楼东侧	66988000	200435
	11	阳光财产保险股份有限公司上海市分公司	静安区广中西路777弄55号启迪大厦903—910室	66316895	200072
	12	华泰财产保险有限公司上海分公司	中国(上海)自由贸易试验区博成路1101号10层1001—1011单元	23567000	200126
	13	华泰财产保险有限公司营业部	中国(上海)自由贸易试验区博成路1101号10层1016—1019单元	38617111	200126
	14	中华联合财产保险股份有限公司上海分公司	虹口区杨树浦路248号6楼	53554600	200082
	15	华安财产保险股份有限公司上海分公司	浦东新区峨山路505号1501室A、C单元	60389988	200127
	16	天安财产保险股份有限公司上海分公司	浦东新区浦东大道2000号7—8楼	55518000	200135
	17	英大泰和财产保险股份有限公司上海分公司	浦东新区国耀路211号20楼	51168168	200126
	18	安诚财产保险股份有限公司上海分公司	黄浦区中山南路969号17层	61358788	200011
	19	亚太财产保险有限公司上海分公司	静安区万荣路777弄12号7层701-3、702室	68875506	200072
	20	中银保险有限公司上海分公司	黄浦区四川中路321号中央大厦9、11楼	63392880	200002
	21	永诚财产保险股份有限公司上海分公司	浦东新区陆家嘴环路958号2楼	58525999	200135
	22	国任财产保险股份有限公司上海分公司	静安区北京西路1399号18楼	62792888	200040
	23	国元农业保险股份有限公司上海分公司	中国(上海)自由贸易试验区崮山路538号10楼1001、1007室	68593928	200120
	24	浙商财产保险股份有限公司上海分公司	虹口区四川北路1717号1909、1910、1911室	36531290	200080
	25	紫金财产保险股份有限公司上海分公司	长宁区淮海西路666号802、804室	20301234	200052

（续表）

类别	序号	机构名称	地　址	电　话	邮　编
财产险分公司	26	长安责任保险股份有限公司上海市分公司	黄浦区金陵东路2号23层	60197216	200002
	27	鼎和财产保险股份有限公司上海分公司	浦东新区东方路818号13楼	60198618	200122
	28	东海航运保险股份有限公司上海分公司	中国(上海)自由贸易试验区世纪大道1229号16层01、04单元	60875232	200122
	29	都邦财产保险股份有限公司上海分公司	静安区天目西路218号嘉里不夜城1座3406—3410室	60930301	200070
	30	大家财产保险有限责任公司上海分公司	浦东新区浦东南路1118号1601室	61601166	200120
	31	渤海财产保险股份有限公司上海分公司	闵行区申虹路1088弄38号201室	51325900	201106
	32	众诚汽车保险股份有限公司上海分公司	宝山区殷高路1号1号楼1705、1707室	63071000	200439
	33	国泰财产保险有限责任公司上海分公司	虹口区杨树浦路18号航运服务大厦25层08、09、10室，26层08、11室	55509810	200082
	34	美亚财产保险有限公司上海分公司	浦东新区世纪大道1589号长泰国际金融大厦5楼502单元、3楼301B单元和301C单元	38578000	200122
	35	安盛天平财产保险有限公司上海分公司	黄浦区淮海中路1号21楼	58367600	200021
	36	京东安联财产保险有限公司上海分公司	中国(上海)自由贸易试验区银城中路501号上海中心大厦14层1406、1407、1408单元	20339610	200120
	37	东京海上日动火灾保险(中国)有限公司上海分公司	浦东新区陆家嘴环路1000号恒生银行大厦37楼011室	62786680	200120
	38	苏黎世财产保险(中国)有限公司上海分公司	中国(上海)自由贸易试验区世纪大道100号上海环球金融中心32楼T31单元	20895500	200120
	39	日本财产保险(中国)有限公司上海分公司	浦东新区陆家嘴环路1000号恒生银行大厦20楼021室	54075828	200120
	40	史带财产保险股份有限公司上海分公司	浦东新区浦电路577号3层308、309单元	38295957	200122
	41	中意财产保险有限公司上海分公司	浦东新区世纪大道1200号1301室	60283765	200122
	42	中国人民财产保险股份有限公司航运保险运营中心	中国(上海)自由贸易试验区浦东南路1085号10层	23200206	200120
	43	中国太平洋财产保险股份有限公司航运保险营运中心	虹口区吴淞路400号11—12楼	66779900	200080
	44	中国平安财产保险股份有限公司航运保险运营中心	浦东新区浦东南路360号28层	4008866338	200120
	45	美亚财产保险有限公司航运保险运营中心	浦东新区世纪大道1589号长泰国际金融大厦501A单元	38578359	200122
	46	中国大地财产保险股份有限公司航运保险运营中心	中国(上海)自由贸易试验区民生路1199弄1号10层1013-2室	68577587	200135
	47	中国人寿财产保险股份有限公司航运保险运营中心	中国(上海)自由贸易试验区基隆路1号626室	60195519	200131
	48	永安财产保险股份有限公司航运保险运营中心	浦东新区峨山路91弄130号8楼	60431337	200122
	49	天安财产保险股份有限公司航运保险中心	浦东新区国展路1529号天安金融大厦1303室	38189999	200126

（续表）

类别	序号	机构名称	地址	电话	邮编
财产险分公司	50	太平财产保险有限公司航运保险运营中心	中国(上海)自由贸易试验区杨高南路799号第15层04单元	61629311	200127
	51	华泰财产保险有限公司航运保险运营中心	中国(上海)自由贸易试验区博成路1101号华泰金融大厦10层1012—1015单元	38617202	200126
	52	阳光财产保险股份有限公司航运保险运营中心	浦东新区张杨路2389弄置汇旭辉广场A座903室	61602340	200135
再保险公司	1	中国财产再保险有限责任公司上海分公司	浦东新区世纪大道826号三座2001单元	33830079	200120
	2	中国人寿再保险有限责任公司上海分公司	浦东新区陆家嘴环路1318号304室	50201118	200120
	3	太平再保险(中国)有限公司上海分公司	浦东新区银城中路488号1102B单元	80198800	200120
	4	信利再保险(中国)有限公司	浦东新区世纪大道8号上海国金中心一期10层1013—1014单元	60583900	200120
	5	汉诺威再保险股份公司上海分公司	浦东新区民生路1188号佳兆业金融中心6楼	20358999	200135
	6	RGA美国再保险公司上海分公司	中国(上海)自由贸易试验区陆家嘴环路166号未来资产大厦10楼ABEF单元	20670666	200120
	7	德国通用再保险股份公司上海分公司	中国(上海)自由贸易试验区陆家嘴东路161号上海招商大厦1801A、1801B、1802A、1803室	61006300	200120
	8	大韩再保险公司上海分公司	浦东新区世纪大道88号金茂大厦4702室	61006300	200120

四、其他金融机构名录

（一）上海市典当公司机构名录

序号	机构名称	典当许可证编号	地址	注册资本（万元）	成立年份	电话	备注
1	上海石泉典当行有限公司	31012A10000	普陀区中山北路 2317—2319 号	1 518	1993	62038858	
2	上海市华联典当行有限公司	31002A10092	静安区虬江路 1230 号 101 室	10 000	1992	66055228	
3	上海天成典当行有限公司	31008A10093	黄浦区河南南路 750 号	3 000	1993	63772305	
4	上海欣信典当行有限公司	31005A10092	杨浦区武东路 106 号	2 000	1992	65111358	
5	上海市福星典当行有限公司	31003A10092	杨浦区平凉路 2595 号底层商铺	8 500	1992	63865550	
6	上海联合典当行有限公司	31009A10094	长宁区新华路 664 号	3 570	1994	62803236	
7	上海市恒通典当有限公司	31004A10092	长宁区茅台路 357 号	2 000	1992	62289595	
8	上海友邦典当有限公司	31010A10098	静安区江宁路 580 号	2 000	1998	62989759	
9	上海东方典当有限公司	31013A10002	黄浦区斜土路 381 号	10 000	2002	63055888	
10	上海鑫顺典当有限责任公司	31037A10003	虹口区黄浦路 99 号 2208 室	5 000	2003	65296885	
11	上海华兴典当行有限公司	31015A10002	奉贤区南桥镇解放中路 247 号	3 000	2002	57180838	
12	上海洪兴泰典当行有限公司	31016A10002	浦东新区东方路 2981 号 1A	500	2002	54861733	
13	上海新路达典当行有限公司	31022A10002	徐汇区田林东路 471—475 号	500	2002	64838633	
14	上海大众典当有限公司	31014A10002	虹口区周家嘴路 1069 号	4 600	2002	55955999	
15	上海银达典当有限责任公司	31018A10002	黄浦区西藏南路 775 号	2 060	2002	63455550	
16	上海新华典当有限公司	31019A10002	虹口区东体育会路 860 号 5 号楼 102 室	2 000	2002	65426898	
17	上海华盛典当有限责任公司	31029A10003	普陀区延长西路 418 号	20 000	2003	66109263	
18	上海大雄典当行有限公司	31023A10002	嘉定区南大街 360 号	1 500	2002	59917537	

（续表）

序号	机构名称	典当许可证编号	地　址	注册资本（万元）	成立年份	电　话	备　注
19	上海新天地典当有限责任公司	31035A10003	徐汇区襄阳南路365号	1 000	2003	64337733	
20	上海博泰典当有限责任公司	31025A10003	黄浦区天津路249号	1 000	2003	63615869	
21	上海恒隆典当有限责任公司	31026A10003	普陀区长寿路360号2610室	5 000	2003	62988294	
22	上海银通典当有限公司	31034A10003	黄浦区鲁班路600号江南造船大厦19楼1928、1961室	4 000	2003	63583330	
23	上海欧冶典当有限公司	31032A10003	宝山区双城路803弄9号3004室	24 500	2003	56122328	
24	上海华融典当有限公司	31030A10003	静安区海宁路899号2501室	2 000	2003	62331999	
25	上海元通典当有限公司	31028A10003	徐汇区东安路800弄14号103室	1 500	2003	54303210	
26	上海金典典当有限公司	31036A10003	黄浦区福佑路427号3层109室	4 000	2003	52130935	
27	上海立融典当有限公司	31024A10003	静安区北京西路780号301室	3 200	2003	62538810	
28	上海国信典当有限公司	31052A10005	静安区芷江西路201号102室	8 000	2005	56625106	
29	上海民生典当有限公司	31041A10005	徐汇区虹桥路808号15幢105、106、107室	2 000	2005	54892501	
30	上海宏润典当有限公司	31042A10005	徐汇区龙漕路200弄28号1幢8楼807—808室	2 000	2005	34225120	
31	上海中圆典当有限公司	31049A10005	闵行区莘松路185号	1 300	2005	54950111	
32	上海民通典当有限公司	31047A10005	长宁区仙霞路1386号	1 000	2005	62919827	
33	上海快克典当有限公司	31057A10005	黄浦区方斜路26号101室	1 200	2005	53066622	
34	上海云荟典当有限公司	31043A10005	静安区保德路456—466号	1 000	2005	66985566	
35	上海正典典当有限公司	31040A10005	普陀区枣阳路191号	2 000	2005	52663113	
36	上海富信典当有限公司	31038A10005	嘉定区安亭镇墨玉南路1018号2514室	4 800	2005	69191733	
37	上海银座典当有限公司	31054A10005	杨浦区大连路1266号101室	2 000	2005	55967577	
38	上海家鑫典当有限公司	31045A10005	静安区西康路709号102室	1 000	2005	62583256	
39	上海亿路顺典当有限公司	31044A10005	青浦区盈港路1577号	1 500	2005	59739158	
40	上海邦富典当有限公司	31046A10005	松江区荣乐东路2157、2159号	500	2005	57741789	
41	上海民丰典当有限公司	31053A10005	金山区龙皓路569号B栋101室	3 008	2005	57325678	

（续表）

序号	机构名称	典当许可证编号	地　址	注册资本（万元）	成立年份	电　话	备　注
42	上海申财典当有限公司	31039A10005	闵行区虹井路 522 号	2 000	2005	64027191	
43	上海五爱典当有限公司	31056A10005	杨浦区长阳路 1199 号甲	1 500	2005	55212533	
44	上海中仁典当有限公司	31051A10005	浦东新区浦三路 21 弄 55、56 号 1104 室	2 000	2005	50898077	
45	上海天信典当行有限公司	31050A10005	杨浦区邯郸路 387 号	500	2005	66055228	
46	上海日日好典当有限公司	31055A10005	松江区荣乐西路 300 号	1 000	2005	33733827 33733769	
47	上海鑫融典当有限公司	31048A10005	黄浦区九江路 663 号 21 楼	1 000	2006	54660515	
48	上海国升典当行有限公司	31074A10006	杨浦区控江路 1555 号 A 座 103 室	2 000	2006	61431900	
49	上海汇金资润典当有限公司	31072A10006	长宁区虹古路 246 号	4 900	2006	62788111	
50	上海国盛典当有限公司	31075A10006	静安区新闸路 829 号 102 室	15 600	2006	62175858	
51	上海燎申典当有限公司	31078A10006	闵行区吴中路 1068 号 3 楼 K 室	1 000	2006	51762599	
52	上海老凤祥典当有限公司	31073A10006	黄浦区福佑路 239 号	5 000	2006	63201436	
53	上海巨昌典当有限公司	31068A10006	黄浦区陆家浜路 1533 号	1 000	2006	63461471	
54	上海龙门典当有限公司	31067A10006	虹口区周家嘴路 318—328 号 5 楼	2 000	2006	35110618	
55	上海华英典当有限公司	31077A10006	浦东新区芦潮港镇杭湾路 123 号	1 000	2006	68406646	
56	上海开元典当有限公司	31070A10006	浦东新区川沙镇川环南路 838、840 号	1 500	2006	64286553	
57	上海祥辉典当有限公司	31069A10006	徐汇区浦北路 7 号 1103 室	1 000	2006	64411927	
58	上海融通典当行有限公司	31071A10006	静安区新闸路 1950 - 3 号	1 000	2006	62770956	
59	上海中金典当有限公司	31085A10006	徐汇区肇嘉浜路 201 弄 2 号 1F - 01 室	2 000	2006	54963355	
60	上海宏贤典当有限公司	31087A10006	奉贤区南桥镇宏伟路 32、34、36、38、40 号	2 000	2006	57100378	
61	上海中财典当行有限公司	31088A10006	静安区共和新路 1560 号 1、2 楼，1566 号 1、2 楼	5 000	2006	66308382 56638787	
62	上海青莲阁典当有限公司	31094A10006	浦东新区东方路 1616 号	3 000	2006	58523019	
63	上海乐群典当有限公司	31101A10006	黄浦区中华路 567 号 19 层 E 座	4 998	2006	63670507	
64	上海惠罗典当有限公司	31083A10006	虹口区周家嘴路 786 弄 67 号 403 室	5 000	2006	62317502	

（续表）

序号	机构名称	典当许可证编号	地　址	注册资本（万元）	成立年份	电　话	备　注
65	上海汇信典当有限公司	31090A10006	长宁区天山路600弄1号2801室	1 200	2006	61139523	
66	上海实久典当有限公司	31098A10006	杨浦区杨树浦路1062号2号楼607室	1 000	2006	33776962	
67	上海神驰典当有限公司	31093A10006	杨浦区怀德路492弄1号	1 000	2006	65395141	
68	上海汇鑫典当有限公司	31099A10006	长宁区延安西路500号万宝国际大厦1102室	4 457	2006	62665060	
69	上海金顺典当有限公司	31092A10006	普陀区光新路234号	1 000	2006	62143187	
70	上海宝裕典当有限公司	31100A10006	浦东新区北艾路1740号	3 000	2006	63231283	
71	上海汇通典当有限公司	31095A10006	黄浦区四川中路586号	590	2006	63215828	
72	上海雅尊典当有限公司	31102A10006	普陀区桃浦路721号	1 500	2006	52785330	
73	上海恒生典当有限公司	31104A10007	浦东新区张杨路1709号	1 000	2007	50935660	
74	上海中鑫典当有限公司	31103A10007	宝山区牡丹江路1288号405室	1 000	2007	66209811	
75	上海优乐典当有限公司	31118A10007	长宁区北渔路57号	500	2007	62396765	
76	上海宝信典当有限公司	31106A10007	静安区汾西路805号102—103室	1 050	2007	56888585	
77	上海韵海典当有限公司	31105A10007	浦东新区惠南镇听潮南路79号	3 000	2007	33895290	
78	上海中泰创展典当有限公司	31107A10007	浦东新区浦东南路1271—1289号(单)1910—1011室	15 000	2007	67733793	
79	上海绿地典当有限公司	31109A10007	普陀区曹杨路115号	4 000	2007	52368688	
80	上海金鑫典当有限公司	31114A10007	闵行区漕宝路1078号	1 000	2007	57700835	
81	上海诚义典当有限公司	31108A10007	浦东新区川沙镇妙境路465号	1 000	2007	58929951	
82	上海富隆典当有限公司	31112A10007	徐汇区浦北路213号	1 000	2007	54659938	
83	上海宏兴典当有限公司	31111A10007	虹口区曲阳路010号11号楼1010室	3 000	2007	55512899	
84	上海永利典当有限公司	31116A10007	奉贤区南桥镇南桥路375号	1 000	2007	57426688	
85	上海融辰典当有限公司	31120A10007	浦东新区惠南镇卫星东路117—118号	3 000	2007	58010666	
86	上海凝鸿典当有限公司	31117A10007	静安区武宁南路451号2层	1 000	2007	32567026	
87	上海国泰君安典当有限公司	31113A10007	静安区愚园路172号A座2105室	1 000	2007	62491837	
88	上海红塔星典当有限公司	31110A10007	青浦区公园路381号1幢2楼201室	1 000	2007	33863612	
89	上海金梧桐典当有限公司	31152A10008	闵行区万源路2163号21幢(A)座5楼505C室	2 000	2008	65678170	

（续表）

序号	机构名称	典当许可证编号	地　址	注册资本（万元）	成立年份	电　话	备　注
90	上海华元典当有限公司	31128A10008	长宁区遵义路151号	1 000	2008	64678967	
91	上海金鹏典当有限公司	31134A10008	浦东新区新德西路100弄72、73号1层、65号,76号207、208室	1 000	2008	68565908	
92	上海航银典当有限公司	31135A10008	奉贤区南桥镇望园南路1518弄5号	1 000	2008	67110955	
93	上海裕丰典当有限公司	31146A10008	长宁区天山路201号底层	1 000	2008	62915598	
94	上海圆融典当有限公司	31127A10008	黄浦区宁波路349号308室	1 380	2008	63789777	
95	上海必达典当行有限公司	31132A10008	浦东新区海阳路894—896号	4 000	2008	63232010	
96	上海银融典当有限公司	31156A10008	浦东新区新金桥路18号2214室	3 000	2008	68508333	
97	上海峰劲典当有限公司	31147A10008	奉贤区嘉园路1号612室	1 000	2008	33586210	
98	上海中融典当有限公司	31141A10008	普陀区真光路1473弄3号7层7016室	1 500	2008	52657785	
99	上海中达典当有限公司	31133A10008	杨浦区安波路533弄3号201室	5 000	2008	67616599	
100	上海华诚典当有限公司	31151A10008	浦东新区金新路58号612、613、614室	1 355	2008	63160909	
101	上海信邦典当行有限公司	31157A10008	黄浦区淡水路299号A楼A803室(实际楼层8层、名义楼层9层)	10 000	2008	63088123	
102	上海华鑫典当有限公司	31131A10008	宝山区行知路58号	1 500	2008	66373419	
103	上海泰优汇典当有限公司	31150A10008	静安区洛川中路825号	3 300	2008	66308682	
104	上海兴诚典当有限公司	31142A10008	嘉定区安亭镇墨玉路33号新词大酒店商务楼402室	1 000	2008	59166022	
105	上海海达典当有限公司	31138A10008	静安区陆丰路70弄2号	3 000	2008	56625090	
106	上海国鑫典当有限公司	31129A10008	静安区场中路1995号	1 000	2008	56910209	
107	上海宝融典当有限公司	31148A10008	静安区南京西路1038号3610室	9 800	2008	64783505	
108	上海德鑫典当有限公司	31137A10008	闵行区雅致路176号	1 000	2008	64281780	
109	上海九闽典当有限公司	31145A10008	闵行区顾戴路1178弄51号	1 080	2008	54165860	
110	上海宝通祥典当有限公司	31130A10008	青浦区青湖路765号	3 000	2008	62880660	
111	上海外联典当有限公司	31154A10008	普陀区中山北路2919号-1	500	2008	52851888＊405	
112	上海信太典当有限公司	31158A10008	杨浦区辽源西路282号	500	2008	65153201	

（续表）

序号	机构名称	典当许可证编号	地址	注册资本（万元）	成立年份	电话	备注
113	上海协盛泰典当有限公司	31164A10009	杨浦区黄兴路2077号705室	1 000	2009	65296868	
114	上海宝瑞通典当有限公司	31171A10009	普陀区长寿路587号沙田大厦716—717室	5 000	2009	65286868	
115	上海骏宏典当有限公司	31163A10009	金山区龙翔路905、936号323室	1 000	2009	67655173 67655250	
116	上海天豪典当有限公司	31183A10009	黄浦区大兴街2号	1 500	2009	63453361	
117	上海国丰典当有限公司	31167A10009	闵行区漕宝路1507-3号底层	3 000	2009	34529118	
118	上海百利典当有限公司	31160A10009	虹口区唐山路923号105室	1 000	2009	65350766	
119	上海银泰典当有限公司	31159A10009	杨浦区长阳路1666号	1 000	2009	65430666	
120	上海真宇典当有限公司	31168A10009	浦东新区崂山路656号	1 000	2009	58773686	
121	上海豫商典当有限公司	31179A10009	浦东新区张杨路1627号101室	1 000	2009	58216888	
122	上海中创典当有限公司	31176A10009	浦东新区长柳路58号2304-2室	2 000	2009	50157666	
123	上海宝盈典当有限公司	31175A10009	嘉定区塔城路761-1号	2 000	2009	59521188 59528877	
124	上海昕盛典当有限公司	31186A10009	嘉定区福海路128号	3 000	2009	59167333	
125	上海盛元典当有限公司	31161A10009	长宁区中山西路1291号106室	1 000	2009	61201989	
126	上海同祥泰典当有限公司	31178A10009	浦东新区商城路800号519室	3 000	2009	58351551	
127	上海邦成典当有限公司	31177A10009	静安区天目中路428号28楼C座	10 000	2009	63538678	
128	上海仁天典当有限公司	31187A10009	虹口区新建路97号1楼	3 000	2009	65867803	
129	上海南方典当有限公司	31181A10009	虹口区物华路73号8801室	1 000	2009	36390088	
130	上海富邦典当有限公司	31162A10009	黄浦区蒙自路588号	1 000	2009	54937558	
131	上海易当典当有限公司	31172A10009	闵行区虹梅路3219—3223号2楼B室	1 500	2009	34636266	
132	上海聚元典当有限公司	31165A10009	长宁区仙霞路137号1602室	1 000	2009	62582882	
133	上海宝隆昌典当有限公司	31184A10009	静安区柳营路719号2层01—05室、729号2层01—08室	1 000	2009	63815898	
134	上海昌隆典当行有限公司	31188A10009	嘉定区曹安路1628号	3 200	2009	59188888	
135	上海鸿泰典当有限公司	31169A10009	普陀区真南路1226弄7号102室	1 000	2009	60825459＊8088	

（续表）

序号	机构名称	典当许可证编号	地　址	注册资本（万元）	成立年份	电　话	备　注
136	上海康金典当有限公司	31170A10009	普陀区长寿路95号11层	1 000	2009	62250509	
137	上海公益典当有限公司	31202A10010	徐汇区天钥桥路396号	1 000	2010	64640243	
138	上海弘信典当有限公司	31203A10010	普陀区武威路1102-4号	1 000	2010	36526130	
139	上海国银典当有限公司	31216A10010	嘉定区昌吉路156弄20号	1 600	2010	60767309	
140	上海臣轩典当有限公司	31214A10010	杨浦区翔殷路586号1层	1 000	2010	69789888	
141	上海融爵典当有限责任公司	31222A10010	静安区大宁路763号	3 000	2010	56375758	
142	上海星浩典当有限公司	31201A10010	松江区梅家浜路1567弄42号	1 000	2010	37110116 37110115	
143	上海金汇利典当有限公司	31198A10010	黄浦区鲁班路615号401—402室	1 000	2010	63569960	
144	上海长盛典当有限公司	31212A10010	虹口区东大名路908号21楼2105室	1 500	2010	64062222	
145	上海金当典当有限公司	31213A10010	松江区沪松公路2511弄88号201、202室	1 000	2010	67760369 57758699	
146	上海甬商汇典当有限公司	31209A10010	静安区愚园路475号	2 050	2010	32020823	
147	上海瑞祥典当有限公司	31200A10010	普陀区中山北路1737号A101室	1 000	2010	61491111	
148	上海隆盛典当有限公司	31191A10010	黄浦区龙华东路858号1101室	1 000	2010	35356688	
149	上海兴银典当有限公司	31197A10010	青浦区盈港路681号	1 000	2010	55230077	
150	上海华夏典当有限公司	31195A10010	松江区广富林路658弄215号1110室	4 000	2010	60710990	
151	上海盛禹典当有限公司	31205A10010	嘉定区嘉定工业区福海路132号	1 000	2010	65308288	
152	上海嘉强典当有限公司	31218A10010	徐汇区古美路1515号19号楼601-5室	1 000	2010	36566188	
153	上海诚信典当有限公司	31220A10010	普陀区铜川路58弄8—9号	1 200	2010	60827317	
154	上海众盛典当有限公司	31196A10010	静安区老沪太路216弄3号101室	1 100	2010	36568355	
155	上海长信典当有限公司	31219A10010	闵行区秀文路581—585号1—2层	1 000	2010	34716133	
156	上海云鹏典当有限公司	31221A10010	浦东新区锦绣路1841号	1 000	2010	50591911	
157	上海三龙典当有限公司	31190A10010	闵行区七莘路1784号	1 500	2010	33761130	
158	上海乙萌典当有限公司	31211A10010	静安区西藏北路1228号	3 000	2010	56906584	
159	上海中荣典当有限公司	31199A10010	静安区胶州路699号2楼202室	1 000	2010	35358521	

（续表）

序号	机构名称	典当许可证编号	地　址	注册资本（万元）	成立年份	电　话	备　注
160	上海宝丰典当有限公司	31224A10010	松江区九亭镇九亭大街33号	1 000	2010	34976996	
161	上海东融典当有限公司	31192A10010	浦东新区康桥镇康沈路393号	1 000	2010	34978108	
162	上海百门典当有限公司	31193A10010	黄浦区南苏州路333号2005、2006室	1 000	2010	52385128	
163	上海融富典当有限公司	31194A10010	长宁区延安西路1237号底层	1 000	2010	62519922	
164	上海兴融典当有限公司	31207A10010	浦东新区浦东南路1271号2405室	1 000	2010	34670533	
165	上海融鑫典当有限公司	31204A10010	虹口区场中路830号	1 000	2010	36537738 33877360	
166	上海中谊典当有限公司	31225A10011	徐汇区天钥桥路909号2号楼101室	1 000	2011	54110000	
167	上海福鑫典当有限公司	31243A10011	杨浦区黄兴路1725号1201室	2 000	2011	33518900	
168	上海鼎鑫典当有限公司	31232A10011	杨浦区平凉路1398号	2 000	2011	55135586	
169	上海中井典当有限公司	31247A10011	闵行区古美西路355号-1室	4 500	2011	61348388	
170	上海中科典当有限公司	31231A10011	虹口区四川北路1666号9楼909室	2 000	2011	63568888	
171	上海妙盛典当有限公司	31249A10011	松江区洞泾路358号11幢2楼	2 000	2011	67859172 67859168	
172	上海沪融典当有限公司	31233A10011	浦东新区世纪大道1777号10楼F座	2 000	2011	63789681	
173	上海华恒典当有限公司	31237A10011	宝山区牡丹江路1512号	2 000	2011	56693700	
174	上海华拓典当有限公司	31242A10011	嘉定区曹安公路2300弄21号	2 000	2011	67651573	
175	上海均和典当有限公司	31220A10011	虹口区曲阳路910号202室	2 000	2011	55896229	
176	上海鑫龙典当有限公司	31252A10011	浦东新区周浦镇关岳西路117弄24号	2 000	2011	37565989	
177	上海东泰典当有限公司	31246A10011	浦东新区柳埠路239号2楼	2 000	2011	68861882*801	
178	上海聚绩典当有限公司	31251A10011	浦东新区张杨路620号2401B室	2 000	2011	37110115	
179	上海吉立典当有限公司	31244A10011	浦东新区长清路507、517号	2 000	2011	50493031	
180	上海旭财典当有限公司	31234A10011	闵行区吴中路2324号	2 000	2011	51065166*510	
181	上海大宛典当有限公司	31248A10011	浦东新区浦东大道2384—2386号	3 000	2011	4009200999	

（续表）

序号	机构名称	典当许可证编号	地址	注册资本（万元）	成立年份	电话	备注
182	上海通速典当有限公司	31250A10011	青浦区盈中西路8—10号	2 000	2011	69222856	
183	上海汇鼎典当有限公司	31226A10011	徐汇区诸光路1588弄286号1001室	2 000	2011	32082202	
184	上海恒龙典当有限公司	31241A10011	普陀区常德路1211号610室	2 500	2011	36511577	
185	上海厚元典当有限公司	31228A10011	静安区江宁路418号27楼2702室	2 000	2011	62222003	
186	上海融悦典当有限公司	31245A10011	浦东新区周浦镇年家浜路40号	3 000	2011	20959268	
187	上海上樱典当有限公司	31235A10011	闵行区都市路760号	2 000	2011	54163660	
188	上海宝宏典当有限公司	31238A10011	宝山区东林路478号	2 000	2011	36588977＊8008	
189	上海鑫鑫典当有限公司	31230A10011	虹口区四川北路525号2212室	2 000	2011	66183718	
190	上海荣鑫典当有限公司	31236A10011	闵行区曙建路190号-1	2 000	2011	34975375	
191	上海日日升典当有限责任公司	31227A10011	闵行区莘北路505号18楼306室	2 000	2011	62190088	
192	上海浙商典当有限公司	31268A10012	黄浦区汉口路551号	3 000	2012	31391688	
193	上海商赢典当有限公司	31271A10012	奉贤区八字桥路853号	3 000	2012	67189333	
194	上海仁忆典当有限公司	31256A10012	静安区万荣路700号40幢101、102室	3 000	2012	56525011	
195	上海银信典当有限公司	31254A10012	静安区延长中路300号3楼	3 000	2012	56311950	
196	上海四通典当有限公司	31274A10012	宝山区淞滨路147号	3 000	2012	66792111	
197	上海嘉丰典当有限公司	31265A10012	嘉定区曹安路2688号	3 000	2012	59968361	
198	上海顺德丰典当有限公司	31275A10012	黄浦区金陵东路500号811室	3 000	2012	63267389	
199	上海冀融典当有限公司	31261A10012	静安区共和新路3088弄7号楼106室	3 000	2012	31002939	
200	上海申庆典当有限公司	31257A10012	闵行区金都路960、962、964号	3 000	2012	64966058	
201	上海诺合典当有限公司	31269A10012	青浦区沪青平公路208号竞衡大业12楼	3 000	2012	37827762	
202	上海财宏典当有限公司	31266A10012	浦东新区港晖路510—512号	3 000	2012	58900277	
203	上海百岁典当有限公司	31273A10012	浦东新区康桥镇秀沿路1165号212室	3 000	2012	20222099	
204	上海银丰典当有限公司	31253A10012	虹口区花园路48号1层	5 000	2012	60955099	
205	上海德欣典当有限公司	31264A10012	青浦区朱家角新城珠湖路527—529号	3 000	2012	60719389	

（续表）

序号	机构名称	典当许可证编号	地　址	注册资本（万元）	成立年份	电　话	备　注
206	上海昂立久鼎典当有限公司	31259A10012	徐汇区医学院路69号18楼C-2室	3 000	2013	52580880	
207	上海融丰典当有限公司	31260A10012	奉贤区海马路3859弄1号	3 000	2012	60240221	
208	上海胜恒典当有限公司	31262A10012	徐汇区吴中路39号1幢306A室	3 000	2012	61262353	
209	上海恒升典当有限公司	31258A10012	浦东新区惠南镇拱北路548、550、552号	4 500	2012	60975477	
210	上海泰孚典当有限公司	31272A10012	虹口区西安路165号1层	3 000	2012	65370888	
211	上海贸园典当有限公司	31267A10012	杨浦区国定东路233号509室	3 000	2012	65102383	
212	上海利笙典当有限公司	31263A10012	宝山区一二八纪念路658号	3 000	2012	66209018	
213	上海金晖典当有限公司	31282A10013	杨浦区锦西路61号	3 100	2013	60904798	
214	上海逸航典当有限公司	31279A10013	浦东新区航头镇航头路1055弄3号1—2层	4 000	2013	20929266	
215	上海恒盈典当有限公司	31283A10013	虹口区宝山路778号1层102室	3 000	2013	50497981	
216	上海华超典当有限公司	31280A10013	奉贤区南桥镇环城西路727—729号	1 560	2013	33617735	
217	上海聚银典当有限公司	31278A10013	徐汇区清真路18号	3 020	2013	54500570	
218	上海中亨泰典当有限公司	31276A10013	徐汇区龙腾大道491—497号	3 000	2013	54098088	
219	上海远中典当有限公司	31284A10014	静安区中兴路1666号402-8室	5 000	2014	66293183	
220	上海香溢典当有限公司	31287A10014	长宁区长宁路1027号2302室	13 000	2014	80109616	
221	上海睿金典当有限公司	31285A10014	长宁区延安西路726号20楼E室	5 000	2014	56688979	
222	上海高跃典当有限公司	31286A10014	宝山区高跃路145—147号	5 000	2014	56880157	
223	上海北翼典当有限公司	31288A10015	宝山区菊太路868号	5 000	2015	66036700	
224	上海禾日典当有限公司	31289A10016	青浦区赵巷镇崧雅路86弄10号	5 000	2016	69721774	
225	上海顺联典当有限公司	31290A10018	宝山区友谊路1588弄17号楼101室	5 000	2017	33796666	
226	上海森鑫典当有限公司	31291A10019	普陀区真北路2501号1幢	5 000	2019	35356685	
227	中船重工典当（上海）有限公司	31292A10019	浦东新区耀元路58号3号楼805室	20 000	2019	56060903	
228	上海顺纪典当有限公司	31293A10020	闵行区沪闵路7866弄2号1403、1404室	5 000	2020	60132666	
229	上海鑫焱典当有限公司	31294A10020	杨浦区国通路118号802、803、804室	5 000	2020	60906109	

（续表）

序号	机构名称	典当许可证编号	地 址	注册资本（万元）	成立年份	电 话	备 注
230	上海恒源典当行有限公司	31001A10088	虹口区海宁路133号	700	1988	63244337	未参加2019年度年审，公司清算中。
231	上海外高桥典当有限公司	31033A10003	静安区武宁南路451号	2 000	2003	62319819	未参加2019年度年审，无法取得联系，《典当经营许可证》收回办理中。
232	上海祥融典当有限公司	31017A10002	闵行区南华街55号2号楼2楼	5 000	2002	62989833	未参加2019年度年审，无法取得联系，《典当经营许可证》收回办理中。
233	上海华裕典当有限公司	31096A10006	静安区共和新路912号101室	2 050	2006	33589227＊802	未参加2019年度年审，无法取得联系，《典当经营许可证》收回办理中。
234	上海嘉业典当有限公司	31091A10006	静安区大沽路512号	2 900	2006	63400333	未参加2019年度年审，无法取得联系，《典当经营许可证》收回办理中。
235	上海鹏隆典当有限公司	31097A10006	黄浦区新闸路436号	1 000	2006	63277055	未参加2019年度年审，无法取得联系，《典当经营许可证》收回办理中。
236	上海骏合典当有限公司	31115A10007	黄浦区龙华东路868号2304室	1 500	2007	67752509	未参加2019年度年审，无法取得联系，《典当经营许可证》收回办理中。
237	上海白皮典当有限公司	31223A10010	浦东新区祝桥镇华星路250号	2 000	2010	58103589	未参加2019年度年审，无法取得联系，《典当经营许可证》收回办理中。
238	上海宝驹典当有限公司	31210A10010	奉贤区解放东路1008号2825室	1 000	2010	37535333	未参加2019年度年审，无法取得联系，《典当经营许可证》收回办理中。
239	上海融泰典当有限公司	31206A10010	浦东新区芦潮港镇渔港路469号1楼	1 000	2010	35356685	未参加2019年度年审，无法取得联系，《典当经营许可证》收回办理中。

（二）上海市地方资产管理公司机构名录

序号	机 构 名 称	地 址	注册资本（万元）	成立日期	电 话
1	上海国有资产经营有限公司	徐汇区南丹路1号1幢	550 000	1999年9月24日	33987999
2	上海睿银盛嘉资产管理有限公司	嘉定区嘉定镇沪宜公路3818号2幢1176室	200 000	2015年6月10日	63366308

附　　录

上海金融大事记

1　月

1月7日　国家发改委、财政部、人民银行、国务院国资委、银保监会、证监会联合发文，同意包括上海股交中心在内的三家交易场所依法合规开展国家级市场化债转股转股资产交易业务，促进提高转股资产流动性，推动转股企业完善公司治理，促进市场化债转股增量、扩面、提质。

1月9日　2020年上海经济金融形势座谈会在中国人民银行上海总部召开。会议传达2020年人民银行工作会议暨全国外汇管理工作会议精神，通报2019年上海经济金融形势，并对做好2020年有关工作提出要求。

1月10日　汇丰银行(中国)有限公司首个"国际银行业务中心"在上海设立，成为外资行在内地开设的首家专注满足个人客户国际化银行业务需求的网点。

1月15日　上海市地方金融监督管理局会同国家在沪金融管理部门共同召开新闻通气会，宣传介绍全市《加快推进上海金融科技中心建设实施方案》。此次出台的《实施方案》提出，力争用5年时间将上海打造成为金融科技的技术研发高地、创新应用高地、产业集聚高地、人才汇集高地、标准形成高地和监管创新试验区，将上海建设成为具有全球竞争力的金融科技中心的总体目标。新闻通气会上，陆家嘴金融科技展示中心正式揭牌。

同日　中国人民银行上海总部召开2020年工作会议。会议传达2020年人民银行工作会议暨全国外汇管理工作会议精神，总结上海总部2019年主要工作，部署2020年重点任务。

1月16日　中国首家外资独资保险控股公司——安联(中国)保险控股有限公司在上海宣布正式营业。

1月20日　由上海黄金交易所和中国银行联合举办的"沪澳黄金之路"启动仪式在上海举行，开启"一带一路"沿线市场合作新模式。

同日　中国人民银行批复上海黄金交易所为"合格中央对手"，标志着上海黄金交易所通过对标《金融市场基础设施原则》(PFMI)，市场治理机制进一步完善，全面风险防范能力进一步增强。

1月21日　位于上海星荟中心的"友邦上海高净值中心"揭幕，开启友邦新百年新征程的篇章。该中心也是友邦上海在持续提升营销员整体竞争力的又一重要举措。

2　月

2月3日　为贯彻落实党中央、国务院工作部署，全力配合做好新型冠状病毒感染的肺炎疫情防控工作，中国人民银行上海总部在总行和总局的指导下，启动相关金融服务应急保障工作机制，向辖内金融机构印发《中国人民银行上海总部关于全力支持疫情防控 配合做好金融服务和应急保障的通知》，从加大资金支持、保障支付服务、开通绿色通道等方面制定一系列工作举措。

同日　上海市农业农村委会商上海农商银行，提供10亿元融资规模，建立全市疫情防控期间地产农产品保供融资需求快速响应机制，并开通绿色审核通道，用于支持疫情防控需求的地产农产品企业稳定生产、保障供应，确保生产不断档、供应有保障、价格基本稳定。

2月8日　上海证券交易所发布《关于疫情防控期间债券业务安排有关事项的通知》，明确疫情防控期间债券业务实施的调整与衔接安排，加大对疫情防控相关主体和行业的金融支持力度。

2月10日　上海银保监局发布《关于进一步做好疫情防控 支持企业发展保障民生服务的通知》，进一步提升疫情防控和支持企业恢复生产金融服务工作的质效。

2月11日　上海清算所支持中国农业发展银行以公开招标方式，成功发行全国首单“战疫情 助脱贫”双主题金融债券，募集资金同时用于支持新冠肺炎疫情防控、产业扶贫相关领域的贷款投放。债券发行规模为50亿元，债券期限为2年。

2月14日　中国人民银行、银保监会、证监会、外汇局、上海市政府联合发布《关于进一步加快上海国际金融中心建设和金融支持长三角一体化发展的意见》，从积极推进临港新片区金融先行先试、在更高水平加快上海金融业对外开放和金融支持长三角一体化发展等方面推出了30条具体措施。

2月17日　中国银行上海市分行成功落地首单境内贸易融资资产跨境转让业务。

2月24日　上海证券交易所即日起为近期上市的企业举办“网络上市仪式”。这是上交所为进一步做好新冠肺炎疫情防控工作、优化企业服务方式新设的服务举措，也是上交所历史上首次以网络取代交易大厅现场形式举行上市仪式。首家启用这项服务的为注册于湖北武汉的主板公司良品铺子。

2月26日　为贯彻落实党中央、国务院关于统筹做好新冠肺炎疫情防控和经济社会发展的决策部署，加大金融支持有序复工复产力度，中国人民银行上海总部落实总行部署，在支农支小再贷款方面印发《中国人民银行上海分行关于加大再贷款支持力度 促进有序复工复产的通知》，指导辖内有关承贷行精准快速传导落实支农支小再贷款专用额度有关政策。

3　月

3月1日　为落实国务院贯彻实施《中华人民共和国证券法》的工作部署，上海证券交易所正式发布《关于上海证券交易所公开发行公司债券实施注册制相关业务安排的通知》，明确公开发行公司债券自3月1日起实施注册制。

3月2日　中国人民银行上海总部召开视频会议，传达人民银行总行关于金融支持中小微企业复产复工会议精神，部署落实疫情防控专项再贷款和支农、支小再贷款再贴现专用额度有关工作。上海银行、上海农商银行、上海华瑞银行及14家上海地区村镇银行负责人参加会议。

3月8日　为贯彻落实中国人民银行等部门发布的《关于进一步加快上海国际金融中心建设和金融支持长三角一体化发展的意见》，上海黄浦区发布实施《外滩金融集聚带关于发挥核心功能区作用服务上海国际金融中心建设的若干意见》。

3月12日　按照《国务院金融稳定发展委员会办公室关于建立地方协调机制的意见》精神，中国人民银行上海总部召集中央金融管理部门驻沪机构、上海市政府相关部门建立国务院金融稳定发展委员会办公室地方协调机制（上海市），并召开上海协调机制第一次全体会议。上海协调机制设在中国人民银行上海总部，接受金融委办公室的领导和业务指导，定位于指导、协调，不改变各部门职责划分，不改变中央和地方事权安排。

3月13日　上海市大数据中心、上海市中小微企业政策性融资担保基金管理中心与建设银行上海市分行、上海银行等15家银行签署协议并共同发布“大数据普惠金融担保合作方案”，采用“大数据＋担保”融资模式，支持银行扩大信贷投放，助力中小微企业复工复产复市。

3月16日　中国中煤能源股份有限公司成功完成注册制下上海证券交易所首单公开发行公司债券簿记发行。

3月20日　上海银行、上海精文投资有限公司与上海市中小微企业政策性融资担保基金管理中心签署战略合作协议，共同推出了一款首期规模10亿元的“文创保”专项贷款产品，用于纾解中小微文创企业的融资需求。

同日　摩根大通证券（中国）有限公司、大韩再保险上海分公司、景顺瑞和（上海）股权投资管理有限公司、罗素投资管理（上海）有限公司以及绿光环球（上海）资产管理公司5家外资金融机构举行线上开业仪式。其中，摩根大通证券（中国）有限公司是全国首批新设外资控股合资券商，大韩再保险上海分公司是大韩再保险公司在华首家业务实体。上海市委常委、副市长吴清出席开业仪式并致辞。

3月23日　上海市“复工复产复市疫情防护综合保险”发布会在太保财险上海分公司举行。在发布会上，太保财险上海分公司与上海市建筑施工行业协会、上海市家庭服务业行业协会、上海美容美发行业协会、上海市餐饮烹饪行业协会分别签署“复工复产复市疫情防护综合保险”投保协议，这标志着国内首款专门针对灵活就业行业复工复产人员的保险产品在沪推出。

同日　全国银行间同业拆借中心正式推出利率期权业务。此次推出的利率期权产品挂钩 LPR 利率，包括利率互换期权和利率上下限期权。利率期权是对现有利率衍生品序列的重要补充，在 LPR 改革进程中推出 LPR 利率期权业务有助于金融机构有效管理利率风险。

3 月 24 日　为规范银行间市场到期违约债券转让行为，保护投资者合法权益，全国银行间同业拆借中心发布《银行间市场到期违约债券转让规则》。

3 月 26 日　国家高端智库中国（深圳）综合开发研究院与英国智库 Z/Yen 集团共同编制的第 27 期“全球金融中心指数”（GFCI 27）报告发布。报告显示，全球前十大金融中心排名依次为：纽约、伦敦、东京、上海、新加坡、香港、北京、旧金山、日内瓦、洛杉矶。其中，上海相较半年前的全球第五上升至第四名，代表了中国城市在全球金融中心的最高地位。

3 月 31 日　为进一步加大对中国（上海）自由贸易试验区临港新片区重点产业的金融支持力度，上海市金融工作局会同临港新片区管委会以及中国人民银行上海分行联合印发《中国（上海）自由贸易试验区临港新片区重点企业贷款贴息的实施意见》，对于临港新片区内的重点企业贷款进行贴息支持。

同日　中国（上海）自由贸易试验区临港新片区境内贸易融资资产跨境转让业务试点启动仪式在中国人民银行上海总部举行。

4　月

4 月 2 日　中国人民银行上海总部会同长三角生态绿色一体化发展示范区执委会等 12 个部门联合出台《关于在长三角生态绿色一体化发展示范区深化落实金融支持政策推进先行先试的若干举措》，围绕推进同城化金融服务、试点跨区域联合授信、提升移动支付水平、支持设立一体化金融机构、推进跨区域公共信用信息共享、推进一体化绿色金融服务平台建设、推进一体化科技金融服务、建立金融信息共享合作机制 8 个方面提出 16 条具体的先行先试举措，标志着长三角生态绿色一体化发展示范区金融服务“同城化”全面启动。

4 月 3 日　国家外汇管理局上海市分局印发《关于中国（上海）自由贸易试验区高新技术企业外债便利化额度试点业务的通知》，允许符合一定条件的中小微高新技术企业在等值 500 万美元额度内自主借用外债。试点业务进一步便利了中小微高新技术企业利用境内、境外两个市场、两种资源，有助于高新技术产业做大做强，对于进一步加快上海国际金融中心、科创中心和自贸试验区建设具有积极意义。

同日　中央结算公司、中国银行与交银租赁联合落地实施首单自贸区外币融资担保品管理业务。这是自贸区金融业务中首次引入担保品管理机制，标志着中债担保品管理服务在自贸区项下取得重大突破。

4 月 8 日　中国外汇交易中心发布公告称，为进一步拓展债券通渠道的深度和广度，满足境外投资者多样化交易需求，自当日起新增 9 家债券通报价机构。

4 月 10 日　上海市第十五届人大常委会第二十次会议表决通过《上海市地方金融监督管理条例》。条例旨在规范地方金融组织及其活动，维护金融消费者和投资者合法权益，防范化解金融风险，推动上海国际金融中心建设。

4 月 13 日　中国（上海）自由贸易试验区离岸转手买卖产业服务中心启动仪式在外高桥保税区举行。产业服务中心的正式启动标志着上海自贸试验区离岸转手买卖由重点企业参与试点阶段进入常态化、规范化、规模化的产业发展阶段。

4 月 16 日　《上海市志·金融分志·综述卷（1978—2010）》评议会在中国人民银行上海总部召开。

同日　上海市举办“信保＋银行＋担保”融资方案发布会，这是上海贯彻落实国家“稳外贸”方针、加强“产业链、供应链”金融支持、助力外经贸企业积极应对疫情影响的一项具体举措。发布会上，中国信保上海分公司、中国银行上海市分行、建设银行上海市分行、市担保中心签署了《“信保＋银行＋担保”融资合作备忘录》，并联合发布了首期《重点外贸企业名录》。

4 月 17 日　金融委办公室地方协调机制（上海市）召开工作会议，学习贯彻中共中央、国务院《关于构建更加完善的要素市场化配置体制机制的意见》

和金融委近期重要会议精神，协调推进金融支持新冠肺炎疫情防控、复工复产和经济社会发展工作。

4月20日　上海金融法院举行“译研社”成立仪式，进一步加强涉外金融法治人才建设，打造复合型金融法律人才培养的新机制。

4月22日　2020年上海市移动支付便民工程工作会议在中国人民银行上海总部召开。会议通报2019年上海市移动支付便民工程建设开展情况，部署2020年上海市移动支付便民工程重点工作任务。

4月23日　中国人民银行上海总部召开上海房地产信贷工作座谈会。会议通报了新冠肺炎疫情以来上海房地产信贷运行情况，就近期房地产信贷市场出现的新情况、新问题进行研究讨论，对下一阶段上海房地产信贷工作进行部署。

4月26日　为落实《金融科技(FinTech)发展规划(2019—2021年)》，探索设计包容审慎、富有弹性的创新试错容错机制，打造符合中国国情、与国际接轨的金融科技创新监管工具，中国人民银行支持在上海等6市(区)扩大金融科技创新监管试点，这标志着金融科技创新监管工作正式在上海启动，也为加快推进上海金融科技中心建设再添助力。

4月28日　由陆家嘴金融城发起召开的“链接全球、共赢未来——国际金融城视频圆桌会”正式开幕。全球金融业首次通过跨国视频连线，共同探讨疫情下的国际合作、产业的创新与发展、金融业的振兴与复苏。

5　月

5月6日　上海市金融学会跨境金融服务专业委员会和上海市银行外汇及跨境人民币业务自律机制联合发布《关于扩大跨境人民币业务创新举措服务范围 全力支持上海市“两链”和外贸企业的倡议书》，推动优质企业跨境人民币结算便利化及境内贸易融资资产跨境转让两项跨境人民币业务创新举措的服务范围，由自贸区临港新片区扩大到上海市符合条件的企业。

同日　金融委办公室地方协调机制(上海市)印发《关于全面做好企业复工复产和稳外贸稳外资稳投资金融服务的若干意见》。这是人民银行上海总部牵头上海协调机制成员单位联合制订的首份政策文件。

5月7日　华夏银行上海分行打通跨区域服务壁垒，落地首笔长三角生态绿色一体化发展示范区跨区授信业务，在区域一体化金融服务方面实现零突破。

5月8日　中国(上海)自由贸易试验区临港新片区管委会会同中国人民银行上海总部、上海银保监局、上海证监局、市金融工作局共同发布《全面推进中国(上海)自由贸易试验区临港新片区金融开放与创新发展的若干措施》，从落实对外开放、强化制度创新、培育金融体系、服务实体经济、加强服务保障五方面提出50条措施。

5月9日　上海市财政局、市金融工作局、上海银保监局召开全市新一轮信贷风险补偿和奖励政策宣导和工作部署会议，解读《上海市2019—2021年科技型中小企业和小型微型企业信贷风险补偿办法》《上海市2019—2021年小型微型企业信贷奖励考核办法》，并部署下一阶段工作。这是上海相关部门贯彻落实市委、市政府决策部署，推动商业银行做好对科技企业及小微企业服务，加大金融对上海实体经济和上海科创中心建设支持力度的切实举措。

5月11日　中国人民银行上海总部与上海高院依托常态化破产统一协调机制，制定并发布《关于合作推进企业重整 优化营商环境的会商纪要》，对上海困境企业重整再生及僵尸企业处置、提高破产办理效率、保障金融机构债权人合法权益等多方面提出了具体的落实意见。

同日　邮储银行上海虹口区支行成功为中国远洋海运集团有限公司旗下境外子公司发放一笔FTN项下流动资金贷款。该笔业务为邮储银行上海分行首笔自贸区项下“自求平衡”资金来源的外币贷款业务，同时也是邮储银行全国首笔FTN项下美元流动资金贷款业务。

5月12日　人保财险上海市科技分公司承保的首张《中国人民财产保险股份有限公司上海市科技型中小企业短期贷款履约保证保险》保单正式起保。

同日　上海银保监局指导辖内5家银行与上海市工商联签署专项产品合作备忘录，新增总计1 220亿元的专项信贷额度，用于支持中小企业发展。

同日　上海清算所支持中国农业发展银行以公开招标的方式，成功开启生态环保主题金融债券常态化发行。本期债券发行规模为20亿元，债券期限为7年。

5月13日　为优化消费环境，提振消费信心，由上海市单用途预付卡协会联合银行、保险等机构主办的单用途预付卡"增信用、促消费"系列活动，在南京路新世界商城正式启动。

5月14日　上海期货交易所与中国远洋海运集团有限公司在上海签署战略合作框架协议，双方在发展航运衍生品、推动期货市场国际化、做精做强期货交割仓储及综合物流服务等方面开展全面、深入、务实合作。

5月15日　上海证监局受中国证监会委托，举行辖区第三批国家级证券期货投资者教育基地授牌仪式。海通证券投资者教育基地(实体)、东方证券投资者教育基地(互联网)被正式授牌命名为"全国证券期货投资者教育基地"。

同日　中证资本市场法律服务中心在上海临港新片区揭牌成立。该中心是中国证监会批准设立的中国唯一跨区域、跨市场的全国性证券期货纠纷专业调解组织，开启资本市场纠纷调解新篇章。中证法律服务中心与上海金融法院共同签署了《诉调对接战略合作协议》。

同日　2020年上海清算所业务交流会以现场和网络相结合的方式在上海举办，全面回顾总结2019年金融市场发展经验和金融支持疫情防控等工作成效，并就进一步提升银行间市场竞争力、防范和化解金融风险、支持上海国际金融中心建设等主题展开讨论。

5月16日　洋山特殊综合保税区(一期)揭牌，这是中国151个海关特殊监管区域中唯一的特殊综合保税区。中国银行上海市分行率先发布《金融支持洋山特殊综合保税区服务方案》。

5月19日　中国人民银行上海分行、中国农业银行上海市分行在崇明区港沿镇园艺村为全市首个"信用村"揭牌。

5月27日　2020年上海市支付清算工作会议在中国人民银行上海总部召开。会议总结了2019年上海市支付清算主要工作，对2020年上海市支付清算重点工作任务进行部署。

6　月

6月2日　上海自贸区临港新片区管委会发布《关于促进洋山特殊综合保税区对外开放与创新发展的若干意见》，涉及的金融支持政策包括促进跨境资金自由使用，鼓励创新跨境金融服务，支持发展离岸转手买卖、转口贸易、数字贸易等在内的新型国际贸易业态等。

同日　上海黄金交易所举办首场面向境外市场的线上业务推介会。此次推介会由上金所与大华银行共同主办，主要面向境外黄金市场参与者推广"黄金之路"业务新模式，并探讨后疫情时期东南亚与中国黄金市场合作发展新机遇。

6月5日　国家外汇管理局上海市分局印发《关于在中国(上海)自由贸易试验区临港新片区开展外债登记管理改革试点的通知》，在临港新片区内开展外债登记管理改革试点，符合条件的企业可以办理一次性外债登记，不再逐笔办理外债签约登记。

6月10日　为厘清债券违约及风险处置实务操作过程中的法律问题，推动债券违约及风险处置工作合规有序开展，上海清算所举办债券违约及风险处置研讨会。

6月11日　中国财产再保险有限责任公司创新实验室揭牌仪式暨创新发展研讨会在上海举行。

6月12日　中国人民银行上海分行与上海农商银行共同举办第十三次"信用记录关爱日"——2020年"征信支持中小微企业融资暨应收账款融资服务平台推广"专场宣传活动，宣传征信支持中小微企业融资成果，推广应收账款融资服务平台。

同日　境内首只专门投资法国股票市场的跨境ETF产品——华安法国CAC40 ETF在上海证券交易所挂牌上市，成为上交所与泛欧交易所开展跨境ETF双向合作的重要成果。

同日　上海保险交易所专业健康险平台——中保科联子公司与上海曙光医院签署合作协议，以保险要素市场为载体，与各家机构携手推动保险与医疗健康服务的资源整合。

6月15日　中国外汇交易中心与上海清算所拓展外币回购结算方式，新增外币质押式回购首期见款付券及到期见券付款结算。15家机构参与功能拓展后的首日交易，成交8.08亿美元。

同日　邮储银行上海分行联合上海市邮政分公司、中邮保险上海分公司等单位，组织全辖分支机构开展非法集资集中宣传日活动。

6月16日　上海市金融支持稳企业保就业工

作协调机制召开全市金融支持稳企业保就业动员大会暨业务培训会，中国人民银行上海总部、市经济信息化委、市金融工作局、上海银保监局有关负责人出席会议并作动员讲话。

6月17日 浦东新区召开做好“六稳”工作落实“六保”任务信用赋能助力企业发展大会。浦东新区金融局与国家开发银行等10家银行签署银政战略合作协议，中国银行等10家银行与100家企业代表签署贷款授信协议。浦东新区为银企对接搭建的“浦东新区企业信用赋能综合服务平台”也在会上启动。

6月18日 在中国人民银行上海总部的推动下，上海首批供应链票据贴现业务成功落地。上海宝韩实业公司等4家中小企业通过上海欧冶金服通宝平台对接上海票据交易所供应链票据平台，实现基于宝武集团生态圈钢铁行业上下游企业应收账款的供应链票据融资。

6月18—19日 第十二届陆家嘴论坛在上海召开。主题为“上海国际金融中心2020：新起点、新使命、新愿景”，设有七场全体大会和一场浦江夜话，议题涵盖全球经济金融形势、人民币国际化、科创板等当前经济、金融领域的热点问题。中共中央政治局委员、国务院副总理刘鹤向论坛发来书面致辞。中共中央政治局委员、上海市委书记李强出席开幕式暨第一次全体大会并致辞。新加坡副总理王瑞杰以视频方式在开幕式上致辞。中国人民银行行长易纲、中国银行保险监督管理委员会主席郭树清以连线方式作主题演讲。中国证券监督管理委员会主席、论坛共同轮值主席易会满，中国人民银行副行长、国家外汇管理局局长潘功胜出席并作主题演讲。上海市委副书记、代市长、论坛共同轮值主席龚正主持开幕式。

6月22日 低硫燃料油期货在上海期货交易所子公司上海国际能源交易中心挂牌交易。这是上海期货交易所继原油期货、20号胶期货之后推出的第三个国际化品种。

同日 国家中小企业发展基金有限公司在上海浦东完成工商注册，标志着国家中小企业发展基金母基金按照市场化、公司化、法制化运作步入新阶段。注册资本为357.5亿元，经营范围为股权投资、投资管理、投资咨询。

6月29日 上海清算所创新信用风险缓释凭证同步发行创设机制，完成首单住房抵押贷款资产支持证券信用风险缓释凭证的创设登记。

7 月

7月1日 中国人民银行上海总部、上海银保监局、上海市金融工作局、上海市经信委、上海市财政局、上海证监局联合发布《关于进一步做好金融支持稳企业保就业工作的指导意见》，围绕深化金融政策及其配套政策，从加大货币政策激励、发挥财政金融协同效应、优化监管考核机制、加强直接间接融资、降低小微企业综合融资成本、落实减税降费措施、强化外贸等重点领域支持等方面提出18条政策举措。

7月3日 上海市金融学会成立四十周年系列学术研讨会之金融租赁学术研讨会在上海金砖大厦举行。

7月6日 在上海市金融支持稳企业保就业工作协调机制组织下，“温暖浦江”上海金融支持稳企业保就业首场政银企大型现场对接会成功举办。上海地区24家主要银行业金融机构以及67家重点支持企业的负责人参加现场对接会。

同日 上海证券交易所发布《科创板上市公司股东以向特定机构投资者询价转让和配售方式减持股份实施细则》。

7月9日 中国人民银行上海总部和上海市金融工作局联合举办金融市场支持稳企业保就业政策宣讲会。

7月10日 中国人民银行上海总部召开2020年上海征信管理工作会议。

同日 中信银行全资理财子公司——信银理财有限责任公司在上海揭牌，上海市委常委、副市长吴清，中信银行董事长李庆萍出席开业揭牌仪式。作为国内第四家股份制商业银行理财子公司，也是首家落户上海的全国性股份制银行理财子公司，信银理财注册资本金为50亿元，主要从事发行公募理财产品、私募理财产品、理财顾问和咨询等资产管理相关业务。

7月11日 交通银行长三角一体化管理总部在上海成立。揭牌活动中，交通银行同步发布了“交通银行长三角信用卡”。

7月13日 上海清算所推出大宗商品衍生品

中央对手清算业务组合保证金业务。

7 月 15 日　中国人民银行上海总部召开 2020 年上海跨境人民币业务工作会议。

7 月 17 日　银行间市场首笔以上海清算所托管的境内债券为抵押品的欧元回购交易由中国工商银行与吉林银行通过中国外汇交易中心外汇交易系统达成，并于当日完成首期结算。

7 月 21 日　上海金融科技创新监管试点工作组在广泛征集项目的基础上，对外公示上海市首批 8 个创新应用。首批创新应用体现了金融科技多元融合、多向赋能的特点。

7 月 22 日　“保小微、保就业、稳外贸”政策发布会在沪举行。上海银行为上海托展智能科技股份有限公司提供 300 万元授信额度，用于该企业出口信用保险项下“保易融”业务。这是人民银行 1 万亿元普惠性再贷款再贴现政策项下，中国人民银行上海总部第一笔使用该再贷款优惠资金的保单融资业务。

同日　德林海、大地熊、三生国健、震有科技、芯朋微、奇安信、力合微 7 家科创板公司首次公开发行股票上市暨科创板开市一周年仪式在上海证券交易所交易大厅举行。

7 月 28 日　上海银保监局召开 2020 年年中工作座谈会暨纪检工作会议。

7 月 29 日　上海清算所支持国家开发银行以公开招标的方式，成功完成“应对气候变化”绿色金融债券多市场同发首场发行。首场发行的债券规模为 50 亿元。

7 月 30 日　上海证券交易所发布《关于开展公司债券置换业务有关事项的通知》，明确发行人及相关主体开展债券置换业务遵循的原则、信息披露要求和相关操作流程等。

同日　上海清算所完成《标准化票据管理办法》正式生效后的首批 14 只标准化票据的创设登记，规模合计 12.13 亿元。

同日　上海市金融工作局、中国人民银行上海总部、上海银保监局、上海证监局、自贸试验区管委会、临港新片区管委会共同举办上海自贸试验区第十批金融创新案例发布会。

7 月 31 日　上海证监局近日会同上海市司法机关等相关单位召开执法专题座谈会，研究进一步加强证券执法司法联动，强化刑事追责力度，形成打击资本市场违法行为合力。

8　月

8 月 5 日　中国人民银行上海总部召开 2020 年下半年工作会议，传达学习 2020 年下半年人民银行工作会议精神，总结上半年上海总部主要工作，分析当前履职面临的新形势，并对下半年重点工作作出部署。

8 月 11 日　上海证券交易所召开基础设施 REITs 企业和投资者座谈会，就基础设施 REITs 试点工作推进情况进行交流。

同日　中国信保上海分公司、上海银行、上海农商行签署《“稳外贸、保就业”支持中小微外贸企业专项业务合作协议》。上海银行首期提供 10 亿人民币资金，上海农商银行首期提供 5 亿人民币资金，优先为符合条件的中小出口企业、民营企业提供信保融资支持。会上，两家银行现场为 16 家小微外贸企业授信 1.34 亿元贷款。

8 月 12 日　建设银行上海市分行与韵达速递签署扶贫合作协议，双方通过资源共享，以陕西省安康市一区三县为试点，携手助力消费扶贫。

8 月 13 日　科创板上市公司嘉元科技公告，拟发行 12.5 亿元可转债，加码布局新能源汽车市场，这是自 7 月初《科创板上市公司证券发行注册管理办法(试行)》发布后，首家拟采用可转债方式融资的科创板上市公司。

8 月 18 日　为持续助力优化上海地区营商环境，在中国人民银行上海总部积极推动下，上海成为全国首个在企业银行开户业务中嵌入电子营业执照和电子印章应用服务的地区。上海多家企业使用电子营业执照和电子印章，通过商业银行手机银行 APP 和微信小程序成功办理单位银行结算账户开户手续。

同日　中国农业银行上海自贸试验区新片区分行、农银资本管理有限公司与上海上股交金融服务有限公司在沪签署全面战略合作协议，优化对中小微创业企业的综合金融服务。

同日　友邦保险宣布，友邦人寿保险有限公司已正式获得营业执照，并在上海揭牌成立，成为中国内地首家外资独资人身保险公司。

同日　招商银行上海自贸试验区临港新片区支行揭牌成立。

8月20日　上海市金融学会召开第十届第二次会员代表大会暨成立四十周年首场学术报告会。通过学会会费标准及管理办法、《上海金融年鉴》编纂工作方案以及《上海金融》年度优秀稿件评选办法。金鹏辉会长做了“关于上海国际金融中心的若干思考”的学术报告。

同日　由上海期货交易所、中国天然橡胶协会和中国橡胶工业协会主办的“‘砥砺初心正其时’2020天然橡胶市场论坛暨20号胶期货上市一周年”主题活动以视频方式在线举行。

8月21日　农业银行上海市分行在沪举办“慧政务·惠民生——2020年新产品发布会”。会上，该行发布了针对小微企业研发的纯信用线上普惠贷款产品“申e贷”、为广大医保用户开发的就医信用结算系统“医保信用付”、方便企业账户开立的“企户通”产品以及与中国人民银行、上海市财政局合作开发的统一管理平台“云国库”等4款新产品。

8月22日　由中国证券报社主办、主题为“新机 新局 新使命”的“2020金牛资产管理论坛”在上海继续举行，同时举行第十七届中国基金业金牛奖颁奖典礼。

8月23—29日　上海清算所组织开展以“科技战疫 创新强国”为主题的科技活动周活动。活动周期间，上海清算所结合抗疫成果，围绕科技战疫、区块链、人工智能、敏捷开发等领域，邀请金融科技龙头企业参与，线上线下同步开展形式多样、内容丰富、体验性强的科普活动。

8月26日　中国人民银行上海总部召开全市银行货币信贷工作会议，传达贯彻人民银行总行有关会议精神，重点就实现普惠小微贷款、制造业中长期贷款、信用贷款等增长目标，特别是延期还本付息和信用贷款支持政策两项直达实体的政策工具、1万亿再贷款再贴现以及LPR转换等作了专题部署。

8月28日　中国人民银行上海总部举办“存款保险宣传月”动员大会暨存款保险培训会。

8月31日　注册资本达114.56亿元的民生证券落户浦东新区揭牌暨上海国资战投入股签约仪式在浦东新区人民政府举行。

9　月

9月6日　中国金融学会绿色金融专业委员会与联合国环境规划署等八家机构在上海共同举办“绿色金融国际研讨会”，会议讨论构建绿色金融体系、发展绿色资本市场、培育绿色投资者，以及开展环境风险管理、强化环境信息和推动地方绿色金融实践等议题。

9月7日　上海市市场监督管理局联合市地方金融监管局等九部门共同出台《关于进一步加强金融广告监管工作的意见》，重拳治理未取得相应金融业务资质主体发布金融广告的行为和互联网违法金融广告。

9月8日　为贯彻落实《中国银保监会关于推动银行业和保险业高质量发展的指导意见》，持续深化金融供给侧结构性改革，推动上海银行业和保险业差异化转型高质量发展，提升金融服务国家战略实施和上海经济社会发展质效，上海银保监局印发《关于推动上海银行业和保险业差异化转型高质量发展的实施意见》的通知。

9月14日　上海市委副书记、市长龚正主持召开金融企业稳增长工作座谈会，听取金融企业当前运行情况和对政府工作的意见建议。龚正指出，上海正深入贯彻习近平总书记重要讲话和指示批示精神，按照市委部署，努力打造国内大循环的中心节点、国内国际双循环的战略链接。金融是上海城市的核心功能，希望金融机构在积极参与国际金融中心建设的进程中提升资源配置能力和国际竞争力，切实把握为实体经济服务这个根本，为支持经济稳增长发挥更大作用。

9月15日　上海市人民政府与中国银行签署全面战略合作协议。上海市委副书记、市长龚正与中国银行党委书记、董事长刘连舸出席签约仪式，市委常委、副市长吴清和中国银行党委副书记、行长王江代表双方签署协议。

9月22日　为了宣传金融支持稳企业保就业的有关政策、交流文化旅游行业金融支持经验、推动文化旅游行业企业与金融机构更好对接，中国人民银行上海总部联合中共上海市委宣传部、市文旅局共同举办“温暖浦江”上海金融支持稳企业保就业大型政银企融资对接会，上海地区20家主要金融机构负责人、160余家文化旅游行业企业和部分文化旅游行业协会代表参加对接会。

9月24日　全球范围内最高级别的金融科技盛会——外滩大会正式开幕。“外滩大会”由上海市政府指导，永久落户上海，是上海加快推进国际金融科技中心建设的重要举措。

9月27日　为全面做好"六稳""六保"工作，进一步扩大政策性担保支持力度，加快推进"上海金融18条"支持稳企业保就业政策举措落地见效，在市金融支持稳企业保就业协调机制有关成员单位的指导和推动下，长三角G60科创走廊政策性融资担保市区联动仪式在松江区举行，市财政局，中国人民银行上海总部，松江区委、区政府等有关方面负责人出席启动仪式。

同日　由中国REITs论坛、上海证券交易所、上海市发展改革委、上海市金融工作局联合主办的"中国REITs论坛2020年会"在上海拉开帷幕。全国政协常委、国家发展改革委原副主任张勇，上海市委常委、副市长吴清，中国REITs论坛2020年会主席、国务院参事、北京大学光华管理学院特聘教授徐宪平出席并致辞；交通运输部副部长刘小明、上海证券交易所总经理蔡建春等出席并做主旨演讲。

10　月

10月9日　上海市政府与阿里巴巴集团、蚂蚁集团在沪签署战略合作协议。市委书记李强，市委副书记、市长龚正会见了阿里巴巴集团董事会主席兼首席执行官张勇、蚂蚁集团董事长井贤栋一行。上海市与阿里巴巴集团、蚂蚁集团合作紧密，尤其是2015、2018年两次签署合作协议以来，在数字商业、云计算、金融等领域取得显著成效。多个在沪总部以及阿里巴巴上海研发中心、阿里新零售中心、蚂蚁科技中心等核心创新业务与战略板块加速发展，并与上汽集团、百联集团等企业开展了战略合作。

10月15日　中国人民银行上海总部公布2020年前三季度上海货币信贷运行情况。其中，人民币贷款增加4 817亿元，外币贷款增加143亿美元，新增贷款投向实体经济行业结构相对均衡，境内小微企业本外币贷款同比多增明显；人民币存款增加1.67万亿元，外币存款增加97亿美元，人民币个人定期存款增加2 515亿元，境内非金融企业通知存款增加2 176亿元。

10月23日　为响应党中央提出的"长三角一体化"发展战略，充分发挥金融行业社会组织的桥梁、平台和纽带作用，由上海金融业联合会、江苏省金融业联合会、浙江省金融业发展促进会共同发起的长三角金融业发展联盟在上海成立。

同日　上海金融景气指数报告发布，2019年上海金融景气指数为5 653点，同比增长9.5%，上海国际金融中心建设蹄疾步稳。面对新冠肺炎疫情带来的冲击，上海金融业切实强化对实体经济的支持，全力做好"六稳""六保"工作，对全市经济复苏形成有力支撑。

10月23—25日　第二届外滩金融峰会召开，国家副主席王岐山在开幕式上发表视频致辞。王岐山强调，当前全球金融经济环境变化剧烈，既要坚守底线，也要灵活应对风险挑战，勇于除旧立新。要坚持金融服务于实体经济，支持经济发展重点领域和薄弱环节。要坚持防范化解金融风险，用经济发展的增量消解风险，用规范的方式应对风险，在市场化、法治化的基础上有序处置风险，守住不发生系统性风险的底线。要坚持金融创新与加强监管并重，在鼓励金融创新、激发市场活力、扩大金融开放与金融监管能力之间寻求平衡，寓管理于服务之中。

10月27日　第二届陆家嘴国际再保险会议举行，成为今年全球唯一线下召开的国际再保险交易商年会。与会人士认为，加强国际再保险合作，有利于风险治理的全球协作，正在崛起的上海国际再保险中心，将为行业提供更多基于数字科技的基础设施产品。

同日　中国进出口银行在上海推出了第三届进博会专项金融服务方案——"进博融2020"，并设立了这一支持进口专项额度，其中配置1 800亿元额度支持从"一带一路"沿线国家的进口。

10月28日　中国人民银行上海总部组织开展自贸试验区分账核算业务风险审慎合格评估会议，经专家评审小组审议，中国人寿保险股份有限公司上海市分公司、中国太平洋人寿保险股份有限公司评估通过，成为首批接入自贸试验区分账核算单元的保险机构。自此，自贸试验区分账核算单元已实现银行、证券、保险三类金融机构的全覆盖。

同日　上海银保监局发布2020年9月辖内银行业保险业主要监管指标数据情况，上海银行业资产负债平稳增长，资产质量保持良好水平，保险业经营稳步发展。

10月29日　上海保险业服务第三届进博会的保险保障总额再创新高，达到8 848亿元。

同日 2020浦江创新论坛开幕，来自金融机构、科技企业、研究部门的专业人士就金融科技发展到什么阶段、金融科技给资管行业带来了哪些影响、未来金融科技又将如何推动经济社会可持续发展等问题展开热议。

11 月

11月3日 跨境人民币贸易融资转让服务平台上线发布会在沪举行。跨境人民币贸易融资转让服务平台是落实《关于进一步加快上海国际金融中心建设和金融支持长三角一体化发展的意见》的具体举措，由人民银行指导上海票据交易所联合相关机构建设开发，为境内外金融机构提供跨境人民币贸易融资相关服务的综合性数字化平台。首批参与机构64家，其中境内机构24家、境外机构40家，覆盖全球4大洲、15个国家和地区。

11月4日 在中国人民银行金融消费权益保护局的指导下，中国人民银行上海总部、南京分行、杭州中心支行、合肥中心支行、宁波市中心支行首次联合构建长三角普惠金融指标体系，近日联合发布《长三角普惠金融指标分析报告(2019年)》。报告显示，长三角地区(包括上海市、江苏省、浙江省、安徽省)普惠金融总体水平较高，多数指标数据高于全国平均水平。

11月9日 由上海市市场监管局、上海市地方金融监管局、上海银保监局、上海证监局、中国人民银行上海总部等部门联合指导，上海市银行同业公会、上海市保险同业公会、上海市证券同业公会、上海市基金同业公会、上海市期货同业公会、上海小额贷款公司协会、上海典当行业协会、上海市担保行业协会、上海市租赁行业协会、上海市商业保理同业公会等金融行业协会共同发起制定的《金融广告发布行业自律公约》正式发布。《公约》的签署是贯彻落实上海多部门近期出台的《关于进一步加强金融广告监管工作的意见》的重要举措。

11月11日 第三届中国国际进口博览会召开闭幕新闻通气会，第三届进博会累计意向成交726.2亿美元，比上届增长2.1%；自5日早上8时至10日中午12时，累计进场近61.2万人次。

11月16日 国内首批4只科创50ETF正式在上海证券交易所上市交易，涉及华夏、易方达、华泰柏瑞、工银瑞信等4家基金公司，作为跟踪科创板当前唯一指数科创50指数的ETF，4只产品上市将正式开启二级市场科创板指数化投资征程。科创50ETF的出现，不仅为投资者提供了低门槛投资科创板的渠道，而且聚焦科创板中的优质标的，丰富了投资者参与科创板投资工具箱。

同日 市金融工作党委召开党委(扩大)会，传达了习近平总书记在浦东开发开放30周年庆祝大会上的重要讲话精神和李强书记在市委常委会上的讲话精神，就学习贯彻工作提出了明确要求。会议要求，迅速掀起学习宣传贯彻习近平总书记重要讲话精神的热潮，全力推动习近平总书记重要讲话精神在上海金融系统落地落实。

11月19日 中国人民银行举行“金融支持保市场主体”系列新闻发布会(第四场)，中国人民银行上海总部副主任兼上海分行行长金鹏辉出席并介绍“金融产品创新”有关工作情况。金鹏辉介绍，上海在央行结构性货币政策工具的基础上出台了“上海金融18条”的工具箱，积极引导商业银行主动作为，服务好小微、重点在于小微企业的信用贷款。在信贷产品创新过程中，国有银行发挥了领头雁作用，重点开发了无接触线上产品服务，提升普惠小微的企业覆盖面；中小银行在各自的细分领域，围绕科创、知识产权、动产融资、产业链供应链等，开发突破性创新产品；地方法人银行则强化与政府性融资担保机构的合作，在本领域发挥重要作用。

同日 国际铜期货在上海期货交易所子公司上海国际能源交易中心正式挂牌交易，截至当日收盘，国际铜期货总成交量0.83万手，成交金额19.68亿元，总持仓量0.21万手。这是继原油、20号胶、低硫燃料油之后，上海推出的第四个国际化期货品种。

11月20日 上海市人民政府印发《关于推动提高上海上市公司质量的若干措施》的通知。通知指出，上市公司是资本市场健康稳定发展的基石，促进区域经济发展作用显著，为深入贯彻党中央、国务院决策部署，进一步激发市场主体活力，积极应对新冠肺炎疫情等不利影响，推动上海上市公司坚定不移走高质量发展之路，制定相关措施。

11月24日 上海证监局与上海市人民检察院近日联合召开打击上市公司信息披露违法犯罪新闻发布会，向社会通报近年来证券监管机构和上海检察机关打击惩治上市公司信息披露违法犯罪有关情况，并发布上海证监局、上海检察机关依法惩处的6件信息披露违法犯罪典型案例。

11月29日　国家外汇管理局相关负责人透露，近期将分别扩大上海、北京和深圳三地合格境内有限合伙(QDLP)/投资企业(QDIE)试点规模，进一步满足境内投资者全球配置资产的需求。业内人士表示，扩大QDLP/QDIE的试点规模和试点范围彰显监管部门进一步推进境内外金融市场双向开放的决心。

11月30日　中国人民银行上海总部发布2020年10月长三角地区货币信贷运行情况。截至10月末，长三角地区本外币各项贷款余额43.15万亿元，同比增长14.8%；人民币贷款余额42.01万亿元，同比增长14.9%，较上月末高0.1个百分点，较去年同期高1个百分点；长三角地区本外币各项存款余额54万亿元，同比增长14.6%；人民币存款余额51.92万亿元，同比增长14.4%，较上月末低0.5个百分点，较去年同期高5个百分点。

12　月

12月7日　随着新致软件登陆A股，科创板迎来第200家公司。200家公司合计募集资金总额2 876.58亿元，平均募集资金净额为14.38亿元，中位数为8.40亿元，最大值为中芯国际532.30亿元，最小值为上纬新材1.08亿元。科创板包容性正进一步体现：一是未盈利上市企业达到16家，且不再是生物医药的专利，集成电路、网络安全等行业也有公司“试水”；二是CDR取得“零的突破”，九号公司成为科创板首家发行CDR(中国存托凭证)的上市公司。

12月10日　《中共上海市委关于制定上海市国民经济和社会发展第十四个五年规划和二〇三五年远景目标的建议》(简称“建议”)正式发布。建议提出，聚焦增强国内大循环的内生动力，以深化科创板和注册制改革为带动，推动金融中心和科技创新中心联动发展，引导资本更好服务科技创新和实体经济，高水平建设长三角国家技术创新中心，做强长三角资本市场服务基地，更好地发挥G60科创走廊、长三角双创示范基地联盟等跨区域合作平台作用，加快构建长三角创新共同体，在更广区域实现创新链、产业链、资金链良性循环。

12月13日　《上海国际金融中心建设目标与发展建议》在2020上海金融论坛上发布。这份报告由上海交通大学上海高级金融学院联合国家金融与发展实验室、上海新金融研究院共同撰写。报告指出，上海国际金融中心建设已取得重大进展和显著成效。报告建议，新发展格局中上海国际金融中心建设的长期目标应该进一步明确，到2035年，上海要基本建成引领亚洲辐射全球、以开放的现代化金融市场体系为核心、以全球人民币资产配置中心为标志、与纽约和伦敦并驾齐驱的顶级全球金融中心。

12月15日　中国人民银行上海总部发布2020年11月份上海货币信贷运行情况。11月末，上海本外币贷款余额8.39万亿元，同比增长6%；人民币贷款余额7.73万亿元，同比增长5.8%，增速比上月末低0.5个百分点。本外币存款余额15.52万亿元，同比增长17.4%；人民币存款余额14.48万亿元，同比增长18.1%，增速比上月末高1.6个百分点。非金融企业贷款主要投向制造业、批发和零售业及水利、环境和公共设施业，小微企业贷款同比多增。

同日　全国首单境外投资者通过合格境外机构投资者/人民币合格境外机构投资者(QFII/RQFII)认购外商独资私募证券投资基金管理人(WFOE PFM)基金产品在上海顺利落地。此次通过QFII/RQFII认购的产品为霸菱投资管理(上海)有限公司发行的霸菱中国综合债券1号私募证券投资基金。该模式落地为外资资管机构募资开辟了新路径，也是上海国际金融中心建设的有益探索，是配合金融领域对外开放的成功实践。

12月24日　中国人民银行上海总部发布2020年11月长三角地区货币信贷运行情况。11月末，长三角地区本外币各项贷款余额43.46万亿元，同比增长14.6%；人民币贷款余额42.36万亿元，同比增长14.7%，较上月末低0.2个百分点。本外币各项存款余额55.10万亿元，同比增长16%；人民币存款余额52.98万亿元，同比增长15.7%，较上月末高1.3个百分点。

同日　上海银保监局发布2020年11月辖内银行业保险业主要监管指标数据情况。上海银行业资产负债平稳增长，2020年11月，辖内银行业金融机构本外币总资产余额19.08万亿元，同比增长

17.04%；本外币总负债余额 18.26 万亿元，同比增长 17.65%。上海银行业资产质量保持良好水平，2020 年 11 月，上海辖内银行业金融机构本外币不良贷款余额 660.04 亿元，不良贷款率 0.79%；其中，商业银行本外币不良贷款余额 548.90 亿元，不良贷款率 0.80%。上海保险业经营稳步发展，2020 年 1—11 月，上海辖内保险公司原保险保费收入累计 1 696 亿元，同比增长 6.97%；其中产险公司原保险保费收入 527 亿元，人身险公司原保险保费收入 1 169 亿元。

12 月 29 日　中国人民银行上海总部召开 2021 年上海金融统计工作会议，上海 189 家银行业金融机构分管领导和统计部门负责人参加会议。会议传达了 2021 年中国人民银行金融统计制度会议精神，总结 2020 年上海金融统计工作，通报上海金融运行形势和金融机构金融统计数据报送、统计分析和统计工作考核等情况，布置 2021 年上海金融统计工作任务和要求。会议深入分析金融统计工作高质量发展面临的新形势和新挑战，指出面对国内外错综复杂的经济金融环境，全市金融机构应提升金融统计工作的思想站位，增强依法合规统计意识，强化统计归口管理和统计队伍建设，全面提升金融统计工作质量。

12 月 31 日　为加快推进上海金融科技中心建设，落实《金融科技（FinTech）发展规划（2019—2021）》，在中国人民银行总行的支持和指导下，上海金融科技创新监管试点工作稳步推进。在深入开展金融科技创新辅导的基础上，上海金融科技创新监管试点工作组对外公示上海市第二批 5 个创新应用。本次公示创新应用秉持守正创新、风险可控、权益保障和惠民利企原则，聚焦于多方安全计算、音视频、图像识别等新兴前沿技术，创新智慧金融产品与服务，旨在为公众和中小微企业提供无障碍金融服务，践行普惠金融，缩小“数字鸿沟”，提升客户对金融服务的获得感和满意度，提高金融风险技防能力，让金融更具智能、更有温度、更加安全。

索　引

说　明

一、本索引采用主题分析索引方法，按照词头的汉语拼音音序排列。
二、索引词后面的数字表示页码。
三、表格索引按页码顺序排序。

主题索引

表格索引